Petra Korte (Hg.)

Kontinuität, Krise und Zukunft der Bildung

Texte zur Theorie und Geschichte der Bildung

herausgegeben von

Friedhelm Brüggen
(Westfälische Wilhelms-Universität Münster)

Karl-Franz Göstemeyer
(Humboldt Universität zu Berlin)

und Petra Korte
(Technische Universität Braunschweig)

Band 21

LIT

Petra Korte (Hg.)

Kontinuität, Krise und Zukunft der Bildung

Analysen und Perspektiven

LIT

Hein Retter gewidmet

Bibliografische Information Der Deutschen Bibliothek
Die Deutsche Bibliothek verzeichnet diese Publikation in der Deutschen Nationalbibliografie; detaillierte bibliografische Daten sind im Internet über http://dnb.ddb.de abrufbar.

ISBN 3-8258-7487-7

Grevener Str./Fresnostr. 2 48159 Münster
Tel. 0251–23 50 91 Fax 0251–23 19 72
e-Mail: lit@lit-verlag.de http://www.lit-verlag.de

Inhalt

Vorwort

Am 31. Januar/1. Februar 2003 fand an der Technischen Universität Braunschweig ein Erziehungswissenschaftliches Kolloquium mit dem Thema »Kontinuität, Krise und Zukunft der Bildung. Analysen und Perspektiven« statt. Anlass war der 65. Geburtstag Hein Retters, der in seiner Person wie kein anderer die weitgespannten Perspektiven und die Bandbreite des Kolloquiums verkörpert.

Er hat in langer unermüdlicher Tätigkeit sowohl in der Lehre als auch durch seine Vortrags- und Publikationstätigkeit viele Freunde erworben und in so wichtigen Feldern wie Spiel und Spielforschung, Reformpädagogik, pädagogische Kommunikation sowie in seinen Studien zu Peter Petersen vielfältig an der Forschungsgeschichte mitgeschrieben. Im vorliegenden Band zeigt sich dies nicht zuletzt in der Spannweite der drei großen Kapitelteile.

Am Kolloquium nahmen als Beiträger teil: Hansjörg Hohr (Universität Trondheim, Norwegen), Michio Ogasawara (Universität Hiroshima, Japan), der die weiteste Anreise und größte Mühe auf sich genommen hat, Richard Olechowski (Universität Wien, Österreich) und Fritz Osterwalder (Universität Bern, Schweiz) sowie aus Deutschland Hans Döbert (Deutsches Institut für Internationale Pädagogische Forschung, Forschungsstelle Berlin), Wolfgang Hörner (Universität Leipzig), Hanna Kiper (Universität Oldenburg), Winfried Marotzki (Universität Magdeburg) und Uwe Sandfuchs (Universität Dresden) sowie als Gäste Rimmert van der Kooij (Universität Groningen), Eva Matthes (Universität Augsburg) und Reinhard Uhle (Universität Lüneburg).

Der vorliegende Band dokumentiert in weiten Teilen die Tagung, enthält aber auch zugleich auch Beiträge weiterer Kolleginnen und Kollegen: Peter Alheit (Universität Göttingen), Lutz Alisch (Universität Dresden), Wolfgang Brezinka (Universität Konstanz, lebt in Österreich), Heiner Drerup (Universität Dresden), Hans-Ulrich Grunder (Universität Tübingen), Ulrich Heimlich (Universität München), Rimmert van der Kooij (Univeristät Groningen), Eva Matthes (Universität Augsburg), Werner Leitner/ Reinhard Ortner (Universität Gießen), Wincenty Okoń (Universität Lodz), Jürgen Osterloh (Universität Braunschweig), Wolfgang Mitter (DIPF), Andreas Pehnke (Universität Greifswald), Dieter Schulz (Universität Leipzig), Gisela Wegener-Spöhring (Universität Köln) und Miroslav Szymański (Universität Warschau).

Ich möchte allen danken, die mit ihren Vorträgen das Kolloquium unterstützt und durch ihre Beiträge die Publikation des vorliegenden Bandes ermöglicht haben.

Mein besonderer Dank gilt auch Herrn Dr. Gerd Biegel vom Landesmuseum in Braunschweig. Er hat uns unkompliziert, großzügig und kreativ geholfen.

Ebenso danke ich allen, die an der Organisation des Symposiums mitgewirkt haben: Sylvia Eckert, Bettina Meine, Heike Rockel und Evelyn Wild.

Ohne Hein Retter wäre diese Publikation nicht möglich gewesen. Ihm sei das Buch aufs Herzlichste gewidmet.

Danksagung

Mein Dank gilt dem LIT-Verlag Münster, insbesondere Herrn Benedict Lax-Grüneberg und Dr. Michael Rainer. Für ihre unermüdliche Hilfe danke ich Dipl.-Päd. Sylvia Eckert. An der Druckfassung hat Frau Maren Mithöfer (Osnabrück) maßgeblichen Anteil. Ihnen beiden gilt mein Dank für Ihre große Geduld, Hilfe und Unterstützung.

Braunschweig, im Dezember 2003 Petra Korte

Foto: Universitätsprofessor Dr. Hein Retter

Petra Korte

Einleitung: Kontinuität, Krise und Zukunft der Bildung – Facetten eines Tagungsthemas

Fragen der Bildung sind in den letzten Jahren in einem Ausmaß zum Gegenstand öffentlicher medienwirksamer Diskussion geworden, wie dies in früheren Dekaden kaum vorstellbar war. Dabei spielen oft aktuelle, teils sogar regionale (bundeslandspezifische) Anlässe eine Rolle. Der vorliegende Sammelband geht einen anderen Weg und verzichtet bewusst auf eine spektakuläre Anbindung an gerade herrschende Diskursstichworte. Es soll im facettenreichen Spektrum vieler Stimmen gezeigt werden, wie sehr historisch und international vergleichende sowie systematisch-bildungstheoretische Analysen in der Lage sind, Diskussionen zu versachlichen und kontroverse bildungspolitische Positionierungen zu relativieren. Dies gilt für Deutschland auf besondere Weise.

Ziel des Sammelbandes ist, ausgehend von der durch Hein Retter und dessen erziehungswissenschaftliche Schriften repräsentierten Forschungsbreite, eine Bestandsaufnahme der gegenwärtigen deutschen und internationalen Bildungsdiskussion, also die wissenschaftliche Sichtung der großen Themen und ihrer Kontexte sowie die Erörterung künftiger Entwicklungen. Die ersten Beiträge erörtern die Situation der Erziehungswissenschaft und der Allgemeinen Pädagogik sowie damit verbundene Themen der Lehrerbildung. In einem zweiten Teil geht es um international vergleichende Perspektiven von Bildung und Bildungssystemen, dann in einem dritten Teil, zentriert um spiel- medien- und biographiebezogene Schwerpunkte, um historisch-systematische und bildungstheoretische Positionen.

I.

Lutz Michael Alisch geht in seinem Beitrag »An der Schwelle zu einer neuen Wissenschaft vom Erziehen« von der aktuellen Entwicklung der Gesellschaft zu einer Informations- und Wissensgesellschaft aus. So wie die »Reformpädagogik Antworten auf die durch die Evolutionstheorie aufgeworfenen Fragen und die in ihrem Zuge angeregten wirtschaftlich gesellschaftlichen Veränderungen geben wollte«, so steht »die heutige Pädagogik vor den Konsequenzen der Berechnungstheorie des Geistes und der politischen Aufnahme der Selbstreferenz.« Die Erziehungswissenschaft sei, so Alisch, in dieser Situation besonders gefragt, »wenn wirklich intendiert wird, dass sich die Wissensgesellschaft hin zu einer Gesellschaft von Wissenden und nicht nur von Zugangsfähigen zu Sachstandbehauptungen« entwickle. Notwendig wäre von pädagogischer Seite aus ein »erheblicher Innovationsschub« zu »wissenschaftsorientierten Verfahrensentwicklungen« zu leisten, wobei er diese Herausforderung als eine Chance für die Erziehungswissenschaft bewertet.

Pessimistischer zeichnet *Wolfgang Brezinka* die Situation der Erziehungswissenschaft in seinem Beitrag »Über die Krise der Pädagogik und ihre Zukunft als Universitätsfach«. Er sieht das Fach und vor allem ihr »theoretisches Zentrum«, die Allgemeine Pädagogik, in einer »Dauerkrise«. Die Allgemeine Pädagogik kenne eine Inflation »meta-pädagogischer Reflexionen auf Kosten pädagogischer Erkenntnisse« aufgrund einer Öffnung zu disziplinfremden Wissensbeständen und eine »Verkümmerung der Fachsprache« der Pädagogik. Brezinka fordert daher eine Rücknahme der Verwissenschaftlichung der Lehrerbildung und eine Ausrichtung auf eine »moderne Praktische Pädagogik«. Wissenschaftstheorie und Wissenschaftsforschung sind für ihn nicht mehr Gegenstand von primär berufsbezogenen pädagogischen Studiengängen.

Eine von der Begrifflichkeit her andere Position, die sich schon im Titel auf Lehrerbildung bezieht, hat *Heiner Drerup*. In seinem Artikel »Kanon und Lehrerbildung – Zur Debatte um eine Reform der Lehrerbildung durch Kerncurricula und Standards« weist er auf die terminologischen Probleme des Faches hin: »Die Internationalisierung der Debatte habe eine neue, vor allem angloamerikanische Begrifflichkeit wenn nicht als Ersatz, so doch als parallel etablierte Terminologie in der deutschen Diskussion institutionalisiert.« Die neue Debatte um Evaluation und Steuerung im Bildungssystem bringe unterschiedliche Argumentationstrends hervor. Drerup schildert die Geschichte des Instrumentes »Kerncurriculum« und beschreibt die Vor- und Nachteile dieses Steuerungsinstrumentes und erläutert die »Versuche über Standards die Lehrerausbildung zu steuern, zu evaluieren und zu verbessern.« Standards orientieren sich dabei – eine Parallele zu Brezinka bei unterschiedlichem theoretischen Hintergrund drängt sich auf - an »den Qualifikationserfordernissen kompetenten Handelns in der pädagogischen Berufspraxis und eben nicht an disziplinären Vorgaben der Pädagogik«. Drerup schildert unterschiedliche Modelle für solche Standards und fordert eine Offenheit und Selbstdisziplinierung der Erziehungswissenschaft.

Auch *Jürgen Osterlohs* Beitrag reflektiert Stand und Zukunft der Disziplin und ist ein Beitrag zur Grundlagendiskussion in der Erziehungswissenschaft. Unter dem Titel »Ethos pädagogischer Verantwortung als Identitätskern der Erziehungswissenschaft. Ein Versuch verantwortungsethischer Grundlegung der Disziplin«, bezeichnet Osterloh den »Identitätskern« der Erziehungswissenschaft durch ein »Verantwortungsethos« bestimmt, nicht aber durch »eine bestimmte methodologische Ausrichtung, theoretische Position, soziale Konstitution oder eine geistesgeschichtliche Tradition«. Osterloh diskutiert im weiteren den eigenen Vorschlag kritisch, in dem er alle Verkürzungen und Einwände vorwegnimmt, und bindet schließlich jegliche erziehungswissenschaftliche Positionierung, auch die eigene, – mit Stegmüller – an eine »Entscheidung zur Rationalität«, die sich in einer Zukunftsorientierung, einer analytischen sowie systematischen, empirischen Orientierung, hermeneutischen und kritischen Orientierung der Erziehungswissenschaft ausdrücke.

Hans Ulrich Grunders materialreicher und zugleich systematischer Beitrag »Grenzen der Erziehung – Grenzen der Allgemeinen Pädagogik. Zur Problematik von Machbarkeitsszenarien« greift den disziplinbezogenen Binnendiskurs auf und reflektiert eine Art Standortbeziehung der Allgemeinen Pädagogik. Grunder verweist zunächst auf die Funktion der Allgemeinen Pädagogik als »Landkarte«, zeigt dann in unterschiedlichen pädagogischen Feldern »fehlendes pädagogisches Grenzbewusstsein auf« und leitet Chancen und Grenzen einer Allgemeinen Pädagogik ab.

Die nächsten Beiträge rücken stärker Schule und Lehrerbildung in den Mittelpunkt, konkretisieren also die vorher entfalteten Grundlagen.

»Aufmerksamkeit und Konzentration im Blickfeld von Bildung und Erziehung« beschäftigen *Werner Leitner* und *Reinhold Ortner.* Ausgehend von den Konzentrationsleistungen der Schüler im Bildungssystem/in der Unterrichtssituation heute wird nachgewiesen, dass die Wahrnehmung oder die allgemeine Auffassung die Konzentrationsleistungen von Schülern sei abnehmend, empirisch nicht bestätigt werden kann. Die Autoren unterscheiden daher Aufmerksamkeit und Konzentration. Sie erläutern personenabhängige und situative Faktoren, die bei Kindern Aufmerksamkeit verringern. Leitner und Ortner zeigen mit ihren in der psychologischen Forschung gewonnenen Ergebnissen auf, dass für die Erforschung von Aufmerksamkeit und Konzentration eine interdisziplinäre Zusammenarbeit notwendig sei, denn nur durch diese könne Kindern und Lehrenden eine Möglichkeit der Hilfestellung angeboten werden.

In gewisser Weise ergänzt *Gisela Wegener-Spöhring* die vorherigen Positionen durch empirische schulpädagogische Forschung. Sie schildert ein Forschungsprojekt, das die Motivation von Kindern hinsichtlich der Teilhabe am Grundschulunterricht untersucht. Dabei kommt sie auf die Kategorien »Lebenswelt«, »Interesse«, »Freude«, »Aufmüpfigkeit« und »Szene machen«: Je mehr Kinder in den Unterrichtsprozess über eine oder mehrere dieser Kategorien einbezogen werden, umso geglückter und zufriedenstellender läuft aus deren Perspektive der Unterricht; die Kinder bleiben motiviert. Je weniger Teilhabe und Partizipation den Kindern ermöglicht wird, desto geringer ist auch die Motivation.

Auch auf die Heterogenität ihrer Lerngruppen müssen Lehrerinnen vorbereitet sein wie *Uwe Sandfuchs* hervorhebt. In seinem Beitrag »Professionalität und interkulturelle Kompetenz von Lehrerinnen und Lehrern« weist er »Interkulturalität als eine der bedeutsamsten Kompetenzen in multikulturellen Gesellschaften aus«. Sandfuchs entwickelt, was interkulturelles Lernen auf der einen Seite so bedeutsam und auf der anderen so schwierig macht, und beschreibt die Schule als den interkulturellen Lernort der bundesrepublikanischen Gesellschaft. In einem zweiten Schritt geht es unter der Überschrift »Zur Entwicklung interkultureller Kompetenz in Schulpraxis und Wissenschaft« um einen knappen, jedoch äußerst prägnanten Überblick um die Geschichte interkulturellen Lernens in der BRD. Sandfuchs macht auf eine erhebliche Stagnation und einen Rückschritt in der ersten und zweiten Phase der Ausbildung künftiger Lehrkräfte aufmerksam und betont die Förderung von »interkultureller Kompetenz« als unverzichtbaren Teil von Lehrerinnen- und Lehrerprofessionalität.

II.

Mirosław S. Szymański leistet in seinem Beitrag »Bildungssystem in Polen. Traditionen und Gegenwart« in knapper Form einen Überblick über die Geschichte und Traditionen des polnischen Bildungswesens. Vor allem den drei Reformen von 1948, 1961 und 1973 schenkt er viel Beachtung. Polen sei ein Land, in dem »seit 1989 tatsächlich Bildungsreformen durchgeführt werden«, und zwar trotz viel ungünstigeren »Rahmenbedingungen« als in anderen Ländern Europas.

Um Polen geht es auch im folgenden Beitrag, einem autobiographischen Text des polnischen Erziehungswissenschaftlers *Wincenty Okoń*, der (Okoń ist 87 Jahre alt) den »Frühling 2001« beschreibt. Es ist ein Text, in dem es um Altwerden und Alt-sein geht, ein Text, der Okońs Leben im Polen des 20. Jahrhunderts thematisiert und auf der Basis persönlicher Erfahrungen das deutsch-polnische Verhältnis einbezieht.

Während Okoń über sein individuelles Verhältnis zu Deutschland und zur deutschen Sprache nachdenkt, thematisiert *Wolfgang Mitter* das deutsch-tschechische Verhältnis. Unter dem Titel »Deutsch-tschechische Nachbarschaft in Vergangenheit und Gegenwart: Herausforderungen an die politische Bildung« schildert Mitter die Besonderheiten der »deutsch-tschechischen ›Konfliktgemeinschaft‹«, in dem er die »Geschichte der kulturellen Nachbarschaft« seit dem Mittelalter darstellt. Beide Bildungswesen hätten sich in »fruchtbarer Konkurrenz« befunden. Nach dem Scheitern dieser »fruchtbaren Konkurrenz« sei es nun heute vor allem die »Herausforderung an die politische Bildung«, das Verhältnis von Tschechen und Deutschen wieder zu verbessern.

Der österreichische Autor *Richard Olechowski* skizziert in seinem Aufsatz »Neoliberalismus und Bildung – zwei kontroverse Konzepte« die allgemeine europäische Beobachtung, die Bildungssysteme nicht mehr am Bildungsbegriff bzw. an der Bildung des Menschen, sondern an ökonomisch-gesellschaftlichen Kriterien auszurichten. Olechowski hält dies Entwicklung für problematisch und erläutert das an einschlägigen Beispielen. Der Beitrag ist sowohl international-vergleichend wie bildungstheoretisch fundiert.

Schließlich zeigt *Wolfgang Hörner* die »Kontinuität, Krise und Zukunft der Bildung in Frankreich« auf, in dem er zunächst die Kontinuität im französischen Schulsystem in einem dreifachen Erbe verankert sieht: in einer Humanismus-Interpretation der historischen Jesuitenschulen, in den großen pathetischen Bildungsplänen der Revolutionszeit und schließlich in der technokratischen napoleonischen Konzeption der Universitäten und Lyceen. Eine Krise des französischen Bildungssystems lässt sich für Hörner nur an zwei Punkten ausmachen: in der undifferenzierten Sekundarstufe I und im Problem der Jugendarbeitslosigkeit.

Hansjörg Hohr erläutert das »Bildungssystem und Bildungsprobleme in Skandinavien«, den Ländern Dänemark, Norwegen und Schweden. Hohr weist darauf hin, dass die »innerskandinavischen Sprachunterschiede« bedeutend geringer sind als die Mundarten des deutschen Sprachraums und dass es seit 50 Jahren einen Nordischen Ministerrat gibt. Darum hält er es für möglich, das Bildungssystem aller drei Länder unter einer Überschrift zu skizzieren.

Hohr stellt kurz die Geschichte des skandinavischen Bildungssystems dar, dann die schulgeschichtlichen Kontexte, um schließlich die Schule Skandinaviens als »staatliche Veranstaltung« zu beschreiben. Gegenwärtig verändere sich die Monokultur in einen kulturellen Pluralismus; parallel dazu führt der Neoliberalismus zu Deregulierung und Zielsteuerung. Hohr sieht den Konflikt in der skandinavischen Bildungsdiskussion zwischen zwei Positionen: dem Verständnis von Schule als einer Veranstaltung der Gemeinschaft auf der einen und der Idee der Schule als Dienstleistungsfunktion, die den Bedürfnissen des Einzelnen verpflichtet ist, auf der anderen Seite.

Der internationale Teil wird geschlossen von einem Beitrag des japanischen Erziehungswissenschaftlers *Michio Ogasawara* zum »Bildungsproblem im modernen Japan in der Spannung zwischen der Yutori-Erziehung (Erziehung des geistigen Freiraums) und der Erhöhung der Schulleistung«. Ogasawara schildert die japanische Diskussion um Schulreform seit den 70er Jahren. Viele Kinder litten damals unter dem Schulsystem; es ließ sich eine Bildungspathologie konstatieren. Unter dem Schlagwort der »Yutori-Erziehung«, Erziehung zu mehr Freiraum, versuchte das japanische Bildungssystem zunächst die Krise zu lösen, wandelte diese Vorgabe aber unter dem Druck der japanischen Öffentlichkeit in eine Erziehung zu höherer Lernleistung. Ogasawara schildert die Krise des japanischen Bildungssystems aus erziehungswissenschaftlicher Perspektive und zeigt auf, welche Schritte dringend notwendig wären, um ein »System Schule« zu erreichen, das die japanischen Kinder »gerne besuchen und in der sie mit Freude leben und lernen können«.

III.

Der folgende Teil ist den historisch-systematischen und bildungstheoretischen Themenspektren der Tagung gewidmet. *Hanna Kiper* skizziert die Geschichte des Verhältnisses von »Bildung und Geschlecht« von der frühen Neuzeit bis in die 1990er Jahre. Ihr Beitrag hält fest, dass sich unter einer »gesellschaftspolitischen Perspektive« zwar »die rechtliche und politische Emanzipation der Mädchen und Frauen« aufzeigen lasse, Gleichheit jedoch nach wie vor nicht hergestellt sei, was die »Platzierung« von Frauen in »Politik, Wirtschaft, Wissenschaft und Öffentlichkeit« betrifft.

Das seit den 60er Jahren in Ideologieverdacht geratene »Postulat einer relativen pädagogischen Autonomie« werde in der aktuellen Diskussion, in der das pädagogische System sich mit vor allem wirtschaftlichen Interessen auseinandersetzen müsse, wieder beachtet.

In ihrem Aufsatz »Erich Wenigers Postulat einer relativen pädagogischen Autonomie im Spiegel aktueller Herausforderungen« erläutert *Eva Matthes* die Herkunft und die Funktion des Postulats Wenigers, der sich damit von den Ansprüchen der Kirche und weltanschaulich dogmatischer Gruppen abgrenzte. Weniger veränderte im Laufe der Zeit sein Postulat und entwickelte – so die These des Aufsatzes – einen zunehmend kritischen Blick auf die Rahmenbedingungen pädagogischen Handelns. Matthes skizziert an Autoren wie Benner, Parmentier und Retter die aktuelle theoretische Diskussion um die Autonomie der Pädagogik in der Abwehr einer »Ökonomisierung der Erziehungswissenschaft und des Bildungsbereichs«, der jetzt wohl aktuellsten Herausforderung unserer Disziplin.

An diese neue Reformpädagogik-Betrachtung schließt auch der Beitrag an, in dem *Andreas Pehnke* die »Reformpädagogik-Rezeption in der SBZ (1945–49), der DDR (1949–90) und den neuen deutschen Bundesländern (seit 1990)« untersucht. Nach Pehnke war die Rezeption in der SBZ ausschließlich positiv, da »viele Bildungsfunktionäre der SBZ mit der reformpädagogischen Bewegung der zwanziger Jahre eng verbunden waren«. Die Kontinuität im demokratischen Rahmen stand im Mittepunkt. Das änderte sich im Gründungsjahr der DDR, da sich die DDR vom Konzept eines besonderen Deutschen Weges zum Sozialismus verabschiedete und sich an der Kopie eines sowjetischen Musters orientierte. Stalinistische Direktiven und Reformpädagogik schlossen sich aus. Erst in den 80erJahren änderte sich das wirklich grundlegend, wobei den »Auftakt für ein Forschungsprojekt zur differenzierten Erforschung der Reformpädagogik« 1980 Ch. Uhlig gab. Seit 1989 setzte eine »Euphorie« für Reformpädagogik ein. Als ein besonderes Mittel für die Motivierung von Lehrerinnen und Lehrer, über ein anderes Engagement nachzudenken, sieht Pehnke die Auseinandersetzung mit regionalgeschichtlich-lokal verorteten reformpädagogischen (verschütteten) Traditionen und erläutert den Zusammenhang am Beispiel Chemnitz.

Ebenfalls auf Reformpädagogik und ihre Aktualität rekurriert der Beitrag von *Dieter Schulz* über »›Das Jahrhundert des Kindes‹ (Ellen Key). Zukunftsgerichtete Rückschau auf ein pädagogisches Programm.« Schulz zeigt auf, dass das einzige Gemeinsame bei allem Facettenreichtum und bei aller historischen Fortentwicklung in der Reformpädagogik die Kindorientierung war, angefangen vom Interesse an den seelischen Vorgängen bei Kindern und Erwachsenen bis hin zur Organisation von Schule. Orientiert an der pädagogischen Freiheit und am Kind, sei die Erziehung von Kindern eine immer wieder neue Aufgabe zu innovativer und experimenteller Gestaltung von Schulen.

In den letzten Beiträgen des Sammelbandes geht es um Spiel und Bildung bzw. um Bildungstheorie und Biographieforschung. *Ulrich Heimlich* konstatiert unter dem Titel »Spiel als Bildung! – Bildung als Spiel? Der Beitrag der Spielpädagogik zu einer Bildung für alle in Geschichte und Gegenwart«, dass der deutsche Begriff »Bildung« wieder in »aller Munde« sei, obwohl er, in den 1960er Jahren von vielen Erziehungswissenschaftlern fast abgeschafft, bis heute im internationalen Zusammenhang ständig neuen Erklärungsbedarf produziere. Für Heimlich steht der Spielbegriff nun besonders mit dem aktuellen Interesse am Bildungsbegriff in Beziehung, vor allem dort, wo es um Selbstbildung gehe. Um die Wechselwirkung und den Konnex zwischen Spiel und Bildung darzustellen, skizziert Heimlich eine Geschichte des Verhältnisses von Spiel und Bildung seit der Antike; sein Bogen führt über die Anfänge der modernen Spielpädagogik bis zu den Anforderungen der Gegenwart und postuliert am Ende den bildenden Wert des Spiels.

Der Spielforscher *Rimmert van der Kooij* hingegen setzt sich nicht mit der Geschichte, sondern mit der sozialwissenschaftlich/empirischen Erforschung des Spiels auseinander. In seinem Beitrag »Zukünftige Forschungsschwerpunkte im Kinderspiel« beschreibt van der Kooij die Relevanz des Spiels, dessen Erforschung schon deshalb so schwierig se, weil Spiel a) ein sehr komplexer und b) ein unsichtbarer Vorgang sei. Die Theorien zum Spiel seien daher immer sehr schnell wieder veraltet. Van der Kooij gibt einen Überblick über den Forschungsstand und entwickelt Perspektiven der Spielforschung, die sich unter anderem gegen einen hohen unternehmerischen Druck sich behaupten müsse.

Winfried Marotzkis Überlegungen zu »Bildung und Orientierung im Zeichen neuer Informationstechnologien – oder: Warum Lara Croft eine kulturelle Ikone ist« stellt einen Pionierbeitrag dar, der viele pädagogische Tabus sprengt. Ausgehend von einer bildungstheoretisch fundierten Differenz von Orientierungs- und Verfügungswissen stellt er die Frage, ob Orientierungswissen eine bildende Funktion habe. Mit Kant bearbeitet Marotzki die orientierende Dimensionen von Bildung; sein originelles Beispiel ist Lara Croft, ein Computerspiel, das eine »narrative Konstruktion von Biographie« erlaube. Eben diese Konstruktion lasse sie als kulturelle Ikone erscheinen: Kinder und Jugendliche erleben in der Auseinandersetzung mit der Figur Abenteuer, die sie befähigen, ihr eigenes Leben zu verarbeiten. Marotzki findet im Computerspiel vier Dimensionen: das Spiel, das Abenteuer, das archaische Narrativ und eine Funktion diskursiver »Vergemeinschaftungsstrukturen«.

Aufbauend auf den vorherigen Beiträgen zu Spiel und Spielforschung und zum Verhältnis von Spiel und Biographieforschung rundet *Peter Alheits* bildungstheoretische Position einer »Idee einer transitorischen Bildung« den Sammelband ab. »Transitorische Bildunsprozesse beziehen sich nicht auf bestehende strukturelle Kontexte, sondern deuten sie bereits als Elemente neuer kontextueller Bedingungen«. Sie realisieren, die Fähigkeit, etwas zu vernetzen. Dafür bedürfe es sozialer Akteure. »Wissen kann nur als biographisches Wissen wirklich transitorisch sein«. Peter Alheit benennt als eine moderne Schlüsselqualifikation, die in den üblichen Qualifikationskatalogen nicht vorkommt, die »Biographizität«: »Biographizität bedeutet, dass wir unser Leben in den Kontexten, in denen wir es verbringen (müssen), immer wieder neu auslegen können und dass wir diese Kontexte ihrerseits als ›bildbar‹ und gestaltbar erfahren«.

Das Zusammenspiel der hier versammelten Beiträge orchestrierte auf der Braunschweiger Tagung engagiert und souverän Hein Retter, dem an dieser Stelle noch einmal herzlich gedankt sei und dem dieses Buch gedankt und gewidmet sei. Sein kommunikatives Netz war und ist das Zeichen einer gelebten internationalen Fachstruktur.

I

Lutz Michael Alisch

An der Schwelle zu einer neuen Wissenschaft vom Erziehen

I

Zunächst ein kurzer Blick zurück. Man war in der Pädagogik lange der Auffassung, die Bewegung, die mit dem Namen Reformpädagogik versehen worden war, hätte einen gesellschaftlich nicht unwesentlichen Impuls gegeben und dadurch die Modernisierungstendenzen der Gesellschaft mit initiiert und bedingt, wenn nicht gar eingeleitet. Der innovative Wirkeffekt wurde verortet als (i) von einer veränderten Theorie (der Entwicklung) ausgehend und (ii) sowohl institutionalisierte als auch Handlungsformen annehmend, und zwar in neuen Entwürfen von Schule, Lernen und Unterricht. Reformpädagogik schien vorwärts gerichtet, Hergebrachtes (etwa den Herbartianismus) überwindend, eben reformierend und dabei zugleich nicht nur auf Zukunft vorbereitend, sondern Zukunft selbst gestaltend. Die Gesellschaft schien sich erstmals bewusst des zweckentsprechend verfeinerten Instrumentariums »Erziehung« zu bedienen, um sozialen Wandel der Unwägbarkeit historischen Wildwuchses zu entreißen.

Mit dem Abstand fast eines Jahrhunderts stellt sich jedoch – so belehren uns die Fachhistoriographen – die Reformpädagogik anders dar. Für den Entwurf von Schule soll von ihr keine Invention ausgegangen sein, die nicht schon längst durch Vorläufer der Reformpädagogik angedacht und entwickelt worden war. Inventionen lagen bereits vor und nicht bloß in der Luft. Auch was Unterrichten und Lernen betrifft, blieben der Reformpädagogik lediglich Kodifizierungen, die bis in unsere Zeit als sogenannte Organisationsformen eine Rolle spielen, mehr aber auch nicht an Originalität. Dies alles dürfte im wesentlichen darauf zurückzuführen sein, dass die Reformer in einer Art geistigen Spagats zwar etwas Neues hervorbringen wollten, das aber zugleich schon fest in der pädagogischen Denktradition verankert war.

Entsprechend verwundert es nun auch nicht mehr, dass Jürgen Helmchen schlussendlich die Frage aufgeworfen hat: »Was reformierte die Reformpädagogik« eigentlich und darauf die Antwort gab: Die Reformpädagogik war durchaus nicht so wirkungslos, wie mittlerweile häufig angenommen, nur dass ihre Wirkungen eben auf ganz anderem Gebiet lagen. Sie reformierte die gesellschaftlichen Vorstellungswelten, deutete die Gesellschaft neu und zwar als Abschluss jener Erneuerungsphase, die mit dem Auftreten der Darwinschen Evolutionstheorie eingeleitet worden war. Es galt, den ideologischen Apparat der Gesellschaft so zu modernisieren, dass soziale Diversifikation und Gestaltungsrationalität institutionell und im Handeln harmonisierbar wurden (vom Kinde aus, auch entwicklungstheoretisch und nicht nur psychologisch gesehen). Die Reformpädagogik reformierte das gesellschaftliche Selbstverständnis, das durch die Evolutionstheorie in Unordnung geraten war. Sie bot eine Balance zwischen Fortschrittszuversicht und Zukunftsoffenheit (Ellen Keys Lebensglauben) und erreichte dennoch, wie Helmchen meint, wegen ihrer Kindtümelei die Gesellschaft schon nicht mehr. Der 1. Weltkrieg setzte diesen Vorstellungswelten ohnehin einen harten Schnitt entgegen.

II

Der damit skizzierte Rückblick ist nicht ganz ohne bezugnehmende Absicht hinsichtlich der heutigen Situation gewählt. Wieder hat es eine wissenschaftliche Entwicklung geschafft, die sozialen Bezüge infrage zu stellen, und das kommt nicht von ungefähr. Legt man holzschnittartig eine (an der Heidegger-Destruktion orientierte) geistesgeschichtlich ausgerichtete Klassifikation an, dann hat sich aus der ursprünglichen, kontemplativ erlebten Einheit von Theorie und Natur im klassisch-griechischen Denken mit dem Cartesianismus die Ausgliederung des natürlichen Objektes aus dieser Einheit vollzogen, und das mit der Eröffnung all ihrer Möglichkeiten einer wirtschaftlich-technologischen Ressourcenschöpfung.

Zur Mitte des vorigen Jahrhunderts war nun etwas Neues eingeleitet worden, gewissermaßen die Objektivierung des Subjekts, initiiert mit der Wendung der Logik auf das Geistige (Informationstheorie, Neuronale Netze, Berechnungsmechanismen und Berechnungstheorie des Geistes). Das ressourcenschöpfende Verhältnis ist damit zum reizvoll paradoxalen der Selbstreferenz verändert worden. Der Geist macht sich selbst zum objektivierten Gegenstand und gibt sich als letztes Eldorado ungehobener Schätze für wirtschaftliche Expansion und technologische Innovation.

III

So, wie die Reformpädagogik Antworten auf die durch die Evolutionstheorie aufgeworfenen Fragen und die in ihrem Zuge angeregten wirtschaftlich-gesellschaftlichen Veränderungen geben wollte, so steht die heutige Pädagogik vor den Konsequenzen der Berechnungstheorie des Geistes und der politischen Aufnahme der Selbstreferenz. Diese Aufnahme hat sich längst, insbesondere durch breite EU-Initiativen, (oft fast unbemerkt) umgesetzt und programmatisiert. Sie bestimmt inzwischen das politische Denken über den Alltag hinaus. Das einschlägige Stichwort lautet: Übergang in die Wissensgesellschaft.

Die letzte Bundesregierung unter Kanzler Kohl hat Prospektivstudien initiiert, die zu handlungsleitenden Orientierungen führen sollten (Wissens-Delphi; Bildungsdelphi), die Länder haben mit der Installierung von Zukunftskommissionen nachgezogen. Der Begriff Wissensgesellschaft arbeitet dabei mit der Vorstellung, Wissen werde für eine Reihe gesellschaftlich bedeutsamer Funktionen zunehmend wichtiger und basiere auf dem Vorgang der Aufnahme und Verarbeitung von Informationen zu Wissen durch Subjekte. Das Bildungsdelphi versuchte in diesem Zusammenhang, Ideen für die Gestaltung eines zukunftsfähigen Bildungssystems zu sammeln.

Die Pädagogik hat – und hierbei leidet die Einschätzung etwas unter dem fehlenden Abstand, der dadurch gegeben ist, dass jeder Kommentator zur Zeit nicht nur dem Geschehen gegenüber dissoziiert, sondern zugleich auch assoziiert ist – die Pädagogik also hat in den letzten Jahren deutliche, manche meinen sogar, fundamentale Änderungen der Sicht auf ihre Gegenstände vollzogen. Die Einleitung zum 1999er Band der Review of Research in Education resümiert das mit der Überschrift: *Welcome to the threshold of a new Science of Education.*

Inwiefern diese Entwicklungen, deutlich ein Reflex auf die Veränderungen, die durch die berechnungstheoretische Selbstreferenz bedingt wurden, mit den politischen Visionen von der Wissensgesellschaft harmonieren und auf ein im Sinne politischer Überzeugungslyrik zukunftsfähiges Bildungswesen führen, soll hier nicht Gegenstand der Überlegungen sein. Zu sehr leidet das bildungspolitische Denken unter der Diskrepanz von wohlmeinender Vision und sich darum nur bedingt scherender Realität (siehe PISA) beziehungsweise der Diskrepanz von verbal reklamierter Komplexität und immer wieder nur für eine lineare Sozialdynamik gedachter, gleichwohl aber unterbreiteter Änderungsvorschläge.

Als eine Art korrigierend gemeintes Schlaglicht hat Beate Brezan auf meine Anregung hin ein Sozialdelphi (zunächst für Sachsen) entwickelt, das demnächst in seine empirische Phase eintritt. Gegenstand sind die – wenn man so will – ungewollten Nebenwirkungen der politisch angeregten oder angedachten Übergänge in die Wissensgesellschaft, vor allem diejenigen, die in der Wissenschaftsgesellschaft die für Sozialministerien relevanten Aktionsbereiche ausmachen werden und die man als das Terrain der zukünftigen (Technik-) Verlierer dieser Gesellschaftsform ansehen kann. Nach allem, was sich bislang theoretisch abzeichnet, könnte es sein, dass diese Verlierer sozusagen quer zur hierarchischen Struktur der Gesellschaft liegen werden, ganz entgegen der Annahme der Protagonisten der Wissensgesellschaft, dass, wer mit Wissen umgehen können wird, auch seinen Platz in ihr findet.

IV

Die Veränderungen in der Erziehungswissenschaft, ausgelöst durch Selbstreferenz und Wissensgesellschaft, zeigen sich in mehreren, zuweilen noch unverbundenen Tendenzen: Eine stete Zunahme an qualitativer Forschung, der Übergang in der Wissenschaftstheorie zum Konstruktivismus oder zum Interpretationismus, eine verstärkte Reflexion erziehungs- und forschungsethischer Ansätze, die Abkehr vom handlungstheoretischen Erziehungsbegriff und die

Aufnahme dessen, was seit Luhmanns Stichwort die technologische Lücke in der Pädagogik heißt, in Form einer Wandlung der Metaphern für Lernen, Wissen und instruktionale Anregung.

Ausgangspunkt hierfür sind unterschiedliche Konsequenzen, die man aus den pädagogischen Desiderata des Wissensbegriffs gezogen hat. Was heißt das im einzelnen? Wissen kann, in Kompilation einer begriffsgeschichtlichen Progression, die mit Platon begonnen hat, wie folgt definiert werden: Wissen ist der subjektive (epistemische) Glauben an die Zutreffendheit einer Sachverhaltsbehauptung (Platon), der durch semantische Information bedingt ist (Dretske) und auf der Anwendung eines entscheidungsfähigen, endlich terminierenden Prüfverfahrens (Glymour) beruht. Semantische Information kann hierbei aufgefasst werden als subjektive Individuation von Konfigurationen unter Beschränkungen (Devlin; diese Terminologie entstammt der CSLI-Situationssemantik).

Für die Pädagogik ist an dieser Definition vor allem folgendes relevant: Sie hat in ihren Konzeptionen von Lernen, Lehren, Unterricht, Schule, manchmal auch von Bildung großen Wert darauf gelegt, Sachverhaltsbehauptungen und die Fremdanregung semantischer Informationen zu sichern, evtl. zusätzlich auch die Fremdpräsentation von Entscheidungsverfahren, gekoppelt an die Maßgabe für die Lernenden, sie selbständig auszuprobieren und einzusetzen. Was ihr aber im wesentlichen nicht thematisch war, das betrifft den Umstand, dass für einen Lernenden zu erwerbendes Wissen im pädagogischen Zusammenhang zunächst einmal das Wissen eines anderen ist (schon Augustinus, De Magistro Liber Unus, hielt es für aussichtslos, Wahrheit durch Instruktion vermitteln zu wollen).

Offenbar zeigt sich an dergleichen Stelle auch die Schwierigkeit für die wissensgesellschaftlichen Zukunftsversionen, die auf der Nutzung des Internet basieren. Die dort abgelegten Behauptungen sind bereits durch Prüfverfahren entschieden, meist ohne Möglichkeit der Applikation einer eigenen Entscheidungsprozedur durch den Nutzer. Wenn wirklich intendiert wird, dass sich die Wissensgesellschaft hin zu einer Gesellschaft von Wissenden und nicht nur von Zugangsfähigen zu Sachverhaltsbehauptungen entwickelt, steht man vor demselben Problem wie die Pädagogik.

V

Genau an diesem Punkt setzt die Debatte ein, von deren Resultaten und nachfolgenden Forschungsanregungen man heute glaubt, sie stünden an der Schwelle zu einer neuen Wissenschaft vom Erziehen. Aus Gründen einer gewissen theoretischen Verwandtschaft untereinander (was nicht über Differenzen hinwegtäuschen soll) seien hier Konstruktivisten, Vertreter des situated learning-Ansatzes und ID-Theoretiker einer großen Gruppe von Erneuerungsideen zugeordnet, denen Revisionsbemühungen auf Seiten der Traditionalisten gegenüberstehen.

Die Gruppe der Erneuerungsideen wird in Deutschland hauptsächlich unter der Perspektive ihrer Systematisierung diskutiert: In Aufnahme jener Argumente, die davor warnen, der Wissenschaftslehre eines Faches Regeln beizustellen, die reflexiv unanwendbar sind, wird versucht, den Konstruktivismus sowohl zur Meta- als auch zur Objekttheorie zu erheben. Metatheoretisch – und nur das soll hier dazu gesagt werden – kann man den Konstruktivismus als einen Antwortversuch auf den Niedergang der analytischen Wissenschaftsphilosophie deuten. Das vor allem syntaktisch-logisch geprägte Vorgehen der analytisch orientierten Forschung scheint heute eher den Wunsch zu begünstigen, der umfangslogischen Betrachtung endlich in Aufnahme Leibnizscher Tradition eine inhaltslogische Ergänzung an die Seite zu stellen. Das würde auch erklären, warum neben dem Konstruktivismus ein breiter Strom der qualitativen pädagogischen Forschung dahinfließt. Sie stellt eine äquidirektionale Tendenz dar. Es bleibt abzuwarten, wie beiden Bemühungen die Wiederaufnahme der Leibnizschen Tradition gelingt. Ihr Ort in der Geschichte der Pädagogik hängt jedenfalls nicht zuletzt von einem diesbezüglichen Erfolg ab.

VI

Kurz sei dazu noch erwähnt, dass mit komplexitätstheoretischen Überlegungen gezeigt werden kann, dass qualitative Forschung einerseits leistungsäquivalent zur quantitativen ausfallen kann, andererseits derselben in gewissen Fällen zeitlich vorausgehen muss, damit Erkenntnis überhaupt gelingen kann oder aber dass sie drittens nur und allein in der Lage dazu ist, jenseits der Grenzen des Quantitativen wissenschaftlich noch etwas aussagen zu können. Ich habe das in mehreren Arbeiten im Sinne eines logisch begründeten Notwendigkeitsnachweises für qualitative Methoden ausgeführt. Diese Resultate suspendieren jedoch aus meiner Perspektive den Anspruch qualitativer Forschung auf Inhaltslogik genau dann, wenn sie glaubt, der Topologie untreu werden zu können (was in allen ideologisch gefärbten qualitativen Ansätzen der Fall ist).

Objekttheoretisch behandelt die Gruppe der Erneuerungsideen die Wissensproblematik wie folgt: Wissen wird nicht durch Sachverhaltsbehauptungen, den individuellen Glauben an deren Korrektheit und prüfende Entscheidungsprozeduren abgedeckt. Das alles unterschätzt die pragmatisch-soziale Dimension von wissensgestützten Handlungen. Es überbewertet abstrahierend gewonnene universalistische und auf Allgemeingültigkeit ausgerichtete Aspekte (kontextfreies Lernen generalisierter Sachverhalte) und unterschätzt die Notwendigkeit, Probleme oft nur jenseits von Allgemeingültigkeit für singuläre situative Belegungen lösen und nichtmonotone Inferenzen bis hin zu alogischen oder arationalen Beziehungsstiftungen einsetzen zu müssen. Wissen, das an solchen Fehlbewertungen orientiert erzeugt wäre, würde für das Alltagsleben des Lernenden sinnlos sein. Sinnvolles Wissen wird dagegen ausschließlich in belangvollen Situationen und kontextabhängig erworben sowie darüber hinaus zu dem Zweck, gerade die Alltagssituationen bewältigen zu können. Wissen wird dazu vom Lernenden konstruiert. Es repräsentiert (mental) nichts. Wissensakquisition ist demnach Sache situierter Handlungen (natürlich wäre es interessant, von den Erneuerern zu erfahren, woher die Kenntnisse des Lernenden zur Konstruktion von Wissen stammen und woher er weiß, dass er sich in Bewältigungssituationen befindet, für die er bislang noch Unbekanntes lernen muss beziehungsweise woher er weiß, was aus dem Bereich des Unbekannten gerade das zu Erlernende ist).

Findet die Akquisition im Klassenraum statt, dann gilt die Konstruktion als kollaborativ. Erzeugung und Umgang mit Wissen orientiert sich an Moden (dynamischen Variablen) der Kommunikation, was die soziale Interaktion in das Zentrum der Bildung von Wissensgesellschaften rückt und sowohl den Lehrenden als auch den Medien neue Rollen abverlangt.

VII

Schaut man sich im Vergleich zu diesen Auffassungen der Gruppe der Erneuerungsideen an, wie die (etablierte) empirische Erziehungswissenschaft darauf reagiert beziehungsweise überhaupt mit der Herausforderung durch den Wissensbegriff etc. umgeht, so stößt man zunächst auf drei Tendenzen: (a) Weiter so, wie bisher; (b) verbale Adaptation des Neuen, aber ohne Metaphernwechsel, um sich den wissenschaftlichen Konkurrenten »einverleiben« zu können (man betrachte zum Beispiel das Konvergenzpapier von Anderson, Greeno, Reder und Simon im Heft 5/00 des Educational Researcher); (c) systematische Entwicklung einer Alternative, und das aus gutem Grund.

Es sei nur zu (c) Stellung genommen, denn nur unter dieser Variante kann über etwas gesprochen werden, das dem Thema der vorliegenden Arbeit nahe kommt. Ich nenne die Forscher, die der Tendenz (c) zugeordnet werden können, die Dynamiker unter den empirischen Pädagogen. Sie setzen etwa mit folgender Argumentation an: Wenn Wissen das sein soll, was bleibt, wenn die situativen Handlungen vorüber sind, also ein Begleitprodukt des Handelns oder der Interaktionen, ein Residuum geordneter Repräsentationen und gekoppelter Informationen, dann ließe sich plausibel machen, dass die Wissensakkumulation Jahre braucht und dass Unterricht Wissen nicht vermitteln kann.

Wie jedoch immer in der Erziehungswissenschaft, muss auch hier gefragt werden: So wohlmeinend das konstruktivistische Gebäude errichtet worden ist, rechtfertigt es sich durch mehr als durch Reflexivität (Ich konstruiere, also habe ich recht)? Schließlich sind die wissenschaftlichen Prüfungsmethoden, selbst wenn sie Konstruktionen sein sollten, kollaborativ erzeugte und in einer Wissensgemeinschaft geteilte, für den Alltag dieser Gemeinschaft und der in ihr Agierenden gedachte Praktikabilitäten. Kurz: Wie könnte man prüfen, ob entweder die Konstruktivisten oder diejenigen, die den oben explizierten und definierten Wissensbegriff präferieren, eine trägfähige qualitative Modellierung gefunden haben? Die Dynamiker sagen: Mit prozessanalytischen Methoden und vermutlich vorzugsweise unter diesen mit Methoden der nichtlinearen Dynamik.

VIII

Um hierfür ein Beispiel anzudeuten: Was könnte es heißen, Wissen sei konstruiert? Hartmut Oldenbürger hat beiläufig auf einer FST-Tagung (Februar 2000 an der Universität Oldenburg) darauf hingewiesen, dass hier ein unendlicher Regress lauere. Wenn ich mental über etwas verfüge, was mich konstruieren lässt, was konstruiert das Konstruieren?

Offenbar ist der Pädagogik nicht mit einem trivialen Konstruktivitätsbegriff geholfen (wie er leider weite Verwendung findet und damit nur den Eindruck eines neuen Weines in alten Schläuchen hinterlässt). Worin also könnte Konstruktion bestehen? Es gibt mindestens zwei Antworten darauf (andere sind denkbar, wie es sich für einen fruchtbaren theoretischen Begriff gehört):

- Mental wird nur dort konstruiert, wo die prüfenden Entscheidungsverfahren für Wissen versagen, wo also Unentscheidbarkeiten vorliegen. Der Konstruktivismus ist dann lediglich Endotheorie der Pädagogik.
- Konstruiert wird an der Schnittstelle zwischen den Invarianzen des Mentalen und den situativen Evozierungen von Kognitionen, die auf ihrer Grundlage dynamisch erzeugt werden. So könnten zum Beispiel Subjektive Theorien als Invarianzen und Mentale Modelle als deren situativ evozierte Belegungen konzipierbar sein. Worin besteht hier das Konstruieren? In der auf Selbstorganisation beruhenden, stets unwiederholbar differenten, dennoch topologisch äquivalenten neuronalen Aktivität.

Bei einer solchen Fassung der Konstruktion treten mehrere theoretische und methodische Probleme auf. Was kann zum Beispiel als Repräsentation gelten? Offenbar etwas, das die Funktionalität des Repräsentierens für das Mentale aufrecht erhält und zugleich perfekt auf das dynamische Geschehen passt. Ein Vorschlag, den ich andernorts unterbreitet habe und der das technisch leistet, betrifft die kategorientheoretische Repräsentation.

Wenn aber die Dynamik so ausfällt, wie für die kategorientheoretische Repräsentation erforderlich, muss sie sich in einer Attraktorlandschaft realisieren, was die nichtlinearen Analyseverfahren erheblich kompliziert. Kategorientheoretische Repräsentationen und diese Attraktorlandschaft auf der Ebene neuronaler Dynamik sind zwar theoretisch kompatibel (sie ruhen auf der intimen Beziehung zwischen der Theorie dynamischer Systeme und der Logik beziehungsweise Algebra), aber da man für den beim Durchlaufen der Landschaft erforderlichen Attraktorwechsel Rauschen braucht, benötigt man für das Modellieren alternativ sogenannte Random Dynamical Systems (um das basin hopping zu erfassen). Heath hält das in seinem zur Jahrtausendwende erschienenen Buch zu nichtlinearer Dynamik in der Psychologie für eine von zwei Säulen der nichtlinearen Zeitreihenanalyse in den Humanwissenschaften.

Ein zweites Problem betrifft die durch das Vorstehende bedingte Mehrskalenproblematik. Um etwa Methoden der nichtlinearen Zeitreihenanalyse einsetzen zu können, benötigen wir hohe Datenqualität, die es in der Regel jedoch nur im Physiologischen und Physikalischen gibt, nicht im Bereich psychometrischer Daten.

IX

In dieser Mehrskalenproblematik steckt meines Erachtens der eigentliche Kern aller Reaktionsversuche auf die Berechnungstheorie des Geistes, und damit komme ich auf den Anfang der vorliegenden Arbeit und die Frage nach der Analogie zur Situation der Reformpädagogik zurück. Besteht die neue Wissenschaft vom Erziehen als Reaktion auf die Berechnungstheorie des Geistes und die Notwendigkeit einer Harmonisierung mit (wissens-) gesellschaftlichen Umbrüchen tatsächlich wieder in einem der Reformpädagogik ähnlichen Ansatz, die Weltanschauung der heranwachsenden Generationen an beide Herausforderungen anzupassen? Im Fachjargon: Wird die Leistung der Pädagogik im Übergang zur Wissensgesellschaft in einer abermaligen Umstrukturierung der mentalen Software bestehen, insbesondere ergänzt durch Fokussierung des Prozeduralen?

Meine Antwort lautet: Nein! Mit der Mehrskalenproblematik im Rahmen der Fragen nach Wissen und Konstruktion lässt die neue Wissenschaft vom Erziehen von der Turing-Maschinen-Metapher ab, auf deren Grundlage Lehren hieß, Übermitteln von mentaler Software und Datenbasen. Die neue Wissenschaft vom Erziehen ist konfrontiert damit, dass neue Ressourcen, um gewünschtes Wissen zum tatsächlich verfügbaren zu machen, notwendig sind und dass sie gerade an der Schnittstelle zwischen Geist und Gehirn liegen. Kurz: Um die Wissensproblematik zu lösen, braucht es die Anregung mentaler Abläufe so, dass materiell basierte Restrukturierungen von neuralen Prozessen daran gekoppelt sind. Lern- und Gehirnforschung werden nicht länger getrennte Wege gehen. Es ist mit der neuen Wissenschaft vom Erziehen wie mit der Ethik. Die I+K-Entwicklungen zeigen, dass die vormals ausreichende Regulation des Weltverstehens und unseres daran ausgerichteten Handelns durch die Selbstreferenz in ihrer Suffizienz suspendiert wird. Die Konsequenzen der technologischen Veränderungen im Zuge der Berechnungstheorie des Geistes beziehen sich nicht mehr auf die Notwendigkeit einer Änderung des Verstehens der Welt, sie werden vielmehr real. Dies scheint mir die Grundlage dafür zu sein, von pädagogischer Seite einen erheblichen Innovationsschub, was wissensorientierte Verfahrensentwicklungen betrifft, erwarten zu dürfen.

Wolfgang Brezinka

Über die Krise der Pädagogik und ihre Zukunft als Universitätsfach

Im letzten Drittel des 20. Jahrhunderts ist die Pädagogik an den Universitäten aus einem vernachlässigten Nebenfach zu einem Hauptfach mit vielen Studierenden geworden. Anlass dafür waren nicht imponierende Erkenntnisfortschritte in der Erziehungswissenschaft, sondern politische Entscheidungen zugunsten der Verwissenschaftlichung aller pädagogischen Berufsausbildungsgänge. Hauptmotiv war die Sicherung des Nachwuchses durch Erhöhung von Einkommen und Sozialprestige, die mit der Universitätsausbildung verbunden war. Die wissenschaftliche Pädagogik wurde dafür als Rechtfertigung genutzt: sie schien die anerkannte Berufswissenschaft der Lehrer und aller anderen Erzieher zu sein. Ihr Studium galt als notwendiges Mittel zum Erwerb pädagogischer Berufstüchtigkeit. Seither kann niemand mehr in einen pädagogischen Beruf gelangen, ohne wissenschaftliche Zeugnisse aus diesem Fach erworben zu haben.

Tatsächlich aber war und ist die Pädagogik als Wissenschaft bei weitem nicht so gut entwickelt, wie angenommen wurde. Sie steckt vielmehr in einer Dauerkrise, die sich auf die verwissenschaftlichten Studiengänge für pädagogische Berufe nachteilig auswirkt. Das gilt vor allem für das theoretische Zentrum oder den Kern der Pädagogik: für die *Allgemeine Pädagogik* als Grundlage der speziellen oder besonderen Pädagogiken[1].

Es gibt dafür viele Belege. Ich kann hier nur auf drei Erscheinungsformen der Krise hinweisen: 1. Wucherung meta-pädagogischer Reflexionen auf Kosten pädagogischer Erkenntnisse; 2. Öffnung der Pädagogik für allzu viel Wißbares aus fernliegenden Gebieten bis zum Verlust ihres Gegenstandes; 3. Verkümmerung der pädagogischen Fachsprache. Ich will jedes dieser Stichworte kurz erläutern.

1 Vgl. Uhl, Siegfried: Allgemeine Pädagogik: Aufgaben, Inhalt, Problematik. In: Brinkmann, Willhelm/Petersen, Jörg (Hg.): *Theorien und Modelle der Allgemeinen Pädagogik.* Donauwörth 1998 (Auer), 222–240; derselbe: Die Krise der Allgemeinen Pädagogik im Urteil ihrer Kritiker. In: *Bildung und Erziehung*, 53 (2000), 79–103; derselbe: Die Aufgaben der Allgemeinen Pädagogik. Eine Klassifikation der gängigen Auffassungen. In: *Zeitschrift für Erziehungswissenschaft*, 4 (2001), 61–82.

1.

In der Wissenschaftlichen Pädagogik der letzten Jahrzehnte besteht ein Mißverhältnis zwischen relativ wenigen erziehungstheoretischen Erkenntnissen und einer Unmenge kontroverser meta-pädagogischer Texte über Voraussetzungen und Möglichkeiten, Aufgaben und Programme, Grenzen und Richtungen pädagogischer Erkenntnisgewinnung.

Vor rund 50 Jahren wurde die Wissenschaftliche Pädagogik in den deutschsprachigen Ländern noch überwiegend als »Erziehungsphilosophie« betrieben[2]. Damals war es für einen empirisch orientierten Pädagogiker wie Rudolf Lochner noch nötig, von den »Philosophen« auf Pädagogik-Lehrstühlen zu fordern: hört endlich damit auf, »zu behaupten, dass dies die einzig mögliche Art sei, Erziehungswissenschaft als Wissenschaft zu betreiben!«[3] Damals war es angebracht, außerhalb des Faches Hilfe zu suchen und sich auf Erkenntnis- und Wissenschaftstheorie zu stützen. Es ging darum, Klarheit über die möglichen Zwecke und Grundformen von Erziehungstheorien zu schaffen und an elementare logische und methodologische Regeln zu erinnern.[4]

Dieser Rückgriff auf allgemeine methodologische Maßstäbe der empirischen Wissenschaften[5] diente der Kritik an – nach diesen Maßstäben – unzulänglicher Pädagogik. Sie rief begreiflicherweise Abwehr und Gegen-Kritik hervor. In dieser Auseinandersetzung suchten alle Seiten sich mit Argumenten zu wappnen, die aus dem bunten Arsenal der allgemeinen Wissenschafts- und Methodenlehre[6] stammten. Diese hatten jedoch relativ wenig Bezug zum bescheidenen Erkenntnisstand der vorhandenen Erziehungstheorien und ihren konkreten Problemen. So hat der Eifer für die Rechtfertigung wie für die Kritik einer Wissenschaftlichen Pädagogik als Erfahrungswissenschaft ungewollt eine Entfremdung von der erziehungstheoretischen Arbeit begünstigt. Er hat viele Kräfte durch außer-pädagogische Studien gebunden, die der Pädagogik wenig genutzt haben. Die übertriebene Zuwendung zu komplizierten wissenschaftsphilosophischen Fragen hat die pädagogische Forschung gehemmt und in die pädagogische Lehre mehr Verwirrung als Klarheit gebracht.

---

2 Vgl. Flitner, Wilhelm: *Das Selbstverständnis der Erziehungswissenschaft in der Gegenwart.* Heidelberg ²1958 (Quelle und Meyer), 18; für die Schweiz vgl. Häberlin, Paul: *Allgemeine Pädagogik in Kürze.* Frauenfeld 1953 (Huber), 7: »Pädagogik ist Anwendung philosophischer Einsicht auf eine besondere Situation des menschlichen Lebens«.

3 Lochner, Rudolf: *Deutsche Erziehungswissenschaft. Prinzipiengeschichte und Grundlegung.* Meisenheim 1963 (Hain), Vorwort.

4 Grundlegend Lochner, Rudolf: Zur Grundlegung einer selbständigen Erziehungswissenschaft. In: *Zeitschrift für Pädagogik*, 6 (1960) 1–21; Brezinka, Wolfgang: *Von der Pädagogik zur Erziehungswissenschaft. Eine Einführung in die Metatheorie der Erziehung.* Weinheim 1971 (Beltz).

5 Vgl. Stegmüller, Wolfgang: Methoden und Methodenprobleme in den empirischen Wissenschaften. In: *Staatslexikon*, Band 3. Freiburg ⁷1987 (Herder), 1132–1137.

6 Vgl. Menne, Albert: Wissenschaftstheorie. In: *Staatslexikon*, Band 5, ⁷1987, 1104–1107.

Die Verwirrung wurde in der Pädagogik besonders groß, weil in ihr die fachinterne Entdeckung der Wissenschaftstheorie relativ spät erfolgt ist. Noch ehe es hier wenigstens über elementare Maßstäbe »normaler Wissenschaft«[7] zu einer Verständigung kommen konnte, hat die radikale Kritik an der traditionellen Wissenschaftsphilosophie auf sie übergegriffen. Ich erinnere an die Öffnung für »Methodenpluralismus« und die Skepsis gegen methodologische Regeln[8] im Gefolge der Paradigmen-Lehre von Thomas Kuhn und der »anarchistischen Erkenntnistheorie« von Paul Feyerabend[9], an die Klassifikation von Wissenschaftstypen nach »erkenntnisleitenden Interessen«, also subjektiven Einstellungen statt objektiven Merkmalen durch Jürgen Habermas[10], an die Rationalitätskritik der Postmoderne und so weiter. Sie haben die Pädagogik überschwemmt, obwohl vieles davon nur die »exakten« Naturwissenschaften betraf und für die Pädagogik belanglos war. Da es aber an Einigkeit über die eigenen Aufgaben und an relativ gefestigter Systematik gefehlt hat, wurden fast alle intellektuellen Moden mitgemacht. So kam es auf meta-theoretischer Ebene zur programmatischen Zersplitterung des Faches, zu endlosem Richtungsstreit[11] und fruchtlosen Paradigmen-Diskussionen[12].

Zur Beleuchtung der Lage genügt es hier, zwölf »theoretische Ansätze und Konzeptionen« zeitgenössischer »Erziehungswissenschaft/Pädagogik« zu nennen, die in einem für Studierende bestimmten Einführungswerk aus dem Jahre 1996 vorgestellt werden: »Geisteswissenschaftliche Erziehungswissenschaft«,

---

7 Vgl. zum Beispiel Wohlgenannt, Rudolf: *Was ist Wissenschaft?* Braunschweig 1969 (Vieweg); Acham, Karl: *Philosophie der Sozialwissenschaften.* Freiburg 1983 (Alber); zum Unterschied zwischen »normaler« und »außerordentlicher« Wissenschaft vgl. Kuhn, Thomas S.: *Die Struktur wissenschaftlicher Revolutionen.* Frankfurt a. M. 1967 (Suhrkamp).

8 Vgl. Stegmüller, Wolfgang: Theoriendynamik: Der Verlauf der »normalen Wissenschaft« und die Theorienverdrängung bei »wissenschaftlichen Revolutionen«. In: *Probleme und Resultate der Wissenschaftstheorie und Analytischen Philosophie, Band II: Theorie und Erfahrung.* Studienausgabe Teil E. Berlin 1973 (Springer); derselbe: *Rationale Rekonstruktion von Wissenschaft und ihrem Wandel.* Stuttgart 1979 (Reclam).

9 Feyerabend, Paul: *Wider den Methodenzwang.* Frankfurt a. M. 1976 (Suhrkamp).

10 Habermas, Jürgen: Erkenntnis und Interesse (1965). In: *Technik und Wissenschaft als Ideologie.* Frankfurt a. M. [9]1978 (Suhrkamp), 146ff. Zur Kritik an seiner Auflösung des objektivistischen Wahrheitsbegriffes der Wissenschaft und dessen Ersetzung durch eine »Konsenstheorie« der Wahrheit, nach der »alle Objektivität als relativ auf subjektive Interessen verstanden werden muß«, vgl. Meyer, Thomas: *Zwischen Spekulation und Erfahrung. Einige Bemerkungen zur Wissenschaftstheorie von Jürgen Habermas.* Frankfurt a. M. 1972 (Makol).

11 Vgl. u.a. Röhrs, Hermann/Scheuerl, Hans (Hg.): *Richtungsstreit in der Erziehungswissenschaft und pädagogische Verständigung.* Frankfurt a. M. 1989 (Lang).

12 Vgl. u.a. Hoffmann, Dietrich (Hg.): *Bilanz der Paradigmendiskussion in der Erziehungswissenschaft. Leistungen, Defizite, Grenzen.* Weinheim 1991 (Deutscher Studien Verlag); Pollak, Guido/Heid, Helmut (Hg.): *Von der Erziehungswissenschaft zur Pädagogik?* Weinheim 1994 (Deutscher Studien Verlag).

»Kritische Erziehungswissenschaft«, »Kritisch-rationale Erziehungswissenschaft«, »Konstruktivistische Erziehungswissenschaft«, »Phänomenologische Erziehungswissenschaft«, »Geschichtsmaterialistische Erziehungswissenschaft«, »Systemische Erziehungswissenschaft«, »Transzendentalkritische Erziehungswissenschaft«, »Humanistische Erziehungswissenschaft«, »Feministische Erziehungswissenschaft«, »Psychoanalytische Erziehungswissenschaft« und »Postmoderne Erziehungswissenschaft«.[13] Als ergänzender Beleg für den »Theorienpluralismus« seien aus einem »Einführungskurs Erziehungswissenschaft« des Jahres 1997 noch weitere acht Richtungen genannt: »Praxeologische Pädagogik«, »Strukturalistische Pädagogik«, »Ökologische Pädagogik«, »Kommunikative Pädagogik«, »Interaktionistische Pädagogik«, »Entwicklungspädagogik«, »Evolutionstheoretische Pädagogik« und »Handlungstheoretische Erziehungswissenschaft«[14].

Die meisten dieser 20 Pädagogiken existieren einstweilen nur als programmatische Skizzen. Ihr richtungsspezifischer Inhalt ist (noch) nicht ausgearbeitet, geschweige unter Berücksichtigung der zweihundertjährigen Lehrtradition des Faches auf längst Bekanntes und gemeinsame Elemente hin geprüft. Einen solchen Zustand kann man kaum anders als chaotisch nennen.

2.

Im Objekt-Bereich der Pädagogik ist in den letzten Jahrzehnten eine *maßlose Erweiterung der Gegenstände* erfolgt, die zu behandeln als notwendig oder zulässig angesehen werden.

Dafür gibt es Gründe, die in den Erziehungsphänomenen selbst liegen, in ihren Bedingungen und Wirkungen sowie der Menge der Faktoren, die sie mitbestimmen[15]. Man denke nur an die unzähligen Variationen, in denen Erziehungsfelder, Erzieher und Educanden vorkommen, an die Einflüsse, die Erbanlagen, Lebensräume und Erfahrungen auf den Charakter, das Erleben und Verhalten der beteiligten Personen ausüben. Wollte man alle Determinanten von Erziehungssituationen und ihre Wirkungsweisen erfassen, so käme man an kein Ende. Auf jeden Fall müssten daran *alle* Humanwissenschaften beteiligt werden. Deshalb ist aus empirisch-kausalanalytischer Sicht zweifelhaft, ob es eine Empirische Erziehungswissenschaft als relativ selbständige Einzelwissenschaft überhaupt geben kann. Tatsächlich ist sie ja bis jetzt auch eher Programm als vorzeigbare Realität. Die Leistungen, die ihr zugeschrieben werden, gehören überwiegend zur Psychologie.

---

13 Hierdeis, Helmwart/Hug, Theo (Hg.): *Taschenbuch der Pädagogik*. Hohengehren ^{4}1996 (Schneider), Band 2, 332–493.

14 Krüger, Heinz-Hermann: *Einführung in Theorien und Methoden der Erziehungswissenschaft*. Opladen 1997 (Leske + Budrich), 11.

15 Vgl. Lochner, Rudolf: *Phänomene der Erziehung. Erscheinungsweisen und Ablaufformen im personalen und ethnischen Dasein*. Meisenheim 1975 (Hain).

Bekanntlich hat schon ihr Mit-Begründer Friedrich Herbart (1776–1841) gelehrt, dass »Pädagogik als Wissenschaft« von der Psychologie abhängt: sie zeige »den Weg« zu den Zielen, »die Mittel und die Hindernisse«[16]. Er war überzeugt, »daß ein großer Teil der ungeheuren Lücken in unserm pädagogischen Wissen vom Mangel der Psychologie herrührt, und daß wir erst diese Wissenschaft haben [...] müssen, ehe wir nur von einer einzigen Lehrstunde mit einiger Sicherheit bestimmen können, was darin recht gemacht, was verfehlt sei«.[17]

Seither galt die *Psychologie als »Grundwissenschaft«* der Pädagogik: »Pädagogik ist in Anbetracht der anzuwendenden Mittel angewandte Psychologie«[18]. Später wurde erkannt, dass auch andere Wissenschaften berücksichtigt werden müssen – von der Geschichte, Staats- und Verwaltungswissenschaft bis zur Soziologie, Anthropologie, Hygiene und Psychiatrie. Sie wurden zunächst als sogenannte *»Hilfswissenschaften«* der Pädagogik bezeichnet. Damit wurde ausgedrückt, dass die Pädagogik »auf die Hilfe einiger grundlegender und unterstützender Wissenschaften angewiesen ist, deren Ergebnisse sie in einer ihrem Forschungsgebiet angemessenen Weise verwertet«[19] – so Wilhelm Rein (1847–1929) im Jahre 1911. Diese Sachlage hat dazu geführt, die Pädagogik als *»Integrationswissenschaft«*[20] zu charakterisieren.

Schon im 19. Jahrhundert ist klar geworden: die Psychologie als »Grundwissenschaft« reicht nicht aus und die Einstufung der Pädagogik als »angewandte Psychologie« ist viel zu eng. Die Pädagogik hat zwar von allen Wissenschaften »das intimste Verhältnis zur Psychologie«, aber »die Pädagogik kann nur wissenschaftlich behandelt werden als Teil der Sozialwissenschaft« – so Otto Willmann (1839–1920) schon im Jahre 1876.[21]

Die Begründung lautete: Erziehung steht im Dienst der Erneuerung der menschlichen Gemeinschaften (abgekürzt: des Sozialkörpers) im Wechsel der Generationen. »Sie deckt sich nicht mit ihr«, aber sie »ist nur mit Rücksicht auf sie zu verstehen«. Deshalb ist Wissenschaftliche Pädagogik eine *»integrie-*

---

16 Herbart, Johann Friedrich: Umriß pädagogischer Vorlesungen (2. Ausgabe 1841), § 2. In: *Pädagogische Schriften.* Herausgegeben von Willmann, Otto und Fritzsch, Theodor. Band 2, Osterwieck ³1914 (Zickfeldt), 10.

17 Herbart: Über Herrn Prediger Zippels Aufsatz, der vorgelesen wurde in der pädagogischen Sozietät im Juni 1814. In: *Pädagogische Schriften*, Willmann/Fritzsch, Band 3, ³1919, 80.

18 Rein, Wilhelm: *Pädagogik in systematischer Darstellung.* Band 1, Langensalza ²1911 (Beyer), 64.

19 Rein, Wilhelm: *Pädagogik in systematischer Darstellung.* Band 1, Langensalza ²1911 (Beyer), 71.

20 Vgl. zum Beispiel Roth, Heinrich: Erziehungswissenschaft zwischen Psychologie und Soziologie (1966). In: *Erziehungswissenschaft, Erziehungsfeld und Lehrerbildung.* Hannover 1967 (Schroedel), 137; ähnlich 144 und 19.

21 Willmann, Otto: Enzyklopädie der Pädagogik (Prager Vorlesung 1876). In: *Sämtliche Werke*, Band 4, Aalen 1980 (Scientia), 261.

rende« Sozialwissenschaft, die die psychologische Betrachtungsweise in sich aufnimmt, denn es sind »psychische Aktionen«, »welche den sozialen Körper zu dem machen, was er ist«[22].

Damit erfolgte zugleich eine *Abgrenzung von »Angewandter« oder »Praktischer Pädagogik«*. Die »Erziehungswissenschaft« beschränkt sich auf die Beschreibung und Erklärung des »Gegebenen«, der »Erscheinungen«. »Sie sucht nicht nach Regeln, sondern nach Gesetzen«. Sie ist in diesem Sinne »theoretisch«, nicht »praktisch«. Allerdings wird dieser Unterschied »nicht so schroff« gemacht: »Die postulatorischen Arbeiten« der Praktischen Pädagogik »enthalten Theoretisches in Menge«.[23]

Im 20. Jahrhundert schien der »integrale Charakter der Erziehungswissenschaft«[24] es erforderlich zu machen, über die Sozialwissenschaften und die Psychologie hinauszugehen. Jetzt wollte man alle Humanwissenschaften »datenverarbeitend« berücksichtigen, die »biopsychische und gesellschaftliche Erkenntnisse über den Menschen« liefern.[25] Dieses Programm ist von Pädagogikern allein sicher nicht zu erfüllen. Sofern es angesichts der unübersehbaren Datenmengen, Fachsprachen und Theorieteilchen überhaupt sinnvoll und erfüllbar sein sollte, läuft es auf *interdisziplinäre Erziehungsforschung* hinaus.

Die Konsequenz wäre: Zurücknahme des Anspruchs auf eine Wissenschaftliche Pädagogik als selbständige (»autonome«) Erfahrungswissenschaft. Das bedeutet: Abschaffung der ihr gewidmeten Professuren zugunsten von Spezialisten der einschlägigen Humanwissenschaften, die Pädagogische Psychologie, Pädagogische Soziologie, Pädagogische Historiographie, Schulorganisationsforschung und Schulverwaltungslehre, Kinder- und Jugendpsychiatrie usw. betreiben. Als Rest relativ autonomer Pädagogik bliebe nur die Didaktik übrig.

Schon vor einhundert Jahren ist darüber diskutiert worden, das Fach Pädagogik auf seine »Grund- und Hilfswissenschaften« aufzuteilen. Wilhelm Rein – einer der letzten Systematiker des Faches – hat damals zugegeben, es sei »unbestreitbar«, »daß eine solche Aufteilung erfolgen kann«. Dabei ginge aber »notwendigerweise die Hauptsache verloren, die Besinnung auf das geistige Band, das die einzelnen Faktoren umschlingt, die bei der Erziehung ineinandergreifen...«. »Kein Einsichtiger« werde behaupten, dass eine solche Aufteilung »im Interesse der Erziehungsangelegenheiten unseres Volkes liege«.[26] Es waren und sind also *praktische* Gründe, die für eine Realwissenschaft von der Erziehung als relativ selbständiger Einzelwissenschaft sprechen: die Zusammengehörigkeit erzieherischer Probleme und deren Bedeutung für die Gesellschaft.[27]

---

22 Ebenda, 252, 260.
23 Ebenda, 263f., 278, 289.
24 Roth 1967, 132f.
25 Roth 1967, 137.
26 Rein 1911, 71f.
27 Vgl. Brezinka 1971, 38ff.

Erhaltung und Ausbau einer solchen Wissenschaft sind aber nur zu rechtfertigen, wenn die Allgemein-Pädagogiker sich mit eigenen präzisen Begriffen auf die wesentlichen Themen konzentrieren, die von anderen Disziplinen nicht bearbeitet werden. Ihre Aufgabe wäre die Analyse und echte (oder strenge) Systematisierung (statt bloßer Addierung) des für die Erziehung relevanten Wissens unter dem Gesichtspunkt seines Nutzens für das erzieherische und erziehungspolitische Handeln. Das erfordert Konzentration auf das *Proprium* der Erziehungswissenschaft, auf ihre besondere oder typische Eigenart. In der philosophischen Lehre von den Universalien bedeutet Proprium »dasjenige, was einer bestimmten Art von Gegenständen und nur dieser zukommt«.[28]

Das derzeitige Chaos im Objekt-Bereich der Pädagogik geht darauf zurück, dass diese Konzentration auf den Gegenstand, der *nur ihr* zukommt, vernachlässigt worden ist. Statt dessen ist sie unter dem Schlagwort »Interdisziplinarität« kritiklos für vielerlei Inhalte anderer Fächer geöffnet worden, ohne sie erziehungstheoretisch integrieren zu können. Sie ist von vielen ihrer Vertreter zu einer *Universalwissenschaft von der Ontogenese* (das heißt vom Werden beziehungsweise der persönlichen Entwicklung) *der Menschen* unter den Einflüssen von Gesellschaft und Kultur umdefiniert worden. Als solche hat sie mehr mit Historischer Anthropologie, Sozialisation und Enkulturation, Generationen- und Geschlechterverhältnissen zu tun als mit Erziehung.

Im Studienführer einer österreichischen Universität wurde diese Ausweitung zu einer »Hermeneutik des Menschen Möglichen« kürzlich so charakterisiert: »Die Erziehungswissenschaften(!) [...] präsentieren sich heute mehr als ein sozial- und kulturwissenschaftliches Studium mit pädagogischen Bezügen denn als ein reines Pädagogikstudium«. Als Grund wurde angegeben, dass sie über eine »Systematik nicht verfügen«.[29] Damit ist der Verwirrung durch unnötige und unverstandene außer-pädagogische Terminologien und Theorie-Fragmente der Boden bereitet. Erziehungswissenschaft wird zum universalen »Palaver-« oder »Quatsch-Fach« mit »selbst-reflexivem« Schwerpunkt.[30]

3.

Dem inhaltlichen Chaos der Pädagogik entspricht ihre *chaotische Fachsprache*. Sie ist nicht bloß Ausdruck des erziehungstheoretischen Chaos, sondern auch eine seiner Ursachen.

---

28 Clauberg, K.W./Dubislav W.: *Systematisches Wörterbuch der Philosophie*. Leipzig 1923 (Meiner), 479.

29 Institut für Erziehungswissenschaften der Universität Innsbruck: *Die Studienrichtung Pädagogik*. Wintersemester 1997/98, 26, 14.

30 Belege bei Brezinka, Wolfgang: *Pädagogik in Österreich. Die Geschichte des Faches an den Universitäten vom 18. bis zum Ende des 20. Jahrhunderts*. Band 1, Wien 2000 (Österreichische Akademie der Wissenschaften). Band 2 (Prag, Graz, Innsbruck), 2003.

In der Pädagogik ist von jeher zu wenig an der Klärung ihrer Grundbegriffe gearbeitet worden. Sie blieb lange ganz der ungenauen Alltags- oder Umgangssprache verhaftet. Selbst gut begründete Kritik und Präzisierungs-Vorschläge[31] konnten wenig daran ändern. Man denke nur an die Unklarheit der meisten Erziehungsbegriffe, an die häufige Verwechslung von Erziehung und Sozialisation, an die anhaltende Begriffsverwirrung in der deutschen »Bildungs«-Terminologie. Die Pädagogik war vom Ideal einer relativ einheitlichen und genauen Fachsprache noch weit entfernt, als sie sich vor etwa 40 Jahren der Wissenschaftstheorie öffnete und intensiver als je zuvor mit Entlehnungen aus vielen Humanwissenschaften, Philosophien und intellektuellen Modeströmungen begann.

Die Entlehnungen haben mit den übernommenen außer-pädagogischen Inhalten zwangsläufig auch die pädagogische Fachsprache aufgebläht und die Menge überflüssiger, unklarer oder unverstandener Fachausdrücke stark vermehrt. Die meisten interdisziplinär importierten Theorien sind ja begrifflich nicht besser durchgearbeitet als die pädagogischen Lehren. Die terminologische Verwirrung in Philosophie, Psychologie, Soziologie, Politik- oder Sprachwissenschaft ist heutzutage nicht geringer als in der Pädagogik.

Unter diesen Umständen hat das ungenaue Denken, Reden und Schreiben stark zugenommen. Hochabstrakter Imponier-Jargon verführt zur Selbst- und Fremdtäuschung über das tatsächlich vorhandene Wissen und seinen Erkenntniswert. Man lässt sich dann leicht von wertlosen Texten einschüchtern. Wenn sie terminologisch bis zur Grenze des Verstehbaren aufgeputzt sind, wird erziehungstheoretischer und meta-pädagogischer Bluff häufig nicht mehr als solcher erkannt.

So viel zur Krise der Wissenschaftlichen Pädagogik, zu drei ihrer Erscheinungsformen und deren Ursachen. Was lässt sich über die *Zukunft* dieses Faches sagen? Diese Frage hat zwei Bedeutungen. In der ersten ist gemeint: Wie *wird* es mit der Pädagogik weitergehen? Oder vorsichtiger: Wie *könnte* es weitergehen? Darauf ließe sich nur mit Vermutungen, Ahnungen oder Wahrsagerei antworten. Ich beschränke mich auf die zweite Bedeutung: Wie *soll* es mit der Pädagogik weitergehen? Welche Pädagogik *wollen* wir?

Welche Pädagogik wird gebraucht?

Die *Gründe*, die vor drei bis vier Generationen zur Aufnahme der Pädagogik in die Universitätsfächer geführt haben, sind auch heute noch gültig. Es waren zwei Gründe: ein praktischer und ein wissenschaftlicher Grund. Am meisten Gewicht hatte der *praktische* Grund, die künftigen Lehrer mit dem pädagogischen Rüstzeug für ihren Beruf auszustatten. Das betraf zunächst nur die Gym-

31 Vgl. u.a. Dolch, Josef: *Grundbegriffe der pädagogischen Fachsprache.* München ^{5}1965 (Ehrenwirth); Brezinka, Wolfgang: *Grundbegriffe der Erziehungswissenschaft.* München ^{5}1990 (Reinhardt).

nasiallehrer. Erst neuerdings werden auch Pflichtschullehrer und andere professionelle Erzieher an den Universitäten ausgebildet. Dadurch hat sich aber für den Auftrag an die Pädagogik als Universitätsfach nichts Wesentliches geändert. Die Universitäten sind die höchsten berufsbildenden Schulen eines Landes. Wenn gesetzlich festgelegt ist, daß sie die Ausbildung für Erziehungsberufe zu leisten haben, dann muß dort eine Pädagogik gelehrt werden, die für diese Aufgabe geeignet ist. Sie muß *Praktische Pädagogik*[32] sein.

Der zweite, lange Zeit schwächere Grund für die Einführung der Pädagogik als Universitätsfach war *rein theoretischer, wissenschaftssystematischer* Art. Das Argument lautete in den Worten von Aloys Fischer (1880–1937) – eines Anwalts der Empirischen Pädagogik – folgendermaßen: Erziehung ist eine »Kulturtatsache«, ein »Kulturgebiet« der Menschen, ein Ausschnitt ihres Kulturlebens. »Erziehung ist eine genau so berechtigte und des Studiums werte Erscheinung der Kultur wie das Recht oder die Sprache, die Kunst oder die Staatsform«. Deshalb gehört die Pädagogik als *wissenschaftliche* Theorie der Erziehung »in den Kreis der Geistes- und Kulturwissenschaften, neben Rechtswissenschaft, Staatswissenschaft, Kunstwissenschaft, Religionswissenschaft, Sprachwissenschaft usw.«[33] Sie hat wie diese einen analytisch-deskriptiven, historisch-systematischen Charakter. Ihre Aufgabe sei »keine andere als die jeder Wissenschaft: [...] *erkennen*, nicht kritisieren und reformieren, nicht auf Praktiken vorbereiten oder zu einem Tun anleiten, außer allenfalls wieder zum pädagogischen Forschen und Erkennen selbst«. »Selbst wenn alle Ergebnisse dieser Nachforschungen ohne jeden Ertrag, ohne alle Anwendungsfähigkeit zur Verbesserung der gegebenen Erziehungszustände blieben, als Erkenntnisse eines komplizierten Sachverhaltes, seiner Ursachen und Entwicklungsbedingungen behielten sie ihren Wert«.[34]

Beide Begründungen für die Einführung der Pädagogik als Universitätsfach waren vernünftig. Sie unterschieden sich aber wesentlich nach den *Zwecken und Aufgaben*, denen das neue Fach dienen sollte: pädagogische Berufsausbildung hier, reine sozial- oder kulturwissenschaftliche (einschließlich kulturphilosophischer) Forschung dort. Diesen verschiedenen Zwecken entsprachen zwei verschiedene *Theorietypen*: praktische Theorie der Erziehung oder »Praktische Pädagogik« hier, wissenschaftliche Theorie der Erziehung oder »Erziehungswissenschaft« dort.

---

32 Zu diesem Theorietyp vgl. Brezinka, Wolfgang: *Metatheorie der Erziehung. Eine Einführung in die Grundlagen der Erziehungswissenschaft, der Philosophie der Erziehung und der Praktischen Pädagogik*. München ^{4}1978 (Reinhardt), 236ff.

33 Fischer Aloys: Über das Studium der Pädagogik an den Hochschulen. In: *Zeitschrift für Pädagogische Psychologie und Experimentelle Pädagogik*, 22 (1921), 284. Nachdruck in: Nicolin, Friedrich (Hg.): *Pädagogik als Wissenschaft*. Darmstadt 1969 (Wissenschaftliche Buchgesellschaft), 244–267. Dort S. 259.

34 Ebenda, 278 (Hervorhebung im Original). Nachdruck Nicolin 1969, 251.

Die Praktische Pädagogik gab es unter den Namen »Erziehungslehre« oder »Erziehungskunde« schon seit dem Anfang des 19. Jahrhunderts in systematisierter Form und teilweise hoher Qualität[35] – neben einer Unmenge von pädagogischem Schund. Unter »Schund« versteht man bekanntlich »schlechtes, wertloses, unbrauchbares Zeug, minderwertige Ware«[36].

Die Erziehungswissenschaft als empirische »Tatsachenwissenschaft« war dagegen nur programmatisch-bruchstückhaft vorhanden und musste erst aufgebaut werden. Im Geist der Wissenschaftsgläubigkeit des späten 19. und frühen 20. Jahrhunderts wurde die Praktische Pädagogik pauschal als »populär«, unwissenschaftlich und veraltet abgewertet, ohne sie durch brauchbare erziehungswissenschaftliche Produkte ersetzen zu können. So kam es in der Lehre zu einer *Vermischung beider Theorietypen*, die weder den Standards guter Praktischer Pädagogik noch denen solider Erziehungswissenschaft[37] entsprach.

Dieses undifferenzierte Gemisch mit vielen philosophischen Zutaten wurde und wird von seinen Produzenten seit Jahrzehnten als »Wissenschaftliche Pädagogik« ausgegeben. Es ist nach wissenschaftlichen Maßstäben chaotisch und nach praktischen Maßstäben unbrauchbar, schädlich und überflüssig. Es überwiegen Beiträge, die Orientierungshilfe versprechen, aber nicht bieten[38], sondern nur die Unmenge des pädagogischen Schunds vermehren, der mit Anspruch auf Wissenschaftlichkeit produziert wird. Er löst bei intelligenten Studierenden, die mittels Prüfungen gezwungen werden[39], sich damit zu beschäftigen, Verachtung für die Pädagogik aus – zumindest für Allgemeine Pädagogik.

Ich vermute, dass es auch in nächster Zukunft beim chaotischen Neben- und Gegeneinander zahlreicher Mischprodukte oder *Sammelsuriums-Pädagogiken* geringer Qualität bleiben wird. Ändern ließe sich das nur durch gründliche öffentliche Aufklärung über die Mängel der vorhandenen Erziehungstheorien, also durch *Kritik der Pädagogik.* Aber *individuelle fach-interne Kritik* hat sich bisher als wenig wirksam erwiesen. Sie ist leicht abzuwehren, solange sich die Theorie-Produzenten und deren Anhänger im Schutz eines faulen unaufgeklärten Theorien-Pluralismus sicher fühlen. Sie berufen sich auf ihre Freiheit in der Wahl von »Paradigmen«, »Modellen«, »Konzeptionen« und »Ansätzen«. So können sie den traditionellen Kanon der Pädagogik und bessere Beiträge zu ihr folgenlos ignorieren.

---

35 Vgl. Niemeyer, August Hermann: *Grundsätze der Erziehung und des Unterrichts.* 5., verbesserte Auflage, Halle 1805 (Waisenhaus), 1. Auflage 1796; Milde, Vincenz Eduard: *Lehrbuch der allgemeinen Erziehungskunde.* Wien 1811/1813 (Kaulfuß). Nachdruck in einem Band, herausgegeben von Fischer, Kurt Gerhard, Paderborn 1965 (Schöningh).

36 Duden, Band 5, 1980, 2330.

37 Vgl. Brezinka 1978 und Brezinka: *Aufklärung über Erziehungstheorien. Beiträge zur Kritik der Pädagogik.* München 1989 (Reinhardt).

38 Vgl. zum Beispiel Brinkmann, Wilhelm/Petersen, Jörg (Hg.): *Theorien und Modelle der Allgemeinen Pädagogik. Eine Orientierungshilfe für Studierende der Pädagogik und in der pädagogischen Praxis Tätige.* Donauwörth 1998 (Auer).

39 Vgl. ebenda, 5.

Aussichtsreicher scheint kollektive oder *kommissionelle Kritik* zu sein, wie sie in Deutschland und Österreich in jüngster Zeit von Evaluations-Beauftragten der Wissenschaftsministerien oder der Universitäts-Leitungen versucht worden ist[40]. Angesichts des geschilderten Chaos ist aber zweifelhaft, ob rein fachinterne Bewertungen und Empfehlungen zur Abhilfe genügen werden. Die Evaluatoren stehen ja in den meisten Fällen nicht außerhalb der chaotischen Zustände, sondern haben sie teilweise mitzuverantworten. Deshalb kann es vorkommen, dass treffende Kritik in einer Hinsicht mit eigener Konfusion in anderer Hinsicht verbunden ist.

Ich nenne als Beispiel aus einem teilweise verdienstvollen Evaluations-Bericht des Jahres 2002 die Empfehlung, einen Schwerpunkt auf »Allgemeine Pädagogik« als eines der »Kernfächer der Erziehungswissenschaft« zu legen. Gleichzeitig wurde aber das Kernfach »Allgemeine Pädagogik« nicht etwa erfahrungswissenschaftlich charakterisiert, sondern als »Philosophie der Erziehung mit historiographischer Forschung«[41]. Es wurde damit also teils der Philosophie, teils der Geschichtswissenschaft zugeordnet und »Allgemeine Pädagogik« als Empirische Erziehungswissenschaft ausgeschlossen[42]. Das ist ein zur Skepsis mahnender Beleg für theoretisches und terminologisches Chaos in der Pädagogik von Evaluatoren.

Ein Ende der Sammelsuriums-Pädagogiken ist also nicht in Sicht, obwohl sie weder praktisch noch wissenschaftlich zu rechtfertigen sind. Dieser erbärmliche Zustand sollte aber nicht das *Ideal* einer wirklichkeitsnahen Pädagogik als Erfahrungswissenschaft vergessen lassen. Eine streng Wissenschaftliche Pädagogik wird nach wie vor gebraucht. Die Wege zu ihr sind aber schwieriger, hindernisreicher und länger, als ihre Fürsprecher und Mitarbeiter gedacht haben. Es sind Wege für Erziehungs*forscher* und solche, die es werden wollen. Ein forschungsorientierter Studiengang für diesen relativ kleinen Personenkreis ist notwendig – nicht an jeder Universität, aber an einigen Universitäten mit erziehungswissenschaftlichem Forschungs-Schwerpunkt. Ob dort mehr und Besseres herauskommen wird als im letzten Jahrhundert, bleibt abzuwarten.

Nicht länger warten aber sollten die Universitäten damit, die *Ausbildung von Lehrern* und anderen professionellen Erziehern auf eine moderne *Praktische Pädagogik* umzustellen. Wer Lehrer und Erzieher werden will, braucht keine

---

40 Vgl. zum Beispiel die von Tenorth, Heinz-Elmar geleitete »Forschungsevaluation an niedersächsischen Hochschulen und Forschungseinrichtungen« zu den »Berufswissenschaften der Lehrerbildung. Bericht und Empfehlungen«. Wissenschaftliche Kommission Niedersachsen 2001; Oelkers, Jürgen/Oser, Fritz: *Evaluation des Instituts für Erziehungswissenschaften der Leopold-Franzens-Universität Innsbruck. Bericht zuhanden des Prorektors für Evaluation.* März 2002.

41 Oelkers/Oser 2002, Anlage 1.

42 Zu dieser durch Oelkers vertretenen essayistischen Sonderform von »Sammelsuriums-Pädagogik« auf hohem quasi-wissenschaftlichem Abstraktionsniveau vgl. Oelkers, Jürgen: *Einführung in die Theorie der Erziehung.* Weinheim 2001 (Beltz).

Ausbildung zum Erziehungs*forscher* – weder zum erziehungswissenschaftlichen Generalisten noch zum Spezialisten in Pädagogischer Psychologie, Soziologie oder verwissenschaftlichter Didaktik. Der Glaube, die erzieherische Berufstüchtigkeit durch Verwissenschaftlichung der Ausbildung in Pädagogik fördern zu können, hat sich längst als Illusion erwiesen. Daran würde sich auch nichts ändern, wenn es gelänge, die wissenschaftliche Sammelsuriums-Pädagogik durch Empirische Erziehungswissenschaft oder multidisziplinäre forschungsorientierte Ausbildung zu ersetzen.

Praktische Pädagogik ist eine Theorie, die als Vorbereitung für richtiges erzieherisches Handeln in der gegebenen gesellschaftlich-kulturellen Lage aufgebaut ist. Sie soll sich möglichst auch auf wissenschaftliche Erkenntnisse stützen, die dafür brauchbar sind, aber sie muss frei bleiben von allen entbehrlichen wissenschaftlichen Lasten. Sie hat vier Aufgaben zu erfüllen, die über die Möglichkeiten der Wissenschaften hinausgehen. Sie soll 1. eine wertende Deutung der gesellschaftlich-kulturellen Situation für Erzieher bieten; 2. die konkreten Erziehungsziele angeben und rechtfertigen; 3. praktische Gesichtspunkte, Regeln oder Empfehlungen für das erzieherische Handeln und für die Gestaltung von Erziehungseinrichtungen geben; 4. die gesellschaftsspezifische Wertorientierung und die Berufstugenden der Erzieher fördern und rational wie emotional stützen[43].

Diese Aufgaben auf der Höhe der Zeit für orientierungsunsichere Zeitgenossen zu erfüllen, ist nicht leichter als erziehungswissenschaftliche Forschung, sondern schwieriger. Für Träger der universitären Lehrer- und Erzieher-Ausbildung ist ein anderes *Berufsbild* nötig als für Erziehungsforscher. Zu seinem Anforderungsprofil gehört unter anderem Folgendes: genügend eigene aufgeklärte Berufserfahrung als Lehrer und Erzieher, solides Wissen auf vielen Gebieten, Klarheit im Denken, Reden und Schreiben, Kraft zur Synthese des für Erzieher wesentlichen Wissens und Mut zur Einfachheit in seiner theoretischen Darstellung. Mit diesen Fähigkeiten kann man keinen Ruhm in der hochspezialisierten Welt der Erziehungsforschung ernten. Wer sie aber menschlich anziehend verkörpert, wird Dank von Hörern und Lesern erhalten, die er vor dem Leiden an unnötig komplizierter und lebensferner Erziehungswissenschaft bewahrt hat.

---

43 Vgl. Brezinka 1978, 253ff.

Heiner Drerup

Kanon und Lehrerbildung – Zur Debatte um eine Reform der Lehrerbildung durch Kerncurricula und Standards

Erziehungswissenschaft, lange im Windschatten der öffentlichen Aufmerksamkeit, hat derzeit in der gesellschaftlichen Konversation über Probleme des Bildungswesens dem Anschein nach viel zu sagen und sich sagen zu lassen. Während in der Vor-PISA und Vor-TIMSS-Zeit die Disziplin sich von internen Kritikern oft sagen lassen musste, dass sie – im doppelten Sinne – nichts oder eher wenig zu sagen hat, scheint sie derzeit als Disziplin über zu wenig Aufmerksamkeit und zu wenig Aufgaben nicht klagen zu können. Allerorts werden Revisionen, konstruktive Neuentwicklungen und Evaluationen von Schul- und Hochschulsystemen, von schulischen und hochschulischen Bildungsgängen gefordert. Die Kontingenz nur vermeintlich inkontingenter Verhältnisse scheint auch im öffentlichen Bewusstsein die Vokabel Reform wieder allenthalben rehabilitiert zu haben. Zugleich hat die Internationalisierung der Debatte eine neue, vor allem anglo-amerikanische Begrifflichkeit, wenn nicht als Ersatz, so doch als parallel etablierte Terminologie in der deutschen Diskussion institutionalisiert. Das gilt für die Bezeichnung von Studiengängen, das gilt auch für alle Literacy-Kombinationen (Reading-Literacy, mathematical, scientific, musical etc. Literacy), die parallel oder als Ersatz etwa für Lesekompetenz, Mathematische beziehungsweise Naturwissenschaftliche Grundbildung[1] 1997 in den neuen Debatten über den Kanon schulischer Anforderungen genutzt werden.

Der Verdacht, dass es sich hierbei nur um einen modischen semantischen Reifenwechsel handelt, scheint eher zu kurz zu greifen, da er die theoretische und methodische Einbettung dieser Begrifflichkeit ebenso übersieht wie dic gesellschaftliche Einbettung der Theorie- und Methodenentwicklung im Rahmen neuer nationaler und internationaler Steuerungsmodelle. Hierfür scheinen zwei Trends bestimmend zu sein: zum einen die Verlagerung von Entscheidungen und Verantwortlichkeiten von »oben nach unten« bei gleichzeitiger Vorgabe »von oben« gesetzter Standards für die Überprüfung von Leistungen. Zum anderen der Trend, bei Steuerungsprozessen nicht mehr nur beziehungsweise primär auf eine allumfassende Input-Steuerung zu setzen, sondern sich ergänzend und verstärkt auf die Kontrolle des Outputs, der tatsächlich erbrachten Leistung zu konzentrieren und diese mit vorgegebenen Standards zu vergleichen[2], auch um Vergleichbarkeit im nationalen und transnationalen Bereich zu ermöglichen. Und schließlich ist ein genereller Trend festzustellen, hin zu einem normativ-

1 Baumert 2001; vgl. DeBoer.

2 Vgl. hierzu Terhart 2002; Künzli 2002.

deskriptiven Mischtypus der Argumentation, bei dem mit Begründungspflichten im Rahmen sloganisierter Zeitdiagnosen und -therapien recht großzügig umgegangen wird. Diese Besonderheit der Argumentation ist z. T. als typisches Symptom konstruktiver Entwicklungsarbeiten zu deuten, bei denen Begründung und Durchsetzung gekoppelt werden, z. T. ist sie Indiz dafür, dass Formen ethischer Argumentation reaktiviert werden[3], die in der Pädagogik nach der programmatischen szientifischen Wende eher in Vergessenheit geraten waren.

Diese neue Debatte zur Evaluation und Steuerung im Bildungssystem geht einher mit hohen Erwartungen an die Qualität der Leistungen des Bildungssystems und der Leistungen der im Bildungssystem beschäftigten Lehrer. So verwundert es nicht, dass in der Folge der großen Vergleichsstudien auch die Lehrertätigkeit, die Lehrerbildung und mit ihr die Pädagogik als zentrale Ausbildungsdisziplin Gegenstand der kritischen Auseinandersetzung geworden sind. Allerdings leidet diese kritische Diskussion daran, dass der Forschungsstand in Sachen Lehrerausbildung äußerst unbefriedigend ist, da umfassende Evaluationsuntersuchungen zur deutschen Lehrerausbildung noch nicht vorliegen[4]. Da man über wenig und über wenig definitives Wissen in Sachen Lehrerausbildung verfügt, dominieren in der Diskussion Teilwahrnehmungen, weltanschaulich gefärbte Globaleinschätzungen, nahezu kritikimmune professions- und institutionsspezifische Interesselagen. Trotz dieser ungesicherten Datenlage wird im Abschlußbericht der von der deutschen Kultusministerkonferenz eingesetzten Expertenkommission zur Lehrerbildung eine sehr kritisch gehaltene, eher negative Bilanz der universitären Lehrerausbildung gezogen, wenn sie auf der Basis der kritischen Einschätzung ihre Empfehlungen liefert. Die Beliebigkeit universitärer Studienelemente (Fächer, Fachdidaktiken, Erziehungswissenschaften, Praktika) im Angebot der Lehrenden und in der Nutzung oder Nichtnutzung durch Lehramtskandidaten soll überwunden werden durch eine verstärkte, kontrollierte Ausrichtung auf Kompetenzerfordernisse der Berufsfelder. »Universitäre Lehrerausbildung: Das Ende der Beliebigkeit«[5], so lautet das Motto, das Diagnose und Therapievorschlag verknüpft.

Trotz fehlender Lehrerausbildungsforschung scheint die allgemein bilanzierende kritische Einschätzung weithin Konsens zu finden. Der erziehungswissenschaftliche Part der Lehramtsstudiengänge sei im Angebot durch Lehrende wie in der Nutzung durch Studierende kaum strukturiert, es mangele an systematischem Aufbau und Sequenzierung, an Verläßlichkeit und Verbindlichkeit und insbesondere an Berufsfeldorientierung.

Mögliche Folgekosten von Korrekturmaßnahmen, welche die Beliebigkeit eines eher unstrukturierten erziehungswissenschaftlichen Studiums, das zudem weitgehend als bloßes »Belegstudium« abgeleistet wird, radikal einschränken,

3 Vgl. Oser 1997.
4 Terhart 2000, S. 19; Schaefers 2002; Fried 1998; Oser/Oelkers 2001, S. 21.
5 Terhart 2000, S. 16.

werden jedoch eher 'kommunikativ beschwiegen' (Verschulung, Lehrgangscharakter, Risiko der Verlängerung der Studienzeiten, Differenzierung der Personalstruktur, Kapazitätsprobleme, Erhöhung von Lehrdeputaten etc.).

Die Kommission hat ein Gesamtkonzept für eine Revision der deutschen Lehrerausbildung vorgeschlagen, aus dem zwei zentrale Revisionsvorhaben im folgenden genauer analysiert werden sollen. Als wichtigen ersten Schritt in Richtung auf ein »Ende der Beliebigkeit« schlägt die Kommission vor, ein Kerncurriculum Erziehungswissenschaften und Kerncurricula der Fächer und Fachdidaktiken zu entwickeln und durchzusetzen[6][7]. Dieses Vorhaben der Entwicklung eines Kerncurriculums »Erziehungswissenschaftliche Studien in der Lehrerausbildung«[8] wird im Kommissionsbericht verbunden mit der Konzeption standardorientierter Lehrausbildung. Diese Standards sollen als Kompetenzkriterien Leitorientierungen für die gesamte Lehrerausbildung und nicht nur für das Kerncurriculum im Rahmen universitärer Studien liefern[9]. Beide Instrumentarien – Kerncurriculum und Standardkonzeption – können und sollen daher auch jeweils getrennt diskutiert werden, da sie in unterschiedlicher Form Kanonisierungsvorschläge[10] für die Lehrerausbildung machen.

---

6 Terhart 2000, S. 20.

7 Zur Terminologie in Sachen Kerncurriculum: Die begrifflichen Usancen sind nicht einheitlich. Die DGfE schlägt u.a. ein »erziehungswissenschaftliches Kerncurriculum für die bestehende Lehrerbildung« vor (DGfE 2001, S. 25ff), Vogel (1999, S. 734) ein »Kerncurriculum Erziehungswissenschaft« für alle erziehungswissenschaftlichen Studiengänge (Diplom, Magister, BA/MA, Lehrämter), die KMK-Kommission ein »Kerncurriculum Erziehungswissenschaften« (Terhart 2000, S. 20) beziehungsweise »Kerncurriculum ›Erziehungswissenschaftliche Studien in der Lehrerausbildung‹« (ebd. S. 105), die Arbeitsgruppe Lehrerbildung der Wissenschaftlichen Kommission Niedersachsen ein »integriertes Kerncurriculum für die Grundwissenschaften und die Fachdidaktik« in modularisierter Form (Arbeitsgruppe Lehrerausbildung der Wissenschaftlichen Kommission Niedersachsen 2002, S. 32ff).

8 Terhart 2000, S. 105.

9 Ebd. S. 106f.

10 Die Verwendung des *Kanon*-Konzepts bedarf einiger Erläuterungen. Ich beschränke mich auf einige Hinweise (vgl. ansonsten Fuhrmann 1999). Etymologisch stammt der Begriff aus dem Semitischen, wurde in den griechischen Sprachgebrauch übernommen und hatte dort so unterschiedliche Bedeutungen wie »Richtschnur, Regel, Kettengesang«. Das griechische Wort *kanon*, »gerade Stange, Richtscheid, Lineal, hat bereits im griechischen Sprachgebrauch übertragene Bedeutungen gewonnen und zwar in dem Sinne von »Regel, Vorschrift, Liste, Katalog, Verzeichnis der klassischen Schriftsteller« (vgl. Pfeifer1997[2] S. 616). Alle diese Bedeutungen sind auch von der latinisierten Form *canon* übernommen worden. In der lateinischen wie in der griechischen Kirchensprache bezeichnet Kanon zugleich den unveränderlichen Hauptbestandteil der Messe und das Verzeichnis der aus göttlicher Offenbarung inspirierten Bücher der Bibel (ebd.) im Unterschied zu den apokryphen Texten. In allen unterschiedlichen übertragenen Bedeutungen wird der Kanonbegriff zu jeweils unterschiedlichen Zeiten ins Deutsche übernommen, zunächst als Kanon im Sinne der kirchlichen Rechtsvorschrift im 9. Jahrhundert, dann für das eucharistische Hochgebet in der Messe im 15. Jahrhundert und schließlich auch für das

Der erste Kanonisierungsvorschlag – Kerncurricula – ist weniger radikal gehalten als die Standardkonzeption. Gleichwohl hat sich die Erziehungswissenschaft auch in ihrer neueren Geschichte schwergetan, derartige Kerncurricula zu entwickeln. In identitätskritischen Bilanzen wurden ihr disziplinäre Mängel vorgeworfen. Sie sei »Disziplin ohne Disziplin«[11], bei der man sich weder auf Begriffe noch auf Methoden verlassen könne, bei der man nicht wisse, was dazugehöre, noch wisse, was nicht dazugehöre. Für diese Disziplin, über deren Relevanz zu klagen üblich sei, scheine doch fast alles relevant zu sein, ohne dass sie ihrerseits mit Erfolg beanspruchen und durchsetzen könne, exklusiv für einen abgrenzbaren Gegenstandsbereich zuständig zu sein. Es gebe zwar allenthalben Bestrebungen, die auf eine »Disziplinierung der (noch) undisziplinierten Disziplin« hinzielen, doch seien die Versuche bisher noch nicht sehr erfolgreich gewesen[12]. Derartige disziplinäre Zustände bieten zweifellos hinreichend Anlaß für kanonische Identitätsfestlegungen, zugleich dürfen diese Zustände für die Schwierigkeiten einer Durchsetzung von Kanonisierungsvorschlägen mitverantwortlich sein.[13]

Noch mehr Schwierigkeiten, jedoch aus anderen Gründen, dürften bei einer Reorientierung der Lehrerausbildung mit Hilfe des Standardkonzeptes zu erwarten sein. Die folgende Diskussion ist als eine erste Bestandsaufnahme zu werten. Da beide Vorschläge – Kerncurriculum und Standard – noch sehr programmatisch gehalten sind und die Lehrausbildungsforschung derzeit vor allem

---

Musikstück, den Kanon. Auch die selbst uns heute noch vertraute Formulierung, etwas sei unter aller Kanone, ist als scherzhafte Übersetzung der lateinischen Formulierung *sub omni canone*, was soviel heißt wie »unter allem Kanon«, das heißt so schlecht, dass es sich der Beurteilungsrichtschnur entzieht (ebd.). Begriffsgeschichtlich interessant ist, dass das Kanonkonzept als ursprünglich säkularer Maßstab für Autoren, Werke, Regeln in den kirchlichen beziehungsweise kirchenrechtlichen Kontext übertragen wurde und sodann im 18. Jahrhundert wieder rückübertragen wird von den kirchlichen auf weltliche Texte und Autoren, also wieder säkularisiert, resäkularisiert wird. Mir erscheint es hilfreich, in allen Debatten über Kanon und Kanonisierung, über Text-, Methoden-, Werkkanon, gepflegten, wilden, aktiven, passiven Kanon, Kernkanon, Negativkanon, Gegenkanon, Spitzenkanon, Repräsentationskanon etc. diese Mitgift nicht zu vergessen (vgl. v. Heydebrand 1998, S. 612–625).

11 Henningsen 1982.

12 Ders. 1982, S. 44f; für neuere Bilanzen vgl. Wigger 2002.

13 Denkbar ist natürlich auch, dass Disziplinen in diesen Identitätsdebatten auf inadäquate wissenschaftstheoretische Programme verpflichtet werden sollen, denen sie auch beim besten Willen der Fachvertreter nicht genügen können. Am Beispiel der DDR-Pädagogik und ihrer Fixierung auf das Konzept »pädagogischer Gesetze« hat Retter eine solche wissenschaftshistorische Debatte rekonstruiert (Retter 1973), deren Fehlorientierungen der DDR-Pädagogik bis zur Wende erhalten geblieben sind (Drerup 2003). Die programmatische Erwartung, alle Gesetzmäßigkeiten von Unterrichtsprozessen erfassen zu können, um so Unterricht gesetzeskonform steuern zu können (ebd. S. 50), operierte mit Kanonisierungsaspirationen, die durch Forschung und Praxis nicht einzulösen waren.

als Desiderat erscheint[14], sind keine endgültigen Befunde, geschweige denn Schlussbilanzen zu erwarten. Ich beginne mit dem ersten Kanonisierungsvorschlag zur Reform der Lehrerausbildung: der Entwicklung eines Kerncurriculums beziehungsweise Kernstudiums.

Kernstudium/Kerncurriculum Erziehungswissenschaft (1968, 1999ff).

Seit es Ordnungen gibt (Prüfungs- und Studienordnungen), sind alle damit verbundenen Regelungen Topoi mehr oder weniger intensiv gehaltener Auseinandersetzungen. Strittig sind seit eh und je sowohl Inhalte, Umfang (Grundstudium, Hauptstudium, Regelungen für alle Studiengänge beziehungsweise Sonderregelungen für die Lehrerausbildung), Struktur, Sequenzierung, Begründung beziehungsweise Rechtfertigung sowie Durchsetzbarkeit als auch potentielle Wirkungen eines Kernstudiums oder Kerncurriculums Erziehungswissenschaft[15]. In den Plädoyers für ein solches Kernstudium beziehungsweise Kerncurriculum wurden und werden in der Regel zwei Hauptgründe angeführt: Das Postulat einer Identität der Disziplin und einer Identität der Profession[16] so dass ein Kernstudium beziehungsweise Kerncurriculum, falls durchgesetzt, kurz- beziehungsweise langfristig positive Folgen hätte für die Stabilisierung und Abgrenzung der Disziplin im Hochschulsystem und der Profession im Beschäftigungssystem. Mögliche negative Folgen, die zumindest vorstellbar sind, werden in der Regel nicht benannt. Dabei ist es durchaus naheliegend zu vermuten, dass ein durchgesetztes Kerncurriculum, wenn es zudem noch affirmativ und nicht kritisch vermittelt wird, durch Kanonisierung von Wissen und Können »gut formulierten Irrtümern ein langes Leben« verschafft[17], ein langes Leben, wie es auch als Bestandteil eines latenten lokalen Kerncurriculums beziehungsweise Kernstudiums gutgemachte Lehrbücher dank guter Lehr- Lern- und Prüfbarkeit genießen.

Arg betagte Lehrbücher, die immer wieder aufgelegt werden[18] mutieren so ungeplant zu historischen Texten. Allerdings bleibt weitgehend ungeklärt, wie diese Lehrbücher von den Adressaten genutzt werden, welche Wirkungen sich mit der Lektüre verbinden lassen. Derlei Wirkungsnachweisen steht auch das Selbstverständnis vieler Lehrbuchautoren entgegen, die ihre Bücher nicht mehr als Grundlagenwerke, sondern als Einführung verstanden wissen wollen[19], kontroverse Darstellungen bevorzugen, um so Auseinandersetzungen zu provozieren, deren Ausgang kaum steuerbar und vorhersehbar sein dürfte[20]. Kleinere

14 Schaefers 2002; Fried 1998.
15 Vgl. Wigger/Horn 2002, S. 185.
16 Hoffmann 2000, S. 40.
17 Ebd., S. 48.
18 Vgl. zum Beispiel Blankertz, 14. Aufl., 2000; Tillmann, 8. Aufl., 1997.
19 Zum Beispiel Menck 1998; Retter 1997 S, 7.
20 Retter ebd.

empirische Studien dürften in diesem Zusammenhang bezogen auf Wirkungsambitionen Anlaß zu Skepsis bieten[21], wie sie auch von eher theoretisch orientierten Überlegungen zur generellen Problematik der Evaluation von Lektüren nahegelegt wird[22]. Gleichwohl hat es immer wieder ambitionierte, von großen Wirkungsaspirationen geleitete Versuche gegeben, obligatorische Inhaltsbereiche auch für das Pädagogikstudium kanonisch festzuschreiben.

Den in der Geschichte der DGfE ersten Versuch, curriculare Vorgaben für ein pädagogisches Kernstudium zu entwickeln, hat 1968 eine »Kommission für Fragen des pädagogischen Studiums« vorgelegt. Aufgabe dieser Kommission war, einen Kernbereich der Erziehungswissenschaft festzulegen, der für alle pädagogischen Studiengänge (Lehrämter, Diplom, Magister, Promotion) verbindlich sein sollte. Dieser Entwurf[23] unterscheidet 5 Problembereiche, in die im Rahmen eines Kernstudiums einzuführen ist:

»a) Kindheit, Jugend, Erwachsenenalter
b) Erziehen
c) Lehren, Lernen, Unterricht
d) gesellschaftliche und psychische Voraussetzungen von Erziehen und Unterricht
e) Entstehung, Wirkung und Binnenstruktur pädagogischer Institutionen«[24]

Postuliert wurden auch Einführungen in hermeneutische und empirische Methoden, in die pädagogische Theoriebildung, sowie in Fragestellungen der vergleichenden Erziehungswissenschaft. Hierfür waren 22 SWS vorgesehen (zuzüglich 6 Wochen Praktikum). Mit dem Begriff »Kern« war dreierlei gemeint: Gemeinsame Grundlage (im Grundstudium zu erbringen), gemeinsame Strukturen (in allen Lehrangeboten für die Studiengänge) und ein Minimalvorschlag, der zwar noch nicht ausreicht, da er selbst noch nicht alle notwendigen Kenntnisse und Einsichten »voll repräsentiert«[25]. Gleichwohl sollte, so die optimistische Einschätzung, dieses Kernstudium einen »grundlegenden Kanon von Fragestellungen, Methoden und Kenntnissen« dokumentieren, »dessen Beherrschung man bei jedem Absolventen voraussetzen kann«[26].

Diese kräftige, um nicht zu sagen kernige Annahme der Protagonisten eines Kernstudiums setzt Effekte voraus, die realiter nicht eingetreten sind. Die Konzeption des Kernstudiums hat nicht zu einer erfolgreichen Grundlegung des Kernstudiums geführt. Hierfür lassen sich u. a. drei Gründe nennen[27]. Erstens: Der Verzicht auf eine theoretisch begründete Systematik führt zu einem, wie

21 Vgl. Wigger 2000; Keiner 2000.
22 Schlaffer 1999.
23 Als Dokument in Otto u. a. (2002, S. 256–259).
24 Ebd. S. 258.
25 Ebd. S. 256.
26 Ebd. S. 256; vgl. auch DGfE 2001, S. 21.
27 Vgl. Horn, 1999.

Scheuerl selbstkritisch als Möglichkeit andeutete, Katalog von »Leerformeln«[28]. Den Verzicht kann man aus inkongruenter Sicht auch als Indiz für eine disziplinäre ›Inkompetenzkompensationskompetenz‹ (Marquard) werten, die dazu dient, die Tatsache zu verschleiern, dass nach der Aufgabe der Flitnerschen Idee eines pädagogischen Grundgedankenganges die Disziplin über keine im Konsens der Disziplinvertreter approbierte Systematik mehr verfügen konnte[29]. Des weiteren mangelte es dem Entwurf an Allgemeinheit, er war zu sehr auf die Schule als Berufsfeld orientiert, und schließlich fehlte auch drittens eine die Beliebigkeiten und Zufälligkeiten einschränkende Strukturierung und Sequenzierung des Kernstudienganges. Gleichwohl sind diese »Leerformeln« als bewährte Bestandteile (»Gebiete«) in Prüfungs- und Studienordnungen der Erziehungswissenschaft weiter tradiert worden und scheinen sogar für einige methodisch allzu optimistische Fachvertreter eine Übereinstimmung in den Inhalten zu dokumentieren und so gar einen Beleg für die Existenz eines Kerncurriculums in der Lehre liefern zu können[30]. Das jedoch ist angesichts des Leerformelcharakters methodisch so nicht zu begründen, es sei denn, dass Lehrbücher ersatzweise die Gemeinsamkeit dokumentieren, was jedoch auch nicht der Fall ist, da die in dieser Literatur feststellbare gemeinsame Schnittmenge zu klein ist[31]. Peter Vogel hat in polemischer Absicht die Vermutung geäußert, dass »die Schnittmenge des gemeinsamen Wissens« in Form von Einzelkenntnissen, Theoriewissen, Problembewußtsein, Begriffe, Methoden etc. von Absolventen erziehungswissenschaftlicher Studiengänge aus verschiedenen Studienorten »tendenziell Richtung Null« gehe[32].

An diesen gescheiterten Versuch einer inhaltlichen Grundlegung des Kernstudiums der Erziehungswissenschaften aus dem Jahre 1968 erinnern die neueren Versuche, in den 90er Jahren ein Kerncurriculum Erziehungswissenschaft zu erstellen, wobei der Kerncharakter des Kerncurriculum ähnlich wie bei dem Kernstudium bestimmt wird. Der Kerncharakter bezeichnet

– den disziplinären Kern der Probleme, Begriffe, Themen und Methoden;
– er ist grundlegend, Basis für weiterführende Studien;
– er bezieht sich auf alle Studiengänge mit Erziehungswissenschaft als Leitdisziplin;
– er ist obligatorisch[33].

Bisher sind einige Entwürfe vorgestellt worden, die jedoch den Charakter erster Entwürfe haben, wie etwa der, den Peter Vogel 1999 für das Grundstudium, allerdings ohne Sequenzierung vorgestellt hat[34]. Das heißt: genaugenommen

28 Zitiert bei Horn 1999, S. 756.
29 Horn 1999, S. 756.
30 Vgl. hierzu Wigger/Horn 2002, S. 189.
31 Ebd. S. 191.
32 Wigger 1999, S. 741.
33 Wigger/Horn 2002, S. 195ff.
34 Vogel 1999, S. 733–740.

offeriert Peter Vogel eher ein durchaus eigenwilligen, grob strukturierten Stoffverteilungsplan, bei dem zudem die Segmentierung des Kerncurriculums Erziehungswissenschaft in fünf Segmente den Theoriepart in zwei Segmenten repräsentiert: historisch-systematische Theorien (philosophische Theorien im weiteren Sinne) und empirisch-erziehungswissenschaftliche Theorien (sozialwissenschaftliche Theorien über die Wirklichkeit von Erziehung und Bildung)[35]. Das heißt, im Grunde liefert sein Stoffverteilungsplan über diese Spaltung der Theoriesegmente zwei Kompetenzbereiche, die der unterschiedlichen disziplinären Mitgift der Fachvertreter der Pädagogik angepaßt ist.

Hierzu ein kurzer Hinweis. Bei dem Bereich, den Peter Vogel mit historisch-systematische Theorien der Erziehungswissenschaften benennt, geht es ihm zufolge vor allem »um die Grundprobleme und Grundverhältnisse (einschließlich ihrer normativen Implikationen), die jeder denkbaren pädagogischen Praxis zugrunde liegen«[36]. Ihm schwebt vor, in diesem Zusammenhang »eine knappe Liste von derartigen Grundproblemen« vorzustellen mit der Erwartung, dass die Studierenden in der Lage sein sollen, derartige Grundprobleme beziehungsweise Grundverhältnisse »im Vergleich von zwei ›klassischen‹ oder aktuellen Denkmodellen/Theorien zu erläutern und ihre Plausibilität zu diskutieren«[37]. Als mögliche Grundprobleme nennt er in diesem Zusammenhang Erziehung/Manipulation/Herrschaft oder auch Individuum/Gesellschaft/Bildung oder pädagogische Institutionen/Gesellschaft. Dem gutwilligen Leser wird klar, was mit solchen Themenstellungen beabsichtigt ist, er wird sich auch der löblichen Absicht nicht verschließen können, durch die Arbeit mit Texten, orientiert an Problemstellungen, die pädagogische Argumentationsfähigkeit der Studierenden verbessern zu wollen. Gleichwohl bleibt unklar, wie und ob diese der traditionellen geisteswissenschaftlich Orientierung der Pädagogik geschuldeten Reflexionen unter der Chiffre »historisch-systematische Theorien der Erziehungswissenschaft« sich mit dem Bereich »empirisch-erziehungswissenschaftliche Theorien«, die ja dann genauer als »sozialwissenschaftliche Theorien über die Wirklichkeit von Erziehung und Bildung« bezeichnet werden[38], verbunden werden können beziehungsweise sollen. Der folgende Überblick verdeutlicht das gesamte Kerncurriculum Erziehungswissenschaft (KCE)im Überblick:

Das KCE besteht aus fünf Segmenten: (Grundstudium)

35 Ebd. S. 739.

36 Vogel 1999, S. 738f.

37 Ebd. S. 739.

38 Ebd.

S = Struktur und Grundlagenwissen	4 einstündige Überblicksvorlesungen:	4 SWS
S 1 =	Theoriegeschichte der Erziehungswissenschaft	
S 2 =	Sozialgeschichte der Erziehung	
S 3 =	Grundstrukturen des Bildungs- und Sozialsystems	
S 4 =	Wissenschaftstheoretische Grundprobleme der Erziehungswissenschaft	
H = Historisch-systematische Theorien		6 SWS
E = Empirisch-erziehungswissenschaftliche Theorien		6 SWS
W = Wissenschaftstheorie der Erziehungswissenschaft		2 SWS
M = Methoden		6 SWS[39]

Für die Lehrerausbildung ist dieser Vorschlag, da er 24 SWS umfaßt, allerdings unter den gegenwärtigen Bedingungen der meisten Standorte kaum verwendbar. Dies gilt auch für das zu drei Modulen gebündelte erziehungswissenschaftliche Kerncurriculum, das die DGfE vorgeschlagen hat.

SWS	Modul 1: Erziehungswissenschaftliche Grundbegriffe und Forschungsmethoden
4	Erziehungswissenschaftliche Grundbegriffe (insbesondere Erziehung, Bildung, Sozialisation, Lehren, Lernen, Unterricht/Didaktik)
2	Einführung in Forschungsmethoden (insbesondere erziehungswissenschaftlich relevante Ansätze)
6	

SWS	Modul 2: Pädagogisches Denken und Handeln
2	Geschichte der Erziehung und Bildung
2	Grundformen pädagogischen Handelns (insbesondere Erziehen, Unterrichten, Beraten, Planen, Organisieren)
2	Einführung in die pädagogischen Handlungs- und Berufsfelder
6	

39 Vogel, 1999, S. 737.

SWS	Modul 3: Gesellschaftliche, politische und rechtliche Bedingungen von Bildung, Ausbildung und Erziehung unter Einschluss internationaler Aspekte
2	Geschichte und Theorien institutioneller Bildung und Erziehung
2	Bildungspolitik, Bildungsrecht und Bildungsorganisation (inklusive der internationalen Perspektive)
2	Interkulturelle Bildung und Erziehung[40]
6	

Dieser Vorschlag propagiert zwar nur 18 SWS, allerdings mit der Erwartung, dass außerhalb des Kernstudiums noch zusätzliche Pflichtstudien nach freier Wahl zu ermöglichen seien[41]. Daher wird man dem Hamburger Erziehungswissenschaftler Koller wohl zustimmen müssen, wonach dieser Empfehlung der DGfE eher als politische Forderung an die Adresse von Bildungs- und Wissenschaftsministerien zwecks Erhaltung und Erweiterung der erziehungswissenschaftlichen Anteile zu deuten sind, denn als Hilfe für die konkrete Erstellung von Kerncurricula[42]. Deutlich wird – und das gilt vor allem für Bundesländer mit noch geringeren erziehungswissenschaftlichen Anteilen im Begleitstudium –, dass im Rahmen eines zu geringen SWS-Anteils »selbst ein rudimentäres Kerncurriculum für Erziehungswissenschaft« nicht zu entwickeln ist[43]. Das gilt allemal für die Länder, in denen nur 4 bis 6 SWS für das erziehungswissenschaftliche Begleitstudium zur Verfügung stehen. Dann sollte, so Peter Vogel, man zurecht einräumen, dass von einem erziehungswissenschaftlichen Studium nicht die Rede sein kann[44].

Die vorgelegten Vorschläge eines Kerncurriculum sind im wesentlichen, klammert man einmal diesen nicht praktikablen Vorschlag von Peter Vogel aus, sehr stark an Prüfungsordnungen orientiert, wie die Hamburger Vorschläge[45] beziehungsweise die Vorschläge, die für die erziehungswissenschaftlichen Teile der Lehrerausbildung an der Universität Bochum propagiert worden sind[46]. Zudem sind die vorgelegten Kerncurricula[47] derzeit weitgehend noch auf dem Niveau von Stoffverteilungsplänen zu verorten, klammert man den Sonderfall Bochum mal aus, bei dem für die einzelnen Studienbereiche der Lehramptsprüfungsordnung Studienprogramme und Studienliteratur zusammengestellt worden sind, das heißt Textsammlungen mit Einleitungen und Arbeitsaufgaben[48], wie

40 D6fE 2001, S. 25f.
41 Ebd. S. 22.
42 Koller 2002, S. 2.
43 Wigger/Horn 2002, S. 193 mit Verweis auf Lenzen.
44 Vogel 1999, S. 735.
45 Vgl. Keuffer/Oelkers 2001, S. 224.
46 Vgl. hierzu Baumgart 2000, 2001; Wigger/Horn 2002, S. 191f.
47 Vogel 1999; Keuffer/Oelkers 2001, S. 224; DGfE 2001.
48 Vgl. Baumgart 2000, 2001.

sie in ähnlicher Form in erziehungswissenschaftlichen Einführungen schon seit längerem anzutreffen sind[49].[50]

Eine Besonderheit weist der Vorschlag zur »Reform der Lehrerbildung in Hamburg« auf[51]. Als korrigierendes Mittel gegen die Beliebigkeit inhaltlicher Angebote in der Lehrerbildung werden zwei Instrumente vorgeschlagen: Zum einen Kerncurricula, mit denen spezifizierte, auf die Zwecke der Lehrerbildung abgestimmte Themen für Lehrende und Lernende verbindlich gemacht und Abstimmungen und Anschlüsse gesichert werden sollen[52], zum anderen die sogenannten »prioritären Themen als Querdimension wie als Ergänzungsangebot«. Als »prioritäre Themen« gelten die neuen Medien, Umgang mit kultureller und sozialer Heterogenität sowie Schulentwicklung[53]. Kerncurricula sind bisher vornehmlich als Aufgabe benannt, das heißt noch nicht entwickelt worden[54]. Die »prioritären Themen«, bei denen vermutlich auch hochschulpolitische Interessen und Durchsetzungsstrategien zum Zuge gekommen sind, erlauben zudem expansionistische Fluchtmöglichkeiten zu Lasten der Kerncurricula und scheinen somit das Beliebigkeitsproblem eher zu verschärfen als zu reduzieren.

Bemerkenswert an den vorgelegten frühen Entwürfen der DGfE aus dem Jahre 1968 und den neueren Entwürfen vom Kerncurriculum[55] ist, dass sie vor allem auf lehr-, lern- und prüfbares Wissen zielen, auf »Kernbestände erziehungswissenschaftlichen Wissens..., die von allen Ausgebildeten gewusst werden sollen«[56]. Es überrascht, dass die pädagogische Profession – wie Künzli zurecht kritisiert[57] – »für ihren eigenen Bereich die bildende Bedeutung von Inhalten eher und unproblematischer behauptet als für den Bereich öffentlicher Schulen«[58]. Unklar bleibt natürlich bei der nur scheinbar klaren wissenschaftspolitischen Soll-Forderung, die sich auch als Beschwörungsformel enttäuschter Prüfer lesen lässt, welches diese von der DGfE ausgezeichneten Wissensbestände sind, wie über sie zu verfügen ist und ob das Verfügen über diese

49 Vgl. zum Beispiel Retter 1997.

50 Verwiesen sei noch auf den Entwurf der Arbeitsgruppe Lehrerbildung der Wissenschaftlichen Kommission Niedersachsen. Sie propagiert ein »integriertes Kerncurriculum für die Grundwissenschaften« (das heißt die erziehungswissenschaftlichen Studien) »und die Fachdidaktik« und schlägt ein Verfahren zur Entwicklung und Evaluation dieses Kerncurriculums vor (Arbeitsgruppe Lehrerbildung der Wissenschaftlichen Kommission Niedersachsen 2000, S. 32ff).

51 Keuffer/Oelkers 2001.

52 Ebd. S, 46.

53 Ebd. S. 127f.

54 Vgl. ebd. S. 223ff; Koller 2002.

55 Vogel 1999; DGfE 2001.

56 DGfE 2001, S. 21.

57 Ders. 2002, S. 27.

58 Ebd.

Wissensbestände die geforderten Kompetenzen schon ausmacht oder bloß begründet[59].

Als weitere Besonderheit der Kerncurricula fällt auf, dass mit der Beziehung auf nachweisbare Kenntnisse kanonisierter Wissensbestände, wie sie in dieser Beschwörungsformel verlangt werden, andere Zielperspektiven des Wissens, wie zum Beispiel: Können, Gesinnung und Ethos ausgeklammert bleiben. Dies unterscheidet aus der Sicht mancher Protagonisten eines Kerncurriculums die neue Lehrerausbildung von vergangenen Formen universitärer Lehrerbildung, wo Pädagogik, wenn sie überhaupt im Rahmen gymnasialer Lehrerausbildung studiert wurde, nicht dem Erwerb nötiger Kenntnisse für den späteren Beruf, sondern der Vermittlung einer »Professionsethik und –moral« zu dienen hatte[60]. Nach der szientifischen Wende innerhalb der Pädagogik scheint die Abkehr vom Professionsethos und ethischer Theoriebildung vornehmlich als Fortschritt verbucht zu werden. So ist es vermutlich kein Zufall, dass in den Modulen des Kerncurriculums Probleme der Ethik nicht thematisiert werden[61].

Fazit: Der derzeitige Stand der Entwicklung eines Kernstudiums beziehungsweise Kerncurriculums Erziehungswissenschaft ist über das Niveau von Stoffverteilungsplänen bisher kaum hinaus gekommen, wie man sie als tradierte Inhaltskataloge aus den Lehramtsprüfungsordnungen kennt. Ein »Ende der Beliebigkeit«[62] ist zwar intendiert, mögliche Effekte eines Kernstudiums sind deshalb und auch wegen fehlender Überprüfbarkeit und mangelnder Obligatorik kaum nachzuweisen. Zudem ist wegen möglicher Überlastung mit zusätzlichen »prioritären Themen«[63] eher ein intelligentes Scheitern zu erwarten.

Standards für Erziehungswissenschaft

Einen anderen Weg, ein »Ende der Beliebigkeit« (Terhart) in der Lehrerausbildung herbeizuführen als über das Instrument Kerncurriculum/Kernstudium, eventuell ergänzt, wie in Hamburg, durch prioritäre Themen (als »Querdimensionen« beziehungsweise als »Ergänzungsangebot«)[64], liefern Versuche, über Standards[65] die Lehreraus- und -weiterbildung zu steuern, zu evaluieren und zu

59 Vgl. hierzu Künzli 2002, S. 27.

60 Vgl. Wigger/Horn 2002, S. 186.

61 Vgl. DGfE 2001.

62 So das Postulat der Terhart-Kommission – Terhart 2000, S. 16.

63 Neue Medien, Umgang mit kultureller und sozialer Heterogenität sowie Schulentwicklung als neben den Kerncurricula zweitem Instrument zur Reduktion des Beliebigkeitsproblems (Keuffer/Oelkers S. 127ff).

64 Keuffer/Oelkers 2001, S. 127ff.

65 Umgangssprachlich hat der aus dem Englischen entlehnte Begriff der Standards alle dortigen Bedeutungen mit übernommen. Zu unterscheiden sind demnach Standard als Richtschnur, Maßstab Norm (zu Anfang des 19. Jahrhundert). Standard als Qualitätsniveau, erreichter Stand (Lebensstandard) (um 1900). Standard als Durchschnittsbeschaffenheit, Mittelmaß (1. Hälfte 19. Jahrhundert) (vgl. Pfeifer 1997, S. 1342). Diese Mehr-

verbessern. Anders als die Kerncurriculumentwürfe sind die Standards als Steuerungsinstrument den sogenannten Neuen Steuerungsmodellen zuzuordnen[66] mit denen im privaten wie öffentlichen Sektor verantwortliche Zuständigkeiten von »oben nach unten« verlegt werden, wobei jedoch die Standards »von oben« als staatliche beziehungsweise privatwirtschaftliche Vorgaben gesetzt werden. Zugleich verlagert sich die Steuerung, an die Stelle beziehungsweise zu einer nur am »Prinzip einer immer detaillierteren Vorgabe von Inputs (Gesetze, Lehrpläne, Erlasse, Stundentafeln, Ordnungen etc.)« orientierten Steuerung tritt eine verstärkte Orientierung an der Erfassung und Überprüfung des Outputs, des wirklich Erreichten[67]. Umfangreiche Erfahrungen und Diskussionen standardorientierter Steuerungsmodelle in der Lehrerausbildung werden seit einiger Zeit in der Erziehungswissenschaft intensiver rezipiert[68] und für die Entwicklung konstruktiver Vorschläge genutzt. In der Schweiz hat Oser (Ders. 2001) einen solches Vorhaben vorgestellt, für die deutsche Kultusministerkonferenz hat Terhart ein Rahmenkonzept in einer Expertise über Standards für die Lehrerbildung erstellt[69].

Mit der Entwicklung von Standards wird eine Entwicklung vorangetrieben, zu der im generellen Rationale der Lehrerausbildungsdiskussion immer schon Vorläufer aufzufinden sind. Aus Lehrerleitbildern (gute Lehrer) leitete man Kompetenzen beziehungsweise Qualifikationen ab, die einen guten Lehrer auszeichnen, die jeder Lehrer in der Ausbildung zu entwickeln hat, damit er durch

---

deutigkeit des Konzeptes bietet gute Möglichkeiten für Strategien der Begriffspolitik (vgl. Klieme u. a. 2003). In der deutschen Bildungsdebatte wurde der Standardbegriff vor einigen Jahren eher selten verwandt, bis er dann über die anglo-amerikanisch dominierte Diskussion in die deutsche Bildungsdebatte importiert wurde, die sich mit den Problemen einer Reform schulischer Bildung durch Kerncurricula und Bildungsstandards beschäftigt. In der Expertise »Zur Entwicklung nationaler Bildungsstandards« werden die unterschiedlichen Varianten der Verwendung des Standardkonzeptes dargestellt (Klieme u. a. 2003, S. 23ff). Mit dem Begriff Standard können zum einen die faktisch erbrachten Leistungen, zum anderen normative Setzungen für Leistungen gemeint sein. Letztere können sich auf den Input (Materialien, Lehrerqualifikationen etc.) oder auf den Output von Lernprozessen beziehen (Lernergebnisse). Diese normativen Bestimmungen für den Output können in unterschiedlicher Form gefasst sein (allgemeine Ziele, spezifische, bereichsgebundene Lernziele) und als Mindest- oder Maximalstandards formuliert sein (ebd.). Der Standardbegriff wird in der deutschen Debatte sehr pragmatisch und strategisch gehandhabt. Die Expertise »Zur Entwicklung nationaler Entwicklungsstandards« (Klieme u.a. 2003) zielt darauf ab, »dass Konzept der Bildungsstandards fachlich zu klären«, vor allem aber darauf, die »Funktionen von Standards für die Qualitätsentwicklung im Bildungswesen« so zu gestalten, dass Standards zum »Motor der pädagogischen Entwicklung« werden, dass in sich ihnen eine »Vision von Bildungsprozessen abzeichnet«, eine, »moderne ›Philosophie‹ der Schulfächer« (ebd. S. 9f).

66 Terhart 2002, S. 5ff.

67 Ebd. S. 5f.

68 Prondczynsky 2001; Oser/Oelkers 2001; Terhart 2002.

69 Terhart 2002.

gute Lehrerpraxis den Schülern Lernerfahrungen mit guten Ergebnissen vermittelt. Diese lange »Wirkungskette« von Lehrerbildung, Lehrerhandeln, Schülerlernen bis hin zu Schülerleistung war zumindest das Kernstück der Professionalisierungstrategien in der Lehrerausbildungsdiskussion und den variantenreichen Lehrerausbildungsmodellen, in denen die vier Elemente dieser Studiengänge (Unterrichtsfachstudien, Fachdidaktik, erziehungswissenschaftliche Studien, Praktika) miteinander kombiniert wurden[70].

In der Schweizer Studie hat Oser versucht, Standards für die Lehrerbildung, das heißt professionelle Standards des Lehrerberufes zu bestimmen und als Qualitätsmaßstäbe zu verwenden für Verhaltensweisen, die alle Lehrenden zu entwickeln haben[71]. Der Begriff Standard meint zweierlei, er beschreibt eine professionell relevante Verhaltensweise und zugleich eine besondere Qualität dieser Verhaltensweise, das Idealmaß quasi[72]. Bei Oser liest sich das so:

> Ein professioneller Lehrerstandard ist eine komplexe, sich dauernd unter verschiedenen Kontexten und bezüglich verschiedener Inhalte adaptiv zu wiederholende Verhaltensweise, die sich aus verschiedenen Theorien speist, die auf der Folie verschiedener Forschungsergebnisse erhellt werden kann, die besser oder schlechter ausgeführt werden kann (Qualität) und die letztlich in der Tat kontextuell in verschiedensten Varianten erfolgreich ausgeführt wird.[73]

Standards als »komplexe berufliche Kompetenzen«[74] sollen sich auf Theorien, empirische Forschung und Traditionen des Handlungsfeldes stützen und Qualitätsansprüche markieren. Sie betreffen jedoch nicht das Fachwissen in den Unterrichtsfächern, auch nicht – im Gegensatz zu den Annahmen des Kerncurriculums – psychologische beziehungsweise pädagogische Wissensbestände[75], die allenfalls als Voraussetzungen infragekommen.

Standards orientieren sich an den Qualifikationserfordernissen kompetenten Handelns in der pädagogischen Berufspraxis und eben *nicht* an disziplinären Vorgaben der Pädagogik beziehungsweise anderer an der Lehrerausbildung beteiligten Disziplinen. Bei einem Standard (leistungsförderliche Beurteilung und Rückmeldung) müssen die Studierenden Informationen aus der Pädagogik, Psychologie und den Didaktiken zu diesem Thema erhalten, einschlägige Forschungsberichte durcharbeiten, Expertenhandeln in Videos beziehungsweise in Realsituationen analysieren und standardbezogenen Tätigkeiten selbst üben, reflektieren, repetieren etc.. Ergebnisse sind in einem Portfolio, einer Sammlung von fachbezogenen Übungen, Berichten, Analysen und Fortschrittstabellen festzuhalten, aus denen die Entwicklung vom »Novizen zum Beherrscher eines

---

70 Ebd.
71 Oser 2001, S. 215–435.
72 Ebd. S. 216.
73 Ebd. S. 225f.
74 Ebd.
75 Ebd. S. 243.

Standards« abzulesen ist[76]. Man kann diese Umorientierung zurecht als »eine Art Paradigmawechsel« deuten, dessen mögliche Folgen derzeitig noch nicht abzusehen sind[77]. Wie sind nun diese Standards gewonnen worden, wie ist das obligatorische »Repertoire wissenschaftlich (theoretisch, empirisch und praktisch) ausgewiesener Handlungsregeln mitsamt ihren situativ erforderlichen Applikationsregeln und Kontextkautelen« (so die Explikation des Standardkonzepts durch Künzli)[78] für Lehrer ermittelt worden?

Die Osersche Forschungsgruppe hat auf der Grundlage von Expertendiskussionen vor einer Absolventenbefragung 88 Standards definiert und sie Lehrern nach Abschluß der Ausbildung vorgelegt. Diese 88 Standards wurden in zwölf Gruppen zusammengefaßt.[79], die folgenden Komplexe betreffen:

1. Lehrer-Schüler-Beziehungen und fördernde Rückmeldung
2. Diagnose und schülerunterstützendes Handeln
3. Bewältigung von Disziplinproblemen und Schülerrisiken
4. Aufbau und Förderung von sozialem Verhalten
5. Lernstrategien vermitteln und Lernprozesse begleiten
6. Gestaltung und Methoden des Unterrichts
7. Leistungsmessung
8. Medien
9. Zusammenarbeit in der Schule
10. Schule und Öffentlichkeit
11. Selbstorganisationskompetenz der Lehrkraft
12. Allgemeindidaktische und fachdidaktische Kompetenzen[80]

Ein Beispiel für einen Standard aus der ersten Standardgruppe »Positive Präsuppositionen: Ich habe in der Lehrer- und Lehrerinnenausbildung gelernt, wie ich positive Erwartungen in die Schülerinnen und Schüler setzen und positive Ent-

76 Oser 2001, S. 226.

77 Criblez 2002, S, 312f.

78 Ders. 2002, S. 27.

79 Das mag viel sein, eine Untersuchung von Harteis/Prenzel brachte es 1998 bei einer Delphi-Studie auf 230 Kompetenzen von zukünftigen Weiterbildnern, die dann auf 75 Kompetenzen verdichtet wurden, aus denen schließlich die wichtigsten 24 zusammengestellt wurden – wobei der Begriff der Kompetenz eher vage als Fähigkeit zu denken handeln und lernen verwandt wurde – (Harteis/Prenzel 1998). Diese Kumulierung erinnert an Programme der Competency-Based Teacher Education (CBTE) in den USA, wofür das Lehrerverhalten hunderte wünschenswerter Kompetenzen aufgelistet wurden (Prondczynsky 2001, S. 100f). Die in der populären Diskussion reichlich diffuse Verwendung des Kompetenzbegriffes verdeutlicht die Verschleißproblematik bei zentralen Leitbegriffen wissenschaftlicher Auseinandersetzung. Solche Begriffe werden in sloganisierter Form häufig wie »Stopfgänse« genutzt, in die jeder zur Konsens-, Dissens- oder Konfliktpflege hineinstopft, was ihm opportun erscheint. Für Geißler und Orthy ist zum Beispiel »Schlüsselqualifikation« eine solche begriffliche »Stopfgans« (vgl. den Hinweis bei Richter 2001, S. 107; vgl. auch Klieme u.a. 2003, S. 50).

80 Oser 2001, S. 230.

wicklungen unterstützen kann (Pygmalioneffekt)«[81]. Theoretische Stützen für diesen Standard sind in der Forschung Rosenthal/Jacobsen (1968), Brophy/Good (1976) und sogar – erstaunlicherweise – Martin Buber mit seinem Konzept der pädagogischen Begegnung. Ausgebildeten Lehrern wurden dieser und die anderen Standards vorgelegt für eine dreifache Beurteilung:

a) hinsichtlich der qualitativen Verarbeitungstiefe als Standarderreichungsmaß:
   1 = habe nichts von diesem Standard gehört
   2 = habe theoretisch davon gehört
   3 = habe dazu Übungen gemacht oder mich in der Praxis damit auseinandergesetzt
   4 = habe Theorie und Übung, oder Theorie und Praxis, oder Übung und Praxis miteinander verbunden
   5 = habe Theorie, Übung und Praxis systematisch miteinander verbunden.
b) hinsichtlich der Relevanzeinschätzung:
   1 = bedeutungsvoll
   2 = ziemlich bedeutungsvoll
   3 = sehr bedeutungsvoll
c) hinsichtlich der Anwendungswahrscheinlichkeit
   diesen Standard werde ich
   1 = nicht beachten
   2 = ab und zu beachten
   3 = häufig beachten.[82]

Das Ergebnis der Befragung war eher enttäuschend: 20% hatten nichts von diesem Standard gehört, 45% hatten nur von der Theorie gehört und 30% nur Übungen realisiert, während nur 3% berichten, Theorie, Übung und Praxis systematisch verknüpft zu haben[83]. Aber die Ergebnisse waren auch bezogen auf die anderen Standards insgesamt gesehen doch recht enttäuschend[84]. Das verwundert nicht, denn in der Schweizer Studie wurden »letztendlich keine Standards für Lehrerbildung, sondern Standards für erfolgreiches Lehrerhandeln, für den kompetenten erfolgreichen Lehrer also, definiert.«[85] Gleichwohl ist deutlich, dass eine effizienzsorientierte Lehrerausbildung natürlich sich an solchen Standards auch als Gütemaßstäben zu orientieren hat, die Lehrerausbildung in der ersten und zweiten Phase liefert hierfür allerdings nur eine Ausgangsbasis[86]. In diesem Zusammenhang verwundert es daher auch nicht, dass Oser und Oelkers feststellen mußten, dass die Standards vor allem bei den Absolventen aus praxisnahen wissenschaftsfernen Ausbildungsinstitutionen (Kindergarten- und Primarlehrerinnenausbildung) durchweg stärker ausgeprägt waren als in den

81 Oser 2001, S. 257ff.
82 Oser 2001, S. 250ff.
83 Ebd. S. 258f.
84 Ebd. S 258ff.
85 Terhart 2002, S. 27.
86 Ebd.

Institutionen, die eine akademisch orientierte Lehrerbildung betrieben – etwa für die Sekundarstufe 2[87].

Das heißt, die Standards als wissens-, reflexions- und übungsgestütze Kompetenzen[88] gelten zu recht für berufsfertige Lehrer, noch nicht für Novizen im Lehrgeschäft, die zum Beispiel in Deutschland die Erstphase der Ausbildung beendet haben. Folglich ist nur konsequent, wenn Terhart in seinem Gutachten vorschlägt, bereits für die Einzelphasen der Lehrerausbildung Standards zu entwickeln, die Personen anstreben sollten, zugleich aber auch darüber hinaus Standards fordert für die Institutionen der Lehrerausbildung und für die administrativen Steuerungsinstanzen.

Zu beachten ist jedoch, dass mit der Umorientierung auf Standards für die Personen, aber auch für die Institutionen und staatlichen Steuerungsinstanzen der Lehrerausbildung ethische Obligationen verbunden sind. Das heißt, um es am Beispiel der Personenstandards zu verdeutlichen, es geht nicht mehr nur um Wissen, sondern auch um moralische Bindungen, die einzugehen sind und zumindest prinzipiell überprüfbar sein müssen. Oser fordert daher von der Ausbildung der Lehrpersonen, dass diese »ihr eigenes Verhältnis zu den Standards und deren moralische Fundierung« klären müssen[89]. Er bestimmt hierzu drei Postulate:

1. Die Studierenden sollen ein »verantwortliches Verhältnis zu den Standards entwickeln. Sie müssen sich selber gebunden wissen und selber für das Erreichen des Qualitätsniveaus zuständig sein«.[90]
2. »Standards sind in eine Prozeßethik einzubauen«[91] Gemeint ist damit eine Kompetenz von Lehrern, in Konfliktfällen sich mit den Betroffenen zu verständigen und so zu einem »neuen moralischen Gleichgewicht« beizutragen.[92]
3. Zu den Standards beziehungsweise gar zur »Transzendierung von Standards gehört auch eine innere Verpflichtung, sie optimal zu erreichen.[93]

Standards für Personen sind somit einzubetten in eine Berufsethik[94], sie liefern selektionsrelevante Beurteilungsmaßstäbe für Personalentscheidungen, für Rechenschaftslegung gegenüber der Administration, den Berufsverbänden sowie dem Klientel[95]. Zum Vergleich herangezogen wird die Berufstätigkeit von Ärzten, wo Kunstfehler gerichtlich geahndet werden können, weil obligatorische Standards durchgesetzt worden sind. Als Zukunftsperspektive propagiert Oser:

87 Oser 2001, S. 304.
88 Terhart 2000, S. 105f.
89 Oser 1997, S. 226.
90 Ebd.
91 Ebd.
92 Ebd.
93 Ebd.
94 Oser 2001, S. 331.
95 Ebd. S. 333.

> Die wesentlichen Standards in der Lehrerbildung sollten national und international Anerkennung und offizielle Approbation finden. Auch Lehrer-Gewerkschaften sollten den höheren professionellen Status durch Standarderfüllung akzeptieren und sich die Kriterien zu deren Erfüllung für wichtige Entscheidungen zueigen machen.[96] [97]

Für die Lehrerausbildung impliziert eine standardbezogene Ausbildung zwangsläufig eine Korrektur des Zeitbudgets der Ausbildung, eine »Entrümpelungskampagne der gesamten Ausbildung«[98], eine weitgehende Modularisierung der Ausbildung, in der Orte, Themen und Tätigkeit der beteiligten und betroffenen Instanzen standardbezogen gekoppelt werden müssen[99], und damit natürlich unabsehbare Verteilungskämpfe, Legitimations- und Durchsetzungskonflikte.

So verwundert es nicht, dass in der Diskussion dieses Vorschlags kritisiert wird, dass die Wahl der Standards nicht willkürfrei sei, dass der Nachweis der »absoluten Notwendigkeit«[100] der Standards als Normen durch Expertenvalidierung und Demonstration der empirischen Evidenz im beruflichen Kontext noch aussteht[101]. Auch sei die Zuordnung von Ausbildungsinhalten zu Standards noch weitgehend ungeklärt, da »kaum Kausalrelationen zwischen definierten Ausbildungsinhalten und dem Erwerb einzelner Kompetenzen wirklich nachgewiesen« seien. Folglich stellt sich die »Frage der Auswahl der Inhalte… auch bei einer Orientierung an beruflichen Inhalten mit unverminderter Schärfe«[102]. Dies gilt auch für die beteiligten nichtpädagogischen Fachdisziplinen wie etwa die Psychologie, von der für die Professionalisierung der Lehrer eine ›Psychologie für Lehrämter‹ erwartet wird. Welche Inhalte, in welcher »Tiefe«, in welcher »Breite«, wann und in welcher Form zu vermitteln sind, ob eher problemorientiert oder systematikorientiert, oder in einer Mischform[103], all das sind Auswahlentscheidungen, die mit ungelösten inhaltlich-curricularen Problemen der Lehrerbildung zu konfrontieren sind (Probleme der Passung, des Timings, der Belastung zwischen Unter- und Überforderung etc.), die aus den ungeklärten Beziehungen zwischen »Wissenschaftssystematik und berufsbezogenem Kompetenzaufbau« resultieren[104]. Eine forcierte Modularisierung, einhergehend mit einer übersteigerten Parzellierung des beruflichen Kompetenzfeldes via Standards könnte, so die Befürchtung von Lehrerbildnern, die Systematik des curri-

---

96 Oser 2001, S. 336.

97 Terhart hat in seiner Expertise für die KMK ein Rahmenkonzept für die Entwicklung von Standards vorgelegt (jeweils 10 Standards für die Unterrichtsfächer, die Fachdidaktik, das erziehungswissenschaftliche Studium und 5 Standards für schulpraktische Studien (Terhart 2002)).

98 Ebd. S. 331.

99 Ebd. S. 335.

100 Oser 2001, S. 217.

101 Criblez/Heitzmann 2002, S. 15.

102 Ebd.; vgl. Künzli 2002, S, 27f.

103 Vgl. Ruthemann 2002.

104 Reusser/Messner 2002, S. 290.

cularen Aufbaus aus dem Blick verlieren und der Zerstückelung des beruflichen Kompetenzfeldes in »inhaltsneutrale Teilkompetenzen sowie in additiv zueinander stehende Ausbildungselemente Vorschub« leisten[105] und somit eine folgenschwere »Hypothek bei der Erarbeitung eines Kerncurriculum für die erziehungswissenschaftlichen Fächer in der Lehrerbildung« hinterlassen[106]. Das Verhältnis zwischen forschungsorientierten systematisch-disziplinenbezogenen Studien und funktionaler, anwendungsbezogener Ausbildung würde zu Lasten der Pädagogik als Disziplin radikal umgestaltet.

Fazit: Das »Ende der Beliebigkeit« (Terhart) könnte, so die Vermutung oder Befürchtung einer status quo-orientierten, Veränderungen gegenüber eher skeptischen Position, auch die pädagogische Disziplin in ihrer jetzigen universitären Form ihrem Ende näherbringen. Als Folge organisatorischer Regelungen (Aufbau, Sequenzierung, Lehrgangsform, Festlegungen hinsichtlich Ort und Personal etc.) standardbezogener Modularisierung und neu zu institutionalisierender Formen evaluativer Steuerung seien daher tendenziell Veränderungen universitärer Ausbildung entsprechend den Usancen der Lehrpraxis von Fachhochschulen und Berufsakademien zu erwarten. ›Lernzielorientierte Lehrerbildung‹ mit Hilfe von Standards und Kerncurricula sei ein weiterer Schritt in Richtung Verschulung universitärer Ausbildung, ein Prozeß, bei dem zudem analoge evaluative Steuerungstypen Verwendung finden, wie sie derzeit für das allgemeine schulische Bildungssystem erprobt werden mit Hilfe des Doppelregulativs von Bildungsstandards und Kerncurricula[107]. Dieser Hinweis auf Vergleichbarkeit des Steuerungsinstrumentariums ist berechtigt, er reicht jedoch als Grundlage zur Beurteilung künftiger Entwicklungsmöglichkeiten nicht aus, die ohne konstruktive Erprobung in Modellversuchen nur Gegenstand spekulativer Mutmaßungen sein können. Realistischer und auch angesichts des gegenwärtigen Zustands universitärer Lehrerbildung angemessener dürfte es in der gegenwärtigen wissenschaftspolitischen Situation sein, sich auch von Seiten der Erziehungswissenschaft möglichen Veränderungen der Lehrerbildung nicht gänzlich zu verweigern, sondern durch konstruktive Entwicklung und reflektierte Durchsetzung von Kerncurricula und Standards den Part der Erziehungswissenschaft in der Lehrerbildung zu stärken. Das geht nicht ohne eine ›Selbstdisziplinierung der Disziplin‹.

105 Reusser/Messner 2002, S. 290; vgl. hierzu Prondczynsky 2001.

106 Reusser/Messner 2002, S. 290f.

107 Klieme u. a. 2003.

Literatur

Arbeitsgruppe Lehrerbildung der Wissenschaftlichen Kommission Niedersachsen. *Empfehlungen zur Weiterentwicklung der Lehrerbildung in Niedersachsen*. Hannover 2002.

Baumert, J. u. a. (Hrsg.): *Pisa 2000*. Opladen: Leske + Budrich 2001.

Baumgart, F. (Hrsg.): *Entwicklungs- und Lerntheorien*. Bad Heilbrunn: Klinkhardt 2001.

Baumgart, F. (Hrsg.): *Theorie der Sozialisation*. Bad Heilbrunn: Klinkhardt 2000.

Blankertz, H.: *Theorien und Modelle der Didaktik*. 14. Aufl.: Weinheim; Juventa 2000.

DeBoer, G. E. : Historical perspektives on Scientific Literacy. In: Gräber, W./Bolte, C. (eds): *Scientific Literacy*. IPN 1997, S. 69–86.

Brophy, J. E./Good, T. L.: *Die Lehrer – Schüler – Interaktion*. München: Urban & Schwarzenberg 1976.

Criblez, L.: Wozu Pädagogik? Zum Funktionswandel der Pädagogik in der Lehrerbildung. In: *Beiträge zur Lehrerbildung* 20 (2002) 3, S. 300–318.

Criblez, L./Heitzmann, A.: Modularisierung der Lehrerinnen – und Lehrerbildung: Hintergründe und offene Fragen. In: *Beiträge zur Lehrerbildung*. 20 (2002)1 S. 5–20.

DGfE: Empfehlungen für ein Kerncurriculum Erziehungswissenschaft. In: *Erziehungswissenschaft* 12 (2001) Heft 23, S. 20–31.

Drerup, H.: »Didaktische Erbpflege«. Probleme des Umgangs mit begrifflichen Orientierungsangeboten von Schulpädagogen und Allgemeindidaktikern der DDR in der Diskussion über »Gesetze der Pädagogik«. In: Fromm, M./Menck, P. (Hrsg.): *Schulpädagogische Denkformen*. Weinheim u. a.: Beltz 2003, S. 31–62.

Fried, L.: Zwischen Wissenschaftsorientierung und Orientierung an der Berufspraxis – Bilanz der Lehrerbildungsforschung. In: *Empirische Pädagogik* 12 (1998) 1, S. 49–90

Fuhrmann, M.: *Der europäische Bildungskanon des bürgerlichen Zeitalters*. Frankfurt/Leipzig: Insel 1999.

Gräber, W./Bolte, C. (Eds): *Scientific Literacy*. Kiel: IPN 1997.

Harteis, Ch./Prenzel, M.: Welche Kompetenzen brauchen betriebliche Weiterbildner in Zukunft? Ergebnisse einer Delphi-Studie in einem Industrieunternehmen. In: *ZfPäd* 44 (1998) 4, S. 583–601.

Henningsen, J.: Erziehungswissenschaft. Disziplin ohne Disziplin. In: *betrifft Erziehung* 1982, Heft 3, S. 44–47.

Heydebrand, R. von: Kanon Macht Kultur – Versuch einer Zusammenfassung. In: Diess. (Hrsg.): *Kanon-Macht-Kultur: Theoretische, historische und soziale Aspekte ästhetischer Kanonbildung*. Stuttgart/Weinar: Metzler 1998, S. 612–625.

Hoffmann, D.: Warum auch die Einigung auf ein »Kerncurriculum Erziehungswissenschaft« keine Besserung des »Erziehungswissenschaftlichen Studiums« verspricht. In: Wigger, L. (Hrsg.): *Beiträge zur Diskussion um ein Kerncurriculum Erziehungswissenschaft.* Vechta: Institut für Erziehungswissenschaft der Hochschule Vechta 2000, S. 40–51.

Horn, K. P.: Die Diskussion um ein Kernstudium der Erziehungswissenschaft in den 60er Jahren. In: *ZfPäd* 45 (1999) 5, S. 749–758.

Keiner, E.: Leben, Lernen, Lesen – Erziehungswissenschaft im Aneignungsverhalten von Studierenden. In: Wigger, L. (Hrsg.): *Beiträge zur Diskussion um ein Kerncurriculum der Erziehungswissenschaft.* Vechta: Institut für Erziehungswissenschaft 2000, S. 7–20.

Keuffer, J./Oelkers, J. (Hrsg.): *Reform der Lehrerbildung in Hamburg.* Weinheim/ Basel: Beltz 2001.

Klieme, E. u. a.: *Zur Entwicklung nationaler Bildungsstandards – Eine Expertise.* Frankfurt: Deutsches Institut für Internationale Pädagogische Forschung 2003.

Koller, H. Ch.: *Neustrukturierung unverbundener Studienelemente der Lehrerbildung: Kerncurricula.* Beitrag zum 18. Kongreß der DGfE in München 2002 (MS).

Künzli, R.: Standardisierung der Ausbildung oder ihrer Absolventen. In: *Beträge zur Lehrerbildung.* 20 (2002) 1 S. 21–30.

Menck, P.: *Was ist Erziehung?* Donauwörth: Auer 1998.

Oser, F.: Standards in der Lehrerbildung. In: *Beiträge zur Lehrerbildung* 15 (1) 1997, S. 26– 37 und S. 210–228.

Oser, F.: Standards: Kompetenzen von Lehrpersonen. In: Oser, F./Oelkers, J. (Hrsg.): *Die Wirksamkeit der Lehrerbildungssysteme.* Chur/Zürich: Rüegger 2001, S. 215–342.

Otto, H. U. u. a. (Hrsg.): *Erziehungswissenschaft: Lehre und Studium.* Opladen: Leske + Budrich 2002.

Pfeifer, W. (Hrsg.): *Etymologisches Wörterbuch des Deutschen.* München: dtv 1997²

Prondczynsky, A. von: Evaluation der Lehrerausbildung in den USA: Geschichte, Methoden, Befunde. In: Keiner, E.(Hrsg.): *Evaluation (in) der Erziehungswissenschaft.* Weinheim/Basel: Beltz 2001, . 91–140.

Retter, H.: Gibt es Pädagogische Gesetze? In: *Pädagogische Rundschau* 27 (1973) S. 122–133.

Retter, H.: *Grundrichtungen pädagogischen Denkens.* Bad Heilbrunn, Klinkhardt 1997.

Reusser, K./Messner, H.: Das Curriculum der Lehrerinnen- und Lehrerbildung – ein vernachlässigtes Thema. In: *Beiträge zur Lehrerbildung* 20 (2002) 3, S. 282–299.

Richter, I.: *Die sieben Todsünden der Bildungspolitik.* Weinheim/Basel: Beltz 2001.

Rosenthal, R./Jacobson, L.: *Pygmalion in the Classroom: Teacher Expectations and the Pupils' Intellectual Development.* New York: Holt/Rinehart/Winston 1968

Ruthemann, U.: Psychologische Ausbildung zukünftiger Lehrpersonen. In: *Beiträge zur Lehrerbildung* 20 (2002) 3, S. 319–328.

Schaefers, Chr: Forschung zur Lehrerausbildung in Deutschland – Eine Bilanz der neueren empirischen Studien. In: *Schweizerische Zeitschrift für Bildungswissenschaften* 24 (2002) 1, S. 65–90.

Schlaffer, H.: Der Umgang mit Literatur. Diesseits und jenseits der Lektüre. In: *Poetica – Zeitschrift für Sprach- und Literaturwissenschaft* 31 (1999) 1+2, S. 1–25.

Terhart, E. (Hrsg.): *Perspektiven der Lehrerbildung in Deutschland.* Weinheim/Basel: Beltz 2000.

Terhart, E.: *Standards für die Lehrerbildung. Eine Expertise für die Kultusministerkonferenz.* Universität Münster, ZKL-Texte Nr.: 24, Münster 2002.

Tillmann, K. J.: *Sozialisationstheorien.* Reinbek: rororo 1997[8]

Vogel, P.: Überlegungen zu einen Kerncurriculum Erziehungswissenschaft. In: *ZfPäd* 45 (1999) 5, S. 733–740.

Wigger, L.: Zur gegenwärtigen Situation des Ausbildungswissens in Erziehungswissenschaftlichen Studiengängen. In: *ZfPäd* 45 (1999) S. 741–748.

Wigger, L.: Erziehungswissenschaft in Aneignungsverhalten von Studierenden der Hochschule Vechta. In: Ders. (Hrsg.): *Beiträge zur Diskussion um ein Kerncurriculum Erziehungswissenschaft.* Vechta: Institut für Erziehungswissenschaft 2000, S. 21–29.

Wigger, L.: Identität und Diffusion der Erziehungswissenschaft als Ausbildungsdisziplin. In: Wigger, L. u.a. (Hrsg.): *Forschungsfelder der Allgemeinen Erziehungswissenschaft* ((Z.f. Erziehungswissenschaft 5Jg (2002) Beiheft 1)). Leske und Budrich: Opladen 2002, S. 213–219.

Wigger, L./Horn, K. P.: Das Kerncurriculum Erziehungswissenschaft. In: Otto, H. u. a. (Hrsg.): *Erziehungswissenschaft: Lehre und Studium.* Opladen : Leske + Budrich 2002, S. 185–200.

Jürgen Osterloh

Ethos pädagogischer Verantwortung als Identitätskern der Erziehungswissenschaft Ein Versuch verantwortungsethischer Grundlegung der Disziplin

Die Frage, wie Erziehungswissenschaft angemessen betrieben und metatheoretisch gerechtfertigt werden kann, hat in Deutschland eine ehrwürdige, in vielen Kontroversen immer neu belebte Tradition. Tenorth 1990b beklagt Zustand und Ergebnis der Diskussion: »Die Grundlagendiskussion in der Erziehungswissenschaft [...] bietet ein eigentümliches Bild: Auf der einen Seite ist das Angebot an ernsthaft ausgearbeiteten Positionen einer allgemeinen Erziehungswissenschaft relativ schmal, andererseits ist die Neigung des Faches intensiv ausgeprägt, eng den jeweils neuen Entwicklungen der Nachbarwissenschaften zu folgen, so dass die theoretischen Moden im Wechsel der Begriffe und Konzepte nahezu inflationär werden ohne Rücksicht auf die eigenen Traditionen und Erfahrungen«[1]. Und Vogel 1986 resümiert:

> An der grundsätzlichen Unklarheit der ›Identität‹ der Erziehungswissenschaft hat sich nichts geändert; die Klage über den desolaten Zustand der Disziplin gehört zum festen Bestandteil des topischen Inventars jeder pädagogischen Grundlagenerörterung.[2]

Doch ist auch eine andere Sichtweise möglich, nämlich die, daß sich Wandlungen der Gesellschaft auf die Erziehungswissenschaft auswirken müssen. Insofern läßt sich der Umstand von Wandlungsprozessen der Disziplin Erziehungswissenschaft mit Uhle 1998 auch als zwangsläufiger Prozeß der »*Ausdifferenzierung* und *Pluralisierung* von Systemen und Reflexionsformen«[3] ansehen. Damit verbindet sich freilich ein folgenreiches Problem: Die Vielzahl pädagogischer Handlungsfelder, gleich ob in Familie oder Schule, Sozialpädagogik oder Erwachsenenbildung, Medienpädagogik, Freizeit-, Kultur- oder Erlebnispädagogik, mit ihren je eigenen Anforderungsprofilen sowie die mittlerweile starke Verselbständigung der erziehungswissenschaftlichen Subdisziplinen lassen nicht nur den inneren Zusammenhang der pädagogischen Praxen untereinander unbestimmt, sondern auch die Erziehungswissenschaft selbst in ihrer gesamtdisziplinären Kontur unscharf werden. Hoffmann 1999 betont »die Notwendigkeit eines *verbindenden Grundgedankens*, einer *integrierenden Idee*« und merkt

1 Tenorth 1990b, S. 3.
2 Vogel 1986, S. 475.
3 Uhle 1998, S. 109.

zugleich an, wie schwierig es »angesichts der erkennbar gewordenen Divergenzen der erziehungswissenschaftlichen Teilgebiete« offenbar ist, »der verbindenden Kraft auf die Spur zu kommen«[4].

I.

Insbesondere die seit den 80er Jahren in zunehmenden Maße zu verzeichnenden Auswirkungen des Pluralismus sowie der Postmoderne, der Systemtheorie und des Konstruktivismus haben, in Verbindung mit der Ernüchterung pädagogischer Arbeit in der Praxis, innerhalb der Erziehungswissenschaft Irritationen über die eigenen praxisbezogenen Ambitionen ausgelöst, Wissenschaft von der Erziehung zu sein. So herrschen Irritationen bezüglich ihrer praxisbezogenen Zuständigkeit, das heißt es ist nicht (allgemein) klar, für welche gesellschaftlichen Aufgabenbereiche und Handlungsfelder die Erziehungswissenschaft zuständig sein soll und kann. Auch bestehen Irritationen hinsichtlich des praxisbezogenen Leistungstypus der Erziehungswissenschaft, das heißt sie kann, weil sie es mit situativen Entscheidungen oder Lebensplanungen zu tun hat, nicht einfach transferierbares Nutzenwissen produzieren. Und schließlich – vielleicht die größte Irritation – ist ihre Legitimation i.S.v. prioritärer Praxisförderung auch deshalb prinzipiell fraglich, weil in konstruktivistischer Sicht Erziehungswissenschaft kein besonders ausgezeichneter Garant für pädagogisches Wissen und Praxisförderung mehr ist, sondern lediglich eine Wissensform im freien Spiel vieler Wissensformen (erzeugt etwa in Alltag, Praxisreflexion, Kunst, Philosophie, Esoterik). Auch hier ist also, wie Dahmer 1999 feststellt, ist »die Differenz längst ins Allgemeine gedrungen«[5], und es wird immer weniger möglich, jenseits der Formel *we agree to disagree* Einverständnisse zu erreichen.

II.

All dies kann die Erziehungswissenschaft als Disziplin in erhebliche Schwierigkeiten bringen. Denn wie soll eine wissenschaftliche Disziplin Identität, und damit letztlich disziplinäre Kontur, ausbilden, der immer wieder neu Vorläufigkeitsstatus zugesprochen wird, die von einer Vielheit verselbständigter Teilbereiche geprägt ist, deren theoretische Kontinuität in theoretischer Uneinheitlichkeit besteht, deren praxisbezogene Zuständigkeiten und Leistungen notorisch kontrovers gesehen werden? Nun ist aber mit Tenorth 1992 »eine Phase der neuen Besinnung auf die Identität des Faches zu studieren«[6]. Die Erziehungswissenschaft ist nicht schon deshalb als legitim eigenständige, wissenschaftliche Disziplin hinfällig geworden, weil sie sich verschiedentlich als problemanfällig erwiesen hat. Schließlich werden auch in anderen Wissenschaften neue Konzepte, ja Paradigmen, entwickelt, die in erkenntnistheoretischer Hinsicht teilweise wesentlich radikaler und

---

4 Hoffmann 1999, S. 7.
5 Dahmer 1999, S. 17.
6 Tenorth 1992, S. 302.

weitreichender sind als in der Erziehungswissenschaft üblich und möglich ist, ohne dass diese Wissenschaften gleich an den Rand disziplinärer Existenzberechtigung gedrängt beziehungsweise sich selber dorthin drängen würden. So gesehen, hat die Erziehungswissenschaft durchaus einen *lack of normal science* (im Kuhnschen Sinne) zu verzeichnen, dessen Ausgleich ihr sicher gut täte und der nicht im Widerspruch zu metatheoretischer Selbstaufgeklärtheit stehen muss. Die Erziehungswissenschaft trägt außerdem schwer an dem selbst auferlegten Anspruch, theoretische und praktische Grundlegungsfragen zugleich lösen zu wollen. So führt die Vermengung theoretischer, empirischer, praktischer und normativer Fragen zu einer Überforderung der Leistungsfähigkeit der Disziplin. Was hier dringend gebraucht wird, ist nicht die Verkürzung der wissenschaftstheoretischen Perspektive, verbunden mit Ausgrenzungen bestimmter Fragebereiche und Ansätze, sondern die Differenzierung von Fragebereichen, Wissensformen und Bearbeitungsverfahren.

So gelangen wir zunehmend zu einem Bild von der Erziehungswissenschaft, das die Aufgabe der Besinnung auf ihre disziplinäre Identität einsichtig erscheinen lässt. Dazu werde ich im Folgenden einen eigenen Vorschlag unterbreiten, der die disziplinäre Identität der Erziehungswissenschaft an einer bestimmten Auffassung pädagogischer Verantwortung und dem damit verbundenen Ethos pädagogischer Verantwortung festmacht.

III.

Seit einiger Zeit wird in pädagogischen und in anderen gesellschaftlichen Kontexten erneut der »Ruf nach Verantwortung«[7] laut. Verantwortung wird (wieder) eingefordert, zugeschrieben, abgelehnt, vielfach diskutiert und kritisiert. Was aber könnte mit dem Begriffsausdruck »pädagogische Verantwortung« eigentlich und genau gemeint sein? Lässt sich dieser Ausdruck sinnvoll bestimmen, oder verbirgt sich dahinter eine sinnleere Worthülse, vielleicht gar ein unklares beziehungsweise – ungleich brisanter – ideologieanfälliges Konstrukt, ein »unwahres Wort«[8]? Derjenige, der, zumal in der wissenschaftstheoretischen Diskussion, auf »pädagogische Verantwortung« rekurriert, gerät schnell in Verdacht, im Sinne überholter Tradition unzeitgemäß zu denken, denn wenn über Sinn und Unsinn »pädagogischer Verantwortung« diskutiert wird (bei Ausblendung ihres rein juridischen oder allgemein-moralischen Sinnes), gerät überwiegend die geisteswissenschaftlich geprägte Vorstellung pädagogischer Verantwortung in den Blick: das riskante Bemühen (relativ) entscheidungsfreier Erzieherinnen und Erzieher um Lebenshilfe (Begleitung und Führung) und Ausrichtung der Um- und Mitwelt zur Ermöglichung und Förderung der persönlichen Selbstfindung sowie Lebensertüchtigung von zu erziehenden, werdenden Personen, meist Kindern und Jugendlichen[9]. Diese geisteswissenschaftliche

7 Kaufmann 1992.
8 Gauger 1985.
9 Vgl. Thiersch 1968.

Verdichtung des im engeren Sinne pädagogischen Grundverständnisses hat sich als problematisch erwiesen. Denn der Begriff pädagogischer Verantwortung wird dazu benutzt, 1. *definitorisch*: das Spezifische der Erziehung festzulegen, 2. *ethisch*: den diesbezüglichen moralischen Handlungsappell auszudrücken und 3. *erkenntnislogisch*: das (»eigentliche«) Erschließungsmedium der Erziehungswirklichkeit zu formulieren. Die berechtigte Kritik an diesem komplexen Konstrukt verweist auf die Nicht-Akzeptanz der Vermischung von pädagogisch definitorischen, ethischen und erkenntnislogischen Gebrauchsweisen, die schließlich auch zur Ideologisierung des Begriffs führen können[10]. Bei aller Berechtigung der angeführten Kritik ist es meines Erachtens aber nicht zwingend, den pädagogischen Verantwortungsbegriff aufzugeben, denn die Kritik an der problematischen geisteswissenschaftlichen Konstruktion ist kein Argument gegen die mögliche Legitimität des Begriffs pädagogischer Verantwortung an sich und der Möglichkeit seiner plausiblen, rationalen Bestimmung und Begründung.

»*Pädagogische Verantwortung*« kann näher bestimmt werden als die *Verpflichtung auf individuale Hilfe bei der Entwicklung von Identität und Lebensfähigkeit*. Was heißt das? Mit Blick auf das Tätigkeitsfeld von Pädagoginnen und Pädagogen können wir zunächst festhalten, daß der ihnen zuschreibbare Verantwortungstypus die Verantwortung von Menschen für Menschen umfasst und somit verstärkt moralisch bestimmt ist. Wenn pädagogische Verantwortung einsichtig begründet werden kann, dann als moralische Aufgabenverantwortung für die Erhaltung und Förderung des Wohls anderer Menschen mit Selbstzweckeigenschaft. Dieser Typus von Verantwortung ist zunächst als unmittelbar handlungsbezogene Fürsorge-Verantwortung beschreibbar, denn pädagogisch Tätigsein heißt ja letztlich pädagogisch Handeln. In der heutigen Gesellschaft erschöpft er sich freilich nicht im Bezug auf pures Handeln, sondern reicht darüber hinaus. Die Verantwortung erstreckt sich auf die Handlungsnormen selbst, denen wir handelnd folgen. Diese lässt sich als »*Metaverantwortung*« kennzeichnen, insofern als sie Ausdruck der gewachsenen Reflexivität der modernen Gesellschaft ist[11]. Dies trifft auf den professionellen pädagogischen Bereich ähnlich zu wie auf die moderne praktische Medizin, wo neben der handlungsbezogenen Verantwortung erster Stufe auch eine Verantwortung zweiter Stufe für die richtigen Handlungsorientierungen (Metaverantwortung) angesetzt wird[12]. Es geht stets um pädagogisch fürsorgeverantwortliches Handeln in Verbindung mit fürsorgeverantwortlichem Denken und Bewußtsein. Diese Charakterisierung pädagogischer Verantwortung verbindet sich mit einem bestimmten Verständnis des »*spezifisch Pädagogischen*«.

Der Dreh- und Angelpunkt, an dem »das Pädagogische« als etwas Spezifisches festgemacht werden kann, ist der Folgende: Pädagoginnen und Pädagogen

10 Vgl. Fischer 1996, Tenorth 1990a.
11 Vgl. Lenk/Maring 1993, S. 235–236.
12 Vgl. Bayertz 1995, S. 63.

sind, neben all ihren bereichsspezifischen Aufgaben, deshalb im spezifischen Sinne Pädagoginnen und Pädagogen, weil sie die umfassende Entwicklung der (humanen) Person zum Thema haben, und das heißt in anderer Formulierung: es geht ihnen um *moralisch begründete, fürsorgende Hilfe bei der Entwicklung von Identität und Lebensfähigkeit des einzelnen Zu-Erziehenden*:

- Bemühen um *Identität* bedeutet: Auseinandersetzung mit den und allmähliche, vielleicht lebenslange Klärung beziehungsweise Bearbeitung der Fragen: Wer bin ich? Was will ich?;
- Bemühen um *Lebensfähigkeit* heißt: Entwicklung von selbständigem, integrativem und kritischem Verhalten in der näheren Umwelt wie in der Gesellschaft insgesamt.

Pädagogische Verantwortung, wie hier konturiert, drückt eine *(Zweck-) Verpflichtung*, ein *pädagogisches Ethos* aus. Darin liegt eine moralische Wertung, eine normative Entscheidung, die ihrerseits ethisch begründungspflichtig ist; ich habe sie an anderer Stelle detailliert ausgeführt[13].

IV.

Es erscheint mir nun plausibel, nicht nur der pädagogischen Praxis, sondern auch der Erziehungswissenschaft ein solches Verantwortungskonzept zugrunde zu legen, und zwar ausdrücklich im Sinne der Meta-Verantwortung, also der Verantwortung für theoretische Konzeptionen oder praxisbezogene Wissenseruierung und (anteilig) entsprechenden Wissenstransfer. Diese Verantwortungskonstruktion läßt sich zweifach auffassen:

- zum einen als *allgemeine funktionale Fürsorge-Verantwortung einer Wissenschaft* in bezug auf ein besonderes Gebiet, nämlich das der (wie auch immer aufgefassten) Pädagogik – darin läge allerdings keine pädagogische Spezifität im engeren Sinne;
- zum anderen als *besondere moralische Fürsorge-Verantwortung der Erziehungswissenschaft für die theoretische Begleitung einer besonderen – pädagogischen – praktischen Aufgabe*, die an einen jeden herantritt, der erzieherisch gefordert ist (zum Beispiel Eltern), und die außerdem zur Ausbildung einer mittlerweile weitverzweigten eigenen Profession (zum Beispiel Erzieherinnen und Erzieher) geführt hat. Diese Engführung von pädagogischer Praxis und Erziehungswissenschaft im Lichte der Verantwortungsbetrachtung führt zur Möglichkeit der Formulierung eines disziplinären pädagogischen Verantwortungsethos der Erziehungswissenschaft als Größe der Bestimmung ihres disziplinären Identitätskerns.

Freilich sind schlichte Übertragungen von der Praxis auf die Wissenschaft aufgrund der Unterschiede der angeführten Bereiche und der korrrespondierenden Verantwortungsarten nicht möglich; aber es gibt Verbindungen und wechselsei-

13 Vgl. Osterloh 2002, insb. S. 159ff.

tige Verwiesenheiten zwischen pädagogischer Praxis und Erziehungswissenschaft, von Kurtz 2000 dargestellt als die »Überschneidung zwischen pädagogischer Disziplin und pädagogischen Professionen«[14]: In der *pädagogischen Praxis* geht es um praktische, *reflektierte* Erziehung, die im Zusammenhang mit *pädagogisch-praktischer Verantwortung* gesehen, in der *Erziehungswissenschaft* um theoretische, *erziehungsbezogene* Reflexion, die in Zusammenhang mit *pädagogisch-theoretischer Verantwortung* gebracht werden kann. Pädagogische Verantwortung im skizzierten Sinne erscheint für die pädagogische Praxis unmittelbar, für die erziehungswissenschaftliche Theorie mittelbar einleuchtend.

Ein solchermaßen gewonnenes Ethos pädagogischer Verantwortung vermag zu verdeutlichen, worin der disziplinäre Identitätskern der Erziehungswissenschaft bestehen könnte: nämlich darin, als *Wissenschaft* der mittelbaren Verpflichtung auf individuale Hilfe bei der Entwicklung von Identität und Lebensfähigkeit durch entsprechende theoretische Reflexion und Forschung nachzukommen. Erziehungswissenschaft träte dann insofern als *Erziehungs*-Wissenschaft auf, als sie eine – im pädagogisch spezifischen Sinne – verantwortungsethisch zentrierte und verantwortungsethisch abgegrenzte Wissenschaft darstellte.

Ihr Identitätskern kann also als durch ein Verantwortungsethos bestimmt angesehen werden, nicht dagegen durch eine bestimmte methodologische Ausrichtung, theoretische Position, soziale Konstitution, geistesgeschichtliche Tradition. Ganz ähnlich wie die Medizin kann auch die Erziehungswissenschaft als eine Disziplin gesehen werden, die nicht um der bloßen Erkenntnis willen besteht und dadurch in ihrer Legitimität begründet ist; das, was sie zur Erziehungs-Wissenschaft als eigenständiger Disziplin macht, ist die im Ethos pädagogischer Verantwortung zum Ausdruck gebrachte spezifisch pädagogische Fürsorge-Verantwortung. Danach wäre die Erziehungswissenschaft die Forschungs- und Lehrrichtung, die die praktische, aber reflexions- und theoriegebundene Aufgabe individualer Hilfe bei der Entwicklung von Identität und Lebensfähigkeit theoretisch-reflexiv und forschend begleitet. Der vorstehende Ausdruck »begleitet« ist hier von besonderer Bedeutung: er bringt zum Ausdruck, dass praktische Erziehung nicht einfach als Anwendung erziehungswissenschaftlich-theoretischen Wissens aufgefasst werden darf beziehungsweise – umgekehrt – dass Erziehungswissenschaft nicht als Lieferant theoretischen Wissens gesehen werden kann, das die pädagogische Praxis einfach umsetzt. Auch hier gibt es eine Parallele zur Medizin und zur medizinischen Wissenschaft; um mit Jonas 1987 zu sprechen:

> Denn der Arzt hat es ja mit dem jeweils gegebenen Einzelfall zu tun, dem Individuellen in seiner ganzen Einzigkeit und Komplexität, die keine analytische Bestandsaufnahme erschöpfen kann; und da ist schon beim ersten

14 Kurtz 2000, S. 37.

Schritt, schon bei der Diagnose als der Subsumierung des Besonderen unter das Allgemeine, eine ganz andere Art von Wissen nötig als das theoretische.[15]

So gilt auch für die Erziehung, dass die erziehende Person es immer mit Einzelfällen und mit Situationen, Fragen, Anforderungen zu tun hat, die auf der praktischen Handlungsebene nicht theoretisch aufgelöst werden können. Hier sind Einzelfallentscheidungen zu treffen, für die theoretisches Wissen hilfreich sein kann, allein aber nicht hinreichend. Erziehungswissenschaft begleitet also eine pädagogische Praxis, die, neben dem Einbezug theoretischen Wissens, eigenständige Reflexionen anstellen *muss*, denen eigene Dignität zukommt[16].

V.

Der hier vorgelegte Vorschlag wirft nun eine Reihe von Fragen auf. Schließlich ist es keineswegs selbstverständlich, vielmehr angesichts der von Pluralismus, Postmoderne, Systemtheorie und Konstruktivismus beeinflussten Strukturdiskussion der Erziehungswissenschaft besonders erklärungsbedürftig, ja riskant, in der Behandlung der Frage erziehungswissenschaftlicher Identität auf ein Ethos pädagogischer Verantwortung zu setzen. Denn von daher mag der Rekurs auf ein pädagogisches Verantwortungsethos als unterkomplex, aktuell unpassend, unangemessen traditionell erscheinen, zumal er – so Winkler 1994 – »die Erziehungswissenschaft in die Nähe einer Moralbildung führen (mag), die wir heute kaum ertragen wollen«[17].

Mir scheint aber genau das Gegenteil der Fall zu sein. Gerade der Rekurs auf ein *Ethos* pädagogischer Verantwortung als substantieller Größe der Bestimmung erziehungswissenschaftlicher Identität erweist sich als richtig. Um dies zu verdeutlichen, muss an dieser Stelle näher auf das hier zugrunde gelegte Verständnis des Ethos-Begriffs und den Zusammenhang von Verantwortungsethos und erziehungswissenschaftlicher Identität eingegangen werden. Der Begriffsausdruck »Ethos« (gr. *êthos*: Gewohnheit, Herkommen, Gesittung, Charakter/Sitte, Brauch; zurückgehend auf idg. *suedhos*: Eigenart, -heit) hat die grundlegende Bedeutung »Gewohnheit, Sitte«. Die ursprüngliche Bedeutung des gr. *êthos* war, wie Scheier 1994 in seinem literarischen *Cappriccio* »Wasser und Zeichen«[18] mit Blick auf Aristoteles herausstellt, »*Wohn*-Statt«, »der *Ort*, wo eines *zu Hause* ist«, »wo es ihm *gut geht*«, in diesem ursprünglichen Sinne ist auch die grundlegende Bedeutung »Ge-*wohn*-heit« zu verstehen. In dieser etymologischen Belehrung stecken nun Hinweise, die nicht nur für den hier zu Grunde gelegten Ethos-Begriff selbst, sondern auch für den *Zusammenhang von Verantwortungsethos und erziehungswissenschaftlicher Identität* interessant sind. Wir können dem Gesagten

15 Jonas 1987, S. 148.
16 Vgl. bereits Hentig 1977.
17 Winkler 1994, S. 165.
18 Scheier 1994, S. 41.

nämlich das Folgende entnehmen und auf den genannten Zusammenhang anwenden:

Der Unterschied zwischen einerseits »Erziehungs-*Wissenschaft*« und andererseits »*Erziehungs*-Wissenschaft«, auf den dieser Beitrag sich besinnt, ist der zwischen einer formalen, pädagogisch substanzlosen, deskriptiven Erziehungs-*Wissenschaft*, die sich beispielsweise als nicht näher spezifizierte Sozialwissenschaft auffassen mag, und einer pädagogisch substanzvollen, deskriptiv-normativen *Erziehungs*-Wissenschaft, die sich über das Ethos pädagogischer Verantwortung disziplinär auf spezifische Weise auffaßt – und zwar als eine Wissenschaft, die sich *ethisch verankert*: am Stand-*Ort* – der »*Wohn*-Statt« – *pädagogischer Verantwortung*[19]. So gesehen, bedeutet »*Orts*-Bestimmung der Erziehungswissenschaft«[20] Verankerung – oder auch Ansiedelung, Beheimatung – der Erziehungswissenschaft im *Ethos* pädagogischer *Verantwortung*. Ein solches Ethos ist nicht gleichzusetzen mit »*Pathos*« (gr. Leiden, Leidenschaft): »erhabene Leidenschaft«, »leidenschaftlicher, gefühlvoller Nachdruck«, auch nicht mit »*Telos*« (gr. Ziel, (End-)Zweck; Ende, Grenze, Schluß): »das Äußerste, Erfüllung, Weihe«, »(Staats-)Amt«. Beide Ausdrücke sind, etwa wegen ihres emotionalen, steigernden Beiklanges, für unseren eher nüchternen Zusammenhang zu aufgeladen und daher unpassend; ebenso übrigens wie der – freilich nicht aufgeladene, sondern vergleichsweise »flach« wirkende – Ausdruck »*Etikett*« (frz. *étiquette*, urspr. »Einkerbung, Markierung an einem in die Erde gesteckten Pfahl«; vgl. auch frz. *éstiquer*: »feststecken« beziehungsweise mniederld. *stikken*: »Stich«). Im Falle des hier vertretenen Konzepts disziplinärer Identität handelt es sich weder um die Kennzeichnung der Erziehungswissenschaft anhand eines übertriebenen Pathos, eines überhöhten Telos noch um ihre bloße Etikettierung. Vielmehr repräsentiert es eine plausible Sinn- beziehungsweise Identitäts-Bestimmung, die belegt, dass sich das Verantwortungsethos im geschilderten Sinne für diesen Zweck besonders eignet, unter anderem auch deshalb, weil es weder zu einem Pathos, Telos überhöht ist noch zu einem bloßen Etikett verfällt. Ohne Zugrundelegung dieses Ethos geht der Erziehungswissenschaft das *erziehungs*-wissenschaftliche *proprium*, das *nur ihr Eigene*, verloren; es formuliert aber *nicht* auch das erziehungs-*wissenschaftliche totum* der Disziplin. Mit anderen Worten: Die Erziehungs-*Wissenschaft* ist mehr als ihr disziplinärer Identitätskern erkennen lässt; aber ohne diesen Identitätskern wird sie nicht als *Erziehungs*-Wissenschaft kenntlich, sondern (unspezifisch) als Wissenschaft. Insofern also erweist sich das pädagogische Verantwortungsethos als *konstitutiv* für die Erziehungswissenschaft; erst das Ethos erweckt die Disziplin gleichsam zum *erziehungs*-wissenschaftlichen Leben, ermöglicht ihr interne Kohärenz und externe Differenz und – insofern – die Darstellung als prinzipiell unverzichtbare, weil eigene Disziplin.

---

19 Vgl. Flitner 1964, 1989b, urspr. 1966/1957.

20 Peukert/Scheuerl 1992.

VI.

Natürlich stellt sich die Frage der Akzeptanz des Ethos pädagogischer Verantwortung in der gegenwärtigen Erziehungswissenschaft. Es lassen sich mehrere Diskussionsstränge unterscheiden, in denen die Bewertung des pädagogischen Verantwortungsethos unterschiedlich ausfallen kann: Im Hinblick auf die *pädagogische Praxis* dürfte die Diskussion des Ethos – etwa im Rahmen einer Ethik des Erziehens[21] – vermutlich noch am meisten auf Akzeptanz und wenig prinzipiellen Widerstand stoßen; auch im Rahmen der Theorie-Praxis-Diskussion könnte seine Erörterung auf Verständnis treffen; innerhalb der erziehungswissenschaftlichen Strukturdiskussion aber, in der es um die Erziehungswissenschaft als Wissenschaft geht, kann die Auseinandersetzung damit, zudem mit seiner Funktion der Identitätsbestimmung der Disziplin, durchaus problematisch erscheinen. So hebt Koring 1990 hervor, »daß der erziehungswissenschaftliche Ausgangspunkt nicht ein unbefragt geteiltes pädagogisches Ethos ist«[22] – freilich belegt Korings Aussage nur, dass etwas *so ist*, wie es *ist* (beziehungsweise *nicht* ist), keineswegs aber, dass es nicht auch *anders sein könnte* oder *sollte*; außerdem kann es nicht ernstlich um ein »unbefragt geteiltes«, sondern rational betrachtet nur um ein sinnvoll begründbares Ethos gehen[23].

Dieses Thema leidet – durchaus verständlich – ein wenig an Tabuisierung; es wirft Fragen auf wie die Folgenden:

- Erhält die Erziehungswissenschaft durch die Bindung an ein Ethos pädagogischer Verantwortung einen *Sonderstatus*? Genau das wird von manchen Erziehungswissenschaftlerinnen und -wissenschaftlern nicht gewünscht, vielmehr sind sie bemüht, zu zeigen, daß die *Erziehungswissenschaft* eine *moderne Wissenschaft* ist *wie jede andere* auch.
- Gerät die Erziehungswissenschaft durch die Bindung an ein Verantwortungsethos unter *Ideologie-Verdacht*? Das will natürlich kein Erziehungswissenschafter, keine Erziehungswissenschaftlerin, statt dessen sind sie bemüht, wissenschaftlich nicht begründbare, wertgeladene Vorgaben aus dem inneren Bereich der Erziehungswissenschaft auszuschließen.
- Wird die Erziehungswissenschaft durch die verantwortungsethische Bindung nach dem Bilde eines *traditionell überkommenen Wissenschaftskonzepts* profiliert? Einige Erziehungswissenschaftler könnten damit durchaus einverstanden sein, andere dagegen nicht, für wieder andere wäre diese Frage vermutlich nicht zentral.

Solche Reaktionsweisen auf das hier entwickelte Konzept sind möglich, auch andere sind vorstellbar. Und das bedeutet: Das Ethos pädagogischer Verantwortung und dessen Anwendung auf die erziehungswissenschaftliche Identitätsfrage dürften auf Akzeptanz und auf Ablehnung stoßen; insofern wird es mit

21 Vgl. Fuhr 1998.

22 Koring 1990, S. 79.

23 Und schon gar nicht um »Quasi-Dogmatismus«, vgl. ebd.

bestimmten Erziehungswissenschaftlerinnen und -wissenschaftlern Konvergenzen, mit anderen Divergenzen geben. Und deshalb weist das vorgelegte Identitätskonzept den Charakter eines Diskussionsvorschlages auf, es soll diskutiert, kritisiert werden.

Die in diesem Zusammenhang wohl am meisten problematische Frage lautet: Erscheinen in der Perspektive des Ethos solche Erziehungswissenschaftlerinnen und -wissenschaftler, die die Auffassung des zugrunde gelegten pädagogischen Verantwortungsmodells nicht teilen, aufgrund dessen als »nicht *echte* Erziehungswissenschaftler/innen«? Taucht damit die prinzipielle Gefahr der Veranlassung »pädagogischer Bekenntnisse« auf? Und, wenn dem so ist, erweist dies nicht die Absurdität und Unbrauchbarkeit des hier vorgeschlagenen Konzepts? Dazu muss an dieser Stelle in aller gebotenen Deutlichkeit Folgendes festgehalten werden: Weder das Konzept pädagogischer Verantwortung noch die erziehungswissenschaftliche Identitätsbestimmung anhand des Ethos pädagogischer Verantwortung taugen zum *Kriterium alleiniger und hinreichender Bestimmung* dessen, was Erziehungswissenschaft ist, und sie taugen schon gar nicht zum *Kriterium des Ausschlusses* aus der Erziehungswissenschaft (mit Ausnahme extremer Fälle, zum Beispiel vollkommen ideologisierter Positionen); einen solchen Ausschluß-Fehler hat Brezinka 1978 (auch 1989) meines Erachtens mit dem von ihm vorgelegten empirisch-analytischen Wissenschaftstheorie-Konzept begangen. Im Gegensatz dazu ist festzuhalten, dass in die Überlegungen darüber, was alles »Erziehungswissenschaft« ausmachen und was nicht zu ihr gehören könnte, viele verschiedene Momente eingehen: erkenntnis- und wissenschaftstheoretische, methodologische und pragmatische, traditionelle und alternative, pädagogische und nichtpädagogische, ethische, soziale, wissenschaftspolitische usw. Das hier vorgelegte Konzept hat eine klare, begrenzte Funktion, nämlich die der *disziplinären Identitäts*-Bestimmung, noch enger: der Bestimmung des *Kerns* disziplinärer Identität; nicht mehr, aber auch nicht weniger. Mit diesem Konzept verbindet sich nicht die Idee einseitiger Fixierung von »Erziehungswissenschaft« und schon gar nicht die Intention der Ausschließung kontroverser Positionen aus der »Erziehungswissenschaft«.

In diesem Zusammenhang ist es außerdem wichtig, darauf hinzuweisen, dass sowohl für den einzelnen Erziehungswissenschaftler *als Wissenschaftler* wie für die Disziplin Erziehungswissenschaft *als Wissenschaft*, neben dem speziellen Ethos *pädagogischer* Verantwortung, *allgemeine wissenschaftliche* Normen und Werte als regulative Ideen leitend sind beziehungsweise sein können[24]. Als Beispiele wären zu nennen: Logische Korrektheit der Argumentation, Präzision der Begriffsbildung, Sorgfalt der Faktenerhebung, Fairness im Referat abweichender Meinungen, Originalität der Fragestellung, Eleganz der Beweisführung. Denkbar wären auch: Klarheit und Genauigkeit der Sprache, Zweckmäßigkeit und Ökonomie der Darstellung, objektive Überprüfbarkeit der Dokumentation, Einfachheit und

---

24 Vgl. Osterloh 1991, S. 223ff.

Fruchtbarkeit der Theorie, Stichhaltigkeit der Begründung, Schärfe der Methoden, Vielfalt und Neuartigkeit der Ergebnisse, Trennung von Datengewinnung, Darstellung und Interpretation, Reinheit und Tiefe der Reflexion, Besonnenheit im Urteil und Sachlichkeit der Diskussion.

Die Entscheidung für die Erziehungswissenschaft ist die Entscheidung für die *Wissenschaft*, diesen Umstand kann und darf das identitätsbestimmende Ethos nicht verdecken. Und diese Entscheidung ist wenigstens in einer Hinsicht mehr als irgendeine beliebige Vorzugsentscheidung. Mit Stegmüller 1979 gesprochen: »Es ist die *Entscheidung zur Rationalität*«[25]. Mit der Entscheidung für die Erziehungswissenschaft und damit auch für die wissenschaftliche Rationalität ist nun für die einzelnen Erziehungswissenschaftlerinnen und -wissenschaftler die – nicht pädagogische, sondern ausdrücklich wissenschaftliche – Verpflichtung verbunden, alles zu versuchen, was in ihren Kräften steht, um ihre Forschungsarbeit den regulativen Ideen sinnvoll begründeter wissenschaftlicher Normen und Werte ausreichend anzunähern. Deshalb sollten innerhalb einer verantwortungsethisch verankerten Erziehungswissenschaft wenigstens die folgenden Orientierungen unterschieden werden und angemessene Berücksichtigung finden:

- die *Zukunftsorientierung* der Erziehungswissenschaft als Verantwortungscharakteristik, die fürsorgeethisch begründet ist, aber keine utopischen Züge aufweist, und mit aufgeklärter Selbstwahrnehmung der Disziplin verbunden werden kann;
- ihre *analytische Orientierung*, die mit Hilfe begriffs- und sprachanalytischer Verfahren gewahrt werden kann;
- ihre *systematische Orientierung*, die anhand logischen Zusammenhangsdenkens möglich ist;
- ihre *empirische Orientierung*, die durch Erhebung kontrollierten Erfahrungswissens zustande kommt;
- ihre *hermeneutische Orientierung*, die über interpretative Ansätze gesichert ist;
- ihre *kritische Orientierung*, die sich auf dem Fundament von Gesellschafts-, Ökonomie- und Ideologieanalysen bewegt.

Das mit Hilfe dieser Orientierungen abgesteckte, bewegte und veränderliche Feld lässt viele Methodologien und Inhaltskonzepte, Positionen und Hintergründe zu, die die Fortentwicklung und Pluralität der Erziehungswissenschaft gewährleisten könnten. Darüber hinaus können bestimmte erziehungswissenschaftliche Positionen dem pädagogisch-verantwortungsethisch bestimmten Identitätskern der Erziehungswissenschaft näher oder ferner stehen, so wie die Bestimmung selbst sich im Prozess ständiger Diskussion befindet, letztlich also ein rational begründetes diskursives Angebot darstellt. Diesem Umstand kann und soll nicht ausgewichen werden, aber er widerlegt seinerseits weder die – meines Erachtens bestehende – Plausibilität der Identitätskernbestimmung,

---

25 Stegmüller 1979, S. 201.

noch macht er solche Versuche überflüssig. Wenigstens vermag der erziehungswissenschaftliche Identitätskern eine stets neu zu diskutierende Sinnmitte der Erziehungswissenschaft abzugeben. Nach meiner Auffassung aber bietet er durchaus mehr: *erstens:* die Herstellung des *inneren Zusammenhangs* der verschiedenen Facetten an erziehungswissenschaftlichen Möglichkeiten, die durch ihn selber nicht veranlasst werden, denn dies geschieht durch methodologische, erkenntnistheoretische, philosophische, anthropologische oder andere wissenschaftliche und geistesgeschichtliche Entwicklungen mit erziehungswissenschaftlicher Impulskraft, aber diese können und sollen, in graduellen Abstufungen, auf ihn bezogen werden; *zweitens:* die *äußere Abgrenzung* der verschiedenen Facetten erziehungswissenschaftlicher Möglichkeiten von anderen Disziplinen oder Teildisziplinen.

Literatur

Bayertz, K.: Eine kurze Geschichte der Herkunft von Verantwortung. In: ders. (Hrsg.): *Verantwortung. Prinzip oder Problem?*, Darmstadt 1995, S. 3–71.

Brezinka, W.: Empirische Erziehungswissenschaft und andere Erziehungstheorien: Differenzen und Verständigungsmöglichkeiten. In: Röhrs, H./Scheuerl, H. (Hg.): *Richtungsstreit in der Erziehungswissenschaft und pädagogische Verständigung. Wilhelm Flitner zur Vollendung seines 100. Lebensjahres am 20. August 1989 gewidmet*, Frankfurt a.M. 1989, S. 71–82.

Brezinka, W.: *Metatheorie der Erziehung. Eine Einführung in die Grundlagen der Erziehungswissenschaft, der Philosophie der Erziehung und der Praktischen Pädagogik*, München/Basel 1978.

Dahmer, I.: Pro Sectionibus. Vorschlag zur konsequenten Neugliederung der DGfE-Binnenstruktur. In: *Erziehungswissenschaft* 10 (1999), H. 18, S. 15–20.

Fischer, W.: Wozu taugt die »pädagogische Verantwortung«? In: Meyer-Drawe, K. u.a. (Hrsg.): *Pädagogik und Ethik. Beiträge zu einer zweiten Reflexion*, Weinheim 1996[2], S. 181–198.

Flitner, W.: *Das Selbstverständnis der Erziehungswissenschaft. Eine Studie über Hermeneutik und Pragmatik, Sinnaufklärung und Normauslegung*, Paderborn 1989. (Textidentisch mit der 4. Aufl. der 1957 erstmals erschienen Fassung: Das Selbstverständnis der Erziehungswissenschaft in der Gegenwart, Heidelberg 1966).

Flitner, W.: *Der Standort der Erziehungswissenschaft. Eine Studie über die Sozialfunktion der Wissenschaften und die Pädagogik*, Hannover 1964.

Fuhr, T.: *Ethik des Erziehens. Pädagogische Handlungsethik und ihre Grundlegung in der elterlichen Erziehung*, Weinheim 1998.

Gauger, H.-M.: Unwahre Wörter? In: *Merkur* 39 (1985), S. 169–174.

Hentig, H. von: Erkennen durch Handeln. Zur Rehabilitierung der Erfahrung im Lernen. In: *Die Deutsche Schule* (1977), H. 9, S. 495–515.

Hoffmann, D.: Einleitung. In: ders. (Hrsg.): *Rekonstruktion und Revision des Bildungsbegriffs. Vorschläge zu seiner Modernisierung*, Weinheim 1999, S. 7–14.

Jonas, H.: *Technik, Medizin und Ethik. Praxis des Prinzips Verantwortung*, Frankfurt a.M. 1987.

Kaufmann, F.-X.: *Der Ruf nach Verantwortung. Risikio und Ethik in einer unüberschaubaren Welt*, Freiburg i. Br. 1992.

Koring, B.: Erziehungswissenschaft im Medium des Praxiskontakts. Folgen und Probleme aus professionstheoretischer Sicht. In: *Zeitschrift für Sozialisationsforschung und Erziehungssoziologie* (1990), H. 1, S. 72–90.

Kurtz, T.: Pädagogische Forschung zwischen Wissenschaftsanspruch und Reflexionsbewußtsein. Systemtheoretische Überlegungen zur pädagogischen Disziplin in der Moderne. In: Dewe, B./ders. (Hrsg.): *Reflexionsbedarf und Forschungsperspektiven moderner Pädagogik. Fallstudien zur Relation zwischen Disziplin und Profession*, Opladen 2000, S. 19–44.

Lenk, H./Maring, M.: Wer soll Verantwortung tragen? Probleme der Verantwortungsverteilung in komplexen (soziotechnischen-sozioökonomischen) Systemen. In: Bayertz, K. (Hrsg.): *Verantwortung. Prinzip oder Problem?*, Darmstadt 1995, S. 241–286.

Osterloh, J.: *Identität der Erziehungswissenschaft und pädagogische Verantwortung. Ein Beitrag zur Strukturdiskussion gegenwärtiger Erziehungswissenschaft in Auseinandersetzung mit Wilhelm Flitner*, Bad Heilbrunn/Obb. 2002.

Osterloh, J.: *Wahrheit, Objektivität und Wertfreiheit in der Erziehungswissenschaft. Begriffsanalytische und methodologische Untersuchungen*, Bad Heilbrunn/ Obb. 1991.

Peukert, H./Scheuerl, H. (Hrsg.): *Ortsbestimmung der Erziehungswissenschaft. Wilhelm Flitner und die Frage nach einer allgemeinen Erziehungswissenschaft im 20. Jahrhundert*, Weinheim/Basel 1992.

Scheier, C.-A.: Wasser und Zeichen. In: *Mitteilungen der TU Braunschweig* 24 (1994), S. 40–41.

Stegmüller, W.: *Rationale Rekonstruktion von Wissenschaft und ihrem Wandel*, Stuttgart 1979.

Tenorth, H.-E.: *Geschichte der Erziehung. Einführung in die Grundzüge ihrer neuzeitlichen Entwicklung*. 2. durchges. Aufl., Weinheim 1992.

Tenorth, H.-E.: Verantwortung und Wächteramt. Wie die wissenschaftliche Pädagogik ihre gesellschaftliche Wirksamkeit behandelt. In: *Vierteljahresschrift für wissenschaftliche Pädagogik* 66 (1990a), S. 409–435.

Tenorth, H.-E.: Vermessung der Erziehungswissenschaft. In: *Zeitschrift für Pädagogik* 36 (1990b), S. 15–27.

Thiersch, H.: Pädagogische Verantwortung. In: *Geisteswissenschaftliche Pädagogik am Ausgang ihrer Epoche – Erich Weniger*. Hrsg. v. I. Dahmer/Klafki, W., Weinheim/Berlin 1968, S. 81–101.

Uhle, R.: Das Allgemeine als Spezialthema. In: Hoffmann, D./Neumann, K. (Hrsg.): *Die gegenwärtige Struktur der Erziehungswissenschaft. Zum Selbstverständnis einer undisziplinierten Disziplin*, Weinheim 1998, S. 105–117.

Vogel, P.: Zum Zusammenhang pädagogischer Wissensformen. In: *Vierteljahresschrift für wissenschaftliche Pädagogik* 62 (1986), S. 472–486.

Winkler, M.: Ein geradezu klassischer Fall. Zur Traditionsstiftung in der Pädagogik durch Klassiker. In: *Systematiken und Klassifikationen in der Erziehungswissenschaft*. Hrsg. v. Horn, K.-P./Wigger, L., Weinheim 1994, S. 141–168.

Hans Ulrich Grunder

Grenzen der Erziehung – Grenzen der Allgemeinen Pädagogik Zur Problematik von Machbarkeitsszenarien

Die Geschichte der ›Allgemeinen Pädagogik‹, ich verwende den Begriff hier synonym zu ›Allgemeiner Erziehungswissenschaft‹[1], die Wissenschaftsgeschichte Allgemeiner Pädagogik ist von sich abwechselnden Konzepten mit Blick auf eine unstete pädagogische Praxis sowie zahlreichen theoretischen, oft sich widerstreitenden Ansätzen bestimmt.[2] Dieser Sachverhalt ist der gesellschaftspolitisch akzentuierten Position der Pädagogik insgesamt geschuldet. Dafür ein Beispiel: Allgemeine Pädagogik ist unmittelbar den Anforderungen einer konzept-, meist rezeptbedürftigen institutionellen Praxis ausgesetzt, sobald es um die Schule geht.[3] Der Politik dient Pädagogik, etwa Schulpädagogik, oft als ›trouble-shooter‹, eingesetzt, um gesellschaftliche Krisensituationen zu entschärfen. Womit sich die Gesellschaft politisch abmüht, wird der Allgemeinen Pädagogik zur Lösung übertragen. Sie und ihre Subdisziplinen sollen dann qua aufklärendem, sei's institutionellem, didaktischem oder methodischem Krisenmanagement fehlgeschlagene oder nicht erfolgte politische Intervention in längerfristigen, als indivuelle Lernprozesse deklarierten Verläufen pädagogisch korrigierend nachholen. Blättert man in der Schulgeschichte zurück[4], spiegelt der Lehrplan das ungefragte Übertragen gesellschaftlicher Problemfelder[5]: Aids-, Computer- und Aufklärungsunterricht, Medien- und Verkehrsunterricht, früher Handfertigkeitsunterricht, ausgangs des 19. Jahrhunderts das Turnen. Es ist offenkundig: Was die Gesellschaft politisch nicht lösen mag oder zu lösen vermag, delegiert sie an die Schule. In deren überbordenden Inhalten erkennt man die Krisensymptome dann als Bewältigungsstragien: Dergestalt instrumentalisiert, soll Schule erziehend und unterrichtend gesellschaftspolitische Minenfelder entschärfen.[6] Aus dieser Skizze leite ich meine erste These ab, die es im folgenden zu belegen gilt:

---

1 Vgl. Brinkmann, Petersen 1998, insbesondere S. 32ff. und S. 55ff.
2 Paschen 1997.
3 Grunder 1995, S. 259–274.
4 Herrlitz 1998.
5 Künzli, Hopmann 1998.
6 Grzesik 1998.

These 1
Eine der Aufgaben der Allgemeinen Pädagogik besteht darin, auf die Grenzen dieser überbordenden und überbürdenden Ansprüche an pädagogisches Wissen und Zumutungen gegenüber pädagogischem Handeln zu verweisen.

Zunächst sei knapp auf die Funktion der Allgemeinen Pädagogik als einer ›Landkarte‹ verwiesen (1.), bevor ich in unterschiedlichen pädagogischen Feldern fehlendes Grenzbewusstsein und seine Folgen (2.) aufspüre. Schließlich bilanziere ich die Möglichkeiten und Grenzen erzieherischer Beeinflussung leite daraus Chancen und Limiten einer Allgemeinen Pädagogik ab (3.)

1. Die Allgemeine Pädagogik: eine ›Landkarte‹?

Die moderne Wissenschaft von der Erziehung kommt als Theorie für die Praxis nicht darum herum, gesellschaftliche Prozesse zu bearbeiten. Die Praxis weit weniger beeinflussend als vielen ihrer Exponenten lieb ist, kämpft die Erziehungswissenschaft jedoch um gesellschaftspolitische Relevanz. Oft attakkiert sie – pädagogisch argumentierend – vergeblich ökonomisch bedingte Sachzwänge. Die Diskussion um Sinn, Zweck und Funktion Allgemeiner Pädagogik würden die Vertreter der ›Annales‹ in Frankreich mit dem Bild eher ruhiger, weitgespannter Verläufe in einer historischen ›longue durée‹ ebenso umschreiben wie mit jenem einer auf den Wellenbergen aktueller, tagespolitischer Ereignisse reitenden Wissenschaft. Allgemeine Pädagogik – so hat es Herbart bereits ausgedrückt[7] – hat eine ›Landkartenfunktion‹. Die Metapher verweist darauf, dass Allgemeine Pädagogik eine ›künstliche Form des Distanznehmens zur alltäglichen Erziehungspraxis‹ impliziert. Die modische Aufforderung an sie, sie solle doch bitte einmal (unmittelbar) praxisrelevant werden, trifft haarschaft an der Sache vorbei und muss entsprechende Erwartungen enttäuschen. Allgemeine Pädagogik stelle eine besondere Art von Paxis dar, nämlich Theorie, schreibt Treml.[8] Er betont, der Selektionsvorteil von Theoriebildung liege offenbar in ihrer semantischen und kognitiven Orientierungsfunktion. Damit ist die Allgemeine Pädagogik gehalten, ›Landkarten‹ zu offerieren. Wer über pädagogische Themen kommuniziert, dem bietet sie kognitive Orientierung. Doch: Unterschiedlich zur traditionellen Prämisse sind ›Landkarten‹ nicht theoretisch alleserklärende Systeme. Weder übergeschichtlich oder notwendig noch wahr, bilden ›Landkarten‹ kontingente Interpretationen eines ›Landes‹. Sie können – wie die Allgemeine Pädagogik – immer auch anders ausfallen. Wer diesen Sachverhalt

7 Herbart 1851.
8 Treml, in: Brinkmann, Petersen 1998, S. 196.

ignoriert, verkennt die beschränkte Erklärungskraft allgemeinpädagogischen Denkens, schulpädagogischer Handlungsanweisungen und didaktisch-methodischer Versprechen – ignoriert also ›die Grenzen der Pädagogik‹.[9]

Zwischen Selbst- und Fremdansprüchen lavierend, versucht die Pädagogik seit sie ausgangs des 18. Jahrhunderts planmäßig begründet worden ist, die Kluft zwischen hohen Erwartungen und eingeschränkter Erklärungskraft entweder herunterzuspielen oder ihm gewandt zu entgehen. Obwohl es die Allgemeine Pädagogik weitgehend verpasst, produktive Konfliktbewältigungsmuster auszubilden, muss Erziehungswissenschaft komplexitätsreduzierende Problemdefinitionen ebenso verwerfen wie geradlinige Diskussionsstrategien, monokausale Schlüsse und Transferwünsche von Theorie- in Praxiswissen. Einige paradigmatische Diskurse zeugen davon – etwa die übersteigerte Distanzierung vom geisteswissenschaftlichen Paradigma der ›realistischen Wendung‹ zufolge; die erregten Kontroversen um wissenschaftstheoretische Positionen in den Siebzigerjahren; die nervöse Reaktion auf publikumswirksame Moden wie die ›Antipädagogik‹; die unschönen Querelen um den Stellenwert eines nach wie vor erst bruchstückhaft aufgearbeiteten ›nationalsozialistischen Erbes‹ in Deutschland; der übersteigerte Reflex auf die leichtfüssigen Theoretiker der Postmoderne oder die als irrlichternde Schadenfeuer interpretierten Perturbationen der Konstruktivisten.[10] Fazit: Der Pädagogik, einem Spielball gesellschaftlicher ›pressure groups‹ reicht Herbarts Rat, sie solle sich auf ihre eigenen Begriffe besinnen, gegenwärtig auch nicht mehr aus, ein gefestigtes Selbstverständnis des Fachs aufzubauen. Der Grund dafür liegt in der Binnenstruktur des Fachs begründet, was mich zu meiner zweiten These führt:

These 2

Dissonanzen, Brüche und Gräben, begleitet von persönlichen Ressentiments aufgrund wissenschaftstheoretischer Differenzen übertünchen die tatsächlichen Legitimationsprobleme der Exponenten der Allgemeinen Pädagogik gegenüber einer sich differenzierenden, hochkomplexen Gesellschaft. Diese Schwierigkeiten verursacht die mangelnde Einsicht in die ›Grenzen‹ erzieherischen Einwirkens in pädagogischen Handlungen ebenso wie das lediglich partielle Akzeptieren der beschränkten Erklärungskraft allgemeinpädagogischer Argumentation. Damit klingt der Sachverhalt der ›Grenze‹ – unterschiedlich getönt – doppelt an.

---

9 Zum einen ist Allgemeine Pädagogik ein mehr oder weniger weit ausgeformtes, aber saturiertes Element innerhalb des wissenschaftstheoretischen Fächerspektrums. Andererseits gerät sie zum Spielball kurzlebiger politischer Interessen. Diese, man darf sagen, diese ›Doppelexistenz‹, Ergebnis systematischer Einsicht, zeitgeschichtlicher Konstellation und praxisbezogener Zumutung, verursacht eine durchaus ungemütliche Lage – und dies nicht erst in jüngster Zeit.

10 Vgl. Diesbergen 1998, Siebert 1999.

Ich gehe nicht länger auf die theoretischen Schwierigkeiten einer Allgemeinen Pädagogik ein, die der Fiktion eines Einheitsgedankens, dem Wunsch nach einer Totalbeschreibung geschuldet sind.[11] Ebenso wenig diskutiere ich die Kritik Hamanns am disziplinären Selbstverständnis (Hamann 1989).[12] Schließlich verzichte ich darauf, wesentliche Charakteristika einer Allgemeinen Pädagogik zu beschreiben, etwa deren Aufgabe (Kasten 1), ihre historisch-systematischen Entwürfe (Kasten 2), Theorien und Modelle (Kasten 3) oder die Fragen, was sie denn ›allgemein‹ mache (Kasten 4), falls sie überhaupt möglich sei (Kasten 5). Ich frage: Wo liegen die Limiten der Allgeeinen Pädagogik?

---

11 Breinbauer 1998, S. 19. – Der in der Erziehungswissenschaft nach wie vor vorhandene Einheitsgedanke legt immer wieder die These nahe, ein Gesamtentwurf einer ›Systematischen Pädagogik‹, einer ›Allgemeinen Pädagogik‹ sei möglich. Andererseits belegt die Zeitbedingtheit der pädagogischen Entwürfe die Unfruchtbarkeit der Suche danach. Darum ist die Rede von zahlreichen ›Allgemeinen Pädagogiken‹. Dabei handelt es sich um Versuche, das Ganze pädagogischen Denkens, Fragens und Handelns nach leitenden Kriterien, Methoden und Begriffen in eine stimmige Ordnung zu bringen und darzustellen (Breinbauer 1998, S. 10). Darin drückt sich aus, wie Pädagogik zu einem bestimmten Zeitpunkt verstanden und konzipiert wurde und wird. Weil die Option auf Totalbeschreibungen verfallen ist, kommen wir umsoweniger darum herum, solcherlei Versuche von aussen her zu beurteilen, also »kritisch-analytisch auf ihre je spezifischen Voraussetzungen zu befragen« (ebda., S. 11).

12 Allgemeine Pädagogik ist Heid zufolge lediglich das Etikett für thematisch und methodisch unbestimmtes pädagogisches Denken. Er verweist damit auf die unterschiedlichen Lesarten der Pädagogik, welche auf dem ›freien Markt der Meinungen‹ keineswegs beunruhigt, bezogen auf die theoretische Reflexion über das Selbstverständnis des Fachs aber provozieren muss (Hamann 1989). Darum besteht die Erwartung: Die wissenschaftliche Disziplin der Pädagogik muss als logisch geordneter Zusammenhang von Sätzen vorliegen, mit deren Aussagen die Zunftangehörigen untereinander weitgehend einig sind. Weil die pädagogischen Systementwürfe in der Mehrzahl vorliegen, wir aber Vielfalt nicht mit Vielzahl verwechseln sollten, lässt sich fragen, ob die Vielfalt echt oder nur vermittelt sei. Vielleicht sprechen ja alle dieselbe Sprache, weisen der Pädagogik dieselben Aufgaben zu, kritisieren sie in ähnlicher Art oder stützen ihr pädagogisches Selbstverständnis auf denselben Prämissen ab. Jeder Autor würde dann lediglich seinen eigenen pädagogischen Grundgedankengang beschreiben. Dann wären die Differenzen lediglich stilistischer Art, zeitbedingt aufgetreten oder durch unterschiedliche akademische Herangehensweisen erklärbar. Inzwischen ist jedoch klar geworden, dass die Systematiker der Pädagogik sich heute mit einem perspektivischen Zugriff, weil sie erkannt haben, dass Gesamtschauen nicht mehr opportun sind. Dezidierte Positionen treten in den Arbeiten von Klaus Schaller (kommunikative Pädagogik), Felix von Cube (kybernetische Pädagogik), Hans Jochen Gamm (materialistische Pädagogik) oder Alfred Treml (evolutionistische Pädagogik) zutage.

Kasten 1
Die Aufgabe der Allgemeinen Pädagogik

Folgen wir Dieter Lenzen, muss die Allgemeine Pädagogik den Studierenden wenigstens eine Art »Minimalwissen«[13] anbieten.

Will man theoretisch in die Pädagogik eindringen, ist man gezwungen, etwas theoretisch zu erklären, worüber wir praktisch, als Erziehende und als Erzogene, bereits einiges wissen. Nun müsste man die entsprechende Theorie nach gewissen Grundsätzen (Perspektiven, Prämissen, historischen Positionen) in systematischer Art konzipieren. Da es keine ›Allgemeine Pädagogik‹ gibt, also lediglich ›Allgemeine Pädagogiken‹, müssen wir fragen, was, weshalb und auf welchen Pfeilern beruhend gegenwärtig ›allgemeine Pädagogik‹ genannt wird.[14] Indem wir ›Allgemeine Pädagogiken‹ kritisch betrachten, betreiben wir ›Kritik der pädagogischen Vernunft‹, wie es Strauss 1978 genannt hat.[15] Gemäß Ballauf erforschen und kritisieren wir die ›transzendentalen Schemata im pädagogischen Denken‹.[16] Allgemeine Pädagogik wäre dann damit beauftragt, erziehungswissenschaftliche Paradigmata mit dem Ziel zu erforschen, Umgrenzung und Rechtfertigung eines ›Allgemeinen‹ im pädagogischen Wissenskorpus nachzuweisen. Jedes Bemühen, pädagogisches Denken und Handeln zu verstehen, gilt vor diesem Hintergrund als Akt pädagogischer Vernunft. Die folgenden Fragen sind zu beantworten:

Was darf sich rechtens ›allgemein‹ nennen? Worauf ruht ein pädagogisches Gedankengebäude? Welche Prämissen werden unterstellt?

Wir gehen also von der These aus, jegliche Erkenntnis gehe von Vorbedingungen aus, enthalte Vorgriffe oder Vorbegriffe, die erst im Zusammenspiel mit dem empirisch Gegebenen den Gegenstand, das Objekt der Erkenntnis ausmache. Unsere Erkenntnis über Pädagogik ist also weder historisch noch systematisch voraussetzungslos. Dass hinter unserem Denken immer eine Metaphysik steht, ist seit Jahrzehnten Konsens.[17]

Kasten 2
Historisch-systematische Entwürfe zu einem System der Pädagogik

Comenius (1592–1670) fragt nach dem pädagogischen Sinn des Unterrichtens, den er zunächst in der ›Didactica magna‹ (1628–1630 böhmisch, 1657 lateinisch) umschreibt. Später fundiert er die Didaktik in der Pädagogik, zuerst in der Pansophia, dann auch in der Pampaedia. Im Schlüsselbegriff der ›sapientia‹ fasst Comenius die Einheit von theoretischem und praktischem Wissen, von theoretischer und praktischer Bildung. Hinter wesentliche Axiome Comenius' wird die Pädagogik der folgenden Jahrhunderte nicht mehr zurückgehen können:

13 Lenzen 1994, S. 9.
14 Breinbauer 1998, S. 19.
15 Strauss 1978, S. 584.
16 Ballauf 1970, Vorwort.
17 Funke 1968, S. 62–93.

- Bildung leitet die Verbesserung der menschlichen Verhältnisse ein;
- Allen Menschen sind dieselben Bildungsmöglichkeiten zuzuerkennen (alle sind gleichermassen gottebenbildlich);
- Bildung ist nicht Vielwissen sondern die Einsicht in die Ordnung der Welt;
- Allen ist alles auf alle Weise zu lehren (omnes omnia omnino).

Locke (1632–1704) legt erstmals eine Anthropologie vor, in der der Pädagogik eine wesentliche Rolle zufällt. Stellt man sich den Menschen als ›tabula rasa‹ vor, was Locke in den ›Gedanken über Erziehung‹ (1693) tut, so bedarf er unausweichlich der Erziehung, er ist auf sie unabdingbar angewiesen. Locke glaubt an den Menschen als ein vernunftbegabtes Wesen, der erziehbar und erziehungsbedürftig ist. Erziehung muss sich an der individuellen Natur ebenso ausrichten wie an der gesellschaftlichen Bestimmung des Menschen. Die ›gentleman-Erziehung‹ Lockes zielt auf Nützlichkeit vor vertieftem, gründlichen Wissen ab. Als oberstes Ziel gilt die Tugend. Locke unterstreicht die Relevanz der Erfahrung für pädagogisches Handeln: Zuerst muss man das kindliche Gemüt beobachten.

Rousseau (1712–1778) erachtet den Menschen als gut geboren, führt die Zeitstruktur in die Erziehung ein, bekräftigt das Wachsenlassen in der ›negativen Erziehung‹ (die in einem merkwürdigen Kontrast steht zum direktiven Handeln des Erziehers im ›Emile‹), verlangt eine entwicklungsgerechte Erziehung in der ›Pädagogischen Provinz‹ und thematisiert mit diesen Maximen die Themen, welche die Moderne für die Erziehung bereithält: den Konflikt zwischen Freiheit und Zwang, zwischen Individuum und Gesellschaft, zwischen Anpassung und Mündigkeit, zwischen Utilitarismus und Humanität.

Seither können die Erziehenden diesen Widersprüchen nicht mehr entgehen. Erziehung wird fortan verstanden als jenes gesellschaftliche Instrument, womit diese Dilemmata bearbeitet werden sollen – Widersprüche, welche sich aus der Generationenfolge ergeben. Rousseau hat die ›Eigenstruktur der Erziehung‹, ihre ›Eigenlogik‹ zutage gefördert. Anzumerken bleibt, dass Rousseau seine Thesen nur für Jungen, kaum aber für ›Sophie‹ als gültig erklärt.

Kant (1724–1804) erachtet Erziehung als konstitutive Bedingung für die Menschwerdung. Erziehung bedeutet die proportionierliche Entwicklung der Naturanlagen, das heißt der technischen, der pragmatischen und der moralischen Anlage. Aufgrund seiner Vernünftigkeit kommt Erziehung dem Menschen wesensmäßig zu. (»Der Mensch kann nur Mensch werden durch Erziehung. Er ist nichts, als was die Erziehung aus ihm macht.« (Über Pädagogik, Vorlesung 1776/1778)).

Herbarts (1776–1841) Pädagogik ist deshalb eine Allgemeine Pädagogik, weil er nur in der Moralität des Heranwachsenden das Ziel der Erziehung erkennt. (Erste Vorlesung über Pädagogik unter besonderer Berücksichtigung des Verhältnisses von Theorie und Praxis und des Pädagogischen Takts (1802)). Damit skizziert er ein Modell handlungstheoretischer Orientierung im Primat der Praxis (= der pädagogische Takt). In der ›Allgemeinen Pädagogik aus dem Zweck der Erziehung abgeleitet‹ (1806) erhebt er den Anspruch, einen pädagogischen Gesamthorizont vorzulegen. Er wehrt sich gegen den naiven Bezug auf die eigene Erfahrung, verweist auf die Notwendigkeit ›einheimischer Begriffe‹, regt ›Erziehung durch Unterricht‹ an, um die ›Charakterstärke der Sittlichkeit‹ und das ›vielseitige Interesse‹ zu fördern.

Schleiermacher (1768–1834) bezieht in seiner ›Pädagogik-Vorlesung‹ von 1826 im Unterschied zu Herbart die gesellschaftliche Dimension des pädagogischen Legitimationskontextes ein, die es erlaubt, ein differenziertes politisch-soziales Bezugsfeld auszubreiten. Schleiermacher fragt nach der allgemeinen Gültigkeit der ›Erziehungslehre‹. Als allgemeinsten Ansatz für die Konzeption einer pädagogischen Theorie unterstellt er den Wechsel der Generationen. Das Faktum des Generationenverhältnisses ist der Ausgangspunkt für pädagogische Theoriebildung. Der Mensch wird zum Menschen nur infolge gegenseitiger Einwirkung der älteren auf die jüngere Generation (und umgekehrt). Menschliche Entwicklungsfähigkeit wird vorausgesetzt. Gerade weil das menschliche Leben modifizierbar und perfektionierbar ist, weil es individuell vielfältig ist, erscheint eine allgemeingültige pädagogische Theorie nicht möglich.

Kasten 3
Theorien und Modelle Allgemeiner Pädagogik

Allgemeine Pädagogik existiert nicht als die Allgemeine Pädagogik, sondern als ein bisher loser Verbund unterschiedlicher Positionen mit unterschiedlichen Zielformulierungen, Argumentationsfiguren und Beweisen.[18] Darum stellt sich die Frage, ob eine Zusammenschau der vorliegenden Arbeiten unter dem ordnenden Gesichtspunkt zweckdienlich sei – ebenso sinnvoll wie ausgangs der 70er Jahre eine Synopse der damaligen didaktischen Schulen (bildungstheoretische Didaktik, lerntheoretische Didaktik, kybernetische Didaktik) diskussionsanregend gewesen ist. Offenkundig ist seit den frühen 80er Jahren auch im Bereich der Allgemeinen Pädagogik eine Konzentration von Versuchen mit dem Ziel zu beobachten, »die Wissensbasis einer wie immer strukturierten Allgemeinen Pädagogik in didaktischer und legitimatorischer Absicht zu kontrollieren und Handlungsorientierungen aufzuzeigen«.[19] Dazu zählen die Versuche von Hans Jochen Gamm, Karl Alfred Tremel, Dietrich Benner, Theo Dietrich, Heinz-Elmar Tenorth, Hermann Röhrs, Heinz-Hermann Krüger und Werner Helsper. Dazu gehören ebenfalls die eher unter prüfungstechnischen Aspekten zusammengestellten Texte von Friedrich W. Kron, Kaiser und Kaiser sowie Gudjons. Insgesamt handelt es sich um Initiativen legitimatorischer, paradigmatischer oder pragmatischer Art. Allen Bemühungen gemeinsam ist der Wille zum System, also der Wunsch, ordentlich, planvoll und folgerichtig zu gliedern. Dabei besteht die Gefahr, dass sich der Gegenstand der Allgemeinen Pädagogik auf ein blosses Ordnungsschema pädagogischer Regionaldisziplinen reduziert. Abzuklären wären schließlich auch die Verbindungen zu den Nachbardisziplinen (Psychologie, Soziologie, Anthropologie, Philosophie). Im übrigen zeichnet sich die Allgemeine Pädagogik durch eine Vielzahl von Denkfiguren und Forschungsmethoden aus, etwa subsumierbar unter dem Begriff pädagogische Konzeptionen, Orientierungen oder Konzepte. Dazu zählen die geisteswissenschaftlich ausgerichtete Pädagogik, die historische, die empirisch orientierte, die phänomenologisch orientierte, die handlungstheoretische, die transzendentalkritisch orientierte und die biographisch orientierte Pädagogik. Damit wird deutlich, wie die Allgemeine Pädagogik sich in unterschiedlichster Weise begrifflich ihrer Komplexität versichert. Doch allein die Schichtung der hier angeführten Beispiele ist

18 Ebda. S. 7.
19 Ebda. S. 7.

nicht ganz zufällig. Geht es bei den erwähnten Regionalpädagogiken um Bindestrich-Pädagogiken (Beispiele sind: Schulpädagogik, Erwachsenenbildung, Berufs- und Betriebspädagogik, Sozialpädagogik, Medienpädagogik und Computerpädagogik), verweisen die Konzepte und Modelle auf Erkenntnishaltungen und Denkansätze. Bezieht man sprachliche Signete mit dem Charakter von pädagogik-psychologischen Konstrukten aus dem Bereich einer Regionalpädagogik, der Schulpädagogik zum Beispiel, ein (Motivation, Schulangst, Emanzipation, Personalisation, Bildung, Kommunikationsfähigkeit, soziale Schicht, didaktische Modelle), ergeben sich bereits vier verschiedene Perspektiven auf die Allgemeine Pädagogik. In einer ersten Näherung entsteht demzufolge ein dreiachsiges System, dessen Achsen aus den Regionalpädagogiken, den Denkrichtungen und den pädagogisch-psychologischen Konstrukten (Bereiche) bestehen. Genauso gut könnte man aber von der Systematik eines Bereichs ausgehen oder von einer Regionalpädagogik. Das komplizierteste Modell entsteht dann, wenn verschiedene Erkenntnis- und Handlungsbereiche der Pädagogik, die aus verschiedenen Regionalpädagogiken stammen, mit Hilfe verschiedener Denkrichtungen in der Pädagogik erforscht oder in systematischer Absicht dargestellt werden.

Fazit: Es existieren unterschiedliche Wege, Systeme der Allgemeinen Pädagogik zum darstellungsleitenden Gesichtspunkt zu entwickeln. Eine vergleichbare Komplexität weisen auch andere Wissenschaften aus. Die Differenz liegt darin, dass sich innerhalb der Wissenschaftsgemeinschaft der Pädagogik noch kein Konsens darüber hat herstellen lassen, welches System einer Allgemeinen Pädagogik Geltung beanspruchen kann oder soll. In diesem Zusammenhang ist auf Lenzens Bezug auf das Verhältnis von Erziehungswissenschaft und Allgemeiner Pädagogik zu verweisen. Zunächst erscheint dort die Allgemeine Pädagogik als Teildisziplin, die sich auf andere Teildisziplinen bezieht. Dann trifft die Allgemeine Pädagogik als Leitdisziplin auf, die den Teildisziplinen theoretische Vorgaben für das Verständnis des Pädagogischen vermittelt. Demzufolge würde sie für alle pädagogischen Handlungen Kriterien formulieren. Schließlich wäre die Allgemeine Pädagogik als integrierter Bestandteil einer Lebenslaufwissenschaft aufzufassen. Damit besteht die Gefahr, dass die Pädagogik ihre genuin-pädagogischen und allgemein-sozialwissenschaftlichen Perspektiven, Aufgaben und Handlungsmodalitäten verlieren könnte. Dies befürchtet Michael Winkler, wenn er die ausdifferenzierten, in unterschiedlichste pädagogische Teilbereiche verteilten Pädagogiken nun in alle Lebensbereiche eingreifen sieht: Sie erheben den Anspruch, alle Individuen in allen Lebensphasen zu betreuen. Die als solche erfolgreichen Teildisziplinen der Pädagogik sind unter dieser Optik allgegenwärtig. Die Tendenz zu Entgrenzung und Selbstüberschätzung ist deutlich sichtbar. Diesem Dilemma begegnet Winkler mit der Unterstellung, Teildisziplinen und Professionen bedürften geradezu zwangsläufig der Kriterien, welche eine professionelle Abgrenzung von den Laienpädagogen erlaubten. Was also Schulpädagogik, Erwachsenenbildung, Sozialpädagogik und Sonderpädagogik gemeinsam ist, müsste neu diskutiert werden. Die Chance besteht darin, die gemeine Pädagogik als Erziehungswissenschaft in der Gestalt einer Forschungsdisziplin zu erkennen, die den Grundlagen der Pädagogik gilt, diese aber im Kontext ihrer sozialen und disziplinären Bedingungen erörtert.[20]

20 Ebda. S. 67.

Wo liegt der kleinste gemeinsame Nenner? Das Gemeinsame liegt vermutlich in der in allen pädagogischen Situationen liegenden »unvermeidlichen Temporalität des generativen Verhältnisses«.[21] Die Gefahr der Vereinnahmung beziehungsweise Entgrenzung pädagogischer Handlungsweisen und das Problem der pädagogischen Legitimation drängt also dazu, das Konzept einer Integrationswissenschaft zu verwerfen und Allgemeine Pädagogik als transzendental-kritisierende Metawissenschaft zu konzipieren, als pädagogisches Gewissen der Regionalpädagogiken. Ist infolgedessen die Allgemeine Pädagogik als Teildisziplin einer allgemeinen Erziehungswissenschaft definierbar?

Heinz-Hermann Krüger benützt die Begriffe Allgemeine Pädagogik und Allgemeine Erziehungswissenschaft synonym. Die theoretischen Entwürfe einer Allgemeinen Pädagogik als Lebenslaufwissenschaft, einer eher transzendental-kritisierenden Metawissenschaft und einer Allgemeinen Erziehungswissenschaft als Versuch einer systematischen und historischen Erforschung und Auslegung von pädagogischen Grundbegriffen oder Grundverhältnissen (Tenorth) befragt Krüger:

> Ist eine Allgemeine Pädagogik im Sinne eines integrierenden disziplinären Kerns der Erziehungswissenschaft überhaupt noch notwendig, wenn, wie es scheint, sich der Diskurs über das Allgemeine inzwischen auch in die expandierenden erziehungswissenschaftlichen Teildisziplinen verlagert hat?[22]

Der Bedeutungsverlust der Allgemeinen Pädagogik ist offensichtlich: Nur gerade noch 17% der ausgeschriebenen Hochschullehrerstellen lassen sich der Allgemeinen Pädagogik zuordnen. Die Anzahl von Qualifikationsarbeiten im Bereich der Allgemeinen Pädagogik ist dramatisch zurückgegangen. Krüger folgert daraus, dass sich die Gewichte von der Allgemeinen Erziehungswissenschaft hin zu den spezialisierten Teildisziplinen verlagert haben. Er verlangt darum eine Neudefinition des Aufgabenbereichs der Allgemeinen Pädagogik vor der offensichtlichen Tatsache der Entgrenzung des Pädagogischen beziehungsweise der Universalisierung pädagogischer Argumentationsfiguren, dann die Bündelung und Systematisierung von Theoriediskursen in den Nachbardisziplinen und den erziehungswissenschaftlichen Teildisziplinen, weiter die Formulierung von Forschungsthemen für die erziehungswissenschaftliche Grundlagenforschung in Kooperation mit den jeweiligen Regionalpädagogiken und deren empirische Bearbeitung sowie eine geeignete Wissenschaftsforschung im Rahmen der Erziehungswissenschaft und die geeignete Ausbildungsstruktur.

Man ist sich darüber einig, dass die Allgemeine Pädagogik in ihrer Eigenständigkeit und damit in ihrer Bedeutung zunehmend gefährdet ist. Zwei Gründe werden immer wieder genannt: Zum ersten die rasante Ausdifferenzierung der Disziplin in immer weiter sich spezialisierende Regionalpädagogik, zum anderen die Entgrenzung des Pädagogischen in den allgemeinen gesellschaftlichen Diskurs. Welche Therapien werden angeboten?

Zum einen wird vorgeschlagen, die Allgemeine Pädagogik zu einer Entwicklungswissenschaft zusammenzufassen. Sie soll die Elemente einer Lebenslaufwissenschaft (Lenzen) und einer intergenerativen, die Gemeinsamkeiten der Regionalpädagogiken reflektierenden und ihre Grenzen transzendierenden Vermittlungswissenaft (Winkler)

21 Ebda. S. 70.
22 Ebda. S. 101.

aufweisen. Weiter empfehlen einige Votanten die Konzeption der Allgemeinen Pädagogik als Allgemeine Erziehungswissenschaft und damit Grundlagenwissenschaft mit metatheoretischer (Tenorth) und forschungsorientierter (Krüger) Ausrichtung. Damit ist eine allgemeine Pädagogik denkbar,

> deren leitende Forschungsfrage, die nach den Möglichkeiten und Bedingungen der Individualgenese und zugleich stattfindender sozial-kultureller Reproduktion (auch unter philogenetischer Perspektive) ist, wobei zugleich auch das Referenzproblem in Form der Aufnahme positiven Wissens und metatheoretischer Reflexion der eingehenden Methodeninventare, disziplinenspezifischen Voraussetzungen und Fragestellungen zumindest bearbeitbar wäre.[23]

Allgemeine Pädagogik als Entwicklungswissenschaft könnte dann ihre Bezüge zu den Regionalpädagogiken neu ordnen und ihre Abgrenzung vom öffentlichen Diskurs wieder demonstrieren.

Benner[24] betont, eine Allgemeine Pädagogik sei nur dort möglich, wo sich ein der Pädagogik ureigener Gegenstandsbereich und eine ebenso genuin-pädagogische Fragestellung entwickeln lassen. Laut Benner machen zwei konstitutive Prinzipien die individuelle Seite pädagogischer Praxis aus (Bildsamkeit und Aufforderung zur Selbsttätigkeit), während zwei weitere Prinzipien sich auf die veränderte Position der neuzeitlichem pädagogischen Praxis beziehen (Transformation der gesellschaftlichen Determination pädagogischer Prozesse in eine praktische Determination, Idee einer hierarchischen Verhältnisbestimmung der ausdifferenzierten Grundformen menschlicher Praxis). Dass es notwendig ist, pädagogische Grundgedanken, Prinzipien oder Regeln im Konnex pädagogischer Gegenstandsbereiche und Fragestellungen zu formulieren, bestätigt auch Böhm, wenn er nach dem Grundsatz fragt, der allem pädagogischen Denken und allem empirischen Handeln einwohnen muss, sofern sich Denken und Tun als pädagogisch begründet und ausgewiesen verstehen wollen. Mit Benner konzipiert Böhm die Pädagogik als eine praktische Theorie und hebt sie damit von einer normativen Pädagogik ebenso ab wie von einer Erziehungstechnologie: »Das Primum der Allgemeinen Pädagogik und das wesentliche Prinzip ist dieser Auffassung zufolge die Person als dynamische Wirklichkeit.«[25] Auf dieser personalistischen Basis bietet sich der Grundgedanke pädagogischen Denkens und erzieherischen Handelns als die Besinnung auf ein Verständnis des Menschen als Person dar. Den Menschen als Person bezeichnet Böhm als geeignetsten und plausibelsten archimedischer Punkt für die Sinn- und Zielorientierung des Pädagogischen. Der unverlierbare Eigenwert der Person steht demzufolge in dessen Mittelpunkt.

Dass jedoch der Erziehungsbegriff nicht allein personalistisch bestimmt werden kann, zeigt Gamm, der den Aspekt der gesellschaftlichen Verhältnisse einfügt und den Begriff der Erziehung so fasst, dass er zu Einsichten verhelfen und zu vernunftbestimmtem Handeln anleiten könne. Huschke-Rhein betont, die Wirklichkeit, in der ein Kind aufwachse, sei viel komplexer, als dass sie ohne Kontexte verkleinert werden könne. Sie gehöre nicht nur einem einzigen System an. Dieser Tatsache müsse die Wissenschaft von der Erziehung gerecht werden.

---

23 Ebda. S. 19.
24 Ebda. S. 117.
25 Ebda. S. 22.

Damit ist die Basis für die Bestimmung der Allgemeinen Pädagogik als systemische Erziehungswissenschaft gelegt. In systemisch-konstruktivistischer Sicht erhält die Allgemeine Pädagogik die gemeinsame Aufgabe, »die Systematisierung der beteiligten Teilsysteme metatheoretisch zu begleiten.«[26] Damit gerät sie in die Position eines Beobachters, der die Meta-Perspektive über die unterschiedlich spezialisierten anderen Positionen innehält. Die systemische Optik erlaubt es, die in Nachbardisziplinen und Regionalpädagogiken verstreuten Einsichten zum Erziehungs- und Bildungsprozess zu bündeln und neu zu fokussieren. Dabei ergeben sich Umstrukturierungen und neue Aufgaben für die Pädagogik unter allgemeinpädagogischen Gesichtspunkten. Huschke-Rhein fasst sie unter dem Begriff des Konsultativen (Beraten, Helfen, Zur-Verfügung-Stehen) zusammen. Er regt eine pädagogische Theorie des Konsulativen im Kontext systematischer Optik an, die auf drei konsultiven Theoremen ruht, dem Autopoiesis-Theorem, dem Instruktionsvorbehalt sowie dem Theorem, dass Lernen und Bildung als nicht-lineare Systeme zu begreifen seien. Hinter einer konsultativen Sicht der Pädagogik steht nicht Resignation, sondern der Respekt und Achtsamkeit gegenüber der Selbstorganisierungsfähigkeit des Anderen.

Treml hebt hervor, die Allgemeine Pädagogik als eine besondere Art von Praxis, nämlich Theorie, müsse zu anderen Praxen in Distanz gehen – etwa zur Erziehungspraxis, will sie ihre Funktion erfüllen. Treml zufolge ist es sinnlos, die Allgemeine Pädagogik als Theorie auf ihre Praxis zu beziehen, und ihre Leistungsfähigkeit allein daran zu messen, ob und wie nah sie den Erwartungen praktischer Brauchbarkeit in konkreten Handlungsvollzügen komme. Allgemeine Pädagogik erfüllt ihre Aufgabe als Lieferantin kognitiver Orientierungen. Sie tut dies aber ohne den Anspruch erheben zu können, diese seien allgemeingültig, übergeschichtlich war oder gar natürlich. In evolutionstheoretischer Perspektive spannt Treml einen historischen und begrifflichen Rahmen auf, in dem sich die biologische, die kulturelle und die individuelle Evolution als miteinander verschränkt erweisen.

Im Unterschied dazu bezeichnet Siegfried Uhl, der das Zweck-Mittel-Schema ins Zentrum stellt, die Aufgabe der Allgemeinen Pädagogik als Gewinnung, Aufbereitung und Darstellung erziehungstheoretischen Grundlagenwissens, das in allen Regionalpädagogiken bedeutsam sei.

Hermann Röhrs verfährt – anders begründet – gleich: Die Allgemeine Erziehungswissenschaft stellt das Gravitationszentrum des Fachs dar. Eine ihrer Aufgaben besteht darin, als reflexive Instanz der Erziehungswissenschaft und ihrer Teildisziplinen deren wissenschaftlichen Charakter kritisch zu erörtern. Allgemeine Pädagogen gehen demzufolge der Frage nach dem Gemeinsamen im Speziellen nach. In der Erziehungsbefähigung und in der Erziehungsverwiesenheit des Menschen liegt das Allgemeine, das pädagogisch Substantielle in jedem erzieherischen Vorgang.

Lassahn dagegen gründet seinen Ansatz einer Allgemeinen Pädagogik auf den Strukturzusammenhang von fünf Dimensionen, jener des Lernens, jener des Sozialen und Politischen, jener des Anthropologischen, jener der Selbstorganisation und jener der Bildung. Er erachtet die Allgemeine Pädagogik als offen. Denn die Konstruktion

26 Ebda. S. 25.

einer abgeschlossenen Allgemeinen Pädagogik widerspräche der Bildung selbst. Im Wechsel des geschichtlichen Prozesses existiert nämlich nicht der eine Sinn, sondern es gibt lediglich wechselnde Sinnperspektiven.

Loch erkennt zwei Aufgaben einer Allgemeinen Pädagogik: das Phänomen der Erziehung in allen seinen wesentlichen Aspekten zu beschreiben, die Darstellung der eigenen disziplinären Identität gegenüber den Nachbarwissenschaften der Pädagogik und die Integration der speziellen Pädagogiken.

Kasten 4

Das Allgemeine in der allgemeinen Pädagogik

In der gegenwärtigen Erziehungswissenschaft gilt die Allgemeine Pädagogik als weder besonders interessant noch wesentlich ergiebig.[27] Dasselbe denken viele – insbesondere praxisausgerichtete Pädagogen – vom Allgemeinen in der Pädagogik. Zwar wird in Sonntagsreden im Kontext der Forderung, die Allgemeine Bildung müsse als Menschenbildung erhalten bleiben, das Allgemeine immer wieder als erstrebenswert beschworen. Aber angesichts der spezifischen fachlichen Praktiken verschwindet das Allgemeine hinter den Erfordernissen des Alltags. Als Gegenstand wissenschaftlicher Forschung und Lehre ist das Allgemeine besonders schwierig. Ein Lehr- und Forschungsgegenstand lässt sich nur legitimeren, wenn er von anderen abgrenzbar ist. »Das sogenannte Allgemeine ist diffus, nicht greifbar, als Aufgabe nicht definierbar.«[28] Über das Allgemeine hingegen kann man keine argumentierenden Aussagen treffen. Und oft wird jenen, die sich mit dem Allgemeinen beschäftigen, vorgeworfen, sie dienten nicht so sehr wissenschaftlichen Motiven als sie stabilisierten und konservierten die gesellschaftlichen Verhältnisse und die Herrschaft.

Andererseits kann man nicht ignorieren, dass die gelegentlich vorgenommene Entfernung des Allgemeinen aus der Pädagogik zu Problemen geführt und Leerstellen hinterlassen hat. Ersatzbegriffe mussten dann jeweils eingeführt werden, um das entsprechende Manko auszugleichen. Wie kann man also den Gedanken des Allgemeinen in der Pädagogik thematisieren – und mit welchem Recht und welchen Grenzen?

Die Idee das Allgemeinen lässt sich offenbar nicht so einfach eliminieren. Sogleich erhebt sich die Frage, wie die verschiedenen Spezialisierungen mit dem gemeinsamen Attribut des Pädagogischen zu verbinden seien. Und: Was denn das Gemeinsame der verschiedenen Aufgaben sei, das sie als pädagogische charakterisiert und auszeichnet. Ist das Allgemeine lediglich ein schmückendes Beiwerk, ein logischer Ordnungsbegriff oder stellt es einen normativen Anspruch?

Spezialisierung kennzeichnet moderne Wissenschaft. Mit der fortschreitenden Spezialisierung in Wirtschaft, Wissenschaft und im Bildungswesen spezialisieren sich auch die pädagogischen Aufgaben. Widersprüche treten auf: Einerseits erscheint das Allgemeine nicht mehr als zeitgemäss. Denn die Beschäftigung mit ihm opponiert dem modernen Wissenschaftsverständnis – den Motiven der Anwendbarkeit und der Nützlichkeit. Die wissenschaftliche Zukunft gehört dem Spezialisten, der sich dem Zugriff des Allgemeinen entzieht. Andererseits wird zunehmend deutlich, dass Vernetzung unabdingbar sein wird. Dieses Dilemma akzentuiert das Wissenschaftsverständ-

27 Heitger 1999, S. 1.
28 Ebda., S. 1.

nis der Postmoderne. In dieser Perspektive ist eine Integrationsleistung, welche durch das Allgemeine erbracht werden sollte, nicht mehr denkbar.

Dagegen setzt die Allgemeine Pädagogik das Telos der Allgemeinen Bildung mittels des Postulats der Selbstbestimmung. Oft genug erscheint das Allgemeine dann als notwendig, aber unmöglich. Letztlich korreliert die Schwäche des Allgemeinen mit der Schwäche der Vernunft.[29]

Gäbe aber die Pädagogik ihr Allgemeines auf, müsste sie abdanken. Wer das Allgemeine leugnet, schafft sich theoretische Probleme, weil damit die Selbstaufgabe der Vernunft einhergehen würde und das Denken sich auch in der Form der Vernunftkritik aufgäbe.

Das Nachdenken über das Allgemeine in der Pädagogik wird dann zu einem brisanten Thema, wenn sich damit das Motiv verbindet, dafür einzustehen, dass »pädagogische Praxis nicht zu einem Instrument bewusster oder unbewusster, ausgeblendeter politischer oder wirtschaftlicher Interessen wird.«[30] Das Spezielle muss rückgebunden werden an ein für alle geltendes Allgemeines. Dieses ist nicht Gegenstand von Erkenntnis und Forschung, kann aber als Prämisse nicht geleugnet werden. Das Allgemeine gälte dann als Konstitutivum der Pädagogik überhaupt, gerade weil es notwendigerweise formal ist. Das Formale stellt die Bedingung für seine Universalität dar. Als Formales definiert, stifte das Allgemeine die Chance, theoretische und praktische Vernunft zu korrelieren.

Insofern fügt die Allgemeine Pädagogik dem pädagogischen Wissen nicht zwingend Neues hinzu. Vielmehr fragt sie unter dem Aspekt des Denkens als Reflexion nach dessen Einheit. Trotzdem – gerade weil es nicht abgrenzbar und nicht definierbar ist, lässt sich das Allgemeine wissenschaftlich nicht widerspruchsfrei bestimmen. Genau dies aber macht seine Potenz aus: die immer wieder neu zu diskutierenden Differenzen. Die Allgemeine Pädagogik bleibt weniger als systematisch ausgerichtete Disziplin nötig, denn als Hüterin der Forderung nach dem Allgemeinen, etwa der Forderung nach Allgemeiner Bildung.

Allgemeine Pädagogik fügt den Spezialisierungen also kein neues Wissen hinzu. Aber sie verlangt die Reflexion im Nachdenken über die Pädagogizität der Einzelaufgaben innerhalb der Spezialisierungen. Sie verlangt, dass in diesem Reflexionsprozess darüber gehandelt wird, was denn das Pädagogische sei in methodischen Ratschlägen, in organisatorischen Konstruktionen, in didaktischen Verläufen. Sie ist zum einen also eine besondere pädagogische Disziplin, andererseits mahnt sie, das Allgemeine bei der Lösung der Spezialaufgaben nicht zu übersehen (Meyer-Drawe 1990).

In der Allgemeinen Pädagogik konkurrieren heterogene Entwürfe darüber, was Allgemeine Pädagogik bedeute, bezwecke und beinhalte. Zu unterscheiden wäre zumindest der Fokus auf das Allgemeine der Pädagogik von der Perspektive der Allgemeinen Pädagogik und diese wiederum vom Blickwinkel der allgemeinpädagogischen Diskussion.[31]

29 Ebda., S. 7.
30 Ebda., S. 8.
31 Brinkmann, Petersen 1998, S. 5.

Kasten 5
Die Möglichkeit einer Allgemeinen Pädagogik

Der Durchgang durch die Geschichte der pädagogischen Systembildung belegt die nachhaltige Fragwürdigkeit einer Allgemeinen Pädagogik. Es gibt zahlreiche Ansätze, viele Gemeinsamkeiten, aber auch viele Differenzen. Darum stellt sich die Frage, ob die Erziehungswissenschaft genau genug ihren Fundus ergründet hat auf der Suche nach vermittelnden ›links‹, nach Gemeinsamem. Könnte eine allen Erziehenden gemeinsame Tätigkeit gefunden werden, welche eine allgemeinpädagogische Theorie handlungstheoretisch zu fundieren vermag? Könnte es die Handlung im pädagogischen Umfeld sein? Also etwa – wie Prange vorschlägt – das Zeigen?

Dilthey hatte bereits bemerkt, die Pädagogen produzierten allgemeine Pädagogiken, welche lediglich den Rang von ›Privatsystemen ihrer Urheber‹ einnehmen können. Besteht eine Lösung darin, weniger Theorien zu entwickeln als Theorieentwicklung zu simulieren, was Benner anregt?[32]

Die zentrale These Flitners in der ›Allgemeinen Pädagogik‹ (1974, 14. Auflage), wonach nur mehrere Sichtweisen, die sich wechselseitig nicht ersetzen oder vertreten, jedoch relativieren und korrigieren können, für den Erzieher hilfreich sein würden, erscheint als Abgesang auf den Wunsch nach einer ›Allgemeinen Pädagogik‹. Heute existieren etliche pädagogische Grundgedankengänge als Allgemeine beziehungsweise Systematische Pädagogiken. Man kann sich fragen, ob es einen triftigen Grund gebe, diese Sachlage mit dem Ziel einer umfassenden Theorie zu überwinden. Denn jede der vorliegenden ›Allgemeinen Pädagogiken‹ versucht, den Einheitsanspruch in einer je besonderen Gestalt glaubhaft zu machen. Andererseits könnte diese Pluralität ein Übergangsstadium in der Entwicklung einer noch jungen Disziplin darstellen.

Fazit: Man darf die Uneinheitlichkeit der gegenwärtig markt- und diskurstauglichen Entwürfe für eine Allgemeine Pädagogik als bekannt voraussetzen.

Der Hinweis auf die Grenzen erzieherischer Absicht, pädagogischen Handelns und erziehungswissenschaftlichen Forschens unterteilt das pädagogische Feld. Aufschlussreich erscheint – neben grundsätzlichen Erwägungen[33] – ein Blick auf

- Grenzen innerhalb des systematisch-historischen, erziehungswissenschaftlichen Diskurses (Bast 1996)[34],
- Grenzen allgemeindidaktischen und methodischen Handelns und
- Grenzen des medienpädagogischen Handelns.

Klärt und bearbeitet Erziehungstheorie Prämissen, Intentionen, Verfahren und Instrumente von Erziehung und Bildung im Kontext der Subjektwerdung des Menschen, muss sie die Grenzen ihrer Aspirationen kennen. Ihre ›Landkartenfunktion‹ scheint dann auf, wenn sie die speziellen Pädagogiken auf deren Verhältnis zum Grenzdiskurs aufmerksam machen und gegebenenfalls auf Grenzüberschreitungen hinweisen kann.

32 Benner 1991, S. 173.

33 Grzesik 1998, Giesecke, in Felten 1999, S. 86, Harten 1996 und Harten 1997 – beide zur Hoffnung in das ›verheissungsvolle Kind‹, Ricken 1999 zu den Limiten der Bildsamkeit.

34 Zur Lebensweltorientierung: ZfPäd-Beiheft 1999, S. 223–254.

2. Begrenzte pädagogische Felder – das Fehlen des Grenzbewusstseins und die Hypertrophierung der Folgen

Nachdem historisch-systematisch argumentiert worden ist, stehen bildungspolitische, dann schulpädagogische, didaktisch-methodische und schliesslich noch medienpädagogische Belange im Zentrum. Die wichtigsten empirischen Grenzen sind jedoch immer jene im Edukanden[35], im Erzieher[36] und in der Umgebung.[37]

2.1 Historisch-systematische Aspekte

Die Zeit zwischen 1890 und 1930 gilt als eine Hoch-Zeit der Schulreform. Ein knapper Blick auf die zeitgenössischen Strömungen belegt die überhohen Erwartungen und die ausufernden Wünsche gegenüber der ›Reform‹. Unter dem erst im nachhinein geprägten Begriff Reformpädagogik verstehen wir heute eine nachträglich erst so benannte, ideelle und praxiswirksame schulerneuernde Kraft. Zu Beginn des 20. Jahrhunderts dringt der reformpädagogische Reformeifer, begleitet von erheblichem propagandistischen Elan in die europäische bildungspolitische Landschaft ein. Die selbstbewussten und selbsternannten reformpädagogischen Reformer, zumeist jüngere Lehrkräfte, bemängeln damals das Schulsystem des 19. Jahrhunderts als nicht kindgemässe Lern-, Buch-, Pauk- und Drillschule.[38] Die Exponentinnen und Propagandisten dieser Kraft die Reformpädagogen, visieren Ziele an, die von der nachmaligen Erziehungsgeschichtsschreibung erst gebündelt worden sind. Montessori, Kerschensteiner, Gaudig, Ferrière, Petersen, Steiner, Freinet, Jean Piaget und Wagenschein und vielen anderen geht es um die geistige Mündigkeit des Kindes, um Menschenbildung (weniger Wissensvermittlung), die Förderung von Interesse, Selbsttätigkeit und Selbstbestimmung, Lernen durch praktisches Tun und das Ablösen von Spezialistentum zugunsten einer allgemeinen Bildung. Man glaubt, die offen zutagegetretenen Defizite der Lernschule nun hinreichend zu kennen. Man versucht, die Kluft zwischen Schule und Leben zu überwinden. Zu diesen Begehren treten jene, die den Unterricht betreffen: Man spricht von einer veränderten Lehrerrolle und den hochgespannten Ansprüchen an den modernen Lehrer angesichts der neuen Funktion der Lernenden. Das Kind steht im Mittelpunkt. Von ihm will man ausgehen. Seine Fähigkeiten möchte man harmonisch fördern.

---

35 Grenzen der Bildsamkeit, der Selbetbestimmungsfähigkeit, der Fähigkeit, Beeinflussungsversuchen zu widerstehen.

36 Besondere Wissens- und Könnensgrenzen, psychische und physische Grenzen.

37 Gesamtheit der Sachverhalte, die im Edukanden Lernvorgänge auslösen können, welche mit den Zielen der Erziehung unverträglich sind (Brinkmann, Petersen 1998, S. 236).

38 Bis heute ist nicht entschieden, wie die Reformpädagogik eingeschätzt werden muss - ja: noch nicht einmal alle ihr zugehörigen Phänomene scheinen erforscht zu sein. Dieses Fazit weisen zumindest jene Arbeiten immer wieder aus, die sich auf Archivstudien stützen und weitere Quellenarbeit verlangen.

Setze man radikal auf das Kind, so unterstellen viele Reformpädagogen optimistisch, dürfte dies den schwelenden gesellschaftspolitischen Konflikt zu Beginn des 20. Jahrhunderts allmählich entschärfen. Mündige Menschen, reformpädagogisch erzogen und unterrichtet, würden die zu erwartenden Krisen meistern. In ihrem überbordend-engagierten Gehalt unterscheidet sich die Reformpädagogik wenig von anderen hohen Zeiten der Pädagogik: Sie stellt die als Rezept begriffene Antwort der Erziehung auf den drohenden Zerfall der Werte ausgangs des 19. Jahrhunderts dar. Der Ausbruch des Ersten Weltkriegs hat nicht nur die Repräsentanten der Reformpädagogik – aber unter ihnen etliche – zutiefst verunsichert.

Die Gegner wenden ein: Die Reformpädagogen – und nicht nur die Deutschen – betonen Schülerorientierung anstelle von Lehrerzentriertheit. Sie setzen auf ganzheitliche und natürliche Erziehung statt Lernen zerstückelter Fakten. Sie propagieren Selbsttätigkeit anstelle der Erfüllung objektiver Standards. Didaktisch knüpfen sie am Irrationalen an, um der intellektualistischen Verkopfung zu entgehen. Sie interpretieren sich als pädagogische Ärzte einer zersplitternden Menschheit und ihre Pädagogik als Heilmittel zur Überwindung der mechanistischen Zerrissenheit der Gesellschaft. Selbst die von der politischen Linken propagierte Einheitsschule ist als eine nationale Schule der Volkskultur[39] definiert. Die Opponenten der reformpädagogischen Neuerer erkennen zwar noch nicht deren Verwandtschaft mit der konservativen Revolution. Aus heutiger Sicht ist der Zusammenhang aber offenkundig:

Die deutsche Reformpädagogik stellt einen antimodernistischen Reflex nach der Art einer konservativen Revolution dar (Bast 1996). Dass dies nicht für die gesamte reformpädagogische Erziehungs- und Schulreform gilt, ist mit Blick auf andere Staaten nachweisbar. Die Propaganda einer konservativen Revolution in Deutschland bestand in den zwanziger Jahren in der Forderung nach nationaler Einheit Deutschlands, der Idee eines Reichs (Moeller van den Bruck) und eines Bundes (St. George, H. Blüher), dem Gedanken eines Ständestaates (O. Spann), organisiert im Völkisch-Ursprünglichen (O. Stapel). Aufgrund dieser Perspektive erkenne ich in der Reformpädagogik[40] den Versuch, die sich abzeichnenden Moderne (Bürokratisierung, Individualisierung, Technisierung), welche die Welt allmählich zu entzaubern (Max Weber) schien, pädagogisch »aufzufangen und abzufedern.«[41] Gegen die sich abzeichnende Vereinzelung, die Entfremdung, die Verdinglichung und die Spezialisierung sollte die Pädagogik – im übrigen ähnlich wie heute – die Emanzipation des einzelnen stützen und begleiten.[42] Es

39 Oestreich, Tews; vgl. Bast 1996, S. 129/130.

40 Bast 1996, S. 6.

41 Bast 1996, S. 6.

42 Vgl. Fussnote 2; in gewissem Sinn stellt die konservative Revolution ein pädagogisches Projekt dar.

galt damals insbesondere, die Irritationen der heraufziehenden Moderne mit pädagogisch sinnvollem Tun zu kompensieren. Einige Kritiker wären hervorzuheben[43]: Theodor Litt, Eduard Spranger, Siegfried Bernfeld, Friedrich Delekat, Eberhard Grisebach, Kurt Zeidler, Helmut Plessner oder Jonas Cohn.

2.2 Bildungspolitische Aspekte

In bildungspolitischer Hinsicht erscheinen mit Bezug auf die Grenzdiskussion mehrere Debatten aufschlussreich – etwa jene bildungseuphorischen Phasen nach gesellschaftspolitischen Krisen, welche der Erziehung jeweils hochgesteckte Zumutungen eintragen – 1798, 1831, 1848, 1871, 1918, 1946, 1989. Der Begabungsdiskurs der siebziger Jahre ist diesbezüglich ebenso interessant wie die Kontroverse um die Gesamtschulen. Schliesslich könnte es um die Erwartungen an geschlechtsspezifische Erziehung oder das Vertrauen in die Erziehungsratgeber – beides in historischer Sicht – gehen. Um die bildungspolitische Seite des Grenzdiskurses zu erläutern, greife ich ein schulhistorisch bedeutsames Faktum heraus – die zu Zwecken der Bildungsbeschränkung erlassenen Regulative, an die die Regierenden klar beschriebene Erwartungen betreffend ihrer Wirksamkeit hegten.

Mit dem Ausbau des Seminarwesens (in Bayern und Baden können ab 1824 beziehungsweise 1826 nur noch Seminarabsolventen Volksschullehrer werden) stieg ebenfalls das Niveau der allgemeinen Volksbildung. Ein Kritiker dieser Entwicklung, der Geistliche Friedrich Wilhelm Pustkuchen, bemerkt dazu skeptisch: »...nicht wie man hätte denken sollen, wurde den jungen Männern bloss eine geprüfte und am besten befundene Methode für jedes Unterrichtsfach eingeschärft und eingeübt: nein, sie sollten selbst denken, selbst versuchen, selbst lesen, wählen, kombinieren«.[44] Dass an den Lehrerseminaren zuviel gelernt und vor allem das eigene Denken zu sehr gefördert werde, vermutete dagegen der preussische Kultusminister Eichborn. Er empfahl 1844 den Schulinspektoren, der »planlosen und verderblichen Vielleserei«[45] der Lehrer vorzubeugen. Friedrich Wilhelm IV machte mit erbittert-bösen Worten die nun besser ausgebildeten Lehrer sogar für die Revolution von 1848 verantwortlich:

> All' das Elend, das im verflossenen Jahre über Preussen hereingebrochen ist, ist Ihre, einzig Ihre Schuld, die Schuld der Afterbildung, der irreligiösen Menschenweisheit, die Sie als echte Weisheit verbreiten, mit der Sie den Glauben und die Treue in dem Gemüte Meiner Untertanen ausgerottet und deren Herzen Mir abgewandt haben. Diese pfauenhaft aufgestutzte Scheinbildung habe Ich schon als Kronprinz aus innerster Seele gehasst [...].

---

43 S. Bast 1996, S. 186ff.

44 Vgl. Grunder 1999, zit. nach Bölling 1983, S. 56.

45 Ebda., S. 57.

> Zunächst müssen die Seminarien sämtlich aus den grossen Städten nach kleinen Orten verlegt werden, um den unheilvollen Einflüssen eines verpesteten Zeitgeistes entzogen zu werden. Sodann muss das ganze Treiben in diesen Anstalten unter die strengste Aufsicht kommen.[46]

In Geheimrat Stiehls Regulativ über die ›Einrichtung des evangelischen Seminar-, Präparanden- und Elementarschulunterrichts‹ vom 1., 2. und 3. Oktober 1854 wurde erstmals eine verbindliche Seminarkonzeption (als klerikal-reaktionäre Schulpolitik) festgelegt, die allerdings zugleich eine Bildungsbegrenzung beinhaltete.

2.3 Schulpädagogische Aspekte

Wir kennen jene Stimmen, die Schule als untaugliches Mittel einstufen, die komplexen Aufgaben der Gesellschaft von morgen lösen zu helfen. Wir kennen aber auch die Argumente jener, die der Schule Reformchancen zugestehen und deshalb Reformen vorantreiben wollen. Beide Positionen sind verständlich, aber differenzieren zu wenig. Im übrigen spiegeln sie zwei Einstellungen gegenüber der Institution Schule, wie sie allmählich ausgeprägt und bis heute beinahe kristallisiert worden sind. Ich fasse sie in altertümliche, anschauliche und meines Erachtens zutreffende Begriffe aus dem Arsenal Historischer Pädagogik, genauer, historischer Schulforschung. Die eine Haltung: Schule überbürdet die Kinder. Die andere: Schule wird infolge vielerlei Ansprüchen überbürdet.[47] Auf Überbürdungs- und Überforderungsklagen reagiert die Schule in der Regel administrativ-widerwillig, gelegentlich indem sie die Lehrplanhandhabung schärfer reglementiert, selten aber mit pädagogisch durchgreifenden Massnahmen. Neue Anforderungen an die heutige Schule verursachen also Sachverhalte unterschiedlichster Herkunft. Diese ordnen sich weitgehend nicht mehr zwanglos in die bislang diskutierten, aus der Theorie der Schule sattsam bekannten Funktionen von Schule ein. Schule muss Kinder aus unvollständigen Familien und eine wachsende Zahl an Einzelkindern betreuen. Sie muss sich mit Fernsehkindheit, Medienkindheit, Brutalokindheit und Asylantenkindheit befassen. Sie wird mit Gewalt und Drogen auf den Schulhöfen konfrontiert. Man fordert von ihr andere Lernformen und man verlangt, dass sie als eine Institution lerne. Der bereits angegraute Diskurs um Schule und Leben wird wiederum intensiv betrieben. Schule ist dabei zunehmend abhängig vom Wahlverhalten der Eltern:

---

46 Ebda., S. 57.

47 Ich frage nicht, was naheliegend und verlockend wäre, nach der Reformierbarkeit von Schule. Dass Schule sich permanent verändert, unterstelle ich. Ebensowenig ist den schulkritischen und schulreformerischen Diskursen nachzuspüren. Dass der Reformprozess von Schule brüchig ist, Krisen, Wenden, Schlaufen und Höhepunkte aufweist, ist bekannt. Und dass wir uns derzeit in einer sozioökonomisch zwar rezessiven, was die schulischen Reformprozesse anbelangt, jedoch teilweise in einer expansiven Phase befinden, soll als hier nicht vertiefte Aussage stehen.

Gymnasium, anthrosophische Schule oder Berufsschulen und berufswahlorientierende Zwischenjahre stehen zur Auswahl. Welche Schule ist also die effiziente Schule? Sind es jene Institutionen, die ein eigenes Gesicht auszubilden imstande sein werden? Sind es die reformfreudigen, unternehmungslustigen Schulen, welche jene Bedingungen erfüllen, die Schuleffizienzstudien einer potentiellen guten Schule zusprechen? Jedenfalls sind die Bildungserwartungen vieler Eltern gegenüber der Institution Schule heute anders als sie es früher gewesen sind. Sie setzen auf Effizienz, Relevanz und Klima. Sie wünschen sich eine profilierte Schule. Also: Welchen Stellenwert soll diese Schule erhalten, in einer Zeit, wo ausserschulischem Lernen und der mitgeteilten Information eine immer wichtigere Position zuerkannt wird? Die schulseitig angebotenen Lernprozesse sind in dieser Hinsicht allerhöchstens Wechsel auf eine unberechenbare Zukunft der Lernenden. Was fangen diese damit an? Der Beruf der Lehrkraft hat sich entsprechend der Funktionsdiversifizierung der Institution Schule gravierend verändert. Dies gilt für die Position der Lehrkraft als Expertin für Lehren und Lernen, als Fachkraft für Lehr- und Lernprozesse. Dies gilt ebenso für die Lehrkraft als Persönlichkeit innerhalb eines sich fortwährend verschiebenden Beziehungs- und Rollengefüges aufgrund schulischer und ausserschulischer Anforderungen. Daraus ergeben sich: neue Ansprüche an die Schule, kulturelle Ansprüche – und damit verbunden, neue Probleme.

Schulpädagogik als Theorie pädagogischen Handelns unter schulischen Voraussetzungen, so mein erster daraus abgeleiteter Befund, Schulpädagogik ist den mitunter provokanten Begehren einer verwirrlichen, ausserhalb der Institution Schule lokalisierbaren, konzept-, vorwiegend rezeptbedürftigen institutionellen Praxis ausgesetzt. Solche Einlassungen muss sie registrieren, verorten, begreifen und erörtern. Der Politik dient sie, vergleichbar der Allgemeinen Pädagogik, oft genug als designierter trouble-shooter zur Bewältigung gesellschaftlicher Krisensituationen. Was die Gesellschaft politisch bedrängt, wird an die pädagogischen Disziplinen delegiert. Schulpädagogik etwa soll dann qua institutionellem, schulpädagogischem, didaktischem oder gar methodischem Krisenmanagement fehlgeschlagene oder nicht erfolgte politische Intervention in längerfristigen, als individuelle Lernprozesse deklarierten Verläufen pädagogisch korrigierend nachholen. Blättert man in der Schulgeschichte, spiegelt insbesondere der Lehrplan den leichtfertigen Transfer gesellschaftlicher Problemfelder: Aids-, Computer-, Ökologie- und Aufklärungsunterricht, interkulturelle Erziehung, Europa-, Medien- und Verkehrsunterricht, früher die Handfertigkeit, ausgangs des 19. Jahrhunderts das Turnen – und in der Schweiz gegenwärtig einmal mehr die Debatte um die Hochbegabung. Es ist offenkundig: Was die Gesellschaft politisch nicht zu bearbeiten die Kraft findet, verweist sie an die Schule. In deren überbordendem Stoffplan sind dann die Krisensymptome als Bewältigungsstragien sichtbar: Schule, zwangsläufig instrumentiert, soll über Erziehung und Unterricht gesellschaftspolitische Minenfelder entschärfen. Schulpädagogik dient dabei mitunter als Transmissionsriemen gesellschaftlicher Ansprüche an eine überforderte Institution. Zunehmend ausserschulisch ablaufende Sozialisationsprozesse, ein medial verortetes Heranwachsen Jugendlicher, fordert, überlastet die Institution als Ort intentionalen Lehrens und Lernens. Kein Wunder, wirkt sich dieser Zustand auf die Lehrerprofession und ihre Befindlichkeit aus.

Historische und empirische allgemein- und schulpädagogische Analyse rät hier zur Vorsicht, zur Erhebung eines Status Quo der alt-neuen Arbeits- und Unterrichtsformen, zur Kritik und zur Besinnung: Indem sie die Geschichte didaktischer Modelle zu rekonstruieren trachtet, verweist sie auf die historische Bedingtheit schulpädagogischer Sachverhalte. Sie vermag dergestalt zur Warnung vor unbedachtem Übernehmen reformpädagogischer Modelle, sei es auf der didaktischen, aber ebenso auf der institutionellen und schulpolitischen Ebene anzuleiten. Das meine ich mit dem Begriff einer historisch reflexiven Schulpädagogik‹.

2.4 *Diaktisch-methodische Aspekte: Belastung von Lehrkräften damals und heute*

Zu jenen Aspekten, welche die Grenzdiskusion in didaktisch-methodischer Hinsicht zu illustrieren vermögen, zählen die Hinweise zu den Grenzen der Schulfächer (Tenorth 1999), zu den Aspirationen an die Wirkmächtigkeit von Lehrplänen, zu den Grenzen und Chancen der Curriculumrevision dieses Jahrhunderts[48] oder zur Erwartung, Lernergebnisse mittels Noten beschreiben zu können

Ich wähle den Aspekt der hohen Belastungen von Lehrkräften aus und will zeigen, inwieweit die Lehrkräfte infolge zu hoher Aspirationen bis über ihre Grenzen hinaus überfordert werden.

Lehrpersonen klagen über hohe Belastungen. Sie fühlen sich überbeansprucht bis zur Grenze ihrer Leistungsfähigkeit. Ist die Berufsunzufriedenheit bei Lehrkräften besonders ausgeprägt? Oder gehört eine latente Larmoyanz zum beruflichen Alltag? Eine 1994, 1995 und 1996 von der Forschungsstelle für Schulpädagogik und Fachdidaktik der Universität Bern durchgeführte Befragung im Kanton Aargau zeigt wie zahlreiche andere auch: Die Mehrheit der Lehrkräfte, gegen 80%, würde ihren Beruf wieder ergreifen, wobei der Anteil bei jenen, die gekündigt haben, irritierenderweise noch höher liegt! Der in der öffentlichen Debatte vielbeschworene Sachverhalt des Burnout spielt kaum eine Rolle.

Kündigen Lehrerinnen und Lehrer ihren Job, haben sie ihre Gründe. Erstaunlich ist dabei: Hohe Belastungen schmälern weder die berufliche Zufriedenheit noch führen sie zur Absicht, die Stelle zu verlassen oder den Beruf aufzugeben. Tatsächlich haben nur 15% der kündigenden Aargauer Lehrkräfte 1994 ihre Stelle aus Unzufriedenheit aufgegeben. Es gibt im übrigen keinen einzelnen Belastungsaspekt, der allein eine Kündigung erklären könnte. Über 70% kündigten, weil sie sich durch eine neue Herausforderung angezogen fühlten oder

48 Goodson, Hopmann, Riquarts 1999. S. 40.

infolge privater Gründe. Deshalb sind bildungspolitische Massnahmen zur Verbesserung der beruflichen Lage oder zur Reduktion von Kündigungen nur bedingt möglich.

Wenige Jahre ist es her, als der Kanton Aargau eine Reihe ausserkantonaler und deutscher Lehrerinnen und Lehrer (1992: an die 220 Personen) beiziehen musste, um sicherzustellen, dass fortan vor jeder Schulklasse auch eine Lehrkraft stehen würde. Diese bildungspoltisch prekäre Lage wurde mitverursacht durch die hohe Quote jener Lehrkräfte, die ihre Anstellung jeweils kündigten (1991: 528). Zwischenzeitlich ist die Situation auf dem Arbeitsmarkt – auch für Lehrkräfte – kündigungsfeindlicher geworden: 1994 kündigten 170 aargauische Lehrpersonen ihre Stelle. Welches waren die Gründe für diesen Entschluss gewesen? Erfolgte die Stellenaufgabe infolge beruflicher Unzufriedenheit? Waren die betreffenden Lehrkräfte berufsmüde, resigniert, erschöpft, ausgebrannt? Und: Welcher Tätigkeit haben sie sich zugewandt, nachdem sie den Schuldienst quittiert hatten? Parallel zur Erhebung über die Kündigungsgründe wurden 170 Lehrpersonen (nach Regionen, Schulstufen und -typen gewichtete Stichprobe), welche nicht gekündigt hatten, mit denselben Fragen in bezug auf ihre berufliche (Un)zufriedenheit konfrontiert und zu allfälligen Kündigungsabsichten befragt. Von den insgesamt 340 verschickten Fragebogen wurden rund 70% retourniert. Daraufhin befragte man antwortwillige Lehrkräfte auch telefonisch.

Kündigende Lehrkräfte sind im Vergleich zu den Nichtkündigenden zufriedener und weniger belastet. Rechnet man die in Pension gehenden Lehrkräfte ab, bleiben nur gerade 26%, die kündigten, um den Schuldienst endgültig zu verlassen. 22% nehmen eine andere Stelle im Kanton Aargau an, 13,9% eine in einem anderen Kanton und 26,9% möchten nach einer Pause wieder in den Schuldienst eintreten.

Die genannten Kündigungsmotive sind bildungspolitisch wohl kaum relevant: Beinahe 40% kündigten aus privaten Gründen. Über ein Fünftel war an der Stelle zufrieden, fühlte sich jedoch durch eine neue Aufgabe angezogen und herausgefordert. Solche Kündigungen erfolgten also relativ unabhängig von der Einschätzung der Arbeitssituation. Im Vergleich zu anderen Berufsgruppen sind dies bemerkenswert hohe Anteile. Nur 15% der Aargauer Lehrerinnen und Lehrer kündigten, weil sie die alte, belastende oder unbefriedigende Stelle verlassen wollten.

Wichtige Gründe für eine Kündigung lagen in berufslaufbahnbezogenen Überlegungen: Für über 40% der Kündigenden spielte der Gedanke, der Lehrberuf sei eine gute Basis, biete aber zu wenig Perspektiven für ein ganzes Leben, eine wichtige oder sehr wichtige Rolle für die Kündigung. Etliche Lehrerinnen hatten von vornherein geplant, den Lehrberuf nur einige Jahre auszuüben. Viele Unterrichtende gaben ihre Stelle auf, um eine Weiterbildung im Lehrberuf zu beginnen.

Der berufliche Alltag trägt am meisten zum Kündigungsentscheid bei. Die Lehrkräfte erwähnen den hohen Erwartungsdruck von Eltern und Gesellschaft, nebst Problemen mit zu großen Klassen und unmotivierten und verhaltensauffälligen Kindern.

Befragt man die Lehrerinnen und Lehrer nach der Zufriedenheit mit einzelnen Merkmalen ihrer beruflichen Tätigkeit, zeigt sich: Am zufriedensten sind Lehrpersonen mit ihrer Arbeit im Schulzimmer. Je weiter sich die beruflichen Tätigkeiten vom eigentlichen Unterrichten entfernen, desto stärker steigt die Unzufriedenheit. Arbeitsinhaltliche Sachverhalte schnitten am besten ab: Selbständige Arbeitseinteilung, die Chance, persönliche Fähigkeiten optimal einzusetzen, der pädagogische und didaktische Spielraum, die Arbeit mit Kindern und die Möglichkeit, eine verantwortungsvolle Tätigkeit auszuüben. Im Gespräch befürchteten Lehrkräfte allerdings, der gegenwärtig noch vorhandene Handlungsspielraum werde aufgrund von mehr Verordnungen und steigender Reglementierungsdichte beschnitten. Die Zufriedenheit mit den Rahmenbedingungen sowie institutionellen und beziehungsbezogenen Aspekten ist insgesamt jedoch weniger ausgeprägt und deswegen kaum entscheidend für die Entstehung beruflicher Frustrationen. Am wenigsten zufrieden waren die befragten kündigenden Personen mit der Weiterentwicklung im Schulwesen, dem Ansehen des Berufes, dem Angebot an Teilzeitstellen, dem Erfolg der Unterrichtsarbeit und der Zusammenarbeit im Kollegium. Die verbleibenden Lehrkräfte dagegen beurteilten sowohl die Kooperation als auch das Klima im Kollegium positiver. Mit den Erfolgen in der erzieherischen und unterrichtlichen Arbeit sind sie dagegen weniger unzufrieden als die Kündigenden.

Trotz der hohen Zufriedenheit mit ihrem Beruf fühlen sich Aargauer Lehrerinnen und Lehrer stark belastet. Die höchsten Belastungswerte verursachen komplizierte, problembeladene Kinder, unsoziales Verhalten, Lärm und Unruhe in der Klasse. Ebenfalls hoch sind Belastungen durch zusätzliche organisatorische und administrative Arbeiten ausserhalb des Unterrichts. Viele Lehrkräfte beklagen den Erwartungsdruck von Eltern, Behörden, Kollegium und Gesellschaft. Für eine Kündigung sind gerade diese – kombiniert mit zeitlichen und psychischen Belastungen – relevant.

Allerdings: Hohe Belastungen schmälern für die meisten Lehrpersonen weder die berufliche Zufriedenheit wesentlich noch führen sie zur Absicht, die Stelle aufzugeben.

Zufrieden ist, wer weder überfordert noch unterfordert ist, gesund und eingeschränkten beruflichen Aufstiegsmöglichkeiten nicht nachtrauert. Wenn die Arbeit mit den Kindern erfüllend ist, das Klima im Kollegium stimmt und die betreffenden Lehrerinnen und Lehrer überzeugt sind, eine verantwortungsvolle Tätigkeit auszuüben, sind die Prämissen für berufliche Zufriedenheit gegeben. Was hingegen unzufrieden macht, ist noch lange kein Kündigungsgrund.

Klagen über hohe Belastungen muss man ernst nehmen, obschon sie die Berufszufriedenheit weniger stark beeinträchtigen als üblicherweise angenommen. Das gilt insbesondere für jene wenigen Probleme, die auch als Kündigungsgründe bedeutsam sind: Zeitliche Belastungen aufgrund organisatorischer und administrativer Aufgaben sollten verringert werden.

2.5 Medienpädagogische Aspekte

Bei flüchtigem Hinsehen erweist sich die Geschichte der Bildabwehr in der Pädagogik als eine Geschichte des Hinweises auf die Grenze – die Bilder werden abgewehrt. Bei genauerem Hinsehen jedoch gehen die Pädagogen einmal mehr in die Falle – deshalb nämlich, weil sie die Debatte über die Grenzem der Beeinflussbarkeit von Kindern durch mediale Inhalte nicht führen, sondern die Träger der Bilder, die entsprechenden Medien in Bausch und Bogen verurteilen. Nach der revolutionierenden Wende von der Mündlichkeit zur Schriftlichkeit, welche in literalen Gesellschaften längst erfolgt ist, beobachten wir in jüngster Zeit einen unaufhaltsamen Trend von der Schriftlichkeit zur Bildlichkeit. Der Weg vom Bild zur Schrift impliziert Abstraktion, Rationalisierung und Individualisierung.[49] Wie verhalten sich die Erziehenden angesichts solcher tiefgreifender Prozesse?[50]

Bedenkt man die aggressiven Reaktionen von Erziehenden, Lehrkräften und Pädagogen auf den Siegeszug der Bilder, liegt eine verneinende Antwort nahe.[51] Wie kein anderer Berufsstand haben Pädagogen dem Bild jahrhundertelang reserviert, skeptisch oder ablehnend gegenübergestanden. Für sie transportierten Bilder das Böse, das Verwerfliche, das Schädliche – und das Verführerische (Baumann 1989, Gendolla, Zelle 1990, Büttner 1990). Im Unterschied zum Text sprachen die Kritiker ikonischer Darstellungen den Bildern lange jeglichen Informationswert ab. Aufgrund dieses Urteils wurden Bilder in Erziehung und Schule zum Streitobjekt. Zwischen kulturkritischem Sträuben[52] und didaktischer Opportunität (etwa in Bezug auf den ›Anschauungsunterricht‹ oder die ›Schulwandbilder‹) schwankend, beurteilte man Bilder paradoxerweise sowohl als kultur- wie auch als schulkritisches Agens. Lediglich didaktisch-methodisch eingesetzt, so eine der selbstsicheren pädagogischen Optionen, sollten Bilder in Lernprozessen nützlich sein. Damit war unterstellt, nur ganz bestimmte Bilder verbürgten Bildung, und die Pädagogen hatten ihre latente Furcht vor Kontrollverlust eingestanden. Weil der schulische Unterricht die Welt sequenziert, par-

---

49 Winter, Eckert 1990, S. 21.

50 Wenzel 1995, S. 3, Winter, Eckert 1990, S. 17ff.

51 Vgl. Winter, Eckert 1990, S. 18ff.

52 Vgl. die kultursoziologischen Analysen der Frankfurter Schule zur ›Massenkultur‹ und zur ›Populärkultur‹ , wo die Massenkommunikation als Folge des Entstehens der ›Massenkultur‹ in Opposition zur ›Elitekultur‹ gestellt wird (skizziert von Bauer 19??, S. 110ff).

zelliert, systematisiert, also didaktisiert, wirkt diese renitente Position verständlich, ja professionell. Eine so pointierte Abwehr gegenüber der irritierenden Totalität des Bildes wäre indessen nicht zwingend gewesen, falls man frühzeitig konsequent den didaktisierenden Umgang mit Bildern akzentuiert hätte. Stattdessen führten Erziehende, Lehrkräfte und Pädagogen, einen weithin entlarvenden pädagogisch-moralisierenden Diskurs. Einige aufgeschlossene frühe Praktiker haben das Feld bewahrpädagogischen Medienexperten überlassen, was eine kritisch-skeptische, aber dennoch produktive Debatte – letztlich auch im Hinblick auf den Unterricht – lange verhindert hat.[53] Auf die Gegenwart bezogen: Reagieren wir immer noch auf die Bilder »wie die überzeugten Anhänger des Pergaments im Zeitalter des beginnenden Buchdrucks«?[54] Sprechen tatsächlich die Indizien dafür, »dass sich mit der Durchsetzung der elektronischen Datenübertragung unsere Kommunikationsmöglichkeiten ähnlich tiefgreifend verändern wie durch die Einführung der Druckerpresse im Zeitalter Gutenbergs«?[55]

Im übrigen erscheinen die Defensivpositionen gegenüber den Bildern, vergleichbar der Renitenz gegenüber einem jeweils ›neuen Medium‹, dreiphasig und stereotyp zu verlaufen: Zunächst dominiert Irritation, welche vom Bemühen, das neue Medium zu rechtfertigen, abgelöst wird, und schliesslich stellt sich ernüchterte Normalisierung ein.

Zwischen Bilderabwehr und völliger Medienabwehr schwankend, möchten viele Lehrkräfte die Vorteile des Lernens mit Bildern unterrichtlich zumindest in didaktisierter Weise nutzen.[56] Was allerdings nicht ohne weiteres, also mühelos didaktisierbar, das heißt linearisierbar, homogenisierbar und sequenzierbar ist, lehnt die Pädagogik, insbesondere die Schulpädagogik, hier durchaus professionell argumentierend, ab. Denn Lehrkräfte müssen effizient verlaufende Lernprozesse arrangieren und fördern. Ein allfälliger Einsatz von Bildern muss deshalb zielorientiert erfolgen.[57] Mag sein, dass wir deswegen zwischen Unterrichtsmitteln und Unterrichtsmedien unterscheiden. Gelten erstere als didaktisch wertvoll, sind letztere elektronisch gestützt und sollen, so der Rat der Medienpädagogen an die Didaktiker, wenn überhaupt eingesetzt, dann zumindest optimal benützt werden.[58]

---

53 Vgl. Paschen 1983, Buddemeier 1987, Ress 1988, Rathmayr 1996, zum ›bekanntesten Medienunheilspropheten‹, der nicht vor apokalyptischen Bewahrszenarien zurückschreckt: Postman, vgl. Wörther 1993, S. 13; zur Bewahrpädagogik: Dickfeldt 1979.

54 Wenzel 1995, S. 3.

55 Ebda., S. 3.

56 Vgl. das uneingeschränkte Lob für den Orbis sensualium pictus oder die positive Wertung der Schulwandbilder (zu letzterem: Grunder 1998).

57 Zwei Aussenseiter belegen die Regel: Célestin Freinet und Adolf Reichwein haben bereits in den zwanziger Jahren im Unterricht Filme eingesetzt.

58 Bilderverbote waren zudem oft keine Kunstverbote, sondern Kultbilderverbote (Titz 1998, S. 151), die ursprünglich aus dem Fremdgötterverbot, in Abgrenzung zur kanaanäischen Hochkultur, hervorgegangen sind. Darum können generelle Bilderverbote und

Der Blick in die Geschichte der Bewahrpädagogik belegt: Pädagogen erahnen das Verkümmern der Soziabilität, befürchten unendlichen Kommunikationsverlust, sehen Kinder süchtig werden und berichten – wie dies in der Geschichte der Medienerziehung immer so war – von beklagenswerten Extremfällen, die sie sorglos als Durchschnitt heranziehen. Wie in den eben herangezogenen Beispielen aus der Geschichte der Verteufelung der stehenden und laufenden Bilder durch die Erziehenden agieren Pädagogen und die Schule beim Aufkommen eines ›neuen Bild-Mediums‹ seit Jahrzehnten stereotyp: Sie verunglimpfen die Phänomene, ohne die Symptome zu bearbeiten oder bearbeiten zu können.

Blickt man auf die vergangenen Jahre der Verteufelung stehender und laufender Bilder zurück[59], erkennt man einen stereotypen Wettlauf zwischen den bewahrenden, zensurierenden pädagogischen oder aufklärerischen Impulsen der Erwachsenenkultur und den ökonomisch angeheizten, modisch überhitzten Innovations- und Produktionsschüben der Jugendkulturen.[60] Den Wettkampf gegen die Macht der Bilder haben die Pädagogen immer schon knapp nach dem Anpfiff verloren: Bevor der pädagogische Zugriff erfolgt, ist das jeweilige Phänomen in Kinderkultur und Kinderöffentlichkeit bereits verarbeitet, verschwunden oder hat ein anderes Erscheinungsbild angenommen. Dazu kommt: Jene, welche die nachwachsende Generation den Umgang mit den Bildern lehren möchten, müssen scheitern, wenn sie ihre eigene mediale Sozialisation als Basis nehmen, denn: »Man sieht nicht nur anderes, man sieht auch anders.«[61] Der Kampf um den Konsum der richtigen Bilder gleicht einem Ringen um den Abusus der ›bösen Bilder‹. Er muss scheitern, weil der gesellschaftliche Umgang mit dem Bösen sich in der Produktion von ›bösen Bildern‹ spiegelt. Auch die ›bösen Bilder‹ werden allmählich zur Ware und damit als solche sanktioniert. Wie wollte man sie von den Heranwachsenden fernhalten können?

Im Zusammenhang mit der Position der Schule lässt sich allerdings ein Widerspruch mit dem Hinweis auf die Geschichte der Bewahrpädagogik und der Verteufelung der Bilder nicht aus der Welt schaffen, insbesondere, wenn wir die Maxime der ›Anschaulichkeit‹, und dabei die Schulwandbilder und andere bebilderte Unterrichtsmaterialien vergegenwärtigen[62]:

Indem sie die Bilder zurückweist, beschränkt sich die Schule doch auf ihr Wesentliches – die Wissensvermittlung durch den Text, das Wort. Dies stellt zwar eine adäquate Reaktion auf Konkurrenz dar. Doch sie wirkt überhitzt, ignoriert die Lernpotentiale, die in Lernprozessen mit Bildern liegen, ohne sich

Kultbildverehrung zugleich auftreten. Ist dies der Schlüssel für das Thema in erziehungshistorischer Sicht. Postman möchte ein neues Bilderverbot verhängen (vgl. Grunder 1997, Titz 1998, zur inneren Bilderwelt von Kindern: Kässmann 1994, S. 47)

59 Mass et al. 1993, S. 68.

60 Kritisch zur Verteufelung der Bilder vgl. Wörther 1993, S. 98.

61 Mass 1993, S. 68.

62 Zur Klassifizierung der ikonischen Darstellungsformen: Tulodziecki 1997, S. 39, zur schulischen Medienerziehung: Tulodziecki 1992).

im geringsten um die Chancen des Bilderlernens zu kümmern. Im Kampf gegen die Bilder ist die Schule machtlos. Ihre Attitüde erscheint elitär, gerade wenn sie auf Anschaulichkeit setzt, aber Bilder deswegen zurückweist, weil anschaulich lehren soviel bedeutet, wie in jedem Fall anhand der Realität zu unterrichten. In ihrer Resistenz gegenüber dem Bild setzt Schule auf die Schrift, was ihr den Vorwurf, sie sei lebensfern, einträgt.[63] Sie vermittelt dann lediglich Sekundärerfahrungen, also indirekte, mittelbare, fremdproduzierte, von aussen an sie herangetragene Erfahrungen, eben Wissen aus zweiter Hand. Doch das Wort, so beteuern die Pädagogen, stehe wenigstens völlig im Dienste der Bildung.[64]

Genau dies stellt den Beleg für die eingangs geäusserte These dar, welche der Durchlauf durch die Geschichte der Bewahrpädagogik bereits erhärtet hat: Nur der didaktisierte Umgang mit Bildern erscheint Erziehenden, Lehrkräften und Medienkritikern sinnvoll und geeignet, die in der Welt herrschende Bilderflut letztlich doch noch pädagogisch sinnvoll zu nutzen.

Was die Zukunft des bewahrpädagogischen Diskurses und die Verteufelung der Bilder durch Erziehende betrifft, kann man sich nun fragen, welche Folgen in den Augen heutiger Bewahrpädagogen der abzusehende radikalste Übergriff des Bildes auf den Menschen zeitigen wird – ein Übergriff nämlich, der Kinder und Jugendlichen jetzt bereits erlaubt, unmittelbar und als ganze Person gleichsam in die Bilder einzusteigen, horribile dictu, in der virtual reality, im Computerspiel oder im Internet nachgerade aufzugehen.

2.6 Wissenschaftstheoretische Limiten der Allgemeinen Pädagogik

Anhand einiger Hinweise seien wissenschaftstheoretische Grenzen der Allgemeinen Pädagogik erläutert. Ich setze die Kenntnis konstruktivistischen Denkens voraus (Siebert 1999) und verzichte auf eine skeptische Würding konstruktivistischer Perspektiven in der Pädagogik (Diesbergen 1998), indem ich lediglich darauf verweise, dass der konstruktivistische Ansatz die Grenzen der pädagogischen Beeinflssung hervorhebt, und so die Allgemeine Pädagogik mit Argumenten gegen Zumutungen und Wirkungsannahmen ihr gegenüber ausstattet.

Ist Lehre unter konstruktivistischen Vorzeichen unmöglich? Verweist die konstruktivistische Sicht von Lehr- und Lernprozessen nicht jenen Sachverhalt, dass Unterrichten fehlschlagen muss, weil jedes Individuum nur selbsttätig lernt, nicht aber wenn es belehrt wird?

Pädagogische Konstruktivisten wie Horst Siebert möchten lediglich die Konstruktionsperspektive gegenüber der Vermittlungsperspektive stärken. Ihr systemischer Blick zielt auf zirkuläre Prozesse ab, auf Wechselwirkungen, Erwartungshaltungen und Differenzen. Allerdings erachten sie Wissensvermittlung in direkter Art als kaum mehr möglich. Denn autopoietische Systeme können von

63 Merkert 1992, S. 7.
64 Merkert 1992, S. 10.

aussen nicht instruiert werden. Vielmehr gilt ihnen das Wissen des Kursleiters als ein Angebot, als eine Ressource für den Wissenserwerb der Lernenden. Lehre steuert also nicht Lernen, sondern ist eine mögliche Bedingung für Lernprozesse. Nur Informationen lassen sich mitteilen, nicht aber Bedeutungen. Die Bedeutung ist eine individuelle, lebensgeschichtlich bedingte und emotional verankerte Wertschätzung, die intersubjektiv nur näherungsweise nachvollziehbar ist und kaum gelehrt werden kann. Lineare technologische Sender-Empfänger-, Reiz-Reaktions-, Input-Output-Modelle vernachlässigen die Autopoiesis des Lernens und der Bedeutungszuschreibung. Solche Modelle behandeln das menschliche Gehirn als Blackbox. Von Foerster unscheidet darum triviale von nicht-trivialen Maschinen. Den Menschen erachtet er als nicht-triviale Maschine, weil das menschliche System selbsttätig und eigenwillig agiert. Dagegen behandelt eine sozialtechnologische Pädagogik Menschen als triviale Maschinen. Von Foerster verweist auf die Chaostheorie, die sich von linearen Modellen verabschiedet hat und Zirkularität betont. So bleiben dem Lehrenden die Köpfe der Lernenden letztlich verborgen. Ihre Gedanken und Gefühle sind frei. Es bleibt dem Lehrer also keine andere Wahl als intelligente, anregende, relevante Inputs anzubieten. Dieses Material zu verarbeiten ist dann Aufgabe der Lernenden – und die Verarbeitung erfolgt eigensinnig und eigenwillig. Darum können lernende Systeme von der Umwelt nicht determiniert, wohl aber perturbiert werden.

Perturbation heisst: die Aufmerksamkeit auf Neues, Ungewöhnliches lenken, Verunsichern. Dazu kommt: Ein Lerninhalt ist kein vorgegebenes Wissen, sondern eine Aneignungsleistung der Lernenden. Lehrende sollten sich der Konstruktivität dieser Lehre bewusst sein und weiter beachten, dass Lehren und Lernen inkongruent sind. Allerdings kann man zwischen Lehrsystem und Lernsystem eine strukturelle Koppelung annehmen. Moderate Konstruktivisten plädieren für eine komplementäre Koexistenz zwischen Instruktion und Konstruktion. Darum gilt ihnen als pädagogische Schlüsselqualifikation die Fähigkeit und die Bereitschaft, die Lernwege und Lernschwierigkeiten der Teilnehmenden nachvollziehen zu können. Lehre ist schließlich

- das Gestalten von anregenden Lernumgebungen,
- der Wechsel der Beobachterperspektiven,
- das Bereitstellen von Lernmaterialien für unterschiedliche Lernkanäle,
- das Schaffen von sozialen Situationen, in denen von- und miteinander gelernt werden kann,
- die Beobachtung zweiter Ordnung, das heißt, die Beobachtung, wie Lernende ihre Wirklichkeiten konstruieren,
- die Fokussierung von Aufmerksamkeiten auf Vergessenes, Vernachlässigtes.

Fazit: Lehrende schaffen günstige Bedingungen für Lernprozesse. Der Konstruktivismus behauptet, Lehrende könnten im Unterricht eigentlich nur Kontexte bereitstellen. Dies aber sei eine ausserordentlich wichtige Aufgabe.

Der Konstruktivismus stärkt die These, jedes Lernen sei ein selbstgesteuerter Vorgang. Wissen, Begriffe und Bedeutungen würden nicht linear vermittelt, sondern selbständig erworben. Autopoiese, operationale Geschlossenheit und Selbstreferenz sind Merkmale kognitiver Selbststeuerung. Insofern ist der Begriff ›selbstgesteuertes Lernen‹ tautologisch. Aber auch autopoietisches Lernen benötigt Lernumwelten, Lerngelegenheiten, Lernanregungen, Lernhilfen. Je komplexer und unübersichtlicher unsere Realität wird, desto mehr Orientierungshilfen und Verständigungskontexte werden benötigt. Der Konstruktivismus legt ein Reframing der Pädagogik nahe. Schulische Bildungsinhalte müssen anschlussfähig an subjektive Lebenswelten sein, um verarbeitet werden zu können. Eine Lernchance schulischer Curricula besteht darin, in relativer Distanz zu alltagspraktischen Handlungszwängen die Aneignung von Erschliessungskompetenzen zu unterstützen. Bildungseinrichtungen erfüllen also gerade dann ihren Auftrag, wenn die Systemgrenzen zwischen Bildungswesen und Alltagswelt beachtet werden. Schulisches Lernen vermag dann für neue Lebenssituationen zu qualifizieren, wenn Wissen auf ›multiple Kontexte‹ angewendet wird. Das konstruktivistische Paradigma beeinhaltet also einen pädagogischen Perspektivenwechsel des pädagogischen Blicks von einer ontologischen zu einer epistemologischen Sicht, von Abbildtheorien zu Konstruktionstheorien, von sozialtechnologischen Konzepten zu Selbststeuerungsmodellen, von einem monistischen zu einem pluralistischen Wissenschaftsverständnis.

Der Konstruktivismus passt in die heutige Zeit: Er trägt zur Demontage des dominanten normativen, mechanistisch-technologischen Paradigmas bei. Er nährt den Zweifel an politischen und bürokratischen Megasystemen, an Versuchen Wirklichkeiten zu berechnen und zu kalkulieren, an Omnipotenz-Phantasien jeder Art. Das interpretative systemisch-konstruktivistische Paradigma begnügt sich nicht mit Skeptizismus und Entmythologisierungen, der Konstruktivismus ist durchaus konstruktiv: Er ermutigt, Möglichkeiten zu erproben, ungewohnte Perspektiven einzunehmen, neue Differenzen zu bilden, sich über viable vernünftige Entwürfe auf Widerruf zu verständigen. Aber der Konstruktivismus irritiert: Er ist keine Supertheorie und ebenso wenig eine neue Ethik. Die erziehungswissenschaftliche Diskussion hat er irritiert. Er schärft einen realanthropologischen Blick auf die Lern- und Vernunfttätigkeit des Menschen. Zu diskutieren wäre nun, inwieweit die konstruktivistische Perspektive für die Pädagogik tatsächlich viabel, anregend und gangbar sei.

3. Möglichkeiten und Grenzen erzieherischer Beeinflussung – Chancen und Limiten einer Allgemeinen Pädagogik

Lautete die ihrer Grenzen nicht bewusste Erziehungidee, Kinder müssten erzogen werden, sollen sie Menschen werden, eine ›Notwendigkeitsbehauptung‹[65], scheint angesichts der Grenzen erzieherischer Beeinflussung eine ›Möglichkeitsbehauptung‹[66], weiterführender. Sie könnte lauten: Kinder bedürfen anderer Menschen, weil sie als relationale Subjektivitäten konstitutiv auf anderes und andere bezogen sind und sich selbst erst aufgrund dieser und in diesen Relationierungen als Eigenrelation erlernen können. Die begriffliche Transformation beruht auf der Einsicht in die Kontingenz erzieherischen Handelns: Die Selbstbescheidung liegt im Rückzug auf ein nicht vermeidbares, aber doch mögliches, ein nicht notwendiges, aber doch (möglicherwiese) hilfreiches Handeln: »Einsicht in das pädagogisch Unverfügbare, Respekt ggenüber dem, was dieses allererst ermöglicht.«[67] Pädagogisches Handeln hiesse dann, Freiheit zuzulassen und zu stärken, nicht aber zu dieser selbst mittels pädagogischre Handlungen allerest auffordern zu wollen.[68] Pädagogik, weder notwendig noch unmöglich[69], als Theorie endlicher Subjektivität zieht – so gesehen – eine Allgemeine Pädagogik/Erziehungswissenschaft als Theorie der Grenzen erzieherischen Einflusses nach sich.

Ansichten von Erziehenden über Erziehung scheinen erzieherisches Handeln zu regulieren. Möchte man erzieherisches Handeln verändern, müssen demzufolge die subjektiven Theorien Erziehender bearbeitet werden. Von wissenschaftlichen Theorien der Erziehung kann man erwarten, dass sie subjektive Theorien in intersubjektiv geltende, kohärente, konsistente und empirisch überprüfbare Theorien zu überführen vermögen.[70]

Zwei Fragen sind zentral:

- Wie lässt sich Erziehung gegen überhöhte Erwartungen an ihre Effekte und unzulässige Ansprüche aus anderen gesellschaftlichen Teilsystemen schützen?
- Was begrenzt die realen Möglichkeiten der erzieherischen Beeinflussung?

Falls eine beschreibende Theorie des erzieherischen Wirkens und eine vorschreibende Theorie des erzieherischen Sollens zu Antworten verhilft, wäre Erziehungswissenschaft sowohl deskriptiv als auch normativ konzipiert. Versucht man, sie in subjektive Theorien Erziehender zu integrieren, würden die deskriptive und die normative Theorie der Erziehungswissenschaft praktisch werden.

---

65 Ricken 1999, S. 398.
66 Ebda.
67 Ebda., S. 398.
68 Ebda., S. 398.
69 Ebda., S. 388.
70 Grzesik 1999, S. 14.

Im folgenden gilt die erzieherische Beeinflussung als eine spezifische Kombination von informationsverarbeitenden Prozessen beim Erzieher und beim Edukanden. Damit ist eine informationstheoretisch-psychologische und systemtheorethisch-soziologische Sicht nahegelegt. Der Perspektivenwechsel wirkt sich unmittelbar aus:

Werden bis heute Erziehervariablen unterstellt, welche beim Edukanden Lerneffekte verursachen – abgebildet als eine lineare Kette von Kausalzusammenhängen –, gilt erzieherisches Handeln nun als wechselseitige Abstimmung zwischen Aktivitäten, welche in Regelkreisen untereinander verbunden sind. Lernen lässt sich dann auffassen als die Entwicklung informationeller Teilsysteme des psychischen Systems hin zu grösserer Komplexität. Erziehen wird infolgedessen zum Vermitteln von Informationen, welche Selbstveränderungsprozesse initiieren. Damit ist vorausgesetzt, nur durch Abwägen im systemischen Gesamtkontext der jeweiligen erzieherischen Situation seien jene Informationen zu finden, die den Edukanden zu den gewünschten Tätigkeiten anregen. Das Ausmass der vom Erzieher verarbeiteten Informationen in einer bestimmten Situation entscheidet dann darüber, ob die dem Edukanden mitgeteilte Information so gut gewählt worden ist, dass er sie für die Konstruktion der angestrebten Tätigkeit einsetzen kann.

Unter dieser Optik erhält die Theorie die Funktion, die subjektive Theorie des Praktikers zu ergänzen, zu unterstützen und zu stabilisieren. Wissenschaftliche Theorie kann allerdings nicht beanspruchen, die Gesetze der Praxis zu formulieren. Insofern bilden die Kompetenz und das Engagement des Erziehers in der jeweiligen Erziehungssituation die entscheidenden Einflussgrössen für die Wirkung, welche Erziehung erzielen kann. Theorie allein bewirkt nichts. Nur wenn der Erzieher die theoretischen Aussagen in den Realitätsbereich seines Handelns integriert, wirken sie, andernfalls gleichen sie funktionslosem Wissensballast (S. 19). Letztlich sind also die spezifische erzieherische Klugheit des Erziehers und sein persönlicher Einsatz entscheidend.

Wie kann ein kompetenter Erzieher aufgrund seiner subjektiven und wissenschaftlichen Theorien über erzieherisches Handeln die selbstregulierte Entwicklung des Edukanden durch Lernen anregen?

Nicht bezweifelt ist: Mittels eines Erziehungsvorgangs sollen bei anderen Lernergebnisse erreicht werden. Was aber soll und kann Erziehung erreichen?

Das Können fokussierend, geht es uns um das faktische Geschehen im Realitätsbereich. Das Sollen ansprechend, fragen wir nach den Normen für Entscheidungen. Indem sie auf beides abzielt, ist die Erziehungswissenschaft sowohl Real- als auch Normwissenschaft. Sie untersucht jene Prozesse, worin das Erziehen der einen das Lernen anderer beeinflusst. Ihr Gegenstand ist der erzieherische Wirkungskonnex. Diesen kennzeichnet ein Kommunikationsgeschehen zwischen Personen aus. Kommunikation erfolgt als Zusammenspiel von intrapersonalen und interpersonalen Prozessen der Informationsverarbeitung.

Der angesprochene Wirkungszusammenhang besteht allerdings auch darin, dass erzieherisches Tun des einen Menschen bei einem anderen Menschen Lernen zwar induziert (angeregt, initiiert) aber nicht unmittelbar und vollständig bewirkt werden kann. In dieser Perspektive gerät mit der erziehenden Tätigkeit des einen zugleich die lernende Tätigkeit des anderen in den Blick.

Was Erziehung kann und was sie soll, ist ungeklärt und ungesichert. Wir wissen um die Diskrepanz zwischen dem, was sie in den Augen vieler leisten sollte und dem, was sie tatsächlich leisten kann. Die Kluft zwischen Anspruch und Realität fusst auf der Unsicherheit, wie erzieherische Wirkung einzuschätzen sei. Will man Täuschungen und Enttäuschungen vermeiden oder verringern, dann müssen die Ansprüche an das Sollen optimal an den tatsächlichen Möglichkeiten erzieherischer Beeinflussung ausgerichtet werden. Es gilt also, zwischen Erziehungspessimismus (Nativismus) und Erziehungsoptimismus (Milieutheorie) zu vermitteln. Wer ausschliesslich nativistisch denkt, vertritt die Auffassung des ›Wachsenlassens‹. Erziehung ist dann wirkungslos und deshalb auch überflüssig. Wer absolut milieutheoretisch denkt, vertritt die Sicht des ›Lernenmachens‹. In der Erziehung liegt dann das Heil und das Verderben des Menschen. Unterstellt man genetisch determinierte grundlegende Funktionen des psychischen Systems, ererbte Funktionsstärken und -schwächen, ist individuelles Lernen nur innerhalb der Gesamtheit der angeborenen Funktionstüchtigkeiten möglich. Was aber gelernt ist, basiert – wie das Angeborene – weiteres Lernen. Zum Ererbten tritt nun Erworbenes.

Den Erziehenden wird darum Selbstbescheidung nahegelegt: Jemanden erzieherisch zu beeinflussen ist nur möglich, indem Informationen für die Selbststeuerung von Tätigkeiten mitgeteilt werden. Erzogen wird, wenn der Edukand mit Hilfe dieser Information eine Tätigkeit mit Lerneffekten konstruieren kann. Ist bekannt, welche Kompetenzen ein Mensch zu erwerben vermag, und durch welche Informationen die Erzieher seine Selbstregulation beeinflussen können, dann sollten Erzieher und Edukand aufgrund der jeweiligen historischen Situation und des jeweiligen erzieherischen Einwirkens entscheiden, welche Kompetenzen gelernt werden. Was kann Erziehung bewirken?

Erziehung gilt als psychisch und gesellschaftlich notwendig – unerlässlich für die Entwicklung des Individuums und für den Bestand der Gesellschaft. Wer intentional erzieherisch beeinflussen will, konstruiert ein Erziehungssystem. Unbeabsichtigte Beeinflussung gilt dann als Sozialisation. Erzieherisch zu beeinflussen heisst lehrend/lernend beeinflussen/qualifizieren. Die Lernresultate liegen in den Selbstveränderungen der Edukanden während der Zeitspanne des Lernens. Zwischen einem begrenzten Input und einem limitierten Output entwickelt die Erziehung ihre eigene Kommunikationsstruktur. Die Zeitspanne zwischen Input und Output ist definierbar als Zeit der Kommunikation zwischen Erzieher und Edukand über Lerntätigkeiten der Edukanden. Über Lerntätigkeiten zu kommunizieren heisst über Lernaufgaben sprechen. Lernaufgaben sind Informationen über die Selbstregulation von Lerntätigkeiten.

Jeden Erziehungsprozess charakterisieren neben einer allgemeinen Qualifikationsfunktion die allgemeinen Leistungsgrenzen sowie die Inputs und Outputs in einer allgemeinen Kommunikationsstruktur. Daraus folgt: Erziehung kann nur bewirken, was lernbar ist, also nur Lernresultate erzielen. Das heisst: Sie kann nur Selbstveränderungen der Edukanden erreichen. Deswegen ist die erzieherische Beeinflussung spezifisch limitiert. Und darum vermag Erziehung nicht alles.

Sie kann nur das allein vom Edukanden zu realisierende Lernen mitbewirken[71], ist aber ausserstande, die künftigen Entscheide der erwachsenen Edukanden der jeweiligen Gesellschaft unmittelbar zu beeinflussen. Dies schliesst den Missbrauch für das Glück eines einzelnen Edukanden oder für die Lösung bestimmter gesellschaftlicher Probleme aus. Für medial veröffentlichte Stimmungslagen der Nation, individuellen Lebenssinn oder das Selbstverständnis einer Gesellschaft ist sie nicht verantwortlich zu machen. Ihre Systemstruktur verhindert es, dass Erziehung diese weitgreifenden Zumutungen erfüllen kann. Klar ist weiter: Was Erziehung bewirken soll, liegt in den Grenzen dessen, was sie bewirken kann. Man darf von ihr nichts fordern, was ausserhalb der Grenzen der jeweiligen Kommunikationsmöglichkeiten zwischen Erzieher und Edukand liegt.

Die Prozessstruktur der Erziehung präsentiert sich in wechselseitig aufeinander bezogenen Erziehungs- und Lernhandlungen: Zunächst wird ein zukünftiger Zustand ausgedacht, wo eine bislang unbefriedigende Lage in eine befriedigende überführt worden ist. Die damit hergestellte Ist-Soll-Diskrepanz regt zum Nachdenken darüber an, welche Handlungssequenz die Kluft überwinden könnte. Nun wird mit diesem Ziel eine Handlungsfolge entworfen. Damit der Plan in reale Tätigkeiten umgesetzt werden kann, muss zunächst Handlungsbereitschaft erzeugt werden, wodurch die Handlung ausgeführt wird. Als Lernhandlungen gelten jene Tätigkeiten, »in denen der Endzustand eine dauerhafte und durch die Tätigkeit selbst bewirkte Selbstveränderung im psychischen System der handelnden Person gegenüber dem Ausgangszustand ist.«[72] Wer lernt, erzielt unterschiedlich weitgreifende Selbstveränderungen. Wer erzieht, regt im Edukanden Tätigkeiten an, die ihn dazu bringen, den angestrebten Lerneffekt zu erzielen. Erziehungshandlungen sind demzufolge jene Tätigkeiten, in denen der angestrebte Endzustand eine Veränderung durch Lernen ist.

Weil das Tun des Edukanden in die Tätigkeit des Erziehers einbezogen wird, entsteht die problematische Spezifik von Erziehungshandlungen. Erziehungshandlungen und Lernhandlungen erfolgen ineinander verschränkt. Weil das Resultat einer Erziehungshandlung immer Ausgangssituation für Lernhandlungen und umgekehrt ist, bilden Erziehungs- und Lernhandlungen ein rückgekoppeltes Kommunikationssystem. Beeinflusst jemand erzieherisch, ohne dass vom

---

71 Ebda. S. 43.
72 Ebda. S. 48.

Lernenden oder vom Erzieher für Lerntätigkeiten Ziele gesetzt werden, erfolgt Sozialisation. Lernende erzielen dann Lernresultate, welche sich aus der Beobachtung fremder und auch eigener Tätigkeiten bei sozialen Kontakten aller Art ergeben.

Lern- und Erziehungshandlungen sind immer Problemlöseprozesse, da etwa die Edukanden etwas Neues tun müssen, wodurch sie Schwierigkeiten zu überwinden haben.

Werden Erziehungs- und Lernhandlungen verknüpft, entsteht die Grundeinheit der Erziehung: der erzieherische Wirkungszusammenhang. Erziehende können also die Lerntätigkeiten der Edukanden keineswegs unmittelbar beeinflussen. Sie vermögen lediglich auf dem Umweg über Informationen für die Selbststeuerung der Tätigkeiten der Edukanden zu sorgen. Eine Lerntätigkeit kommt nur zustande, wenn der Edukand die vom Erzieher mitgeteilten Informationen verarbeitet, um eine Lernhandlung zu planen.

Darum bedeutet Erziehen, Lernaufgaben und Hilfsaufgaben zu stellen, Ergebnisse der Lerntätigkeit zu identifizieren und zu beurteilen sowie Ergebnisse der Lerntätigkeiten zu bewerten. Insofern sind Erziehertätigkeiten abhängig von der Lerntätigkeit der Edukanden: Teilt der Erzieher etwas mit, muss es der Edukand verstehen und zu einem Handlungsplan ausbauen. Teilt der Edukand etwas mit, muss es der Erzieher verstehen und in seinen Handlungsplan einarbeiten. Somit ist jeder soziale Kontakt zwischen Erzieher und Edukand symmetrisch und umkehrbar. Allerdings teilt der Erzieher ausgesuchte Informationen für die Konstruktion einer Lerntätigkeit mit. Der Edukand verarbeitet sie. Beide produzieren in ihren Operationen etwas anderes, woran der je andere anschliesst, indem er seinerseits das Produkt des einen zu einer neuen Handlung ausbaut. Die Differenz zwischen Erziehungshandeln und Lernhandeln treibt den kommunikativen Prozess an. Der Erzieher muss den Edukanden also sehr genau kennen. Denn nur so kann er optimal darüber informieren, was der Edukand zu tun fähig ist, um eine voll entwickelte Lernhandlung mit vielen Lerneffekten zu realisieren. Der Edukand muss den Sinn der Mitteilung verstehen und die verstandene Information zum Muster einer Lernhandlung ausbauen. Dazu ist Lernbereitschaft, also Motivation, nötig. Ein Handlungsplan wird schliesslich in exekutive Operationen umgewandelt, das Ergebnis wird kontrolliert, selbst beurteilt und selbst bewertet sowie auf die durchgeführte Lerntätigkeit zurückbezogen. Während ihres Vollzugs enthält die Kommunikationsstruktur reflexiv erwartbare wechselseitige Abhängigkeiten, reflexive Rückkoppelungsschleifen und reflexive Vor- und Rückgriffe.

Will man mit Bezug zur Erziehung von Kausalität überhaupt sprechen, darf nur Kausalität gemeint sein, die durch Reflexivität der beteiligten Subjekte selbst gestiftet wird.

Das heißt: Die Prozessstruktur der Erziehung wird limitiert von den psychischen Systemen von Erzieher und Edukand. Was der Erzieher bewirken kann, wird durch die Möglichkeiten und Grenzen der Kommunikation über Lerntätigkeiten mit dem Edukanden festgelegt. Der Erzieher bewirkt also Lernen nicht unmittel-, sondern mittelbar – aufgrund von Informationen zuhanden der Selbstregulierung von Lerntätigkeiten.

Immerhin ist damit ein Umweg skizziert, zumindest über die Selbsttätigkeit der Edukanden etwas zu erreichen. Jede Erziehung ist damit angewiesen auf das Engagement des Edukanden in seiner selbstgesteuerten Aktivität. Dagegen fehlen geheimnisvolle Einwirkungsmöglichkeiten auf den Edukanden. Nichts anderes wirkt als die Information, die der Edukand zu den gesamten Äusserungen des Erziehers konstruieren kann. Dieser seinerseits vermag nur jene Information mitzuteilen, die er aufgrund seines gesamten psychischen Entwicklungsstandes zu konstruieren vermag. Worüber der jeweilige Erzieher im jeweiligen Augenblick nicht verfügt, was er also nicht zu aktivieren vermag, das ist auch nicht mitteilbar. Daraus ergeben sich die in der Erzieherperson liegenden Grenzen für Mitteilungen. Vom Erzieher und vom Edukanden darf man nicht mehr fordern, als was psychisch für beide innerhalb der Systemgrenzen möglich ist. Damit ist ein möglichst zuverlässiges psychologisches Wissen von Erziehungs- und Lerntätigkeiten vorausgesetzt. Erreichbar sind demzufolge nur jene Lernresultate, die durch die jeweilige Verarbeitung von Informationen im Edukanden zustande kommen: Die Erzieherintentionen werden durch die Individualität des Edukanden gebrochen. Wer über die Möglichkeiten des psychischen Apparates des Edukanden hinausgeht, dessen Intentionen dürften scheitern. Fehlentwicklungen sind die Folge.

Wird der Kontext des erzieherischen Wirkens einbezogen, gilt es, die vier Grenzen des sozialen Systems der Erziehung (Qualifikationsfunktion, Input für Lernen und Erziehen, Output der Lernresultate, Kommunikationsstruktur) zu berücksichtigen. So ergibt sich innerhalb dieser Grenzen der Erziehungprozess aus den wechselseitig aneinander schliessenden Erziehungs- und Lernhandlungen. Damit ist ein Modell des Gesamtzusammenhangs der Erziehung entstanden, in dem jedes Teilproblem des erzieherischen Einwirkens seinen Ort hat. Demgegenüber scheint das alltägliche Verständnis der Erzieher von ihrer Wirkung mechanistisch basiert zu sein. Alltagserzieher führen das Erziehungsgeschehen und den Erziehungserfolg nicht auf eine einzige Ursache zurück, sondern rechnen mit mehreren. Bei den Edukanden konstruieren sie Kausalzusammenhänge zwischen Vorgaben und Veränderungen.

Im Alltagsverständnis fusst erzieherisches Wirken weitgehend auf interpersonalem intentionalem Denken, figuriert also nicht als Sozialisation. Bei vielen Erziehenden dominiert deshalb ein beträchtlicher Erziehungsoptimismus und damit eine mechanistische und technologische Interpretation des Wirkungszusammenhangs. Der Egozentrismus der Erzieher scheint die Mitwirkung des Edukanden auszublenden. So entsteht das Bild einer naturhaft kausalgesetzlich wirkenden Omnipotenz des Erziehers.

Die Folge: Im Alltag treten immer wieder fehlerhafte Kausalannahmen mit problematischen Konsequenzen für das Erzieherhandeln auf. Zu den Fehlformen des erzieherischen Verhaltens zählen Resignation, Apathie, Verweigerung des eigenen Handelns ebenso wie die Fixiertheit des eigenen Handelns auf einige wenige Einflussmöglichkeiten und die Wahl unangemessener Massnahmen aufgrund des unzutreffend eingeschätzten Gewichts unterschiedlicher Ursachen. Dazu gesellen sich widersprüchliches Handeln und feste Erwartungen hinsichtlich der zu erzielenden Effekte. Erzieherisches Handeln schlägt im übrigen oft von einem Extrem ins andere um, zumal viele Erzieher unsicher und damit unfähig sind, ihr eigenes Handeln zu verbessern.

Erzieherisches Handeln ist von der Qualität der Reflexion über den erzieherischen Wirkungszusammenhang abhängig. Ein positives Bild des Erziehers hängt zusammen mit der hartnäckigen Wahrnehmung der eigenen Beeinflussungsmöglichkeiten, der Berücksichtigung möglichst vieler Einflussgrössen und ihrer flexiblen Nutzung je nach Kind, Situation und Entwicklungsstand, der überlegten Gewichtung der Einflussgrössen, dem Bemühen um Konsistenz im eigenen erzieherischen Handeln und der Abstimmung mit Miterziehern sowie realistische Erwartungen im Hinblick auf Erziehungseffekte und sorgfältiger Diagnose beim Auftreten von Erziehungsschwierigkeiten. Kontinuierliches eigenes Lernen, also die Selbstkorrektur im Feld des erzieherischen Handelns und der Erwerb neuer Erziehungskompetenzen sind dafür die Voraussetzungen.

Fazit: Zunächst gilt es also, die Handlungs- und die Lernbereitschaft des Erziehers zu ermöglichen, dann sind die zweckmässigen Bedingungen für selbständiges Handeln zu setzen. Damit ist eine Form des Einwirkens umschrieben, die nicht auf direktem Weg beim Edukanden Effekte erzielen kann, sondern nur auf dem indirekten, nämlich über den freien Gebrauch der Kräfte des Edukanden. Ist aber zuverlässige erzieherische Wirkung denkbar, wenn der streng kausal vorgestellte Zusammenhang durch die Kontingenz, die Selbstreferenz und die Reflexivität der psychischen Systeme von Erzieher und Edukand gleich dreifach gebrochen wird?

Direkt vom Erzieherverhalten auf das Erziehungsresultat zu schliessen, wäre unberechtigt. Das Kausalitätsmodell entspricht den tatsächlichen Zusammenhängen des erzieherischen Wirkens nicht. Obwohl das analytische Kausalitätsmodell keineswegs ganz ungeeignet ist, den Wirkungszusammenhang der Erziehung zu erfassen, liegt es nahe zu vermuten, das Verfahren sei grundsätzlich nicht hinlänglich sachgerecht. Die erste Euphorie darüber, das erzieherische Wirken erfahrungswissenschaftlich zu untersuchen und damit die Erziehungswissenschaft zu einer Gesetzeswissenschaft zu machen, ist zwischenzeitlich verpufft. Was folgt daraus? Wie lässt sich eine spezifische erzieherische Kausalität stützen?[73]

---

73 Ebda. S. 110.

Der Plan des Erziehers geht also von einem Erziehungszweck aus. Dann werden der Soll-Zustand und der Ist-Zustand bezogen auf die Entwicklung des Edukanden verglichen. Schliesslich konstruiert der Erzieher eine für den Erziehungszweck geeignete Lerntätigkeit. Daraufhin wählt er ein erzieherisches Verhalten als Mittel, die von ihm konzipierte Lerntätigkeit des Edukanden auszulösen. Die Konstruktion gerät dann zu einem tatsächlichen Wirkungszusammenhang, wenn der Edukand die durch das Handeln des Erziehers produzierte Mitteilung an ihn in den Vollzug einer Lerntätigkeit umsetzt. Indem er den Edukanden zu verstehen versucht und darauf seinen Plan gründet, generiert der Erzieher ein bestimmtes Verständnis als Anschlussstelle für das Neue in einer Lerntätigkeit (aktualisierte Assimilationsschemata für neue Akkomodationen gemäss Piaget). Ohne ein Schema von einer Lerntätigkeit zu haben, und sei es noch so dürftig, also Informationshandeln, findet keine Erziehung statt.

Der Erzieher erkennt die Grenzen der Planungstätigkeit: Die Zeitnot erzwingt eine verkürzte Arbeit an einem Handlungsentwurf und die Unberechenbarkeit der tatsächlichen jeweiligen Situation des Edukanden im Augenblick der erzieherischen Einwirkung definiert eine absolute Grenze von Informationen, die dem Erzieher zu Gebote stehen. Der Erzieher muss sich dann noch entscheiden, mit welchen erzieherischen Verhaltensweisen er selbst die Handlung des Edukanden auslösen will. Er transformiert also sein Verständnis in ein Verhalten, wodurch er den tatsächlichen Handlungsvollzug des Edukanden beeinflussen möchte. Die Reflexion über die jeweilige Situation hat Rousseau Klugheit genannt, Herbart hat sie als pädagogischen Takt bezeichnet und Dilthey hat sie als Kunst bezeichnet. Das ganze eben beschriebene System setzt sich für die Konstruktion von optimalen Informationen zu Handen des Vollzugs von Lerntätigkeiten ein. Erziehung gerät damit zur individuellen Leistung eines Menschen für einen anderen Menschen. Fällt sie aus, ist noch Entwicklung durch Sozialisation möglich. Erziehung findet dann nicht mehr statt.

Der Erzieher entwirft aufgrund seines Verständnisses eine Handlung und plant ein konkretes Verhalten. Realisiert er den Plan, ist damit zugleich ein Faktum für den Edukanden gesetzt. Darauf müssen sich Erzieher und Edukand über die Charakteristika einer Lerntätigkeit verständigen. Zunächst muss der Edukand die Mitteilung des Erziehers verstehen, was mit einem Informationsverarbeitungsprozess verbunden ist: Der Edukand konstruiert aktiv und verleiht Bedeutung. Allerdings besteht die Wirkung nicht in der vom Erzieher beabsichtigten Information, sondern in der vom Edukanden tatsächlich hergestellten Information. Sie allein kann Handeln verursachen. Sobald der Edukand im Sinn des Erziehers handelt, lernt er – beeinflusst vom Erzieher –, was man in diesem Handeln lernen kann. Der Edukand wird allerdings nur im Sinn des Erziehers handeln, wenn er die dafür zu erwartenden Bedingungen akzeptiert hat.

Die Handlungsbereitschaft hängt ab von der Schwierigkeit der vom Edukanden geforderten Handlung und davon, wie das Bedürfnis nach Erfolg durch die jeweilige Handlung befriedigt werden kann.

Damit ist klar: Zwischen zwei psychischen Systemen muss eine Konkordanz hergestellt werden. Dann wird der Edukand aufgrund der vom Erzieher übernommenen Information durch selbständiges Operieren eine Lernhandlung konstruieren und vollziehen.

Pädagogische Einwirkung erfolgt also immer indirekt:

- Anregung, so dass der Edukand etwas tut und durch diese Tätigkeit lernt.
- Konstruktion eines Plans durch den Edukanden aufgrund der vom Erzieher angebotenen Informationen.
- Generierung eines Handlungsprogramms.
- Definition der Mittel und der Reihenfolge, wie sie eingesetzt werden sollen.
- Antizipation des Ergebnisses.
- Rückblickende Bewertung der getätigten Operationen.

Diese Skizzc belegt, dass der Edukand am Zustandekommen des erzieherischen Wirkungszusammenhangs unmittelbar beteiligt ist. Der Erzieher liefert stets nur auslösende Mitursachen. Die Entwicklung des Edukanden aber wird ausschließlich durch diesen selbst geleistet. Betrachtet man erzieherisches Wirken demzufolge als aufeinander bezogenes Wirken zweier Personen, wird klar, dass sich darin Informieren, Verstehen, Akzeptieren, Entwerfen und Ausführen ständig zirkulär ablösen. Das Ziel liegt darin, eine Koinzidenz zwischen dem Erzieherentwurf und dem Edukandenhandeln zu erreichen. Der Vergleich zwischen Ziel und Resultat beschliesst das erzieherische Handeln und Wirken im skizzierten Wirkungszusammenhang. Die Aufgabenlösungen werden kontrolliert, die vollzogene Lerntätigkeit wird bewertet, eine Arbeitsrückschau erfolgt, und Methodenwissen wird gefestigt. Das Abgleichen mit dem Plan stellt eine Rückkoppelung mit den Anfangsintentionen, den angestrebten Zielen und den zugrundeliegenden Motiven dar.

Unterstellt man, ein erzieherischer Wirkungszusammenhang komme ausschliesslich infolge einer Wechselwirkung zwischen Erzieher und Edukand zustande, hängt es in jedem Augenblick sowohl vom Erzieher als auch vom Edukanden ab, ob die vom Erzieher beabsichtigte Wirkung tatsächlich eintritt, in welchem Masse oder durch welche Art von Lerntätigkeit dies geschieht oder ob im Extremfall aus dem Erziehungsprozess sogar das Gegenteil der vom Erzieher intendierten Wirkung resultiert.

Als Wirkung gilt demzufolge der Output eines interpersonalen Kausalkreises. Wirksam wird allerdings nur, was Erzieher und Edukand an einem Zeit-Raum-Punkt tatsächlich an Informationsverarbeitungsprozessen vollziehen.

Weil Erzieherhandeln nicht unmittelbar den Edukanden beeinflusst, unterscheidet es sich von der vereinnahmenden Liebe, der dogmatischen Bindung, der Überredung, der Indoktrination, der Herrschaft und der Propaganda. Von ihnen trennt Erzieherhandeln die gravierende Differenz, dass das Edukandenlernen selbst den Zweck des Erzieherhandelns darstellt. Die Form der erzieherischen Abstimmung besteht in einer Dialektik zwischen den Entwürfen des Erziehers für den Edukanden und dessen eigenen Intentionen. Die notwendigen

Glieder dieser Kette von Informationsverarbeitungen sind
- das Verständnis des Edukanden durch den Erzieher,
- der Entwurf des Edukandenhandelns durch den Erzieher,
- das gewählte Erzieherverhalten,
- das Verständnis des Erzieherverhaltens durch den Edukanden,
- der Entwurf eines eigenen Handelns durch den Edukanden,
- der Vollzug einer Lerntätigkeit,
- die Rückmeldung durch den Erzieher und
- deren Verarbeitung durch den Edukanden.

Diese Abfolge bildet die Makrostruktur des operativ geschlossenen kreisförmigen und zyklisch wiederholten Wirkungszusammenhangs. Nur wenn ein vom Erzieher beim Edukanden angestrebter Zweck durch das Zusammenwirken mit dem Edukanden über alle erforderlichen Etappen hinweg erreicht wird, liegt erzieherisches Wirken vor. Der Erzieher gestaltet deshalb den erzieherischen Wirkungszusammenhang immer unter der Unsicherheit, dass er die Gesamtheit der Prozesse, mit denen er zu tun hat, nicht kennt oder dass die Prozessfolge, die Strukturkette abbrechen könnte.

Der Edukand soll die jeweils bereits entwickelten Kompetenzen mittels der ihm vom Erzieher dargebrachten Informationen weiterführen, soweit das in der verfügbaren Zeit realisierbar ist. Es gilt also, jene bestimmten Handlungsklassen aufgrund neu erworbener Kompetenzen zu entwickeln, die der Edukand benötigt, um die von ihm gesetzten Ziele zu erreichen, das heißt, die dafür notwendigen Handlungen selbständig regulieren zu können. Idealiter wird eine entwicklungsgerechte Handlungsfähigkeit durch die Anpassung von bereits entwickelten Kompetenzen an neuen Gegebenheiten fliessend erreicht. Die höher liegenden neuen Gleichgewichtsformen unterstützen das Individuum in seiner Entwicklung. Etwas gelernt zu haben bedeutet, eine neue Balance zwischen Subsystemen im Kontext einer Handlung hergestellt zu haben. Die neue Kompetenz stellt in dieser Perspektive ein kleines Subsystem im Gesamtsystem der Psyche dar. Die Grenzen der erzieherischen Beeinflussung bilden infolgedessen die Limiten der gegenseitigen Verständigung von Erzieher und Edukand über Tätigkeiten, in denen der Edukand lernt, was er lernen soll. Was über den Kreis der beeinflussbaren Handlungen hinausgeht (späteres berufliches, politisches oder soziales Handeln des künftigen Erwachsenen) liegt im Bereich anderer gesellschaftlicher Teilsysteme (Politik, Wirtschaft, öffentliche Verwaltung, Kirchen, öffentliche Meinung).

Mit jedem spezifischen Erziehungsziel wird angestrebt, was der Edukand künftig können soll, um seine eigenen Ziele realisieren zu können. Diese künftigen Ziele des Edukanden jedoch werden nicht vorweggenommen. Unter dieser Perspektive erweisen sich ein wichtiger erziehungswissenschaftlicher Diskursstrang als Scheinprobleme: der Gegensatz zwischen Allgemeinbildung und Spezialbildung, die Opposition zwischen Grundbildung und Spezialbildung.

Was kann der Erzieher tun?

Aufgrund der ihm verfügbaren Daten entwirft der Erzieher einen Kausalplan, tätigt also eine Annahme darüber, durch welche Informationen er den Edukanden zu Handlungen anregen kann, indem dieser lernt, was er lernen soll. Zwischen Sein und Sollen erfolgt dann die praktische Umsetzung dieses Plans. Dabei spielen Erziehungsmaximen als abstrakte Selektionskriterien für Erzieherhandeln eine wesentliche Rolle. Sie stellen die subjektiven Theorien des Erziehers dar. Sachlich und logisch unverträgliche Maximen des Erziehers dürften zu erheblichen Störungen führen, weil dem Edukanden eine eindeutige Orientierung fehlt. Eine geordnete Kollektion von Erziehungsmaximen erlaubt die Konstruktion einer erziehungswissenschaftlichen Theorie. Was also Erziehung bewirken kann und soll, mündet für die Praxis der Erziehung in die Frage, was der Erzieher im Wirkungszusammenhang der Erziehung leisten kann und soll. Darum vermag jeder Mensch bis zu einem gewissen Grad erziehen zu lernen.

Wer erzieht, regelt das soziale System der Erziehung, definiert die Kommunikation mit dem Edukanden und bestimmt die eigenen psychischen Aktivitäten. Daraus ergeben sich die Anforderungen an einen Erzieher:

- Er verfügt über Kompetenzen zur Beobachtung des systemischen erzieherischen Wirkungszusammenhangs.
- Er überblickt ständig den gesamten Zusammenhang des jeweiligen erzieherischen Wirkungskontextes.
- Er beeinflusst die Lerntätigkeiten des Edukanden. Ausschliesslich die Qualität seiner Informationen befördert oder verringert die Selbststeuerung von Lerntätigkeiten des Edukanden. Darum weist gute Erziehung Kompetenzen für die Selbstregulierung des Edukandenhandelns auf.
- Er handelt mit seinen Möglichkeiten in den von ihm gesteckten Grenzen, und er kennt diese Grenzen.
- Er weiss, dass die realen Kompetenzen und Entscheidungen der jeweils Beteiligten ausschlaggebend für den Lernerfolg sind.
- An die Stelle spekulativer, abstrakter, linearer, ideologischer und teleologischer Modelle der Erziehung eines Menschen für eine neue Gesellschaft setzt er prüfbares Wissen über die reale Entwicklung des Menschen durch Lernen, über die Chancen, Individuen erzieherisch zu beeinflussen und über die historische Verantwortung von Erzieher und Edukand. Unrealistische Prämissen zum Realitätsbereich der erzieherischen Beeinflussung verstellen den Blick auf die tatsächlichen Möglichkeiten und Grenzen.

Realitätsfern sind

- Theorien über Erziehung, welche die Grenzen zwischen dem sozialen System der erzieherischen Beeinflussung und anderen sozialen Systemen nicht hinreichend genau beschreiben, sie übersehen oder gar bewusst überspielen;
- Totaltheorien der Erziehung, welche den gesamten Realitätsbereich der Erziehung in zusammenhängenden allgemeingültigen Aussagen vollständig

zu beschreiben vorgeben;
- empirische Untersuchungsmethoden, wenn es ihnen nicht gelingt, die postulierten Kausalzusammenhänge nachzuweisen.

Realitätsnah sind Theorien der Erziehung, welche die
- spezifische Realitätszone der Erziehung aufzuklären versuchen;
- Grenzen des Realitätsbereiches gegenüber anderen Teilsystemen der Gesellschaft sorgfältig beachten;
- Realwissenschaften der organischen, psychischen und sozialen Teilprozesse in eine Theorieform für den Gesamtprozeß der erzieherischen Beeinflussung integrieren;
- spezifischen Kausalzusammenhänge im erzieherischen Wirkungszusammenhang aufzuklären versuchen;
- spezifische Normativität der erzieherischen Beeinflussung aufzuklären versuchen.

Literatur

Aebli, H., *Zwölf Grundformen des Lehrens. Eine allgemeine Didaktik auf psychologischer Grundlage*, Stuttgart 1983

Altermann-Köster, M. et al. (Hrsg.), *Bildung über Computer? Informationstechnische Grundbildung in der Schule*, Weinheim und München 1990

Apel, H.-J., *Schulpädagogik. Eine Grundlegung*, Köln, Wien 1990

Apel, H.-J., Grunder, H.U. (Hrsg.), *Texte zur Schulpädagogik*, Weinheim 1995

ARD/ZDF-Medienkommission (Hrsg.), *Kinder und Medien 1990*, Baden-Baden 1990

Ballauf, Th. *Pädagogik als Bildungslehre*, Weinheim 1989 (2. Auflage)

Ballauf, Th., *Pädagogik. Eine Geschichte der Bildung und Erziehung* (3 Bde.), Freiburg/München 1969–1973

Ballauf, Th., *Systematische Pädagogik*, Heidelberg 1962 (3. Auflage 1970)

Ballauf, Th., Transzendentale Schemata im Pädagogischen Denken, in: Böhm, W./ Schriewer, J. (Hrsg.), *Geschichte der Pädagogik und systematische Erziehungswissenschaft*, Stuttgart 1975, S. 20–29

Bast, R., *Kulturkritik und Erziehung. Anspruch und Grenzen der Reformpädagogik*, Dortmund 1996

Bauer, T., *Medienpädagogik. Einführung und Grundlegung*, drei Bände, Wien, Köln, Graz 1978f.

Baumann, H.D., Horror. *Die Lust am Grauen*, Weinheim und Basel 1989

Beck, K./Kell, A. (Hrsg.), *Bilanz der Bildungsforschung. Stand und Zukunftsperspektiven*, Weinheim 1991

Becker, G. E., *Hausaufgaben*, Basel und Weinheim 1988

Benner, D., *Allgemeine Pädagogik. Eine systematisch-problemgeschichtliche Einführung in die Grundstruktur pädagogischen Denkens und Handeln*, Weinheim und München 1987 (2. Auflage 1991) (Rezension von H.Heid, in *ZfPäd* 1991/3/S. 683f.; Rezension von Ruhloff in *Vierteljahresschrift für wissentschaftliche Pädagogik* 1989, S. 103–105)

Benner, D., *Hauptströmungen der Erziehungswissenschaft. Eine Systematik traditioneller und moderner Theorien*, München 1973

Benner, D., Was ist Schulpädagogik?, in: Derbolav, J. (Hrsg.), *Grundlagen und Probleme der Bildungspolitik*, München 1977, S. 88–111

Bernfeld, S., *Sisysphos oder die Grenzen der Erziehung*, Leipzig, Wien, Zürich 1925

Bernhard, A., *Demokratische Reformpädagogik und die Vision von der neune Erziehung*, Rankfurt am Main u.a. 1999

Blass, J.L., *Modelle pädagogischer Theoriebildung* (2 Bde.), Stuttgart 1987

Bräm, D.M., *Von der Ausbildung in den Beruf. Eine Befragung von Absolventinnen und Absolventen der Sekundarlehrerausbilung an der Universität Zürich zu Studium und erster Berufspraxis*, Zentralstelle der Studentenschaft, Zürich 1994

Brandes, R., Videofilme – eine Herausforderung an die pädagogische Praxis, in: *Unsere Jugend*, 37. Jg., Heft 3/1985, S. 95–103

Breinbauer, I.M., *Einführung in die Allgemeine Pädagogik*, Wien 1998 (2. Auflage)

Brinkmann, W., Petersen, J. (Hrsg.), *Theorien und Modelle der Allgemeinen Pädagogik. Eine Orientierungshilfe für Studierende der Pädagogik und in der pädagogischen Praxis Tätigen*, Donauwörth 1998

Brumlik, M., Schrift, *Wort und Ikone*, Frankfurt am Main 1994

Buddemeier, H., *Illusion und Manipulation. Die Wirkungen von Film und Fernsehen auf Individuum und Gesellschaft*, Stuttgart 1987

Büttner, C., *Video-Horror. Schule und Gewalt*, Weinheim und Basel 1990

Cube, F., von, *Erziehungswissenschaft. Möglichkeiten, Grenzen, politischer Missbrauch. Eine systematische Einführung*, Stuttgart 1977

Derbolav, J., *Grundriss einer Gesamtpädagogik*, Frankfurt 1987

Derbolav, J., *Systematische Perspektiven der Pädagogik*, Heidelberg 1971

Derbolav, J., Vorüberlegungen zu einer ›Einführung in die Pädagogik‹, in: *Pädagogische Rundschau*, 1966, S. 35ff.

Dickfeldt, L., *Jugendschutz als Jugendzensur. Ein Beitrag zur Geschichte und Kritik öffentlicher Bewahrpädagogik*, Bensheim 1979

Diesbergen, C., *Radikal-konstruktivische Pädagogik als problematische Konstruktion. Eine Studie zum radikalen Konstruktivismus und seiner Anwendung in der Pädagogik*, Bern u.a. 1998

Doelker, C., *Ein Bild ist mehr als ein Bild. Visuelle Kompetenz in der Multimedia-Gesellschaft*, Stuttgart 1997

Dohmen, Chr., *Das Bilderverbot. Seine Entstehung und seine Entwicklung im Alten Testament*, Frankfurt am Main 19872

Einsiedler, W., Schulpädagogik – Unterricht und Erziehung in der Schule, in: Roth, L. (Hrsg.), *Handbuch Pädagogik*, München 1990, S. 456–462

Empirische Pädagogik, Heft 2/94

Favre, B., *Tant qu'il y aura des devoirs...*, Genève 1988

Fink, E., *Grundfragen systematischer Pädagogik*, Freiburg 1978

Flitner, W., *Systematische Pädagogik* (1933), später: *Allgemeine Pädagogik*, Stuttgart 1980 (15. Auflage)

Friedrichsen, M., Vowe, G. (hrsg.), *Gewaltdarstellungen in den Medien. Theorien, Fakten und Analysen*, Opladen 1995

Fröhlich, A., *Handlungsorientierte Medienerziehung. Grundlagen für einen Lehrplan*, Zürich 1980

Fuchs, W.J., Reitberger, R.C., *Das grosse Buch der Comics*, München, (2. Auflage) 1982

Funke, G., Die Problematik einer rein empirisch betriebenen Pädagogik, in: Heitger, M. (Hrsg.), *Möglichkeiten und Grenzen des empirisch-positivistischen Ansatzes in der Pädagogik*, (=Neue Folge der Ergänzungshefte zur Vierteljahresschrift für wiss. Pädagogik, Heft 7, Bochum 1968, S. 62–93

Gamm. H.J., *Allgemeine Pädagogik. Die Grundlagen von Erziehung und Bildung in der bürgerlichen Gesellschaft*, Reinbek b. Hamburg 1979

Gendolla, P., Zelle, C. (Hrsg.), *Schönheit und Schrecken. Entsetzen, Gewalt und Tod in den alten und neuen Medien*, Heidelberg 1990

Giel, K., *Allgemeine Pädagogik – Studienführer*, Freiburg/Basel/Wien 1976

Glöckel, H., *Vom Unterricht*, Bad Heilbrunn 1990

Goodson, I.F., Hopmann, S., Riquarts, K. (Hrsg.), *Das Schulfach als Handlungsrahmen. Vergleichende Untersuchung zur Geschichte und Funktion der Schulfächer*, Köln, Weimar, Wien 1999

Grossklaus, G., *Medien-Zeit, Medien-Raum. Zum Wandel der raumzeitlichen Wahrnehmung in der Moderne*, Frankfurt am Main 1995

Grunder, H. U., *Aspekte einer ›Geschichte der Pädagogik der französischsprachigen Schweiz‹ im 20. Jahrhundert*, Frankfurt am Main 1986

Grunder, H. U., Die schweizerischen Schulwandbilder vor ihrer Instrumentalisierung, in: Grunder, H. U., Jean Piaget als Reformpädagoge. Piaget und die ›éducation nouvelle‹ zu Beginn des 20. Jahrhunderts: vergessene Kontexte und systematische Bedeutung, in: *Pädagogische Rundschau* 5/1992, S. 521–541

Grunder, H. U., Neil Postmans Sicht der Erziehung, in: *Pädagogik*, Heft 5, Mai 1997, S. 39–43

Grunder, H. U., P. A. Stapfers Enquête von 1799 und die Folgen – oder: »...die gänzliche Zerstörung des Föderalismus«. Ein Beispiel aus der Schweiz, in Liedtke, M. (Hrsg.): im Druck, Bad Heilbrunn 1993

Grunder, H. U., *Seminarreform und Reformpädagogik*, Bern 1993

Grunder, H. U., Übergriffe – und vier Auswege, in: *Primarschule Magazin* 2/1989, S. 46ff.

Grunder, H.U., Bieri, T., *Zufrieden in der Schule? Zufrieden mit der Schule? Berufszufriedenheit und Kündigungsgründe von Lehrkräften*, Bern 1995

Grunder, H.U. (Hrsg.), *»Der Kerl ist verrückt«! Das Bild der Lehrkraft in der Literatur und in der Pädagogik*, (in Vorbereitung) Zürich 1999

Grzesik, Jürgen: *Was kann und soll Erziehung bewirken? Möglichkeiten und Grenzen der erzieherischen Beeinflussung*, Münster/New York/München/Berlin 1999

Hamann, B., Das Problem einer Allgemeinen Pädagogik. Zur Funktions- und Merkmalsbestimmung eines Wissenschaftsbereichs, in: *Vierteljahresschrift für wiss. Pädagogik*, 1989, S. 308–327

Harten, H.C., *Utopie und Pädagogik in Frankreich 1798–1860. Ein Beitrag zur Vorgeschichte der Reformpädagogik*, Bad Heilbrunn 1996

Harten, H.C., *Kreativität, Utopie und Erziehung. Grundlagen einer erziehungswissenschaftlichen Theorie sozialen Wandels*, Opladen 1997

Heitger, M., Das Allgemeine in der allgemeinen Pädagogik, in: *Vierteljahresschrift für wissenschaftliche Pädagogik*, Heft 1/99, S. 1–11

Herbart, J.F., Allgemeine Pädagogik aus dem Zweck der Erziehung abgeleitet. *Sämtliche Werke*, Band 10, hrgs. von G. Haretnstein, Leipzig 1951

Hiegemann, S., Swoboda, W.H. (Hrsg.), *Handbuch der Medienpädagogik*, Opladen 1994

Hoffmann, D. (Hrsg.), *Bilanz der Paradigmendiskussion in der Erziehungswissenschaft. Leistungen, Defizite, Grenzen*, Weinheim 1991

Horney, W., et al. (Hrsg.), *Pädagogisches Lexikon,* Gütersloh 1970

Janke, H., Vorwort, in: Deutscher Volkshochschulverband, Adolf-Grimme-Institut (Hrsg.), *Brutales auf Kassetten. Informationen für die Weiterbildung über Video und Gewalt*, Marl 1984

Kässmann, M. (Hrsg.), *Medienkinder*, Hofgeismar 1994

Keilhacker, M., Keilhacker, M., *Jugend und Spielfilm*, Stuttgart 1953

Klingler, W., Schönenberger, K. (Hrsg.): *Hören, Lesen, Fernsehen – und sie spielen trotzdem. Beiträge zum Medienumgang von Kindern*, Baden-Baden 1996

Klink, J.-G., Ort und Inhalt der Schulpädagogik, in: *Lebendige Schule*, Heft 1, 1966, S. 1–8

Knoll, J.H., Wie weit geht die Liberalität? In: *Publikation der Katholischen Akademie Hamburg*, Bd.1, S. 69–85, Hamburg 1984

Koch, L., Über die Schwierigkeiten einer Einführung in die Erziehungswissenschaft, in: *Vierteljahresschrift für wiss. Pädagogik* 1976, S. 1–10

Kramp, W., Schulpädagogik, in: Groothoff, H.-H./Stallmann, M. (Hrsg.), *Neues Pädagogisches Lexikon*, Stuttgart 19971, Sp. 1031–1034

Lenzen, D., *Pädagogik und Geschichte. Pädagogische Historiographie zwischen Wirklichkeit, Fiktion und Konstruktion*, Weinheim 1993

Lukesch, H. (Hrsg.), *Wenn Gewalt zur Unterhaltung wird. Beiträge zur Nutzung und Wirkung von Gewaltdarstellungen in audiovisuellen Medien*, Regensburg 1994

Merkert, R., *Medien und Erziehung. Einführung in pädagogische Fragen des Medienzeitalters*, Darmstadt 1992

Metz, P., *Herbartianismus als Paradigma für Professionalisierung und Schulreform*, Bern 1992

Metz-Glöckel, S. et al. (Hrsg.), *Mädchen, Jungen und Computer. Geschlechtsspezifisches Sozial- und Lernverhalten beim Umgang mit Computern*, Opladen 1991

Meyer, P., *Medienpädagogik. Entwicklung und Perspektiven*, Königstein/Ts. 1978

Meyer-Drawe, K., *Illusionen von Autonomie*, München 1990

Ong, W.J., *Oralität und Literalität. Die Technologisierung des Wortes*, Opladen 1987

Pakulla, R., *Hausaufgaben*, Berlin 1967

Paschen, J., *AV-Medien für die Bildung. Eine illustrierte Geschichte der Bildstellen und des Instituts für Film und Bild in Wissenschaft und Unterricht*, München 1983

Petzelt, A., *Grundzüge systematischer Pädagogik*, Freiburg 1964 (3. Auflage)

Pressemitteilung, 262. Plenarsitzung der Ständigen Konferenz der Kultusminister und -senatoren der Länder in der Bundesrepublik Deutschland am 4./5. Februar 1993 in Bonn, Bonn 5. 2. 1993

Rathmayr, B., *Die Rückkehr der Gewalt. Faszination und Wirkung medialer Gewaltdarstellung*, Wiesbaden 1996

Reichwein, A. *Film in der Landschule*, Stuttgart, Berlin 1938

Reichwein, A., *Film in der Schule. Vom Schauen zum gestalten*, Braunschweig 1967

Ress, E., *Die Faszination Jugendlicher am Grauen. Dargestellt am Beispiel von Horror-Videos*, Würzburg 1990

Ricken, N., *Subjektivität und Kontingenz. Markierungen im pädagogischen Diskurs*, Würzburg 1999

Ritzi, C., Wiegmann, U. (Hrsg.), *Zwischen Kunst und Pädagogik. Zur Geschichte des Schulwandbildes in der Schweiz und in Deutschland*, Hohengehren 1998, S. 113–128

Ruhloff, J., Eine Allgemeine Pädagogik? In: *Beiheft 26 der ZfPäd*, S. 211–216

Sanders, B., *Der Verlust der Sprachkultur*. Frankfurt am Main 1995 (orig.: ders., A is for Ox. Violence, Electronic Media, and the Silencing of the Written Word, New York 1994)

Schaller, K., *Einführung in die Kommunikative Pädagogik*, Freiburg u.a. 1978

Scheuch, K. (Hrsg.), *Einflussfaktoren auf den Gesundheitszustand von Pädagogen*, Verlag für Wissenschaft und Bildung, Berlin (Ost) 1991

Schneider, W., Geschichte und Arbeitsweise der Bundesprüfstelle für jugendgefährdende Schriften, in: Bundesministerium des Innern: *Medien und Gewal*t, Bonn 1996, S. 177–184

Schorb, B., Mohn, E., Theunert, H., Sozialisation durch Massenmedien, in: Hurrelmann, K., Ulrich, (Hrsg.)., *Handbuch der Sozialisationsforschung*, München 1980, S. 603–627

Schuldirektion der Stadt Bern, *Tagesschule Lorraine; warum? Was? Wie?*, Bern 1989

Schultze, E., *Die Schundliteratur. Ihr Wesen, ihre Folgen, ihre Bekämpfung*, 3. Auflage, Dresden 1925

Siebert, Horst, *Pädagogischer Konstruktivismus. Eine Bilanz der Konstruktivismusdiskussion für die Bildungspraxis*, Neuwied-Kriftel 1999

SLA, *Die Ausbildung von Sekundarlehrerinnen und Sekundarlehrern an der Universität Bern*, Bern 1991, zitiert als: SLA 1991

SLA, *intro, Informationsbroschüre*, Bern 1993, zit. als: intro 1993

Steindorf, G., *Einführung in die Schulpädagogik, Bad Heilbrunn* 1976.

Sting, S., *Schrift, Bildung und Selbst. Eine pädagogische Geschichte der Schriftlichkeit*, Weinheim 1998

Strauss, W., Allgemeine Pädagogik als Paradigma-Forschung der Erziehungswissenschaft, in: *Vierteljahresschrift für wiss. Pädagogik*, 4/1978, S. 580–593

Tenorth, H.-E., Unterrichtsfächer – Möglichkeit, Rahmen, Grenz, in: Goodson, I.F., Hopmann, S., Riquarts, K. (Hrsg.), *Das Schulfach als Handlungsrahmen. Vergleichende Untersuchung zur Geschichte und Funktion der Schulfächer*, Köln, Weimar, Wien 1999

Titz, E., *Bilderverbot und Pädagogik. Zur Funktion des Bilderverbots in der Bildungstheorie Heydorns*, Typoskript, Ludwigshafen 1998

Treml, A., *Einführung in die Allgemeine Pädagogik*, Stuttgart u.a. 1987

Treu, E., *Zwangsanstalt Schule*, Olten 1989

Tulodziecki, G., *Medien in Erziehung und Bildung. Grundlagen und Beispiele einer handlungs- und entwicklungsorientierten Medienpädagogik*, Bad Heilbrunn (3. Auflage) 1997

Tulodziecki, G., *Medienerziehung in Schule und Unterricht*, Bad Heilbrunn 1992 (2. Auflage)

Twellmann, W. (Hrsg.), *Handbuch Schule und Unterricht*, Band 3., Düsseldorf 1981

Wasem, E., *Jugend und Filmerleben. Beiträge zur Psychologie und Pädagogik der Wirkung des Films auf Jugendliche*, München, Basel 1957

Wasem, E., *Medien der Öffentlichkeit*, Düsseldorf 1969

Weidenmann, B., *Lernen mit Bildmedien: Psychologische und didaktische Grundlagen*, Weinheim 1991

Wenzel, H., *Hören und Sehen, Schrift und Bild. Zur mittelalterlichen Vorgeschichte audiovisueller Medien*, Antrittsvorlesung vom 4.5.1994 an der Humboldt-Universität, in: Öffentliche Vorlesungen, Nr. 46, Berlin 1995

Winn, M., *Die Droge im Wohnzimmer*, Reinbek bei Hamburg 1979

Winter, R., Eckert, R., *Mediengeschichte und kulturelle Differenzierung*, Opladen 1990

Wörther, M., *Vom Reichtum der Medien. Theologische Überlegungen, praktische Folgerungen*, Würzburg 1993

Zedler, P., König, E. (Hrsg.), *Rekonstruktion pädagogischer Wissenschaftsgeschichte. Fallstudien, Ansätze, Perspektiven*, Weinheim 1989

Zentralschweizerischer Beratungsdienst für Schulfragen, *Wieviel Schule braucht der Schüler?,* Luzern 1988

Zopfi, E., Die elektronische Schiefertafel, Zürich 1988

Werner Leitner und Reinhold Ortner

Aufmerksamkeit und Konzentration im Blickfeld von Bildung und Erziehung

Einleitung

»Kontinuität, Krise und Zukunft der Bildung« hängen nicht zuletzt auch davon ab, inwieweit es gelingt, Aufmerksamkeits- und Konzentrationsprozesse von SchülerInnen in der Unterrichtssituation von heute zu analysieren und dabei Perspektiven für eine Optimierung solcher Prozesse beim einzelnen Kind im Rahmen individueller Förderpläne zu entwickeln. »Ganzheit und Menschlichkeit«[1] dürfen auch als Elemente der »Bildungstheorie und Didaktik« nicht aus dem Blickfeld geraten. »Pädagogische Diagnostik für die Grundschule« – wie in einem Beitrag von Leitner (2002) im Jahrbuch Grundschulforschung 5[2] »in memoriam Joachim Nauck« dargestellt – wird zur Sicherung erfolgreich verlaufender Bildungsprozesse am Anfang der Schullaufbahn zunehmend bedeutsam[3]. Hierbei muss mit Leitner[4] auch die Kooperation zwischen Frühförderung und Grundschule in den Blick genommen werden. Mit Leitner & Geiss (1998) sind im Blickfeld pädagogischen Denkens und pädagogischer Kommunikation[5] auch Interaktionsspiele ein bedeutsam erscheinendes Element einer konzeptionellen Synthese zur Prävention und Intervention bei Konzentrationsproblemen im schulischen Kontext. Pädagogische Diagnostik und Intervention gilt es dabei in einer für Bildungs- und Erziehungsprozesse sinnvollen Weise zu verbinden. Aufmerksamkeit und Konzentration sind in der Unterrichts-/Bildungssituation von heute zweifelsohne Schlüsselbegriffe im Rahmen der Sicherung erfolgreich verlaufender Bildungsprozesse, die es von verschiedenen Seiten, auf verschiedenen Ebenen und mit unterschiedlichen pädagogisch-diagnostischen Methoden zu beleuchten gilt.

---

1 Ernst, 1997.
2 Petillon, 2002.
3 Vgl. auch Nauck, 1995.
4 2002, S. 250ff.
5 Vgl. Retter 1997, 2000.

1. Konzentrationsleistungen der Schüler im Bildungssystem und in der Unterrichtssituation von heute

»Konzentration« ist vom lateinischen Wort »concentrare« (in einem Punkt vereinigen; auf einen Mittelpunkt beziehen; verdichten) abgeleitet und bedeutet (auf Lernprozesse übertragen) die Fähigkeit der Zentrierung physischer, psychischer und geistiger Kräfte (Aufmerksamkeit) auf einen bestimmten Gegenstand.

Befragt man Lehrer, wo heute die häufigsten und am meisten störenden Schwierigkeiten in der Unterrichts- und Erziehungssituation des Schulalltags liegen, steht beinahe immer die Klage im Vordergrund, dass Schüler die Fähigkeit, sich zu konzentrieren, immer weniger besitzen oder aktualisieren können. Wissenschaftliche Untersuchungen bestätigen tatsächlich einen relativ hohen Prozentsatz der Unkonzentriertheit unter Schülern. Häufig steht diese an der Spitze der Rangskala heutiger unterrichtlicher und erziehlicher Probleme. Eine Sichtung aktueller Befragungs- und Forschungsergebnisse lässt zunächst zwei Feststellungen zu:

1. Aus der empirischen Forschung und dem Meinungsbefund von Lehrkräften geht hervor, dass die Konzentrationsfähigkeit heutiger Schüler (und zwar schon ab dem Zeitpunkt des Besuchs der Grundschule) zu einem beachtlichen Prozentsatz nicht die Leistungsstärke zulässt, wie sie für den notwendigen Erziehungs- und Unterrichtserfolg wünschenswert wäre, sondern zum Teil sogar erheblich defizitär erscheint.
2. Was die Frage der Zunahme beziehungsweise des Anwachsens von Konzentrationsproblemen im Vergleich zu früheren Jahrzehnten angeht, so kann dies zwar subjektiv als gegeben angenommen, jedoch statistisch-objektiv nicht als verifiziert behauptet werden.

Bei alledem ist die Definitionsfrage eine der Hauptschwierigkeiten bei Aussagen über die Problematik des Konzentrationsphänomens im heutigen Schulalltag. Hierbei gibt es eine Menge noch nicht zufriedenstellend gelöster Fragen: Welche (symptomatischen und ätiologischen) Phänomene umfassen die Begriffe »Konzentrationsschwierigkeit«, »Konzentrationsstörung« und »Konzentrationsschwäche«. Inwiefern wird zum Beispiel das hyperkinetische (im wesentlichen medizinisch-organisch verursachte) Syndrom subsumiert? Vermischt man unkritisch »Aufmerksamkeit« mit »Konzentration« oder verschiedene Aufmerksamkeits- und Konzentrationsarten miteinander? Wer bringt eigentlich die »Schwierigkeiten« bei schulischen Konzentrationsphänomenen in die Diskussion? Stören diese nur den Lehrer? Empfinden die Schüler anders? Haben beide Seiten damit ihre Schwierigkeiten? Wo oder bei wem sind die Ursachen zu lokalisieren? Stellen diese eine schülerintern (endogen oder exogen verursachte) sich etablierende Barriere habitueller Unfähigkeit dar? Oder bewirken (didaktisch-pädagogisch von der Schul- und Unterrichtssituation her betrachtet) negative interpersonale oder unterrichtsbestimmende Faktoren eine Motivations-Barriere beim Schüler? Außerdem: Bei welchem Stärkegrad der »Unaufmerksamkeit« fängt »Konzentrationsschwäche« an, so dass man sie begrifflich auch als solche bezeichnen kann, und wie verlässlich sind zum Beispiel psychologische Testergebnisse?

Wer also von »Konzentrationsschwierigkeiten« spricht, müsste diese zuvor einwandfrei symptomatisch abgrenzbar und ätiologisch erfassbar präzisiert haben. Dies wird aber in der pädagogischen Praxis nicht selten durch subjektive Interpretation ersetzt und ist insgesamt (auch unter Verwendung hochqualifizierter Tests) recht schwierig.

Die folgenden Überlegungen versuchen, in knapper Form dieses Problemfeld vom wissenschaftlichen Konstruktverständnis her anzudiskutieren.

2. Aufmerksamkeit und Konzentration

Unterscheidungsversuche zwischen Aufmerksamkeit und Konzentration divergieren in der Fachliteratur erheblich. In unterschiedlicher Weise wird die besondere Ausprägung bestimmter Strukturmomente oder einer spezifischen Intensitätsform als Unterscheidungskriterium hervorgehoben.

Aufmerksamkeit erscheint nach heutigem Begriffsverständnis adäquat von Rapp[6] definiert zu werden, der sie als einen »Prozeß der Auseinandersetzung mit realen und vorgestellten Objekten« beschreibt. Dieser wird »durch externe Reizmerkmale (Neuigkeit, Überraschung) oder durch interne Prozesse (Einstellungen, willentliche Entscheidungen)« ausgelöst und hat die »Funktion der Auswahl (aus dem Reizangebot), der Intensivierung der realen und kognitiven Tätigkeiten und eine Verbesserung ihrer Produkte.« Eine Abhebung von Konzentrationsleistungen ausschließlich nach Intensitätsaspekten dürfte nach heutigen Erkenntnissen demgegenüber nicht mehr angemessen sein.

Auf der Basis einer exemplarischen Synthese der begrifflichen Unterscheidungen bei Berg (1991), Ettrich (1991) und Ortner (1989/1991) müssen Konzentrationsleistungen von Aufmerksamkeitsleistungen vielmehr durch den gesteigerten Intensitätsaspekt und den verstärkten strukturellen Ausprägungsgrad der Intentionalität, Absichtlichkeit und willentlichen Steuerung abgehoben werden.

»Aufmerksamkeit« und »Konzentration« lassen sich bezüglich spezifischer Formen weiter ausdifferenzieren: Von *nach-innen-gerichteter-* beziehungsweise *nach-außen-gerichteter-Aufmerksamkeit* spricht man beispielsweise, je nachdem, ob diese sich auf »vorgestellte« oder »reale Objekte« ausrichtet. *Willkürliche* und *unwillkürliche* Aufmerksamkeit wird vor allem auf Grund ihrer ursächlichen Steuerung durch interne Prozesse (willentliche Impulsgebung) oder externe Reiz-Reaktions-Verursachung gekennzeichnet. *Fixierende* und *fluktuierende* Aufmerksamkeit kann als *enge* oder *weite Auswahl* (Funktion) aus dem Reizangebot aufgefasst werden. Weitgehend damit identisch sind die Begriffe

---

6 1982, S. 21.

der *konzentrativen* und der *distributiven Aufmerksamkeit*. Als *Vigilanz* beizeichnet man eine Form der »Daueraufmerksamkeit« bei reizarmen Gegebenheiten.

3. Weiterführende differentielle Betrachtungen

Aufmerksamkeitssprozesse verlaufen im Rahmen vielfach verzweigter Interdependenzen. Hierbei spielen *personbezogene* uns *situative* Faktoren eine Rolle.[7]

3.1 Grundlegende Unterscheidungen

Interindividuell unterschiedliche Ausprägungsgrade und spezifische Formen von Konzentrationsproblemen werden mit verschiedenen Fachtermini belegt. Unter *Hyperkinese* (Hyperkinesie; Hyperkynesis) versteht man eine »neurologisch übermäßige Bewegungsaktivität«[8]. Hinsichtlich der Diagnose einer *minimalen zerebralen Dysfunktion (MCD)* gehen in diesem Zusammenhang die Meinungen auseinander, ob einem negativen und hinsichtlich der Folgen meist lebenslang anhaltenden Stigmatisierungseffekt ein positiver Entlastungseffekt gegenüberzustellen sei. Insgesamt sollte auf Grund vorliegender Befunde mit der Diagnose behutsam umgegangen werden. Die teilweise sehr engagiert geführte Kontroverse über den Sinn oder Unwert diverser Diagnose- und Behandlungsmethoden[9] ist noch nicht beendet. Möglicherweise sollte man auf diesen Terminus sogar verzichten.

Von *Konzentrationsschwäche* spricht man bei einer nahezu chronischen Begrenztheit oder auch Unfähigkeit, Konzentrationsleistungen zu erbringen, die weitestgehend unabhängig von situativen Gegebenheiten auftritt und durch diese auch kaum beeinflusst werden kann. Zu unterscheiden ist hierbei zwischen anlagebedingter (auch pathologisch) oder durch Fehlprägungen verursachter Konzentrationsschwäche[10].

Die Bezeichnung *Konzentrationsschwierigkeiten* wird heute zunehmend als Überbegriff[11] verstanden und vermeidet im Sprachgebrauch eine Stigmatisierung der Person des Betroffenen beziehungsweise eine Vertechnisierung menschlichen Verhaltens. Wo die Bezeichnungen *Konzentrationsschwierigkeiten* oder *Konzentrationsstörungen* verwendet werden, meint man damit meist situative Beeinträchtigungen von kurzer Dauer.

---

7 Einige wesentliche Faktoren können hier nur zusammenfassend angesprochen werden. Für eine ausführliche Darstellung mit konkreten Bezügen sei diesbezüglich auf Leitner (1995, S. 113ff) verwiesen.

8 Hoffmann-La-Roche, 1984. S. 760.

9 U.a. Hörmann, 1991, S. 259ff.

10 Vgl. u.a. Spandl, 1980; Rapp, 1982; Mierke, 1957.

11 Vgl. Ortner und Ortner, 2000.

Bei Aufmerksamkeits- und Konzentrationsleistungen zeigen sich deutliche *altersspezifische Unterschiede*. Im Hinblick auf *geschlechtsspezifische Unterschiede* ergeben sich auf allen Altersstufen recht deutliche Leistungsvorteile zugunsten der Mädchen. Forschungsergebnisse bezüglich *physiologischer und somatischer Faktoren* belegen die Bedeutsamkeit folgender Faktoren: Muskeltonus, Atmungsamplitude, Gefäß- und Pupillenerweiterung, Hirnschädigungen, Infektionen, Erschöpfungszustände, Blutarmut, Blutzuckermangel, Eiweiß- und Sauerstoffzufuhr, vegetative Regulationsstörungen, körperliche Erholungs- und Belastungsfähigkeit, Schlafmangel und Sinnesdefekte. In wechselseitigem Zusammenhang mit Aufmerksamkeits- und Konzentrationsleistungen stehen *Erfolg und Misserfolg* im Rahmen individueller Leistungsverläufe. Motivation und Habituation variieren dabei auf interindividueller und intraindividueller Ebene. Hierbei kann das Konzept der *intrinsischen Motivation* und der *Leistungsmotivation* in einen engen Zusammenhang mit willentlich gesteuerten Aufmerksamkeits- und Konzentrationsleistungen gebracht werden. Schul- und Lernunlust stellt als Folge undurchbrochener Zirkelkreisprozesse bei kontinuierlichen Misserfolgserlebnissen oft einen Hinderungsgrund für willkürliche Aufmerksamkeitsleistungen dar. *Intellekt und Wille* sind grundlegende individuelle Faktoren bewusst intern gesteuerter Aufmerksamkeitsprozesse im Sinne *willkürlicher Aufmerksamkeit und Konzentration.* Willkürliche Aufmerksamkeitsleistungen sind in erhöhtem Maße von energetischen Anforderungen abhängig und stehen dadurch in engem Zusammenhang mit entsprechenden entwicklungsbedingten (somatisch-physiologischen) und externen Bedingungen. Zwischen willkürlicher und unwillkürlicher Aufmerksamkeit vollzieht sich ein beständiger Wechsel. Mit zunehmendem Lebensalter verlagert sich der Schwerpunkt auf den Bereich der willkürlichen Aufmerksamkeit[12]. Letztere ist eine wesentliche Grundvoraussetzung für schulisches Lernen und Lebensbewältigung. Sie kann kaum durch ausschließlich externe Auslösung unwillkürlicher Aufmerksamkeitsprozesse im Unterricht gefördert werden, sondern vor allem durch gezielte Hinführung zu Anstrengungsbereitschaft und willkürlicher Aufmerksamkeit auch in Situationen mit geringem Anreizcharakter. In manchen Theorien[13] wird *Anstrengung* beziehungsweise *Anstrengungsvermeidung* in engen Zusammenhang mit Aufmerksamkeit und Konzentration gebracht oder zur Abgrenzung von willkürlicher Aufmerksamkeit oder Konzentration herangezogen.

Von der Betrachtungsweise der *kognitiven Stile* her[14] spielt die Frage »*Impulsivität versus Reflexivität*« insgesamt die bedeutendste Rolle für Aufmerksamkeits- und Konzentrationsleistungen und wird diesbezüglich im Rahmen man-

---

12 Vgl. Ettrich, 1991, S. 81ff.

13 Zum Beispiel Kahneman, 1973.

14 Denkstile, vgl. Dorsch et al., 1994, S. 152 und S. 389.

cher Theorien der Aufmerksamkeitsforschung besonders stark akzentuiert[15]. Für konzentriertes Verhalten ist Reflexivität insgesamt ein stärker korrespondierender Faktor. Konzentrationsleistungsdiagnosen sollten sich daher vermehrt auf die mit kognitiver Reflexivität korrespondierenden Sorgfaltsleistungen stützen. Als interne Ablenkungsreize mit dem Ergebnis einer deutlichen Beeinträchtigung von Aufmerksamkeits- und Konzentrationsleistungen spielen *Affekte und Emotionen* oft eine ausschlaggebende Rolle. Psychische Belastungen, aber auch angenehme Erfahrungen (Verliebtsein, Freude oder Begeisterung) können internale Ablenkung bewirken und damit unwillkürliche Aufmerksamkeitsprozesse in Gang setzen.

Bei intern ablaufenden Prozessen kommt auf Grund seiner ausgeprägten Interdependenz mit Aufmerksamkeitsprozessen[16] dem *Aktivierungsniveau (arousal)*[17] besondere Bedeutung zu (Yerkes-Dodson-Gesetz). Das Aktivierungsniveau unterliegt seinerseits einer Vielzahl externer Einflüsse, wie Drogen, Nikotin, Kaffee, Geräuschen und Musik[18].

3.3 Situative Faktoren

Die Bedeutung situativer Parameter für schulisches Lernen belegen mehrere Befunde zur Unterrichtshygiene, auf deren Ergebnisse sich Ortner (1979) in seiner Abhandlung *Kind – Schule – Gesundheit* stützt. *Physikalische Faktoren*, wie Temperatur, Luftfeuchtigkeit, Luftdruck, Schall und Lärm beeinflussen Aufmerksamkeits- und Konzentrationsleistungen vorwiegend indirekt über das Aktivierungsniveau. *Tageszeitliche Leistungsmaxima*[19] werden übereinstimmend für Vormittagsstunden, den späten Nachmittag und für frühe Abendstunden ermittelt. *Leistungsminima* treten dagegen am frühen Morgen, um die Mittagszeit und am frühen Nachmittag auf. Hinsichtlich der *Jahreszeit* begünstigen Monate mit mäßigen Umgebungstemperaturen Aufmerksamkeits- und Konzentrationsleistungen. Auch Eß- und Schlafgewohnheiten; jahreszeitliche Temperaturen etc. erscheinen bedeutsam. Neben der Rhythmik des Leistungsverlaufs unter bestimmten Lebensbedingungen sind (auch altersspezifisch verschiedene) Auswirkungen von *Dauer und Intensität* bei Aufmerksamkeits- oder Konzentrationsleistungen mit einzubeziehen. Die Berücksichtigung *kollativer Variablen* (Neugier, Komplexität, Mehrdeutigkeit oder Inkongruenz, Berlyne, 1974) kann für didaktische und unterrichtsmethodische Überlegungen Hinweise geben. Die Empfindlichkeit gegenüber *Störreizen* ist inter- und intraindividuell unterschiedlich ausgeprägt. Intensität und Art sind dabei die wichtigsten reizspezifischen Bestimmungskriterien. Ein Reiz wird oft erst auf Grund bewusster Wahr-

15 Vgl. u.a. Wagner, 1991.
16 Vgl. Klix, 1971.
17 Vgl. Kahneman, 1973; Westhoff, 1991.
18 Vgl. u.a. Leitner, 1995.
19 Vgl. u.a. Mierke, 1957; Rapp, 1982.

nehmung und subjektiver Einschätzung zum Störreiz. Die Problematik der *akustischen Beeinflussung* von Aufmerksamkeits- und Konzentrationsleistungen wird bei Leitner (u.a. 1991, 1993) diskutiert. Reize aus dem *Fernseh- und Videoangebot* spielen bei fast allen Schülern heute eine zunehmende Rolle.

4. Zur diagnostischen Problematik

Bei den heute verwendeten Testverfahren steht vor allem die Frage der Reliabilität und Validität im Vordergrund. Ein besonderes Problem bei der Erforschung und diagnostischen Abklärung von Aufmerksamkeits- und Konzentrationsleistungen ergab sich zum Beispiel mit dem Aufmerksamkeits-Belastungstest (»Test d2«) von Brickenkamp, einem der meistverwendeten psychodiagnostischen Verfahren. Es stellte sich heraus[20], dass Fehldiagnosen und problematischer Forschungsertrag hierbei weniger auf den Test, sondern vielmehr auf den inadäquaten Umgang mit diesem Verfahren in Wissenschaft und Praxis zurückzuführen sind.[21]

---

20 Vgl. Leitner, 1995.

21 Hierzu entwickelte sich eine heftige Kontroverse, deren Entwicklung und Verlauf bei Leitner (1995, S. 166) ausführlich dokumentiert ist. Im neuen Testhandbuch des Aufmerksamkeits-Belastungstests, einem der meistverwendeten diagnostischen Verfahren zur Untersuchung von Konzentrationsleistungen, der auch im Grundschulbereich (Jahrgangsstufen 3 und 4) häufig angewendet wird, thematisiert Brickenkamp (1994, S. 12f) unter Verweis auf bisherige Forschungsergebnisse (u.a. Leitner, 1983 und 1991, 1993) dieses Problem im Abschnitt »Zur Problematik des bisherigen Gesamtleistungswertes GZ-F«. Ergebnisse weiterführender Forschungen hierzu (vgl. Leitner, 1995, S. 207ff), lassen sich folgendermaßen zusammenfassen: Bei nahezu einem Drittel von Versuchspersonen aus dem Volksschulbereich (N=166 Schüler der Jahrgangsstufen 3 bis 9) lieferten die Gesamttestwerte (GZ-F) dieses Verfahrens bei konventioneller Interpretation irreführende Ergebnisse im Sinne der bereits durch den theoretischen Beweis (vgl. Leitner, 1983, S. 126 und 1995, S. 189) gesicherten Problematik um diesen Leistungswert. Ebenfalls nahezu ein Drittel von insgesamt 115 untersuchten Quellen zu empirischen Studien, die den Aufmerksamkeits-Belastungstest als empirisches Forschungsinstrument verwendeten, zogen lediglich die GZ-F-Werte zur Diagnose von Konzentrationsleistungen heran. Auf Grund instruktionswidriger diagnostischer Handhabung ist somit eine beträchtliche Konfundierung von Fehldiagnosen bei einem erheblichen Anteil empirischer Studien anzunehmen, die den Aufmerksamkeits-Belastungstest als empirisches Forschungsinstrument verwendeten, die durch adäquate Auswertung und Interpretation vermeidbar gewesen wäre. Nach Brickenkamp »wäre mit Leitner [...] zu wünschen, daß seine Arbeit dazu anregt, ›auch andere Verfahren beziehungsweise deren Handhabung mit Hilfe erweiterter Ansätze zur Abklärung von Validitaaspekten einer kritischen Prüfung zu unterziehen‹« (vgl. Leitner, 1995). Dies dürfte auch weitere Verfahren der Aufmerksamkeits- und Konzentrationsdiagnostik, insbesondere sogenannte »Durchstreichverfahren« betreffen. Eine Vielzahl empirischer Untersuchungen ist demnach einer Revision beziehungsweise Replikation zu unterziehen, da der erzielte Forschungsertrag auf Grund konfundierter Fehldiagnosen im Konzentrationsleistungsbereich in Zweifel zu ziehen ist. Als Identifikationshilfe nicht konventionell interpretierbarer GZ-F-Werte, die bei konventio-

Aufmerksamkeits- und Konzentrationsdiagnostik erfordert heute weitere wissenschaftliche Aufklärung. Der gegenwärtige Forschungsstand ist in vielen Bereichen keineswegs als gesichert anzunehmen, sondern bedarf im Hinblick auf spezifische Befunde auch einer kritischen Überprüfung.

5. Ausblick

Das schulpädagogische Problem der Konzentrationsfähigkeit entwickelt sich zunehmend dringlicher. Angesichts der Komplexität dieses Phänomens und der Differenziertheit schülerindividueller Ursachenlage und Ausprägung ist eine breitgefächerte interdisziplinäre Zusammenarbeit jenseits von Fachegoismen und beruflicher Kompetenzvoreingenommenheiten die einzige Chance, einen Erkenntnisfortschritt zu erzielen. Dieser Kooperation müssen wir uns im Interesse der Kinder stellen. Zugleich ist es dringend notwendig, damit auch das »Lehrer-sein zwischen Orientierungssuche und Burnout« (Hörmann und Leitner, 1995) zu erleichtern.

Literatur

Barchmann, H., Kinze, W., und Roth, N., *Aufmerksamkeit und Konzentration im Kindesalter*. Berlin 1991.

Berlyne, D.E., *Konflikt, Erregung, Neugier*. Stuttgart 1974.

Beckmann, J., Strang, H., und Hahn, E. (Hrsg.), *Aufmerksamkeit und Energetisierung. Facetten von Konzentration und Leistung*. Göttingen 1993.

Berg, D., Konzentrationsschwierigkeiten bei Schulkindern. In: HORN, R., et al. *Tests und Trends* 6. München 1987, S. 65–102.

Brickenkamp, R., *Test d2. Aufmerksamkeits-Belastung-Test*. Göttingen 1994.

Dorsch, F., Häcker, H. und Stapf, K.H., (Hg.) *Psychologisches Wörterbuch*. Bern 1994.

Ernst, H., *Ganzheit und Menschlichkeit. Problemgeschichtliche Grundlagen ganzheitlicher, humanistischer Pädagogik und Schulpädagogik in humanethologischer Perspektive. Eine Studie zur Bildungstheorie und Didaktik*. Würzburg 1997.

Ettrich, K.U., Zur Entwicklung von Konzentrationsleistungen im Kleinkind- und Vorschulalter. In: Barchmann, H., et al. *Aufmerksamkeit und Konzentration im Kindesalter*. Berlin 1991, S. 81–88.

Ettrich, K.U. und Guthke, J., Pädagogisch-psychologische Diagnostik in der DDR. Ein Rück- und Überblick aus gegebenem Anlaß. In: Ingenkamp, K, und Jäger, R., *Tests und Trends 9. Jahrbuch der Paedagogischen Diagnostik*, Weinheim, 1991, S. 13–42.

---

neller Behandlung zu Fehldiagnosen geführt haben, wird ein Normbereichsdifferenzwert (NBD-GL) der jeweiligen Prozentrangbereichsintervalle vorgeschlagen.

Heller, K. und Nickel A. (Hg.), *Psychologie in der Erziehungswissenschaft*. Stuttgart 1976.

Hoffmann-La-Roche (Hg.), *Lexikon Medizin*. München 1984.

Hörmann, G., Verhaltensstörungen im frühen Lebensalter. In: Hörmann, G., Körner, W., *Klinische Psychologie. Ein kritisches Handbuch*. Reinbek bei Hamburg 1991, S. 259–279.

Hörmann, G. und Leitner, W.G., Lehrer-sein zwischen Orientierungssuche und Burnout. In: *Pädagogik* 47, 3 (1995), S. 62.

Kahneman, D., *Attention and effort*. Eaglewood Cliffs 1973.

Kleber, E., Die Vielgesichtigkeit der Konzentrationsprobleme im pädagogischen Feld und Maßnahmen zur Abhilfe. In: Barchmann, H., et al. *Aufmerksamkeit und Konzentration im Kindesalter*. Berlin 1991, S. 170–176.

Klix, F., *Information und Verhalten*. Berlin 1971.

Leitner, W.G., The possibility of high quality performance scores (GZ-F) in Brickenkamps »Test d2« (concentration test) even without any considerable concentration performance. In: *Abstracts: XIV. International School Psychology Colloquium: School Psychology and Human Development*. Univ. Minho, Braga/Portugal 1991. S. 100.

Leitner, W.G., Concentration behaviour, environment conditions and the role of cognition and habituation. In: *XVI. International School Psychology Colloquium Abstracts: School Psychology in and for democracy in the changing world*. Matej Bel Universität Banská Bystrica/Slowakei 1993, S. 63.

Leitner, W.G., Aufmerksamkeit und Konzentration bei Grundschulkindern. Ein aktueller Forschungsbereich der Grundschulpädagogik. In: *Forschungsforum* 5 (1993), S. 41–45.

Leitner, W.G., *Interventionsgeleitete Einzelfallhilfe im Rahmen einer Beratung im Schulbereich. Bezugsrahmen und theoretische Grundlegung*. Regensburg 1994.

Leitner, W.G., *Zur Diskussion um die Hauptgütekriterien bei Konzentrationsleistungsmessungen. Mögliche Fehldiagnosen mit dem Aufmerksamkeits-Belastungstest: Ein Problem des Tests oder des Diagnostikers? Konsequenzen einer mathematischen Beweisführung für Einzelfalldiagnosen und empirische Forschungsarbeit*. Bamberg 1995.

Leitner, W.G., *Pädagogisch-psychologische Diagnostik. Interventionsgeleitete Befunderstellung im exemplarischen Einzelfall*. Bamberg 1995.

Leitner, W.G., Interventionen bei Hyperkinese und Konzentrationsproblemen aus interdisziplinärer unterrichtswissenschaftlicher Sicht. Interventions for Hyperactivity Disorder and concentration problems in an interdisciplinary context of the science of teaching. In: *Unterrichtswissenschaft* 4 (1995), S. 347–369.

Leitner, W.G., Diskrepanzkontrollierte d2-GZ-F-Werte unter Ruhe-, Musik- und Lärmbedingungen. In: *Grundschulforschung in Deutschland*. Rostock 1995, S. 60.

Leitner, W.G., Eine konzeptionelle Synthese für die Gruppenarbeit zur Prävention von Aufmerksamkeits- und Konzentrationsproblemen auf der Grundlage von Freiarbeit, TZI und Meditation/Suggestopädie. In: *Pädagogisches Forum* 3 (1995), S. 136–139.

Leitner, W.G., Revision oder Falsifikation empirischer Forschungsergebnisse mit dem Aufmerksamkeits-Belastungstest. In: Ettrich, K.U., Friedrich, G., Fries, M. und Witruk, E. (Hrsg.), *Abstractband zu den Tagungen der Fachgruppen Entwicklungspsychologie und Pädagogische Psychologie der Deutschen Gesellschaft für Psychologie e.V. in Leipzig.* Leipzig 1995, S. 325–326.

Leitner, W.G., Diagnosebegleitende Interventionen bei Konzentrationsproblemen. In: Rolus-Borgward, S. und Tänzer, U. (Hrsg.). *Erziehungshilfe bei Verhaltensstörungen. Pädagogisch-Therapeutische Erklärungs- und Handlungsansätze.* Oldenburg 1999, S. 289–296.

Leitner, W.G., Pädagogische Diagnostik in der Grundschule: in memoriam Prof. Dr. Joachim Nauck. In : Petillon, H. (Hrsg.), *Individuelles und soziales Lernen in der Grundschule – Kindperspektive und pädagogische Konzepte. Jahrbuch Grundschulforschung* 5. Opladen 2002, S. 247–253.

Leitner, W.G. und Geiss, W., *Interaktionsspiele. In: Grundschulunterricht*, 1 (1998), S. 10–12.

Mierke, K., *Konzentrationsfähigkeit und Konzentrationsschwäche.* Bern 1957.

Mierke, K., *Wille und Leistung.* Göttingen 1955.

Nauck, J., *Schuleingangsdiagnostik. Theoretische Überlegungen und unterrichtliches Handeln.* Braunschweig 1995.

Ortner, R., *Kind – Schule – Gesundheit. Was muß die Schule für die Gesundheit unserer Kinder tun?* Donauwörth 1979.

Ortner, R., *Kinder in psychischen Nöten.* Nettetal 1989.

Ortner, R., Wie kann man da noch unterrichten? – Verhaltens und Lernschwierigkeiten als pädagogische Herausforderung. In: Haarmann, D., *Handbuch Grundschule. Allgemeine Didaktik: Voraussetzungen und Formen grundlegender Bildung*, Band 1. Weinheim und Basel 1991, S. 129–138.

Ortner, A. und Ortner, R., *Verhaltens- und Lernschwierigkeiten: Handbuch für die Grundschulpraxis.* Weinheim 1991, 1993, 1995, 1997, 2000.

Parasauraman, R. und Davies, D.R., *Varieties of attention.* London 1984.

Petillon, H. (Hg.), *Individuelles und soziales Lernen in der Grundschule – Kindperspektive und pädagogische Konzepte. Jahrbuch Grundschulforschung* 5. Opladen 2002.

Rapp, G., *Aufmerksamkeit und Konzentration.* Bad Heilbrunn 1982.

Retter, H., *Studienbuch Pädagogische Kommunikation.* Bad Heilbrunn 2000.

Spandl, O.P., *Konzentrationstraining mit Schulkindern.* Freiburg-Basel-Wien 1980.

Wagner, I., Attention training in schools. In: *Programme and Abstracts: XI. International School Psychology Colloquium: Prevention – Preventive Strategies and Programmes in School Psychology.* Bamberg 1988, S. 115.

Wagner, I., Entwicklungspsychologische Grundlagen. In: Barchmann, H., et al. *Aufmerksamkeit und Konzentration im Kindesalter*. Berlin 1991, S. 72–80.

Westhoff, K., Was messen Konzentrationstests? In Häcker, H. (Hg.), *Fortschritte der Verkehrspsychologie*. Köln 1987, S. 275–286.

Westhoff, K., Das Akku-Modell der Konzentration. In: Barchmann, H., et al. *Aufmerksamkeit und Konzentration im Kindesalter*. Berlin 1991, S. 47–55.

Westhoff, K. (Hrsg.), *Entscheidungsorientierte Diagnostik*. Bonn 1992.

Vater, W., Konzentration – die wichtigste Faehigkeit fuer alles Lernen. In: *Behinderten-Zeitschrift*, 23 (1986) 4, S. 48–53.

Zöpfl, H. und Huber, H, *Über Grundlagen von Bildung und Erziehung*. Donauwörth 1990.

Gisela Wegener-Spöhring

Aufmüpfigkeit und Freude unerwünscht – Lebensweltliche Kinderinteressen im Sachunterricht.

1. Fragestellung und grundlegende Begriffe

Der Junge meldet sich, und als die Lehrerin ihn aufruft sagt er: »Ich melde mich doch gar nicht. Das ist meine Radioantenne.« – Das ist ein wenig frech, aufmüpfig wie wir sagen, und widerständig. Das ist aber auch eigenständig, spielerisch und kreativ: Der Junge bietet eine Wirklichkeitskonstruktion, eine Szene an, die der von der Lehrerin vorgebrachten entgegensteht. Wollen wir so etwas im Unterricht? Die Lehrerinnen und Lehrer, die wir beobachtet haben, wollen so etwas jedenfalls nicht. – Die Fragestellung unserer qualitativen Studie war: Wie können sich Kinder mit ihren lebensweltlichen Erfahrungen, mit ihren Interessen und mit spielerischen und widerständigen Anteilen in den Unterricht einbringen und das Arrangement der Lehrperson kontrapunktieren?

Ich erläutere kurz die für die Anlage der Untersuchung grundlegenden Begriffe[1]. – Der Begriff der *Lebenswelt* steht für das Bemühen, die Welt so zu erfahren, wie die Menschen, die Kinder sie verstehen, und nicht so, wie sie nach Meinung der PädagogInnen und ForscherInnen aussehen müsste.[2] Vielmehr kommt das Insgesamt von Alltags-Wirklichkeiten der an der Unterrichts-Interaktion Beteiligten in den Blick.[3] Die Lebenswelt ist vortheoretisch, sie ist offen, und sie ist dem handelnden Subjekt in der Regel nicht voll bewusst;[4] sie ist allerdings in »ihrer imperativen Gegenwärtigkeit [...] unmöglich zu ignorieren«.[5] Das gilt für jede Interaktion; im Grundschulunterricht sollten wir eine solche Ignorierung ohnehin keinesfalls versuchen.

In einem zweiten Begründungsstrang möchte ich das Kind als Mitgestalter vom Unterricht in den Blick nehmen. Ich wende mich dazu an eine theoretische Richtung, die immer schon die Kinder ins Zentrum ihrer Betrachtungsweise gestellt hat: An die *Theorie des Spiels*. Allerdings wähle ich sie hier in einer didaktischen Einbindung: *Szenemachen*. Ich beziehe mich hier auf einen Aufsatz

1 Vgl. dazu auch: Wegener-Spöhring, G.: Lebensweltliche Kinderinteressen im Sachunterricht – ein qualitatives Forschungsprojekt. In: Jaumann-Graumann, O./Köhnlein, W. (Hg.): *Lehrerprofessionalität – Lehrerprofessionalisierung. Jahrbuch Grundschulforschung Bd. 3.* Bad Heilbrunn 2000, S. 326–33.

2 Vgl. dazu Hitzler, R./Honer, A.: Der lebensweltliche Forschungsansatz. In: *Neue Praxis* 18/1988/6, S. 499.

3 Vgl. diess: Lebenswelt – Milieu – Situation. Terminologische Vorschläge zur theoretischen Verständigung. In: *Kölner Zeitschrift für Soziologie und Sozialpsychologie* 36/1984, S. 60.

4 Vgl. Heinze, T.: *Qualitative Sozialforschung*. Opladen 1987, S. 17.

5 Berger/Luckmann 1972, S. 24; zit. n. Heinze a.a.O., S. 16.

von Klaus Giel von 1988.[6] Giels Anliegen ist es, die Möglichkeiten einer gleichberechtigten Kommunikation mit Kindern im Unterricht herauszuarbeiten. Die Methoden der Disputation und des Diskurses nützen wenig, vielmehr müsse die Dialogfähigkeit der Kinder »inszeniert« werden. In der Folge versteht er Unterricht als »Szenemachen«, die Schülerinnen und Schüler als gleichberechtigte Akteure und den Lehrer als »magister ludi«.

2. Anlage der Untersuchung

2.1 Die Voruntersuchung

Erhoben wurden 6 Unterrichtsprotokolle von Sachunterrichtsstunden (in Bayern ›Heimat- und Sachkunde‹) in den Klassen 1–4. Je zwei Protokollantinnen fertigten soweit möglich vollständige Mitschriften an. Interpretiert wurden diese in jeweils 2 Durchgängen von je 2 Interpretinnen. Angewendet wurde die Methode der dokumentarischen Interpretation (vgl. dazu 2.3). Die Voruntersuchung erbrachte folgende Ergebnisse: Unterricht erscheint als detailliert geplantes und hochstrukturiertes Geschehen, in dem kaum etwas dem Zufall überlassen bleibt. Die lebensweltlichen Kinderinteressen und -erfahrungen haben nur ornamentale Funktion, ein Szenemachen im Sinne Giels fand nirgendwo statt. Dafür fanden wir ein um so häufigeres »im Sinne des Lehrers antworten oder handeln« und »Vermuten und Raten in bezug auf Lehrerfrage oder -impuls«. Insbesondere die in Bayern vertretene Lehrmeinung, die Kinder müssten das Thema selbst formulieren, führt zu mitunter absurden Dialogen, die zehnminutenlang dauern können, bis ein Kind das Thema durch Zufall oder Geschick geraten hat. Besonders im naturwissenschaftlich-technischen Bereich wird nicht immer vollends präzise unterrichtet. Ein Paradethema über die Klassenstufen hinweg ist dagegen die »Vogelfütterung im Winter«: Jeder weiß schon alles über etwas, das ökologisch gar nicht sinnvoll ist.

An einem Forschungsprojekt, das solchen Frage nachgeht, wird kaum eine Lehrerin/ein Lehrer teilnehmen wollen. So war es gut, dass sich die lebensweltlichen Kinderinteressen, bei denen das Spiel impliziert ist, als Fokus herauskristallisiert hatten.

2.2 Die Hauptuntersuchung

Trotz dieser thematischen Fokussierung war es schwierig, LehrerInnen zur Beteiligung am Forschungsprojekt und später zum Dabeibleiben zu bewegen; sie sind eine empfindliche Klientel. Die Genehmigung der unterfränkischen Regierung – wenngleich unumgänglich – hat zudem bei den an häufige Kon-

---

6 Giel, K.: Pädagogische Verantwortung. In: Röbe, E. (Hrsg): *Schule in der Verantwortung für Kinder*. Ulm 1988, S. 97–109. – Die Idee geht zurück auf die szenische Rekonstruktion von Alltagswirklichkeit im »mehrperspektivischen Curriculum« in den 70er Jahren.

trollen gewöhnten bayerischen Lehrerinnen und Lehrern ein Übriges getan, die Beteiligten zu erschrecken. Dennoch konnten wir die Datenerhebung vor der Sommerpause abschließen: In der ersten Jahreshälfte 1998 wurden im Unterricht der Heimat- und Sachkunde der Klassen 1–4 in Würzburg Stadt und in der näheren Umgebung Würzburgs (plus eine Klasse in Nürnberg, mit der wir schließlich die gewünschte Zahl komplettieren konnten) in jeder Klassenstufe 10 Unterrichtsstunden beobachtet, insgesamt also 40 Unterrichtsstunden. Bestimmte Themen waren dafür – so unsere Vorgabe – nicht notwendig; jedoch sollte auf eine gewisse Themenvielfalt geachtet werden.

Je zwei Beobachterinnen (die Versuchsleiterin und geschulte Hilfskräfte)[7] fertigten in möglichst wörtlicher Mitschrift Protokolle an über die Kinderäußerungen zu sieben Schlüsselkategorien (vgl. dazu 2.3). In der Regel war es allerdings möglich, fast alle einschlägigen Kinderäußerungen wörtlich zu erfassen; Übung macht hier wirklich den Meister. Die LehrerInnen- Äußerungen sowie didaktische Schritte wurden bei rasch wechselndem Geschehen nur stichpunktartig notiert. Vermerkt wurde außerdem jeder Kontakt zu den Beobachterinnen. Eine Aufzeichnung mit Mikrophonen hätte meines Erachtens kaum bessere Ergebnisse erbracht. Da man mehrere Mikros benötigt hätte, wären Aufwand und Störung des Geschehens erheblich gewesen. Dennoch hätte mit Sicherheit auch dieses technische Arrangement nicht ermöglicht, alle Kinderäußerungen verständlich aufzuzeichnen; jedenfalls nicht im 1. und 2. Schuljahr, wenn die Kinderstimmen noch stark verhaucht sind.[8]

Über die Rolle der Protokollantinnen wurde bereitwillig Auskunft gegeben, das Geschriebene auf Wunsch auch vorgezeigt: »Unsichtbarkeit durch Sichtbarkeit«.[9] Dies erwies sich als eine gute Strategie; Kontakte zu den Beobachterinnen haben wir insgesamt nur 8mal notiert, davon zwei in einer Notsituation der Kinder, als sie mit einer Gruppenarbeitsaufgabe überfordert waren. Die anderen 6 Kontakte waren von rascher Natur und unerheblich.[10] Kinder-Wünsche nach Distanzierung hätten wir akzeptiert; sie kamen allerdings nicht vor.

---

7 Wissenschaftliche und studentische Hilfskräfte: Cornelia Kampe, Jeanette Lang, Anja Herbst.

8 Das lehrt die Erfahrung mit der Aufzeichung von Spielszenen (vgl. Wegener-Spöhring, G.: Die Bedeutung von »Kriegsspielzeug« in der Lebenswelt von Grundschulkindern. In: *ZfPäd.* 32/1986/6, S. 797–810) durch ein professionelles Fernsehteam der ARD. Die Technik versagte bei den leisen Kinderstimmen, und es musste auch hier mitgeschrieben werden: Aggressive Spiele bei Kindern. ARD 23.12.1986.

9 Krappmann, L./Oswald, H.: Unsichtbarkeit durch Sichtbarkeit. Der teilnehmende Beobachter im Klassenzimmer. In: Behnken, I./Jaumann, O. (Hrsg.): *Kindheit und Schule*. Weinheim 1995, S. 39–50.

10 Zum Beispiel Mädchen zeigt Beobachterin ihren Füller; Mädchen guckt auf das Blatt, auf das die Beobachterin schreibt; Junge fragt: »Schreibst du alles auf, was die sagt?«

Die Mitschriften wurden anschließend von jeweils zwei AuswerterInnen interpretiert.[11] Ich schildere dieses Vorgehen im nächsten Punkt anhand der Methode der Dokumentarischen Interpretation, wobei ich Elemente des Kodierens aus der Grounded Theory mit einbeziehe.[12]

2.3 Die Methode der Dokumentarischen Interpretation und die Handhabung der Kategorien

Die *Dokumentarische Interpretation*, ursprünglich zurückgehend auf Karl Mannheim, zielt »auf einen systematischen, methodisch kontrollierbaren Zugang zu milieuspezifischen oder auch individuellen Sinnwelten«;[13] an dieser Stelle sind mit den »Sinnwelten« die lebensweltlichen Sichtweisen der Forschungssubjekte, der Kinder, zu unterrichtlichen Themen gemeint. Grundlagen sind die Ethnographie und die Grounded Theory.

Zu interpretierende Dokumente werden gesammelt beziehungsweise produziert;[14] mittels Dokumentarischer Interpretation werden dann Sachverhalte, Ereignisse oder Handlungen auf ein zugrundeliegendes Muster hin analysiert.[15] In seinem klassischen Text zum normativen und interpretativen Paradigma formuliert Wilson diesen Sachverhalt wie folgt:

> Dokumentarische Interpretation besteht darin, dass ein Muster identifiziert wird, das einer Reihe von Erscheinungen zugrunde liegt; dabei wird jede einzelne Erscheinung als auf dieses zugrunde liegende Muster bezogen angesehen, – als ein *Ausdruck,* als ein *»Dokument«* des zugrunde liegenden Musters.[16]

Wir haben unsere Protokolle zum Sachunterricht als zu interpretierende Dokumente benutzt, und analysiert haben wir Muster – wie lebensweltliche Äußerungen, Aufmüpfigkeit und Äußerungen des Spiels und der Freude – die die kindlichen Unterrichtswelten bestimmen, auch wenn sie nicht notwendig im Bewusstsein der Kinder explizit abgebildet sind.[17] Ich gebe dazu ein Beispiel: In

---

11 Zum Verfahren vgl. Wegener-Spöhring, G.: *Aggressivität im kindlichen Spiel*. Weinheim 1995, S. 222ff.

12 Vgl. Strauss, A./Corbin, J.: *Grounded Theory: Grundlagen Qualitativer Sozialforschung*. Weinheim 1996, S. 39ff.

13 Bohnsack, R.: *Rekonstruktive Sozialforschung*. Opladen 1993 (2), S. 65.

14 Vgl. Köckeis-Stangl, E.: Methoden der Sozialisationsforschung. In: Hurrelmann, K./Ulich, D. (Hrsg.): *Handbuch der Sozialisationsforschung*. Weinheim/Basel 1980, S. 321–370; S. 357.

15 Vgl. Bergmann, J. R.: Interpretation (dokumentarische Methode). In: Haft, H./Kordes, H.: *Methoden der Erziehungs- und Bildungsforschung. Enzyklopädie Erziehungswissenschaft*, Bd. 2. Stuttgart 1984, S. 419–421; S. 419.

16 Wilson, T. P.: Theorien der Interaktion und Modelle soziologischer Erklärung. In: Arbeitsgruppe Bielefelder Soziologen (Hrsg.): *Alltagswissen, Interaktion und gesellschaftliche Wirklichkeit*, Bd. 1. Reinbek 1973, S. 54–79; S. 60.

17 Bohnsack (a.a.O., S. 90) unterscheidet unterschiedliche Niveaus der Latenz.

einer der protokollierten Stunden brechen die Kinder häufig und bei relativ nichtigen Anlässen in Jubel aus: »Yeah!« und »Juhu, Hefte raus!« Sie tun das, weil sie subjektiv gern ein wenig »jubeln«, das heißt sich geräuschvoll verhalten möchten. Sie tun das ferner, weil die Lehrerin kaum etwas gegen dieses geräuschvolle Verhalten einwenden kann, weil es als Zustimmung zum Unterricht daherkommt. Sie verhalten sich aber nicht deshalb so, weil sie diesen Zusammenhang, wie hier dargestellt, durchschauen.

Ein solches Vorgehen ist im Verständnis der Dokumentarischen Interpretation durchaus möglich, denn »Texte sind als Dokumente praktischen Handelns wie diese selbst interpretierbar, sie sind objektivierte Sinngebilde, die unabhängig von der Kenntnis der Intentionen ihrer Autoren verstehbar sind...«.[18] Ähnlich formuliert Köckeis/Stangl: Dokumentarische Interpretation muss darauf abzielen, »nicht explizit gemachte, gleichsam unter der Oberfläche liegende Sinnstrukturen, Deutungsmuster und Handlungsregeln der Akteure aufzudecken«.[19] Bohnsack fasst den Sachverhalt wie folgt:

> Wir interpretieren dokumentarisch, indem wir diese Beschreibungen und Erzählungen (die wir im Rahmen eines Protokolls erfasst haben; W-S) hinsichtlich ihres metaphorischen Gehaltes ausloten. Das heißt wir versuchen theoretisch-begrifflich das zu erfassen, was uns zunächst »atheoretisch« gegeben ist...[20]

Hier liegt der »Unterschied zur Interpretation des intentionalen Ausdruckssinns als dem verstehenden Nachvollzug subjektiver Intentionen«.[21] Dramaturgische Höhepunkte nehmen dabei eine Schlüsselfunktion ein: Es ist hilfreich, diese Sinnstrukturen von ihrem Fokus her zu begreifen, von den Höhepunkten des Engagements, der Intensität und der Dichte.[22]

Entscheidend für die Gewinnung der genannten Muster ist im Verfahren der Dokumentarischen Dokumentation, dass diese in vorläufiger Form aus den Daten emergieren, während sie noch erhoben werden, dass sie auf der anderen Seite auf den fortlaufenden Erhebungsprozess korrigierend zurückwirken und so selber eine ständige Korrektur erfahren; entscheidend ist die »Gleichzeitigkeit der Sammlung und Analyse von Daten.«[23] So haben wir schon während der Datenerhebung mit der Interpretation begonnen, um die gewonnenen Muster

---

18 Matthes-Nagel, U.: Objektiv-hermeneutische Bildungsforschung. In: Haft, H./Kordes, H. (Hrsg.): *Methoden der Erziehungs- und Bildungsforschung. Enzyklopädie Erziehungswissenschaft*, Bd. 2. Stuttgart 1984, S. 283–300; S. 285f.

19 Köckeis-Stangl a.a.O., S. 359.

20 Bohnsack a.a.O., S. 47.

21 Ebd., S. 55.

22 Vgl. ebd., S. 85f.

23 Glaser, B. G./Strauss, A. L.: Die Entdeckung gegenstandsbezogener Theorie: Eine Grundstrategie qualitativer Sozialforschung. In: Hopf, C./Weingarten, E. (Hrsg.): *Qualitative Sozialforschung*. Stuttgart 1979, S. 91–111; S. 92. Wir finden das Prinzip des hermeneutischen Zirkels.

ständig erweitern und korrigieren zu können. Ich werde im folgenden forschungspraktisch von *Kategorien* sprechen. Anselm Strauss spricht ebenfalls von Kategorien und von »Kodes«, mittels derer der zu analysierende Text, das Dokument, geordnet und interpretiert wird.[24] Das Verfahren der Dokumentarischen Interpretation beschreibt er folgendermaßen:
Der Forschungsprozess beginnt mit einer chaotisch erscheinenden Situation: »Die ersten Daten, die erhoben werden, können dem Forscher verwirrend vorkommen; er ist vielleicht von ihrem Reichtum und ihren oft rätselhaften und herausfordernden Eigenschaften beeindruckt«.[25]

Für Unterricht als eine hochstrukturierte Situation gilt diese Verwirrung allerdings in geringerem Ausmaß als sonst üblich. Dennoch nahmen auch in unseren Protokollen die kindlichen Sichtweisen erst allmählich im Interpretationsprozess verstehbare Konturen an. Die theoretischen Kategorien, die diese Ordnung und Analyse der Daten erlauben, werden im Sinne der Grounded Theory im Untersuchungsprozess generiert und wie oben beschrieben permanent revidiert. Forschungspraktisch erscheinen die Kategorien als Kodes beim Vorgang des Kodierens;[26] dabei wird zunächst offen kodiert, dann axial, wobei die Kodes in Beziehung gesetzt werden und schließlich selektiv, wenn die Kernkategorie(n)/die Schlüsselkategorie(n) bestimmt worden sind.[27] Strauss nennt die folgenden Kriterien, mittels derer eine Kategorie als eine bedeutsame Schlüsselkategorie identifiziert werden kann:

1. sie muss zentral sein;
2. sie muss häufig im Datenmaterial vorkommen;
3. sie muss sich mühelos in Bezug setzen lassen zu anderen Kategorien;
4. sie muss klare Implikationen im Hinblick auf eine formale Theorie besitzen.[28]

In der *Voruntersuchung* waren 177 Kodes emergiert:

– LehrerInnen-Verhaltensweisen (zum Beispiel didaktisches So-tun-als-ob, Nikolauseffekt einsetzen und Auffordern zum Vermuten/Raten, um nur einige markante Beispiele zu nennen. Daneben natürlich Impuls geben, Veranschaulichen, Ermutigen u.a.m.)

---

24 Strauss, A. L.: *Grundlagen qualitativer Sozialforschung. Datenanalyse und Theoriebildung in der empirischen soziologischen Forschung*. München 1991.

25 A.a.O., S. 56.

26 Beim Kodieren werden die Daten »nach der Relevanz für die Phänomene, auf die durch eine gegebene Kategorie verwiesen wird, kodiert.« (Strauss a.a.O., S. 57). Kodieren bedeutet, »dass man über Kategorien und deren Zusammenhänge Fragen stellt und vorläufige Antworten (Hypothesen) darauf gibt. Ein Kode ist ein Ergebnis dieser Analyse (ob nun Kategorie oder eine Beziehung zwischen zwei oder mehreren Kategorien)« (ebd., S. 48f).

27 Vgl. dazu Strauss/Corbin a.a.O., S. 43ff.

28 Ebd., S. 67f.

- SchülerInnen-Verhaltensweisen (neben den für die Hauptuntersuchung ausgewählten zum Beispiel im Sinne des Lehrers antworten/handeln, Präsentieren von Arbeitsergebnissen, Abstecken von Terrain, Dominanz +/- u.a.m.)
- organisatorische Maßnahmen (Unterrichtsschritte, Verfügbarkeit von Materialien, Ambiente u.a.m.).

Für die *Hauptuntersuchung* haben wir 7 (Schlüssel-)Kategorien ausgewählt[29] und so Beobachtungen und Interpretationen fokussiert:

- Lebensweltliche Äußerungen der Kinder
  a) als kurze Assoziation zu einem didaktischen Gegenstand
  b) als eigenständiges Thema der Kinder
  c) als Assoziation zum Unterrichtsgegenstand, doch verbunden mit eigenen Vorstellungen, Erfahrungen, Gefühlen, Wünschen
- Besondere Inhalte (zum Beispiel Phantastisches/Irrationales, Beängstigendes)
- Interesse, Erstaunen, Sich-Wundern
- Originelle/Kreative Äußerungen
- Aufmüpfigkeit
- Szene-machen
- Spielerische Elemente (zum Beispiel So-tun-als-ob, Lautmalerei, Singsang, Wortspielerei, Verfremdung, Rough-and-Tumble Play)[30]
- Freude

Definitorisch festgelegt haben wir die Kategorien, einem Vorschlag Mayrings[31] entsprechend, anhand von sogenannten »*Ankerbeispielen*«. Ich konkretisiere dies Vorgehen exemplarisch an den Kategorien zur »Lebenswelt«. Das Ankerbeispiel zum »Szene-machen« ist einleitend bereits zitiert worden.

Lebenswelt a): als Assoziation zu einem Unterrichtsgegenstand
p0903lgm: 3/Erstellen einer Skizze; S. 1, Z. 20g[32]
(Beschreibung einer Wegeskizze in der Schule der Kinder.)[33]
Juka[34]: Man muss zum Haupteingang rein und dann die Treppe hoch. An der Tür, wo »Mittagsbetreuung« steht, rechts rein.
– kommt ständig vor; die Kinder assoziieren eine eigene kurze Erfahrung zum Unterrichtgegenstand. Damit wird lediglich deutlich, dass die Kinder den Gegenstand aus ihrer Lebenswelt kennen.

---

29 Eine Begründung ist oben bereits vorgetragen worden.

30 Tobespiele, kämpferische Spiele; vgl. Wegener-Spöhring 1995 a.a.O., S. 146ff.

31 Mayring, P.: *Qualitative Inhaltsanalyse. Grundlagen und Techniken.* Weinheim/Basel 1983. – Mayring, P.: Qualitative Inhaltsanalyse. In: Jüttemann, G. (Hrsg.): *Qualitative Forschung in der Psychologie.* Weinheim/Basel 1985, S. 187–211; Weinheim 1994 (5).

32 Protokollname, Jahrgangsstufe, Stundenthema, Angabe der Textstelle mit Seite/Zeile.

33 punktueller inhaltlicher Unterrichtszusammenhang.

34 ggf. Kennzeichnung des Kindes durch ein Merkmal; hier »Juka« für »Junge mit karierter Kleidung«.

Lebenswelt b): als eigenes Thema der Kinder
Aus der Voruntersuchung: pr1e: 1/Haltbarmachen von Obst, S. 9, Z. 41ff
(Die Kinder füllen ein Arbeitsblatt zum Thema aus.)
Ju: Spricht von seiner Schwester (nicht genau erfaßt).
Ju: Du hast ›ne Schwester?
Ju: Ja, was ist daran so schlimm?
Mä: Ich hab zwei Brüder die nerven.
– kommt so gut wie nicht vor; möglicherweise ein Artefakt der Information der LehrerInnen über das Untersuchungsziel.

Lebenswelt c): als Assoziation zum Unterrichtsgegenstand, doch verbunden mit eigenen Vorstellungen, Erfahrungen, Gefühlen, Wünschen.
p0203lgp: 1/Verschiedene Uhren; S. 3, Z. 15ff.
(Es geht um die Frage, ob eine Parkuhr auch eine Uhr ist.)
Jubr: Wenn man zu lange parkt, dann kommt die Polizei. Meine Mama hat schon mal zwei Strafzettel hintereinander bekommen... Sie hat den Polizist beschimpft und gleich noch 'nen Strafzettel bekommen.
– relativ häufig
Ich referiere nun einige Ergebnisse. Zunächst wird ein tabellarischer Überblick gegeben.

3. Ergebnisse

3.1 Ergebnisse im Überblick

Kategorie	Häufigkeiten gesamt
Lebenswelt a) (Le a)	767
Lebenswelt b) (Le b)	8
Lebenswelt c) (Le c)	282
Interesse (In)	268
Desinteresse (In-)	10
Freude (Fr)	89
Szene-machen (Sz)	8
Aufmüpfigkeit (Au)	70
Kreative, Äußerungen (Kr)	51
Phantastische, Inhalte (Ph)	33
Beängstigende Inhalte (Be)	103
Angeleitetes Spiel (a-Sp)	4
Spiel als Nebenbeschäftigung (Sp-N)	17
Wortspielerei (Wo)	12
So-tun-als-ob (So)	19
Verfremdung (Ver)	2

Rough-and-Tumble/Rough-and-Tumble-Play (Rat/RatP)	36
Lautmalerei (Lm)	163
Singsang (Sisa)	7
Lebenswelt Lehrerin (LeL)	25
Beängstigende Inhalte LehrerIn (Be L)	2
Freude Lehrerin (Fr L)	1

Folgen wir dieser zusammenfassenden Auszählung, so ergibt sich ein eher positives Bild der beobachteten Unterrichtsstunden. Ein lebensweltlicher Bezug kommt häufig und in allen Stunden vor; das heißt Grundschulunterricht erfüllt das Postulat, an die Lebenswelt der Kinder anzuknüpfen. Auch Interesse wird sehr oft und in fast jeder Stunde beobachtet; das heißt Grundschulunterricht erfüllt ebenfalls das Postulat, das Interesse der Kinder aufzugreifen beziehungsweise zu erzeugen. Kreativität finden wir allerdings nur sehr selten, fantastische Inhalte sind noch seltener, und das Spiel ist auch nicht viel häufiger; sogar das unter den Kindern dieser Altersstufe übliche Rough-and-Tumble Play findet kaum statt – geschuldet der vorwiegend am Platz und sitzend vollzogenen Lernmethode. Nur als Lautmalerei ist das Spiel problemloser in den Unterricht einzubringen und wird folglich häufiger beobachtet. Freude ist auch nicht allzu häufig, wird aber immerhin gesehen. Auffällig ist die relativ häufige Nennung beängstigender Inhalte. Mit der widerständigen Seite ist es jedoch schlecht bestellt: Taucht die schlichtere Form der Aufmüpfigkeit noch hin und wieder auf, so finden wir die komplexere Form des Szene-machens kaum. – Dieser insgesamt eher positive Eindruck hält allerdings der Interpretation im Einzelnen keinesfalls stand.

3.2 Einige Detail-Ergebnisse: Interpretationen zu den Kategorien meines Themas

3.2.1 Lebenswelt a) und c)

Die Kategorie *Lebenswelt a)* (Le a) meint eine kurze Assoziation zu einem Unterrichtsgegenstand seitens der Kinder mit Bezug zu ihrer Lebenswelt. Wir beobachteten sie 767 mal, pro Stunde durchschnittlich 19mal. Le a) ist damit die weitaus häufigste Kategorie; sie kommt zudem in jeder Stunde vor. Das bedeutet: Nach der Lebenswelt fragt eine Grundschullehrerin/ein Lehrer immer und unabhängig vom Thema. Die Kinder antworten bereitwillig. Zum Fortgang der Stunde tragen die Antworten in der Regel nichts bei, was allerdings niemanden zu stören scheint. – Die Kategorie *Lebenswelt b)* (Le b) als Äußerung zu einem vom Unterrichtsinhalt abgelösten Thema der Kinder kam, wie bereits angemerkt, so gut wie nicht vor.

Die Kategorie *Lebenswelt c)* (Le c) meint eigenständige Geschichten der Kinder, eigene Gefühle, Erfahrungen, Einstellungen, Wünsche, die jeweils mit dem Unterrichtsgegenstand verbunden bleiben. Wir haben sie 282 mal und pro Stunde durchschnittlich 7mal beobachtet. Auch Le c) kommt also noch recht oft vor und ist in den meisten Stunden vorhanden; allerdings in 6 Stunden (knapp ein Siebtel) eben auch nicht. – Häufig wird nach Lebenswelt c) gefragt; insbesondere die kleineren Kinder erzählen aber auch ungefragt aus ihrer Lebenswelt und mitunter recht private Dinge. Die Lehrerin/der Lehrer geht allerdings weiterführend nur selten darauf ein; zum Fortgang der Stunde trägt das Erzählte fast nie etwas bei. Das scheint wiederum – wie schon bei der Kategorie Le a) – niemanden zu stören. Hier verwundert dieses Faktum allerdings mehr, da ausführlichere Dinge der Lebenswelt zur Sprache kommen, Dinge die die Kinder berühren, erschrecken, erfreuen – jedenfalls beschäftigen.

Was fällt bei einer Zusammenstellung lebensweltlicher Themen auf?

- Gerne assoziieren die Kinder ihre *Familie* oder *Nachbarn*, wenn das möglich ist. Bei den Ankerbeispielen war schon die Assoziation von Uhr, Parkuhr und Mamas zwei Strafzetteln berichtet worden. Und bei den Nachbarn gibt es Erfahrungen mit netten und mit weniger netten: Einer, der Süßigkeiten schenkt und einer, der »Krawall macht« oder den Fußball wegnimmt.
- Begeisterung (s. Interesse), Lautmalereien (viele: jam, jam; äh, ih; oj, oj, oj; lecker, ah) und lebensweltliche Assoziationen löst in der Regel jegliche Erwähnung von *Essbarem* aus.
- Auffällig ist, dass eine Ablehnung des Unterrichtsgegenstandes beziehungsweise die Äußerung negativer Gefühle darüber nur äußerst selten vorkommen; dies wird durch die Ergebnisse zu der Kategorie Interesse – bestätigt. Erstes Beispiel ist das Thema *Schule* (behandelt wurden »Zeugnisse« und »unsere Schule früher«); ich komme darauf zurück. Negative Erfahrungen und Gefühle werden zunächst völlig ausgespart. Die Kinder haben gelernt: Wenn überhaupt, wird in der Schule Positivem zugehört.
- Ein Gleiches gilt für das Thema *Waschen und Zähneputzen* – ein Drama in vielen Familien, wie jeder weiß, besonders letzteres, das Zähneputzen. Beides wird in zwei Stunden ausführlich thematisiert. Die Kinder erzählen wie selbstverständlich vom Waschen und freudigem Zähneputzen zweimal oder gar dreimal am Tag (pr0403lg), ein Junge will sich sogar mit Parfum einsprühen (pr0403lg).
- Ähnlich ist es beim Thema *Verkehr*; keine Rede ist von den Gefährdungen und leidvollen Spielverboten, von dem Gefühl der Unterlegenheit und der Maßregelung. Freilich wird es auch nur in recht formaler Weise behandelt: Verkehrsschilder, Verkehrsregeln.
- Bei *naturwissenschaftlichen Inhalten*, zum Beispiel beim Thema »Schwimmen und Sinken«, werden vergleichsweise viele lebensweltliche Erfahrungen eingebracht: Es geht um verschiedene Materialien, und Styropor kennen die Kinder, weil Spielzeug von Nintendo darin eingepackt ist. Erwähnung

finden ferner die Schwimmflügel im Schwimmbad und das mit Wachs eingeriebene Papierboot. Ein Junge sagt: »Ich kann ein bisschen auf dem Wasser laufen, nämlich auf einem Schiff kann man herumlaufen« (s. fantastische Inhalte). Eingegangen wird darauf allerdings nicht (pr0602ws).

- Viele lebensweltliche Erfahrungen sind erwartungsgemäß beim Thema *Tiere* zu verzeichnen. Die vielen beängstigenden Vorkommnissen beim Thema »Hund« (Hunde laufen weg, werden überfahren und dürfen beim Verlassen des Landes (hier: Kasachstan) nicht mitgenommen werden) bleiben unbearbeitet, ja sogar unkommentiert.
- Auffällig und erstaunlich ist, dass die Kinder überhaupt nicht über *Fernseh- und Computererfahrungen* sprechen. Sie haben offensichtlich verstanden, dass das in der Schule als Thema nicht erwünscht ist.
- Ein gleiches gilt für das Thema *Werbung*, und das *Spiel* sowie die Freizeitgesellschaft finden ebenfalls nur eine marginale Spiegelung.

Es scheint uns so, als richten die Kinder ihre Berichte und Erzählungen von lebensweltlichen Erfahrungen stark an den Normalitätserwartungen von Schule aus. Sie bringen nur das in den Unterricht ein – so kann vermutet werden –, was sie als mit den Wünschen und Vorstellungen der LehrerInnen kompatibel erachten. Die Folge ist eine gewisse Lebensferne und Künstlichkeit schulischen Lernens, der die Kinder mit »Schule spielen« begegnen: Sie tun in der Schule das, was von ihnen erwartet wird, auch wenn dies mit ihren lebensweltlichen Interessen nur wenig zu tun hat.

3.2.2 Interesse

Interesse kommt nach Lebenswelt a) am zweithäufigsten vor, in fast jeder Stunde. Das ist, wie bereits angemerkt, zunächst ein positives Ergebnis. Erstaunlich ist allerdings, dass nur 10mal insgesamt ausdrückliches Desinteresse (In -) gezeigt wird. Es ist kaum vorstellbar, dass selbst in einem guten Unterricht nicht mehr Themen die Kinder zumindest punktuell langweilen oder nicht interessieren. Möglicherweise wissen die Kinder: Das behält man besser für sich, das ist nicht erwünscht. Möglicherweise wissen die Kinder ebenfalls: Demonstration von Interesse ist das, was die Lehrerin erwartet, und folglich bieten sie es ihr an. Möglicherweise »spielen« die Kinder hier einfach Schule.

Was interessiert die Kinder? – Dass Kinder etwas interessant finden, was ein anderes Kind sagt oder tut, ist selten. Meist ist das Interesse auf die Lehrperson gerichtet.

Im methodischen Arrangement interessiert es die Kinder, wenn sie *Einfluss nehmen können*; häufig ist dies ein wechselseitiges Aufrufen. Das ausgeprägte und längerfristige sachgebundene Interesse ist da zu beobachten, wo die Kinder im Experiment eigenaktiv sein können (p02012lg, protkist) und/oder den Unterrichtsgegenstand betrachten/anfassen können, zum Beispiel einen ausgestopften Maulwurf (pr0602lg) oder das in den Klassenraum geschobene Fahrrad. Auch wenn die Lehrerin ein anschauliches Experiment vorführt, kann sie sich des

Interesses des Kinder ziemlich sicher sein. (pr1405lk). Dazu ein Beispiel, eine Stunde über das Thermometer, in der in einem Gruppenexperiment Wasser in einem Röhrchen über einer Flamme erhitzt wird (protkist). Schon die Ankündigung löst großes Interesse mit Oh- und Ah-Rufen aus. Die Gruppenarbeit ist dann wunderbar:

M bl: Da muss die Kerze drunter. (M bu stellt die Kerze zurecht)

M bu: Des muss glaub ich erst richtig warm werden. Es steigt, es steigt, es steigt!

M bl: Boah, es steigt!

M bu: Jetzt ist es fast ganz oben.

M bl: Vielleicht quillt's dann da oben raus?

M bu: Da is aber kein Loch!

M bl: Doch! Schnell zuhalten! Frau Meier, des läuft gleich über! Woah! Schnell alle weg! Oohh! Schnell ausblasen!

In der Klasse herrscht allgemeine Aufregung.

Es ist fast rührend, wie sich diese verwöhnte Computer- und Fernsehgeneration dankbar und begeistert auf das bescheidene Arrangement einer Kerze und eines Röhrchens einlässt. Die Kinder sind sowohl im Klassenverband als auch in der Gruppenarbeit eigenaktiv und involviert beteiligt; lautmalerisch beschreiben sie das Steigen und Sinken der Wassersäule. Auffällig ist vor allem auch, dass sie hier an den Äußerungen und Demonstrationen der anderen Kinder interessiert sind und darauf eingehen.

Es stellt ein methodisches Problem dar, dass wir nur das demonstrierte Interesse beobachten können; das ruhige interessierte Arbeiten kommt viel seltener in den Blick und ist als »Interesse« eben nur schwer auszumachen. Das erklärt sicherlich zum Teil den hohen Anteil beobachteten Interesses bei den praktisch-experimentellen Tätigkeiten; insofern haben wir hier Verzerrungen. *Dass* aber bei den praktisch- experimentellen Tätigkeiten so viel Interesse geäußert wird, ist ein wichtiges Ergebnis.

3.2.3 Freude

Freude ist mit 89 Beobachtungen eine Kategorie im Mittelfeld der Häufigkeiten. Allerdings bedeutet das doch nur zweimal im Stundendurchschnitt, und in 10 Stunden, das heißt in einem Viertel der Stunden, haben wir Freude gar nicht gesehen: Gefreut wird sich nicht viel in deutschen Grundschulen? Natürlich stellt sich hier dasselbe Problem wie bei der Kategorie Interesse; nur die deutlich (als Lachen, Grinsen oder freudige Äußerungen) demonstrierte Freude ist beobachtbar und kann hier einfließen, was für die stille Freude etwa bei der Bearbeitung eines Unterrichtsthemas nicht gilt. – Was ist es, das sichtbare Freude bei Kindern evoziert?

Man kann nicht umhin festzustellen, dass die *Schadenfreude* über Missgeschick (sowohl bei anderen Kindern als auch bei der Lehrerin) und Bloßstellen anderer mit 23 Beobachtungen die weitaus häufigste Ursache zur Freude im

Unterricht ist. »Hahaha. Du musst vieles ausradieren!«, freut sich ein Junge angesichts der (Fehl-)Leistung eines Mädchens (pr1602lg). Gelächter der Kinder haben wir auch dann beobachtet, wenn die Lehrerin ein Kind bloßstellt: Beim Thema: »Was alles braucht ein Meerschweinchen?« antwortet ein Junge »Liebe« – völlig korrekt übrigens. Er muss sich daraufhin von der Lehrerin fragen lassen: »Wie sieht die Liebe aus? Stellst du dich da vor den Käfig hin und sagst: Ich liebe dich?« Die anderen Kinder kichern, man kann's sich vorstellen (p1103lgs).

Die zweithäufigste Ursache für demonstrierte Freude ist mit 15 einschlägigen Beobachtungen das *Lachen über einen Scherz*. Immerhin sind hier 10 Kinderscherze dabei – was freilich angesichts von 40 Unterrichtsstunden wenig ist. Mitunter empfinden Kinder wörtliche Erklärungen und Wortspielereien als witzig und lachen darüber: »Salami-Bad« sagt ein Kind zu einem Würzburger Freibad mit dem Namen »Adami-Bad«. (p1003lgk). Und im Verkehrsunterricht wird die »verengte« Fahrbahn zu einer »verrenkten« Fahrbahn (pr0303lg).

Ebenso häufig haben wir Lachen und Freude dann beobachtet, wenn etwas passiert (im Sinne von *Aktion*) oder wenn ein Gegenstand erscheint beziehungsweise verfügbar gemacht wird: So erwarten die Kinder beim Thermometer-Versuch, dass etwas platzt oder explodiert und reagieren darauf mit geballter Freude (achtmal) (vergl. o.; protkist).

Natürlich gibt es noch weitere Dinge, die Freude bei den Kindern evozieren, doch sind sie der Menge nach nicht mehr bedeutsam. Der rational-kognitive Charakter des Unterrichts – kaum Spiel, kaum fantastische Elemente – findet in der recht einseitig erscheinenden Freude seine Entsprechung. – Noch schlechter ist es um die widerständige Seite des Unterrichts bestellt.

3.2.4 Aufmüpfigkeit

Aufmüpfigkeit als die eher punktuelle Widerständigkeit gegen die Autorität der Lehrerin/der Lehrers haben wir 70 mal beobachtet; in 29 Stunden, das heißt in immerhin zwei Drittel der Stunden kam sie vor und in 11 Stunden nicht. Aufmüpfigkeit bleibt in aller Regel ohne Folgewirkung, ohne Ansteckung anderer Kinder: Die Lehrerin/der Lehrer hat also alles – wie man so sagt – fest im Griff.

Aufmüpfigkeit gibt es eigentlich nur bei den Jungen. Versucht ein Mädchen einen Versuch dazu, wird es scharf getadelt: Auf die Frage der Lehrerin: »Kann man sagen, dass die Schokolade gefrieren muss?«[35] antwortet ein Mädchen: »Sonst kann man ja drauf Schlittschuh laufen.« – eine harmlose Antwort und allenfalls ein ganz kleines bisschen frech. Die Lehrerin aber sagt scharfen Tones: »Nicole, das find ich jetzt aber gar nicht witzig« (pr0202lg). Das stärkste Beispiel für Aufmüpfigkeit ist die in der Einleitung bereits zitierte Äußerung des Jungen mit der »Radioantenne«, mit der er sein Melden spielerisch uminterpretiert (pr2601lg). Auch diese kurze Szene erfährt keine Unterstützung bei den

35 Es geht um eine Kuchenglasur.

anderen Kindern: Niemand lacht darüber; sie hat keine Folgewirkung. Später stimmt der Junge ein Lied an, das von den anderen Kindern aufgegriffen werden kann, weil er es als Begrüßung für die Gäste deklariert. Dem muss die Lehrerin nolens volens nachgeben (pr2601lgs; vgl. Punkt 3.2.5: Szene-machen).

Ein wenig Aufmüpfigkeit zeigt sich in von der Lehrerin/vom Lehrer nicht erwarteten oder gebilligten Tätigkeiten, zum Beispiel ein Unterrichtsbild hinter dem Rücken des Lehrers vorab zu sehen versuchen (p0203lgm). Raffinierter ist der oben beschriebene »Jubel« bei eher unbeliebten Tätigkeiten: »Juhu, Hefte her!« (pr2505lk). Die Aufforderung der Lehrerin/des Lehrers wird so ins Lustige/Lächerliche gezogen; die Grenze zu Szene-machen ist fließend. Ähnlich hörten wir in zwei Stunden eine Fülle von »Yeah«-Rufe, mit der die Kinder (unverhältnismäßige) Begeisterung ausdrücken und so eine Möglichkeit zu lärmender Lautmalerei finden, die in dieser Form von der Lehrerin nicht als Störung bezeichnet werden kann, da sie ja listigerweise als Zustimmung zum Unterricht daherkommt.

Wir finden ferner spielerische Elemente wie Wortspielereien und Verdrehungen von Tatsachen. Ferner kann die Lehrerin beziehungsweise die Frage/-Aufgabe der Lehrerin kritisiert beziehungsweise sich darüber lustig gemacht werden, doch geschieht das nur sehr selten. So stellt ein Junge den Unterricht spielerisch als unangenehm dar und sagt: »Ich brauch ›ne Gasmaske«, als beim Kerzenausblasen ein wenig Qualm entsteht (pr0202lg).

Es sind nur einzelne und wenige Kinder, die aufmüpfiges Verhalten in etwas stärkerem Maße zeigen.[36] Diese Kinder gelten offensichtlich nicht als besonders eigenständig, sondern scheinen eher das Stigma eines schwierigen Kindes zu tragen. (Dies ist freilich nur ein Eindruck: wir haben die Fragestellung in dieser Form nicht untersucht.) Bei den Lehrerinnen und Lehrern war es nur eine, bei der Aufmüpfigkeit häufiger auftrat. Uns hat die dadurch entstandene gelockerte Atmosphäre gut gefallen. Sie selber hat das Auftreten von Aufmüpfigkeit wohl eher als peinlich empfunden. Auch die anderen Lehrerinnen und Lehrer haben sich für das das seltene Auftreten von Aufmüpfigkeit nach der Stunde mitunter entschuldigt; als ein Zeichen von didaktischer Stärke hat es – so schien es uns – niemand gesehen. Wir folgern: Aufmüpfigkeit ist nicht eingeplant, ist nicht erwünscht; sie wird nicht positiv gesehen (als Eigenständigkeit), sondern negativ als unerwünschte Abweichung. Insofern wird sie nicht gewürdigt und verstärkt sondern abgewehrt.

3.2.5 Szene-machen

Im Gegensatz zur Aufmüpfigkeit meinen wir mit Szene-machen einen etwas elaborierteren Sachverhalt, eine *Szene* eben, die in der Regel Konsequenzen hat, die Folgewirkungen hervorruft: Kinder erscheinen als Akteure der Unterrichts-

---

36 Jstr/p0903lgm, Jrot/pr0902lg, Jbei/pr2601lg.

wirklichkeit.[37] Ein solches Szene-machen haben wir nur 8 mal gesehen. Es tauchte nur in 5 Stunden auf, und in 35 Stunden, das heißt in über zwei Drittel der beobachteten Stunden, war es nicht vorhanden; Szene-machen gehört somit zu den Raritäten. Wie schon Aufmüpfigkeit wird auch Szene-machen eher als Unbotmäßigkeit ausgelegt und als unerwünscht behandelt. Mitunter sind die Kinder aber wiederum so geschickt, die Szenen auf eine Weise in die Stunden einzufügen, dass die Lehrerin nichts dagegen unternehmen kann. Hier offenbart sich Kreativität und soziale Kompetenz; ein wenig Frechheit natürlich auch – aber sollte diese im Unterricht nicht einen Platz haben?

Als Beispiel für Szene-machen möge das bereits erwähnte Thema »Zeugnisse«,[38] genauer »Zeugnisse und soziales Verhalten«, dienen (pr1302lg). – Im Sinne des Stundenthemas möchte die Lehrerin »soziales«, faires und freundliches Verhalten angesichts der nahen Zeugnisse einüben. Die Kinder des 4. Schuljahres entsprechen dieser Lehrerinnen- Erwartung in völlig ungebrochener Weise fast eine ganze Stunde lang: Sie wollen andere mit schlechteren Zensuren ermutigen, trösten, aufmuntern, aufbauen. Und ein Mädchen sagt: »Wenn ich ein (schlechtes) Zeugnis bekommen würde, würde ich mich hinsetzen und überlegen, was ich falsch gemacht habe.« Kein Wort von: Blöde Zeugnisse, ungerechte Zensuren, Ärger zu Hause oder auch üppigen Belohnungen. Kein Wort also davon, worum es wirklich geht.

Ganz am Schluss der Stunde aber lässt die Lehrerin zwei Rollenspiele zum Thema »Gutes Zeugnis – schlechtes Zeugnis« spielen (eines der wenigen angeleiteten Spiele, die wir gesehen haben). Die beiden Rollenspiele verkehren nun die Intention der Lehrerin in das komplette Gegenteil. Jetzt wird der »schlechte Schüler« in beiden Gruppen kräftig vorgeführt; die vorher nicht-verbalisierten negativen Gefühle und Einstellungen finden ziemlich ungebrochenen ihren Ausdruck:

(Geschrieen): »Hört mal alle her, die Stefanie hat in Mathe eine Fünf! Wie ist dein Notendurchschnitt, häh? [...] Die Sachaufgaben kapierst du nicht. Und trotzdem hast du ein schlechteres Zeugnis als ich.« »Ach geh doch du weg!« »Geh doch selber weg!«

Die Lehrerin hatte diesen Verlauf offensichtlich in keiner Weise antizipiert; sie kann die Spiele deshalb nur mit einem kraftlosen Hinweis auf eine hoffentlich bessere Realität abbrechen. Zu den Einstellungen und Verhaltensweisen der Kinder wird nichts mehr gesagt; es war auch Schluss der Stunde. Dass die Kinder das Rollenspiel in dieser Form ausführen zeigt, dass sie sich eben doch nicht nur an die Erwartungen der Lehrerin anpassen, sondern die gegebene Möglichkeit nutzen, ihr groteskes und aggressives Spiel zu spielen. Sie benutzen das

37 Nach Giel 1988; s. o.

38 S. Punkt 3.2.1.

didaktische Arrangement des angeleiteten Spiels zu einem Szene-machen und führen hinter dem Rücken der Lehrerin ihr Spiel ein, das diese nicht verhindern kann.

In den weitaus meisten der beobachteten Stunden hat ein für Szene-machen geeignetes Arrangement nicht bestanden. Wenn Szene-machen denn überhaupt auftritt, ist keine der Lehrpersonen, die wir beobachtet haben, daran interessiert. So bleiben die hier implizierten eigenständigen und kreativen Kinderanteile der Didaktik ungenutzt und damit eine Möglichkeit, Kinder als Akteure der Unterrichtswirklichkeit[39] zu verstehen.

Die Ergebnisse zu den weiteren Kategorien greife ich hier nicht auf; ich hatte meine Einschränkung mit der Themenformulierung vorgestellt. – Als kurzes Fazit ergibt sich:

4. Fazit: LehrerInnenprofessionalität?

Das Zentrum der Lehrerprofessionalität[40] wird nach Ulrich Oevermann[41] von der Fähigkeit gebildet, ein »pädagogisches Arbeitsbündnis« zwischen Lehrer und Kind zu etablieren. Das Kind ist bei diesem Arbeitsbündnis ganz und gar nicht als bildungsunwilliges und widerspenstiges Kind zu sehen; vielmehr ist das Kind »neugierig und wissensdurstig« und erklärt sich selber »auf der Folie dessen, was es über die Welt schon weiß«, als ein Subjekt, das vieles wissen möchte (1996, S. 153). Der professionelle Lehrer ist nun in der Lage, dem Kind ein »schlüssiges Angebot« zu machen, ein Angebot also, das dieser Neugier und diesem Wissensdurst entgegenkommt.[42] Dazu ist der Lehrer allerdings nur dann in der Lage, wenn er zwei Dinge kann: Er muss die Folie der kindlichen Welt verstehen und das Kinderhandeln stellvertretend deuten können;[43] eben daran bemisst sich seine Professionalität.

Die Ergebnisse der vorgestellten Untersuchung lassen es zweifelhaft erscheinen, dass eine solche Professionalität den Alltagsunterricht im Sachunterricht der Grundschule bestimmt. Vielmehr erscheint Unterricht als einseitig von der Lehrerin/dem Lehrer strukturiertes Geschehen, in dem die Vorstellungen, Erfahrungen und Interessen der Kinder nur wenig Bedeutung haben widerständige, die Lehrersicht kontrapunktierende Anteile abgewehrt werden. Zwar werden die Kinder durchaus nach ihrer Lebenswelt gefragt, auch zeigen sie durchaus Interesse, doch verkommt dieses zur Farce, indem die Kinder auf der Ebene des heimlichen Lehrplans erfahren, dass ihre Antworten keinerlei Bedeutung haben,

---

39 im Sinne Giels.

40 Die weibliche Form benutzt Oevermann nicht, und ich zitiere ihn i. f. ebenso.

41 Theoretische Skizze einer revidierten Theorie professionalisierten Handelns. In: Combe, A./Helsper, W.: *Pädagogische Professionalität*. Frankfurt/M. 1996, S. 70–182.

42 Und zwar mit einer sokratischen Hinführung zur selbsttätigen Einsicht (a.a.O., S. 157).

43 Oevermann bezeichnet dies als ein »mäeutische beziehungsweise sokratische Pädagogik«, die er einer »Trichterpädagogik« gegenüberstellt« (a.a.O., S. 156ff).

dass ihre Fragen nicht beantwortet und ihre Ängste nicht thematisiert werden. Von einen »schlüssigen Angebot« auf der Folie ihrer kindlichen Weltsicht kann keine Rede sein. Dass Kinder dennoch dem Unterricht willig folgen, muss über weite Strecken als eine schulische Anpassungsleistung und als ein »Schule spielen« interpretiert werden. Die braven bayerischen Kinder lassen sich darauf ein; die Kölner übrigens auch – so weit ich das in zehn von den Studierenden meines Seminars angefertigten Protokollen entnehmen kann. Das ist erstaunlich; aber wir alle wissen ja, dass dies hier noch vorhandene Interesse an der Schule schon bald versiegen wird. Es wundert nicht.

Zum Schluss sei betont und herausgestellt: Es gab auch positive Beispiele, so wie die Lehrerin, die Aufmüpfigkeit und Szene-machen ertrug (wenngleich vielleicht nicht ganz freiwillig), und wie die Lehrerin, die ihre Klasse mit dem oben dargestellten Versuch zum Thermometer hinriss. Es waren durchaus noch mehr. Doch war dies eine Minderheit. Ich schließe mit einem Beispiel von der Mehrheit der Lehrpersonen.

5. Ein Beispiel: Der Frosch[44]

In einer 3. Klasse wird der Frosch behandelt. *Als im ersten Teil der Stunde ein Junge lebensweltliche Erfahrungen berichtet* – über einen Kaulquappenschwarm am kleinen Arbersee – *geht die Lehrerin darauf ein.* Sie fragt nach und nimmt zu der Äußerung Stellung: Wie viele? Das kann hinkommen.

Im weiteren Verlauf der Stunde haben die Kinder allerdings kaum mehr eine Chance, mit ihren lebensweltlichen Erfahrungen und ihrem häufig kindlich und originell formulierten Wissen das Konzept der Lehrerin auch nur geringfügig zu verändern. So geht es einem Mädchen mit der folgenden Formulierung einschlägigen Wissens: Das Weibchen merkt, wenn sie Eier kriegt. Sie hat so 'nen Sinn dafür. Kr: Sie geht zu dem Tümpel, wo sie als Kaulquappe war.

Die Lehrerin verweist nur auf ihr Konzept: Wir waren jetzt bei der Larve im Ei. *Der Verlauf der Stunde weist etliche ähnliche Zurückweisungen durch die Lehrerin auf.*

Später werden die Merkmale des Frosches erarbeitet. Auf die Frage, wozu der Frosch Schwimmhäute braucht, verbalisiert ein Mädchen einschlägiges Wissen originell und kindgemäß: Er kann besser anschieben. Kr: Wenn er Löcher hätte, dann geht das Wasser durch, und er könnte nicht so gut schwimmen.

Wahrscheinlich überträgt sie hier eigene lebensweltliche Erfahrungen mit dem Thema Antriebskraft. Auf jeden Fall hat sie sich nach Meinung der Interpretinnen sehr intensiv hineingedacht. Aber auch dieses übergeht die Lehrerin komplett. Sie besteht auf der Verfolgung des Unterrichtskonzeptes und sagt: Es fehlen noch zwei Merkmale.

---

44 pr1806lk:3. Die Interpretationen sind jeweils kursiv gesetzt.

Weitere Merkmale werden erarbeitet, schließlich die Ohren. Als das Trommelfell zur Sprache kommt, sagt ein Junge: Ach so, der hört dann schneller. Kr: *Auch diese originelle kindliche, wenngleich sicherlich falsche Formulierung bleibt unerörtert.*

Schließlich erweitert ein Mädchen das Thema um eine eigene lebensweltliche und sehr beängstigende persönliche Erfahrung: Das (gemeint ist das Trommelfell) ist bei mir schon geplatzt. Le c), Be. *Aber selbst dies ignoriert die Lehrerin. Es ist nur ein Junge, der mitfühlend nachfragt. Die Lehrerin beendigt ungerührt ihre Stunde nach Plan*: Wir brauchen noch die letzte Zeile.

Die Kinder verübeln der Lehrerin die fast vollständige Ignorierung ihrer lebensweltlichen Erfahrungen und ihres originell formulierten Sachwissens offensichtlich nicht. Sie nehmen sie vielmehr widerspruchslos hin und scheinen sich nicht darüber zu wundern. Darüber hinaus folgen sie dem Unterricht willig und sehr interessiert. Ein solcher Unterricht wird auf den ersten Blick gewiss als gut und gelungen beurteilt, besonders auch da er seine Planung perfekt einlöst.

Diesen ersten Blick wollte ich mit meinen Ergebnissen erschüttern.

Uwe Sandfuchs

Professionalität und interkulturelle Kompetenz von Lehrerinnen und Lehrern

Meine These ist: Interkulturelle Kompetenz ist in multikulturellen Gesellschaften eine der bedeutsamen Kompetenzen für alle ihre Mitglieder, Erwachsene und Heranwachsende, Einheimische und Migranten – auch wenn interkulturelles Lernen aus einer Reihe von Gründen sehr schwer fällt. Der zentrale gesellschaftliche Ort interkulturellen Lernens ist die Schule. Daher ist interkulturelle Kompetenz notwendiger Teil ihrer professionellen Kompetenz sowohl als Grundkompetenz für alle Lehrkräfte wie auch als spezifische Kompetenz von Experten für bestimmte Aufgaben in der Schule als interkulturellem Handlungsfeld, zum Beispiel der sprachlichen Förderung von Migrantenkindern.

Im ersten Teil dieses Beitrags entwickele und belege ich diese These. Im zweiten Teil wird unter anderem autobiographisch-skizziert, wie sich die interkulturelle Kompetenz von Lehrkräften in den letzten Jahrzehnten entwickelt hat. Am Ende steht eine pessimistische Pointe: In der interkulturellen Professionalität von Lehrerinnen und Lehrern sind in den letzten Jahren eher Rückschritte zu verzeichnen.

1. Interkulturelles Lernen – bedeutsam und schwierig

1.1 Warum interkulturelles Lernen so wichtig ist

Die internationale Arbeitsmigration sowie der Zuzug von Flüchtlingen, deren Ziel auch Deutschland ist, der europäische Einigungsprozess, in dessen Verlauf Europa zu einem einheitlichen Wirtschaftsraum mit Freizügigkeit für alle seine Bürger wird, vielfältige Prozesse der globalen wirtschaftlichen Vernetzung und schließlich der Zusammenbruch des Ostblocks haben unser Land und unsere Gesellschaft grundlegend verändert: Deutschland ist zu einer multikulturellen Gesellschaft geworden.

»In Deutschland leben Menschen aus über zweihundert verschiedenen Ländern, sie leben seit vierzig Jahren hier oder seit gestern, sie haben hier die Schule besucht und studiert oder gar keine Schulbildung genossen, sie verfügen über eine gute berufliche Ausbildung, ein adäquates Einkommen oder sind arbeitslos.«[1]

1 Bericht 1997, S. 15.

In dieser Situation wird von allen Mitgliedern der Gesellschaft, von Deutschen wie von Ausländern, von Kindern, Jugendlichen, Erwachsenen und Alten interkulturelles Lernen verlangt. Interkulturelles Lernen soll befähigen, multikulturelle Situationen mit Vernunft, Verständnis und Toleranz zu gestalten, fremden Menschen und ihrer Kultur aufgeschlossen, verständig und respektvoll zu begegnen[2]. Diese allgemeine Bestimmung interkultureller Kompetenz ist um den professionellen Kern der interkulturellen Kompetenz von Lehrkräften zu ergänzen: Ihre Aufgabe ist es, diese Fähigkeit durch Lehren und Lernen bei Kindern und Jugendlichen mit anderer Erstsprache und Kultur anzubahnen und aufzubauen. Dazu gehört der Ausgleich »unverdienter Ungleichheiten« (John Rawls) durch planmäßige Fördermaßnahmen, die die Lernpotentiale migrierter Kinder und Jugendlicher erschließen und ihnen die gleichberechtigte Teilhabe am gesellschaftlichen und kulturellen Leben der Aufnahmegesellschaft ermöglichen.

Das Konzept interkulturellen Lernens ist gar nicht so neu wie mancher meinen mag, grundsätzlich ist dies nur eine Spezifikation des zentralen Merkmals von Bildung seit der Klassik, nämlich der Weltoffenheit. Wolfgang Klafki meint daher, eine zeitgemäße Allgemeinbildung habe die epochaltypischen Weltprobleme als inhaltlichen Kern und sie sei zu verstehen als internationale beziehungsweise interkulturelle Bildung in einem universalen Horizont, sie sei »Bildung in weltbürgerlicher Absicht« – so Klafki in einem Vortrag auf dem Kongress der Deutschen Gesellschaft für Erziehungswissenschaft 1996 in Halle.

In unserer Zeit wird interkulturelle Erziehung verstanden als die gemeinsame Erziehung von Menschen aus verschiedenen Kulturen, mit verschiedenen Sprachen und Religionen. Dabei ist die Idee leitend, dass die Kulturen und die Menschen, die in ihnen leben als grundsätzlich gleichwertig und gleichberechtigt anzusehen sind und dass Kulturen und Menschen voneinander lernen und sich in diesem Lernen auch gegenseitig bereichern können. Indem die Eigentümlichkeiten anderer Kulturen gelernt und erfahren werden, wird zugleich die eigene Kultur und ihre persönlichkeitsbildende Prägung bewusster.

Jedes dieser Postulate, vor allem das von der grundsätzlichen Gleichwertigkeit von Kulturen[3], ist umstritten. Der amerikanische Rechtsphilosoph Charles Taylor hat dazu ausgeführt, die »Annahme der Gleichwertigkeit« sei eine notwendige »Haltung, die wir einnehmen, wenn wir das Studium des Anderen beginnen«, es sei ein »Anzeichen höchster Arroganz, diese Möglichkeit a priori auszuschließen«[4]. Es kommt nur darauf an, unmissverständlich klarzustellen, dass ohne die hier äußerst knapp formulierte Grundhaltung interkulturelles Lernen nicht möglich ist. Zugleich ist mir wichtig, dass diese Haltung sich nicht aus einem folkloristisch-naiven Multikulturalismus speist, sondern Ergebnis histori-

---

2 Vgl. Sandfuchs 1986 – Nieke 1994.
3 Vgl. Greverus 1978, S. 17.
4 Taylor 1993, S. 70f.

scher und kulturanthroplogischer Reflexion ist. Sie entsteht vor dem Hintergrund des Wissens, dass die Migrantionsgeschichte und die »Begegnung von Kulturen« zunächst vor allem eine Schreckensgeschichte sind, in der Kolonisierung, Versklavung, Vertreibung, Völkermord und Rassismus Leitmotive sind[5]. Nur wer all dies mitdenkt, kann interkulturell lernen (und will es dann auch), kann zum Beispiel Handlungen und Haltungen im Islam aus einer Jahrhunderte andauernden kolonialistischen Demütigung verstehen.

Für den hohen Stellenwert interkulturellen Lernens gibt es eine Vielzahl von Belegen, ich greife drei heraus:

- Eine auf der Basis einer Umfrage bei 216 französischen und deutschen Unternehmen erstellte Studie kommt zu dem Ergebnis, dass »die Aspekte der interkulturellen Kommunikation immer mehr in den Vordergrund rücken«[6]. Durch Fehlinterpretation kulturspezifischer Signale und Verhaltensweisen entstünden nämlich Spannungen und typische Konflikte, die sich betriebswirtschaftlich dysfunktional auswirken.
- In einer Befragung von jungen Spitzenkräften in der Wirtschaft werden die Erfolgsfaktoren (von Innovationskompetenz über Führungsvermögen bis hin zu Examensnoten) aufgelistet und dann wird hinzugefügt, darüber hinaus komme internationaler Mobilität und interkultureller Kompetenz eine wichtige Rolle zu; die besten Jungmanager seien in Studium und/oder Beruf längere Zeit im Ausland gewesen. In international agierenden Firmen ist Auslandserfahrung Voraussetzung für leitende Positionen.
- Eine vom Bundesministerium für Bildung, Wissenschaft, Forschung und Technologie durchgeführte Expertenbefragung zu Auswirkungen der Wissensgesellschaft auf Bildungsprozesse und Bildungsstrukturen kommt u.a. zu dem Ergebnis, dass Fremdsprachenkompetenz und interkulturelle Kompetenz in Schule, Universität und Beruf zu den Kernkompetenzen des Jahres 2020 zu rechnen seien[7].

1.2 Die Schule als interkultureller Lernort

Interkulturelles Lernen kann sich grundsätzlich an allen Orten und in allen Institutionen vollziehen, in denen Deutsche und Ausländer zusammentreffen. So hat sich (damals für viele überraschend) die soziale Integration von Arbeitsmigranten in den Betrieben recht schnell vollzogen, sie endete jedoch am Werkstor[8]. Die Schule ist im Unterschied zum Betrieb aus mehreren Gründen der zentrale Ort interkulturellen Lernens:

- Die Schule als Institution hat die Aufgabe, durch Unterricht und Erziehung, durch systematisches Lehren und Lernen zum Leben in unserer Kultur und

---

5 Vgl. Sandfuchs 1997.
6 Studie 1990, S. 60.
7 Delphi-Befragung 1996/1998, S. 62ff.
8 Vgl. Forschungsverbund 1979, S. 51ff.

Gesellschaft zu befähigen – dazu gehört auch das interkulturelle Lernen.

- Interkulturelles Lehren und Lernen ist nicht das Reservat einzelner idealistisch gesonnener Pädagogen, sie ist vielmehr ausdrücklich gesetzlich abgesicherter Auftrag der Schule und ihres gesamten Personals. Dieser Auftrag ist spezifiziert in einer Vielzahl landesspezifischer schulrechtlicher Regelungen, die ihrerseits Bezug nehmen auf Empfehlungen der Kultusministerkonferenz (zum Beispiel 1976 und 1996). Alle einschlägigen Erlasse und Empfehlungen beziehen sich ihrerseits auf die jeweiligen Landesverfassungen, auf das Grundgesetz der Bundesrepublik Deutschland sowie auf eine Reihe internationaler rechtlicher Regelungen wie beispielsweise die Richtlinien der Europäischen Union zur Beschulung der Kinder von Wanderarbeitnehmern aus dem Jahre 1977 mit ihrer Verpflichtung, ausländische Schüler chancengleich zu beschulen, die Erklärung der Vereinten Nationen zu den Rechten des Kindes aus dem Jahre 1989 und viele andere mehr. Gemeinsamer rechtlicher Kern sind die Menschenrechte.
- Die Schule ist die einzige Institution, die alle Mitglieder der Bevölkerung in einem bestimmten Alter zusammenführt. Die Schulpflicht garantiert, dass alle deutschen und ausländischen Kinder und Jugendliche mindestens zehn Jahre gemeinsam Schulen besuchen und zum interkulturellen Lernen verpflichtet sind.
- Die Grundschule ist seit ihrer Gründung im Jahre 1920 die gemeinsame Schule für alle Schulpflichtigen, sie ist von Anfang an als *Schule der Integration* zu verstehen: Sie unterrichtet alle Kinder im Alter von sechs bis zehn (oder zwölf) Jahren gemeinsam, unabhängig vom sozialen Status ihrer Eltern, von ihrer Konfession sowie ihren sozial oder anthropologisch bedingten Lernvoraussetzungen. Sinn des gemeinsamen Lernens in der Grundschule ist zum einen die soziale Integration und zum anderen eine ausgleichende Erziehung, die sich um bessere Startchancen für benachteiligte Gruppen bemüht.
- Die Voraussetzungen zum interkulturellen Lernen sind bei Kindern und Jugendlichen vermutlich besser als bei Erwachsenen, sie befinden sich in einem höchst lernfähigen Alter und sind zudem weniger durch Vorurteile belastet als Erwachsene.

1.3 Warum interkulturelles Lernen so schwierig ist

Interkulturelles Lernen gehört zu den schwierigeren Aufgaben der Schule, es stehen ihm zwei anthropologische Determinanten ebenso entgegen wie die historisch bedingte monokulturelle Prägung unseres Erziehungsverständnisses:

- Das Denken und Handeln eines jeden Menschen ist zunächst wie selbstverständlich von einem Ethnozentrismus bestimmt, der die je eigene Kultur als gleichsam »natürlich« gegeben und auch als beste aller Lebensformen (vgl. Mühlmann 1980) ansieht. Fremde Kulturen in ihrer je spezifischen Sinnhaftigkeit und »Vernunft« zu erkennen und als grundsätzlich gleichberechtigt zu akzeptieren, setzt neben der Bereitschaft zur Offenheit vor allem den Erwerb von Wissen über Genese, Struktur und Begründung dieser Kulturen voraus.

- Der Mensch ist nicht von vornherein offener Weltbürger, er ist primär ein Kleingruppenwesen; gebunden an den persönlichen Kontakt mit anderen Menschen; er ist zudem gebunden an einen überschaubaren als Heimat verstandenen Raum. Das prägt seine kulturelle Basispersönlichkeit und sein ethisches Handlungsrepertoire. Kulturelles Neulernen und Umlernen fällt schwer, sich in eine neue, zweite Heimat einzufinden, ist gleichfalls nicht leicht.
- Unsere Vorstellungen von Erziehung und auch unsere Erziehungsinstitutionen, vor allem die Schule, sind traditionell national und monokulturell geprägt. Die Schule des 19. und 20. Jahrhunderts und ihre pädagogische Theorie sind im und vom Nationalstaat entwickelt worden. Das wirkt bis heute nach, Kritiker sprechen von der »nationalen Egozentrik« unserer Lehrpläne (Göpfert 1985), vom monolingualem Habitus unserer Schule (Gogolin 1994) oder bezeichnen sie als »monokulturelle Normierungsanstalt« (Diedrich 1997). In der Tat werden Mehrsprachigkeit und Bikulturalität von Migrantenschülern nach wie vor weder als Lernhilfen noch zur Bereicherung des Unterrichts hinreichend genutzt sondern eher ignoriert.

Sowohl die Komplexität der Aufgabe interkulturelles Lernen zu befördern, als auch die Hemmnisse, die dem interkulturellen Lernen entgegenstehen, machen deutlich: Guter Wille reicht nicht aus. Nun kann »guter Wille« ja verstanden werden als ein Teil der Berufsethik von Lehrerinnen und Lehrern – so weit, so gut. Es hält sich aber hartnäckig die Vorstellung, dieser »gute interkulturelle Wille« sei die freiwillige Dreingabe gut meinender, aber ein wenig spinnerter interkulturell angehauchter Pädagogen.

Dies ist eine Fehleinschätzung, interkulturelles Lernen ist unverzichtbarer Teil politisch-gesellschaftlichen Lernens und wesentlicher Inhalt von Schule, interkulturelle Kompetenz ist mithin eine unverzichtbare Komponente der Professionalität von Lehrerinnen und Lehrern.

2. Zur Entwicklung interkultureller Kompetenz in Schulpraxis und Wissenschaft

Diese schlaglichtartige Skizze der interkulturellen Professionalisierung von Lehrkräften und Erziehungswissenschaftlern orientiert sich unter anderem an meiner eigenen Berufsbiographie; sie ist für die Generation derer, die sich in den 70er Jahren auf dieses Feld begeben haben nicht untypisch und von einigem Erkenntniswert.

2.1 Schlaglicht 1: Professionalisierung aus dem Nichts (70er Jahre)

Das interkulturelle Lehren als Berufsaufgabe von Lehrkräften und anderen Pädagogen ist im wesentlichen eine Folge des Anwerbestopps von 1973 (Sandfuchs 1981), also des Abschieds vom Rotationsprinzip der Migration und der daraufhin einsetzenden Familienzusammenführung. Es geschah, was niemand beabsichtigt hatte, die Zahl der ausländischen Schüler stieg explosionsartig. Fast täglich standen neue Schüler vor den Schultüren und die Lehrerinnen und Lehrer waren ratlos, was sie mit diesen »Seiteneinsteigern«, meist »Nullanfänger« in der deutschen Sprache sinnvolles tun sollten. Was zuvor exotischer Ausnahmefall gewesen war, stellte nun die deutsche Schule, vor allem die Grundschule und die Hauptschule, vor die größte Herausforderung ihrer Geschichte. Bereits 1980 lebten 640.000 ausländische Kinder im Alter von sechs bis fünfzehn Jahren in der Bundesrepublik, hinzu kamen 419.000 Kinder im Alter von null bis sechs Jahren. Ein aktiver Kern der Lehrerschaft nahm die Herausforderung an und erwarb mit beispielhaftem Einsatzwillen gleichsam aus dem Nichts, oft durch Versuch und Irrtum, das *Know-how* zur erfolgreichen Arbeit mit Schülern anderer Muttersprache und Kultur entwickelte Konzepte zu ihrer schulischen Förderung und zum interkulturellen Lernen.

Die Schulsituation ist in diesen Jahren mit Etiketten wie Hilflosigkeit, Notstandsverwaltung und Lebensnotpädagogik versehen worden. Die Bezeichnung Lebensnotpädagogik hatte Jörg Ruhloff (1982) geprägt und gemeint, die Ausländerpädagogik diskutiere »die Bildungsfrage unterhalb des geschichtlich erreichten Niveaus« (S. 179), eine solche auf Bewältigung von Not ausgerichtete Pädagogik könne auch gar keinen angemessenen Bildungsbegriff entwickeln. Derartige besserwisserische Bevormundung – aus dem ruhigen Hinterland wurde nicht als hilfreich empfunden und bekam die verdient polemische Antwort (Boos-Nünning u.a. 1984) – war doch auch Pestalozzis Bildungsbegriff nicht am Schreibtisch sondern u. a. in der Stanzer Lebensnotbewältigung entstanden.

Soweit Pädagogen im weitesten Sinne (also Sozialwissenschaftler, Sprachwissenschaftler und Sprachdidaktiker) sich auf diese Arbeit einließen (zu nennen ist vor allem der Kreis um Manfred Homann, die sogenannte alfa-Gruppe, zu der heute noch führende Mitglieder der interkulturellen Zunft gehören), waren sie in hektische Prozesse der Selbstprofessionalisierung beziehungsweise der gegenseitigen Professionalisierung eingebunden. Sie alle waren in ihrer *bisherigen* Arbeit Experten gewesen (ich selbst in der Schulpädagogik); hier nun waren alle Novizen und mussten zugleich die Grundlagen ihres Professionalismus selbst legen oder mindestens irgendwo entdecken. Es gab keinen professionellen Fundus, auf den zurückgegriffen und auf dem aufgebaut werden konnte. Man tauchte vielmehr in Milieus ein, sog Informationen auf wie ein Schwamm, stritt und argumentierte ohne Unterlass – eine fraglos spannende Zeit.

Zeittypisch war meines Erachtens die Situation auf dem ersten einschlägigen Seminar, das ich 1978 besucht habe. Einige der Teilnehmer waren kompetenter als der Leiter und die meisten Referenten, die in Folge mangelnder Kompetenz teilweise nur schwadronierten oder gar nicht erst zum Vortrag erschienen. Der erste wirklich kompetente, sehr bescheiden auftretende Referent bekam dann den angestauten Frust der Teilnehmer unverdient um die Ohren geschlagen. Es wurde leidenschaftlich diskutiert und gestritten, ein zuweilen neurotisierter Streit wurde (wie meist in diesen Jahren) von Berliner Teilnehmern provoziert, deren Problemdruck besonders hoch war und ein Ventil brauchte.

2.2 Schlaglicht 2: Die Zunft konturiert sich (erste Hälfte der 80er Jahre)

Angesichts des leidenschaftlichen Bemühens kam dann Schritt um Schritt Licht ins Dunkel. Im Zentrum der Theoriediskussion dieser Zeit stand die »Argumentation um die Entwicklung von der Ausländerpädagogik« zur interkulturellen Pädagogik. Ausländerpädagogik unterstellt, dass Ausländer auf Grund einer Reihe von Defiziten, die ihrer sozialen Integration hinderlich sind, lediglich einer Reihe spezifischer pädagogischer Maßnahmen zu unterziehen seien, um die gewünschte Anpassung an das Schul- und Sozialsystem zu erreichen. Dieser einseitigen Sichtweise wurde entgegengehalten, auf diese Weise werde versucht, politische Probleme pädagogisch zu lösen (Hamburger u. a. 1981). Es könne auch keine Didaktik für Ausländer geben; Ziele, Inhalte und Methoden der Schule hätten generelle Gültigkeit, daher seien im Rahmen einer einheitlichen Didaktik Akzente nötig, die die sprachliche und kulturelle Situation von Migrantenschülern berücksichtigen. Im Übrigen greife die »Defizithypothese«, die ausländische Eltern und Schüler nur in ihren Defiziten deutscher Kultur und deutschen Institutionen wahrnehme, ungerecht und irreführend zugleich, weil sie den Blick auf die Lebenswirklichkeit und besondere Kompetenzen von Migranten sowie deren möglichen Beitrag zum interkulturellen Lernen verhindere. Zudem verschließe sich die Ausländerpolitik der Erkenntnis, dass interkulturelles Lernen auch für die Majorität, also für deutsche Schüler und insbesondere für deutsche Lehrkräfte erforderlich sei[9]. – Heute stellt sich die Frage, ob die Argumente gegen die Defizithypothese und die Betonung der Einheitlichkeit der Didaktik – so richtig sie sind – nicht ungewollt dazu beigetragen haben, dass die konsequente Weiterführung von spezifischen Fördermaßnahmen vor allem in Deutsch als Zweitsprache unterblieben ist.

Mir ging's wie anderen, kaum halbwegs professionalisiert, war ich schon hauptamtlich in der interkulturellen Pädagogik tätig und (mit)verantwortlich für einen BLK-Modellversuch, in dem 1980 bis 1985 an den Universitäten Hildesheim und Oldenburg Studienangebote und Studiengänge im Fach interkulturelle Erziehung, nämlich ein Ergänzungsstudiengang für Lehrer sowie ein Diplom-

9 Vgl. Steffen 1981 – Friesenhahn 1988 – Sandfuchs 1989.

studiengang, entwickelt wurden.[10] Für diesen Modellversuch wurden Professuren für Deutsch als Zweitsprache, Interkulturelle Pädagogik, Landeskunde der Herkunftsländer und Ausländerrecht eingerichtet sowie ein Lektor für türkische Sprache und zwei wissenschaftliche Mitarbeiter angestellt. Damit sind auch die vier curricularen Säulen dieser Studiengänge, nämlich Deutsch als Zeitsprache, Interkulturelle Pädagogik, Landeskunde der Herkunftsländer und Ausländerrecht sowie eine Herkunftssprache[11] benannt.

Im Zentrum sollte der Ergänzungsstudiengang für Lehrer stehen. Die Teilnehmer waren arbeitslose Lehrer, die ihre Einstellungschancen erhöhen wollten. Wir hofften vergebens, dass die Schulbehörden jeweils einige im Dienst befindliche Lehrer mit einschlägiger Praxiserfahrung für diesen Studiengang freistellen würden, um so eine Professionalisierung im »Huckepackverfahren« und eine enge Verbindung von Theorie und Praxis zu erreichen (aus diesem Grund begannen die Lehrveranstaltungen erst nachmittags ab 14:00 Uhr).

In unserer Naivität hatten wir die Grundlagen unserer Arbeit völlig verkannt. Die Schulbehörden hatten gerade eine Weiterbildung von 1.000 Lehrkräften für diesen Bereich begonnen und sahen den Modellversuch als unerwünschte Konkurrenz. Sie hatten den Antrag auf BLK-Mittel zwar mitzeichnen müssen (Fördergelder kann man nicht ablehnen), kooperierten aber zu keiner Zeit und stellten nicht eine Lehrerstunde zur Verfügung (die damals durchaus vorhanden waren). Unsere schöne Idee des gemeinsamen Lernens von in der Arbeit mit Migrantenkindern erfahrenen Lehrkräften und jungen arbeitslosen Lehrerinnen und Lehrern ließ sich da nicht realisieren. Obendrein wurde den Studierenden unmissverständlich erklärt, dass die von ihnen erworbene Zusatzqualifikation nicht einstellungsrelevant sei. Die Konsequenz war, dass wir reichlich Parkstudenten hatten, die hauptsächlich ihren Lebensunterhalt verdienten, nebenbei mit Unterbrechungen studierten und, wenn sie irgendeinen Vollzeitjob bekamen, das Studium (mit Bedauern) aufgaben.

Die kalte Arroganz, mit der uns am Ende erklärt wurde, man werde den Ergänzungsstudiengang mangels Bedarf nicht institutionalisieren, werde ich nie vergessen.

Die Zeitstellen des Modellversuchs liefen aus, die Professuren wurden in alle Winde zerstreut und wir befürchteten das Ende der Zunft. Das war ein wenig zu pessimistisch, denn an einigen wenigen Universitäten sind in dieser Zeit Einrichtungen von Bestand entstanden. Den längst offenkundigen Bedarf an interkultureller Professionalisierung können sie jedoch nicht annähernd decken.

---

10 Wir haben übrigens lange vergeblich versucht, den Begriff Ausländerpädagogik aus der Bezeichnung unserer Institute zu streichen. Das Kultusministerium verweigerte dies mit dem Argument, unter interkultureller Pädagogik könne sich niemand etwas vorstellen.

11 Das von Lanfranchi u. a. unlängst vorgelegte Standard-Curriculum für interkulturelle Kompetenzen in pädagogischen Praxisfeldern (vgl. Lanfranchi 2002) ähnelt unseren damaligen Entwürfen.

2.3 *Schlaglicht 3: Konsolidierung auf niedrigem Niveau (zweite Hälfte der 80er Jahre)*

Allen Widerständen zum Trotz – also trotz aller Feigenblattmaßnahmen, die in der Regel nur kurzfristig angelegt[12] und zum großen Teil der »Ausländer-als-Zeitbombe«-Diskussion geschuldet waren – konnten Effekte, Erfolge nicht ausbleiben.

Die deutsche Schule (vor allem die Grund- und Hauptschule) hatte die historische Herausforderung im Ganzen erfolgreicher angenommen als zu befürchten war. Die Sinnlosigkeit langzeitig segregierender Beschulung wurde erkannt, die berüchtigten »Vorbereitungsklassen« in Langzeitform zum Beispiel, die die Segregation auf vier Jahre (!) Vorbereitung ausdehnten oder eigene Ausländerschulen wurden ersetzt durch schrittweise integrierende Organisationsformen. Es wurde ein Fundus von empirischen Ergebnissen, praktischen Erfahrungen und theoretischen Grundlagen zum interkulturellen Lehren und Lernen angesammelt[13] und eine relative Normalisierung (auf niedrigem Niveau) der Bildungsbeteiligung von Migrantenkindern war zu verzeichnen[14]. Nahezu alle ausländischen Schüler kamen ihrer Schulpflicht nach, die Schulerfolgsquote hatte sich erhöht und die Beteiligung an höherer Bildung zugenommen. Verbesserungen wurden vor allem bei der Erlangung des Hauptschulabschlusses erreicht und auch der Anteil ausländischer Realschüler und Gymnasiasten wuchs. Aber nach wie vor waren ausländische Schüler in Hauptschulen und Sonderschulen deutlich überrepräsentiert, in vorschulischen Einrichtungen, an Realschulen und Gymnasien dagegen waren sie weiterhin eindeutig unterrepräsentiert. Einen höheren Abschluss erlangten anteilig mehr als doppelt so viele deutsche wie ausländische Schüler. Dabei ist zu bedenken, dass der Hauptschulabschluss seine Funktion den Einstieg in Ausbildungsberufe zu eröffnen, weitgehend verloren hatte. Die Chance ausländischer Jugendlicher auf einen Ausbildungsplatz war daher dreimal geringer als die deutscher Jugendlicher (Schweikert 1984), dies galt besonders für Mädchen.

2.4 *Schlaglicht 4: Stagnation und Rückschritt (90er Jahre)*

Die Tendenz der Normalisierung in der Bildungsbeteiligung von Migrantenschülern hat sich in den 90er Jahren nicht fortgesetzt[15], vielmehr sind Stagnation und Rückschritte zu verzeichnen. Der Abstand zwischen deutschen und nichtdeutschen Schulabsolventen hat sich nicht verringert, die Bildungsbeteiligung von Migrantenschülern stagniert, der Anteil jugendlicher Migranten ohne Schul-

12 Vgl. Karsten 1984.
13 Vgl. zum Beispiel Sandfuchs 1989.
14 Vgl. Klemm 1987.
15 Bericht 2001 – Daten und Fakten 1999 – Daten und Fakten 2002.

abschluss ist nach wie vor »auf einem alarmierend hohen Niveau«[16], »ohne grundlegende Veränderung, denn im Bildungssystem« wird sich nach Auffassung der Ausländerbeauftragten der Bundesregierung daran nichts ändern[17].

Diese Tatbestände haben lange Zeit kein öffentliches Interesse gefunden. Erst der alarmierende Befund von PISA 2000 (2001, S. 379), dass fast »50% der Jugendlichen aus Zuwandererfamilien [...] im Lesen nicht die elementare Kompetenzstufe I« überschreiten, »obwohl über 70 % von ihnen die deutsche Schule vollständig durchlaufen haben«, der die gravierenden Mängel in der Förderung des Spracherwerbs zweisprachig aufwachsender Kinder und Jugendlicher ins öffentliche Bewusstsein gerückt und den bildungspolitischen Tiefschlaf unterbrochen.

In einer Reihe von Schulen leisten Lehrerinnen und Lehrer nach wie vor vorzügliche Arbeit. Insgesamt aber scheint einzutreten, was zu befürchten war: Die Zeit der blanken Notstandsverwaltung ist vorbei, der öffentliche Alarm ist verhallt, die Dramatik ist raus und die Alltäglichkeit versperrt den Blick für die nach wie vor virulenten Probleme[18]. Meines Erachtens hat man sich zu früh und mit zu wenig zufrieden gegeben. Entwarnung kann aber erst gegeben werden, wenn die Bildungslaufbahnen und Bildungsabschlüsse von Einheimischen und Migranten sich in etwa angeglichen haben.

Die Gründe für Stagnation und Rückschritt liegen auf der Hand:

- Die Fördermaßnahmen der 80er Jahre sind ausgelaufen, Förderprogramme wie die Doppelzählung ausländischer Schüler bei der Berechnung der den Schulen zugewiesenen Lehrerstunden, sind gestrichen worden.
- Die deutsche Schule pflegt ihren nach wie vor monokulturellen und monolingualen Habitus (Gogolin 1994), sie ist nach wie vor eine an der dominanten Nationalkultur ausgerichtete Normierungsanstalt. Diese Einschätzung ist das Ergebnis einer Untersuchung der Art und Weise des Umgangs mit ausländischen Schülern und ihren Eltern (Dietrich 1997). Deren Mehrsprachigkeit und Multikulturalität wird nämlich nach wie vor weder zu Lernhilfen noch zu Bereicherung des Unterrichts hinreichend genutzt, sondern all zu oft ignoriert. Eine von der Ausländerbeauftragten der Bundesregierung herausgegebene Studie, die die Bildungs- und Ausbildungssituation ausländischer Kinder und Jugendlicher unter der Frage »Integration oder Ausgrenzung?« (1997) in den Blick nimmt, bestätigt derartige Einschätzungen und kommt zu dem Ergebnis, dass die Integration ausländischer Schüler hinter den Notwendigkeiten und Möglichkeiten weit zurückbleibt. In diesen Kontext passen auch die Befunde von Auernheimer u. a. (1998)[19]: Lehrerinnen und Lehrer sind sehr sensibel für Ausländerfeindlichkeit und gesellschaftliche Benachteiligung außerhalb der Schule, kultu-

16 Daten und Fakten 2002, S. 15.
17 Ebd., S. 14.
18 Vgl. Sandfuchs 1989, S. 10.
19 Auernheimer u. a. 1998, S. 609f.

relle Differenzen im Schulalltag und deren pädagogische Relevanz nehmen sie jedoch in der Regel nicht wahr.

– Alle diese Befunde und Einschätzungen weisen auf den meines Erachtens zentralen Umstand: Vielen Lehrkräften fehlt es an interkultureller Kompetenz und Sensibilität. Stagnation und Rückschritte beim Bildungserfolg von Migrantenschülern lassen sogar auf einen Rückgang an interkultureller Kompetenz, insbesondere in der Förderung mehrsprachiger Kinder, schließen.

Die Verantwortung für diesen Tatbestand sehe ich nicht bei den Lehrkräften selbst. Vielmehr hat die historische Entwicklung der Beschulung von Migrantenkindern eine nachhaltige Kompetenzentwicklung verhindert. Viele Maßnahmen zur Qualifizierung von Lehrkräften wurden in der zweiten Hälfte der 80er Jahre umstandslos eingestellt, sofern dauerhafte personelle Mittel zur Verfügung standen, wurden sie anderen Bereichen zugeführt.

Die erste Generation der interkulturell-kompetenten Lehrkräfte arbeitet inzwischen in anderen Bereichen, ist pensioniert oder steht kurz davor. Ihr berufliches Erfahrungswissen hat sie nicht weitergeben können. Die jetzt in den Dienst tretenden jungen Lehrkräfte aber haben derzeit nur an wenigen Ausbildungsstandorten die Möglichkeit, eine solide, fachlich fundierte, interkulturelle Kompetenz zu erwerben. Sie ist in der Regel weder Bestandteil der ersten oder der zweiten Ausbildungsphase, noch eine in der Weiterbildung erwerbbare Zusatzqualifikation.

Die deutsche Schule hat in der Vergangenheit mindestens in Ansätzen gezeigt, dass soziale und kulturelle Integration und eine Verbesserung der Bildungsbeteiligung von Migrantenschülern möglich sind. Ihrem Auftrag kann sie aber nur gerecht werden, wenn Lehrerinnen können, was sie sollen, genauer: lernen können, was sie sollen. Interkulturelle Kompetenz ist mithin ein unverzichtbarer Teil ihrer Professionalität.

3. Abschlussbemerkung

In der Schule erfolgreiche Migrantenkinder führen ihren Erfolg oft wesentlich auf »engagierte, verständnisvolle aber durchaus auch fordernde Lehrerinnen oder Lehrer« zurück[20]. Engagement und Verständnis entfalten ihre volle Wirkung auf der Grundlage hinreichender Kompetenz zu interkultureller Arbeit und unter förderlichen Rahmenbedingungen. An beiden mangelt es im System Schule derzeit.

---

20 Lanfranchi 2001, S. 209.

Literatur

Auernheimer, G./van Dick, R./Petzel, Th./Sommer, G./Wagner, U.: Wie gehen Lehrer/innen mit kulturellen Differenzen um? Ergebnisse einer Lehrerbefragung. In: *Zeitschrift für Erziehungswissenschaft*, Heft 4/1998, S. 597–611

Ausländische Schüler in der Bundesrepublik Deutschland 1970–1982. Statistische Veröffentlichungen der KMK, Bonn 1983

Bender-Szymanski, D.: Interkulturelle Kompetenz bei Lehrerinnen und Lehrern aus der Sicht der empirischen Bildungsforschung. In: Auernheimer, G. (Hg.): *Interkulturelle Kompetenz und pädagogische Professionalität*. Opladen 2002, S. 153–179

Boos-Nünning, U./Neumann, U./Reich, H. H./Wittek, F.: Krise oder Krisengerede? Von den Pflichten einer illegitimen Wissenschaft. In: Reich, H. H./Wittek, F. (Hg.): *Migration – Bildungspolitik – Pädagogik*. Essen 1984, S. 7–33

Daten und Fakten zur Ausländersituation, hg. v. d. Beauftragten der Bundesregierung für Ausländerfragen, Bonn 1999

Daten und Fakten zur Ausländersituation, hg. v. d. Beauftragten der Bundesregierung für Ausländerfragen, Bonn, Februar 2002

Delphi-Befragung 1996/1998: Potentiale und Dimensionen der Wissensgesellschaft – Auswirkungen auf Bildungsprozesse und Bildungsstrukturen. Integrierter Abschlussbericht. Durchgeführt im Auftrag des Bundesministeriums für Bildung, Wissenschaft, Forschung und Technologie, München/Basel 1998

Dietrich, I.: *Voll integriert? Zuwanderer-Eltern berichten über Erfahrungen ihrer Kinder mit Schule in Deutschland*. Baltmannsweiler 1997

Forschungsverbund »Probleme der Ausländerbeschäftigung«: *Gastarbeiter in der Bundesrepublik Deutschland. Kurzfassung der Ergebnisse*, zusammengestellt von E. Didzolat, hg. v. Bundesminister für Forschung und Technologie, Bonn 1979

Friesenhahn, G. J.: *Zur Entwicklung interkultureller Pädagogik*. Frankfurt am Main 1988

Gogolin, I.: *Der monolinguale Habitus der multilingualen Schule*. Münster/New York 1994

Göpfert, H.: *Ausländerfeindlichkeit durch Unterricht. Konzeptionen und Alternativen für Geschichte, Sozialkunde, Religion*. Düsseldorf 1985

Greverus, I.-M.: *Kultur und Alltagswelt*. München 1978

Hamburger, F./Seus, L./Wolter, O.: Über die Unmöglichkeit Politik durch Pädagogik zu ersetzen. In: *Unterrichtswissenschaft* 9/1981, S. 158–167

Integration oder Ausgrenzung? Zur Bildungs- und Ausbildungssituation von Jugendlichen ausländischer Herkunft in der Diskussion. Mitteilung der Beauftragten der Bundesregierung für die Belange der Ausländer. Heft 7/1997

Karsten, M. E.: *Sozialarbeit mit Ausländern*. München 1984

Klemm, K.: Die Bildungsbe(nach)teiligung ausländischer Schüler in der Bundesrepublik. In: *Pädagogische Beiträge* 12/1987, S. 19–21

Lanfranchi, A.: Interkulturelle Kompetenz als Argument pädagogischer Professionalität. Schlussfolgerungen für die Lehrerausbildung. In: Auernheimer, G. (Hg.): *Interkulturelle Kompetenz und pädagogische Professionalität.* Opladen 2002, S. 206–233

Mühlmann, W. E.: *Geschichte der Anthropologie*, Wiesbaden 1980

Nieke, W.: *Interkulturelle Erziehung und Bildung. Wertorientierungen im Alltag.* Opladen 1995

PISA 2000. Basiskompetenzen von Schülerinnen und Schülern im internationalen Vergleich, hg. v. Deutschen Pisakonsortium, Opladen 2001

Rawls, J.: *Eine Theorie der Gerechtigkeit.* Frankfurt am Main 1979

Ruhloff, J.: *Aufwachsen im fremden Land.* Frankfurt am Main 1982

Sandfuchs, U. (Hg.): *Lehren und Lernen mit Ausländerkindern. Grundlagen, Erfahrungen, Praxisanregungen*, Bad Heilbrunn 1981

Sandfuchs, U.: Ausländische Kinder in der Grundschule. Versuch einer Bestandsaufnahme. In: *Grundschule* 10/1989, S. 10–13

Sandfuchs, U.: Umrisse einer interkulturellen Erziehung. In: *Die Neue Gesellschaft/ Frankfurter Hefte* 12/1986, S. 1147–1153

Sandfuchs, U.: Zum Antagonismus von Kolonisation und Aufklärung sowie einigen Folgen für den Fremden als Gegenstand der Wissenschaft. In: Lüth, Christoph/Keck, Rudolf. W./Wiersing, Erhard (Hg.): *Der Umgang mit dem Fremden in der Vormoderne. Studien zur Akulturation in bildungshistorischer Sicht.* Köln 1997, S. 15–30

Schweikert, K.: *Berufsbildungssituation der ausländischen Jugendlichen in der BR Deutschland.* Berlin [2]1984

Sekretariat der Ständigen Konferenz der Kultusminister der Länder in der Bundesrepublik Deutschland: *Empfehlung »Interkulturelle Bildung und Erziehung in der Schule«.* Beschluss vom 25. Oktober 1996

Speck-Hamdan, Angelika: Kulturelle Vielfalt als Herausforderung für die Grundschule – Zum Stand der interkulturellen Pädagogik. In: Speck-Hamdan, Angelika/ Brügelmann, Hans/Fölling-Albers, Maria/Richter, Sigrun (Hg.): *Jahrbuch Grundschule IV: Kulturelle Vielfalt – religiöses Lernen*, Felber 2003, S. 12–46

Steffen, G.: *Interkulturelles Lernen – Lernen mit Ausländern.* In: Sandfuchs, U. (Hg.) 1981, S. 56–68

Studie über deutsch-französisches Management. hrsg. v. Unternehmensberatung für Synergiemanagement. Paris 1990

Taylor, Ch.: *Mulikulturalismus und die Politik der Anerkennung.* Frankfurt am Main 1993

II

Mirosław S. Szymański

Das Bildungssystem in Polen. Traditionen und Gegenwart

Einer der Klassiker der polnischen Pädagogik, Bogdan Nawroczyński (1882–1974), schrieb in seinem Standardwerk *Das polnische pädagogische Denken* (1938): »In Polen wehen die Winde vor allem aus dem Westen.« Und auch in der polnischen pädagogischen Ideenwelt herrscht seit Jahrhunderten der Westwind. Im 16. Jahrhundert kam er aus Italien und den protestantischen Zentren in Deutschland und der Schweiz, im 17. und 18. Jahrhundert vor allem aus Frankreich, im 19 Jahrhundert vor allem aus Deutschland, aber auch aus Frankreich, und im 20. Jahrhundert aus Deutschland, England, der Schweiz, Belgien und den Vereinigten Staaten«. Diese Sätze unterstreichen den europäischen Zusammenhang der polnischen Pädagogik. In der Tat war die Entwicklung des Bildungssystems, ähnlich wie auch die Entwicklung des pädagogischen Denkens und Handelns überhaupt, von Anbeginn des polnischen Staatswesens eng mit der gesamteuropäischen Entwicklung verbunden.

Das Auftreten des Schulwesens war eine der ersten Folgen der Christianisierung in Polen gegen Ende des 10. Jahrhunderts. Ähnlich wie in Westeuropa wurden die Schulen von der römisch-katholischen Kirche gegründet und geleitet. Anfangs waren dies Domschulen, die ausschließlich der geistlichen Bildung dienten. Mit der Zeit kamen Stiftsschulen auf, die von wohlhabenden Kirchen gegründet wurden, sowie Klosterschulen, die von verschiedenen Orden unterhalten wurden. Im 13. Jahrhundert breiteten sich Pfarrschulen aus, die nicht selten auf Initiative des Bürgertums (in der Regel deutscher Herkunft) gegründet wurden und der Vorbereitung auf weltliche Berufe dienten. Die curriculare Grundlage aller Schulen bildeten im Mittelalter die *artes liberales*; der Unterricht hierin umfasste zumindest *trivium*, das heißt lateinische Grammatik, Rhetorik und Dialektik.

Von großer Bedeutung für die Bildungsentwicklung in Polen war die Gründung der Universität von Krakau im Jahre 1364. Sie strebte dem Vorbild der Universität von Bologna nach und sollte vor allem Juristen und Mediziner ausbilden. Im Jahre 1400 wurde die Universität von Krakau reformiert – sie erhielt zusätzlich eine Theologische Fakultät und wurde in ihrer Organisationsstruktur der Universität von Paris angeglichen.

Dank dieser Erneuerung war die Universität von Krakau während der Renaissance, des Humanismus und der Reformation in ganz Europa als Zentrum für Bildung und Kultur bekannt und anerkannt. Ihre Absolventen und/oder Professoren – um nur Andreas Ficius Modrevius (1503–1572) und Simon Maricius (1516–1674) zu nennen – forderten in lateinisch verfassten Abhandlungen, dass der Staat die Verantwortung für das Schulwesen und die Lehrerbildung übernehmen sowie die Curricula im Hinblick auf politische, ökonomische und soziale Bedürfnisse des Staates revidieren solle. Im »goldenen Zeitalter« – wie das 16. Jahrhundert in der polnischen Geschichtsschreibung bezeichnet wird – entstanden viele Schulen unter dem Einfluss verschiedenster Glaubensrichtungen und genossen überregionales Ansehen. Dies waren lutherische und kalvinistische Schulen sowie Schulen der polnischen Arianer und der Böhmischen Brüder. Letztendlich siegte jedoch auch in der Bildung die schon Mitte des 16. Jahrhundert einsetzende Gegenreformation. Im 17. Jahrhundert wurden die Schulen der Andersgläubigen völlig von den jesuitischen Schulen verdrängt, welche sich beim Adel großer Beliebtheit erfreuten.

Die Auflösung des Jesuitenordens verlangte 1773 – ein Jahr nach der Katastrophe der ersten Teilung Polens – rasche Entscheidungen bezüglich des wieteren Schicksals des Schulwesens. Und so wurde noch im selben Jahr die Nationale Edukationskommission ins Leben gerufen. Die unmittelbar vom Sejm einberufene und nur ihm gegenüber verantwortliche Nationale Edukationskommission hatte die Kompetenz und Funktion eines zentralen Staatsorgans. Es ist daher nicht verwunderlich, dass sie in der polnischen Geschichtsschreibung stolz als das erste Bildungsministerium in Europa bezeichnet wird. Zu den führenden Mitgliedern der zahlenmäßig anwachsenden Kommission zählten herausragende Pesönlichkeiten des weltlichen und kirchlichen Lebens. Außerdem genoss sie die Unterstützung des Königs, der Kirchenhierarchie, des aufgeklärten Adels und der Bürgerschaft. Der Schwerpunkt ihrer Arbeit war die Durchführung von mannigfaltigen Reformen im Geiste der Philosophie der Aufklärung, jedoch unter Bewahrung von traditionellen Werten, die mit der katholischen Glaubenslehre verbunden waren. Es handelte sich dabei sowohl um Reformen der Ziele, Inhalte und Methoden der Bildung und Erziehung als auch um Reformen der Lehrerbildung sowie der gesamten Organisation des Schulsystems. Die Nationale Edukationskommission konnte nur zwei Jahrzehnte (bis 1794) tätig sein. 1795 gab es den polnischen Staat auf der europäischen Landkarte nicht mehr. Nach der dritten Teilung wurde sein Territorium vollständig unter den Nachbarstaaten Rußland, Preußen und Österreich aufgeteilt.

Es begann eine über 120 Jahre andauernde finstere Periode der nationalen Unfreiheit. Die Bildung sollte – vor allem auf russischem und preußischem Teilungsgebiet in den letzten Jahrzehnten des 19. Jahrhundert – der Russsifizierung beziehungsweise der Germanisierung der Polen dienen. Als Antwort auf den Versuch, die polnische Jugend ihrer Nation zu entfremden, hielt man insgeheim Unterricht in Geschichte und Literatur ab, da diese Fächer die Grundlage der polnischen Identität bildeten. Der Unterricht fand illegal in den Wohnungen der Schüler oder in Privatschulen in Ergänzung zum offiziellen Bildungsprogramm statt. 1885 wurde in Warschau eine geheime Hochschule eingerichtet, genannt Fliegende Universität. An die Tradition dieser Lehranstalt knüpften später die Gründer eines – sehr weit ausgebauten – höheren Schulwesens an, welches während der Okkupation durch die Nazis im Untergrund tätig war (1939–1945), sowie die Vertreter der demokratischen Opposition in der Volksrepublik Polen, die 1977 eine Fliegende Universität ins Leben riefen (ein Jahr später umgewandelt in eine Gesellschaft für Wissenschaftliche Lehrgänge), welche eine unabhängige Bildungs- und Forschungstätigkeit unterstützte. Gegen die Russifizierung und Germanisierung protestierten spontan auch die Schüler selbst, indem sie die Schule bestreikten. Der berühmteste dieser Streiks (nicht nur im gesamten II. Reich) fand 1901 in Wrzesnia statt.

Der polnische Staat erholte sich gerade erst von den Zerstörungen des Ersten Weltkriegs. Der erste Schritt auf dem Weg zur Schaffung nationalstaatlicher Bildungssysteme war die Einberufung des I. Lehrerkongresses (des sogenannten »Lehrer-Sejms«), der in der II. Republik Polen zu dem wurde, was die Reichsschulkonferenz in der Weimarer Republik war – zu einer Quelle der Inspiration für demokratisches pädagogisches und bildungspolitisches Denken. Ähnlich wie in allen anderen Bereichen des gesellschaftlichen Lebens bestand auch im Bildungswesen die vorrangigste Aufgabe darin, die unterschiedlichen Systeme im gesamten Land zu vereinheitlichen. Wenn man die beträchtlichen Unterschiede bezüglich der Curricula, des Unterrichtsniveaus, der Organisation und der Verwaltung des Schulwesens, der Dichte des Schulnetzes, der Lehrerbildung und nicht zuletzt der Bildungstraditionen hinzunimmt, dann wird klar, welch schwere Hypothek das wiedervereinigte Polen im Jahre 1918 auf sich nahm. Die größte Bedeutung für die Vereinheitlichung des Bildungswesens hatte das 1932 durch den Sejm verabschiedete – und bis auf den heutigen Tag unterschiedlich beurteilte – *Gesetz über die Verfassung des Schulwesens*, welches nach dem Namen seines Initiators als *Jędrzejewicz-Gesetz* in die Geschichte einging. Aufgrund dieses Gesetzes wurde eine komplexe Schulreform durchgeführt. Die breite Masse der Lehrer interessierte sich jedoch weniger für eine Schulverfassung als für Lösungen, die die Verbesserung der didaktischen und der erzieherischen Arbeit der Schule zum Ziel hatten. Hierher rühren zahlreiche Versuche, ausländische und inländische Konzepte der Reformpädagogik zu verwirklichen (nach angelsächsischem und frankophonem Vorbild als »Bewegung der Neuen Erziehung« bezeichnet), von welchen hier insbesondere zu nennen sind: »Problemorientiertes Lernen«, »Methode von Decroly«, »Dalton Plan«, »Projekt-Methode« »Arbeitsschule«, »Gesamtunterricht«, *supervised study*. Hierher rührt die große Popularität des Erziehungssystems, welches der führende polnische Reformpädagoge, Janusz Korczak (1878–1942), geschaffen hat. Bis zum Ausbruch des Zweiten Weltkriegs war es nicht gelungen, die beiden größten damaligen Bildungsprobleme zu bewältigen. Das erste betraf die gewaltigen Unterschiede bezüglich der Bildungschancen zwischen Stadt und Land sowie zwischen dem industrialisierten und sich rasch modernisierenden »Polen A« im Westen und dem landwirtschaftlichen und rückständigen »Polen B« im Osten des Landes. Das zweite hingegen betraf das Schulwesen für die (häufigen und zahlreichen) nationalen Minderheiten – insbesondere für die ukrainische Bevölkerung, die die süd-östlichen »Randgebiete« bewohnte und die der Zwangspolonisierung unterlag.

Nach dem Zweiten Weltkrieg bestand die grundlegende Aufgabe für die polnische Bildungspolitik in der Erneuerung des – von den Nazis und Sowjets gleichermaßen bewusst vernichteten – Lehrpersonals sowie im Wiederaufbau der zu einem Drittel zerstörten materiellen Basis des Schulwesens, wie auch in der Bewirtschaftung der sogenannten wiedergewonnenen (das heißt durch Deutschland verlorenen) Gebiete, obwohl bereits 1945 der Gesamtpolnische Bildungskongress nach Łódz einberufen wurde, wo man über verschiedene Projekte einer ganzheitlichen Bildungsreform diskutierte. Eines der ersten Bildungsgesetze betraf den Kampf gegen den Analphabetismus, von dem nahezu 4 Millionen Menschen betroffen waren. Veranschaulicht man sich die Entwicklung des polnischen Bildungssystems vom Ende des Zweiten Weltkriegs bis zur Wende im Jahre 1989, so stellt man fest, daß alle drei bedeutenden Schulreformen (1948, 1961, 1973) mit einer bildungspolitischen Diskussion begannen. Im Mittelpunkt des Interesses standen jeweils die demographischen und ökonomischen Rahmenbedingungen, unter denen die Schule arbeitete, sowie die antizipierten gesellschaftlichen Bedürfnisse, die durch die Bildung in Zukunft befriedigt werden sollten. Infolge der ersten beiden Reformen konnten die Kommunisten einige unbestrittene Erfolge auf ihr Konto verbuchen: Polen wandelte sich tatsächlich zu einem »Land der Lernenden« – wie eine gängige propagandistische Parole lautete. Anfang der 70er Jahre, nach erfolgreicher Beendigung der berühmt gewordenen Aktion »1000 Schulen zur Tausendjahrfeier des polnischen Staates« (welche in das Jahr 1966 fiel), wurde die Entwicklung des Schulwesens jedoch deutlich gehemmt, ja sie erlitt sogar einen Rückschritt. Die seinerzeit begonnene Bildungsreform wurde nur zur Hälfte verwirklicht. Zwar wurden die Lehrpläne revidiert, aber wegen der rapiden Verschlechterung der wirtschaftlichen Lage und der politischen Krise des Landes (der sogenannten Augustereignisse), wurde 1980 von der Einführung der allgemeinbildenden zehnjährigen Schule – nach dem Vorbild der Sowjetunion und der DDR – Abstand genommen.

Ein weiterer bedeutender Versuch, das Schulwesen zu reformieren, begann – ähnlich wie der vorherige im Jahre 1973 – mit der Gründung eines Expertenkomitees, welches 1989 einen (maßgeblich von Czesław Kupisiewicz ausgearbeiteten) Bericht vorlegte, den *Bericht über Stand und Richtungen der Entwicklung der Volksbildung. Bildung als nationale Priorität.* Aber damals währten bereits die Verhandlungen am »Runden Tisch«, und dieser Bericht teilte das Los eines anderen bedeutenden Dokuments, des *Berichts über den Bildungsstand in der Volksrepublik Polen* aus dem Jahre 1973 (maßgebend ausgearbeitet von Jan Szczepański) – was bedeutet, dass die neuen Bildungsbehörden der Koalitionsregierung unter einem nichtkommunistischen Ministerpräsidenten ihm keine größere Beachtung beimaßen.

Die Richtung der weiteren Bildungsentwicklung wurde durch die Vereinbarungen am »Runden Tisch« bestimmt, die hauptsächlich an die Bildungsforderungen der sozialen Bewegung »Solidarność« aus dem Jahre 1980/81 anknüpften. Die grundlegenden Vereinbarungen bezüglich Schule und Bildung erfaßten in ersten Linie die tatsächliche Realisierung der Bildungschancengleichheit, die Einschränkung des Einflusses von Politik und Ideologie auf die Schule, die Anerkennung des Prinzips vom weltanschaulichen Pluralismus in Bildung und Erziehung, die Differenzierung und Individualisierung des Bildungsangebotes, die Dezentralisierung der Entscheidungsprozesse in der Bildungsverwaltung (Vereinfachung der Bildungsverwaltungsstruktur, eine – relativ gesehen – größere personelle, finanzielle und pädagogische Autonomie der Einzelschule), »Vergesellschaftung« des Bildungswesens (Gründung demokratisch gewählter Gremien, denen Mitbestimmungs- und Gestaltungsrechte eingeräumt wurden, Zulassung des nichtstaatlichen Bildungssektors), und *last, but not least* die Anpassung des beruflichen Ausbildungssystems an die Erfordernisse der Marktwirtschaft, um den Jugendlichen bessere Einstiegschancen auf dem Arbeitsmarkt zu sichern. Die Realisierung der meisten dieser Forderungen kommt bislang nur sehr mühsam in Gang.

Nichtsdestoweniger haben sich in den letzten zehn Jahren drei zentrale Trends im Bildungssystem herauskristallisiert, welche die Integration Polens in die EU begünstigen: der Umbau der Qualifikationspyramide, die quantitative Bildungsexpansion auf der oberen Sekundarstufe und die Erhöhung der Studentenzahlen. Der erste Trend ist eine Folge des Abweichens vom Modell der Berufsbildung auf dem Arbeiterniveau zugunsten einer wesentlichen Ausweitung der zum Abitur führenden Berufsbildung; der zweite – eine Folge der Umlenkung der Schülerströme nach der (ehemaligen) achtjährigen Grundschule zugunsten weiterführender allgemeiner Schulbildung; der dritte – eine Folge der Einführung der Studiengänge auf dem Niveau des Lizentiats, der Schaffung (nicht-universitärer) Fachhochschulen und der Zulassung nichtstaatlicher Hochschuleinrichtungen (im Studienjahr 2002/2003 gab es bereits 247!).

Gleich nach der Wende sollte – gemäß dem *Gesetz über das Bildungssystem* aus dem Jahre 1991 – die Erneuerung der polnischen Schule durch bruchstückhafte »innere«, das heißt inhaltlich-curriculare Reformen gewährleistet werden. Eine ganzheitliche (strukturell-organisatorische sowie inhaltlich-curriculare) Bildungsreform wurde aus finanziellen Gründen auf einen späteren Zeitpunkt verschoben. Sie wurde 1999 in Angriff genommen, und für ihre Realisierung sind sechs Jahre veranschlagt.

Wie bei Bildungsreformen üblich, so war auch in diesem Fall der Ausgangspunkt die Kritik am bisherigen Bildungssystem in den polnischen Schulen. Kritisiert wurden vor allem der Vorrang enzyklopädischen Wissens gegenüber praktischen Fähigkeiten, das Vorherrschen fachspezifischen Unterrichts sowie des Unterrichts im 45-Minuten-Takt, das niedrige Unterrichtsniveau – was sich in dem großen Ausmaß an funktionalem Analphabetismus in der polnischen

Gesellschaft widerspiegelt, das äußerst niedrige Niveau an kulturellen Bedürfnissen und die Abneigung gegenüber lebenslangem Lernen, die Vernachlässigung der erzieherischen Funktion der Schule, die mangelnde Zusammenarbeit zwischen Lehrern und Eltern, das Abkapseln der Schule von ihrem sozialen Umfeld, die unzureichende Zusammenarbeit zwischen Berufsschule und Arbeitswelt.

Zur Bildungsreform entschlossen sich die Behörden, indem sie sich auf die notwendige Bewältigung der mit der Integration Polens in die EU verbundenen Herausforderungen beriefen, sowie auf die Notwendigkeit grundlegender Veränderungen in der Bildung, die aus der Struktur- und Territorialreform des Staates resultiert, und schließlich auf den begünstigenden Umstand des sich anbahnenden demographischen Tiefs.

Die gegenwärtige, sukzessive eingeleitete ganzheitliche Bildungsreform – die im Vergleich mit dem *Jędrzejewicz-Gesetz* aus dem Jahre 1932 in struktureller Hinsicht nur unwesentliche Veränderungen aufweist – betrifft alle Stufen des Bildungswesens (vom Kindergarten bis zur Promotion) und umfasst: die Art und Weise der Schulverwaltung und Schulaufsicht unter besonderer Berücksichtigung der Kompetenzverteilung in diesem Bereich zwischen den Ebenen Wojewodschaft, Landkreis und Gemeide – so unterstehen zum Beispiel Grundschulen und Gymnasien der Gemeinde, Lyzeen und Berufsschulen dagegen sollen dem Landkreis unterstehen; die Curricula – allgemein wird angestrebt, den »informatorischen« Unterricht durch einen Unterricht, der zur »Selbständigkeit« erzieht und die »Eigenaktivität« anregt, zu ersetzen, besonders durch die Einrichtung fächerübergreifender Bildungspfade, die Erarbeitung curricularer Grundlagen in den allgemeinbildenden Fächern, die Schaffung von Bildungsstandards, die der Ausgangspunkt für die Erarbeitung von Lehrplänen für die einzelnen Unterrichtsfächer sein sollen, die Einführung alternativer Lehrpläne mit individueller Autorenschaft; Kriterien für interne und externe Beurteilungen und Prüfungen von Schülerleistungen – das absolute Novum soll die Einführung eines standardisierten »Neuen Abiturs« sein, welches von einer Zentralen und Regionalen Prüfungskommission organisiert wird, was u.a. die Vergleichbarkeit des polnischen Abiturzeugnisses mit denen der EU-Länder gewährleisten soll; die Finanzierung der Schulen – vorgesehen ist zum Beispiel die Einführung von Bildungsgutscheinen; Qualifikationsanforderungen für Lehrer sowie ein System zu ihrer Beurteilung und Besoldung – geplant sind vier Stufen der Lehrerlaufbahn – vom »Referendar« bis hin zum »Volksbildungsprofessor«.

Das Kernstück der neuen Struktur des Bildungssystems bilden (beziehungsweise werden bilden):

1. eine sechsjährige obligatorische Grundschule für Kinder im Alter von 7 bis 13 Jahren mit zwei Stufen: Klasse 1 bis 3 mit integriertem Unterricht und Klasse 4 bis 6 mit Blockunterricht;

   ein dreijähriges Gymnasium als eine weiterführende allgemeinbildende Pflichtschule für Jugendliche im Alter von 13 bis 16 Jahren;

2. dreijährige Lyzeen mit unterschiedlichen Profilen (humanistisches, klassisches, ökonomisches und technisches Lyzeum), die zum Abitur führen;
3. breit profilierte zweijährige Berufsschulen, die den Erwerb von Facharbeiterqualifikationen ermöglichen.

Nach Beendigung des Gymnasiums (der erste Jahrgang schließt im Jahr 2002 ab) sollen sich die Bildungswege trennen; da die Schulpflicht bis zum 18. Lebensjahr verlängert wurde, muss jeder Schüler zwischen Lyzeum und Berufsschule wählen. Allerdings ist im ersten Unterrichtsjahr ein Wechsel der Schultypen möglich. Wer die zweite Variante wählt, vergibt sich damit nicht die Chance auf Abitur und Studium, sondern erreicht dieses Ziel ein Jahr später – nach Abschluss des zweijährigen Aufbaulyzeums. Das neue Bildungssystem gewährleistet folglich eine große horizontale und vertikale Durchlässigkeit, es gibt keine Sackgassen.

Da es sich um einen neuen Bildungs- und Erziehungsauftrag der Schule handelt, wurde er aus der Verfassung der Polnischen Republik abgeleitet – mit Bezug auf wichtige internationale Abkommen, wie die Allgemeine Erklärung der Menschenrechte, den Internationalen Pakt über bürgerliche und politische Rechte und die Internationale Konvention über die Rechte des Kindes. Die Schule soll sich an Grundrechten wie Demokratie, Solidarität, Toleranz, Pluralität, Freiheit, Individualität orientieren, wobei der »Berücksichtigung des christlichen Wertsystems« eine besondere Rolle zugemessen wurde. Gerade dieses Bestreben nach Einbeziehung der christlichen Werte in die Bildung, welche in ihrem Kern traditionelle katholische Werte sind, war Quelle heftigster Kontroversen um die Triftigkeit der Einführung des Religionsunterrichts oder jüngst wieder der sexuellen Erziehung in der Schule. Diese beiden Beispiele zeigen, dass der Bildungsbereich keineswegs ideologisch und weltanschaulich neutral geworden, sondern nach wie vor ein Ort ist, an dem sich unterschiedliche Kräfte reiben, vor allem konservativ-nationale, katholische und aufklärerisch-liberal, laizistische.

Über den Veränderungsbedarf des Bildungssystems besteht durchaus gesellschaftlicher und überparteilicher Konsens. Es verstärken sich jedoch Zweifel daran, ob die Reform entsprechend vorbereitet wurde und ob sie zum richtigen Zeitpunkt begonnen wurde. Denn weder stehen genügend finanzielle Mittel zur Verfügung, noch wurde um intensive Unterstützung innerhalb der Lehrerschaft geworben, noch wurden Pilotversuche auf lokaler Ebene durchgeführt. Eine eigentliche wissenschaftliche Begleitung wurde nicht gewährleistet, viele Ergebnisse aus polnischen und internationalen Bildungsuntersuchungen blieben unberücksichtigt, und nicht zuletzt wurden viele kritische Vorschläge aus der öffentlichen Debatte ignoriert. Darüber hinaus werden in Polen seit 1999 vier Großreformen zugleich realisiert: die Gebietsreform, die Sozialversicherungsreform, die Gesundheitsreform sowie die Bildungsreform. Die Erfahrungen mit der Realisierung der ersten drei Reformen stimmen weite Gesellschaftskreise nicht gerade optimistisch, was den Erfolg der vierten anbelangt – dies beweisen zahlreiche Untersuchungen. Gegen die einzelnen Elemente der Bildungsreform wird eine Reihe kritischer Einwände ins Feld geführt, wie zum Beispiel: Wie kann man eine Reform einführen, wenn im Haushaltsbudget für das Jahr 2000 lediglich 3,2% des Bruttosozialprodukts für die Bildung und 0,8% Bruttosozialprodukts für das Hochschulwesen vorgesehen sind statt eines Minimums von 6% und 2%, wie es von polnischen Bildungsexperten empfohlen wurde? Warum wird der Berufsbildung im Gesamtpaket der Reformmaßnahmen so wenig Beachtung geschenkt, wo doch schließlich die Gesundung des Arbeitsmarktes und der Erfolg der Wirtschaftsreformen davon abhängen? Wie kann man hier – trotz gemäßigter Fortschritte in der Realisierung des Programms »Internet für jedes Gymnasium« – von der Schaffung einer Informationsgesellschaft sprechen, wenn der Abstand zu den Staaten der EU weiterhin sehr groß bleibt, was die Schüler-Computer-Relation sowie die Anzahl der Informatiklehrer betrifft, an denen es zu mehr als 30% mangelt? Sind die Lehrer auf einen integrierten Anfangsunterricht und einen Blockunterricht vorbereitet? Warum sollen die Kinder, ungeachtet des längst erkannten Phänomens der Entwicklungsakzeleration, weiterhin erst mit sieben Jahren eingeschult werden, und nicht – wie in der Mehrzahl der EU-Länder – bereits mit sechs Jahren? Warum beginnt der Unterricht in der ersten Fremdsprache erst in der 4. Klasse der Grundschule, und warum soll eine zweite Fremdsprache erst im Lyzeum angeboten werden, obwohl doch die Notwendigkeit von Fremdsprachenkenntnissen anerkanntermaßen als eine Bedingung für die Öffnung Polens nach Europa gilt? Warum wird der Bildung von behinderten Schülern mehr Beachtung geschenkt als der Bildung von hochbegabten? Warum sollen die Grundschule und das Gymnasium institutionell getrennt werden, was mehr Administration und mehr Kosten verursacht? Wie soll das Problem des Schülertransports zu den Gymnasien gelöst werden?

Trotz all dieser Zweifel, Vorbehalte und kritischen Bemerkungen muss man feststellen, dass zur Zeit zwar überall in Europa über Bildungsreformen diskutiert wird, dass jedoch in Polen seit 1989 tatsächlich Bildungsreformen durchgeführt werden, und das trotz wenig günstiger Rahmenbedingungen. Umfang, Radikalität und Tempo der 1999 eingeleiteten Reform sind in der Tat imponierend. Sie bricht radikal mit der kommunistischen Tradition der Vergangenheit und hat eine integrierende Funktion bezüglich der Reformen aus anderen Bereichen des Gesellschaftslebens. Man kann sich den endgültigen Erfolg der gesamten gesellschaftspolitischen Transformation im Lande sowie der Bemühungen Polens um die Integration in die EU nur schwer ohne die Bildungsreform vorstellen. Infolgedessen kann man die Hoffnung hegen, dass sie nach dem Regierungswechsel im Herbst 2001 konsequent, mit den unumgänglichen Korrekturen, fortgesetzt wird.

Literatur

Anweiler O. u.a.: *Bildungssysteme in Europa. Entwicklung und Struktur des Bildungswesen in zehn Ländern: Deutschland, England, Frankreich, Italien, Niederlande, Polen, Rußland, Schweden, Türkei.* Beltz Verlag. Weinheim und Basel 1996 (4. Völlig überarbeitete und erweiterte Auflage).

Baske S.: *Bildungspolitik in der Volksrepublik Polen 1944–1986. Quellensammlung mit einleitender Darstellung und Kommentaren. In Kommision bei Otto Harassowitz.* Wiesbaden 1987, Teil I und II.

Kupisiewicz C.: *O reformach szkolnych. Wybór rozpraw i artykulów z lat 1977–1999. Redakcja naukowa: A. Knap, A. Siemak – Tylikowska, M. S. Szymański. Wydawnictwo Akademickie »Żak«.* Warszawa 1999.

Pilch T.: *Spory o szkołę. Pomiędzy tradycją a wyzwaniami współczesności. Wydawnictwo Akademickie »Żak«.* Warszawa 1999.

Steier-Jordan S.: *Bildungsreformentwicklung in Polen/Stand und Perspektiven.* Arbeitspapiere Internationale Beziehungen im Bildungswesen 2000.

Wincenty Okoń

Frühling 2001

Freitag, den 30. März

Ich bin nun 87. Im Polnischen sagt man: »ich *habe* so und so viel Jahre«. Die vielen Jahre – habe ich sie oder haben sie mich? Meistens ist es gut, wenn man etwas hat. Hast Du eine Frau – die pflegt dich, hast du Geld – kannst für alles bezahlen, was dir oder anderen nötig ist, hast du ein Buch – das füllt dir die Zeit aus, die in deinem Alter so viel geworden ist... Und wenn du dazu noch Freunde hast, die dir erhalten sind, so kannst du dich mit ihnen treffen oder wenigstens in schwierigeren Momenten telephonisch reden oder aber eine e-mail schreiben.

Und auf welche Weise denn haben diese Jahre dich? Nun wollte ich heute in die Stadt gehen, nachdem meine Frau zu ihrem Seminar mit Studenten weg gewesen war. Mit viel Mühe kam ich zum Tor, aber weiter konnte ich nicht mehr, denn ich hatte meinen Torschlüssel vergessen, der zu Hause geblieben ist. Zum Glück kam jemand und ließ mich durch. Ich hinkte jedoch nur zum Kiosk, wollte das Tagesblatt kaufen, dieses missliche »Życie«, das sich in die Unterstützung einer nicht sehr wohlgeratenen Partei verwickelt hatte. Aber eine Eskapade nach frischen Hörnchen und noch etwas schien mir doch schon zu riskant zu sein. Dabei ist es doch keine Eskapade – du gehst vorsichtig, Schritt für Schritt und im Kopf ein Nebel. Wenn es davon zu viel ist und du einen Fall fürchtest, mußt Du stehen bleiben, wenn du weiter gehst, mußt du nah an etwas bleiben – ein Treppengeländer, einem Zaun oder aber einer Wand.

Gestern, nach einigen Jahren Pause, machten wir mit meiner Frau wieder einen Theaterbesuch. Man spielte sogar ein interessantes Stück eines amerikanischen Autors, Donald Margulies, unter dem nicht viel sagendem Titel »Gesammelte Geschichten«. Das Stück spricht über Probleme, die Schriftsteller und ihre Schüler im Laufe der Kampfes mit ihrem literarischen Stoff treffen, die sehr gut von Krystyna Janda und ihrer Tochter, Maria Seweryn, dargestellt wurden. Das kreative Element verwickelt in den Inhalt des Stückes, das literarische Wort und die Musik empfand ich mit recht viel Vergnügen. Während der Pause aber, als man etwas im Foyer spazieren gehen sollte, wollten meine versteiften Beine keinen Gehorsam mehr leisten und zeigten sich so schwach, daß ich schnell auf das Gehen verzichten und in der Nähe eines Klaviers stehen bleiben mußte, um mich an etwas zu lehnen. Meine Frau, 13 Jahre jünger als ich, bewegte sich ganz frei, ist aber meinen Problemen mit vollem Verständnis entgegengekommen. Trotzdem habe ich verstanden, daß Theater- oder Konzertbesuche, wie früher in die Philharmonie, nichts mehr für mich sind. Es ist traurig, daß »mich so stark dieses hohe Alter hat«, daß immer mehr von ihm abhängig ist.

Samstag, den 7. April

Es kommt Ostern, Zeit für einen grünen und sonnigen Frühling. Der geschätzte Radiometeorologe, Herr Andrzej Zalewski sagte aber eine kühle Zeit sogar mit etwas Frost an je näher an Feiertage. Und wirklich, es wurde mit jedem Tag kälter. Es blieb nur die Hoffnung, dass alles – außer dem Wetter – in Ordnung bleibt.

Die Zeit vor Ostern (das erste Ostern in dem neuen Millennium, es sollte also etwas Besonderes sein, besondere Stimmung hervorzaubern und Familien- und Freundesbände festigen) zwang mich zu einer allzu starken Aktivität, umso zusetzender, da ich schon von der Zeit geträumt habe, wo man nur das machen kann, was einem wirklich Freude macht und dem Herzen lieb ist. Jeder, der eine Grußkarte zu Feiertagen schreiben möchte, weiß, wie schwer es ist, etwas Originelles zu verfassen in Inhalt und Form, wie schwer es fällt, sich von den Schablonen freizumachen. Auch wenn sie es nur derart seien wie: »Fröhliche Feiertage«, »Alles Gute« oder »Viel Gesundheit« (als ob »viel« mehr bedeuten sollte als nur »Gesundheit«?). Und dabei sollte ich vor Weihnachten und Neujahr an die 50 Karten und Briefe schreiben und wenigstens die Hälfte davon vor Ostern. All das mit verschiedenen Grüßen, nicht immer sehr originell, obwohl man meist solche Absichten hat.

Ich hoffte in diesem Jahr, dass meine früheren Grußsender auf die Ostergrüße verzichten würden und sich nur auf die Weihnachtswünsche beschränkten und hielt mich daher mit den meinen bis auf die letzten Tage zurück. Viele von ihnen haben aber nicht vergessen und so musste ich mich auch, trotz meines recht hohen Alters, unverzüglich melden. Ich überlege nun, wie alt man sein muss, um mit ruhigem Gewissen auf diesen manchmal nur zusetzenden, manchmal aber doch recht sympathischen Brauch verzichten zu können. Ein Beispiel dazu gab mir mein Schulkamerad, Wacław Iwaniuk. Er, eineinhalb Jahre älter als ich, hat es schon vor vielen Jahren gelassen, solche Grußkarten zu versenden. Er ist ein hervorragender polnisch-kanadischer Exildichter, wohnhaft seit einigen Jahrzehnten in Kanada. In den Westen kam er noch vor dem Kriege, als er nach dem Abschluß des Migrations-Kolonialen Studiums an der Freien Polnischen Universität eine Stelle in Argentinien bekommen hatte, dann auch eine Arbeit als Gerichtsdolmetscher in Toronto. Er konnte einige Fremdsprachen und im Englischen schrieb er so viele Gedichte, dass sie für einen Sammelband unter dem Titel *Evenings on Lake Ontario* (Toronto 1981) gereicht haben. Die letzten Jahre schrieb sein Freund für ihn kurze Briefe und er unterzeichnete sie nur ungeschickt (Alzheimer). Er geriet einige Jahre vor seinem Tode ins Schweigen und ist vor 3 Monaten, am 4. Januar dieses Jahres verstorben. Ich kann bis heute mit seinem Tod nicht fertig werden.

Dabei möchte ich nur erwähnen, daß Jan Wolski, ein Dichter und Literaturkritiker aus Rzeszów, der eine Arbeit über Iwaniuk vorbereitet, von mir Kopien aller seiner 114 Briefe an mich erhalten hat, um (nachdem er die Kopien meiner

Briefe aus der Universität Nikolaus Kopernikus in Thorn bekommen hat, wo sich die Archivmaterialien von Wacław befinden) sie dann zusammen zu veröffentlichen. So, wie man die Korrespondenz von Iwaniuk mit Josef Wittlin veröffentlicht hatte.

Donnerstag, den 12. Mai

Wir beide lieben Musik. Barbara genießt klassische Werke, ich mag sie auch herzensgern, aber nur die von mir gewählten und nicht so gehört, »wie es kommt«. Das früher aktive Musizieren wurde seit Jahren für mich nur ein Genuss-Erlebnis, meistens aus den immer ausgezeichneteren Kassettenaufnahmen, oder vom Rundfunk und Fernsehen. Diesmal hatten wir Glück: das öffentliche Fernsehen hat den Tagen der Kammermusik in Łańcut viel Zeit gewidmet. Am ersten Tag trat das Orchester der Philharmonie aus Rzeszow auf. Unter der Leitung ihres Direktors, Tadeusz Wojciechowski, spielte es ein schönes *Konzert auf Flöte und Orchester* von Marcandante mit wunderschönen Solopartien eines französischen Flötenspielers namens Philipp Bernold. Sein Spiel während des *Konzertes* und in einigen anderen Werken auf Zugabe, das war schon kein Spiel mehr im gängigen Sinne, das was ein Musikmysterium, wo man aufhört, den schönen Schlosssaal zu sehen, sogar das Orchester und teilweise den Meister selbst, es bleibt nur noch die reine Musik, die Musik der echten Himmelsphären, die den Geist in die unerreichbaren Höhen emporhebt. Es ist so schwer diesen Seelenzustand zu beschreiben, dieses schöne und gehobene Musikerlebnis.

Montag, den 28. Mai

Jeder Mensch hat im Prinzip Probleme mit Entscheidungen. Sowohl bei wichtigen Fragen, wie etwa die Wahl der Studienrichtung, des Berufes oder des Lebenspartners oder bei weniger gewichtigen wie etwa, ob man einen Spaziergang machen soll oder nicht, eine Arbeit machen oder sie auf später verschieben, oder ganz unwichtigen, die man nicht mehr wählen muss.

In meinem Leben, über das ich auch oft nachdenke, spielte mein wissenschaftlicher Anfang eine wichtige Rolle, als ich wählen musste, in welche Richtung ich weiter schreiten soll. An der Lodzer Universität stellte mich Professor Sergius Hessen ein, ein namhafter Vertreter der Kulturpädagogik. Den Entschluss betreffs meiner Einstellung fasste er nach meiner Prüfung bei ihm, eben in der Allgemeinen Pädagogik. Er hätte es wohl nicht getan, wenn er es hätte voraussehen können, dass ich seinen wissenschaftlichen Weg nicht genau schreiten werde. Dann wäre ich wahrscheinlich Musiker geworden, denn ich liebte Musik und machte sie gern. Aber es kam so, wie es kommen sollte: ich wurde zur Pädagogik »verurteilt«. Neben dem Verhältnis zu Hessen wurden meine ersten Kontakte mit Kulturpädagogik dadurch bedingt, dass ich unter das Auge zweier anderer Kulturpädagogen, B. Nawroczyński und B. Suchodolski , kam. Ich leitete nämlich an der Universität zu Lodz im Namen von den beiden ein Seminar, sie kamen nur ab und zu aus Warschau und sahen nach dem Rechten.

Warum ich nicht mit der Kulturpädagogik stecken blieb, obwohl sie mir im Allgemeinen gut entsprach? Erstens, weil es schon ihre Endperiode war, ihre Vertreter sagten schon einfach fast alles, was man daraus hervorheben konnte. Zweitens, diese Pädagogik war nicht mehr »in«, ihre vorherigen Schöpfer wie Z. Mysłakowski oder B. Suchodolski begannen von ihr Abschied zu nehmen, und meinem Hessen nahm man den Lehrstuhl für Allgemeine Pädagogik weg und besetzte den Posten mit einem gewissen Dr. M. Gluth, der kein wichtigeres wissenschaftliches Werk geschrieben hatte.

Dann also, trotz des Respekts zu meinem Meister, wählte ich eine – (unterschiedlich von der Hessenschen) – Art und Weise, die Pädagogik zu treiben. Seitdem interessierte ich mich weniger dafür, wie die Erziehung sein sollte, und begann dafür darüber nachzudenken, wie sie sein kann und welche Rolle sie spielen soll. Und vor allem, ob es Chancen gibt, Menschen wirklich zu verändern, ihren Geist und Charakter oder sie selbst zu beeinflussen, damit sie sich selbst und ihre Persönlichkeit ändern wollen. Und so stand ich vor einem, für den Pädagogen am wichtigsten Problem: wie man bei Verzicht auf die axiologische Pädagogik die empirische Pädagogik oder irgendeine andere bildet, die die innere Ordnung der Edukationswirklichkeit zeigen und die erforderliche und mögliche Ingerenz in Bildungsprozesse ermöglichen würde Nach Beantwortung dieser gewichtigen Fragen suchte ich lange und nicht ohne Probleme. Bis heute übrigens, wie jeder bewusste Theoretiker, bin ich voll Zweifel.

Freitag, den 10. Juni

Mein fortgeschrittenes Alter, wie man allgemein meint, sollte meine Gedanken auf Endfragen richten, mir aber geht es nicht so... Ich interessiere mich weiter rege für Ereignisse im Lande und im Ausland oder Fragen von großer Bedeutung. Solche Fragen brauche ich nicht mehr zu wählen; sie gelangen zu mir über Presse, Radio, Fernsehen oder neue Bücher, auch das gegenwärtige – wissenschaftliche, gesellschaftliche, künstlerische, sportliche oder wirtschaftliche Leben. Gegenwärtig, oder eher seit einigen Monaten wurde das Verhältnis Polen zu Juden eine solche Frage. Ein besonderer Ansporn zum Nachdenken darüber wurde das Buch *Die Nachbarn* von Jan Thomas Gross, neulich in den USA erschienen. In Polen war es schon einige Monate früher kommentiert. Dieses Buch erweckte viele Diskussionen und noch mehr heftige Gefühle. Es beinhaltet die Beschreibung des Mordes an der jüdischen Bevölkerung im Dorfe »Jedwabne«, im nord-östlichen Randgebiet Polens. Laut Gross hat in der Zeit der deutschen Okkupation die hiesige Bevölkerung in einer Scheune über 1500 jüdische Mitmenschen verbrannt. Unsere Historiker – besonders Adam Strzembosz und Peter Gontarczyk, haben zwar die Forschungsmethode angefochten, der sich der Buchautor bedient hat, wie auch die Absurdität mancher seiner Behauptungen, aber die ganze Sache ist weiter ein Gegenstand von scharfen Polemiken. Sie wurde auch vom Institut der Nationalandenken aufgenommen, das die Wahrheit in einem Gerichtsprozess herausfinden will. Der Justiz und den Wissenschaftlern bleibt es nur, die Fakten festzustellen, die mit einer zweifellosen Teilnahme der dortigen polnischen Bevölkerung (man weiß aber nicht welcher) an dieser in dem Buch beschriebenen Untat verbunden sind.

Davon, dass die Verhältnisse zwischen polnischer und jüdischer Bevölkerung aus meiner persönlichen Erfahrung gut waren, könnten einige Ereignisse zeugen. Zum Beispiel als ich Professor an der Warschauer Universität war, wurde mein erster promovierter Doktor Abraham Fessel, und eine der nächsten Ida Altszuler. Fessel war ein namhafter Mathematiklehrer an Oberschulen und mit der Zeit Dozent in diesem Fach in Israel. Bis zu seinem Tode hielt ich zu ihm freundschaftliche Beziehungen, auch nach seiner Ausreise 1968 nach Israel. Im Prinzip schätze ich mit meiner Frau dieses Volk sehr, seine Musik, seinen Witz, der von seiner Kultur zeugt; wir haben auch fast alle Romane von I. Bashevis Singer gelesen. Auch ist unsere Meinung von berühmten Wissenschaftlern und Künstlern jüdischer Abstammung sehr gut. Ich bin mir dessen bewusst, dass dieses Volk, indem es lange Jahrhunderte ein Exilleben führte, sich solche Eigenschaften und Lebensweisen ausarbeiten musste, die anderen, im eigenen Lande sesshaften Völkern seltsam vorkommen, oder sogar Kritik verdienen. In dieser Hinsicht zeigten meine Landsleute die größte Ausdauer auf, wovon die Tatsache zeugt, dass sich die Juden auf polnischem Boden viel mehr als woanders angesiedelt haben. Und das schon seit der Zeit des Königs Kazimir des Großen. Diese Tatsache verbindet beide Völker und belastet beide mit Verantwortung für ein harmonisches Leben. Juden sind trotz alledem nicht unsere Nachbarn, sie sind bei uns eine Minderheit.

Mittwoch, den 13. Juni

Das Verhältnis Polens zu anderen Nationen gestaltete sich nicht ohne Probleme. Hauptsächlich zu Deutschen und Russen, unseren echten Nachbarn. Ich werde heute nicht über die Russen schreiben, denn man müsste Bände darüber schreiben, was wir seitens der Sowjetunion in den letzten fünfzig Jahren erfahren haben, also in dem größten Teil meines Lebens als Erwachsener. Ich kann auch nicht zu viel über Deutsche schreiben, doch im letzten Jahrzehnt wurden die beidseitigen Verhältnisse gründlich verbessert. Ich war und bin für diese Verbesserung. Die deutsche Sprache ist mir sogar nah geworden, schon in der Schule hatte ich sie gern, wie auch die englische, französische und russische. Beim Erlernen der Sprache von Goethe half mir meine Deutschlehrerin im Lehrerseminar, die mir werte Helena Mert, sehr. Zwar machten sich viele meiner Kollegen nichts aus ihren Anforderungen, mir aber waren sie recht. Dadurch kann ich mich noch heute, nach einigen Jahrzehnten, an viele ihrer Sprachhinweise erinnern. Mir sind auch aus dieser Zeit manche Gedichte in Erinnerung, wie etwa der *Erlkönig* von Goethe oder *Der Sänger*. Grosse Partien kann ich noch auswendig (denn ihre Texte besitze ich nicht) zitieren, wie etwa:

»Wer reitet so schnell durch Nacht und Wind:
Es ist der Vater mit seinem Kind...«

und weiter traurig...

»Mein Vater, siehst du den Erlkönig nicht,
den Erlkönig mit Kron und Schweif?
Mein Sohn, es ist ein Nebelstreif.«

Die traurige Stimmung dieses Gedichtes, dieses arme Kind und die bedauerlichen Erlbäume, die im Sumpfland und auf nassen Wiesen wachsen, bezauberten mich...

Ähnlich wie das unerwartete Verzichten auf die goldene Kette durch einen Wandersänger:

»Goldene Kette brauche ich nicht...«

in Verbindung mit dem Wunsch, dass der Koenig die Kette seinen Rittern, oder seinem Kanzler übergibt, denn der Sänger braucht keinen Lohn für seinen Gesang:

»Ich singe wie der Vogel singt, der in den Zweigen wohnet.
Das Lied, das aus der Kehle dringt, ist Lohn, der reichlich lohnet.«

Man braucht keine Worte, um diese herrliche Aussage mit irgendwelchen Kommentaren zu ergänzen, die an unsere gegenwärtige Verhältnisse im Leben und in der Politik anknüpfen.

Von der Poesie zu den Lebensfragen übergehend werde ich mir oft darüber bewusst, welch eine große Rolle die deutsche Sprache in meinem gegenwärtigen Leben spielt. Meine Kontakte mit ihr waren unterschiedlichster Art: neben der Lektüre von wissenschaftlichen Abhandlungen (aber auch Romanen) auf Deutsch reiste ich viel in Deutschland und Österreich, hielt sogar an der Universität in Heidelberg ein Semester lang Vorlesungen in dieser Sprache zur Theorie der Bildung und auch jetzt bekomme ich oft Telefonate von meinen Freunden aus Deutschland oder spreche mit ihnen in Polen. Es freut mich, wenn ich gute Meinungen von Polen und polnischen Fragen aus der Feder deutscher Autoren treffe und umso mehr freute ich mich über Übersetzungen meiner Bücher ins Deutsche oder als mir von der Universität in Braunschweig die *honoris causa* Doktorwürde verliehen wurde. Eine wahre Überraschung wurde jedoch für mich die Widmung, die einer meiner deutschen Freunde, ein in Polen wegen seiner Arbeiten gut bekannter Professor Hein Retter in seinem Buch *Oswald Kroh und der Nationalsozialismus* (2001) veröffentlicht hatte:

»Für Wincenty Okoń
Freund und Vorbild«

Ich überlege, ob ich es verdient habe? Wer möchte das denn nicht, für jemand nahen nicht nur ein Freund, sondern auch ein Vorbild zu sein? In meinem Bewusstsein bleibt die Tatsache selbst, sehr nett, aber verpflichtend, sogar in meinem ernsten Alter.

Mittwoch, den 25. Juli

Indem ich Schicksalswege verschiedener Menschen, besonders in einem mir ähnlichen Alter verfolgte, formulierte ich einst die folgende These: »Je älter wir werden, umso näher der Erde werden unsere Träume«. Gegenwärtig, obwohl seit dieser Zeit schon mehrere Monate vergangen sind, versuche ich diese Behauptung auf meine Person zu verifizieren. Klar, in der Jugendzeit haben wir gehobene Träume, große Hoffnungen (aber doch auch nicht alle haben solche) und wenn sie glücklicherweise da sind, soll man sie hochschätzen. In Berührung mit dem Leben verschwinden sie so leicht. Ich war übrigens fähig, länger zu träumen. Was und wann?

Meine ersten Träume verband ich mit meiner Lehrerarbeit. Und das nicht nur, weil mir diese Arbeit einen materiellen Aufschwung gewährleistete – von der Armut des Dorflebens zu einer gewissen Lebensstandardsicherung. Als Lehrer, bewusst der Kompliziertheit der Bildungsmaßnahmen, begann ich nach Möglichkeiten einer möglichst effektiven Arbeit zu suchen – dank der Lektüre von Werken über die Erziehung und dank eigenen, sorgfältig von mir kontrollierten Erfahrungen, nach den Mustern aus der Literatur. Ich führte eine Klasse sieben Jahre lang und erzielte dabei wertvolle Resultate, nicht nur in einzelnen Fächern, sondern auch in der Erziehung, u.a. im Schultheater oder Pfadfinderteam, mit dem ich Sommerlager organisiert habe. Ich hatte zum Beispiel mit meiner siebten Klasse den Mut, *Die Balladine* von J. Słowacki darzustellen, diese Vorstellung gefiel allen gut und für Kinder war es ein ungewöhnliches Erlebnis.

Eine wichtige Sphäre meiner Träume und Faszinationen war und ist Musik. Nicht nur interessierte sie mich, sie war auch ein Gebiet meiner Aktivität. Das war hauptsächlich die Führung des Chores und mein Geigenspiel: Solo und im Orchester. Schon als Oberschüler organisierte ich den »revellers«- Chor, der in einigen Stimmen die von den Mitgliedern komponierten Lieder sang; darunter gab es auch mein Lied. Einen ähnlichen Chor gründete und führte ich als Unterleutnant während meines Pflichtwehrdienstes. Am meisten jedoch schätzte ich die Arbeit mit dem 4-stimmigen Chor »Echo« in der Siedlung Czechy bei Garwolin. Es nahmen daran meistens Arbeiter aus der hiesigen Glashütte zusammen mit einigen anderen Intellektuellen teil. Das Repertoire dieses Chores war recht anspruchsvoll. Wir sangen Lieder in vier Stimmen. Hoch wurde auch der Chor von Kazimir Wiłkomirski selbst eingeschätzt, einem hervorragenden Cellisten, nachdem er polnische Weihnachtslieder, gesungen von meinem Chor in der Kirche gehört hatte.

Viele meiner Träume verband ich mit dem Geigenspiel, das mir von Professor Wilczyński, selbst einem hervorragenden Geiger und Chor- und Orchesterdirigent im Cholmer Lehrerseminar, beigebracht wurde. Nach vier Jahren Spielen in einem Symphonieorchester wurde ich im fünften Jahr erster Geiger. Ich erreichte schon das Niveau, dass ich nach Übungen der Keiser-Schule (die den Seminaristen gereicht hatte) eine ganz schwierige Kreutzer-Schule und endlich die Fiorill-Schule erlernen konnte, die von dem Geiger ein schon recht hohes Spielniveau abverlangte. Ich bedauerte damals, dass ich nicht reich war, denn ich habe damals von der Karriere eines Virtuosen geträumt, die man aber nur über lange Jahre hoch bezahlter Lehre erreichen konnte. Als ich Lehrer wurde, vervollkommnete ich selbst mein Spiel weiter. Aber während des Krieges hat mich der Geheimunterricht sehr beansprucht, so musste ich mich von meinen Geigen verabschieden. So ein Instrument kann die Halbhaftigkeit nicht leiden.

Dann, besonders nach zwei Jahren Pflichtwehrdienstes in der Marine, verknüpfte ich meine Träume mit der Wissenschaft, hauptsächlich mit der Erziehungslehre. Ihr habe ich die Hälfte meines Lebens gewidmet, wobei ich Zeit weder für die Wissenschaft noch für meine Schüler bedauere. Aber, ob ich meine mit der Wissenschaft verbundenen Träume realisiert habe? Gewissermaßen ja, obwohl wohl nicht ganz. Als Wissenschaftler erreichte ich das, wonach ich gestrebt hatte. 2001 wurde aber meine wissenschaftliche Aktivität irgendwie weniger [...] Natürlich muss man hie und da etwas sagen, schreiben oder lesen, mir mangelt es aber an der früheren, eher überdurchschnittlichen Aktivität. Mein gegenwärtiger Zustand bestätigt eher die These, dass je älter ich werde, sich meine Träume umso mehr von der Wissenschaft entfernen.

Bei obigen Gedanken habe ich vergessen, zu erwähnen, dass mich noch eins – und zwar recht viel – beschäftigt, nämlich die Fortsetzung von der Arbeit, die ich *Das nackte Leben eines Achtzigjährigen* nannte. Ich schreibe sie, ohne meine Frau darin eingeweiht zu haben.. Warum? Denn ich weiß noch nicht, ob dieses Spiel der Mühe wert ist?

Mittwoch, den 29. August

Nach der Rückkehr aus Komornica fand ich zu Hause einen wie immer netten Brief von Adelheid und Friedel Busch aus Oldenburg. Beide sind Professoren der Erziehungslehre – sie in Münster, er in Oldenburg. Ihr Haus kenne ich gut, es ist so gastfreundlich, wie wohl kaum ein anderes in der Welt. Schön gelegen, nicht sehr weit von Oldenburg in der Ortschaft Rastede, umgeben von einem schönen Garten. Und im Inneren? Eine Oase von Musik, Schönheit, Licht und Ruhe. In dieser Musik, in den paar Tagen, als ich dort weilte, gab es meist Chopin, in den beide Gastgeber verliebt sind. Sie haben zwei Kinder, die schon ihr Studium abgeschlossen haben, wobei ich ihre Kariere seit langem verfolge.
Aus dem Brief habe ich erfahren, dass sie den Urlaub im eigenen Hause unterbrochen hatten, weil ihre Tochter Barbara, die ich seit Kind an kenne, einen

Musikprofessor und zugleich Solo-Geiger und ausgezeichneten Pianist aus Leipzig, K. Lessing, heiratete. Das erfreute mich sehr, denn auch Barbara ist Musikerin selbst und eine junge Musikwissenschaft-Promovierte. Da ich die Einladung zu der Trauung nach Meiningen bekommen habe, habe ich mich doch dazu gerafft, solche Wünsche an das junge Paar zu senden:

»Liebe Barbara und Geehrter Herr Professor Lessing:
Viel Glück und herrliche Musik.«

Nur soviel und doch so viel.

Mittwoch, den 19. September

Man kann annehmen, dass jeder normale Mensch, nachdem er erwachsen geworden ist, grundsätzlich darüber nachdenkt, was ihn erwartet »länger als für immer« – wie sich ein außergewöhnlicher Dichter, Priester Jan Twardowski ausgedrückt hat. Ich nehme an, dass es sich hier um dieses gewöhnliche »für immer« auf Erden handelt, das einmal endet und danach erscheint dieses »länger«.

Auch für mich ist dieses »länger« interessant, wohl aber weniger als für andere Menschen in meinem Alter. Und es interessiert mich deswegen, weil ich kein extremer Materialist bin, für den der menschliche Tod das endgültige Ende seiner Existenz bedeutet. Ich verschweige hier die religiösen Überzeugungen, die den Menschen den Glauben in das Leben »jenseits« auferlegen in dem (je nach der Bekenntnis) das »Glück im Himmel« versprochen wird, wenn sie auf Erden nach »Gottes Recht« leben. Ich spreche hier nicht von der, manchmal extrem starken (besonders im monotheistischen Glauben) Überzeugungen, weil sie mir allzu subjektiv vorkommen.

Wenn es um mich geht, interessiert mich, was mit dem Menschen nach seinem Tode in materieller Hinsicht passiert. Hypothetisch (wenn auch ohne größere Überzeugung) nehme ich an, dass mit dem Tode des Körpers nicht alles der Existenz beraubt wird. Ich weiß nicht, was diese Existenz sein könnte: ist das vielleicht ein astraler Körper, irgendwelche Emanation des menschlichen Körpers, die schon nicht mehr abhängig von ihm selbst (denn nach seinem Tode) ihn weiter sozusagen vertritt. Wie es auch mit dem Menschen sein mag, darf ich meinen, dass *non omnis moriam*. Und das nicht nur in einem eschatologisch-religiösem oder kulturellem Sinne, sondern auch in dem des Seins, obwohl ich nicht weiß, was es für eine Art dieses Seins oder gar den Menschen unbekannter Materie sein könnte.

Das ist nicht nur meine Überzeugung; sie wurde auch von großen Dichtern gehegt, um nur an Jan Kochanowski zu erinnern, der im Gedicht »die Muse« sagte (in freier Übersetzung von Dorota Sztobryn):

Jedoch hege ich die Hoffnung,
daß in vielen Jahren
bleiben doch nicht ohne Vergeltung

meine warmnächtlichen Schmarren?
Und was mir heut' am Leben weggenommen,
Werd ich nach dem Tode mit Überschuß zurückbekommen.

Ich begann mehr darüber nachzudenken nach der Lektüre der gestern gelesenen Erzählung von Kurt Vonneguts »*Thanasphäre*«. Dieser etwas seltsame Titel knüpft an den griechischen Begriff *thanatos*, was »Tod« bedeutet. In dieser Erzählung soll diese Thanasphäre – eben die Sphäre des Todes – sein, also die Welt, in der sich menschliche Wesen nach ihrem Abgang aufhalten. Dort hat sich in der Phantasie des Autors ein aus der Erde entsandtes Raumschiff befunden, von dem der Oberleutnant Rice Berichte von den dort bleibenden Wesen auf die Erde leitet. Ich gestatte es mir, Abschnitte dieser Relationen anzuführen, die von einer Station auf der Erde empfangen wurden.

> ...es sind deren Tausende, sie umgeben mich, schweben in der Luft, schimmernd wie das Nordlicht -- schön, einen Bogen im Raum schwingend, die Erde bekleidend wie ein schimmernder Nebel. Ich sehe sie, hört ihr es? Jetzt sehe ich sie. Ich sehe Margaret. Sie gibt mir ein Handzeichen, lächelt, neblig-himmlisch schön. Wenn Ihr das sehen könnt, wenn...

Nun? Würde sich jemand finden, der nach dem Tode auf Erden nicht sich irgendwo in solcher seligen Sphäre aufhalten möchte, wo es weder Hitler noch Stalin, noch Abu Nidali oder Bin Laden, noch Lepper oder Urban gäbe – dafür aber ihre ideellen und himmlischen Existenzen, frei von irdischen Mängeln? Na und? – darf man denn nicht mal träumen? – wie sich ein russischer Dramenautor einmal geäußert hat.

Um die Wahrheit zu sagen, als Befürworter einer kausalen Erklärung von Erscheinungen konnte ich nicht immer damit fertig sein. Ich werde hier nicht versuchen, die für mich unerklärbaren Ereignisse aus meinem Leben zu schildern, erwähne nur ein kleines Ereignis vor einer Woche. Vor der Dämmerung setzte ich mich an meinen Schreibtisch und las etwas. Ich hatte im Leuchter darüber zwei Lampen angemacht, denn es war noch ziemlich hell. Die Lektüre hat mich sehr absorbiert, inzwischen wurde es draußen ganz dunkel; ich habe mich aber nicht dazu bringen können vom Schreibtisch aufzustehen und zum Schalter zu gehen. Plötzlich passierte etwas Seltsames: im Kronleuchter an der Decke begannen drei weitere Birnen zu leuchten. Und im Zimmer wurde es ganz hell. Da ich in dem Zimmer ganz alleine war, kann ich mir bis heute nicht erklären, was der Grund für diese Erscheinung sein konnte.

Samstag, den 1. Dezember

Den Winter, dessen Anfang gewöhnlich mit Dezemberanfang zusammenfällt, beginnen wir in diesem Jahr nicht mit Frost und Schnee, denn in der Nacht sinken die Temperaturen nur einige Grad unter Null. Schnee gibt es so viel wie gar nicht. Das Zeichen des diesjährigen Winters ist Cyprian Norwid. Ich war gestern Abend – um die Herbst- und Winterwende – in den ihm gewidmeten Seminar unter dem Titel »die Welt der Werte von Norwid«, die von drei Institutionen im Pilgerhaus in Żoliborz veranstaltet worden war.

Der Schwerpunkt dieses Abends waren nicht Reden und Referate, sondern eine Diskussion (ein Panel genannt) über das Thema »Norwids Verhältnis zu Werten«. Daran nahmen teil sowohl Spezialisten wie Kenner von Norwid, hauptsächlich von der Warschauer Universität unter der Leitung von Prof. Jadwiga Puzynina, sowie einige Personen aus dem Publikum, darunter auch ich. Den Ton der Diskussion gaben die Spezialisten an, die im Team von Frau Professor an dem Wörterbuch Norwids arbeiten. Ihre Erwägungen, auf gutem Niveau gehalten, über das Verhältnis des Dichters zur Wahrheit, zum Guten und Schönen, hat besonders ein älterer Herr aus dem Publikum bereichert (er wurde als Vorsitzender des Baukomitees von Norwids Denkmal vorgestellt), nicht nur mit seinen Erwägungen zu Norwids Anschauungen, sondern auch mit Details aus dem Leben des Dichters und mit Rezitationen seiner Poesie. Seine Darstellung der Gedichte war so natürlich und engagiert, daß sie selbst Jerzy Zelnik, einen hervorragenden Schauspieler begeisterte, der zum Abschluss mit seinem Programm auftrat. Ich muss gestehen, dass mich die Art und Weise, auf welche Zelnik die ausgewählten Gedichte von Norwid vorgetragen hat, wahrhaft begeistert hat, die davon zeugt, wie nah ihm die in der Lyrik enthaltenen Gedanken sind. Das war schon keine Rezitation mehr, sondern eine mittels der Schauspielerkunst wiedergegebene Gemeinsamkeit der Anschauungen des Geistes – zwischen dem vor über hundertfünfzig Jahren verstorbenen Dichter und dem gegenwärtigen Schauspieler, einem hervorragenden Interpreten Norwids poetischer Äußerungen. Das war für mich eben der zweite Schwerpunkt dieses Treffens mit dem früher eher unterschätzten und doch so ausgezeichnetem Dichter.

Schade, dass wir im letzten Jahrhundert so wenig von seinen tiefen Überlegungen über die Idee des Fortschritts als einer individuellen Vervollkommnung des Menschen übernommen haben, seinen

Gedanken zur Schönheit; vom künstlerischen Schaffen als Form einer veredelten Arbeit; vom Verhältnis zwischen Gut und Schön, so als er behauptet hatte, dass jeder, der Liebe in sich hat, auch schön ist; von der Edukation, nach der die Rohheit daraus kommt, dass man einseitig ist und dass das Schöne nicht nur eine Form der Liebe ist, sondern auch das, was gefallen soll. Und besonders schade, dass bei uns nicht ein auf ähnliche Voraussetzungen gestütztes Bildungssystem entstanden ist, das in jüngeren Generationen diesen tiefen Gedanken von Norwid verkörpern würde:

»Das Vaterland das ist eine große, gemeinsame Pflicht?«

Mittwoch, den 5. Dezember

Heute ist in der »Gazeta Wyborcza« ein Artikel unter dem seltsamen Titel: »Pole dumm nach der Schule« erschienen.. Was für eine Idee, um den Polen auf den Namen »dumm« zu taufen und dabei diese Dummheit mit der Schule zu verbinden?

Wie es sich zeigt, ist der obige – sehr oberflächliche – Artikel ein Bericht aus den Studien zum Kenntnisstand und deren Qualität bei 265.000 15-jaehrigen Schülern aus zweiunddreißig Ländern, die meistens zu OECD gehören. Es waren Untersuchungen, durchgeführt im Rahmen des Internationalen Programms der Beurteilung von Fähigkeiten der Schüler (PISA), deren Teil die unter der Leitung eines Soziologen, Prof. Ireneusz Białecki in Polen durchgeführten Untersuchungen waren. Darin ging es darum, zu prüfen, ob heutige Jugendliche den gelesenen Text verstehen, gleichzeitig aber auch darum, ob sie anderen eigene Anschauungen vermitteln können. Somit also, ob sie einmal fähig sein werden, richtige Entscheidungen zu treffen in ihrer künftigen Tätigkeit: auf dem Arbeitsmarkt, in der Politik und in lokalen Gemeinschaften?

Aus dem Artikel haben wir nicht viel über die Ergebnisse der Untersuchungen erfahren, nicht mal in Polen. Man weiß nur, dass bei einem Durchschnittresultat von 499 Punkten die Schüler aus manchen Ländern wie Finnland (546), Kanada (534), Neuseeland (529) und Korea (525) bessere Resultate erzielt haben, während in anderen Ländern wie Spanien (493), Tschechei (492), Deutschland (484), Ungarn (480), Polen (479), Griechenland (474) und Portugal (470) unterdurchschnittliche Ergebnisse erreicht wurden. Also belegten junge Polen einen der weiteren Plätze. Das ist traurig. Von den gegenwärtigen Polen mögen wir diese wie Miłosz, Twardowski, Seweryn, Penderecki, Wolszczan, Korzeniowski und Małysz, weil sie im Vergleich zu Menschen aus anderen Ländern hohe Posten in der Dichtung, Musik, Wissenschaft, im Theater, Sport und in anderen Lebensgebieten belegen. Wenn jedoch Polen nicht so gute Plätze irgendwo in der Welt besetzen, so streichen wir sie nicht nur sofort durch, sondern beleidigen sie dabei auch. Und das in einem der meist gelesenen Presseorgane. Die Schüler aus Polen, Portugal oder Griechenland sind ja nicht dumm, sondern sie waren aus uns unbekannten Gründen nicht imstande, irgendwelche Testaufgaben zu lösen. Es könnten ja auch nicht klar genug konstruierte Aufgaben sein, vielleicht waren diese Schüler es auch nicht gewöhnt, solche Aufgaben zu lösen; vielleicht konnten sie auch die Tests dieser Art nicht vertragen; muß man sie dennoch für dumm halten?

Das Problem des Titels und den unschicklichen Bräuchen im Journalismus beiseite lassend, halte ich es für sinnvoll über die Ursachen nachzudenken, warum Schulen – in Polen aber nicht nur da – die Arbeit an der Entwicklung der Selbständigkeit von Kindern und Jugendlichen vernachlässigt haben im Hinblick auf die Erlangung von Wissen samt der Fähigkeit, sich dessen schon in der Schule zu bedienen und im Leben zu verwenden. Diese Fähigkeiten scheinen nicht nur heute erforderlich zu sein. Sie waren in jeder historischen Epoche nötig, heute jedoch braucht man sie besonders hinsichtlich der lawinenartigen Entwicklung der Wissenschaft und zugleich der Zunahme an Informationen, die die Schule den Schülern vermitteln will.

Als Gegner eines Konzeptes, in dem die Schule den Schülern »das Wissen vermittelt«, bemühte ich mich in meinen Arbeiten aufzuzeigen, worin der Unterschied zwischen dem Wissen, erworben in der Schule in Form einer Vermittlung als auch im problemgebundenen und anderen Formen mehr selbständigeres Lernen. Ohne hier diesen Unterschied zu erklären, erwähne ich nur, dass man diese Problematik u.a. in Büchern von mir finden kann wie *U podstaw problemowego uczenia się* (Zu Grundlagen des problemorientierten Lernens 1964, 1965; Übersetzungen in die tschechische, russische, bulgarische Sprache) und *Wprowadzenie do dydaktyki ogólnej* (Einführung in die Allgemeine Didaktik, 1987, 4. Aufl. 1998, übersetzt ins Russische). Worum geht es in diesen und anderen meiner Bücher? Eben darum, dass das durch die Schule und andere Quellen »vermittelte« Wissen nicht nur keine Selbständigkeit im Denken und Handeln gewährleistet, sondern das vor allem ein selbständig erworbenes Wissen durch selbständiges Lösen theoretischer und lebenswichtiger, praktischer Probleme der Schüler selbst solches erreicht. Die Schüler, die sich nicht zufriedenstellend in internationalen Studien präsentiert haben, könnten ganz gute Ergebnisse erzielen, wenn sie in den folgenden Jahren in der Schule diese Möglichkeiten des selbständigen Denkens und Handelns in Anspruch nehmen würden, die das problemorientierte Lernen theoretischer und praktischer Aktivitäten sichert. Es wären doch dieselben, aber schon von dem Journalisten zuvor etikettiert als »dumme Polen«. Nur müsste die Schule dann etwas anders sein.

Donnerstag, den 13. Dezember

Der zwanzigste Jahrestag des Kriegszustandes, aufgerufen von Wojciech Jaruzelski, dem damaligen Präsidenten Polens und von dem illegal ad hoc ernannten Rat. Dieses historische Ereignis erlebte ich anders als die Polen hierzulande. Das Studienjahr 1981–82 verbrachte ich in Heidelberg als Gastprofessor. Ich führte üblichen Professorenunterricht in einem etwas größerem Ausmaß als an polnischen Hochschulen aus, hielt Gastvorträge an Universitäten: mehrere in Heidelberg, in Mannheim, in Frankfurt a.M., in Stuttgart und Karlsruhe. Abends hatte ich Treffen mit Professoren der eigenen Hochschule, die an der politischen Lage und dem Zustand der Edukation in Polen interessiert waren. Bis zum Sonntag, dem 13. Dezember verlief mein Leben mit Arbeit und in Erwartung auf Nachrichten aus Polen. Die Nachricht jedoch, die mir an diesem Sonntag, etwa um 11 Uhr, Prof. Ernst Meyer überbracht hat, erschütterte mich besonders. Seit einigen Monaten wusste ich, dass die Parteiführung nur noch mit immer mehr Mühe die

Aktivitäten der »Solidarność« vertragen konnte, aber dass es nun gleich ein Kriegszustand (wie es mir Ernst mitteilte) sein sollte, das konnte ich nicht fassen. Ich fragte, ob es vielleicht ein Ausnahmezustand sei, denn wenn schon ein Kriegszustand, gegen wen sollte dieser Krieg sein? Die Armee und Polizeikräfte waren gegen die Bewegung »Solidarność« gerichtet, der fast 10 Millionen meiner Heimatgenossen angehört haben. Im Prinzip also gegen das ganze Volk, denn von »Kriegssanktionen« waren alle Buerger betroffen. Auch mich haben sie sehr getroffen, obwohl ich der Heimat weit entfernt war. Vor allem versuchte ich (nachdem ich nach Schriesheim gekommen war, wo Ernst wohnte), den ganzen Nachmittag meine Frau Basia zu erreichen, aber es zeigte sich, dass die Regierungsmächte aus Angst vor übermäßiger Inanspruchnahme der Freiheit, alle telephonischen Leitungen eingestellt hatten. Und was für mich noch schlimmer war: man hatte auch Flüge und Verkehrsverbindungen unterbrochen. Und ich kaufte mir gerade einen Flugticket nach Warschau (und zurück) und traf schon Vorbereitungen zum Flug. Man weiß ja gut, welches Heimweh man nach den ersten Monaten im Ausland hat, Sehnsucht nach der Familie und dazu noch vor Weihnachten, die man ja üblich im Kreis der Nächsten verbringt. Das und noch viele anderer Sachen hat mich dieser für mich unverständliche Kriegszustand beraubt. Kein Wunder also, dass ich in mein Tagebuch unter dem Datum des 13. Dezember 1981 geschrieben habe: »wir haben (im Lande) statt der Demokratie den Armeerat der Nationalen Rettung«. Was für ein perfider Name! Wen soll dieser Rat retten? Millionen solcher Polen wie ich, oder Vertreter der kommunistischen Macht, die hundertmal weniger waren?

Freitag, den 22. Dezember

Wir haben heute ein originelles Datum, fast prophezeiend. Ich glaube den Wahrsagerinnen nicht, aber dass dieses Datum mit fünf Zweien und drei Nullen ein sonderbares Datum ist, das will ich nicht bestreiten. Für mich ist es sogar doppelt wichtig. Heute erlebt Barbara ein spezifisches Jubiläum, sie feiert nämlich ihren fünfundsiebzigsten Geburtstag. Ich sage ein spezifisches, denn sie mag die Jubiläen nicht, lacht gerne darüber, wenn sie zu sehr zelebriert werden und auch meine Jubiläen betrachtet sie eher skeptisch.

Statt einen runden Geburtstag zu feiern, ist Barbara heute zu ihrem Unterricht mit Studenten gefahren, als wenn es ein normaler Tag wäre. Sie kam am Nachmittag zurück und erst am Abend konnte sie die schönen Anemonen und Freesien von ihrem Mann bewundern und meine Wünsche empfangen, weitere fünfundzwanzig glückliche Jahre zu leben sowie sich auch zum festlichen Abendessen setzen. Ich konnte sie nur bewundern, wie sie nach drei Tagen Wohnungsrenovierung und nach zwei Seminaren an der Pädagogischen Fakultät noch so viel Fröhlichkeit und Lebensfreude beibehalten hatte. Es war einer unserer sehr vielen – und nur unserer – Abende.

Montag, den 18. März

Es kommt nun das Ende der Zeit, wo ich über mich als einen Siebenundachtzigjährigen schreiben konnte und über Fragen, die mich seit März 2001 beschäftigt haben. Seit Januar bin ich nun achtundachtzig und alles weist darauf hin, dass in 10 Monaten auch das vorbei ist. Es ist viel passiert in dem Jahre, dessen Ereignisse und Probleme ich zu registrieren bemüht war. Ich machte es ohne irgendwelchen Druck von außen, aber auch ohne jeglichen Ansporn von irgendwelcher Seite. Ich befasste mich damit wohl, um die Unruhe zu stillen, die aufkommt, wenn die Liste der laufenden Aufgaben schrumpft, die Unruhe, an die ich mich jahrelang gewöhnt habe, um den Erwartungen meiner Hochschulen, der Herausgeber aber auch meinen inneren Aufforderungen zu genügen. Als all dies zu fehlen begann, dachte ich mir, die Probleme des »Lebens selbst« zu beschreiben, die in der »Postadoleszenz« ganz anders sind als früher.

Inzwischen kommt der wahre Frühling, also zwingt mich auch der Kalender selbst, auf diese – mir selbst auferlegte – Pflicht zu verzichten. Heute kam eben die Frühlingsgleichung des Tages mit der Nacht. Vier Jahreszeiten lang: Frühling, Sommer, Herbst, Winter versuchte ich sozusagen die Zeit aufzuhalten und den Abschied mit allem zu verzögern, was mir so viel Jahre lang das Leben ausgefüllt hatte. Über diese Endetappe des Lebens schrieb Marek Żuławski in seinem Buch »Studium do autoportretu« (Studium zum Autoporträt, 1990) etwas seltsam, indem er behauptete, dass »es wirklich ausweglose Situationen gibt. Endgültige und unabrufbare Niederlagen. Eine solche Situation ist eben das Alter, wenn auf dem Schlachtfeld Reste von Vorhaben, Plänen, Begehrlichkeiten liegen bleiben« Żuławski hat schon recht, das Alter ist schon etwas Unabrufbares, was weder durch irgendwas anderes – etwa durch eine Prothese oder einen Ersatz – zu ersetzen noch zu heilen ist, sogar wenn man viel Geld und beste Ärzte hat.

Und doch ist das Alter kein Urteil des Schicksals. Letztendlich auch Żuławski, der mit siebenundsiebzig verstarb, heiratete fünf Jahre zuvor die ihm vierzig Jahre jüngere Maria, was seinem Leben so viel neuen Glanz verliehen hat. Sie kam, wie er schrieb, zur rechten Zeit, um ihn zu retten. Und er erlebte noch mit ihr viele Wanderungen in der Welt, konnte sich ihrer Jugend noch erfreuen. Auch ich erlebte etwas Ähnliches, zum Glück dauert mein Leben mit Barbara bedeutend länger, denn schon fast halbes Jahrhundert und es wird wohl so bis zum Ende sein.

Es bleiben Kinder und Enkel. Über sie hat das Schicksal entschieden und sie selbst. Nicht immer nach meinem Belieben. Aber in der Zeit des abzunehmenden Patriarchats finden Erwachsene keinen Gehorsam, wenn sie auch wissen, was besser im Leben ist. Unsere Kinder haben von uns auch eine gute Ausbildung und Unterstützung bei der Einrichtung bekommen. Und jetzt genießen alle volle finanzielle (und jede andere) Unabhängigkeit. Wenn mir schon etwas am Herzen liegt, so ist es die Krankheit von Anna. Auf sie sind meine und Barbaras

Gefühle am stärksten konzentriert, wohl deswegen, weil wir uns bewußt sind, was sie jetzt erlebt und was sie im Leben erwartet. Wir können sie nur mit unserem Gebet unterstützen, denn die Medizin hier auf Erden kann bisher nicht mit dieser fatalen Zuckerkrankheit fertig werden. Wir möchten ihr wahrhaft den Himmel auf Erden schenken.

In meinem gegenwärtigen alltäglichem Leben verlieren große politische Ringen zwischen Ost und West oder Süd und Nord allmählich an Bedeutung, ähnlich wie die wissenschaftlichen Leistungen meiner Kollegen und Schüler oder Sporterfolge unserer Leichtathleten oder Skispringer. Es bleibt nur Literatur, manchmal wahrhaft schön, wenn es gelingt, ein gutes Buch zu leihen oder etwas Interessantes für sich zu bestellen und auf die Post zu warten. Es bleiben auch andere schöngeistige Künste, besonders Musik, die so wie früher berührt und die so leicht vom Radio oder Platten zu hören ist. Es bleiben auch Erinnerungen aus sehr entfernten und letzten Jahren. Sie lösen Wellen der Sehnsucht aus nach Orten, Menschen und Ereignissen, die – je älter, umso stärken die Phantasie ansprechen. Jedes solcher Erlebnissen ruft eine Welle der Wärme heraus, aber auch der Traurigkeit, dass sie nicht mehr wiederkommen, dass Ähnliches nicht mehr wieder vorkommen kann...

Wolfgang Mitter

Deutsch-tschechische Nachbarschaft in Vergangenheit und Gegenwart: Herausforderung an die politische Bildung[1]

Einführende Überlegungen

Am Friedrich Schiller-Gymnasium in Pirna (Sachsen) wurde 1998 ein »binationaler und bilingualer deutsch-tschechischer Bildungsgang« eingerichtet, in dem sich deutsche und tschechische Schüler auf das sächsische Abitur vorbereiten, dessen Bestehen ihnen zugleich den Zugang zu einem Hochschulstudium in Tschechien vermittelt.[2] Dieses Pilotprojekt steht beispielhaft für gleichartige Initiativen, die in der Zwischenzeit sogar regionale Reichweite erreicht haben.[3] Dass, wie das Beispiel Pirna zeigt, »im Mikrokosmos der Schule Vorbehalte und Vorurteile zu überwinden« sind, die das »deutsch-tschechische Verhältnis seit dem Krieg prägen«[4], ist ebenso plausibel wie die zukunftsorientierte, unmittelbar auf Fremdsprachenerwerb konzentrierte Zielsetzung des Pilotprojekts. Dieses Beispiel lässt sich einer allgemeinen Entwicklung zuordnen, welche das Verhältnis zwischen Tschechen und Deutschen bestimmt. Dazu zählen zahlreiche Sportveranstaltungen, Kulturtage, Jugendbegegnungen und Schulpartnerschaften. Auch den Tourismus sollte man in diesem Zusammenhang nicht unterschätzen, weil er trotz seiner viel diskutierten negativen Merkmale grenzüberschreitende Verständigung im Alltag fördert, was sich in Prag und an anderen Orten Tschechiens vielfach beobachten lässt. Dieser Entwicklung im Mikrokosmos korrespondieren im deutsch-tschechischen Verhältnis politischen Aktionen, wie insbesondere die Erklärung vom 21. Januar 1997, sowie fortschreitende Erfolge in der historischen Aufarbeitung der deutch-tschechischen »Konfliktgemeinschaft«[5], wofür die Untersuchungen von Hans Lemberg und Ferdinand Seibt für die deutsche sowie von Jan Křen und Václav Kural für die tschechi-

1 Dieser Beitrag beruht auf der schriftlichen Fassung des Vortrages, den der Verf. am 27. Februar 1997 in der Pädagogischen Fakultät der Karls-Universität Prag hielt, und zwar auf Einladung der Tschechischen UNESCO-Kommission, der erwähnten Fakultät und der Tschechischen Pädagogischen Gesellschaft. Diese Erstfassung wurde auf der Grundlage jüngster Literatur aktualisiert und gestrafft. Ihre »Schlussbetrachtungen« wurden unter demselben Titel veröffentlicht in: *UNESCO heute*, 44(1997), S. 70–72.

2 Caspary, C.: Die Grenzgänger. In: *Die Zeit*, Nr. 39, 17. September 1998, S. 23.

3 Vgl. Dubeck, K./Schulz, D.: Deutsch-polnisch-tschechische Schulkooperation in der Euroregion Neisse-Nisa-Nysa. In: *Bildung und Erziehung*, 55(2002)2, S. 197–205.

4 Caspary, ibid.

5 Diese treffende Charakterisierung wurde von dem tschechischen Historiker Jan Křen in die Diskussion eingeführt. Vgl. Křen, J.: *Die Konfliktgemeinschaft*. München 1996.

sche Seite beispielgebend sind. Zur Diskussion und Klärung hat sich die Tschechisch-slowakisch-deutsche Historikerkommission als zentrales Forum erwiesen.

Die Aufarbeitung der Vergangenheit ist umso wichtiger, als sich die im Jahre 2002 geführten Kontroversen über die sogenannten »Beneš-Dekrete« vom Jahre 1945 nicht nur in einseitigen Argumentationen, sondern sogar auch in polemischen Entgleisungen niederschlugen. Vergessen und Verschweigen sind daher der falsche Weg zur Überwindung von Vorurteilen, zumal dadurch, wenn auch vielleicht unbeabsichtigt, den »inoffiziellen Strömungen, welche einer ›offiziellen‹ Verständigung entgegenstehen«[6], Auftrieb gegeben wird. Die aus dieser These abzuleitende Herausforderung richtet sich nicht nur an Politik und Publizistik, sondern auch an die Pädagogik, insbesondere die politische Bildung und Erziehung. Die folgenden Ausführungen sind auf Gedanken zur Behandlung der deutsch-tschechischen Nachbarschaft im Unterricht deutscher Schulen konzentriert, richten sich aber hinsichtlich ihrer Kerninhalte auch an die Schulen der Nachbarnation.[7] Dieser Rückblick wird überdies auf *einige* Ereignisse und Entwicklungen reduziert, die unter thematischem Aspekt wichtig sind. Die Auswahl, die hierbei getroffen wird, ist insofern subjektiv, als die konvergierenden Elemente der »Konfliktgemeinschaft« hervorgehoben werden. Ich halte dieses Vorgehen für legitim, zumal über Divergenzen ohnehin viel, wahrscheinlich allzu viel, geschrieben worden ist – sowohl scharfsinnige Analysen[8] als auch einseitige und polemische Darstellungen.

---

6 Vgl. Kural, V.: *Statt Gemeinschaft ein Auseinandergehen! Tschechen und Deutsche im Großdeutschen Reich und der Weg zum Abschub (1938–1945).* Praha 2002, S. 302. Der tschechische Historiker verwendet diesen Begriff zur Kennzeichnung der »Stimme der Sudetendeutschen Landsmannschaft«, doch lassen sich damit auch in Tschechien bekannt gewordene Äußerungen charakterisieren, die 2002 sogar die ›offizielle‹ Ebene erreichten. – Vgl. Hahn, E./Hahn, H.H.: Eine zerklüftete Erinnerungslandschaft wird planiert. Die Deutschen, »ihre« Vertreibung und die sogenannten Beneš-Dekrete. In: *Transit 23*, Sommer 2002, S. 103–116.

7 Beabsichtigt ist weder eine allgemein- noch eine bildungsgeschichtliche Darstellung, sondern ein ›Blick in die Vergangenheit‹ als Grundlage einer Auseinandersetzung mit Gegenwart und Zukunft. Ich stütze mich dabei auf folgende grundlegende historische Literatur: Seibt, F.: *Deutschland und die Tschechen. Geschichte einer Nachbarschaft in der Mitte Europas.* München/Zürich 1963. – Luft, R./Brenner, Ch./Franzen, E. K./Haslinger/Heumos, P./Weiss, St. (Hrsg.); *Deutsche, Tschechen, Sudetendeutsche. Festschrift für Ferdinant Seibt zum 75. Geburtstag.* München 2002. – Křen, J.: *Die Konfliktgemeinschaft.* München 1996. – Kural, V. *Konflikt anstatt Gemeinschaft.* Praha 2001. – Ders.: *Statt Gemeinschaft ein Auseinandergehen!* (s. Anm. 6). – Segert, D.: Entwicklung bis zum Ende der Monarchie. In: *Informationen zur politischen Bildung*, 376(2002)3, S. 4–6. – Mišková, A./Segert, D.: Republik unter Druck, ibid., S. 6–14.

8 Dazu liefert Peter Glotz in seinem kürzlich erschienen – gleichermaßen engagierten wie ausgewogenen – Buch reiche Dokumente und Anregungen; Glotz, P.: *Die Vertreibung Böhmens als Lehrstück.* Berlin 2003.

Das historische Erbe im Spiegel kultureller Nachbarschaft

Die Geschichte der kulturellen Nachbarschaft zwischen Tschechen und Deutschen beginnt im frühen Mittelalter; sie ist demnach so alt wie die beiden Nationen selbst, wann immer man ihre ›nationale Geburt‹ ansetzen mag. In jedem Fall reicht sie in das 10. Jahrhundert zurück. In unserem Rückblick werden wir mit zwei Betrachtungsebenen konfrontiert, nämlich zum einen mit den (›außerböhmischen‹) *Beziehungen zwischen Tschechen und ›Reichsdeutschen‹*[9], zum anderen mit den *›innerböhmischen‹* und *›innermährischen‹* Beziehungen zwischen Tschechen und Deutschen, wobei Schlesien außerhalb unserer Betrachtung bleibt, obwohl seine Zugehörigkeit zu den »Ländern der böhmischen Krone« gesondertes Interesse verdiente. Ich mache die weitere Einschränkung, dass ich auf die abweichenden Besonderheiten Mährens nicht eingehe und daher beispielsweise den »Mährischen Ausgleich« vom Jahre 1905 nicht behandle, obwohl dieser einen bemerkenswerten Ansatz zur Entwicklung der Sprachenfrage und Verwaltung im Schulwesen darstellt.

Die *›außerböhmische‹* Dimension der kulturellen Nachbarschaft sei an den folgenden drei Beispielen umrissen. Das *erste* Beispiel betrifft die Ausstrahlung der Gelehrsamkeit und Rechtsform der von Karl IV, im Jahre 1348 gegründeten Universität auf das umliegende Mitteleuropa. Der durch das Kuttenberger Dekret provozierte Auszug der ›nicht-böhmischen‹ Professoren und Studenten (1409) trug freilich bald danach zur Beendigung ihrer überregionalen Bedeutung bei, die – nach bemerkenswerten Ansätzen an der Wende vom 16. zum 17. Jahrhundert – erst im 18. und 19. Jahrhundert wieder erreicht werden sollte. Das *zweite* Beispiel weist auf den Einfluss hin, der von den Universitäten Halle, Leipzig, Göttingen und Jena auf die ›Wiedergeburt‹ der tschechischen Nation im frühen 19. Jahrhundert ausging dank der Anregungen, die dort junge tschechische Historiker und Literaturwissenschaftler sowie Dichter und Schriftsteller empfingen. Auch Richard Wagners Einfluss auf Bedřich Smetana und Antonín Dvořák ist in diesem Kontext erwähnenswert, umgekehrt auch die immense Akzeptanz, welche diese beiden und andere tschechische Komponisten im Musikleben Deutschlands bis zum heutigen Tage genießen. Mit dem *dritten* Beispiel greife ich dem nächsten Abschnitt vor; ich denke hier an die europäische (und später universale) Ausstrahlung des Werkes von Jan Amos Komenský (Comenius), dem ›Vater der modernen europäischen Pädagogik‹. Er ist bereits

9 Dieser Begriff ist hier als Kunstbegriff eingeführt, weil er sich sowohl auf das Heilige Römische Reich deutscher Nation als auch auf das Deutsche Reich zwischen 1871 und 1938 bezieht. Die für eine umfassende historische Betrachtung notwendige *dritte* Ebene der Beziehungen zwischen Tschechen und Österreichern (seit dem Ende des Heiligen Römischen Reiches deutscher Nation) wird in diesem Beitrag nicht speziell thematisiert. Vgl. Payrleitner, A.: *Österreicher und Tschechen. Alter Stein und neue Hoffnung*. Wien, Köln, Weimar 2003.

an dieser Stelle der Hervorhebung insofern wert, als er die gesamte Bildungs- und Geistesgeschichte als Tscheche, Europäer und religiöser Humanist wesentlich befruchtet hat.

Die ›*innerböhmische*‹ Dimension des tschechisch-deutschen Verhältnisses sei folgendermaßen umrissen: Böhmen und Mähren waren seit dem 13. Jahrhundert von zwei ethischen Gruppen bewohnt, die sich nach Sprache und auch nach ihren sozialen Bindungen voneinander unterschieden: den seit dem 7. Jahrhundert einheimischen Tschechen und den seit Beginn des 13. Jahrhunderts zugewanderten Deutschen aus verschiedenen Territorien des Reiches. Bei den politischen Willens- und Entscheidungsträgern *beider* Gruppen, nämlich dem Adel, dem aufstrebenden Bürgertum und der Katholischen Kirche (im Spätmittelalter und der frühen Neuzeit auch der Protestanten), war der Wille zur Teilnahme an der Staatsgestaltung und der gemeinsamen Zugehörigkeit zur europäischen Kultur ausgeprägt. Dies sollte dazu führen, dass sich ungeachtet latenter und manifester Konflikte eine eigenständige »böhmische Kultur«, hier ausdrücklich auf alle drei »Länder der böhmischen Krone« bezogen, herausbildete, welche Religion und Politik einerseits, Literatur, Musik, bildende Künste und Bildungswesen andererseits einschließen sollte. Hierzu seien wiederum drei Beispiele vorgestellt. Das *erste* Beispiel bezieht sich noch einmal auf Karl IV, den »Vater des Vaterlandes« (*otec vlasti*), dessen Platz in der europäischen Geschichte nicht nur durch seine kluge Herrschaftsausübung, sondern auch durch die Förderung *beider* Landessprachen bestimmt war; die Gründung der Prager Universität wurde bereits erwähnt. Das *zweite* Beispiel gilt dem 19. Jahrhundert. Es spiegelt für Böhmen und Mähren nicht nur das Aufkommen des modernen Nationalismus wider, der die Identitätsbildung beider Gruppen dominierte, sondern auch die das *gesamte* Territorium erfassende Entwicklung einer Industriegesellschaft mit ihren sozialen Wirkungen.

Schließlich entstand im 19. Jahrhundert aus dem Wettstreit zwischen Tschechen und Deutschen ein hochentwickeltes Bildungswesen und Kulturleben. Unter dem Stichwort ›Kultur‹ ist an das dichte Netz der Theater und Museen zu denken, zu deren Entfaltung sich der in Kulturverbänden organisierende Bürgersinn die Grundlagen schuf. Der Begriff ›Bürger‹ ist hier in seiner umfassenden *politischen* Wortbedeutung zu verstehen und schließt die Arbeiterklasse sowie die bäuerliche Bevölkerung ein und nimmt heutige transnationale ›zivilgesellschaftliche‹ Entwicklungen vorweg. Eugen Lemberg betont in diesem Zusammenhang die Entstehung zweier »völlig getrennter Kulturkreise«[10], welche die dominierende Tendenz der ganzen Entwicklung gekennzeichnet habe. Gegenläufige Äußerungen und Aktionen, wie František Palackýs Plädoyer für den Erhalt der Habsburgermonarchie als eines schützenden Dachs für die vielen

10 Lemberg, E.: *Nationalismus I*, Hamburg 1964, S. 137–138.

ethnischen Gemeinschaften (1848)[11] und die von Deutschen und Tschechen im Jahre 1859 gemeinsam gestaltete Universitätsfeier zu Friedrich Schillers 100. Geburtstag zeitigten demgegenüber keine nachhaltige Wirkung. Auch die glanzvolle Epoche der Literatur, des Theaterlebens und der bildenden Künste, die Prag an der Schwelle vom 19. zum 20. Jahrhundert erlebte, brachte keine Überwindung der Trennung.[12] In diesem Zusammenhang sei der großen Bedeutung der ›dritten ethnischen Gruppe‹, der Juden, für die kulturelle Entwicklung gedacht. Dass Franz Kafka, der in deutscher Sprache schrieb, heute von Deutschen und Tschechen in seiner universalen Größe gewürdigt wird, zeugt beispielhaft davon, dass am Ende des 19. Jahrhunderts die Geschichte der ›böhmischen‹ Kultur noch nicht zu Ende war – wenn auch in ihrer von Eugen Lemberg diagnostizierten Unverbundenheit, die neben dem Kulturleben auch den akademischen Wissenschaftsbetrieb ergriffen hatte. Sie reichte vielmehr in die Kulturgeschichte des 20. Jahrhunderts und wurde in der ersten Tschechoslowakischen Republik nach 1933 durch letzte Impulse bereichert, als zahlreiche und namhafte Vertreter des ›reichsdeutschen‹ Kulturlebens Asyl und große Resonanz fanden.[13]

Das Bildungswesen in fruchtbarer Konkurrenz

Die folgenden Gedanken zur ›fruchtbaren Konkurrenz‹, in der sich das tschechisch- und deutschsprachige Bildungswesen in den »Ländern der böhmischen Krone« und der nachfolgenden ersten Tschechoslowakischen Republik entwickelte, konzentrieren sich auf das 19. und 20. Jahrhundert – der Periode, in der sich die »Konfliktgemeinschaft« ausformte und am Ende scheiterte. Festgehalten sei aber zuvor, dass unter der Herrschaft Karls IV. sowohl der aus Österreich stammende Konrad Waldhauser in deutscher als auch der aus Kremsier (Kroměříž) kommende Jan Milíč in tschechischer Sprache gegen Reichtum und Sittenverfall der Katholischen Kirche und für die Notwendigkeit einer Einkehr predigten. Der im Jahre 1763 an die damalige Karl-Ferdinands-Universität berufene Karl Heinrich Seibt, der aus Nordböhmen stammte, hielt als erster Professor Vorlesungen in deutscher Sprache und leitete damit die Abschaffung des Lateinischen als Lehrsprache ein. Die tschechische Sprache folgte zwar erst ab 1849, in der Ägide des Unterrichtsministers Leo Graf Thun, holte aber in kurzer Zeit die Verzögerung auf. Was zeigt nun ein Überblick über die vergangenen beiden Jahrhunderte?

Einerseits: Die Einwände tschechischer Kritiker gegen die Bevorzugung der deutschen Sprache im Schul- und Hochschulwesen ziehen sich wie ein roter

---

11 Vgl. Wandruszka, A./Urbanitsch, P. (Hrsg.): *Die Habsburgermonarchie 1848–1918, Band III: Die Völker des Reiches*, 1.Teilband. Wien 1980, S. XIII.

12 Vgl. Demetz, P.: *Prag in Schwarz und Gold. Sieben Momente imLeben einer Stadt.* München, Zürich 1988, S. 446–479.

13 Vgl. Kural 2001 (s. Anm. 7), S. 220–222.

Faden durch die Bildungsgeschichte. Ihnen wohnt vor allem in bezug auf den Beginn des 19. Jahrhunderte ein wahrer Kern insofern inne, als sie die nahezu monopolartige Stellung des Deutschen in Frage stellen. Für die Entwicklung im späten 19. Jahrhundert sei jedoch der amerikanische Bildungshistoriker Gary B. Cohen zitiert, dass »der Erfolg, den sie bei der Entwicklung eines tschechischsprachigen Bildungssystems und eines großen Blocks nationalbewusster Bildungselemente vor dem Ersten Weltkrieg hatten, nur ein Aspekt des größeren Erfolges« war, »den die Tschechen beim Aufbau sozialer, kultureller und volksbezogener politischer Strukturen, die eine moderne Nation kennzeichnen, unter der Habsburgermonarchie hatten«[14]. Die Übertragung der materiellen Vorsorge für die Schulen an die Gemeinden trug zum Aufbau des tschechischsprachigen und zur Weiterentwicklung des deutschsprachigen Schulwesens ebenso bei wie die bereits erwähnten Aktivitäten der Kulturverbände (sowie auch der Turn- und Sportvereine). An dieser Stelle seien auch die, unter dem Gesichtspunkt einer wünschenswerten Kultursymbiose gewiss bedauerliche, von tschechischen *und* von deutschen Professoren und Studenten geforderten Teilung der Prager (damals: Karl-Ferdinands-) Universität im Jahre 1882 in eine deutsch- und eine tschechischsprachige Institution[15] sowie die bereits 1869 vorausgegangene Teilung des Polytechnischen Instituts, der Vorläuferin der späteren Technischen Hochschule, zu erwähnen.

Andererseits: Sowohl das deutschsprachige als auch das sich aufwärtsentwickelnde tschechischsprachige Bildungswesen waren an der, im ganzen gesehen, liberalen habsburgischen Schulpolitik beteiligt, die, in Fortsetzung der Theresianischen Schulreform vor allem durch das Reichsvolksschulgesetz vom Jahre 1869 stabilisiert wurde. Zu Beginn des 20. Jahrhunderts zählten die »Länder der böhmischen Krone« zu den höchstentwickelten Bildungslandschaften Europas und damit der Welt, von den Kindergärten bis zu den Hochschulen. Die Tschechen waren daran im ganzen aktiv und erfolgreich beteiligt, auch wenn ihre Klagen über Benachteilungen immer wieder laut wurden. Der tschechische Bildungshistoriker Jan Havránek unterstreicht den Charakter der positiven Parallelentwicklung, die nur dadurch eingeschränkt worden sei, dass »deutsche Schulen weiterhin dort« existierten,

---

14 Cohen, G.B.: Education and Czech social structure in the late nineteenth century. In: Lemberg, H./Litsch, C./Plaschka, R.G./Ráki, G. (Hrsg.): *Bildungsgeschichte, Bevölkerungsgeschichte, Gesellschaftsgeschichte in den böhmischen Ländern und in Europa. Festschrift für Jan Havránek zum 60. Geburtstag.* München 1988, S. 39.

15 Die Dualität der Prager Universitätsstruktur bestand bis 1939, als die tschechischsprachige Universität durch die deutsche Okkupationsmacht geschlossen wurde. Die deutschsprachige Universität endete im Jahre 1945. In diesem Zusammenhang sei hervorgehoben, dass im Festvortrag von Michael Svatoš zum 650jährigen Bestehen der Karls-Universität am 7. April 1998 auch die wissenschaftlichen Leistungen der einstigen deutschsprachigen Universität mit beispielhafter Nennung ihrer bedeutendsten Forscher und Absolventen gewürdigt wurden.

wo es nur wenige deutsche Schüler gab. Nur in bezug auf solche Bedingungen könnte argumentiert werden, die Position der Tschechen als nichtdominante Nation im Bildungswesen sei bis 1914 durch eine (gegenüber den Deutschen) ungleiche Position gekennzeichnet gewesen.[16]

Was nun die umgekehrte Beziehungslage, nämlich die Stellung des deutschsprachigen Schulwesens in der ersten Tschechoslowakischen Republik betrifft, darf ich auf eigene Forschungen verweisen.[17] Nunmehr fühlten sich die (Sudeten-) Deutschen benachteiligt, in vielen Fällen gewiss zu Recht, teilweise aber auch unbegründet, weil die ›Begünstigungen‹ tschechischsprachiger Schulen vielfach (nur) dem Ausgleich einstiger Ungleichgewichte dienten. Der Republik gelang es während ihres Bestehens im ganzen nicht, die tschechisch-deutschen ›Innenbeziehungen‹ vertraglich zu lösen. Für das Bildungswesen, wie auch für die Verwaltungsebene in den Gemeinden, ist diese Einschätzung freilich zu relativieren: Hervorhebenswert ist, dass in der Hauptstadt die deutsche Universität und die deutsche Technische Hochschule fortbestanden, und zudem die deutsche Technische Hochschule in Brünn (Brno), der mährischen Landeshauptstadt. Dieses Hochschulwesen stellte die Spitze eines reichgegliederten allgemein- und berufsbildenden deutschsprachigen Schulwesens mit eigenen Verwaltungssektoren dar. Hätte die von Unterrichtsminister Ivan Dérer zu Beginn der dreißiger Jahre geplante Schulreform verwirklicht werden können, wären deutschsprachige Schulen in sie voll einbezogen worden. Diese Reform sah unter anderem für Ortsschulräte und Landesschulräte eine Kompetenzerweiterung auf der Grundlage der sprachlichen Trennung vor. Die Gespräche der sudetendeutschen Lehrerverbände mit dem Unterrichtsministerium gingen sogar bis in das Jahr 1938 hinein weiter. Dies hervorzuheben ist umso wichtiger, als bereits bei der Parlamentswahl vom Jahre 1935 die zunehmend nationalsozialistisch werdende Sudetendeutsche Partei 63 Prozent der wahlberechtigten Sudetendeutschen erhielt.[18] Im Mai 1938 sollten es sogar 78 Prozent werden, nachdem sich, mit Ausnahme der Sozialdemokraten und Kommunisten, die übrigen deutschsprachigen Parteien aufgelöst hatten. Zusammenfassend sei bemerkt, dass die Konflikte und Benachteiligungen in der Habsburgermonarchie und in der ersten

---

16 Havránek, J.: The education of Czechs and Slovaks under foreign domination, 1850–1918. In: Tomiak, J. (Hrsg.): *Schooling, educational policy and ethnic identity. Comparative studies on governments and non-dominant ethnic groups in Europe 1850–1914*, vol. I. Dartmouth/New York 1991. S. 239, 249.

17 Vgl. Mitter, W.: Das deutschsprachige Schulwesen in der Tschechoslowakei im Spannungsfeld zwischen Staat und Volksgruppe (1918–1938). In: Lemberg, H. u,.a. (Hsrg.): *Bildungsgeschichte...* (s. Anm. 12), S. 85–96. – Ders.: Civic education in German schools in Czechoslovakia (1918–1938) in the mirror of loyalty conflict. In: Karady; V./Mitter, W. (Hrsg.): *Bildungswesen und Sozialstruktur im 19. und 20. Jahrhundert/Education and social structure in Central Europe in the19th and 20th centuries*. Köln, Wien 1990, S. 71–83. – Ders.: German schools in Czechoslovakia 1918–1938. In: Tomiak, J.: *Schooling...* (s Anm. 14), S. 211–233.

18 Vgl. Kural 2001 (s. Anm. 7). S. 195–200.

Tschechoslowakischen Republik nicht reziprok bagatellisiert werden können. Gleichwohl kommen sie im bildungshistorischen europäischen und globalen Vergleich gut weg – übrigens auch im Vergleich mit analogen Situationen und Problemen in der Gegenwart.

Herausforderung an die politische Bildung

Zuerst beziehe ich die Herausforderung auf die *zeitliche Dimension* des lebenslangen Lernens. Für das Ziel deutsch-tschechischer Verständigung bedarf es neben den Initiativen im Schulbereich der Einbeziehung der Erwachsenen in die Aufklärungs- und Überzeugungsarbeit, zumal deren Erinnerungen an Kindheits- und Jugenderlebnisse eine bedeutsame Rolle spielen.[19] Angesprochen sind insbesondere Eltern und Lehrer, im weiteren Sinne aber alle Bürger insofern, als sie als Wähler im demokratischen Staat auf Entscheidungen treffen oder beeinflussen, die in unserem Fall die Zukunft der Nachbarschaft betreffen.
Die folgenden Gedanken gelten der *örtlichen Dimension* . Auf das Bildungswesen bezogen, stellt sich die Kernfrage: Wo findet Lernen statt? Johan Galtung, der bedeutende norwegische Friedensforscher, auf den ich mich in diesem Kontext beispielhaft beziehe, äußerte sich im Jahre 1997 zur Frage nach Möglichkeiten einer Erziehung zu Gerechtigkeit und Frieden, folgendermaßen: »Ich glaube, dass der größte Teil dieser Erziehung unsichtbar ist. Die wichtigsten Lehrer sind immer noch die Mütter, die Erzieher/innen, die Millionen, die in Elementar- und anderen Schulen unterrichten, die religiösen Menschen in ihren Kirchen, Moscheen und Tempeln, die Menschen, welche Organisationen auf partizipatorischer Grundlage leiten, und viele andere«.[20] Besondere Aufmerksamkeit verdient in dieser Aussage zum einen die Reichweite der Aufgabe, wobei der Schwerpunkt auf Kindheit und Jugend liegt, sinngemäß aber das Erwachsenenleben einschließt, nämlich durch den Hinweis auf Kirchen und Organisationen. Zum anderen ist die Reihenfolge aufschlussreich, in welcher die ›Erziehungsträger‹ genannt werden, wobei er den »Müttern« (wir sollten eher von »Familien« oder familienähnlichen Gemeinschaften sprechen) zu Recht die primäre Bedeutung beimisst. Die Herausforderung an die politische Bildung umgreift letztendlich das Bildungs- und Erziehungswesen in seiner weitesten Wortbedeutung.

Auch die *curriculare* Dimension ist allumfassend, indem in ihr sowohl die kognitiven Kriterien des Erwerbs von Kenntnissen und Fähigkeiten als auch die affektiven oder emotional-sozialen Kriterien der Einstellungen und Verhaltensweisen enthalten sind. Für die politische Bildung spielen die affektiven Kriterien

---

19 Dazu für das Verhältnis zwischen Tschechen und Sudetendeutschen in der Gegenwart die aufschlussreiche Untersuchung der tschechischen Soziologin Alena Wagnerová: 1945 waren wir Kinder. Flucht und Vertreibung im Leben einer Generation. Köln 1990.

20 Interview (by Natascha Batić) with Johan Galtung: »Peace education is only meaningful if it leads to action.« In: *The UNESCO Courier*, January 1997, S. 7.

eine herausragende Rolle, negativ wie positiv. Hier sei zunächst auf die negative Komponente dieses Kriterienbereichs aufmerksam gemacht. Galtung lässt seine zitierte Aussage in der folgenden Warnung ausklingen; indem er sich auf die »Erzieher« bezieht, bemerkt er: »Häufig aber sind ihre Botschaften rau, exklusiv, von Hass erfüllt«[21]. Ich selbst äußerte mich dazu auf dem VIII. Weltkongress der Vergleichenden Erziehungswissenschaft in Prag (Juli 1992) auf ähnliche Weise, fügte aber hinzu: »Glücklicherweise lenkt die Erfahrung unsere Aufmerksamkeit auch auf Erziehungstheoretiker und Erziehungspraktiker, welche ihr Engagement darin entfalten, Entwicklung und Demokratie auf der Grundlage menschlicher Grundwerte zu erfassen und zu behandeln...«[22] Erzieherische Einwirkungen positiver wie negativer Art beginnen bereits im Familien- und Schulalltag und werden durch ihn verstärkt. Dies gilt auch für die Beziehungen zwischen Tschechen und Deutschen. Wenn das Kind in der Familie – durch Eltern oder Verwandte – oder in der Schule, und sei es auch nur aus wiederkehrenden Äußerungen des Lehrers, hören muss, dass ›*die* Tschechen‹ beziehungsweise ›*die* Deutschen‹ Menschen mit nur oder auch nur überwiegend schlechten Eigenschaften seien, und diesem Vorurteil nicht nachhaltig – in der Schule durch andere Lehrer – entgegengewirkt wird, bleibt zu befürchten, dass ›etwas hängen bleibt‹, das Einstellungen und Verhaltensweisen auch des späteren Erwachsenen nicht unbeeinflusst lassen dürfte. Dieser Faden lässt sich weiter spinnen; so ist die Mitnahme von Kindern zu Veranstaltungen, auf denen einseitige und entstellende Äußerungen über Angehörige einer anderen Nation, dazu noch auf emotionalisierte und polemische Weise, gemacht werden, gewiss kein Beitrag zu grenzüberschreitender Verständigung und guter Nachbarschaft. An dieser Stelle sei besonders an die große Bedeutung der Medien erinnert, zum Beispiel bei der Wiedergabe von Nachrichten. Leider tendieren Medien häufig dazu, Konflikte um der Sensation willen hochzuspielen, während der ›normale‹ Alltag mit seiner meistens viel helleren Konturen der Aufmerksamkeit für weniger wert gehalten wird.

Die Wichtigkeit affektiven und sozialen Lernens bedeutet keineswegs eine Minderung der Bedeutung, welche den kognitiven Kriterien zukommt. Dieser Hinweis gilt für alle Altersstufen, woraus für die Schule die Anpassung des Curriculum an das altersbedingte Auffassungsvermögen der Schüler resultiert. Im Primarbereich steht die Darstellung des konkreten Falls im Vordergrund, doch auch im Sekundarbereich, und selbst auf der Universität, sollte auf diesen methodischen Ansatz nicht verzichtet werden, und zwar unter Einbeziehung der modernen audiovisuellen Lehrmittel (Film usw.). Unter fächerspezifischem Aspekt der Vermittlung von Inhalten zum Thema ›Tschechisch-deutsche Nachbarschaft‹ fällt unser erster Blick auf das Fach Geschichte, in dessen Unterricht

---

21 Ibid.

22 Mitter, W.: Education, democracy and development in a period of revolutionary change. In: *Internatonal Review of Education*, 39(1993)6, S. 471.

die kritische Betrachtung von Ereignissen und Entwicklungen im Mittelpunkt steht. Die Gegenüberstellung von Texten, in denen divergierende Auffassungen geäußert werden, erweist sich hierbei als urteilsfördernd.[23] Schließlich sollte bei der Erörterung des tschechisch-deutschen Verhältnisses in der Vergangenheit die Geschichtsschreibung mit ihren unterschiedlichen Einschätzungen exemplarisch zu Worte kommen. Der Lehrer hat die Aufgabe, seine Schüler beim Aufsuchen relevanter Literatur zu beraten und dabei die bei ihnen (und auch bei ihm selbst) vorhandenen Wissenslücken zu füllen. Neben dem Fach Geschichte spielen die Fächer Geographie und Gesellschaftslehre (Sozialkunde) eine besondere Rolle, ebenso auch die Lernbereiche der Literatur, Musik und bildenden Kunst. Dies führt zu der These, dass die Bewältigung unseres Themas eine *interdisziplinäre* Aufgabe darstellt.

Beide Lernkriterien, das kognitive wie das affektive, werden im handlungsorientiertem Projekt zusammengeführt. In seinem Rahmen bieten sich Begegnungen zwischen tschechischen und deutschen Schülern an, verbunden mit Briefwechsel, Klassenfahrten, Schüleraustausch oder, wie im Projekt in Pirna, gemeinsamem Schulbesuch und Unterricht. Die geographische Nachbarschaft erweist sich hierbei als ebenso großer Vorteil wie die touristische Anziehungskraft beider Länder mit ihren landschaftlichen Schönheiten und der großen Zahl historischer Denkmäler. In ein ganz anderes – verfremdendes, doch nicht weniger einprägsames – Lernfeld kann der Vergleich von Grabinschriften führen, durch den Schüler von der Durchdringung von Sprache, Herkunft und Gegenwartsidentität erfahren. Auch das Auffinden von ›tschechischen‹ und ›deutschen‹ Namen in heutigen Telefonbüchern in der Tschechischen Republik und in Deutschland weckt analoges Nachdenken über Geschichte und Erbe des Zusammen- und Auseinanderlebens von Tschechen und Sudetendeutschen, insbesondere innerhalb zahlreicher Familien.

Ein erwähnenswertes Hindernis in der Herstellung von Partnerschaften stellt die Sprachkompetenz der Partner dar. Es ist gewiss wünschenswert, wenn Deutsche die Sprache ihrer tschechischen Nachbarn lernen, doch wird ihre Zahl unter realistischem Aspekt gering bleiben. Umgekehrt ist eher damit zu rechnen, dass Tschechen deutsch lernen, was durch das empirisch nachgewiesene Interesse tschechischer Jugendlicher nachgewiesen ist. Darüber hinaus steht, vor allem in der jungen Generation, das Medium der englischen Sprache als *lingua franca* zur Verfügung. Von einem romantischen Denkansatz her ist dieser ›Umweg‹ keine Ideallösung, doch haben in der europäischen Geschichte kulturenübergreifende Sprachen stets als Verständigungsmedien eine bedeutsame Rolle gespielt, zuerst das Lateinische, später das Französische, danach in Mitteleuropa das Deutsche, heute in ganz Europa das Englische.

---

23 Dazu bietet das von Karlheiz Filipp am Schicksal der eigenen Familie exemplarisch aufbereitete Quellenbuch einen empfehlenswerten dichterischen Zusammenhang. Filipp, K.: *Misericordia Bohemiae. Hospodine pomituj ny. Große Geschichte und kleine Leute.* Deutsch-tschechische Ausgabe. Dresden 2003.

Schlussbetrachtung

Die Geschichte der ›innerböhmischen Dimension‹ ist unwiderruflich vorbei. Mit dem selbstverschuldeten Untergang des Dritten Reiches, das die Tschechen im *Protektorat* (und die tschechische Minderheit im Sudetenland) unterdrückt und mit Auslöschung ihrer ethnischen Existenz bedroht hatte, und der darauffolgenden Vertreibung der Sudetendeutschen aus ihrem Jahrhunderte altem Siedlungsraum ist diese Dimension in die ›außerböhmische‹ Variante der deutsch-tschechischen Nachbarschaft eingegangen. Die Chancen einer ›fruchtbaren Konkurrenz‹, die in der Habsburgermonarchie und der ersten Tschechoslowakischen Republik für eine friedliche Gestaltung der »Konfliktgemeinschaft« bestanden, wurden von beiden ethnischen Gruppen nicht wahrgenommen und schließlich verspielt. Der Historiker hält für das Verspielen von Chancen stets viele komplexe Erklärungen bereit. Dem mit Gegenwartsproblemen befassten Interpreten, der die Wirkungen von Unmenschlichkeit und Zerstörung betrachtet, darf demgegenüber das Urteil erlaubt sein, dass der Gang der Ereignisse keineswegs zwangsläufig gewesen ist. Als Beispiele für diese These seien am Ende die beiden folgenden Äußerungen aus den dreißiger Jahren des 20. Jahrhunderts zitiert. Die erste Äußerung bezieht sich auf den tschechischen Historiker Josef Pekař aus dem Beginn jenes Jahrzehnts[24]:

> Die Verständigung mit den Deutschen ist notwendig und natürlich, denn siebenhundert Jahre besiedelt die deutsche Minderheit mit uns dieses Land und wir sind lokal, wirtschaftlich, ja auch geistig zusammengewachsen und haben einander so durchdrungen, dass an ein Auseinandergehen gar nicht zu denken ist; mit unserem Blut und unseren Eigenschaften stehen wir einander unter allen Völkern am nächsten [...] und deshalb muss ein Ausweg gesucht werden, der ein weiteres Zusammenleben ermöglicht und den Deutschen gestattet, sich ohne Selbstverleugnung zu unserem Staat und seiner Zukunft zu bekennen.

Das zweite Zitat ist einem Aufsatz des sudetendeutschen Pädagogen Gottfried Preissler aus dem Jahre 1936 entnommen, also aus der Spätphase der ersten Tschechoslowakischen Republik[25]:

> Wir haben wiederholt dargetan, dass die sudetendeutsche Schule in ihrer Gesamtheit innerhalb des tschechoslowakischen Schulwesens – soziologisch und pädagogisch betrachtet – eine besondere Stellung einnimmt und besondere Aufgaben zu erfüllen hat. Diese besondere Stellung ist dadurch gegeben, dass unsere Schule den beiden Sozialformen ›Tschechoslowakischer Staat‹ und ›Deutsches Volkstum‹ zugeordnet ist und beiden Sozialformen gegenüber Bildungsaufgaben zu erfüllen hat. Denn unsere Schule hat gewiss die vornehme Aufgabe, die ihr anvertraute Jugend zu tschecho-

24 Zitiert nach Kural 2001 (s. Anm. 7), S. 105.

25 Preissler, G.: Die kulturpolischen Aufgaben unserer Schule. In: *Freie Schulzeitung*, Nr. 80, 10. September 1936.

> slowakischen Staatsbürgern zu erziehen, welche bereit sind, für den Staat und seine demokratische Verfassung – auch mit der Waffe in der Hand – einzutreten und unsere heimische Demokratie weiter zu entwickeln und auszubauen. Sie hat aber gleichzeitig auch die Aufgabe, ihre Kinder zu deutschen Volksbürgern zu erziehen, welche die kulturelle Stellung und die kulturellen Aufgaben des deutschen Volkstums – zunächst innerhalb unseres Heimatstaates – richtig erfassen und begreifen und welche willens sind, diese kulturellen Aufgaben zu erfüllen.

Löst man beide Äußerungen aus ihrem epochalen Kontext, kann man in ihnen grundlegende Gedanken entdecken, die sich sinngemäß aus der einstigen ›innerböhmischen Dimension‹ auf die heutige deutsch-tschechische Nachbarschaft und darüber hinaus auf ein sich vereinendes Europa übertragen lassen. Diese Erwartung steht allerdings unter dem Vorbehalt, dass friedliches Zusammenleben nicht durch eine Politik, welche durch Unversühnlichkeit sowie durch brutale Gewalt bestimmt ist, zunichte gemacht wird. Hierfür liefern die Zerstörung des deutsch-tschechischen Verhältnisses durch Hitlers Herrschaft zwischen 1938 und 1945 ein beredtes Beispiel durch den modernen Nationalismus und seine Zerstörung.

Wolfgang Hörner

Kontinuität, Krise und Zukunft der Bildung in Frankreich

Im Januar 2003 wurde der 40. Geburtstag des Deutsch-französischen Vertrages feierlich begangen, der ja auch in der Biographie des Verfassers einige Spuren hinterlassen hat, die u.a. mittelbar dazu führten, daß das französische Bildungswesen zu seinem ersten Forschungsgegenstand wurde und seine wissenschaftliche Biographie bis heute begleitete.[1] So schien es keineswegs abwegig, das Rahmenthema dieses Geburtstagskolloquium in Abweichung vom gedruckten Programm direkt auf den Gegenstand *Frankreich* zu beziehen und das Land sozusagen stellvertretend für die im Programm angekündigte Bildungsentwicklung in Westeuropa zu setzen.

Diese stellvertretende Funktion bedarf auch inhaltlich wohl keiner langen Rechtfertigung, wenn man den Modellcharakter des französischen Bildungswesens innerhalb der EU und darüber hinaus auch für einige Beitragskandidaten im östlichen Europa in Rechnung stellt, der gerade von deutschen Autoren (insbesondere aus dem Bereich der Berufsbildung) immer wieder nicht ohne eine gewisse Irritation unterstrichen wird. Darüber hinaus lässt sich der Dreiklang von Kontinuität, Krise und Zukunft der Bildung gerade am Beispiel Frankreichs besonders plastisch zeigen. Da der Schwerpunkt dieser Ausführungen auf den darzustellenden Problemen liegen soll und nicht auf der systematischen Darstellung der Schulstrukturen, wird im Folgenden auf eine ausführliche Darstellung und Kommentierung der Strukturen des Bildungssystems verzichtet.[2]

1. Kontinuität

Zunächst zum Stichwort *Kontinuität*:

Die französische Schule ist bis heute geprägt durch ein dreifaches Erbe:

- durch die besondere Humanismusinterpretation der Jesuitenschulen des 17. Jahrhunderts mit ihrer Vorliebe für das Wort,
- durch die großen Bildungspläne der Revolutionszeit mit ihrem egalitären Pathos
- durch die eher technokratische napoleonische Konzeption der Universitäten und Lycées, die im Dienste von dessen militärischer wie ziviler Kaderpolitik im Hinblick auf den Aufbau eines »modernen« Staates stand.

---

1 Vgl. die Referenzen von Hörner 1975 bis Hörner 2002a.

2 Vgl. dazu auch das beigefügte Strukturschema des Bildungssystems, Abb. 1; ausführlicher auch Hörner 1996; Hörner 2000; Hörner 2002a.

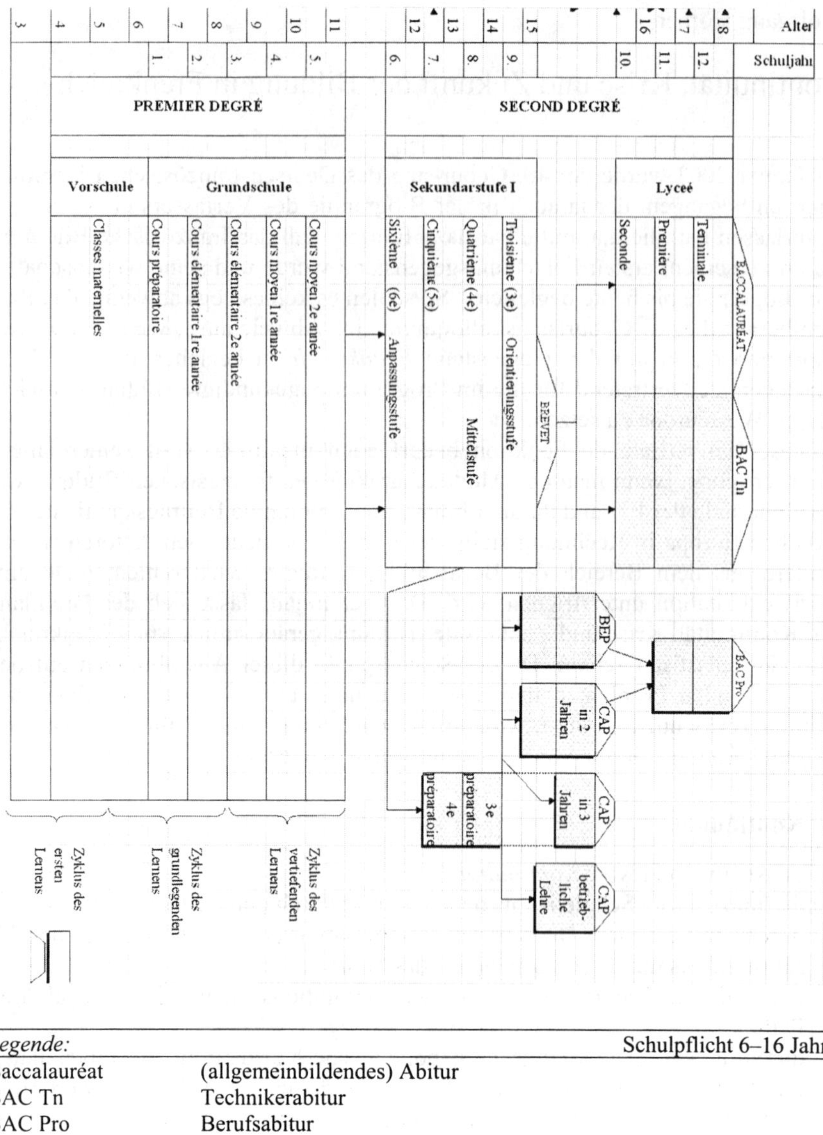

Legende:	Schulpflicht 6–16 Jahre
Baccalauréat	(allgemeinbildendes) Abitur
BAC Tn	Technikerabitur
BAC Pro	Berufsabitur
BEP	Facharbeiter-/Angestellten-Diplom (breit profiliert)
CAP	Facharbeiter-/Angestellten-Diplom (eng profiliert)
	Technische und berufsbildende Schulen
	Endexamen

Abb. 1: Die Struktur des französischen Bildungssystems

Dabei lässt sich darüber hinaus ein starkes Spannungsverhältnis beobachten zwischen den »demokratischen« bildungspolitischen Denkmodellen der Revolutionszeit verbunden etwa mit den Namen Condorcet oder Lepeletier und der tatsächlichen Umgestaltung des Bildungswesens zu Beginn des 19. Jahrhunderts im Zeichen von Napoléons zentralistischer *Université Impériale*. Mit diesem Begriff war im Übrigen nicht nur der Hochschulbereich, sondern das gesamte Bildungssystem gemeint. Diese Spannung läßt sich bis heute in der französischen Bildungspolitik wahrnehmen.[3]

Die Kontinuität des egalitären Erbes in der Gegenwart lässt sich dahingehend verfolgen, dass nach langen politischen Auseinandersetzungen in der Zeit nach dem Zweiten Weltkrieg im Jahr 1975 in Frankreich von einer *konservativen* Regierung eine gemeinsame Sekundarstufe I für alle Schüler eingeführt wurde.[4] Man beachte, dass dies zu einem Zeitpunkt geschah, als in Deutschland (West) der Deutsche Bildungsrat aufgelöst wurde und nicht zuletzt dadurch die Hoffnung auf eine Strukturreform des Bildungssystems definitiv am Parteienstreit zerrieben wurde. Das Grundprinzip dieser gemeinsamen, also gesamtschulartigen Sekundarunterstufe wurde trotz manch krisenhafter Entwicklung (dazu später) seitdem nie ernsthaft in Frage gestellt. Im Gegenteil: Zur 200-Jahr-Feier der Französischen Revolution wurde unter dem symbolträchtigen Datum des 14. Juli 1989 (trotz des hohen Feiertages!) ein Rahmengesetz zum Bildungswesen publiziert, das die horizontalen Strukturen festigte, die Bildung als »nationale Priorität« definierte und im Namen der *égalité* den Staat verpflichtete, *allen* Jugendlichen eine Ausbildung zu gewähren und bis zum Jahr 2000 also binnen elf Jahren 80% eines Altersjahrgang bis auf das Niveau der Abiturklasse zu bringen – Sekundarbildung für alle (*secondary education for all*), fast wörtlich genommen.[5] Es mag für deutsche Ohren unglaublich klingen, dass im Stichjahr 2000 tatsächlich über 60% eines Altersjahrgangs die reale Hochschulreife erreichten und das Planziel von 80% »auf Abiturniveau« nur um 10% verfehlt wurde – es waren tatsächlich nur 70%.[6] Allerdings muss man zum Verständnis dieses ehrgeizigen, aus deutscher Sicht geradezu atemberaubenden (wenn nicht gar irrsinnig anmutenden) Zieles auch berücksichtigen, dass mit diesem *baccalauréat* nicht nur ein allgemeinbildendes Abitur wie in der deutschen Tradition gemeint war, sondern dass gut die Hälfte der französischen Abiturienten seit längerer Zeit eine echte Doppelqualifikation erwerben (nämlich neben der formell uneingeschränkten allgemeine Hochschulreife zugleich eine berufliche Qualifikation auf Technikerniveau). Diese *simultane* Doppelqualifikation (beide Abschlüsse werden gleichzeitig erreicht) unterscheidet sich deutlich von der auch in Deutschland üblichen *konsekutiven* Doppelqualifikation bei der nach dem Erwerb eines bloß allgemeinbildenden Abiturs eine vollständige Ausbil-

3 Siehe dazu ausführlicher auch Hörner 1995.
4 Das *collège unique* – vgl. Hörner 1976.
5 Vgl. Loi 1989.
6 Vgl. Renault 2001.

dung im dualen System angeschlossen wird, zum Beispiel im Bereich der Banken und Versicherungen, was die Ausbildungszeiten, wie manche meinen: unnötig, verlängert.

Das Stichwort *Kontinuität* gilt aber auch für den *technokratischen Aspekt* der französischen Schule. Man kann sie festmachen in der heimlichen bis offenen sozialen Hierarchie der Abiturtypen auch innerhalb der »demokratisch« geöffneten Abitursektionen. Zentrales Selektionsinstrument und Maßstab der gesellschaftlichen Anerkennung ist dabei die Mathematik, die ja durch ihre relative Unabhängigkeit von der Sprache ihrerseits als kulturunabhängig oder zumindest als »kulturübergreifend« gilt und damit im Sinne der meritokratischen *égalité* einen vergleichsweise demokratischen Ruf hat. Erst durch differenziertere bildungssoziologische Untersuchungen wurde die französische Öffentlichkeit darauf aufmerksam gemacht, dass der hohe Abstraktionsgrad der Mathematik unter dem Schein der Neutralität eine durchaus starke soziale Selektivität versteckt.

Noch deutlicher wird die Selektion im Überbau des Schulsystems, einem faktisch dreigliedrigen Hochschulsystem mit den *Grandes Ecoles* an der Spitze des gesellschaftlichen Prestiges, den Massenuniversitäten für das Gros der Abiturienten und den nicht weniger selektiven technischen Ausbildungsgänge unterhalb der eigentlichen Hochschulebene.

Natürlich gab es zahlreiche Oberstufen- und Hochschulreformen, aber das Grundprinzip, manche Kritiker würden sagen, das Grund*problem*, wurde nicht in Frage gestellt: die Reform Fouchet von 1963 mit ihrem Trend zur frühen Spezialisierung differenzierte die Sektionenstruktur der Oberstufe aus, indem sie enge Profile und eine frühe Spezialisierung einführte, die später genau zum Gegenstand besonders heftiger Kritik wurde, die gegenläufige Oberstufenreform gut 30 Jahre später versuchte zwar durch Vereinfachung der Sektionen und durch Modularisierung der Inhalte den angedeuteten »Imperialismus der Mathematik« als Selektionsinstrument abzuschwächen, das Grundproblem blieb jedoch erhalten. Die Noblesse eines Abschlusses hängt weiterhin davon ab, wie viel Mathematik der Absolvent/die Absolventin im Curriculum hatte.

Noch weniger änderte sich hinsichtlich der Strukturen des Hochschulwesens: alle kühnen Vorstöße der Linken, die Elitehochschulen, die *Grandes Ecoles* als solche abzuschaffen oder in die Universitätsstrukturen zu integrieren, blieben bis heute ohne ernsthafte Konsequenzen. Vergeblich prangerten bisher die »linken« Kritiker die schulisch organisierten Vorbereitungsklassen nach dem Abitur, die der Vorbereitung des Aufnahmewettbewerbs galten, als geisttötende, psychisch zermürbende Paukanstalten an und brandmarkten die hochselektiven Zulassungsverfahren (*concours*) als Import aus dem alten imperialen China der Mandarine. Schon die räumliche Verlegung einiger dieser ehrwürdigen Anstalten in die Provinz (wenn man die Auch-Metropole Lyon so bezeichnen kann) löste Stürme der nationalen Entrüstung aus. Im Gegenteil: die bis in die jüngste Zeit regierenden Sozialisten entdeckten den »*élitisme républicain*« (so der frühere

Bildungsminister Chevènement) als neu zu gestaltendes altes revolutionäres Ideal von Bildung. Seltsamerweise wurden in diesem Kontext die eher ernüchternden Ergebnisse der PISA-Untersuchung, die Frankreich im ganzen nur den OECD-Durchschnitt bescheinigten – »*Frankreich – nur ein mittelmäßiger Schüler der OECD-Klasse*« titelte die bekannte Tageszeitung *Le Monde* am 5. Dezember 2001 – (lediglich – oder soll man sagen: sogar? – im Prestigefach Mathematik wurde das obere Drittel knapp erreicht) in der französischen Öffentlichkeit mit Gleichmut weggesteckt wurden – aber vielleicht lag es daran, dass die besserwisserischen Deutschen ein noch weitaus vernichtenderes Urteil über die Schulleistungen ihrer Kinder hinnehmen mussten, wie man nicht immer ohne eine gewisse Häme in den Zeitungen nachlesen konnte (so zum Beispiel *Le Figaro* am selben Tag) (Abb. 2 – PISA-Rangliste). Die herrschenden Technokraten nutzten den PISA-Effekt, um die ohnehin begonnenen flächendeckenden Evaluationen der Schülerleistung zu intensivieren und zu systematisieren.

2. Krise

Fast erwartungsgemäß ist das Zentrum der *Krise* genau dort zu suchen, wo die positive Kontinuität dargestellt wurde. Ich möchte sie auf zwei Punkte fokussieren: zum einen auf die undifferenzierte gemeinsame Sekundarstufe I (das *collège*) und zum anderen das Problem der Verbindung von Schule und Arbeitswelt, genauer, das Problem der Jugendarbeitslosigkeit.

Nach Meinung der pädagogischen Kritiker krankte das *collège* von Anfang an an dem Umstand, dass es ohne seriöse Differenzierungsmaßnahmen eingeführt wurde.[7] Die Ratschläge der mit Experimentalschulen befaßten Bildungsforscher, Maßnahmen flexibler Differenzierung vorzusehen, wurden nicht berücksichtigt (so noch zusammenfassend Legrand 1983). Die einzige offizielle Differenzierungsmöglichkeit bestand ursprünglich aus 3 Stunden Förderunterricht für die besonders lernschwachen Schüler, die in der Muttersprache, der Fremdsprache und Mathematik »verbraucht« wurden. Das Ergebnis war zunächst, dass die Gemeinsamkeit schon von der 8. Klasse an zu bröckeln begann, indem ein Teil der schwächeren Schüler auf die Ausweichzweige (z.T. in der Form von Warteklassen) des beruflichen Bildungswesen umgelenkt wurde. Dies betraf bis in die achtziger Jahre noch bis zu 30% eines Jahrgangs.[8] Da dies den Verfechtern der *égalité* verständlicherweise ein Dorn im Auge war, wurden seit den 80er Jahren neue Formen curricularer Differenzierung (*classes technologiques*) für die Klassen 8 und 9 eingeführt allerdings Ende der 90er Jahre wieder auslaufen lassen.

---

7 Vgl. Auduc 1998 sowie das Themenhaft der Zeitschrift *Le Monde de l'Education*, Februar 2003.

8 Nach Hörner 1993, S. 47.

Lesekompetenz	Mathematik	Naturwissenschaften
Finnland	Japan	Korea
Kanada	Korea	Japan
Neuseeland	Neuseeland	Finnland
Australien	Finnland	Großbritannien
Irland	Australien	Kanada
Korea	Kanada	Neuseeland
Großbritannien	Schweiz	Australien
Japan	Großbritannien	Österreich
Schweden	Belgien	Irland
Österreich	*Frankreich*	Schweden
Belgien	Österreich	Tschechien
Island	Dänemark	*Frankreich*
Norwegen	Island	Norwegen
Frankreich	Liechtenstein	USA
USA	Schweden	Ungarn
Dänemark	Irland	Island
Schweiz	Norwegen	Belgien
Spanien	Tschechien	Schweiz
Tschechien	USA	Spanien
Italien	*Deutschland*	*Deutschland*
Deutschland	Ungarn	Polen
Liechtenstein	Russland	Dänemark
Ungarn	Spanien	Italien
Polen	Polen	Liechtenstein
Griechenland	Lettland	Griechenland
Portugal	Italien	Russland
Russland	Portugal	Lettland
Lettland	Griechenland	Portugal
Luxemburg	Luxemburg	Luxemburg
Mexiko	Mexiko	Mexiko
Brasilien	Brasilien	Brasilien

Abb. 2: PISA-Rangliste

Allerdings gab es schon von Beginn des einheitlichen *collège* an eine Form verdeckter Leistungsdifferenzierung, deren geheimer Mechanismus einfach die Wahl der ersten Fremdsprache war. Da die Wahl zwischen den damaligen Hauptsprachen Englisch, Deutsch und Spanisch im Prinzip frei war, Deutsch aber als flexionsreiche Sprache äquivalent zum Latein im Vergleich zu den beiden anderen als schwierig galt, wurden die Deutschkurse meist von leistungsbewussten oder ehrgeizigen Eltern gewählt. Da der Deutschkurs bis in die jüngste Vergangenheit meist aus Gründen der Vereinfachung der Stundenplanorganisation als feste Parallelklasse geführt wurde, ergab es sich quasi von alleine, dass sich in diesen Klassen mit Deutsch als erster Fremdsprache sehr oft die leistungsstärkeren und/oder die sozial besser gestellten Kinder wiederfanden.

So wurde die Wahl der ersten Fremdsprache zum verdeckten Mechanismus sozialer Selektion. Der Deutschunterricht übernahm im übrigen wie angedeutet auch in schulstruktureller Hinsicht in diesem Zusammenhang die Funktion der früheren Latein-Klassen. Allerdings wurden diese versteckten Quellen sozialer Selektion mit dem verstärkten Kampf der Bildungspolitiker gegen Ungleichheit auch entlarvt und durch schulorganisatorische Maßnahmen bekämpft, indem man keine reinen Deutschklassen mehr bildete. Als Folge wurde der langsame Rückgang des Deutschunterrichts als erster Fremdsprache noch verstärkt, da die Sekundärmotivation der Eltern jetzt vereitelt wurde. Deutsch sank bis zum Jahr 2000 in der Wahl der Eltern auf unter 10% im Landesdurchschnitt und konnte sich nur noch in den grenznahen »Ostprovinzen« gegenüber der Übermacht des Englischen einigermaßen behaupten. Dazu kam, diese Träne soll man am 40. Geburtstag des Deutsch-Französischen Freundschaftsvertrags auch vergießen dürfen, daß auch die seit den 70er Jahren dominierende Rolle des Deutschen wenigstens als zweite Fremdsprache inzwischen der Vergangenheit angehört und Deutsch auch hier neben Italienisch und den sonstigen optionalen Sprachen nur noch eine Randexistenz führt.[9]

Was nun das *collège* als Ganzes anging, so ließ sich sein zentrales Problem auf eine zu große Heterogenität der Schülerpopulation zurückführen. Dies betraf insbesondere die Ballungszentren der Großstädte (*banlieues*), die soziale Brennpunkten darstellten. Auf diese Heterogenität waren die Lehrer nicht vorbereitet, sie stellte sie aber vor immer schwierigere Aufgaben, die auch mit strukturpolitischen Maßnahmen wie die Einführung sogenannter »bevorzugter Bildungs-/Erziehungszonen« (*zones d'éducation prioritaires – ZEP*), also der Mobilisierung zusätzlicher Mittel für Personal und Infrastruktur für die Schulen in den sozialen Brennpunkten[10] nur unvollkommen gelöst werden konnten. So versuchte man ab Mitte der 90er Jahre (1996) mittels einer Reform der internen Struktur des *collège* dieses Problem besser bewältigen zu können (dazu siehe unten).

Neben diesen *sozialen* Problemen machte aber auch ein *ökonomisches* Problem den Verantwortlichen für das Bildungssystem sehr zu schaffen, ein Problem, das, wie der Vergleich gerade zu Deutschland zu suggerieren schien, wohl in Praxisdefiziten des schulischen Berufsbildungswesens begründet zu sein schien, nämlich die hohe Jugendarbeitslosigkeit. Im Jahr 2001 suchten im Durchschnitt aller Ausbildungstypen knapp 20% der Jugendlichen im Februar nach der Entlassung aus einer schulischen Ausbildung immer noch einen Arbeitsplatz. Im Falle der vollzeitschulischen Facharbeiterausbildung sind es sogar 23%. Erwartungsgemäß ist die Arbeitslosenquote bei den ungelernten (abgebrochene oder gar keine berufliche Ausbildung) noch deutlich höher, sie steigt bis auf den Extremwert von 37%. Verblüffenderweise erreichen die

9 Vgl. Giry-Coissard 2000.
10 Vgl. auch Hörner 1995; Hörner 2000; Kodron 1997.

Absolventen einer betrieblichen Lehre (offensichtlich infolge ihrer relativen Betriebs- beziehungsweise Praxisnähe) trotz ihres niedrigeren Status in der gesellschaftlichen Hierarchie gerade auf dem Niveau der Facharbeiter-/Fachangestelltenausbildung schneller ihre Integration in die Arbeitswelt, denn für diese Kategorie beträgt die Arbeitslosenquote ein knappes Dreivierteljahr nach Ausbildungsende nur 14%, die der höheren Qualifizierungen sind sogar sämtlich unter 10% (Colas/Rebière 2002, dort insbesondere Tab.1). Diese vergleichsweise besseren Ergebnisse haben die französischen Regierungen immer wieder zu periodisch wiederkehrenden Kampagnen zur Förderung der »alternierenden Ausbildung« veranlasst. Wir werden auch darauf noch zurückkommen müssen.

Natürlich gäbe es zu krisenhaften Erscheinungen im französischen Bildungswesen noch mehr zu sagen: die hohe Quote der Sitzenbleiber zum Beispiel, oder die Auseinandersetzung um die Neugestaltung der Lehrerbildung und manches mehr, das aber mehr für diejenigen von Interesse ist, die das französische Bildungssystem schon besser kennen, weil man sonst den Kontext zu lange erklären müßte.

3. Zukunft der Bildung

Welche positiven Perspektiven hat die Bildung in Frankreich, wie hat man versucht die krisenhaften Erscheinungen zu meistern?

Zunächst zum Problem der Differenzierung des Unterrichts im *collège*: die Reformmaßnahmen der 90er Jahre bestanden zum einen in einer internen Neugliederung der Schulstufe in anders geschnittene Zyklen, um der Tatsache Rechnung zu tragen, dass als Erfolg der Bildungspolitik der vergangenen Jahre fast die Gesamtheit eines Altersjahrgangs ihren Bildungsgang auf der obersten Sekundarstufe (einschließlich des berufsbildenden Bereichs) fortsetzte, das heißt dass es quasi keine vorzeitigen Abgänger aus der Pflichtschule (dem *collège*) mehr gab. Zum anderen wurden die Stundenplanvorschriften für die Einzelschulen gelockert.[11] Das ist angesichts des traditionellen französischen Lehrplanzentralismus eine beachtliche schulrevolutionäre Maßnahme. Die Verteilung des Gesamtstundenvolumens sollte dem jeweiligen »Schulprogramm« (*projet d'établissement* – das heißt dem individuellen Schulentwicklungsplan, der das individuelle Profil der Schule bestimmt) – angepasst werden können. Eine weitere Maßnahme der Krisenbewältigung war die Einführung von besonderen Betreuungsstunden für alle Schüler, die im Laufe des Schuljahres flexibel variiert werden konnte. Es soll verstärkt Angebote konkreter Hilfen der »Konsolidierung« für Schüler mit auffälligen schulischen Schwierigkeiten geben. Die zentralen Lehrpläne wiederum sehen besondere Akzente vor in Bezug auf Sprachbeherrschung (in der Muttersprache), in Sport und in »staatsbürgerlicher Erziehung« (*éducation civique* – das aus dem Kontext des Obrigkeitsstaat kom-

11 Vgl. Boissinot 1997; Benhaïm e.a. 1999.

mende deutsche Wort *staatsbürgerlich* weckt die falschen Assoziationen, *civique* zielt eher ab auf »die Gesellschaft freier Bürger« – *civil society*), die als Aufgabe *aller* Lehrer apostrophiert werden. Die Konsolidierungsmaßnahmen können in integrierter Form in leistungsheterogenen Klassen oder auch als eigene separate Konsolidierungsklassen geführt werden. Die Wahl wird der Einzelschule nach Maßgabe ihrer materiellen und personellen Mittel und ihrer Bedürfnisse und Zielvorstellungen freigestellt. Allerdings betonen die Richtlinien, daß die Einrichtung separater Klassen mit eigenen, vereinfachten Lehrplänen keine Dauerlösung für das ganze Schuljahr sein darf. Das »pädagogische Team« (*équipe pédagogique*), das diese Konsolidierungsmaßnahmen durchführen oder überwachen soll, muss, so wird nachdrücklich betont, auf freiwilliger Basis arbeiten, wenn die Aktion vollen Erfolg haben soll.

Für die Schüler mit sehr großen Schwierigkeiten stehen besondere Unterrichtsstunden der »Niveauangleichung« (*remise à niveau*) im Umfang von maximal sechs Wochenstunden zur Verfügung. Damit sind insbesondere die Schüler gemeint, die beim Übergang von der Grundschule die Grundlagen der Kulturtechniken nicht ausreichend beherrschen. Zur Früherkennung solcher schwieriger Fälle sind verstärkt Kooperationsformen (gemeinsame Lehrgänge usw.) zwischen den Lehrenden der Grundschule und des *collège* vorgesehen. Damit ist die Reformrichtung für die Zukunft des *collège* vorgegeben: nach einer Formel des früheren Bildungsministers soll das »*republikanische collège*« – offensichtlich als Analogiebegriff zu dem »*élitisme républicain*« seines Amtsvorgängers – die »Einheitlichkeit der Anforderungen« bei einer »Vielfalt von Lernwegen« sichern. In dieser Zauberformel sind alle Differenzierungsmaßnahmen zusammengefasst.

Wie steht es mit dem Eintritt der jungen Leute in die Arbeitswelt? Die neueren Statistiken informieren uns zunächst, dass der Rückgang der Arbeitslosigkeit ab 1999 nicht zuletzt auch dank einer aktiven Beschäftigungspolitik zum Abbau der Jugendarbeitslosigkeit gerade auch den Jugendlichen zu gute kam. Allerdings nur denen mit einem Abschluß auf Facharbeiterniveau und darüber. Zum andern bestätigt sich dabei trotz des starken quantitativen Anwachsens der Ausbildungen oberhalb des Facharbeiters (doppeltqualifizierende Ausbildungsgänge wie *baccalauréat technologique und baccalauréat professionnel* sowie die Technikerausbildung im tertiären Bildungssektor – *BTS*), die Folge der oben skizzierten Bildungsexpansion sind, die aus den frühen neunziger Jahren bekannte Faustregel, dass die Gefahr der Arbeitslosigkeit mit der Höhe des Bildungsabschlusses sich verringert: im Jahr 2001 waren unter den Absolventen einer vollzeitschulischen Berufsbildung nur 11% der Absolventen eines *Bac Techno* und 10,3% der Inhaber eines Höheren Technikerdiploms (*BTS*) 7 Monate später ohne Arbeit, dagegen 22% der Inhaber eines Facharbeiterabschlusses. Von besonderem Interesse ist in diesem Zusammenhang der Vergleich mit einer betriebsgestützten (»dualen«) Ausbildungsform. Es zeigt sich, daß sich deren Eingliederungsvorteil bei anziehender Konjunktur noch verstärkt:

in dieser Gruppe sind nur knapp 14% der Facharbeiter, und sogar nur 6,6% der Berufsabiturienten sowie 5,1% der Inhaber eines BTS ohne Arbeit (Colas/-Rebière 2002).

Die französische Bildungspolitik sieht in diesen Zahlen eine Bestätigung ihres Bemühens, die betriebsgestützte Ausbildung (ähnlich wie in den deutschen Berufsakademien) mit ihren besonderen Qualitäten der Praxisnähe auf die höheren Stufen des Bildungssystems auszuweiten (in Frankreich spricht man nicht von dualem System sondern von *formation en alternance*, da die Gesamtverantwortung für die Ausbildung unterschiedlich geregelt sein kann) ohne ihre Grundlogik, die bewusste Expansion der höheren Ausbildungsstufen, aufgeben zu müssen.[12]

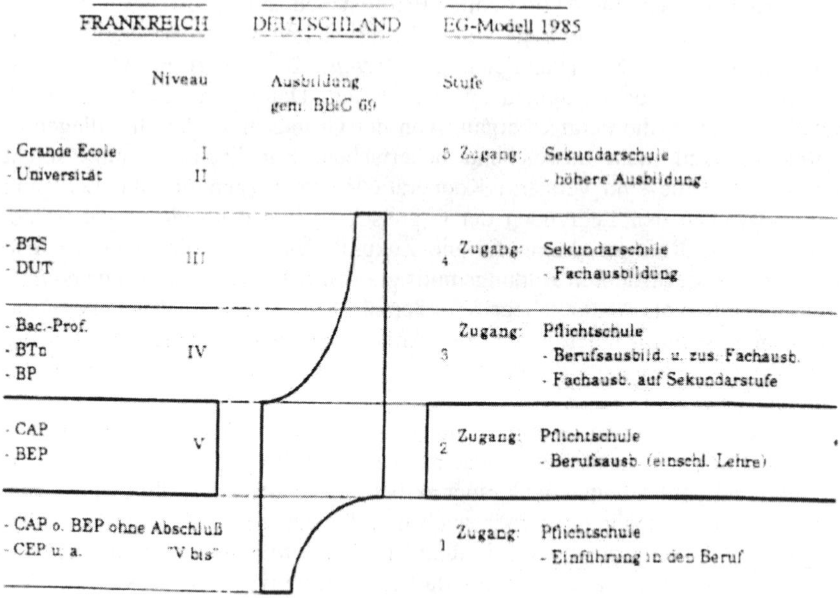

Abb. 3: Ausbildungsabschluss gem. Berufsbildungsgesetz 1969 in Gegenüberstellung zum französichen System und zum EG-Modell 1985.

Überhaupt hat das französische Bildungsmodell wieder an Selbstbewusstsein gewonnen. Im Bereich der beruflichen Bildung orientiert sich die EU nach wie vor an der französischen Logik der Bildungsstufen, auch wenn das den Deutschen nicht sonderlich gefällt, weil ihre Logik des dualen Systems ohne Berücksichtigung der Vorbildung der Lehrlinge dort nicht besonders gut wegkommt (Abb. 3). Und, mehr noch, auch ostmitteleuropäische Reformstaaten wie Polen orientieren sich in ihrer Schulreform immer noch stärker am französischen als

12 Zur besonderen Logik der französischen Berufsbildung, siehe Hörner 1994.

am deutschen oder, nach einer Korrektur der laufenden Reform, am amerikanischen Paradigma.[13] Dies mag eine Reminiszenz an die alte *Entente* sein, die innere Verwandtschaft der Philosophie und Struktur der polnischen Bildung war sogar in sozialistischen Zeiten immer dem französischen Bildungswesen geistesverwandt, wie Kenner beider Bildungssysteme schon früher immer wieder betont haben.[14]

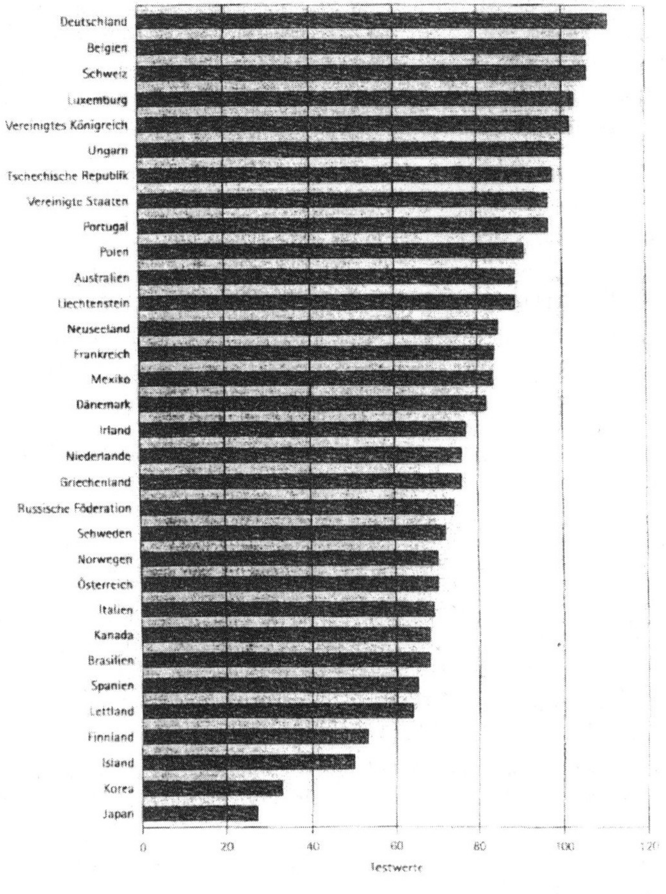

Abb. 4: Unterschiede der mittleren Lesekompetenz von 15-jährigen aus Familien des oberen und unteren Viertels der Sozialstruktur (höchster Sozialstatus [HISEI] von Vater oder Mutter)

13 Vgl. Hörner 2002b.
14 Vgl. zuletzt Hörner 2002b.

Wie steht es mit der von den Kritikern getadelten Sozialselektivität der französischen Schule? Wenn man die PISA-Erkenntnisse in der Lesekompetenz unterschiedlicher sozialer Gruppen als Indikator nimmt (Abb. 4), erreicht Frankreich auch hier OECD-Mittelmaß. Das heißt, die Schule ist deutlich weniger sozialselektiv als die deutsche, aber Spitzenleistungen im Ausgleich sozialer Benachteiligung durch die Schule erreicht Frankreich auch in dieser Hinsicht nicht (das Glas bleibt »halb leer«). Das war vorauszusehen, wenn man sich die enormen Probleme des *collège* vor Augen hält, zeigt aber nach der umgekehrten Logik des »halbvollen Glases« auch, daß die egalitären Bemühungen der neunziger Jahre nicht ganz wirkungslos gewesen zu sein scheinen.

Und vielleicht ist das ja auch für andere Bildungssysteme Anlass, bei schlechten Evaluationen nicht gleich zu verzweifeln...

Literatur

Benhaïm, J./Do, Chi-lan/Thaurel-Richard, M.: La renovation du collège. In: *Note d'Information du Ministère de l'Éducation Nationale, de la Recherche et de la Technologie* 99.01 (Januar 1999).

Boissinot, A.: Organisation des enseignements au collège. Circulaire No 97–052 du 27–2–1997. In: *Bulletin Officiel du Ministère de l'Éducation Nationale*, Nr. 10, 6.3.1997, S. 695–705.

Colas, Manuelle/Rebière, Christine: Comparaison entre l'insertion des apprentis et des lycéens sortis du système éducatif en 2001. . In: *Note d'Information du Ministère de l'Éducation Nationale, de la Recherche et de la Technologie* 02.49 (November 2002)

Giry-Coissard, Monique: Les langues vivantes dans le second degré en 1999–2000. In: *Note d'Information du Ministère de l'Éducation Nationale, de la Recherche et de la Technologie* 00.40 (Oktober 2000).

Hörner, Wolfgang: Bildungsreform und pädagogische Wissenschaft in Frankreich. Ein Literaturbericht. In: *Bildung und Erziehung* 28 (1975) 5, S. 387–399.

Hörner, Wolfgang: Das französische Bildungsrahmengesetz vom 7.7.1975. In: *Bildung und Erziehung* 29 (1976) 4, S. 339–344.

Hörner, W.: *Technische Bildung und Schule. Eine Problemanalyse im internationalen Vergleich* (Studien und Dokumentationen zur vergleichenden Bildungsforschung, Bd. 52). Köln 1993.

Hörner, W.: Auf dem Weg zur »lernenden Gesellschaft«? – Zur Logik der Berufsbildung in Frankreich. In: *Bildung und Erziehung* 47 (1994) 3, S. 285–305.

Hörner, Wolfgang: Schulqualität in Frankreich – Zwischen Eliteschulen und Massenbildung; die »Zones d'Éducation Prioritaires«. In: *Schulqualität. Facetten und Felder einer Entwicklung. Europäisches Bildungsgespräch ›94.* Hrsg. von Oskar ACHS u.a. Wien: ÖBV Pädagogischer Verlag 1995, S. 71–84.

Hörner, Wolfgang: Frankreich. In: Anweiler, Oskar u.a.: *Bildungssysteme in Europa.* 4. neu überarbeitete und erweiterte Auflage. Weinheim: Beltz 1996, S. 83–107.

Hörner, Wolfgang: *Bildungssystem in Frankreich.* Koblenz 2000 (Universität Koblenz-Landau: Fernstudium Fremdsprachen an Grund- und Hauptschulen).

Hörner, Wolfgang: Frankreich. In: Döbert, H./Hörner, W./von Kopp, B./Mitter, W. (Hrsg.): *Die Schulsysteme Europas*. Baltmannsweiler: Schneider Verlag Hohengehren 2002a, S. 155–175.

Hörner, Wolfgang: Das polnische Bildungswesen auf dem Weg nach Europa? Zur europäischen Dimension der polnischen Bildungsreformen. In: *Bildung und Erziehung* 55 (2002b) 2, S. 137–150.

Kodron, Ch.: Zeit für Schule: Frankreich. In: Hesse, H.-G./Kodron, Ch.: *Zeit für Schule: Frankreich und Spanien* (Studien und Dokumentationen zur vergleichenden Bildungsforschung, Bd. 48/6). Köln 1991.

Kodron, Ch.: Frankreich. In: Döbert, H./Geissler, G. (Hrsg.): *Schulautonomie in Europa. Umgang mit dem Thema, Theoretisches Problem, Europäischer Kontext, Bildungshistorischer Exkurs*. Baden-Baden 1997, S. 177–201

Legrand, L.: *Pour un collège démocratique*. Rapport au ministre de l'Education nationale. Paris 1983.

Loi d'orientation sur l'éducation (No 89–486 du 10 juillet 1989). In: *Journal Officiel de la République Française du 14 juillet 1989*, S. 8860–8864.

Renault, C.: Le baccalauréat. Session 2000, résultats définitifs. In: *Note d'Information du Ministère de l'Éducation Nationale, de la Recherche et de la Technologie* 01.24 (Mai 2001).

Richard Olechowski

Neoliberalismus und Bildung – zwei kontroverse Konzepte[1]

1. Wechselwirkung zwischen dem Bildungsniveau einer Bevölkerung und dem Wirtschaftswachstum

> Wie auch in den anderen entwickelten Ländern ist in Österreich seit einigen Jahrzehnten die Nachfrage nach höherer Bildung einer der entscheidenden Faktoren, welcher nachhaltig die Entwicklung unseres Bildungssystems beeinflußt hat. Dieser Dynamik wurde in den 70er und 80er Jahren durch den forcierten Ausbau von Ausbildungsplätzen an den höheren Bundesschulen (der allgemeinbildenden und vor allem der berufsbildenden) entsprochen, wobei die damals starken Geburtsjahrgänge die Kapazitätsengpässe entscheidend verschärften.[2]

In dem oben wiedergegebenen Zitat wird die Entwicklung in Österreich auf dem Schul- und Bildungssektor während der letzten Jahrzehnte beschrieben. Es beginnt aber mit dem Hinweis, dass diese Entwicklung *keine Sondersituation in Österreich* ist beziehungsweise war, sondern es sich um eine Dynamik handelt, die in allen »entwickelten Ländern« zu beobachten war.

»Neuartige Problemlösungsbedürfnisse in industriegesellschaftlich und wohlfahrtsstaatlich organisierten Ländern«[3] und in den Ländern der Dritten Welt in den späten Fünfzigerjahren bewirkten, dass man die Spezialdisziplin »Bildungsökonomie« etablierte. Das große Verdienst der Bildungsökonomie war *der Nachweis des Zusammenhanges und der wechselseitigen Beeinflussung von Bildung und Wirtschaftswachstum* (a.a.O.) So wurde das Wirtschaftswachstum nicht nur um seiner selbst willen gefördert, also nicht nur aus dem Bedürfnis nach mehr Reichtum, sondern auch aus dem Bestreben heraus, die *Bildung* zu fördern (dies freilich in dem Bewusstsein, dass höhere Bildung auch wieder dem Wirtschaftswachstum zugute kommt).

Plakative Formulierungen dieses Zusammenhanges durch Einzelpersönlichkeiten aus Politik und Wissenschaft (zum Beispiel Ralf Dahrendorf und Helmut Schelsky) haben zur Bewusstseinsveränderung auch breiter Bevölkerungsschichten direkt oder indirekt beigetragen. Als Beispiel für diese Bewusstseinsveränderung sei die Veränderung der Bildungsaspirationen der Menschen angeführt, vornehmlich jener, die in den Ballungszentren wohnen und die der

1 Dieser Beitrag erschien als Vorabdruck in der Österreichischen pädagogischen Zeitschrift Erziehung und Unterricht, Heft 3-4/2003.
2 Plank 1995, S. 575.
3 Weiss 2000, S. 9.

mittleren und höheren Sozialschicht angehören. Der von Schelsky formulierte Sachverhalt, dass die Schule eine »bürokratische Zuteilungsapparatur von Lebenschancen« ist (Schelsky 1957), ist ein beredtes Beispiel für eine wirksame (und im besten Sinn des Wortes) »Popularisierung« wissenschaftlicher Erkenntnisse: Weil breite Bevölkerungsschichten diesen Sachverhalt begriffen haben, gibt es im deutschen Sprachraum – wo im Bereich der Sekundarstufe I (in manchen Regionen für die gesamte Zeitspanne, in anderen für eine begrenzte Zeit dieses schulischen Abschnittes) parallel laufende Schulformen (»Hauptschule« und »höhere Schule«) eingerichtet sind – in den Ballungsräumen einen Zustrom von Schülerinnen und Schülern in die höhere Schule von mehr als 50%, meist sogar über 60% aller Kinder, in manchen Regionen sogar von mehr als 80% aller Absolventinnen und Absolventen der Grundschule.

Von den Institutionen, die um die Durchsetzung vieler Ideen und Konzepte der Bildungsökonomie durch Jahrzehnte bemüht waren und auch gegenwärtig bemüht sind, sind besonders die »Organization for Economic Cooperation and Development« (OECD) und die Weltbank zu nennen. Die Sitzung der Bildungsminister beauftragte im Jahr 1996 die OECD, Indikatoren zur Verbesserung der Erhebung des Informationsstandes über das gesellschaftliche Humankapital und über Humankapitalinvestitionen zu entwickeln und dazu regelmäßig Daten zu erheben. Das Ergebnis dieses Auftrags ist in dem Bericht »Human Capital Investment« (OECD 1998) publiziert. Hauptverfasser dieses Berichts ist Thomas Healy, vom »Centre for Educational Research and Innovation« (CERI). »Noch heute gilt [...] der Humankapitalansatz vielen als das zentrale identitätsstiftende Konzept der Bildungsökonomie«.[4]

In den Sechziger- und Siebzigerjahren des 20. Jahrhunderts bewirkten die Erkenntnisse der Bildungsökonomie und die Bemühungen der OECD sowie der Weltbank (in ihrem Bestreben nach politischer Durchsetzung dieser Erkenntnisse) einen bis dahin ungeahnten Ausbau der weiterführenden Schulen und des universitären und posttertiären Bildungsbereichs sowie eine entsprechende Steigerung der Bildungsaspirationen der Schülerinnen und Schüler (beziehungsweise der Bildungsaspirationen deren Eltern), ebenso der Studentinnen und Studenten.

In den späten Achtziger- und in den Neunzigerjahren des 20. Jahrhunderts gerieten viele der entwickelten Länder in eine staatliche Finanzkrise, welche die Regierungen zu drastischen budgetären Maßnahmen (zum Beispiel Verordnung von »Sparpaketen«) veranlassten. Ende der Achtziger- beziehungsweise Anfang der Neunzigerjahre kam der wirtschaftliche und politische Zusammenbruch der Osteuropäischen Staaten beziehungsweise der seinerzeitigen Sowjetunion. Diese politischen Ereignisse haben manche gesellschaftlichen Schichten als »Bestätigung« für die wirtschaftliche Untauglichkeit kommunistischer Systeme aufge-

4 Weiss 2000, S. 10.

fasst. Als Alternative hierzu sahen sie die Tauglichkeit der Theoreme des Wirtschaftsliberalismus beziehungsweise Neoliberalismus gleichsam automatisch als bestätigt an.

Der Grundgedanke der Bildungsökonomie, die wechselseitige Bedingtheit von Bildung und Wirtschaftswachstum, trat fataler Weise in den Hintergrund des Bewusstseins. Dieser verzerrten Sichtweise entsprechend wurde Bildungsökonomie (offen oder verdeckt) vielfach als »ökonomischer Kontrollmechanismus« für Bestrebungen eingesetzt, die Institution Schule nicht noch in höherem Maße zu »humanisieren« beziehungsweise diesbezüglich gesetzte Maßnahmen wieder rückgängig zu machen (wie zum Beispiel ein verbessertes Lehrer-Schüler-Zahlenverhältnis in manchen schul- oder unterrichtsorganisatorischen Formen).

2. Die »profitable Qualifikation«

Die Motivation der Gesellschaft, eine Schule als Institution zu schaffen, ist immer dann gegeben, wenn gesellschaftlich als notwendig erachtete Lerninhalte nicht mit Selbstverständlichkeit in der Gemeinschaft der Familie, in welcher das Kind oder der Jugendliche aufwachsen, gelernt werden. Letzteres ist in unserer modernen Gesellschaft weit gehend der Fall. In diesem Sinn definiert H. Fend: »Schulsysteme sind Institutionen der gesellschaftlich kontrollierten und veranstalteten Sozialisation«.[5] Schule wird – gegenüber der Familie – als »kompensatorische« und von christlicher Seite als »subsidiäre« Erziehungseinrichtung erachtet.

Seit dem Aufkommen des Neoliberalismus wird die Frage, wer bei welcher Schulart der Schulerhalter sein soll (die öffentliche Hand oder ein Privater?) beziehungsweise ob im Falle einer öffentlichen Schule der Schulbesuch für die einzelne Schülerin oder den Schüler gratis sein soll beziehungsweise ob und auf welche Weise im Falle von sozialer Bedürftigkeit Schulgeldbefreiung oder -ermäßigung gewährt werden soll, wieder heftig diskutiert.

Die Diskussion wird umso heftiger, je mehr sie sich vom Primar- über den Sekundar- bis hin zum tertiären Bildungsbereich bewegt. Es leuchtet ein, dass der »Kapitalist« (hier rein sachlich gemeint, als derjenige, der das Kapital verwaltet und die Gesetzmäßigkeiten der Wirtschaft und des Kapitalmarktes zu beachten hat) nicht an einer »maximalen Qualifikation« seiner Mitarbeiterinnen und Mitarbeiter interessiert ist, sondern nur an ihrer »profitablen Qualifikation«.

> Auf Grund der kapitalistischen Produktionsverhältnisse (Produktionsmittel im privaten Besitz) wird im Bereich der Produktion nicht um der besseren Erfüllung gesellschaftlicher Bedürfnisse willen produziert, nicht um des Gebrauchswertes von Waren willen, sondern um des Tauschwertes und des damit verbundenen Profites willen. Deshalb geht es nicht in erster Linie

5 Fend 1981, S. 2.

> darum, möglichst hohe Qualifikationen zu produzieren, sondern solche, die optimale Profite abwerfen und damit eine optimale Verwertung des Kapitals ermöglichen.[6]

In diesem Sinne zeiht man die öffentlichen Universitäten – wenn man die Qualifikation der Ausbildung der Absolventen der Hohen Schulen mit der späteren tatsächlichen beruflichen Tätigkeit mancher Absolventinnen und Absolventen vergleicht – der »Verschwendung von Steuermitteln«. Ein Beispiel: Ein Absolvent eines Vollstudiums der Wirtschaftswissenschaften ist, angenommen, in einem Beruf tätig, für den er schon durch die Absolvierung eines (entsprechenden) Kurzstudiums (= »profitable Qualifikation«) durchaus ausreichend qualifiziert gewesen wäre.

Das »Leitmotiv« vieler Diskussionen, die vom Prinzip der »profitablen Qualifikation« ausgehen, ist von einem menschenverachtenden Prinzip geprägt: Sie sehen die Mitarbeiterinnen und Mitarbeiter in den Betrieben ausschließlich als »Werkzeug« der Kapitalmaximierung, übersehen aber den Wert jedes einzelnen Menschen und die gesellschaftliche Verpflichtung, jeden einzelnen Menschen zu seiner optimalen Entfaltung zu bringen. Bis vor etwa 40 oder 50 Jahren setzte man in den Sozialwissenschaften (in der Entwicklungspsychologie und der Pädagogischen Psychologie) »Entwicklung« mit »biologischer Reifung« gleich. Es ist vor allem den beiden deutschen Psychologen, Hans Thomae und Lilly Kemmler, zu danken, dass durch ihre Aufarbeitung von Untersuchungen aus dem angloamerikanischen Raum wie auch durch eigene Untersuchungen es heute in den empirischen Sozialwissenschaften eine unbestrittene Tatsache ist, dass die biologische Reifung eines Kindes und Jugendlichen zwar ein wichtiger Wirkfaktor für seine Entwicklung ist, dass aber noch zwei andere Faktoren (oder »Vehikel« der Entwicklung) hinzukommen: Erstens, *exogene Faktoren* aus der Umwelt, das heißt *Lernprozesse*, die von der Umwelt angeregt werden, und zweitens, *»Interaktionsprozesse«,* das heißt Wechselwirkungsprozesse zwischen den (endogenen) Reifungsprozessen und den (exogen angeregten) Lernprozessen. Manche Autoren sprechen nicht von »Interaktionsprozessen«, sondern von »reflexivem Denken«, das im Laufe der Entwicklung durch Lernprozesse sukzessiv erworben werden kann.[7]

Besonders zu zwei Problemgebieten, gibt es viele empirische Untersuchungen, aus denen zu schließen ist, dass die Entwicklung in bestimmten Bereichen durch Anregungen aus der Umwelt (zum Beispiel durch schulische Anregungen) gefördert werden kann: Lange Zeit herrschte in der Wissenschaft die Meinung vor, dass die Intelligenz (in quantitativer wie in qualitativer Hinsicht) ausschließlich durch Erbfaktoren bestimmt werde. Seit Ende der Sechzigerjahre des 20. Jahrhunderts geht man aber nicht mehr von einem »statischen«, sondern einem »dynamischen Begabungsbegriff« aus: Selbstverständlich gibt es – selbst

6 Fend 1981, S. 22.
7 Vgl. Olechowski 2000, S. 97ff.

bei optimaler Förderung der Intelligenz – eine obere, erbmäßig festgesetzte und somit unüberscheitbare Leistungs- beziehungsweise Entwicklungsgrenze. Der Unterschied zwischen einer nicht trainierten und einer gut trainierten Intelligenz ist jedoch auch bei einem vererbungsmäßig nur durchschnittlich intelligenten Kind enorm: Auf der gebräuchlichen IQ-Skala (arithmetisches Mittel = 100, Standardabweichung = 15) kann der Unterschied zwischen den Intelligenztestwerten eines intelligenzmäßig gut trainierten und einem kaum trainierten Kind beziehungsweise Jugendlichen 20 Punkte (möglicherweise sogar noch etwas mehr) betragen (Olechowski 1976). Der zweite Bereich, zu dem es viele empirische Untersuchungen zur Wirksamkeit eines entsprechenden Trainings gibt, ist der Problembereich der Schulfähigkeit. Lange Zeit sprach man von »Schulreife«, die ungefähr um den Beginn der Schulpflicht gegeben sein sollte und – gestützt auf die Arbeiten von A. Kern und W. Zeller – meinte man, dass der Zeitpunkt dieser »Reife« endogen vorprogrammiert sei. Inzwischen liegen viele empirische Arbeiten vor, die den eindeutigen Nachweis erbringen: »readiness must be active produced«. (Für den Begriff »biologische Reife« wird im Englischen das Wort »maturity« benützt. Wenn aber zum Ausdruck gebracht werden soll, dass für einen bestimmten Leistungsstand auch ein Training erforderlich ist, wird dieser Leistungsstand mit »readiness« bezeichnet.)

Vor dem Hintergrund der oben zusammenfassend referierten Ergebnisse aus der empirischen Sozialforschung ist der Ausdruck »profitable Qualifikation« als inhuman zu bezeichnen und ist als solcher als Argumentationsinstrument daher abzulehnen.

Wenn das Prinzip »profitable Qualifikation« abzulehnen ist, stellt sich die Frage, welcher Begriff an seine Stelle treten soll. Der, logisch gesehen, gegensätzliche Begriff wäre, wie oben schon angedeutet, die »maximale Qualifikation«. Es fragt sich jedoch, ob er nicht besser durch den Begriff »Allgemeinbildung« beziehungsweise »Bildung« ersetzt werden soll. Der Begriff »Bildung« erinnert nicht an ökonomische Argumentationszusammenhänge. Er ist in der Erziehungswissenschaft beheimatet und ist somit auch mit anderen Begriffen verknüpft, die in diesem Zusammenhang von Bedeutung sind.

3. »Bildung« als Leitidee

Die Aufgabe der Schule besteht unter anderem darin, den Heranwachsenden zur Bewältigung der Probleme des Alltags zu befähigen. Es wäre aber zweifellos zu wenig, wenn man ihn nur dazu befähigen wollte, den Alltag zu fristen, sondern auch die Probleme des Zurechtfindens beziehungsweise der Auseinandersetzung mit den Bereichen Religion und Kultur gehören – im Sinne einer kompensatorischen Funktion der Schule – zur Aufgabe dieser Institution. Diese Funktion der Schule wird üblicher Weise mit dem Begriff »Vermittlung von Bildung« (beziehungsweise »Vermittlung von Allgemeinbildung«) bezeichnet.

W. Klafki geht bei seinem Begriff von »Bildung« davon aus, dass es die Funktion des Bildungsprozesses ist, »Kategorien« für die weitere Erfahrungsaufnahme zu sammeln. Somit spricht Klafki von »kategorialer Bildung«, wenn er von »Bildung« beziehungsweise »Allgemeinbildung« spricht (Klafki 1972, 1985).

Es bleibt in Klafkis Ausführungen allerdings offen, in welcher Weise ein Lernbereich oder ein Lerngebiet definiert sein muss, damit man erwarten kann, dass durch die Aneignung eines Wissensgebietes auch »kategoriale Bildung« vermittelt wird.

Es scheint, dass man konkreter wird, wenn man statt von »kategorialer Bildung« vom »Erwerb von Grundkompetenzen« spricht. Im folgenden soll vom Begriff des »Erwerbs von Grundkompetenzen« ausgegangen werden.

Der Erwerb von »Grundkompetenz« kann dreierlei bedeuten:

1. der schlichte Erwerb von Basiswissen/Basiskönnen auf einem bestimmten Lern- oder Wissensgebiet,
2. die Schaffung von Lernvoraussetzungen für den weiteren Wissenserwerb,
3. die Schaffung einer Basis für einen möglichen »Lerntransfer«. Wie durch viele Untersuchungen bekannt ist, ergibt sich ein Lerntransfer nicht von selbst, sondern muss dieser durch konkrete Hinweise auf Ähnlichkeiten und Analogien zweier (oder mehrerer) Sachverhalte oder Wissensgebiete aktiv hergestellt werden.

Alle drei der oben genannten Möglichkeiten der Bedeutung des Begriffs »Grundkompetenzen« sind bei der im folgenden vorgeschlagenen Definition des Begriffs »Bildung« im Bewusstsein zu behalten:

Die Vermittlung von (Allgemein-) Bildung besteht in der Herstellung von Grundkompetenzen in möglichst vielen Bereichen des Lebens für die kritische Auseinandersetzung mit den wichtigsten physischen und geistigen Wirklichkeiten des Lebens.

Zur Konkretisierung der oben gegebenen Definition sei noch hinzugefügt: (Allgemein-) Bildung soll demnach den Menschen zur möglichst aktiven Beschäftigung und der kritischen Auseinandersetzung mit den grundlegenden Fragen aus dem religiösen Bereich sowie den Bereichen von Wissenschaft und Kunst, mit Sachverhalten und Problemen der Politik und des gesellschaftlichen Zusammenlebens sowie zum optimalen weiteren Wissenserwerb befähigen.

Klafki weist in seiner Bildungstheorie darauf hin, dass sich »Bildung« beziehungsweise »Allgemeinbildung« immer im Medium des »Allgemeinen« vollziehe. Mit dieser Festlegung ist allerdings das Problem verbunden, dass der Inhalt der (Allgemein-) Bildung bis jetzt immer eine Vorherrschaft des historisch-geisteswissenschaftlichen Bereichs mit sich gebracht hat, wohl auch durch die – nie erwiesene – Überzeugung, dass »Allgemeinbildung« durch die Beschäftigung mit »klassischen Bildungsinhalten« (mit »schöngeistigen Dingen«) besonders gut ermöglicht werde. Die Geschichte der ersten Hälfte des 20. Jahrhunderts hat auf eine tragische Weise ein für allemal deutlich gezeigt, dass die Beschäftigung mit den »Humaniora« kein ausreichender Garant dafür ist, dass Menschen, die im »normal verlaufenden Alltag« völlig unauffällig in ihrem Verhalten sind, nicht plötzlich, in Situationen, wie sie auch aus der Massenpsychologie bekannt sind, völlig unerwartet unvorstellbare Gräueltaten begehen. Im selben Volk, das einen Kant, die Träger des Deutschen Idealismus, Dichter wie Herder, Goethe und Schiller hervorgebracht hat, konnte auch ein politisches Regime gedeihen, das einen Genozid propagierte und durchführte!

Jedenfalls sollten, den Gegebenheiten und Bedürfnissen der heutigen Zeit entsprechend, die Gebiete der Naturwissenschaften und der Technik sowie der Wirtschaft aus dem Fächerkanon, der zur Vermittlung von »Allgemeinbildung« als besonders wichtig erachtet wird, nicht weiterhin ausgeschlossen bleiben. Andererseits – und dies muss an dieser Stelle ebenso deutlich gesagt werden wie der Satz zuvor – kann in keiner Schule, die sich den Prinzipien einer humanen Schule verpflichtet fühlt, eine frühzeitige, direkte berufliche Festlegung geschehen. Dies wäre ein Schritt zurück beziehungsweise in die andere Richtung, in die Richtung »profitable Qualifikation«!

4. Recht auf Bildung?

Bei der Beschäftigung mit diesem Thema liegt es nahe nachzusehen, ob ein »Recht auf Bildung« irgendwo verbrieft ist. Zwei Rechtsquellen sind für das Thema relevant, das Erste Zusatzprotokoll zur Europäischen Menschenrechtskonvention (1952) und die Charta der Grundrechte der Europäischen Union (2000).

4.1 Erstes Zusatzprotokoll zur Europäischen Menschenrechtskonvention, Artikel 2:

> Das Recht auf Bildung darf niemandem verwehrt werden. Der Staat hat bei Ausübung der von ihm auf dem Gebiete der Erziehung und des Unterrichts übernommenen Aufgaben das Recht der Eltern zu achten, die Erziehung und den Unterricht entsprechend ihren eigenen religiösen und weltanschaulichen Überzeugungen sicherzustellen.

Es handelt sich um ein »liberales« Grundrecht: Der Staat selbst darf Bildung nicht *verwehren* beziehungsweise der Staat hat auch darauf zu achten, dass nicht ein Dritter *verwehrt.* Das Grundrecht besagt jedoch nicht, dass der Staat aktiv zu *helfen habe*, Bildung zu *ermöglichen.*

Die Bedeutung eines solchen »liberalen Grundrechtes« ist aber trotzdem nicht gering einzuschätzen. Ein Blick in die Vergangenheit zeigt die Bedeutung eines solchen Gesetzes klar:

- Noch Anfang des 20. Jahrhunderts wurde den Frauen teilweise eine universitäre Bildung verweigert und

– bekanntlich gab es unter der nationalsozialistischen Herrschaft die Verweigerung von höherer oder universitärer Bildung für jüdische Mitbürger.

Das Erste Zusatzprotokoll wurde – in Ergänzung zur Europäischen Menschenrechtskonvention (1950) – am 20.3.1952 vom Europarat beschlossen. Seit 1958 gelten die Europäische Menschenrechtskonvention (und das Erste Zusatzprotokoll) auch für Österreich; sie wurden mit parlamentarischer Zweidrittelmehrheit in den *Verfassungsrang* gehoben.[8]

Der zweite Satz der zitierten Gesetzesstelle handelt davon, dass der Staat

> bei Ausübung der von ihm auf dem Gebiete der Erziehung und des Unterrichts das Recht der Eltern zu achten (hat), die Erziehung und den Unterricht entsprechend ihren eigenen religiösen und weltanschaulichen Überzeugungen sicherzustellen.

In Österreich gilt diesbezüglich das Konkordat, das die Regierung Engelbert Dollfuß am 5. Juni 1933 mit dem Heiligen Stuhl abgeschlossen hat. Dieses Konkordat hatte zwar am 30.4.1934 die verfassungsrechtlich vorgeschriebene parlamentarische Genehmigung erhalten; doch handelte es sich bei diesem Parlament bekanntlich um ein »Rumpfparlament« (die Sozialdemokratische Partei war infolge des Bürgerkrieges am 12.2.1934 verboten worden), welchem keine demokratische Legitimation zukam. Nach Wiederherstellung der demokratischen Republik im Jahre 1945 hat sich der österreichische Staat 1962 – auf der Basis des Konkordats – verpflichtet, 100% der Personalkosten der katholischen Privatschulen zu übernehmen. Darüber hinaus wird von Kreisen, die der katholischen Kirche nahe stehen, immer wieder gefordert, dass auch der Sachaufwand (zum Teil oder zur Gänze) vom Staat getragen wird.

Ich habe mich in Publikationen gegen eine solche Forderung mit dem Argument ausgesprochen, dass es in einer pluralistischen Gesellschaft problematisch ist, die konfessionelle Privatschule der *katholischen Kirche* (und nur *dieser* Religionsgemeinschaft) zu unterstützen und zu fördern.

> Jede Art der Begünstigung einer (der vorherrschenden) Religionsgemeinschaft durch den Staat bringt automatisch eine Benachteiligung der nichtbegünstigten Religionsgemeinschaften oder Ideologiegruppierungen.[9]

Die zitierte Gesetzesstelle spricht klar davon, dass das Recht der Eltern zu achten und »die Erziehung und den Unterricht entsprechend ihren eigenen religiösen und weltanschaulichen Überzeugungen sicherzustellen ist.«

Dementsprechend wurde bei der Diskussion über die »Gesamtschule« und über die »Ganztagsschule« während der Siebzigerjahre von bildungspolitisch konservativ eingestellten Kreisen immer wieder mit dem »Elternrecht« argumentiert.

---

8 Mayer 1997, S. 527.

9 Olechowski 1979, S. 95 und http://mailbox.univie.ac.at/richard.olechowski/Biographie/Fremddarstellung.html

Es scheint somit nötig, das Argument des »Elternrechts« zu hinterfragen: Das Elternrecht setzt »ein hierarchisch-autoritäres System voraus«. Der Begriff »Elternrecht« geht »von einer biologischen Abhängigkeit und von einem daraus abgeleiteten ›gewissermaßen dinglichen Eigentumsrecht‹ aus.« Der Begriff des Elternrechts

> setzt voraus, dass die Eltern für ihre Kinder jeweils das Beste wollen. Dies ist eine unbewiesene Voraussetzung. Außerdem fragt es sich, ob beziehungsweise inwieweit die Eltern imstande sind, jeweils zu erkennen, was das Beste für ihre Kinder ist.[10]

4.2 Charta der Grundrechte der Europäischen Union, beschlossen auf dem Gipfel von Nizza der Europäischen Union (Dezember 2000):

Diese Charta ist mittlerweile in allen Mitgliedstaaten der Europäischen Gemeinschaft ratifiziert und somit ab 1.2.2003 in Kraft. Aber dennoch handelt es sich bei den in dieser Charta aufgelisteten Grundrechten nicht um gerichtlich durchsetzbare subjektive Rechte, die ein einzelner Bürger einklagen kann. Es handelt sich bei der Charta von Nizza um eine *politische Willenserklärung*, um eine *Absichtserklärung der Mitgliedstaaten der Europäischen Union.*

Artikel 14 der Charta der Grundrechte der europäischen Union lautet:

> 1. Jede Person hat das Recht auf Bildung sowie auf Zugang zur beruflichen Ausbildung und Weiterbildung.
>
> 2. Dieses Recht umfasst die Möglichkeit, unentgeltlich am Pflichtschulunterricht teilzunehmen.
>
> 3. Die Freiheit zur Gründung von Lehranstalten unter Achtung der demokratischen Grundsätze sowie das Recht der Eltern, die Erziehung und den Unterricht ihrer Kinder entsprechend ihren eigenen religiösen, weltanschaulichen und erzieherischen Überzeugungen sicherzustellen, werden nach den einzelstaatlichen Gesetzen geachtet, welche ihre Ausübung regeln.

Aus diesen festgelegten Grundsätzen der Europäischen Union dürfen jedoch »keine neuen Zuständigkeiten«[11] und auch keine neuen Verpflichtungen erwachsen. Positiv kann jedoch formuliert werden: *Es ist kein Einspruch der EU gegen innerstaatliche Regelungen und die Gewährung von finanziellen Zuwendungen zur Verwirklichung der Grundsätze der Charta von Nizza möglich.*

Die Charta der Grundrechte der Europäischen Union kann als Sammlung von »Leitsätzen« für die Schaffung von Gesetzen auf nationaler Ebene bezeichnet werden, die bestimmte Rechte (zum Beispiel das Recht auf unentgeltliche Teilnahme am Pflichtschulunterricht) konkret *ermöglichen.* Das ist mehr als ein

---

10 A.a.O.; S. 96 und http://mailbox.univie.ac.at/richard.olechowski/Biographie/Fremddarstellung.html

11 *Charta der Grundrechte der Europäischen Union – Erläuterungen...* 2001, S. 31f.

liberales Grundrecht. Die Charta der Grundrechte der Europäischen Union schreibt *soziale Grundrechte* fest.[12]

Es ist unverkennbar, dass sich dieser Artikel an den Artikel 2 des Ersten Zusatzprotokolls zur Europäischen Menschenrechtskonvention anlehnt, und der Artikel lehnt sich auch an die gemeinsamen verfassungsrechtlichen Traditionen der Mitgliedstaaten der Europäischen Union an (Erläuterungen a.a.O.).

Es muss festgestellt werden, dass alle hier besprochenen Gesetze beziehungsweise Gesetzesstellen durchaus nicht zukunftsgerichtet sind, das heißt dass sie nicht bestehende gesellschaftliche beziehungsweise bildungspolitische Verhältnisse verändern, sondern bestehende Gegebenheiten *bestätigen* beziehungsweise bestehenden Gegebenheiten ein *gesetzliches Fundament* geben. Der gesellschaftspolitische Wert solcher Gesetze soll aber nicht unterschätzt werden. Das sollen die weiteren Überlegungen zeigen. Diese liegen im Bereich der Volkswirtschaftslehre beziehungsweise der Ökonomie. Diese weiteren Überlegungen machen auch die Basis für weitergehende bildungspolitische Forderungen klar.

5. (Wirtschafts-)Liberalismus vs. Interventionismus

Bis zu Beginn der Neunzigerjahre des 20. Jahrhunderts hielt man es für selbstverständlich, dass im Bildungssystem *die Steuerung über den Marktmechanismus* fehlt und dass diese Steuerung durch *Intervention des Staates* ersetzt werde. Bildung galt als »öffentliches oder politisches Gut«. Heute wird die Selbstverständlichkeit dieser Haltung radikal in Frage gestellt.[13]

Es ist zweckmäßig, bei der Betrachtung der von der öffentlichen Hand betreuten Dienstleistungsbereiche (zum Beispiel der Schule) zwei mögliche Betrachtungsweisen einander gegenüberzustellen: den Standpunkt des »Liberalismus«, auch »evolutionärer Rationalismus« genannt – vertreten von Friedrich August v. Hayek und von Sir Karl Popper – und andererseits den anderen Standpunkt, den des sog. »Interventionismus« oder auch »konstruktivistischer Rationalismus« genannt. Dieser Standpunkt wird zum Beispiel von G. Friedrich, H. Richter und von H. Stein vertreten.

Der Liberalismus betrachtet die Ordnung einer Gesellschaft als etwas Offenes, spontan Gewachsenes. Eine solche Gesellschaft biete für »alle oder wenigstens für die meisten Individuen dieser Gesellschaft die besten Aussichten, wechselseitig für die Befriedigung ihrer Bedürfnisse zu sorgen«.[14] Man nennt den wirtschaftlichen Liberalismus auch das »*System der gewachsenen Ordnung*«.

Unter dem »Interventionismus« hingegen versteht man ein System wirtschaftlicher Maßnahmen zur Beeinflussung volkswirtschaftlicher Globalgrößen. Der Staat greift punktuell in den Wirtschaftsablauf ein, um unerwünschte Folgen

12 Öhlinger 1999, S. 90f.
13 Severinski 1993, S. 50.
14 Hayek 1981 Bd.2, S. 94ff.

einer freien Marktwirtschaft auszugleichen. Der Interventionismus greift also in das gesellschaftliche Leben ein, er »interveniert«, das heißt »die Menschen werden angewiesen, in einer bestimmten Weise zu handeln, um bestimmte erwünschte Resultate zu erzielen. Das ist – im Gegensatz zum wirtschaftlichen Liberalismus – das ›System der gemachten Ordnung‹«.[15]

Entsprechend diesen beiden soeben skizzierten Grundpositionen, ist es auch möglich, die Position des *wirtschaftlichen* Liberalismus auf den Bildungsbereich, auf den Bereich von Schule und Unterricht auszudehnen. Ich nenne die Schlagworte »Deregulierung«, »Autonomie« und »Privatisierung«. In den letzten Jahren wurde oft die Behauptung aufgestellt, »Alles, was man der öffentlichen Hand und ihrer Bürokratie überlässt«, obwohl dies auch ein Privater tun könnte, »wird von der öffentlichen Hand unkontrollierter, weniger effizient und weniger kostengünstig geleistet«.[16] Hinzu käme noch, dass durch jede Kompetenzerweiterung öffentlicher Aufgabenträger die Freiheit des Einzelnen immer weiter eingeschränkt werde.

Von hier aus ist es nur ein kleiner Schritt, bei der Forderung nach Schulautonomie nicht stehen zu bleiben, sondern, wie dies zum Beispiel Severinski vorschlägt, noch einen Schritt weiterzugehen und der einzelnen Schule die *»Rechtsfähigkeit«* zu verleihen. Das würde bedeuten: Die Eltern der Minderjährigen schließen mit der Schule ihrer freien Wahl einen Bildungsvertrag ab. (Großjährige Schüler könnten das selbst tun.)

> Die herkömmliche hundertprozentige Finanzierung der Schulen würde in eine Mischfinanzierung umgewandelt. Die Schulen erhielten das Recht, zur Abdeckung ihres nicht mehr staatlich finanzierten Aufwands – in einem festgelegten Rahmen – Schulgeld einzuheben und über ihre gesamten finanziellen Mittel völlig frei, mit der ›Sorgfalt eines guten Kaufmanns‹ selbst zu verfügen.[17]

Der Lastenausgleich – so meint Severinski – ließe sich nicht nur durch einen kostenlosen Schulbesuch erreichen, sondern auch durch eine entsprechende *»Subjektförderung«* (das ist die Förderung der einzelnen Schülerin/des einzelnen Schülers) durch Stipendien, Kinderbeihilfen, Bildungsgutscheine, Bildungsdarlehen etc., anstelle der *»Objektförderung«* (in Form der Finanzierung der Schule durch den Staat, so dass dann der Schulbesuch kostenlos sein kann). Es erübrigt sich, solche Vorstellungen noch im einzelnen hier weiter anzuführen. Aus Anlass der Wiedereinführung der Studiengebühren an den Universitäten und einer Reihe einschneidender Maßnahmen im Bildungsbereich gab es im Herbst 2001, in Österreich ein »Bildungsvolksbegehren«. Dieses fand im Parlament (im Frühjahr 2002) jedoch keine Mehrheit.

---

15 Severinski a.a.O.; S. 51.

16 Severinski a.a.O.; S. 52.

17 Severinski 1993, S. 53.

Um der Klarheit willen, wurden bisher »Interventionismus« einerseits und »Liberalismus« andererseits sozusagen in Schwarz-Weiß-Zeichnung einander gegenübergestellt. Bei dieser Gegenüberstellung ist der Liberalismus schlecht weggekommen. So einfach liegen die Dinge allerdings nicht. Um die Darstellung korrekter zu gestalten, ist es nötig, die *Reichhaltigkeit der Facettierung* des Liberalismus zu skizzieren:

»Mit den Worten ›liberal‹, ›Liberale‹, ›Liberalismus‹ ist eine der bedeutendsten und mächtigsten Traditionen Europas und der europäisch geprägten Welt ausgesprochen«.[18] Die geistesgeschichtlichen Wurzeln des Liberalismus liegen im neuzeitlichen Individualismus und in der Aufklärung sowie im neuzeitlichen Humanismus und im Idealismus. Politisch wirksam geworden ist der Liberalismus in der Unabhängigkeitserklärung und in der Verfassung der USA sowie im 1. Abschnitt der Französischen Revolution. Ich erinnere hier an die Parole der Französischen Revolution, »Freiheit, Gleichheit, Brüderlichkeit«. Ich überspringe jetzt die Nachzeichnung der Entwicklung des politischen Liberalismus im einzelnen und beschränke mich auf die Feststellung, dass sich im 19. Jahrhundert schließlich eine linksliberale Richtung des politischen Liberalismus ergab, welche die *demokratischen Ideen* weiter entwickelte.

> Bis heute werden die Wörter ›liberal‹ und ›Liberalität‹ zur Kennzeichnung vorurteilsfreien, freigiebigen, freisinnigen Denkens und Verhaltens einer bestimmten, durchaus noch nicht politischen Gesinnung und Einstellung verwendet.[19]

Vom politischen Liberalismus muss der *wirtschaftliche Liberalismus* unterschieden werden. Seine typische Ausprägungsart fand der Wirtschaftsliberalismus im 19. Jahrhundert, mit der Forderung nach *Gewerbefreiheit* und *freiem Wettbewerb* Seine ausgeprägteste Form erfuhr der Wirtschaftsliberalismus zweifellos im menschenverachtenden »Manchester-Liberalismus«. (David Ricardo vertrat zum Beispiel die Ansicht, manuelle Arbeiter sollten ungefähr dem Existenzminimum entsprechend entlohnt werden. Wenn die Entlohnung darunter liege, verhungern sie; liege sie über dem Existenzminimum, würden die manuellen Arbeiter nichts mehr arbeiten.) Adam Smith ist nicht der Urheber des »Manchestertums«, wie fälschlicher Weise oft behauptet wird. Durch ihn »wird zum ersten Mal in systematischer Form die Abschaffung aller wirtschaftlichen Restriktionen wissenschaftlich begründet und politisch gefordert«.[20] Das Gebot der Nichteinmischung des Staates gilt, nach der Auffassung des Wirtschaftsliberalismus, auch für die Beziehung zwischen Arbeitgeber und Arbeitnehmer. Die soziale Frage sei nicht durch die Intervention des Staates zu lösen, sondern

18 Vierhaus 1982, S. 741f.

19 A.a.O.; S. 742.

20 Walther 1982, S. 794.

durch die *Selbsthilfe der Betroffenen* und durch die *Verbesserung des Bildungswesens.* Auf dieses deklarierte Prinzip, dass dem Bildungswesen besondere Beachtung zukomme, wird weiter unten noch eingegangen werden.

Der Zusammenbruch der ehemaligen Ostblockländer Europas im Jahre 1989 und dann der ehemaligen Sowjetunion, im Jahre 1991 war hauptsächlich wirtschaftlich bedingt, teilweise freilich auch – vor allem auf dem Balkan – mit bedingt durch den wieder aufkommenden Nationalismus (mit seinen schrecklichen Folgen der Balkankriege). Diesen wirtschaftlichen Zusammenbruch eines politischen Systems, das gekennzeichnet war durch einen extremen Interventionismus, der richtigerweise als *»Dirigismus«* zu beschreiben ist, fasste der Kapitalismus der westlichen Welt als Signal für die Wiedererrichtung des Prinzips des Wirtschaftsliberalismus auf. Das Wesentliche dieses wirtschaftlichen Neoliberalismus ist dabei der Umstand, dass der Kapitalismus die Geltung der Prinzipien der freien Marktwirtschaft forciert und zwar nicht nur für den wirtschaftlichen Bereich, sondern *für alle Bereiche,* auch für den *Bildungsbereich* sowie für den gesamten Bereich der *Geistes- und Kulturwissenschaften.* Immer mehr spürt man in den Kultur- und Geisteswissenschaften, dass Förderungen nur zaghaft und immer spärlicher gegeben werden, weil bei »Erfolgsmessungen« durch sog. Evaluatoren Kriterien der freien Marktwirtschaft angelegt werden.

Der Schutz des Staates, den die sozial Schwachen benötigen, das soziale Netz – das vor allem Menschen mit besonderen Bedürfnissen benötigen und Menschen, die eine andere Muttersprache als Deutsch sprechen – wurde in Österreich, während der letzten Gesetzgebungsperiode grobmaschiger.

Vor allem aber muss folgendes hervorgehoben werden: Der Neoliberalismus wird den *Prinzipien des Wirtschaftsliberalismus untreu,* wenn er nicht dem vorhin genannten Prinzip des Wirtschaftsliberalismus nachkommt, dass nämlich die soziale Frage durch Selbsthilfe der Betroffenen und *durch die Verbesserung des Bildungswesens* zu lösen ist!

6. Perspektiven für die Zukunft

Der gegenwärtig oft vertretene »Neoliberalismus« lässt nicht erkennen, dass das vom klassischen Liberalismus deklarierte *Prinzip der Verbesserung des Bildungswesens* weiterhin gelten solle. In klarem Gegensatz zu Bestrebungen, denen zufolge wirtschaftliche Prinzipien des »freien Marktes« auch auf die Bereiche der Schule, der Bildung sowie der Kultur- und Geisteswissenschaften auszudehnen wären, muss deutlich festgestellt werden, dass in den genannten Bereichen eine »Kosten-Nutzen-Rechnung« fehl am Platz ist. Insgesamt gesehen, »rechnet« sich Bildung. Es sei hier an die eingangs festgestellte Wechselwirkung von Wirtschaftswachstum und Bildung erinnert. Aber es kann nicht an alle Bereiche der Bildung und der Kultur kurzfristig ein ökonomischer Maßstab angelegt werden. Nicht die »profitable Qualifikation« kann Leitziel der Erziehung sein, sondern die »maximale«, besser formuliert: die »Bildung«!

»Schulentwicklung« muss als Prozess verstanden werden, der nie zu einem Ende kommt. Schulentwicklung wird daher oft als »rollende Reform« bezeichnet. Es wäre zu wünschen, sie nicht im Sinne des Neoliberalismus voran zu treiben. Mit der Zielsetzung einer möglichst »umfassenden Bildung« (statt einer »profitablen Qualifikation«!) wäre sie in Richtung einer zunehmenden *Humanisierung der Schule* unterwegs!

Literatur

Charta der Grundrechte der Europäischen Union – Erläuterungen zum vollständigen Wortlaut der Charta. Hrsgg. vom Amt für amtliche Veröffentlichungen der Europäischen Gemeinschaft, Luxemburg 2001 und: http://ue.eu.int/df/docs/de/-DE_2001_1023.pdf

Erstes Zusatzprotokoll zur Europäischen Menschenrechtskonvention, 1952, BGBl. Nr. 210/1958 Fend, H.: Theorie der Schule, 2.Aufl., München-Wien-Baltimore 1981

Hayek, Fr. A. von: *Recht, Gesetzgebung und Freiheit*, 3 Bde, München 1980-1981

Klafki, W.: *Studien zur Bildungstheorie und Didaktik*, Weinheim und Basel 1972 und 1985

Mayer, H.: *Das österreichische Bundes-Verfassungsrecht*. Kurzkommentar, 2. Aufl., Wien 1997

Olechowski, R.: *Experimente zur Theorie der Inaktivitätsatrophie intellektueller Funktionen*, Ztschr Gerontologie 9, 19-24, 1976

Olechowski, R.: Das Engagement des Christen in der Schulpolitik, S. 91-108, in: *Kirche und Gesellschaft. Theologische und gesellschaftswissenschaftliche Aspekte*. Hrsg.: Erika Weinzierl, Wien – Salzburg 1979 und: http://mailbox.univie.ac.at/richard.olechowski/Biographie/Fremddarstellung.html

Olechowski, R.: Selektionsfreie Schuleingangsstufe, Ztschr. *Erziehung und Unterricht* 147, 482-489, 1997/5-6

Olechowski, R.: Zur Frage eines schulischen Selektionsprozesses, in: W. Weidinger (Hrsg.): *Wieso »Haupt«-Schule?*, Wien 2000

Öhlinger, Th.: *Verfassungsrecht*, 4. Aufl., Wien 1999

Plank, Fr. H.: Bildungsökonomie in Österreich, Ztschr. *Erziehung und Unterricht* 145, 575-579, 1995

Schelsky, H.: *Schule und Erziehung in der industriellen Gesellschaft. Weltbild und Erziehung*, 20. Würzburg 1957

Severinski, N.: Schulautonomie durch Deregulation und Entstaatlichung, in: *Ordensnachrichten. Amtsblatt und Informationsorgan der Österreichischen Superiorenkonferenz*, 32/4, S. 50-57, 1993

Vierhaus, R.: Liberalismus, in: Otto Brunner, Werner Conze, Reinhart Kosselleck (Hrsg.): *Geschichtliche Grundbegriffe. Historisches Lexikon zur politisch-sozialen Sprache in Deutschland*, Band 3, Stuttgart 1982

Walther, R.: Exkurs: Wirtschaftlicher Liberalismus, in: Otto Brunner, Werner Conze, Reinhart Kosselleck (Hrsg.): *Geschichtliche Grundbegriffe. Historisches Lexikon zur politisch-sozialen Sprache in Deutschland*, Band 3, Stuttgart 1982

Weiß, M.: Vier Jahrzehnte Bildungsökonomie: Rückblick und Ausblick. Einführung in den Tagungsband, in: M. Weiß und H. Weishaupt (Hrsg.): *Bildungsökonomie und Neue Steuerung*, Frankfurt am Main 2000

Hansjörg Hohr

Bildungssystem und Bildungsprobleme in Skandinavien

Zunächst zur geographischen Abgrenzung: in den nordischen Ländern pflegt man mit »nordisch« alle Staatsgebilde nördlich von Deutschland und westlich von Russland zu bezeichnen, das heißt also Dänemark, Island, Norwegen, Schweden und Finnland, dazu kommen die selbstverwaltete Insel Åland, die zwischen Schweden und Finnland liegt, sowie die Färöer Inseln und Grönland, die zum dänischen Staatsgebiet gehören, sich aber ebenfalls weitgehend selbst verwalten. Nicht zum Norden werden die baltischen Staaten gerechnet.

Als skandinavisch werden dagegen die überwiegend germanischsprachigen Staatsgebiete im Norden bezeichnet, das heißt alle nordischen Staaten mit Ausnahme von Finnland und Island. Es ist im Folgendem also von Dänemark, Norwegen und Schweden die Rede, wobei das Hauptgewicht auf Norwegen zu liegen kommt, das ich am besten kenne.

Zunächst stellt sich freilich die Frage, ob die Bildungssysteme dieser drei Länder überhaupt unter einem Titel erörtert werden können. Ich möchte dieser Frage kurz nachgehen, denn sie bietet die Gelegenheit, den kulturellen und politischen Kontext der Bildungsbemühungen in Skandinavien zu beleuchten.

Es gibt mehrere Argumente für die Bezeichnung skandinavisches Bildungssystem. Zunächst ein sprachliches: die innerskandinavischen Sprachunterschiede sind bedeutend geringer als etwa die Unterschiede zwischen den Mundarten des deutschen Sprachraums. Man schätzt, dass etwa 75% des Wortschatzes der Schriftsprache der drei Länder übereinstimmen[1]. Zwischen Norwegisch und Dänisch darf man eine noch höhere Gemeinsamkeit veranschlagen, da die norwegische Schriftsprache sich aus dem Dänischen entwickelt hat und in der Folge bloß norwegisiert wurde. Mit anderen Worten, man kann als Angehöriger eines Landes ohne besondere Mühe Texte des Nachbarlandes lesen, wie man sich auch in der eigenen Muttersprache in den beiden anderen Ländern gut verständlich machen kann.

Damit nicht genug. Seit etwa 50 Jahren gibt es den *Nordischen Ministerrat*, eine politische Institution, die die Zusammenarbeit und Koordination der nordischen Staaten in einer Vielfalt von Fragen fördert. Unter anderem unterhält der Nordische Ministerrat ein Sekretariat für Bildung, Forschung und Kommunikationstechnologie.

1 Lindgren 2002.

Nach dem zweiten Weltkrieg, genauer 1964 gab es im Zusammenhang des Nordischen Ministerrates sogar den Versuch, ein gemeinsames und einheitliches Schulsystem im Norden zu begründen[2]. Die 9-jährige Einheitsschule Schwedens sollte als Modell dazu dienen. Dieser Versuch wurde zwar nach einigen Jahren fallengelassen, doch haben sich in den nordischen Ländern trotzdem sehr ähnliche Systeme entwickelt. Der Nordische Ministerrat fasste 1990 die Schulsysteme in einer einzigen Figur zusammen, hier in Figur 1 etwas vereinfacht wiedergegeben.

Figur 1: Primarstufe, Sekundarstufe I und II in den nordischen Schulen (Nordischer Ministerrat 1990)

	Grundschule		Integrierte
	Primarstufe	Sekundarstufe I	Sekundarstufe II
5 – 6 –	7 – 8 – 9 – 10 – 11 – 12	– 13 – 14 – 15 –	16 – 17 – 18

Nach einem eventuellen Aufenthalt in Kinderkrippe und Kindergarten treten die Kinder im Alter von 7, in Norwegen heute mit 6 Jahren in die 9- oder 10-jährige Grundschule ein. In der gesamten Primarstufe, das heißt Schulstufe 1–7, erfolgt die Evaluierung informell, ohne Noten, wie es auch im gesamten Schulverlauf kein Sitzenbleiben gibt. Der Übergang von der Primarstufe in die 3-jährige Sekundarstufe I ist insofern einschneidend als die Schülerleistungen nun benotet werden. Zwischen Grundschule und Sekundarstufe II wird dann von vielen Schülern ein Jahr an einer sogenannten Volkshochschule eingeschoben. Die Sekundärstufe II ist insofern integriert als die allgemeine Studienrichtung, die zur Studienberechtigung führt, die allgemeinen Fächer in fachspezifischen Leistungskursen mit den berufsbildenden Studienrichtungen teilt. Darüber hinaus führen auch die berufsbildenden Studienrichtungen mit einem zusätzlichen Schuljahr zur Studienberechtigung. Ein gut ausgebautes System von sogenannten Volksuniversitäten bietet eine zusätzliche Möglichkeit, die allgemeine Studienberechtigung zu erlangen.

Ich werde später dieses Modell am Beispiel Norwegens näher ausführen und erörtern. Zunächst noch etwas über die politische und kulturelle Situation in den skandinavischen Ländern.

Die Skandinavischen Staaten sind aus zwei multinationalen Zentralstaaten hervorgegangen, nämlich Dänemark und Schweden. Seit der Herausbildung dieser Zentralstaaten hat es zwischen diesen zwar eine gewisse Rivalität besonders um die nördlichen Gebiete Skandinaviens gegeben. Es kam auch zu kriegerischen Auseinandersetzungen, aber im europäischen Vergleich war Skandinavien eine Insel des Friedens. Die Großmachtinteressen orientierten sich in unter-

2 Telhaug et al. 2001.

schiedliche Richtung. Schweden annektierte Finnland und führte Kriege im Osten und Süden, im heutigen Russland, dem Baltikum, Polen und den deutschen Ländern, Dänemark besaß Schleswig, Norwegen, Färöer, Island und Grönland.

Die skandinavischen Länder können auf eine bedeutende demokratische Tradition zurückblicken. Diese hält sich auch im aufgeklärten Absolutismus durch, und an sie schließen die Konstitutionen an, die sich als eine der ersten in Europa am Anfang des 19. Jahrhunderts bilden. Schweden erhält seine Konstitution 1809, Norwegen 1814 und Dänemark etwas später im Jahr 1849[3].
Der dänische Politologe Robert Dahl (1998) vergleicht den Beitrag der skandinavischen Länder zur Entwicklung der Idee von Demokratie mit dem der griechischen Stadtstaaten des Altertums. Im Zeitraum zwischen 600–1000 entwickelt sich in den skandinavischen Ländern ein repräsentatives Tingsystem, das mit der Bildung des isländischen Alltings 930 seinen Höhepunkt erreicht. Im Mittelalter verfällt zwar das System, wird aber um 1500 durch die Gründung des schwedischen Reichstags neu belebt. Dieser Reichstag ist einmalig im Norden, er hält sich durch die ganze Periode des Zentralstaates. Er umfasst 4 Stände, sorgt für die Legitimität politischer Beschlüsse und entwickelt einen feinverästelten und äußerst effektiven Verwaltungsapparat, der Schweden zu der Großmacht machte, die es für lange Zeit war.

In Dänemark wurde der Reichsrat 1536 abgeschafft und 1660 der Absolutismus eingeführt. Aber auch hier erhielt sich eine demokratische Tradition auf lokaler Ebene und im Rahmen der Kirche, die zum kulturellen Machtfaktor wird. Basis dieser Tradition ist die lokale Gemeinde der Gläubigen, die die sozialen Aufgaben übernimmt und in lokaler Solidarität wahrnimmt. Uffe Østergaard (1999) spricht von einem geradezu »radikal-demokratischen« Respekt, den die Gemeindeversammlung der Gläubigen genießt. Hier entsteht die für die skandinavischen Länder charakteristische enge Beziehung von Demokratie und Wohlfahrtsstaat.

Die demokratischen Traditionen machen sich in den skandinavischen Ländern in vielfältiger Weise bemerkbar. Zum einen kann mit einem, was ich demokratischen Grundton nennen möchte, gerechnet werden. Es handelt sich dabei um einen Habitus, der sich entschieden antielitistisch, egalitär und partizipatorisch gibt, dabei aber auch manchmal die Gefahr läuft, in einen lokalen Populismus und Antiintellektualismus abzugleiten.

Ein weiteres Merkmal ist die Stärke der zivilen Gesellschaft im Sinne von Selbstorganisation, die Präsenz und Stärke von Graswurzelorganisationen, Volksbewegungen und der beispiellose Ausbau der lokalen Presse. Auch das hat selbstverständlich seine komischen Seiten. Norwegen zum Beispiel ist, wie schon Hans Magnus Enzensberger (1987) in satirischer Absicht kommentiert

3 Rahbek Schou 2000.

hat, ein Land der Vereine. Was immer man sich ausdenken mag, Norwegen hat einen Verein dafür.

Schließlich ist in diesem Zusammenhang noch die stolze und umfassende Tradition der Volksaufklärung zu nennen, die sich ab etwa 1800 immer stärker bemerkbar macht. Bernt Gustavsson (1996) hebt zwei Merkmale dieser Tradition hervor, die er für charakteristisch für Skandinavien hält. Als erstes nennt er die institutionelle Verankerung der Volksaufklärung und kontrastiert diese mit eher projektbezogenen Ansätzen in anderen Ländern. Als zweites Merkmal führt er die lange historische Tradition an und kontrastiert diese mit dem Ansatz der Erwachsenenbildung anderswo.

Obwohl Dänemark, Norwegen und Schweden viele Gemeinsamkeiten auf dem Gebiet der Volksaufklärung aufweisen, gibt es hier auch nationale Unterschiede. Dänemark und Norwegen gründen ihre Volksaufklärung hauptsächlich auf den dänischen Bischof Nikolai Fredrik Severin Grundtvig (1783–1872). Dieser realisierte sein Programm in sogenannten Freischulen in romantischer Tradition und in deutlicher Opposition zur Modernisierung der Gesellschaft. Die Schule sollte seiner Meinung nach ein »Freiort« sein, das heißt ein Ort, der sich nicht an Kriterien der Nützlichkeit oder Leistung orientiert, sondern der vielmehr eine sogenannte »Lebensaufklärung« und Herzenserziehung anstrebt. Diese Schule soll die großen Fragen des Lebens behandeln und sich dabei auf die Kultur des Volkes, sowie auf die nationale und nordische Kultur stützen. Besonderes Gewicht misst Grundtvig dem »lebendigem Wort« bei, das er dem »Wissen des toten Buchstabens« entgegenstellt. Dieses Programm hat sich bis heute in den sogenannten Volkshochschulen durchgehalten, und wird von vielen Schülern als 10. bzw 11. Schuljahr eingeschoben, bevor man in die Sekundarstufe II einsteigt. In diesem Schuljahr lernt man andere Dinge, wie Drama, Malen, Musik, Bootsbau, Gartenbau. Im Grunde ist diese Volkshochschule, das heißt die 10. Schulstufe eine Orientierungsstufe, allerdings in einem existentiellen Sinn des Wortes. Es geht um den Lebensentwurf, um was man mit dem Leben will und wofür es wert ist zu leben.

Die schwedische Tradition ist etwas anders als die dänische und norwegische. Die Volkshochschule in Schweden, obwohl von Grundtvig inspiriert, wurde zunächst vom Bauernstand getragen und war von Beginn an nützlichem Wissen orientiert. Der Gedanke der Herzensbildung verfing dort ebenso wenig wie Grundtvigs Hochschätzung des »lebendigen Wortes«. Statt dessen standen Bücherwissen, Selbststudium und intellektuelle Schulung im Zentrum. Auch das nationale Motiv Grundtvigs spielte nur eine marginale Rolle, während sich das soziale Motiv akzentuierte. Zunächst war die schwedische Volkshochschule nur den Bauernkindern zugänglich. Um 1902 bildete sich dann der »Aufklärungsverband« und die Volkshochschulen öffneten sich auch den Kindern aus der Arbeiterklasse. Insgesamt stand die schwedische Volkshochschule im Dienste der Modernisierung und Rationalisierung.

Es lässt sich heute mit Sigbert Axelsson (1992) zwischen einer älteren und jüngeren Volksaufklärungsbewegung in Skandinavien unterscheiden. Für die Ältere sind folgende Merkmale bestimmend: Die gesellschaftliche Utopie, der Verein, die Sitzung, das Lokal, die Teilnahme, die Dauer, die Agitation und das Studium. Für die neuere Bewegung ist charakteristisch: Teilprobleme, die Nahutopie, Wissen, Symbole, Information und eher Kultur als Politik. Sie ist deutlich mehr selbstreflexiv.

Rune Slagstad (1998) fasst die politische Kultur Skandinaviens in vier Punkten zusammen:

1. Ein Begriff von Demokratie der vom Repräsentationsgedanken entscheidend geprägt ist.
2. Befürwortung eines universalistischen Modells (zum Beispiel allgemeine Krankenversicherung der im Volksregister gemeldeten).
3. Eine homogene und relativ friedliche Entwicklung.
4. Eine starke Forderung nach Partizipation.

Abschließend noch eine Tabelle mit demographischen Daten, die die Ähnlichkeit der skandinavischen Länder und deren Besonderheit unterstreichen:

Tabelle 1: Ländervergleich[4]

Land	Areal (km²)	Bevölkerung (Mill.)	Stadtbevölkerung (%)	Bevölkerungsdichte (N/km²)
Dänemark	43.069	5,2	85%	120
Norwegen	323.895	4,3	76%	13
Schweden	449.964	8,6	84%	19
Deutschland	356.959	81,0	86%	227

Auch wenn Dänemark sich demographisch deutlich von Norwegen und Schweden unterscheidet, darf man doch insgesamt sagen, dass die Besiedlungsdichte der skandinavischen Ländern im europäischen Vergleich extrem niedrig ist. Dazu kommt, dass diese Werte nicht nur statistische Größen sind, sondern die tatsächliche Besiedlungsdichte relativ gut charakterisieren. Zwar befinden sich die Ballungszentren Norwegens und Schwedens im Süden, dennoch gibt es kaum nicht-besiedelte Gebiete. Die Besiedlungsdichte und die teilweise arktische Lage könnten dazu beigetragen haben, dass sich eine ausgeprägte Egalitäts- und Konsensusorientierung in Skandinavien herausgebildet hat. Aber sie haben auch unmittelbare Konsequenzen für das Bildungssystem. Zugespitzt ließe sich sagen, dass die Gesamtschule sich schon allein aus demographischen Gründe als im Grunde einzig mögliche Lösung angeboten hat.

4 Duden. Das neue Lexikon 1996.

Schulgeschichtliche Kontexte

Bevor ich auf die heutige Schulsituation und ihre Probleme eingehe, möchte ich noch kurz den schulgeschichtlichen Kontext skizzieren. Ich konzentriere mich dabei auf Norwegen. Zunächst lässt sich für Norwegen festhalten, dass die Partei, die das Fundament der heutigen Grundschule gelegt hat, die Bauernpartei ist. Als besonderes Stichdatum kann das Jahr 1884 gelten. In ihm wurde zum einen der Parlamentarismus per Gerichtsurteil eingeführt und zum anderen kam die Bauernpartei, die heutige »Venstre«, »die Linke« an die Macht. Sie machte unter der Führung von Johan Sverdrup die Schule zu ihrem Hauptanliegen, erweiterte die Zahl der Fächer, verlängerte das Schuljahr und erhob die Mundart der Schüler zur Unterrichtssprache, übrigens ein Prinzip, das bis heute praktiziert wird. Außerdem begannen nun die Bemühungen, die obligatorische, die gemeinsame Schule auf sieben Jahre auszuweiten. Im Jahre 1920 ist es dann soweit und die siebenjährige sogenannte Einheitsschule wird im Parlament durchgesetzt.

Der Kampf um die Gesamtschule wurde in Norwegen also nicht von der Sozialdemokratie gewonnen, sondern von einem politisierten Bauernstand, der klar erkannt hatte: wer mitreden will, muss lesen können und informiert sein, kurz, der braucht handfestes Wissen.

In den 30er-Jahren lösen die sozialdemokratischen Parteien die Bauernparteien dann allmählich an der Regierung ab. Im Gegensatz zu den Bauernparteien setzten die Sozialdemokratien auf staatliche Steuerung. Dem Staat wurde zugetraut, sowohl die Einkommen neu zu verteilen wie auch dem Bürger ein Minimum an Rechten zu sichern. Im übrigen aber ist es ein verhandlungsorientierter Staat, der eine starke und entscheidende Rolle in einem korporativen Steuerungssystem sucht. Dabei werden die verschiedenen Interessengruppen als verantwortliche Verhandlungspartner betrachtet.

Der Norwegische Schulhistoriker Alfred Oftedal Telhaug (2002) unterscheidet drei Hauptmotive im Denken um den Hauptauftrag der Schule, das kulturelle Motiv, das ökonomische Motiv und schließlich das soziale Motiv. Mit dem Begriff des »kulturellen Motivs« bezeichnet Telhaug den identitätsstiftenden Aspekt der Schule. Allerdings fasst er diesen Aspekt eng, nämlich im Sinne von Begründung einer nationalen Identität. Das erscheint insofern berechtigt als der Ausbau der Grundschule in Skandinavien und insbesondere in Norwegen in der zweiten Hälfte des 19. Jahrhunderts stark national inspiriert war. Neben dem Erlernen von Schreiben, Lesen und Rechnen ging es vor allem darum, die verschiedenen lokalen Identitäten zu einer nationalen Identität zusammenzuschweißen.

Für die ethnischen Minoritäten hatte das allerdings katastrophale Folgen. Denn das Recht, das Samische (»Lappländische«) als Hilfssprache im Unterricht zu benutzen, wurde nach 1850 mehr und mehr beschnitten und die Verwendung schließlich verboten. Diese progressive Norwegisierung mündet 1902 in den

Aufbau eines Internatschulsystems, in dem die samischen Kinder gesammelt wurden und wo es ihnen bei Strafe untersagt war, samisch zu sprechen oder ihre besondere Musikform, den Joik zu verwenden[5].

Schule als staatliche Veranstaltung

Das Schulsystem in Skandinavien, wie wir es heute kennen, wurde nach dem zweiten Weltkrieg von den sozialdemokratischen Parteien aus der Taufe gehoben. Diese Parteien hatten ihre Glanzzeit in der Periode vom Ende des zweiten Weltkriegs bis zu Beginn der siebziger Jahre. In dieser Zeit stellen sie die Regierungen und bauen auf schier unerschütterlich erscheinende parlamentarische Mehrheiten. Allerdings waren diese erdrückenden Mehrheiten in der Schulpolitik gar nicht notwendig. Denn die Schulreformen dieser Zeit gehen ohne grundlegenden parteipolitischen Dissens über die Bühne. In dieser Zeit, genauer im Laufe der sechziger Jahre entsteht die 9-jährige Gesamtschule, die sich mit geringfügigen Änderungen bis heute gehalten hat.

Von den drei Grundmotiven die Telhaug und Mitarbeiter (2001) in der skandinavischen Schulpolitik veranschlagen, waren das soziale und das ökonomische Motiv für die sozialdemokratischen Parteien ausschlaggebend. Denn nach dem zweiten Weltkrieg schien das nationale Motiv weitgehend kompromittiert. Abgesehen davon war aber die Sozialdemokratie auch von herwärts eher international orientiert. Innenpolitisch hatte sie vor allem den sozialen Ausgleich und die soziale Integration im Auge. Von der Gesamtschule wurde also erwartet, dass sie die sozialen Unterschiede ausgleiche, dass sie den Kindern der Fischer, Bauern und Arbeitern eine solide Wissensgrundlage sichere, wie auch ganz allgemein die kulturellen Unterschiede ausgleiche.

Daneben freilich, und hier treffen sich ihre Absichten mit denen der bürgerlichen Parteien, waren die sozialdemokratischen Parteien auch stark an der Modernisierung der Wirtschaft interessiert, für die eine gute Allgemeinbildung als notwendige Voraussetzung erschien. Das heißt, neben dem sozialen Ausgleich erwartete sich die Sozialdemokratie auch eine rationale Verwertung und Verwirklichung des Bildungspotenzials. Dabei sah die Sozialdemokratie das soziale Motiv keineswegs im Widerspruch zum ökonomischen. Im Gegenteil, es war eine ihrer Grundannahmen, dass der wirtschaftliche Wohlstand Voraussetzung des sozialen Friedens und einer gerechteren Güterverteilung sei.

Das ideale Werkzeug zur Durchsetzung der auf Gesamtschule abgestellten Politik erschien den skandinavischen Sozialdemokraten ein starker Staat und eine zentrale Steuerung der Schule. Diese Politik des starken und reglementierenden Staates ist von einer korporativistischen Verhandlungsorientierung begleitet. Jedenfalls entsteht die Gesamtschule in enger Zusammenarbeit oder besser, im Bündnis zwischen Staat, Lehrerorganisationen und wissenschaftli-

5 Jernsletten 1986.

chen Milieus. 1954 wurde zum Beispiel der sogenannte »Versuchsrat« gegründet, eine von Erziehungsexperten geleitete Institution, die Schulversuche initiieren und betreuen sollte. Sie erwies sich als durchsetzungsfähiges Mittel schulischer Innovation und wurde von den Sozialdemokraten als fachliche Legitimierung ihrer Reformbemühungen verwendet.

Um die praktischen Konsequenzen des staatlichen Dirigismus zu illustrieren, hier einige Zahlen. Als in Schweden im Jahr 1842 die 7-jährige Volksschule gesetzlich verankert wurde, wurde das von einem Reglement begleitet, das aus 14 Paragraphen bestand. 1882 und 1897 erweiterte sich dieses zu 10 Kapiteln mit respektive 68 und 70 Paragraphen. Nach dem Weltkrieg und in sozialdemokratischer Regie wächst das Reglement zu 29 Kapiteln in 701 Paragraphen, davon 354 Paragraphen die Volksschule betreffend. Am Ausgang dieser Reformperiode 1969/70 umfasst die Sammlung von Regeln und Vorschriften, die das oberste Schulorgan, Skolöverstyrelsen, verwaltet 1500 Seiten[6]. Es erscheint deshalb nicht als Übertreibung, wenn eine öffentliche Untersuchung zu dem Schluss kam: »Die staatliche Steuerung ist zu beinahe 100% durchgeführt«[7].

Diese Charakterisierung bedarf einiger wichtiger Einschränkungen. Zum einen muss betont werden, dass Dänemark die Schulsteuerung weit weniger zentralisiert als seine nördlichen Nachbarn. Dänemark hält damit an einer Vorkriegspraxis fest, die für alle drei Länder kennzeichnend gewesen war. Die Schule wurde vor dem Krieg weniger als Veranstaltung des Staates angesehen als vielmehr eine Verlängerung der lokalen Gesellschaft und insbesondere der Familie. In Dänemark wird also die Schule weiterhin stärker der lokalen Initiative und dem Einverständnis der Eltern unterstellt, wie man überhaupt die staatliche Reglementierung bei den nördlichen Nachbarn mit einem gewissen Unbehagen verfolgt. Mitte 1960 drückt der dänische Unterrichtsminister, Julius Bomholt dieses so aus: »Es ist, mit dänischen Augen gesehen und in Richtung Westentasche geflüstert, zuviel Konformität im schwedischen Schulsystem«[8]. Es ist auch gerade dieser, man kann sagen, politische Temperamentsunterschied, an dem das Projekt eines einheitlichen skandinavischen Schulsystems, wie es dem Unterrichtsminister Norwegens, Helge Sivertsen vor Augen geschwebt hatte, scheitert.

Diese Unterschiede in der Einstellung zum Staat kommen freilich nicht nur in der Schulpolitik zum Ausdruck, sondern betreffen weite Gebiete des zivilen Lebens.

6 Telhaug et al. 2001.
7 Nach Telhaug et al. 2001.
8 Nach Telhaug 1966.

Beginn einer Neuorientierung: Von Monokultur zu kulturellem Pluralismus

Im Übergang zu den 70er-Jahren lässt sich dann für alle drei skandinavischen Länder eine gewisse Neuorientierung und neue Angleichung feststellen. Alfred Telhaug (2002) belegt diesen Übergang etwas dramatisch mit dem Titel »Der radikale Aufbruch« oder auch »Das goldene Jahrzehnt des Linksradikalismus«. Das mag etwas übertrieben sein.

Schulgeschichtlich erscheint das Jahrzehnt jedenfalls eher als eine konsequente Weiterentwicklung der sozialintegrativen Richtung, wie sie für die Sozialdemokratie charakteristisch war. In diese Richtung lassen sich jedenfalls zwei einschneidende Maßnahmen einordnen. Zum einen wird die organisatorische Differenzierung der Sekundarstufe I zurückgenommen. Als man in Norwegen in den 50er- und 60er-Jahren die Pflichtschule von 7 auf 9 Jahre ausweitete, experimentierte man zunächst mit mehreren fachübergreifenden Kurssystemen. Diese Lösung wurde dann 1969 endgültig als unbrauchbar fallengelassen und zwar zugunsten einer inneren Differenzierung. Von der ursprünglichen organisatorischen Differenzierung blieb nur ein kleiner Rest, nämlich die Differenzierung nach Interessen, das heißt die Einrichtung von Wahlfächern zurück. Das ist also die erste Maßnahme mit deutlich sozialintegrativer Richtung.

Als weitere Maßnahme werden sodann das System der Sonderschulen aufgelöst und die Behinderten systematisch in der Grundschule integriert.

Telhaug und Mitarbeiter (2001) sehen dieses Jahrzehnt schulpolitisch gesehen jedoch im Zeichen eines umfassenden ideologischen Umschwungs, der sich etwa so darstellen lässt:

Figur 2: Schulpolitischer Aufbruch der 70-er Jahre in Norwegen. Orientierung der Schule:

vor 1970	nach 1970
Nutzen und Leistung	Fürsorge und Wohlbefinden
Große Schuleinheiten	Kleine Schuleinheiten
Zentrale, externe Steuerung	Lokale und individuelle Selbstbestimmung
Nationalstaat	Lokale Gesellschaften
Zentrum	Peripherie
Majorität	Minoritäten
Monokulturelle Gesellschaft	Kultureller Pluralismus

Freilich ist diese Übersicht mit Vorsicht zu genießen. Zum Beispiel der erste Punkt: Die Entwicklung der Schule zur »Wärmestube«, wie die Norweger das nennen, war der Hauptpunkt der bürgerlichen Schulkritik der letzten 20 Jahre. Diese Kritik ist zumindest aus zwei Gründen zu relativieren. Sie übersieht zum einen, dass ab etwa 1970 die skandinavische Schule sich in zunehmenden Maß darum bemüht, dass die Schüler nicht nur lernen, sondern dass sie das auch mit

Freude tun. Zum anderen unterschlägt die Kritik, dass die Schule ab diesem Zeitpunkt mehr und mehr zum Aufbewahrungsort und sozialen Auffangnetz für die Kinder wird. Das hängt mit den tiefgreifenden Änderungen der Familienstruktur zusammen. Etwa 80% der Frauen zum Beispiel gehen heute in Norwegen einem Beruf nach. Die Anzahl der Alleinerzieher ist steigend. Die Formen des Zusammenlebens vervielfältigen sich und damit auch die sozialen Chancen und Risiken für die Kinder. Besonders wichtig aber ist, dass die Schule erst in den 70er-Jahren den entscheidenden sozialintegrativen Schritt macht und diesen im Begriff »angepasstes Lehren« (tilpasset opplæring) auf den Begriff bringt. Es ist also nicht länger so, dass der einzelne Schüler sich an einem festgesetzten Leistungsstandard messen muss, sondern die Schule verpflichtet sich vielmehr, dem einzelnen Schüler nach Maßgabe seiner Leistungsfähigkeit und seines Verständnishorizontes ein sinnvolles Lernangebot zu geben. Wie die bürgerliche Schulkritik zeigt, hat das Prinzip des angepassten Lehrens den Konflikt zwischen einem meritokratischen und einem bildungsorientierten Wissensbegriff nicht gelöst, sondern eher zugespitzt.

Was den zweiten Punkt der Übersicht in Figur 2 betrifft, ist die Beobachtung sicher korrekt, dass in den 70er-Jahren die Idee der großen Zentralschulen fallengelassen wird und die sozialen und kulturellen Vorteile kleinerer Schulen wieder deutlicher in den Vordergrund treten. Noch um die Jahrtausendwende waren zum Beispiel 38% der Grundschulen ungeteilt, wobei das nicht ohne weiteres als Zeichen der Rückständigkeit aufgefasst wird, sondern als altersintegrierter Unterricht auch positiv bewertet wird.

Keinesfalls aber darf der Trend zur kleinen Schule als Verschiebung der Schulsteuerung von zentraler auf lokale Ebene verstanden werden. Gewiss, die zentralstaatliche Reglementierung nimmt ab, jedoch nicht im Sinne einer Selbstverwaltung der einzelnen Schule, sondern eher als eine Rationalisierung einer einheitlichen Steuerung. In den 60er- und 70er-Jahren werden in allen drei skandinavischen Ländern die Gemeinden zu Großgemeinden zusammengelegt. In Zahlen: in Schweden reduziert sich die Anzahl der Gemeinden von 2498 auf 284, in Dänemark von 1388 auf 275 und in Norwegen von 744 auf 443. Damit werden diese in Stand gesetzt, einen weitläufigen pädagogischen Beratungsapparat aufzuziehen. Gleichzeitig erhält die einzelne Gemeinde bedeutende Schulkompetenzen übertragen. Überhaupt wird in diesem Jahrzehnt das Schulsystem in einem historisch beispiellosen Maß ausgebaut. Im Hinblick auf die Steuerung der Schule lässt sich sagen, dass diese schulnäher, nun verstärkt auf kommunaler Ebene erfolgt. Von einer Selbstverwaltung der einzelnen Schule kann aber nur insofern die Rede sein, als durch die Einführung einer 38. Schulwoche, die der gemeinsamen Planung des Unterrichts und Weiterbildung der Lehrer vorbehalten ist, die Stellung der Lehrer als Profession gestärkt wird.

Nun könnte es aber doch scheinen, als läge hier eine Aufwertung der lokalen Gesellschaften vis á vis dem Staat und eine Aufwertung der Peripherie vis à vis Zentrum vor. Es gibt aber kaum Belege dafür, dass die Inhalte der Schule in nennenswerte Weise lokal variiert worden wären. Die von akademischen Milieus initiierten Schulversuche mit lokal angepassten Lehrplänen dürfen als gescheitert gelten[9].

Die in der Übersicht behauptete Aufwertung der Minoritätsinteressen trifft schon etwas besser. Denn Anfang 1970 wird das Samische als Unterrichtssprache wieder zugelassen, nachdem es über 100 Jahre mit großer Energie und überaus erfolgreich bekämpft worden war. Allerdings kann nur begrenzt von der Auflösung der monokulturellen Linie die Rede sein, ganz zu schweigen von der Anerkennung einer kulturellen Vielfalt.

Der Durchbruch des Neoliberalismus und Neokonservativismus: Deregulierung und Zielsteuerung

Vom verschiedener Seite werden die zwei letzten Jahrzehnte als die Jahre betrachtet, in denen der Neoliberalismus und Neokonservativismus zum Durchbruch kommen. Dies stellt Rahbek Schou (2000) im innerskandinavischen Schulvergleich, und Telhaug (2002) und Karlsen (2002) für Norwegen insbesondere fest. Das politische Klima schlägt nun um und wendet sich gegen den allesregulierenden Staat, während die Stellung des eigenverantwortlichen Individuums immer stärker hervorgehoben wird. Typisch dafür sind die Bestrebungen des dänischen Unterrichtsministers Bertel Haarder (1992–1993) und des norwegischen Unterrichtsministers Gudmund Hernes (1990–1995). Beide lösen Sachverständigenräte auf und lassen auch die Lehrerorganisationen außen vor. Die leitende Steuerungsidee in den 90-ern ist diese: Auf zentraler Ebene werden möglichst eindeutige und präzise, allgemeine Zielvorgaben formuliert. Auf lokaler Ebene sollen dann diese Zielvorgaben in selbstverantwortlicher Wahl der Mittel, das heißt durch Wahl der Inhalte und Arbeitsformen realisiert werden.

Freilich gehen Dänemark und Schweden bedeutend weiter als Norwegen. In Dänemark und Schweden werden dem Unterricht vom Staat relativ weite Ziele gesetzt, während die Auswahl der Inhalte und Methoden als professionelle Aufgabe der Lehrerschaft betrachtet wird. Im dänischen Volksschulgesetz von 1993 ist vorgesehen, dass der Minister »zentrale Wissens- und Fertigkeitsgebiete« angibt. Den Rest machen die Schulen in Eigenverantwortung.

Insbesondere aber ist es die individuelle Qualifikations- und Identitätsbildung, die der Schule auf die Fahnen geschrieben wird. Im zentralen dänischen Lehrplan von 1994 findet sich zum Beispiel folgende Formulierung: »Ziel und Sinn des Dänischunterrichtes ist, das Erlebnis der Schüler von Sprache zu fördern als einer Quelle persönlicher und kultureller Identität, die auf ein ästhetisches, ethisches und historisches Verständnis baut.«[10]

9 Høgmo et al. 1981.

10 Undervisningsministeriet 1995.

Diese Struktur der Schulsteuerung brachte auch eine gewisse Verschiebung im Hinblick auf die Evaluation mit sich. Nicht mehr der einzelne Schüler, sondern die Schule selbst und ihre Lehrer werden Gegenstand kontinuierlicher Beurteilung und Berichterstattung. Am weitesten in diese Richtung ist Schweden unter Staatsminister Göran Persson gegangen. Hier sollen Statistiken erstellt werden über Zielerfüllung, Schulleistungen, Kosten, die Kompetenzen des Lehrkörpers und seine Entwicklung. Dazu werden Inspektionen der einzelnen Schulen durch staatliche Inspektoren durchgeführt.

Die Entwicklung der letzten Jahre lässt sich zu einem gewissen Grad auch als Entstaatlichung der Schule verstehen insofern, als nun die Gemeinden die Arbeitgeberverantwortung für die Lehrer übernehmen. Die Lehrer werden kommunale Angestellte, die Schulen über die kommunalen Budgets finanziert.

Daneben entwickelt sich die Schule auch in Richtung einer verbrauchergesteuerten Schule. Bahnbereiter in Skandinavien dafür ist Dänemark. Dort erhielt die einzelne Schule mit dem neuen Volksschulgesetz von 1989 einen Vorstand mit einer Elternmajorität und mit weitreichenden Kompetenzen. Zwischen 1993 und 1996 zieht Schweden nach, während Norwegen erst in jüngster Zeit unter der neuen Mitte-Rechts-Regierung diese Entwicklung nachholt. Dazu kommt der Ausbau eines Privatschulwesens, das der Sozialdemokratie von jeher ein Gräuel war.

Abschließend noch kurz zur Reform der Grundschule in Norwegen 1997. Mit der Reform wird zum einen das Einschulungsalter von 7 auf 6 Jahre vorgezogen, und zum anderen die Grundschule auf 10 Pflichtschuljahre ausgeweitet. Ferner erhält die Grundschule nun einen Lehrplan mit einem recht umfassenden obligatorischen Themenkatalog, der für die einzelne Schulstufe spezifiziert ist. Das repräsentiert eine relativ dramatische Abweichung von früherer Praxis. Zum Beispiel war der Lehrplan von 1974 als Rahmenplan formuliert, der der einzelnen Lehrkraft Auswahl und Konkretisierung zumindest im Prinzip überließ. Die Lehrplanrevision von 1987 unterstellte die Unterrichtsplanung dann nicht mehr nur dem einzelnen Lehrer sondern Lehrergruppen, die im Rahmen des zentralen Planes lokale Lehrpläne und Jahrespläne ausarbeiten sollten.

Die letzte Lehrplanrevision von 1997 sieht zwar weiterhin die Erstellung lokaler Lehrpläne vor, aber reglementiert den Lehrstoff auf zentraler Ebene noch stärker. Im Hinblick auf Verordnungen kommt dann dazu, dass standardisierte Tests für die einzelnen Fächer und Schulstufen ausgearbeitet werden, um so die Durchführung des Curriculums zu sichern. Allerdings verbleiben die ersten sieben Schuljahre weiterhin schulnotenfrei wie es auch im gesamten Schulverlauf kein Sitzenbleiben gibt.

Obwohl also in mehreren Hinsichten die Reglementierung zunimmt, lässt sich nicht ohne weiteres behaupten, dass sich die Wahl- und Steuerungsmöglichkeiten der Schüler verkleinern. Im Gegenteil gibt es im letzten Lehrplan auch eine zur zentralen Kontrolle gegenläufige Bewegung. Zum einen wird zum ersten mal der projektorientierte Unterricht als obligatorische Arbeitsform verankert.

Für die Sekundarstufe I, zum Beispiel sind mindestens 20% der Unterrichtszeit für Schülerprojekte abzusetzen. Das Projekt der letzten Schulstufe wird auch benotet und zählt bei der abschließenden Gesamtbewertung des einzelnen Schülers. Für die Grundstufe ist ein noch höherer Prozentanteil das heißt 40–80% je nach Stufe für Projektarbeit vorgesehen.
Die Entwicklung zu selbstgesteuertem und problemorientierten Lernen ist aber nicht nur für Norwegen typisch. Rahbek Schou (2000) konstatiert für den skandinavischen Raum insgesamt eine Allianz zwischen einem kulturellen und ökonomischen Neoliberalismus und Ansätzen der pädagogischen Reformbewegung.

Der Blick auf die Verteilung der Unterrichtszeit über die einzelnen Aktivitäten ergibt folgendes etwas grobes Bild (Figur 3):

Figur 3: Norwegischen Grundschule: Stundenverteilung der Fächer nach Klassenstufe (2002), 1 Stunde=45 Min., 37 Wochen Unterricht.

Aktivitäten/Klassenstufe	1–4	5–7	8–10	Total
Religion und Ethik	266	266	247	779
Norwegisch	912	589	532	2033
Mathematik	532	437	418	1387
Soziale Studien	190	285	380	855
Kunst und Handwerk	228	380	228	836
Natur und Milieu	152	247	342	741
Englisch	95	266	342	703
Musik	152	228	114	494
Haushalt	38	114	114	266
Leibeserziehung	228	266	304	798
Obligatorische Wahlfächer			304	304
Klassen- und Schülerrat			95	95
Freie Aktivitäten	247			247
Einheiten (45 Min.) per Jahr	3040	3078	3420	9538
Wahl der Schule und der Schüler	152	114	152	418
Finnisch/Samisch als Zweitsprache				1111

http://skolenettet3.ls.no/dok/sn/L97_eng/Curriculum

Dazu noch einige Erläuterungen: Die obligatorischen Wahlfächer bestehen aus drei Komponenten: 1. zweite Fremdsprache (Französisch, Deutsch, eventuell andere), 2. Vertiefung in Sprache (Norwegisch, Zeichensprache, Englisch), 3. Projektarbeit. Nur eine der drei Komponenten ist wählbar.

Die Klassenratsarbeit soll nicht nur in den letzten drei Klassenstufen erfolgen, sondern 40 Stunden im Jahr sind in den ersten vier Klassenstufen dafür abzustellen, 75 Stunden im Jahr in 5.–7. Klassenstufe. Mit der Klassenratsarbeit soll ein Forum bereitgestellt werden, wo Schüler sich in demokratischen Entscheidungsprozessen üben und sich an der Planung und Durchführung des Unterrichts beteiligen können.

Die Stundenzuteilung zur »Wahl der Schule und der Schüler« ermöglicht die Setzung fachlicher Schwerpunkte. In den untersten Klassenstufen ist es zunächst die Schule und dann sind es mehr und mehr die Schüler, die über die fachliche Verwendung dieser Stunden entscheiden. Dabei können die Schulen im Rahmen des Kerncurriculums entscheiden, welche Schwerpunkte sie setzen wollen, zum Beispiel ein Aktionsprogramm gegen Mobbing, Drogen oder Rauchen.

Ein abschließender Blick auf die skandinavische Schule lässt einen grundlegende Konflikt erkennen. Auf der einen Seite steht das Verständnis von Schule als einer Veranstaltung der Gemeinschaft, die gewissen gesellschaftlichen und politischen Idealen verpflichtet ist und auf eine Erziehung der Schüler zu verantwortlichen Bürgern abzielt. Dem gegenüber steht die Idee der Schule als einer Dienstleistungsinstitution, die den Bedürfnissen des Einzelnen verpflichtet ist. Dieser Grundkonflikt bestimmt die skandinavische Schuldiskussion, die auch in den Schulstuben und Lehrerzimmern geführt wird. Die neoliberalistischen Impulse stechen dabei besonders grell von dem egalitären und kollektivistischen Grundton der skandinavischen Traditionen ab. Der Rektor der Danmarks Pædagogiske Universitet, Lars-Henrik Schmidt, äußerte exemplarisch das tiefe Unbehagen anlässlich einer Diskussion über das dänische PISA-Ergebnis. In der Diskussion hielt er seinem liberalistischen Kontrahenten etwas sinngemäß vor: – Sie fordern fachlich stärkere Schüler. Aber wollen wir das?

Literatur

Axelsson, Sigbert (1992): *Sju folkrörelser om framtiden*. Stockholm: Carlsson i samarbete med Institutet för framtidsstudier.

Dahl, Robert A. (1998): *On democracy*. New Haven, CT: Yale University Press.

Lindgren, Birgitta (2002): Falska vänner får man på köpet! In: *Språknytt,* 30/2, 15–169, Norsk språkråd.

Enzensberger, Hans Magnus (1987): *Ach Europa! Wahrnehmungen aus sieben Ländern: mit einem Epilog aus dem Jahre 2006*. Frankfurt am Main: Suhrkamp.

Gustavsson, Bernt (1996): *Bildning i vår tid: om bildningens möjligheter och villkor i det moderna samhället*. Stockholm: Wahlström & Widstrand.

Høgmo, Asle/Solstad, Karl Jan/Tiller, Tom (1981): *Skolen og den lokale utfordring. En sluttrapport fra Lofotprosjektet*. Tromsø: Universitetet i Tromsø.

Jernsletten, Regnor (1986): *Samebevegelsen i Norge: idé og strategi 1900–1940*. Tromsø: Universitetet i Tromsø. Hovedoppgave.

Karlsen, Gustav E. (2002): *Utdanning, styring og marked. Norsk utdanningspolitikk i internasjonalt perspektiv*. Oslo: Universitetsforlaget.

Nordisk Ministerråd (1990): *SKOLA OCH SKOLFÖRVALTNING I NORDEN*. Nord 1990:8.

Rahbek Schou, Lotte (2000): *Demokratiet i forhold til folkeoplysning og livslang læring*. København: Danmarks Lærerhøjskole.

Slagstad, Rune (1998): *De nasjonale stragteger*. Oslo: Pax Forlag.

Erik Rudeng (red.)(1999): *Kunnskapsregimer: Debatten om de nasjonale strateger*. Oslo: Pax Forlag.

Undervisningsministeriet (1995): *Læseplaner, Folkeskolens Fag, Dansk*.

Telhaug, Alfred Oftedal (1966): Er vi på vei mot en felles nordisk skoleordning? In: *Prismet*, 7, S. 199.

Telhaug, Alfred Oftedal (2002): *Skolen som nasjonsbygger i globaliseringens tidsalder*. Vortrag im Utdannings- og forskningsdepartementet.

Telhaug, Alfred Oftedal/Mediås, Odd Asbjørn/Aasen, Petter (2001): From Collectivism to Individualism? Education as nation building in a Scandinavian perspective. In Sveinung Vaage (Hrg.) *Education and Nationbuilding. Conference report 14.–15 June 2001*. Volda, S. 49–66.

Østergaard, Uffe (1999): Danmark og Noreg – delt af en fælles fortid? In Erik Rudeng (Hrsg.) *Kunnskapsregimer: Debatten om »De nasjonale Strateger«*. Oslo: Pax Forlag.

Michio Ogasawara

Bildungsprobleme im modernen Japan
In der Spannung zwischen der Yutori-Erziehung (Erziehung des geistigen Freiraums) und der Erhöhung der Schulleistung

Einleitung

Es war vor 14 Jahren, als ich im Januar 1989 auf die Einladung von Herrn Professor Hein Retter die Technische Universität Braunschweig besuchte. Dabei hatte ich die Gelegenheit, einen Vortrag zum Thema »Kinder in Japan: Probleme ihrer Erziehung unter den Bedingungen einer hochentwickelten Gesellschaft« zu halten. In dem Vortrag handelte es sich um den Selbstmordfall eines 11jährigen Schulkindes in Yokohama, einer der größten Städte Japans. Der Schüler der fünften Schulklasse, der sich vom zehnstöckigen Hochhaus gestürzt hatte, hinterließ ein Testament mit Schul- und Gesellschaftskritik. Sein Selbstmord hat die japanische Gesellschaft damals stark schockiert und die Leute erneut auf die Schul-, Bildungs- und Gesellschaftsprobleme in Japan aufmerksam gemacht.

Der Schock, den die Erwachsenen in Japan damals und die Gesellschaft im allgemeinen erlitten haben, war sehr groß. Dabei ging es vor allem darum, dass bereits ein erst 11-jähriges Schulkind, mit der seiner Entwicklungsstufe eigenen und angemessenen Wortwahl, die Bildungs- und Schulprobleme, und damit auch die Probleme der japanischen Gesellschaft, ganz realistisch erfasste. Seit der Gründung des modernen Bildungssystems 1872 haben die meisten Japaner gar nicht am positiven Wert der Schulerziehung gezweifelt. Alle glaubten: »Schulerziehung ist eine gute Sache« oder »Es ist selbstverständlich, dass man in die Schule geht.« Alle waren von der sogenannten »Bildungsmythologie« beziehungsweise »Schulmythologie« überzeugt. Nun wurden die Erwachsenen aber mit der Realität konfrontiert, dass Kinder, die jeden Tag in die Schule gehen und dort erzogen werden, diese Kinder selbst an dem Wert der Schulerziehung zweifeln und sie ablehnen. Realität ist auch, dass die Kinder ihre eigene Zukunft ganz verzweifelt ins Auge fassen. Die Erwachsenen gingen von der Unwissenheit der Kinder aus. Es waren aber gerade diese Kinder, die am empfindlichsten die Zukunft der Gesellschaft vorahnten.

So ging die pädagogische Welt Japans in den 80er und 90er Jahren der wütenden Saison der »Erziehungspathologie« entgegen. Das Konzept der Erziehungspathologie ist zwar sehr vage und zweideutig, enthält aber zum Beispiel solche Phänomene wie tobende »Schulgewalt«, die »Quälerei«, die immer schlimmer wird, der »Zerfall der Schulklasse« und die rasch zunehmende

»Schulverweigerung.« Konfrontiert mit diesen »erziehungspathologischen Phänomene«, haben die Erziehungsexperten, viele Eltern und das Kultusministerium deren Ursache in der sogenannten »Hensachi-Erziehung« (Erziehung der Deviationswerte) gesehen, die die japanischen Kinder von der sechsjährigen Grundschule über die dreijährige Junior High School (bis dahin ist die Schulpflicht) bis zur dreijährigen Senior High School zwölf Jahre lang erhalten. (Die Erziehung der Deviationswerte ist genauer gesagt die Erziehung, die viel Wert auf die Deviationswerte der Schüler legt. Deviationswert ist bekanntlich ein Index, der die relative Stellung des Individuums in der Gruppe zeigt. Mit diesem Konzept ist jedoch eher die Erziehung gemeint, die die Prüfungspunkte in der Schule für absolut hält und aufgrund dieser Punkte die allgemeine Fähigkeit der Kinder und sogar ihre Persönlichkeit bewertet. Dieses Konzept wurde besonders bekannt, als sich die Lehrer der Junior High Schools in den 70er Jahren bei der Entscheidung der weiteren Schulkarriere ihrer Schüler auf diese Deviationswerte als wissenschaftlich-objektive Daten stützten.) Man ging davon aus, dass gerade diese deviationswerteorientierte Schulerziehung die japanische Erziehung verbogen und sie erstickend gemacht hat, weil die »objektiven« Punktwerte die Schulkinder stark bedrücken. Dies veranlasste die Leute dazu, sich den Kopf über die Maßnahme gegen diese Bildungsprobleme zu zerbrechen. Abgesehen davon, ob dieses Urteil der Volksmehrheit richtig war oder nicht, war es die »Yutori-Erziehung«, nämlich die Erziehung des geistigen Freiraums, die als Maßnahme gegen die Erziehungsprobleme schlagwortartig eingeführt wurde. »Yutori-Erziehung« war allerdings von vorneherein recht schwer zu definieren.

1. Yutori-Erziehung (Erziehung des geistigen Freiraums)

Im Hintergrund der neuen Orientierung der Yutori-Erziehung stand, wie bereits erwähnt, die Problemsituation in den 70er Jahren: Die deviationswerteorientierte Erziehung, die in 70er Jahren begonnen hat, wurde wegen der Einführung der »allgemeinen Primärprüfung« (das heißt der vom Staatszentrum standardisierten Aufnahmeprüfung für alle staatlichen und öffentlichen Hochschulen) im Jahre 1979 weiter beschleunigt. Dies lief auf die rasche Zunahme der bildungspathologischen Phänomene von und gegen die Schulkinder hinaus. Pathologische Phänomene wurden nun auf die Unterdrückung der Schulkinder durch »Deviationswerte« und somit auf den Verlust des geistigen Freiraums (»Yutori«) im ganzen Schulleben zurückgeführt. Die japanische Erziehungssituation in den 80er Jahren wird von der Verschärfung der Konkurrenz gekennzeichnet, die dem Aufschwung Japans zur Wirtschaftsmacht entspricht. Die Nachhilfe- und Paukschulen »Juku« gediehen, und die Prüfungen mit Deviationswerten nahmen überhand. Dementsprechend haben die »erziehungspathologischen Phänomene« wie »Schulgewalt«, »Quälerei« unter den Schülern, »Schulverweigerung« usw. drastisch zugenommen und haben in der ersten Hälfte der 90er Jahre ihren Höhepunkt erreicht.

Das damalige Kultusministerium sorgte sich um diese Situation; das Ministerium stellte im Februar 1993 neue Richtlinien auf, die ab der Junior High School von Juku, Unternehmen oder Organisationen entworfenen und durchgeführten Prüfungen abzuschaffen. Außerdem verstärkte es seine Leitung für die kommunalen Erziehungsbeiräte. Die neuen Richtlinien beinhalteten die Anforderung, nur aufgrund der in der Schule durchgeführten Prüfungen über den weiteren Weg der Schulkinder zu entscheiden. Auf der anderen Seite wurde im September 1992 teilweise die Fünftagewoche in der Schule eingeführt, wobei der zweite Samstag des Monats frei wurde. Hintergrund dieser Änderung war das allgemeine Problem der Arbeitszeit, mit dem sich die ganze japanische Gesellschaft beschäftigte: Die hohe Arbeitszeit in Firmen, wegen derer sich die ganze Welt über Japaner als »Arbeitsbienen« lustig machte, wurde damals stark problematisiert. In einer derartigen Situation hat der erste Unterausschuss des Zentralen Beratungsausschusses für Bildung, der die Vision des japanischen Bildungssystems für das 21. Jahrhundert untersuchte, am 15. März 1996 einen Zwischenbericht abgelegt, der die vollständige Einführung der Fünftagewoche ins japanische Schulsystem als Hauptpunkt ansah. In dem Bericht wurden »Ikiru-chikara« (Fähigkeit zum Leben) und »Yutori« (der geistige Freiraum) als Herausforderungen zukünftiger Erziehung betont. Dies war der Wendepunkt im japanischen Bildungssystem, das sich besonders seit der zweiten Hälfte der 90er Jahre stark an »Yutori« orientierte.

1) Was heißt aber eigentlich die »Yutori-Erziehung«? Nach dem Japanischlexikon bedeutet »Yutori« »Verfügbarkeit von großem Spielraum an Zeit, Sache usw. Nicht eng sein.«[1]. Das Wort wird zum Beispiel in Ausdrücken wie »Yutori aru Seikatsu« (Leben mit reichem Freiraum) verwendet. »Yoyu«, ein Synonym von »Yutori«, bedeutet »geräumig, behäbig und behaglich sein, nicht krämerhaft sein« und assoziiert sich mit »Yoyu no aru Seikatsu« (behagliches Leben mit viel Spielraum). Der Ausdruck »Kyukutsu de nai« (nicht eng sein) assoziiert sich mit solchen Wörtern wie »Yukkuri« (gemütlich, gemächlich) »Yuttari« (geräumig, bequem) »Dabudabu« (zu weit sein).

Die »Yutori-Erziehung« hat also schließlich kein klar definiertes, fundiertes Erziehungziel, geschweige denn klare Erziehungsinhalte oder klare Erziehungsmethoden. Sie funktionierte allein als bloßes Schlagwort. Daraus wurde jedoch unvermeidlich, dass das ganze Leben der Schulkinder in der Schule von »Yukkuri« (Gemütlichkeit) oder »Yuttari« (Geräumigkeit) zu einer »faulen Erziehung« entartet. An dieser Stelle möchte ich so weit gehen zu behaupten, dass »Yutori-Erziehung« an sich mit der Gefahr verbunden war im Sinne einer Laisser-faire-Erziehung zu verderben.

---

1 *Iwanami Japanese Dictionary* 6. Auflage.

Die eigentliche »Yutori-Erziehung« sollte im Zusammenhang mit dem Konzept »Ikiru Chikara« (Fähigkeit zum Leben) erfasst werden, das im Zwischenbericht des Zentralen Bildungsausschusses proklamiert wurde, obwohl dieses auch ein vages Konzept ist. Es basiert auf dem kritischen Hinweis, dass die Erziehung, die sich zu stark auf Schulbücher stützt (Erziehung nur mit dem von Büchern vermittelten Wissen), den japanischen Kindern zwar viel auswendig gelerntes Wissen vermittelt hat, aber als Folge davon seien die japanischen Kinder schwächlich, und ihnen fehle die »Problemlösungsfähigkeit« in konkreten Lebenssituationen (mit einem anderen Wort: Lebensfähigkeit). Aufgrund dieser Kritik wurde die durch Erfahrung vermittelte Erziehung »Taiken Gakushu« (Lernen durch Erleben beziehungsweise Erfahrungslernen) als Grundlage zur Förderung der »Fähigkeit zum Leben« betont. Demnach wurde versucht, mehr Freiraum (»Yutori«) im Schulleben zu schaffen und die gesparte Zeit für das »Erfahrungslernen« der Kinder einzuteilen. Zufällig war es gerade die Zeit für die Richtlinienrevision des Schulcurriculums (»Gakushu Shido Yoryo«). In Japan werden die Curriculumsrichtlinie alle zehn Jahre revidiert. Das Kultusministerium hat im April 2002 die neue Curriculumsrichtlinie in Kraft gesetzt. Die Hauptpunkte der Revision sind: (1) Kondensation der Lernelemente der Fächer, indem ca. 30% der Lerninhalte reduziert wurden, (2) Einführung des neuen Faches »Gesamtlernen.« Im Unterschied zu anderen Fächern weist die Curriculumsrichtlinie hier keinen konkreten Lerninhalt oder keine konkrete Methode an, sondern die Kinder selbst sind aufgefordert, sich den Lerninhalt und die Methode zu überlegen. Von diesem neu eingeführten Fach wird erwartet, hauptsächlich Aktivitäten für das »Erfahrungslernen« zu entwickeln und in dem Bereich die Initiative zu ergreifen. Es soll die »neuartige« Fähigkeit fördern, den Kindern Begeisterung, Urteilsfähigkeit und Praxisfähigkeit zu vermitteln.

Weiterhin wurde im April 2002 die vollständige Fünftagewoche in öffentliche Schulen eingeführt. Private Schulen können jedoch wie bisher nach dem eigenen Prinzip auch samstags Unterricht geben. In der Tat haben die meisten Privatschulen höchstens einmal im Monat einen freien Samstag.

Die Grundidee des Kultusministeriums war, dass die Kinder mehr Gelegenheit für die Kommunikation mit ihren Eltern und Geschwistern, mit anderen Kindern in der Region und mit Erwachsenen und somit mehr Gelegenheit für das »Erfahrungslernen« sowie Soziallernen genießen können, indem sie die Freizeit am Samstag und Sonntag in der Familie oder in der Gemeinde verbringen. Aufgrund dieser Idee förderte das Kultusministerium die Herstellung und Durchführung verschiedenartiger Programme unter Berücksichtigung der regionalen Besonderheiten.

2) In Japan haben die Experten aus dem akademischen und dem industriellen Kreis seit 90er Jahren auf das Sinken der Lernfähigkeit bei Studenten hingewiesen. Im Jahre 1998 haben Hochschullehrer der Wirtschaftswissenschaften sowie anderer Fachrichtungen einen Mathematiktest zum Grundschul- und Gymnasiumsniveau für Studenten der Humanwissenschaften an privaten Hochschulen durchgeführt. Darauf folgte im Jahre 1999 der Mathematiktest für die Studenten der Humanwissenschaften an den stattlichen und öffentlichen Hochschulen. Die geradezu als »erbärmlich« zu bezeichnenden Ergebnisse der Tests haben die sinkende Lernfähigkeit der Studenten zum ersten Mal »empirisch« belegt. Ich werde nicht auf die Einzelheiten dieser Tests eingehen, weil das nicht das Ziel dieses Beitrags ist. Die sinkende Lernfähigkeit der Studenten hat eine heftige Diskussion in der nationalen Öffentlichkeit verursacht, weil diese bedenklichen Testergebnisse als Folge von der »Yutori-Erziehung«, die das Kultusministerium vorantreibt, interpretiert wurden und eine weitere Senkung der Lernfähigkeit befürchtet wurden. »Die Uni-Studenten, die keinen Bruch können« und »die Uni-Studenten, die keine Dezimalzahl verstehen« – Diese Bücher mit diesen ganz leichtverständlichen und schockierenden Titeln haben die Realität der ernsten Lernfähigkeitssenkung bei japanischen Studenten ans Licht gebracht. Obwohl das Grundproblem der japanischen Studenten meines Erachtens nicht bloß ihre sinkende Lernfähigkeit ist, sondern noch tiefere Wurzeln hat. Viele Bürger wurden mit der geschürten Angst konfrontiert, dass die Lernfähigkeit ihrer eigenen Kinder durch die Einführung der vollständigen Fünftagewoche und die Inkraftsetzung der neuen Curriculumsrichtlinie weiter sinken würde. Dieser Argwohn ist bei den Eltern besonders intensiv, die ihre Kinder in öffentliche Schulen schicken. Nun hört man überall in Japan den lauten Schrei der Unzufriedenheit und des Misstrauens gegen die »Erziehung.«

2. Erziehung für die Verstärkung der Lernfähigkeit

1) Die kritische Argumentation gegen die »Yutori-Erziehung« im Zusammenhang mit der sinkenden Lernfähigkeit richtete sich auch auf die Einführung der neuen Curriculumsrichtlinie, die die Senkung der Lernfähigkeit weiter beschleunigen würde. Dies führte zu einem Aufschrei in der ganzen Nation, besonders gegen die Reduzierung der Lerninhalte in den einzelnen Fächern. Das Kultusministerium nahm die nationale Kritik ernst und hat im Oktober 2001 unter der Initiative der Ministerin die neue Aktion »Anregung zum Lernen« in Angriff genommen. Im Rahmen dieser Aktion kommt die Bildungsreform »Rainbow Plan« voran, die versucht, dem Volk Hoffnung zu geben. Dieser Reformplan konkretisiert sich in sieben Punkten: Der zentrale Punkt davon heißt »das vollständige Lernen der Grundlage«, nämlich die Förderung der traditionellen Erziehung, die in der Formel »Lesen, Schreiben, Rechnen« zusammengefasst wird. Wie wird dann dieser Plan im Alltag der Schule praktiziert? In der Hiroshima-Präfektur, wo ich selbst tätig bin, führen viele Grundschulen und

Junior High Schools die Aktion »Morgenlektüre« durch: Die Schüler nutzen die Viertelstunde vor dem Beginn des ersten Unterrichtes dafür, ein willkürliches Buch[2] auszusuchen und es in Ruhe zu lesen. Eine Schule hat die »Drill-Übung« für Mathematik eingeführt: Dabei wird beabsichtigt, durch wiederholte Übungen die mathematischen Grundkenntnisse der Schüler zu fixieren und zu entwickeln.[3]

Unter dem Gesichtspunkt der Lernfähigkeitsverstärkung macht man sich nun die größten Sorgen um das Problem, dass die Freizeit am Samstag und Sonntag, die durch die Einführung der Fünftagewoche den Kindern zur Verfügung steht, unerwartete Resultate mit sich bringt: Das Kultusministerium beabsichtigt eigentlich, diese Freizeit für das »Erfahrungslernen« zu verwenden. In der Tat, allerdings, läuft es im Gegensatz zur Absicht des Kultusministeriums auf das Gedeihen der Nachhilfe- und Paukschulen (besonders für die Kinder der finanziell begünstigten Familien) hinaus, oder auf die Zunahme der Kinder, die sich ins Haus zurückziehen und sich auf Computerspiele konzentrieren. Nach der Untersuchung des Arbeitsministeriums sind es nur 40% der Eltern, die am Samstag frei haben und zu Hause Zeit verbringen können. 60% der Eltern können samstags keinen Urlaub nehmen und müssen zur Arbeit gehen. Das bedeutet, dass die Kinder alleine zu Hause bleiben müssen. Ein anderes Problem ist, dass die kommunale Gesellschaft meistens auch keine Einrichtungen hat, in denen das »Erfahrungslernen« der Kinder gefördert werden kann. Deshalb haben die meisten Erwachsenen auch keinen zeitlichen Freiraum für die Beschäftigung mit den Kindern. Gleichzeitig intensiviert die Zeiterscheinung des Bestrebens, die Lernfähigkeit zu verstärken, auch wieder den Konkurrenzdruck unter den Kindern der fünften und sechsten Schulklasse (um den Zugang zu einem guten Gymnasium) als auch bei den Gymnasiasten der öffentlichen High Schools (um den Zugang zu einer guten Hochschule). Darum haben renommierte Privatschulen, die die durchgängige 6-Jahres-Erziehung von der Junior-High-School-Stufe bis zur Senior-High-School-Stufe anbieten, überwältigenden Vorteil in der Konkurrenz um den Eintritt in die schwierigen, erstklassigen Hochschulen. Ein Indiz dafür ist, dass ca. 70% der Schüler, die die Aufnahmeprüfung für die als am schwierigsten einzustufenden Universität Tokyo bestehen, die Absolventen von derartigen sechsjährigen Privatschulen sind. Diese Privatschulen geben auch samstags Unterricht und die Schüler genießen die sechsjährige Vorbereitungszeit für die Aufnahmeprüfung. Das macht verständlicher, warum die Eltern ihre Kinder zum Ende der Grundschule gerne in eine derartige Privatschule schicken wollen. Auch wenn man unter Umständen eine öffentliche Schule besuchen muss (in der Provinz gibt es meistens nur wenige sechsjährige Privatschulen), versucht man in die renommierten High Schools zu

---

2 das können gegebenenfalls auch Comics sein.

3 Wie viele Lehrer allerdings darauf hinweisen, geht es bei dieser Drill-Übung vielmehr um die positive Veränderung des Lernverhaltens beim Schulkind als Verbesserung der Schulleistung an sich selbst.

gehen. Diese erleichtern mit entsprechend guten Leistungen den Zugang zur Hochschule erheblich. Unter der Floskel der Individualisierung geben sich nun in der Hiroshima-Präfektur die High Schools, besonders öffentliche Schulen, große Mühe damit, Leistungen für die Aufnahme bei den erstklassigen Hochschulen zu bringen. Unter den ca. 100 öffentlichen High Schools der Hiroshima-Präfektur wurden 20 Schulen als »Schulen zur Förderung der Lernleistung« nominiert. Die meisten davon setzen sich aber zum Erziehungsziel, die Zahl der eigenen Schüler, die die Aufnahmeprüfung der erstklassigen Hochschulen bestanden haben, zu erhöhen. Für diesen Zweck geben diese Schulen auch am eigentlich freien Samstag Vorbereitungs- und Ergänzungsunterricht, um bessere Chancen bei der Aufnahmeprüfung zu gewinnen. Da müsste man sich fragen, wofür eigentlich die Fünftagewoche eingeführt worden ist. Unter Berücksichtigung der Kritik, dass die verschärfte Konkurrenz bei der Aufnahmeprüfung für High Schools der Persönlichkeitsentwicklung der Schüler schadet, wurde in den 60er Jahren das Prüfungssystem »Gesamtauswahl« eingeführt, um den Rangunterschied zwischen den Schulen aufzulösen. Dieses Gesamtauswahlsystem war jedoch der Kritik ausgesetzt, dass es zur Niveausenkung (»Bodeneinbruch«) der öffentlichen High Schools geführt hat, weil jetzt ihre Schüler nur selten die Aufnahmeprüfung der erstrangigen Hochschulen bestanden. Aufgrund dieses kritischen Urteils wird die heutige Bildungsreform vor allem mit dem Schlagwort »Individualisierung der High Schools« vorangetrieben. Hat dieses Urteil aber wirklich recht? Wenn freilich die wahre Absicht des nationalen Diskurses über die »Verstärkung der Lernfähigkeit« allein in die Steigerung der Zahl der erfolgreichen Schüler bei der Aufnahmeprüfung für erstrangige Hochschulen liegt, dann handelt es sich um einen fundamentalen Irrtum. Das Kultusministerium proklamiert zwar das vollständige Lernen der Grundlage an der Grundschule sowie an der Junior High School (das heißt auf der Pflichtschulebene), aber die einzelnen Bürger träumen unter diesem Anspruch in der Tat doch von der erfolgreichen Aufnahme in die erstklassigen High Schools und die erstklassigen Universitäten. Es ist klar, dass die Eltern den dringenden Wunsch haben, ihre Kinder in hochrangige High Schools eintreten zu lassen. Wenn wir aber diesen Standpunkt zulassen, wäre nun fragwürdig, was wir denn diese 40 Jahre aus der Erziehungsgeschichte gelernt haben. Sind das nicht etwa verlorene 40 Jahre der Erziehung?

2) Das Kultusministerium, das mit der starken Kritik des Volkes gegen die »Yutori-Erziehung« und auch mit der Realität der »Lernfähigkeitssenkung« bei den Studenten konfrontiert ist, sieht sich wohl zum Wechsel der Bildungspolitik gezwungen. Trotzdem gesteht das Kultusministerium immer noch nicht das Faktum der sinkenden Lernfähigkeit bei Kindern und Schülern ein und versucht, mit der Hilfe des Schlagwortes »Plan zur Verbesserung der soliden Lernfähigkeit« die kritische Diskussion abzulenken. Seitdem hat die Disputation nachgelassen. Egal wie das Kultusministerium der Kritik widersprechen und in Ver-

wendung anderer Worte die Diskussion abzulenken versuchen mag, haben heute viele Bürger eine gewisse Angst gegenüber dem »Wechsel der Bildungspolitik« zur Verstärkung der Lernfähigkeit und spüren ganz empfindlich die Atmosphäre, die in diesem »Wechsel der Bildungspolitik« enthalten ist.

In der Aktion »Anregung zum Lernen« nach dem »Rainbow Plan« hätte das Kultusministeriums meines Erachtens neben der Schilderung vom »vollständigen Lernen der Grundlage« auch den konkreten Inhalt der »neuen Lernfähigkeit«, die durch das »Erfahrungslernen« entwickelt werden soll, und den Inhalt der Fähigkeit, die im neuen Fach »Sogo Gakushu« (Gesamtlernen) gepflegt werden soll, klar darlegen sollen. Dabei hätte betont werden sollen, dass der Erwerb dieser beiden Fähigkeiten eben die Grundorientierung der japanischen Erziehung ins 21ste Jahrhundert bildet. Gleichzeitig hätte das Ministerium zeigen sollen, wie sich die »Lernfähigkeit« der Schüler an der Grund- und Mittelschule (Junior High School) verändert hat, und nach nationalen Diskussionen über die »neue Lernfähigkeit«, die in der internationalisierten Gesellschaft des 21sten Jahrhunderts erforderlich wird, die Notwendigkeit richtig behaupten sollen, warum die neue Orientierung der Bildungspolitik ergriffen werden muss. Das Kultusministerium hätte die Nation ansprechen und erklären sollen, dass sich auch die erforderte »Fähigkeit« und »Lernfähigkeit« mit der Zeit verändern.

Bedauerlicherweise war die Diskussion an die Alternative zwischen der »Yutori-Erziehung« und der »Verstärkung der Lernfähigkeit« gebunden und ging nicht über eine ganz emotionale Disputation hinaus. Demnach hat das Kultusministerium in der japanischen Öffentlichkeit den Eindruck erweckt, dass es seine Bildungspolitik gewechselt habe. Das Kultusministerium hat zwar das Grundprinzip der neuen Curriculumsrichtlinie beibehalten, aber gleichzeitig das Prinzip aufgestellt, dass ausnahmsweise auch »fortgeschrittenere (hochgradige) Lerninhalte« gelehrt werden dürfen, die über die Curriculumsrichtlinie hinausgehen. Somit hat das Kultusministerium den Standpunkt der »Verstärkung der Lernfähigkeit« zwar mit dem Wort »Plan zur Verbesserung der soliden Lernfähigkeit« zugelassen.

Erziehungswissenschaftlich gesehen ist diese Disputation auf der Alternative unfruchtbar. Schließlich läuft eine derartige Diskussion meines Erachtens darauf hinaus, die Grundfrage der Erziehung zu verschleiern. Das Kultusministerium hätte durch die klare Darlegung des Inhaltes der »Yutori-Erziehung« dem Volk erklären sollen, warum diese neue Orientierung ergriffen werden muss, und das Übereinkommen des Volks darüber erhalten sollen. Dabei wäre die objektive Überprüfung notwendig gewesen, ob der Stress der Kinder wirklich nur von dem »Krieg der Aufnahmeprüfung« oder der »Erziehung der Deviationswerte« verursacht wird. Erst nach derartiger Überprüfung hätte man solide Maßnahmen und Orientierungen zeigen können. Es ist wahr, dass nach der neuerlichen Untersuchung die sogenannten »erziehungspathologischen« Phänomene wie

Quälerei oder Schulgewalt von der Zahl her zurückgegangen sind[4]. Diese Abnahme der pathologischen Phänomene ist jedoch weniger als das Resultat von der Korrektur der »deviationswerteorientierten Erziehung« als Resultat von den Maßnahmen der zuständigen Bildungsbehörde wie die Absendung von Experten (Lehrer und Schulberater) an die Problemschulen oder Resultat von der Bemühung der zuständigen Lehrer in der Schule. Es ist auch möglich, dass eine gewisse statistische Manipulation zur scheinbaren Abnahme der Probleme beigetragen hat. Die größten Ursachen für die Verschlechterung der Stresssituation bei japanischen Kindern findet man zwar in den Phänomenen der übermäßigen Dichte des Stundenplans im Schulleben, im Problem der Schulklassengröße (in Japan sind es normalerweise 40 Personen) und der daraus resultierenden Veränderung der menschlichen Beziehung zwischen Lehrer und Schüler sowie zwischen den Schülern untereinander. Die Wurzel dieser Phänomene liegt allerdings im Problem der grundlegenden Veränderung der zwischenmenschlichen Beziehungen (inkl. der Eltern-Kind-Beziehung in der Familie) in der japanischen Gesellschaft heute. Die oben erwähnten Phänomene können eher als Folge davon gesehen werden, dass dieses grundlegende Problem der Gesellschaftsänderung in die »Schule« als Lebensraum der Kinder hineingebracht worden ist. Deshalb muss ich feststellen, dass die oberflächliche »Yutori-Erziehung« als Maßnahme gegen die Stresssituation der Kinder sehr problematisch ist, weil man hier zu naiv denkt, dass die Abschaffung von Tests und des Aufnahmeprüfungskriegs einfach zur Auflösung der Stresssituation bei den Kindern führen würde. Die Erziehungsexperten und die Bildungsbehörde, die die Wurzel der Erziehungsprobleme nicht im breiten Spektrum erfassen wollen, sie sind verantwortlich für die Verschärfung der Probleme. Aber letztlich ist es doch die Pathologie der japanischen Gesellschaft an sich, die die Lösung der Erziehungsprobleme so schwierig macht. Während sich die Erwachsenen mit der unfurchtbaren Disputation vor der Alternative zwischen der »Yutori-Erziehung« und der »Verstärkung der Lernfähigkeit« beschäftigten, häufte sich tief im Untergrund eine ganz ernste Bildungssituation wie Magma an: die erschreckende Realität der Kinder, der Schüler und der Studenten, die gar keine Lernmotivation haben oder gar nicht lernen wollen.

3) Die Kinder, Schüler und Studenten, die keine Lernmotivation haben – Die japanische Jugend ist die faulste der Welt?

Der Leitartiel der repräsentativen japanischen Tageszeitung »Asahi Shinbun« vom 24. November 2002 hat viele Japaner stark schockiert. Der Artikel auf der ersten Seite lautete: »Die Lernmotivation der Japaner am niedrigsten unter den Industrieländern.« Die Leser wurden weiter erschrocken, als sie den Kommentar von Prof. Manabu Satoh (Professor an der Universität Tokyo) lasen. Prof. Satoh ist ein berühmter Erziehungswissenschaftler und kennt sich gut in der japani-

4 Bis auf die Schulverweigerung, die zunimmt.

schen Schulsituation aus. In seinem Kommentar mit dem Titel »Die japanischen Kinder sind nun die faulsten Kinder der Welt geworden, die am geringsten lernen« drückt Prof. Satoh sein Entsetzen vor der Verwüstung der japanischen Erziehungssituation aus und geht der Frage nach, wie diese verwüstete Situation entstanden ist. Die Untersuchungsdelegation der OECD hatte 1970 in ihrem Bericht zwar auf die Probleme des japanischen Bildungssystems (vor allem Probleme der japanischen Hochschulerziehung) hingewiesen. Besonders problematisch ist, dass die zukünftige Karrierenmöglichkeit der Person bereits zum Zeitpunkt des 18. Lebensalters (beim Abschluss der High School) wesentlich entschieden wird. Insgesamt wurde aber in dem OECD-Bericht die hohe Qualität der primären und sekundären Erziehung Japans als Spitze der Welt sehr positiv bewertet. Wenn sich die japanischen Erziehungsexperten an diese positive Evaluation der OECD-Delegation erinnern, wird ihr Erschrecken umso größer.

4) Die Kinder und Jugendlichen, die aus dem Lernen entfliehen

(1) Lasst uns mit der OECD-Untersuchung anfangen. Diese Untersuchung vom Jahre 2000 forscht über 15jährige Jugendliche aus 32 Ländern der Welt über die Frage nach, wie viel Stunden sie durchschnittlich pro Woche die Landessprache, Mathematik und Naturkunde für sich lernen. Wenn man die Lernzeit pro Tag berechnet, stellt sich heraus, dass die tägliche Lernzeit der japanischen Jugend mit 24,9 Minuten die geringste ist. Die zweitgeringste Lernzeit pro Tag war 28,3 Minuten von der schwedischen Jugend. Nummer 3 von unten nahmen Österreich und Finnland für 30 Minuten ein. Von oben gesehen: Die längste Lernzeit pro Tag hatte Griechenland mit 60 Minuten. Nummer 2 war Ungarn für 49,7 Minuten. Darauf folgten Irland, Spanien und Großbritannien mit 46,3 Minuten jeweils. Deutschland hatte 38 Minuten Tageslernzeit, die gleiche Zeitdauer wie USA und weniger als Italien und Frankreich, die beide ca. 40 Minuten Lernzeit zeigten.

(2) Nach der Untersuchung, die von Oktober bis November 2002 von der Asahi-Zeitung und dem Kumon Institut für Kinderforschung gemeinsam durchgeführt wurde, lernen die meisten japanischen Kinder (31% der Befragten) »30 Minuten bis 1 Stunde« an den Wochentagen zu Hause. 28% der Befragten lernen »0 bis 30 Minuten«, 24% antwortet »1 bis 2 Stunden«, und 10% hat die tägliche Lernzeit »2 bis 3 Stunden.« Dieses Ergebnis stimmt ungefähr mit dem Ergebnis der vorhin erwähnten OECD-Untersuchung überein. Bemerkenswert ist, dass bei der Untersuchung von 1995 32% der Befragten, die die größte Gruppe bildeten, die Antwort »1 bis 2 Stunden« als ihre tägliche Lernzeit wählten; diejenigen, die die Antwort »0 bis 30 Minuten« wählten, waren nur 15%, ungefähr die Hälfte von den Kindern, die in der Untersuchung 2002 dieselbe Antwort gaben. Das heißt: Der Anteil der Kinder, die zu Hause kaum lernen, ist inzwischen gestiegen, und die Tendenz der Bipolarisierung von den nicht lernenden Kindern und den wenigen fleißigen Kindern ist deutlicher geworden.

Mit kurzen Worten: Die japanischen Kinder sind »die faulsten der Welt«, die am geringsten lernen, und »sie kehren dem Lernen ihren Rücken zu.« Hier sollten wir auch auf die Abnahme der Lernaktivität bei Juku achten: Die durchschnittliche Zeit pro Woche, die die japanischen Kinder für das Lernen an der Nachhilfe- beziehungsweise Paukschule »Juku« oder an den anderen außerschulischen Institutionen verwenden, beträgt 4 Stunden 33 Minuten. Bei der Untersuchung von 1995 besuchten 13% der Kinder keine derartige Nachhilfeschule, während die Zahl der Kinder, die keine »Juku« besuchen, bei der letzten Untersuchung von 2002 auf 29% gestiegen ist. Kennzeichnend ist also die deutliche Zunahme der Kinder, die weder zu Hause lernen noch Juku besuchen.

5) Wie kann man die Lernmotivation erwecken?

Noch ernster als die sinkende Lernfähigkeit ist die sinkende Lernmotivation, die an der Zunahme der Kinder und Jugendlichen festzustellen ist, die nicht lernen wollen. Wir hören oft die dringende Frage der Eltern: »Wie können unsere Kinder Lust auf Lernen bekommen?« Die Situation geht aber über den Mangel an Lernmotivation hinaus: Die noch ernstere Realität ist, dass Kinder zu nichts »Lust« haben. Allgemein formuliert, wäre die selbständige Aktivität auf Eigeninitiative der Ursprung für die »Lust.« Im heutigen Japan findet man aber sowohl in der Familie als auch in der Schule und in der ganzen Gesellschaft kaum Motivationsgrundlagen, die Eigeninitiative fördern. Viele Jugendliche »können« sogar keine Motivation haben und leben in einem Schwebezustand ohne Lust. Sie sagen, es sei alles ermüdend für sie. In solcher Situation den Jugendlichen den Sinn des »Lernens« zu erklären und sie von dessen Notwendigkeit zu überzeugen, ist äußerst schwierig. Die japanischen Jugendlichen sind heute von »Nihilismus« und »Zynismus« gegenüber der Erziehung weit und tief durchgedrungen. Angesichts dieser schwierigen Situation können aber wir Erwachsene, besonders wir Bildungsexperten die Realität nicht ignorieren. Denn es sind gerade wir Erwachsene, die derartige Situation hervorgebracht haben.

Was wir uns als eine zwar ganz alltägliche, aber konkrete Maßnahme dagegen vorstellen können, ist eine Initiative, die Kinder und Jugend die »Vision ihrer eigenen Zukunft« schildern zu lassen. Wir sollten die Jugendlichen nicht nur in der Schule, sondern auch beim Firmenbesuch und bei der Kommunikation mit den Erwachsenen in der kommunalen Gesellschaft über ihre »eigene Zukunftsvision« reden und sprechen lassen. Meiner Meinung nach haben wir es nun am dringlichsten nötig, die »Zeit« und den »Raum« dafür zu sichern. Es ist mir schon bewusst, wie schwierig dies gerade in der gegenwärtigen Situation der Zeit ist, in der die Erwachsenen selbst keine Vision haben können. Für die Überwindung dieser Schwierigkeiten gibt es wohl keinen anderen Weg als dass die Erwachsenen und die Jugendlichen miteinander ernsthaft über die Vision ihrer eigenen Zukunft sprechen.

6) Vergrößerung des Lernfähigkeitsunterschiedes – Erforderliche Bildungspolitik für die Sicherung der Lernfähigkeit

Der Pädagogische Soziologe Prof. Takehiko Kariya (Professor an der Universität Tokyo) hat bisher bei der Disputation über die »sinkende Lernfähigkeit« und die »Lernmotivation« das Wesen der Probleme sehr ruhig und rational analysiert und erörtert. Prof. Kariya behauptet, dass man sowohl den vergrößerten Lernfähigkeitsunterschied zwischen den »guten Schülern« und den »schlechten Schülern« als auch das Problem der »Lernmotivation« sowie der »Lernzeit« eigentlich als das Problem des sozialen Unterschiedes erfassen soll. Es geht dabei um die Wichtigkeit der Perspektive, den individuellen Unterschied der Lernfähigkeit im Zusammenhang mit der sozio-kulturellen Schicht der Familie zu verstehen, in der das Kind aufwächst. Er weist auf die Unbesonnenheit der pauschalen Argumentation über die Erziehungsprobleme hin, die die Unterschiede zwischen den »guten« und den »schlechten« Schülern, zwischen den lerneifrigen und den lernscheuenden Kindern, und zwischen den lernmotivierten und den nicht-motivierten Kindern außer Acht lässt. Aufgrund dieser Kritik stellt Prof. Kariya die Notwendigkeit der schichtübergreifenden Sicherung der Lernfähigkeit fest und schlägt den Plan der Bildungspolitik vor, die Chancengleichheit durch Erziehung realisieren will. Das ist meiner Ansicht nach ein ganz wichtiger, bemerkenswerter Vorschlag.

Zusammenfassung

Japan ist heute von einer schweren Wirtschaftskrise betroffen. Man spricht vom Bankrott der japanischen Wirtschaft, und der Sturm der Depression tobt wütend. Die Schlappheit und die mangelnde Vitalität der japanischen Kinder sowie Jugendlichen stellen jedoch eine noch ernstere Situation dar. Das kann insgesamt als Ernst der Erziehungsprobleme zusammengefasst werden. Einige sehen in dieser Situation einen Typ der reifen Gesellschaft, die keine Konkurrenz erforderlich oder zwingend macht. Vergleicht man es aber mit der Situation der anderen Industrienationen, kann man die These nicht beibehalten. Es sieht vielmehr so aus, dass das Bildungssystem, das Japan vom Ausland eingeführt und nachgeahmt hat, nun in der verschlossenen japanischen Gesellschaft an einer Funktionsstörung leidet. Die japanische Regierung schlägt im Rahmen der Strukturreform eine gründliche Revision des Bildungssystems und sogar auch eine Änderung des »Bildungsgrundgesetzes« vor, das als »Verfassung« für die japanische Erziehung bezeichnet wird. Hier wird aber die »Revision der Erziehung« grundsätzlich aus dem Gesichtspunkt des Wirtschaftseffekts oder der Effizienz begründet. Aus dieser Sicht interessiert man sich eher für den Betrieb und das Management der »Schule.« Die Frage, wie man ein System der »Schule« aufbaut, die die Kinder gerne besuchen wollen und in der sie mit Freude leben und lernen können, die Frage scheint aber nicht als Thema der Bildungsdiskussion behandelt zu werden.

Nun ist es aber an der Zeit, dass wir so ein Bildungssystem konzipieren und realisieren sollen, das die von Herrn Kariya vorgeschlagene und vorhin erwähnte »Sicherung der Lernfähigkeit« auf der Pflichtschulebene garantiert. Für diesen Zweck schlage ich vor, als gründliche Reform des Bildungssystems das bestehende 6–3–3 System (6 Jahre Grundschule, 3 Jahre Junior High School, 3 Jahre Senior High School) zum 6–6 System (6 Jahre Grundschule und 6 Jahre durchgehende High School) zu ändern. Um Bildung und Entwicklung der japanischen Kinder zu garantieren, ist es am wichtigsten, dass Familie, Schule und Bevölkerung im Umfeld der Kinder über einen langen Zeitraum die Entwicklung ihrer Kinder beobachten. Gleichzeitig sollte die Schule im neuen System den Charakter der Gemeindeschule (»Community School«) haben, die in der kommunalen Gesellschaft fest eingewurzelt ist und mit der kommunalen Gesellschaft zusammenlebt. Erst mit einem derartigem Bildungssystem können die Kinder wohl ihre gegenwärtige Position und Orientierung realisieren, ihre Zielsetzung klarstellen und die Lernmotivation entwickeln, was alles zur Verbesserung ihrer Lernfähigkeit beitragen soll. Erst mit einer derartigen »Schule« können wir nun einen Weg zur Lösung der schwierigen und ernsten Erziehungsprobleme Japans finden.

III

Hanna Kiper

Bildung und Geschlecht

Einleitung

Der Diskurs über Bildung und Geschlecht ist kein moderner, sondern einer, der die gesamte Geschichte durchzieht. Immer wieder werden Entwürfe über die Gestaltung der Geschlechterrollen und das Geschlechterverhältnis diskutiert und dessen zeitweilige Festlegung zum Element gesellschaftlicher Ordnung. Zugleich finden wir in Umbruchzeiten neue Debatten über die Rolle der Geschlechter.

Ein Beispiel dafür sind die Debatten im Frankreich in der zweiten Hälfte des 17. Jahrhunderts. Es stieg die Zahl der privaten Akademien, öffentlichen Vorträge, gelehrten Zeitschriften und populärwissenschaftlichen Werke, die sich oftmals direkt an Frauen wandten und das Wissen der Zeit verbreiteten. »1663 war eine Abhandlung über das wissenschaftliche Verdienst der Damen (*Le Mérite des dames* von Saint-Gabriel), 1668 eine Lobrede auf große gelehrte Frauen (*Eloge des illustres savantes* von Marguerite Buffet) erschienen«[1]. Gelehrte Frauen übernahmen eine wichtige Rolle im Streit zwischen den Anhängern der antiken und modernen Literatur.

Jean-Baptiste Moliere nahm in verschiedenen Stücken die kontroversen Diskurse auf und führte verschiedene Argumente – über verschiedene Protagonisten in Form der Komödie – vor. Die Stücke »Die lächerlichen Preziösen« (1659), »Die Schule der Frauen« (1662), »Kritik der ›Schule der Frauen‹« (1663) und »Die gelehrten Frauen« (1672) wurden zu Bühnenerfolgen.

In seiner Komödie in fünf Akten »Die gelehrten Frauen« (1672) lässt Jean-Baptiste Moliere (1622–1680) Philaminte auftreten, die in ihrem Haus nicht nur Dichter und Denker empfängt, sondern – auf die Frage hin, ob sie nicht aus Eigenem vorzutragen habe – von einem neuen Plan berichtet, dem einer eigenen Frauenakademie.

> Plato hat seinerzeit das Thema schon berührt.
> In seinem Buch vom Staat, doch nicht ganz durchgeführt.
> Ich will verwirklichen den Plan mit allen Mitteln,
> Und schon liegt ein Entwurf bereit in acht Kapiteln.
> Ich kann's nun einmal nicht ertragen, dass die Welt
> Im Geistigen uns Fraun für minderwertig hält.
> Ich fordere für mein beleidigtes Geschlecht
> Das von den Männern uns schnöd vorenthaltne Recht!
> Wir dulden's nicht mehr, dass die sogenannten Herren

1 Held 1981, S. 74.

Der Schöpfung uns den Weg zu lichten Höhn versperren.
Einfach empörend ist's, Anmaßung ohnegleichen,
Wenn's heißt, der Fraun Verstand kann höchstens dazu reichen
Ein Urteil über Samt und Spitzen abzugeben
Und ob's gestattet sei, beim Gehen den Rock zu heben. [...]
Wir wollen aber selbst den schlimmsten Zweiflern zeigen,
Dass auch die Frau, die man so gern verdammt zum Schweigen,
Sich in der Wissenschaft vermag zurechtzufinden.
Sie kann so gut wie ihr gelehrte Zirkel gründen
In so vollkommner Form, wie ihr sie gar nicht kennt,
Denn hier vereinigt sich, was ihn noch immer trennt,
Die hohe Wissenschaft und der galante Stil.[2]

Im Folgenden schwärmen Philaminte, die Frau eines wohlhabenden Bürgers, ihre Schwägerin Belise und ihre Tochter Armande von den Philosophen Plato und Epikur und zeigen ihr Interessen für Wellenwirbelstürme, Wandelsternsysteme, für Physik, Geschichte, Sprache, Vers, Moral und Politik.[3]

In den genannten Komödien wird der Ausschluss der Frauen von Bildung und Wissenschaft zum Thema gemacht. Darüber hinaus kommen Formen einer künstlichen Beschränkung der Bildung der Mädchen als Garant für Treue, die Prozeduren der Eheschließung (Töchter aus Adel und Bürgertum werden verheiratet und können keine Liebeswahl treffen) und der Umgang der Geschlechter zur Sprache. In der Auseinandersetzung um den Gesellschaftsmenschen und seine liebenswürdigen Umgangsformen, um Angemessenheit und Schicklichkeit wird ein Ausgleich zwischen Hof (Hochadel) und Stadt (Amtsadel) angestrebt und ein eigener Weg zur Bildung der Elite eingeschlagen[4]. Das Geschlechterverhältnis und seine Gestaltung und die Veredelung der Umgangsformen durch den Einfluss der Frauen werden hierbei zum Thema.

338 Jahre später, im Jahr 2000, wird für 100 Tage auf der Weltausstellung EXPO in Hannover eine Frauenuniversität veranstaltet, um deren Konzeption

---

2 Moliere 1999, S. 36f.

3 »In seinem Anfang war das Preziösentum eine ernsthafte Reformbewegung. [...] Die Preziösen wollten nun eine Regelung für ein gesittetes gesellschaftliches Leben schaffen. Die Keimzelle dieser Bestrebungen war das ›blaue Zimmer‹ im Hotel der Rambouillet. Bei Catherine de Vivonne, Marquise de Rambouillet, traf sich mittwochs die geistige Elite von Paris. Das war wirklich etwas Neues, dass diese kluge Frau nicht nur Vertreter ihrer Klasse empfing, sondern weder auf Stand, Reichtum oder Religion ihrer Besucher sah. Hier galt zum erstenmal Geist mehr als Geburt. Das ›blaue Zimmer‹ war der erste Salon [...], die Geburtstätte der französischen Konversation. Wichtiger als der demokratische Zug dieses Kreises aber war der emanzipatorische. [...] Man war bildungshungrig und hielt auf Umgangsformen« (Hartau 2002, S. 37f).

4 Vgl. Held 1981, S. 76f.

(Konkurrenzmodell, Komplementaritätsmodell, Alternativmodell) im Vorfeld intensiv gestritten wird.[5]

> Die erste Frauenuniversität in Deutschland wird die Geschlechterperspektive im Zuschnitt der Forschung und Studienangebote reflektieren, als Geschlechterpolitik jenseits der etablierten Geschlechterhierarchie. Sie wird sie auf eine Weise integrieren, die Freiräume zum Experimentieren mit Geschlechterrollen und Geschlechterarrangements allein dadurch bietet, dass die Aufteilung in Männer- und Frauenreviere entfällt. [...] Dafür treten intellektuelle Auseinandersetzungen zwischen Frauen in den Vordergrund. Wenn dies eine öffentliche Kultur der Intellektualität von Frauen konstituiert, die gerade nicht an die Geschlechtergrenzen gebunden ist, können vielfältige neue Möglichkeiten entstehen.[6]

Die Frauenuniversität soll Räume des Denkens und Sprechens eröffnen, die nicht in der Gestaltung und Überformung des Geschlechterverhältnis Ziel und Begrenzung finden.

Betrachten wir die kurz genannten Debatten, dann geht es seit mehr als dreihundert Jahren um Fragen der Emanzipation der Mädchen und Frauen im Medium von Bildung und Wissenschaft und um die Gestaltung des Geschlechterverhältnisses. Ich will diese Diskurse selbst – durch die Geschichte hindurch – nicht nachzeichnen[7]. Mich interessiert, inwiefern entsprechende Diskurse dazu beitrugen und beitragen, die Realität der Bildung der Mädchen und Frauen zu verändern und inwiefern eine veränderte Bildung zum Instrument gesellschaftlicher (juristischer, sozialer, ökonomischer und politischer) Emanzipation wird.

Ich werde kurz auf den Bildungsbegriff und dann auf die Strukturkategorie Geschlecht eingehen, beide zueinander in ein Verhältnis setzen und dann unter einer historischen Perspektive den Prozess der partiellen Befreiung und erneuten Marginalisierung und des Ausschlusses in verschiedenen Epochen nachzeichnen, auch um die Widersprüchlichkeit und Verschiedenheit dieses Prozesses aufzuzeigen. Dabei berücksichtige ich die Situation der Frauen in der sogenannten Ersten Welt.

---

5 »Die erste Frauenuniversität in Deutschland wird als Hochschulreformprojekt ihre Forschungsschwerpunkte und Studienangebote problemorientiert zuschneiden. Die Frauenforschungskommission Niedersachsen hat hierzu Forschungsperspektiven entwickelt, die integrierende Zugänge auf die Phänomene der Verstädterung und Migration, Arbeit und Information, Intelligenz, Körper, Wasser und Stadt eröffnen und damit einen Zuschnitt für Forschung und Studium, der herkömmliche Geschlechtertypisierungen nicht zulässt (Neusel)« (Metz-Göckel 1997, S. 12).

6 Metz-Göckel 1997, S. 14.

7 Vgl. Beauvoir 1977.

Der Bildungsbegriff in der Pädagogik

Ich möchte an dieser Stelle nicht umfassend den Diskurs Bildungstheorie[8] nachzeichnen, sondern zwei Positionen gegenüber stellen.

Wolfgang Klafki betont den individuelle und gesellschaftliche Emanzipation und Partizipation fundierenden Gehalt des Bildungsbegriffs. In ihm sei die Zentralidee der Aufklärung, die Kant als Ausgang des Menschen aus selbstverschuldeter Unmündigkeit fasste, aufgehoben.

> Anspruch und Möglichkeit *jedes* Menschen, zur Selbstbestimmungsfähigkeit zu gelangen, weiterhin der Gedanke vom Recht jedes Menschen auf pädagogisch unterstützte Entfaltung aller seiner Möglichkeiten [...]; weiterhin ist konstitutiv [...] die Überzeugung, dass die Entfaltung der Vernunftfähigkeit in jedem Menschen zugleich die Möglichkeit eröffnet, dass die Menschen im vernunftgemäßen Miteinander-Sprechen und -Diskutieren und im reflexiven Verarbeiten ihrer Erfahrungen eine fortschreitende Humanisierung ihrer gemeinsamen Lebensbedingungen und eine vernünftige Gestaltung ihrer gesellschaftlich-politischen Verhältnisse erreichen, unbegründete Herrschaft abbauen und ihre Freiheitsspielräume vergrößern können.[9]

Während Klafki auf Selbstbestimmungsfähigkeit aller Menschen (also Männer und Frauen) zielt, jeden und jede alle seine/ihre Möglichkeiten pädagogisch unterstützt entfalten lassen will und auf die Vernunftfähigkeit aller Menschen setzt, beziehen sich konservativ orientierte Autoren (zum Beispiel Rehfus (1995) 1997) – unter Rückgriff auf den Bildungsbegriff – sofern sie über Mädchen und Frauen nachdenken, auf die Abwehr einer »Quotendemokratie« beziehungsweise polemisieren gegen eine Auslieferung der Schule an »Gruppeninteressen«[10]. So warnt Wulff D. Rehfus u.a. vor einer »Sexualisierung/Feminisierung« beziehungsweise »Moralisierung der Diskurse in Deutschland«[11].

Hier wird deutlich, dass in manchen Diskursen der Mann mit dem Allgemeinen, die Frau mit dem Besonderen gleichgesetzt wird. Von daher bedarf es einer besonderen Erörterung des Verhältnisses von Bildung und Geschlecht.

Die Kategorie Geschlecht

Nach Barbara Rendtorff und Vera Moser verhelfen Kategorien beim Unterscheiden, Klassifizieren, Orientieren, Interpretieren und Verständigen. Handelt es sich um strukturelle Kategorien, dann sind sie tragender Bestandteil bei der Ordnung des Denkens und des Wissens.

---

8 Vgl. Hannsmann, Marotzki 1988, 1989.

9 Klafki 1985, S. 14.

10 Vgl. Rehfus (1995) 1997.

11 Rehfus 1997, S. 186f.

> Wenn wir Geschlecht als eine strukturelle Kategorie bezeichnen, [...] wird unterstellt, dass Geschlecht eine solche wichtige Funktion innerhalb unserer Gesellschaft, der Organisation unseres Wissens und Denkens oder unserer Sprache hätte, dass seine Veränderung den ganzen Zusammenhang erschüttern [...] würde.[12]

Die Suche nach dem Stellenwert von »Geschlecht« bei der Analyse grundlegender Denktraditionen und Ordnungssysteme ist von der Hoffnung getragen, Ansätze zu deren Dekonstruktion und Veränderung zu entfalten. Es geht um die Auseinandersetzung mit Denk-Modellen, Denkgewohnheiten und Denkbereitschaften[13].

Bildung und Geschlecht

Unter Berücksichtigung der Strukturkategorie Geschlecht kann der *Bildungsbegriff* kritisch in den Blick genommen werden:

> Der über weite Strecken universalistisch formulierte Bildungsbegriff der bildungstheoretischen Tradition der Aufklärung ist [...] androzentrisch geprägt. Beobachtet werden kann, dass ›in den Bestimmungen des Menschen [...] der Unterschied der Geschlechter keinen Ort‹ hat [...]. Erst am Gegenstand ›Frau‹ wird das Geschlechterverhältnis zum Thema, wodurch beides vollständig und ausschließlich miteinander identifiziert ist.[14]

Die Erkenntnis, dass der Bildungsbegriff, auch wenn er allgemein und universal gefasst zu sein scheint, Mädchen und Frauen nicht mit umfasst, macht es notwendig, die Ideengeschichte der Erziehung und Bildung, aber auch die Sozialgeschichte der Mädchen- und Frauenbildung zu rekonstruieren. Nur aus einer Neuschreibung der Geschichte wird eine Kritik an »allgemeinen« Darstellungen möglich[15].

Will man über das Verhältnis von Bildung und Geschlecht nachdenken, so besteht eine Möglichkeit darin, sich den verschiedenen Diskursen (Diskurs Bildungstheorie und Diskurs Geschlecht) zu widmen und sie aufeinander zu beziehen[16]. Mir erscheint es sinnvoll, sich der Gestaltung der Geschlechterverhältnisse auf einer historischen Folie zu nähern, um sich nicht in endlosen begrifflichen Debatten um Gleichheit und Differenz oder um biologisches versus sozial konstruiertes Geschlecht zu verlieren. Daher wende ich mich der Frauengeschichte, dem Geschlechterverhältnis und den mühsamen Prozessen der Emanzipation, auch im Medium von Bildung zu. Ich frage nach sozialgeschichtlich vorhandenen Möglichkeiten für Frauen und ihre Einschränkung,

---

12 Rendtorff/Moser 1999, S. 18.
13 Vgl. Rendtorff/Moser 1999, S. 40f.
14 Uecker 1998, S. 20.
15 Vgl. Kiper 1999.
16 Vgl. Kiper 1999; von Felden 2002.

Überformung und Modifikation durch Leitbilder. Beim Versuch, eine Geschichte der Frauen zu schreiben, muss ihr Handeln ebenso rekonstruiert werden wie das Verhältnis der Geschlechter zueinander. Wie wurde und wird durch Definitionen ein Beitrag zur Konstruktion des Geschlechterverhältnisses auch in der Pädagogik geleistet? Ich folge in meinen Überlegungen den Darstellungen einer »Geschichte der Frauen« und setze sie in ein Verhältnis zu pädagogischen Diskursen.

Neuzeit

»Vom 16. bis zum 18. Jahrhundert spielten Frauen in allen häuslichen, wirtschaftlichen, intellektuellen, öffentlichen, konfliktträchtigen oder auch vergnüglichen Bereichen der Gesellschaft eine Rolle«[17]. Obwohl sie im gesellschaftlichen Alltagsleben präsent waren, wurde über sie ein Diskurs geführt, der dazu diente, »Ordnung in das Universum zu bringen«[18] und Frauen in ihre Schranken zu verweisen.

Die Neuzeit war eine Periode, in der es zu lebhaften Auseinandersetzungen zwischen Männern und Frauen kam, sodass sogar von der »Querelle des femmes« gesprochen wurde[19]. Die Möglichkeiten zu Normverstößen und Übertretungen der Ordnung waren unterschiedlich ausgeprägt:

> Die Frauen der wohlhabenden Schichten fanden individuelle Wege, aus der Isolation der ihnen zugedachten Rolle auszubrechen. [...] Die Salons und die Bewegung der Précieuses schufen Möglichkeiten, nicht nur den Gebrauch ihres Verstandes einzuklagen, sondern auch ihre intellektuelle Teilhabe an der Welt des philosophischen, wissenschaftlichen und politischen Denkens zu manifestieren. Indem sie öffentlich präsent waren, verstießen sie zweifelsohne gegen die Normen [...]. [...] zweifellos kühner [...] waren die Normverstöße der Frauen aus dem Volk, ihr Aufbegehren und ihre Rebellionen. Für sie hatte die Flucht aus ihren Verhältnissen meistens Marginalisierung und Kriminalisierung zur Folge«[20].

Wir finden diese Frauen in den Gestalten der Prostituierten, Kriminellen, Hexe und Rebellin.

Wir können davon ausgehen, dass sich die Geschichte der Frauen in England, Frankreich und Italien von der der Frauen in Deutschland unterscheidet. Es seien im Folgenden diejenigen Aspekte angeführt, die in vielen Ländern bestimmend

17 Farge/Davis 1994, S. 11.
18 Farge/Davis 1994, S. 11.
19 Farge/Davis 1994, S. 13.
20 Farge/Davis 1994, S. 17.

waren.[21] Dabei zeige ich Aspekte des Lebens der Frauen ebenso wie Entwürfe für die Gestaltung des Geschlechterverhältnisses:

In der frühen Neuzeit waren *Frauen als Dienstboten* in der Landwirtschaft (Melkerin, Köchin) ebenso wie in den Städten (als Wäscherin, Köchin) oder als Textilarbeiterin in der Hausindustrie tätig (Weberin, Seidenspinnerin, Klöpplerin, Spitzenklöpplerin). Sie arbeiteten als Schneiderinnen, Hutmacherinnen, Stickerinnen, Handschuhmacherinnen[22].

Frauen begleiteten die Heere der Frühen Neuzeit und arbeiteten als Köchinnen, Dienstmägde, Marketenderinnen und Prostituierte[23].

Die wirtschaftlich sich verselbständigenden Frauen verfügten über ihre eigene Arbeitskraft und ließen sie nicht männlichen Verwandten oder einem Dienstherren zukommen. Sie verschafften sich einen eigenen Platz in dienstleistenden, gewerblichen und handwerklichen Beschäftigungen in der Stadtwirtschaft als Spinnerin, Färberin, Schneiderin, Wäscherin, Schleierweberin, Taschnerin, Stickerin, Bäckerin, Metzgerin, Gärtnerin, Besenbinderin, Korbmacherin, Bürstenmacherin, Krankenpflegerin, Hebamme, Klageweib etc.[24] Außerdem waren sie als Marktfrauen oder Straßenverkäuferinnen tätig[25].

Die *Nonne* war bis zur Reformation der bevorzugte Stand für Frauen des Adels und der Patrizier, »ein Stand, in dem sie ein geistliches Leben verwirklichen und von der Kirche geehrt und eng verbunden mit ihren Glaubensinhalten leben konnten.«[26]

> Um 1100 setzte eine religiöse Frauenbewegung ein, in deren Gefolge sich zahlreiche Frauenklöster unter ihnen die Orden der Augustinerinnen [...] und Zistersienserinnen neu bildeten [...]. Die Nonnen kamen fast ausschließlich aus adeligen Familien; für Haus-, Feld- und Stadtarbeiten hatten die Klöster dazu Laienschwestern [...]. [...] Für die adeligen Nonnen war das Kloster eine standesgemäße Versorgung [...] . Auch für die Laienschwestern und Mägde [...] war die von der Gesellschaft hoch angesehene

---

21 Barbara Becker-Cantarino hat in ihrer Studie über Frauen und Literatur in Deutschland von 1500–1800 herausgearbeitet, dass das biologische Geschlecht in jeder Lebensphase bestimmend für ihre gesellschaftliche Stellung und ihre Möglichkeiten in den jeweiligen Gruppen war. »Frauen waren sich immer bewusst, dass sie Frauen waren und deshalb grundsätzlich anders als Männer und wurden ständig von der Gesellschaft daran erinnert. Ihr von Gott ordinierter Stand der ›Weiblichkeit‹ bedeutete Gehorsam und Unterordnung unter die Männer (ihrer Klasse), er bedeutete eine mit der Erbsünde übernommene moralische Minderwertigkeit, von der sie nur durch ein bewusst tugendhaftes Leben als Frau eine Erlösung erhoffen konnten. Ihr biologisches Geschlecht bedeutete auch, dass sie ihre eigentliche weibliche Bestimmung mit dem Kindergebären, solange und sooft sie es vermochten, erfüllen würden (nur die Nonne unterlag nicht dieser Bestimmung)« (Becker-Cantarino 1987, S. 13).

22 Vgl. Hufton 1994.

23 Davis 1994, S. 190.

24 Vgl. Becker-Cantarino 1987, S. 28ff.

25 Vgl. Hufton 1994.

26 Vgl. Becker-Cantarino 1987, S. 69.

> und als gottgefällig betrachtete Klostergemeinschaft ein sicherer Arbeitsplatz, [...]. Daraus erklärt sich der große Andrang und die Beliebtheit der Klöster gerade für Frauen: sie boten wie in einem kleinen Frauenstaat Schutz, Beruf und Versorgung.[27]
>
> Neben der wirtschaftlichen und gesellschaftlichen Bedeutung leisteten die Klöster auch einen wichtigen Beitrag zur geistigen Betätigung und Selbstbildung der Frauen, denn sie boten die einzige außerfamiliäre Bildungsstätte.[28]

Die *gelehrte und gebildete Frau* als Leitbild von Humanismus und Renaissance betrieb intellektuelle Studien der Geschichte und der Dichter[29].
Die *Frau als religiöse Streiterin* (als Helferin, Ehefrau, Begleiterin) fand sich im Umkreis der Reformatoren und evangelischen Prediger[30].

Die Frau als *Ehefrau*, deren Stand, Beruf und Berufung über den Ehemann festlegt und vom christlichen Frauenbild resp. der Ehelehre bestimmt war, sollte dem Manne untertan sein, sich ihm unterordnen, ihm Kinder gebären und keine Selbstmündigkeit haben[31]. Ihr Eigentum wurde vom Ehemann verwaltet, der darüber auch die Verfügungsgewalt inne hatte. Die Frau in der patriarchalischen Ehe teilte Wohnsitz, Stand und Namen des Ehemannes und führte seinen Haushalt; ohne seine Genehmigung durfte sie keine außerhäuslichen Tätigkeiten oder Gewerbe ausführen. Der Ehemann war der gerichtliche Vormund der Frau.[32]

Die Schauspielerin oder *Komödiantin* war Teil der Gruppe der Fahrenden und Fremden[33]. Am Hoftheater erhielten sie Rollen, wenn sie Mätressen oder Primadonnen waren.

---

27 Vgl. Becker-Cantarino 1987, S. 69f.

28 Becker-Cantarino 1987, S. 73.

29 Vgl. Becker-Cantarino 1987, S. 152.

30 Vgl. Becker-Cantarino 1987, S. 96.

31 Vgl. Becker-Cantarino 1987, S. 19ff.

32 Fichte rechtfertigt in seiner »Grundlage des Naturrechts nach den Prinzipien der Wissenschaftslehre« (1796) ein streng patriarchales Eheideal. Zwar erklärt Fichte die Ehe der ›Natur‹ und der ›Vernunft‹ nach zum Selbstzweck, wertet Mann und Frau als moralische Wesen ›gleich‹, denn beide sind fähig, Träger der Vernunft und der sittlichen Freiheit zu werden, aber er unterscheidet ganz im Sinne der Anthropologie seiner Zeit ihre verschiedenen Gattungsfunktionen: »da verhält sich das männliche Geschlecht tätig, das weibliche leidend, passiv. Die Frau muss, um ihren Naturtrieb zu befriedigen, das Objekt der Tätigkeit eines Mannes werden, und zwar in der Form der Liebe, dem Trieb, der bei der Frau nicht zur Selbstbefriedigung, sondern zur Befriedigung des geliebten Mannes dient. [...] Das Weib gibt, indem sie sich zum Mittel der Befriedigung des Mannes macht, ihre Persönlichkeit auf. Ihre eigene Würde beruht darauf, dass sie ganz, so wie sie lebt, und ist, ihres Mannes sei, und sich ohne Vorbehalt an ihn und in ihm verloren habe. Das Geringste, was darauf folgt, ist, dass sie ihm ihr Vermögen und alle Rechte abtrete und mit ihm ziehe. Nur mit ihm vereinigt, nur unter seinen Augen, und in seinen Geschäften hat sie noch Leben, und Tätigkeit. Sie hat aufgehört, das Leben eines Individuums zu führen; ihr Leben ist ein Teil seines Lebens« (vgl. Becker-Cantarino 1987, S. 64).

33 Vgl. Becker-Cantarino 1987, S. 305.

> Mit der Schauspielerin haben wir einen Frauenberuf, der Möglichkeiten der individuellen Entfaltung und wirtschaftlichen Selbständigkeit für die (bürgerliche) Frau bedeuten konnte. Da war einmal die Bestätigung außer Hause, dann eine durch die Berührung mit der Literatur vermittelte Bildung, eine freie künstlerische Gestaltung durch das Rollenspielen, die alle den Gesichts- und Erfahrenskreis erweiterten. [...] Die Entlohnung für Leistung gab eine gewisse materielle Unabhängigkeit [...] . – Im Wandertheater hatten die Prinzipalinnen weitgehende Mitsprache in technischen und künstlerischen Fragen [...] . Als jedoch seit etwa 1750 das Theatergeschäft einträglicher und gesellschaftlich akzeptabler wurde, setzte sich die patriarchalische Herrschaftsstruktur durch. [...] So bleibt von den Emanzipation versprechenden Anfängen der Prinzipalinnen um 1700 am Ende des Jahrhunderts wenig übrig: eine fast ausschließlich von Männern verfasste dramatische Literatur sowie eine männliche Leitungsstruktur beherrschen nunmehr das salonfähig gewordene Theater. Wie in den literarischen Werken agieren Frauen in von Männern vorgeschriebener Weise in engen Grenzen.[34]

Der Besuch des Theaters war für die Frauen der Gesellschaft eine Möglichkeit, Bildung zu erlangen.

War es lange Zeit adligen Damen vorbehalten, als Gastgeberinnen erlesener Kreise Frauen und Männer um sich zu versammeln und Gespräche zu ausgewählten Themen zu initiieren, machten Königinnen und Fürstinnen oftmals ihren Hof zu einem kulturellen Mittelpunkt. Im 17. Jahrhundert wurde der Salon zu einem der wenigen Orte, an denen sich Frauen frei äußern konnten[35]. Der Salon war ein Ort, wo sich Menschen beiderlei Geschlechts begegneten und an dem es Frauen möglich wurde, zur Welt der Kultur Zugang zu erhalten. Salons wurden zu Stätten der Bildung, zu Orten gesitteten Umgangs, des Austauschs von Höflichkeiten und der Konversation. Salons wurden in erster Linie von unabhängigen und kultivierten Frauen geführt. Standen literarische Themen im Mittelpunkt des Interesses, so wurden doch auch Geometriker, Physiker, Mediziner und Astronauten eingeladen. Die Précieuses waren diejenigen, die nicht nur nach Wissen und Kultur hungerten, sondern dafür eintraten, das Wissen an alle weiterzugeben und zu verbreiten. »Frankreich war das Epizentrum dieser internationalen Salons, die sich im Europa des 18. Jahrhunderts herausbildeten und in denen die Ideen der Aufklärung zirkulierten«[36].

Die *politische Sphäre* war durch Asymmetrien zwischen Männern und Frauen gekennzeichnet.[37] Die Frauen übten nicht das Waffenhandwerk aus, durften

---

34 Becker-Cantarino 1987, S. 339f.

35 Vgl. Dulong 1994.

36 Dulong 1994, S. 437.

37 Vgl. Becker-Cantarino 1987, S. 350f. »Der lange Weg zur Mündigkeit ist nicht geradlinig und keine fortschreitende Entwicklung. Es sind vereinzelte, sporadische Aufbrüche und Ausbrüche aus der Unmündigkeit, die sich in unterschiedlicher Weise bei ganz verschiedenen Frauen zwischen 1500 und 1800 manifestieren; die Domestikation der Frau ver-

nicht Notarin oder Kanzleisekretärinnen werden, erhielten keine Ämter am Hof (Kanzler, Gerichtsbüttel, Kerkermeister), hatten kein beratendes oder beschließendes Stimmrecht bei Versammlungen in der Stadt. »Die einzige Frauen vorbehaltene Nische unter den städtischen Ämtern war die Verwaltung der Hospitäler [...] «[38]. Während es in Monarchien und Fürstentümern Ämter und Würden für Frauen gab und sie sich halböffentlich oder öffentlich an den Höfen betätigten, am Hofzeremoniell teilhatten und auch um Posten und Pensionen nachsuchen konnten, hatten sie keinen Einfluss in den republikanischen Gemeinwesen der Frührenaissance (zum Beispiel in Venedig, in den schweizerischen Kantonen oder in den deutschen Reichsstädten)[39]. Sie waren auch von den Ältestenräten in den Dörfern und von den Kirchenvorständen in den Pfarrgemeinden ausgeschlossen[40].

Erziehung und Bildung in der Neuzeit

Während sich im Mittelalter die Erziehung für Jungen und Mädchen darauf beschränkte, sie zum Arbeiten anzuhalten und in Gebeten zu unterweisen, teilte sich die Erziehung in der Frühen Neuzeit für die Geschlechter:

> Den Söhnen der adligen und später auch der bürgerlichen Elite wird die klassische Bildung zuteil, die auf höheren Schulen und der Universität gelehrt wird, Lateinkenntnisse voraussetzt und glanzvolle bürgerliche und kirchliche Laufbahnen erhoffen lässt. Sowohl den Mädchen aus dem Volk als auch denen der Oberschicht sind das Wissen und vor allem jene Fertigkeiten zugedacht, die sich auf die häusliche Sphäre beschränken: Zu Hause bei der Mutter erworben, trugen sie dazu bei, die christlichen Familienzusammenhänge [...] fortzusetzen. Es gab kaum Berührungspunkte zwischen diesen beiden Kulturen, die des Draußen und der des Drinnen, und darin besteht für zahlreiche Denker die Schwachstelle: Die zukünftigen Gattinnen

festigt sich eher in ihrer literarischen Idealisierung bei Fichte, Humboldt, Goethe, Schiller oder Friedrich Schlegel. Katharina Zell konnte als religiöse Mitkämpferin mit dem Reformator und Prediger Matthias Zell und als (kinderlose) Witwe in ihrer praktischen und (gebrauchs) literarischen Tätigkeit für den neuen Glauben streiten. Caritas Pirckheimer sah ihr Lebenswerk für andere Frauen zerstört und schrieb die Chronik dieser Zerstörung. Anna Maria van Schurman drehte der (Männer-) Welt der Gelehrsamkeit, bei der sie schon mit ihrer ganz in deren Sprache gehaltenen *Dissertatio* über die Eignung der Frau zur Wissenschaft vergeblich um Einlass gebeten hatte, den Rücken und fand orginären Ausdruck in ihrer Autobiographie *Eukleria* für ihre bessere Wahl. Susanna Katharina von Klettenberg fand in dem Erlebnis der pietistischen Freundschaft, eine Variante der Religiosa, eine Lebensform, die der Protestantismus radikal bekämpft, sowie Goethes Literalisierung in den ›Bekenntnissen einer schönen Seele‹ subtil enteignet und der patriarchalen Welt untergeordnet hat«. (Becker-Cantarino 1987, S. 350f.)

38 Davis 1994, S. 191.

39 Vgl. Davis 1994, S. 192; 196.

40 Davis 1994, S. 199.

gebildeter Männer sollten wenigstens in die Lage versetzt werden, Gespräche mit ihnen zu führen und sie vielleicht sogar zu bereichern.[41]

Die geschlechtliche Differenzierung von Erziehung und Bildung bedeutete, dass den Mädchen nur ein Bruchteil des gelehrten Wissens der Jungen zugänglich gemacht wurde, dass sie kürzer ausgebildet und in ihre Ausbildung weniger investiert wurde und geschlechtsbezogene Kompetenzen Vorrang vor dem Lesen und Schreiben erhielten[42]. Es begann zwar eine Diskussion über die Notwendigkeit und Etablierung einer Mädchen- und Frauenbildung; lange wurde jedoch über deren richtigen Ort (elterliches Haus versus Institution) gestritten. In Preußen wurde 1717 die Schulbesuchspflicht, 1763 die allgemeine Schulbesuchspflicht für beide Geschlechter gleichermaßen eingeführt.

Zugleich blieb der Orientierungspunkt der Mädchenbildung der zukünftige Ehemann und die gemeinsamen Kinder; eine Befähigung der Mädchen und Frauen für die Wahrnehmung öffentlicher Ämter oder für den Beruf wurde nicht angestrebt. Das Niveau der Mädchenbildung blieb niedrig und war auf religiöse Unterweisung, Umgang mit Nadel und Faden und auf die Anfänge des Lesen und Schreibens ausgerichtet.

Jean-Jacques Rousseau (1712–1778) führte im fünften Buch des Emile (1762), in »Sophie oder die Frau« aus, wie Frauen im allgemeinen und wie die für Emile bestimmte Sophie zu sein habe. Sophie werde so erzogen, dass sich Emile (der Mann und Mensch) in sie verlieben könne. Sophie müsse daher liebenswert, anmutig, munter, reinlich, charmant, angenehm im Umgang und für das Auge sein. Sie habe sich angenehm zu machen, zu gefallen und zu unterwerfen. Rousseau stellte die Gattin (als Geliebte) in das Zentrum seiner Überlegungen.

Joachim Heinrich Campe (1746–1818) schrieb im »Väterlichen Rath für meine Tochter« (1789), dass nur die Ehe Frauen Schutz, Wirkungskreis und Ansehen gewähre und ihnen zu einem gewissen Grad an Freiheit und Selbständigkeit verhelfe. Er wollte die Mädchen daher zu weisen Vorsteherinnen des inneren Hauswesens, zu beglückenden Gattinnen und bildenden Müttern ausbilden. Mädchen sollten daher Menschenkenntnisse, häusliche Kenntnisse und Bildung für den Hausgebrauch erwerben. Campe wollte Mädchen zu Hausfrauen erziehen.

Johann Heinrich Pestalozzi (1746–1827) stellte die Mutter in den Mittelpunkt seiner pädagogischen Überlegungen.

Pia Schmid analysierte die Erziehung zur Gattin-Geliebten als galant-restriktive Variante, zur Hausfrau als realistisch-restriktive Variante und zur Mutter als sakralisierend-restriktive Variante. »Gemeinsam ist ihnen, dass sie, was Frauen

41 Sonnet 1994, S. 119.
42 Vgl. Sonnet 1994, S. 119ff.

zu sein haben und wonach sich ihre Erziehung zu richten hat, ausschließlich von außen bestimmen, von dem her, was andere – Männer, Kinder, Gesellschaft von Frauen wollen und erwarten.«[43]

Weibliche Existenz wurde über »Dasein für andere« definiert[44]. Die Erziehung zur Mütterlichkeit und der neue Mütterlichkeitsdiskurs in der Ratgeberliteratur dienten der Einpassung der Frauen in die entstehende bürgerliche Gesellschaft. Neben den damit verbundenen Belastungen standen Belohnungen, nämlich eine Aufwertung der Frauen über ihre Mutterrolle[45]. Diese fundierte eine eigene weibliche Erziehung, die sich explizit gegen weibliche Gelehrsamkeit richtete[46], aber begrenzte Kenntnisse für die Gestaltung des Ehealltags, die Organisation des Haushalts und für die Erziehung der Kinder einräumte. Die Mädchenschulgründungen für Mädchen der niederen, mittleren und höheren Stände zielte auf eine Erziehung der Mädchen gemäß ihrer gesellschaftlichen Bestimmung[47].

Barbara Becker-Cantarino resümiert:

> Überblicken wir die Entwicklung der Bildungsmöglichkeiten für Frauen von der Reformation bis zum Ende des 18. Jahrhunderts, so fällt zunächst die lange und feste Bindung an ›Gebetbuch und Spindel‹, an Religionsunterricht und weibliche Handarbeiten auf. Das sichert den festen Platz als christliche Hausfrau, aus dem es kein Entrinnen gibt. Derselbe eingeengte Platz wird mit weltlichen, ideell überhöhten Argumenten wiederum von männlichen Pädagogen am Ende des 18. Jahrhunderts festgelegt. Ein Anschluss an männliche Bildungsmöglichkeiten und an ein auch nur vergleichbares Niveau wird Frauen nicht zugestanden, bestenfalls auf der alleruntersten Ebene der Elementar- und Katechismusschulen. [...] Geistige Bildung [...] für Frauen ist im 18. Jahrhundert noch immer von privater Einzelinitiative abhängig. Dennoch werden im Gegensatz zum 16. und 17. Jahrhundert diese Privatinitiativen weit verbreitet und wirksam, so dass man im letzten Drittel des Jahrhunderts eine zahlenmäßig bedeutsame Gruppe von Frauen feststellen kann, die als Leserinnen Einfluss auf das literarische und kulturelle Leben nehmen, und eine kleinere Gruppe, die als Schriftstellerinnen in Erscheinung treten. [...] Mit dem ›Gebetbuch‹ wurde jedoch meistens auch eine ganz elementare Fähigkeit vermittelt, das Lesen. Mit dem gesellschaftlichen Wandel im 18. Jahrhundert und in der Nachfolge der Männer wird das Lesen zum Schlüssel der Individual- und Persönlichkeitsbildung.[48]

---

43 Schmid 1989, S. 545.
44 Vgl. auch Jacobi 1994.
45 Vgl. Toppe 1996.
46 Vgl. Weckel 1996.
47 Vgl. Kiper 1999.
48 Becker-Cantarino 1987, S. 199f.

Das 19. Jahrhundert

Das späte 18. und das 19. Jahrhundert waren nicht nur bestimmt durch Revolutionen und soziale Bewegungen; es wurde ebenfalls über das Leben von Frauen und die Geschlechterverhältnisse nachgedacht.

»Die Moderne eröffnete überhaupt erst die Möglichkeit, dass Frauen einen Platz als Subjekt, als eigenständiges Individuum, als politische Akteurin und Staatsbürgerin beanspruchen konnten«[49].

Aufständische Frauen spielten in der Französischen Revolution von 1789 eine wichtige Rolle; sie waren die ersten, die sich zusammenschlossen und nach Versailles marschierten; auch die Erhebungen von 1795 wurden durch Frauendemonstrationen eingeleitet[50]. Auch wenn die Frauen als Aufrührerinnen eine wichtige Rolle spielten, änderten sich die Beziehungen zwischen den Geschlechtern im Verlauf des Aufstandes; »sobald [...] revolutionäre Vereinigungen die Führung des Geschehens übernahmen, wurden Frauen an den Rand gedrängt«[51]. Frauen nahmen nicht nur an politischen Versammlungen teil, sondern gründeten ihre eigenen Clubs, forderten das Recht auf Scheidung und auf Gewährung politischer Rechte in einer Vielzahl von Broschüren und Petitionen[52]. Condorcet trat 1790 mit der Broschüre »Sur l`admission des femmes au droit de cité« in die Öffentlichkeit; Olympe de Gouges verfaßte 1791 die »Erklärung der Rechte der Frau und Bürgerin« und Mary Wollstonecraft veröffentlichte 1792 die »Verteidigung der Rechte der Frauen«. Alle drei beriefen sich auf die Prinzipien der Freiheit und Gleichheit und stimmten in der Notwendigkeit der Revolutionierung der Geschlechterverhältnisse überein[53].

1848 wurde erstmals in Frankreich das Kommunalwahlrecht für Frauen gefordert; nach 1879 entstand eine Bewegung für das *Frauenstimmrecht* in vielen Ländern Europas und in den USA[54].

Arbeitende Frauen als Arbeiterinnen in Fabriken (Textilindustrie) oder Angestellte in Kaufhäusern, Büros (Postämter, Behörden, Versicherungen) und Krankenhäusern traten im 19. Jahrhundert neben Frauen, die in der Heimindustrie, im Dienstleistungsgewerbe (als Spinnerin, Schneiderin, Goldschmiedin, Knopfmacherin, Spitzenklöpplerin) oder als Dienstmädchen, Kindermädchen oder Melkerin tätig waren.

49 Fraisse, Perrot 1994, S. 11.
50 Vgl. Godineau 1994, S. 26.
51 Godineau 1994, S. 28.
52 Godineau 1994, S. 30, S. 35.
53 Vgl. Sledziewski 1994, S. 53ff.
54 Vgl. Arnaud-Duc 1994, S. 100ff.

> Wo Frauen arbeiteten und was sie taten, war nicht das Ergebnis eines unerbittlichen Industrialisierungsprozesses, sondern [...] das Resultat von Arbeitskostenkalkulationen. [...] Frauen waren auf billige Arbeit festgelegt.[55]

Es entstand ein Diskurs über die Frage, ob Frauen um des Geldverdienens arbeiten sollten, welche Arbeiten für eine Frau angemessen seien und welche Folgen diese Arbeit für die weibliche Gesundheit, für die mütterliche und familiäre Rolle habe. Dieser Diskurs begleitete die Herausbildung eines geschlechtsspezifisch differenzierten Arbeitsmarktes mit unterschiedlichen Tätigkeiten und Lohnniveaus für Männer und Frauen. Zugleich wurde das Ideal der ehrbaren, nichtarbeitenden Ehefrau befestigt[56].

Die *alleinstehenden Frauen* wurden in dem Moment zum Thema, als sie im Rahmen der Binnenmigration (vom Land in die Städte) sichtbar wurden.

> Sofern sie unverheiratet war, wurde der Frau die volle Rechtsmündigkeit und damit Geschäftsfähigkeit und Verfügungsberechtigung über ihre eigene Person und ihr Hab und Gut zuerkannt. Anders als die Ehefrau erhielt die *femme sole* gleiche Zivilrechte wie ein Mann, ohne allerdings auch im politischen Sinn Vollbürgerin zu sein.[57]

Die Zunahme weiblicher Berufstätigkeit, das Hineindrängen der Frauen in den Arbeitsmarkt bewirkten einen tiefen Strukturwandel. Neben den Dienstmädchen verdingte sich eine hohe Zahl junger Frauen als Hauslehrerinnen oder Gouvernanten. Eine Vielzahl junger Frauen (Verkäuferinnen, Staatsangestellte, Kellnerinnen und Stenotypistinnen) lebten in »Industrieklöstern«. Das Streben nach einem gehobenen gesellschaftlichen Rang verunmöglichte ihnen, einen Ehemann zu finden; aber als Alleinstehende waren sie gesellschaftlichem Misstrauen ausgesetzt. Verkäuferinnen und Postfräulein, Lehrerinnen und Sozialarbeiterinnen lebten in einer schwierigen persönlichen Situation. »Sie bezahlten einen hohen Preis, um ein paar Sprossen der sozialen Leiter zu erklimmen«[58].

Eine Vielzahl nicht außer Haus arbeitender bürgerlicher Frauen betätigten sich in verschiedenen religiösen Bewegungen, übernahmen karitative Tätigkeiten und begannen, in *Pflege-, Sozial-und Gesundheitsberufen* tätig zu werden. Oftmals waren sie in kulturellen und politischen Bewegungen tätig, die Kampagnen gegen Gewalt in der Ehe, sexuellen Missbrauch, Vergewaltigung und Prostitution führten. Die Erweiterung der weiblichen Handlungsspielräume geschah zunächst über das Engagement in der (ehrenamtlichen) Arbeit mit Armen, Kranken, Gefangenen und Prostituierten, in der Bildung von Zusammenschlüssen und Vereinigungen mit dem Ziel der Förderung von Hygiene und Moral. In der Untersuchung der Lebensbedingungen von Frauen, Kindern und

55 Scott 1994, S. 460.
56 Vgl. Scott 1994.
57 Dauphin 1994, S. 486.
58 Dauphin 1994, S. 491.

Familien erwarben Frauen Expertinnenwissen und -können und vermittelten Wissen über Hauswirtschaft, Säuglingspflege und Kindererziehung und protestierten gegen die Arbeits- und Lebensbedingungen von Heimarbeiterinnen (Einforderung eines Mindestlohns). »Im Namen der Ausgestoßenen, der Schwachen, der Kinder und vor allem ihrer Geschlechtsgenossinnen forderten die sozial engagierten Frauen das Recht auf politische Repräsentation auf lokaler und sogar auf nationaler Ebene«[59].

Die *Alphabetisierung der Mädchen* und die elementare Mädchenerziehung (in Deutschland wurden schon im 18. Jahrhundert viele Mädchen einbezogen) schufen die Voraussetzung für die Mädchen, sich über Lesen eine eigenständige Bildung zu erwerben.

Lesen und Schreiben eröffneten den Frauen Mittel und Wege, sich in die moderne Welt zu integrieren. Dabei fanden Bildungs- und Selbstfindungsprozesse im Medium des Lesens auch in religiösen Kontexten statt. So löste auch das Lesen pietistischer Schriften Nachdenken und Diskussionen aus.

»Der Pietismus bringt über Tagebuch, Briefwechsel und Wechselgespräch eine Literatur der Innerlichkeit hervor, die bei Frauen Lebendigkeit und Eigenart gewinnt«[60].

Nützten die Frauen zu Beginn des 19. Jahrhunderts die Lesefreiheit als Fluchtmittel aus dem Alltag, so wandelte sich ihre Lektüre insofern, als Meldungen über Tagesereignisse, Wissenschaft, Neuerungen und Erfindungen zur Kenntnis genommen wurden. Das Buch wurde zum Denkanstoß.

»In Deutschland wird Lesen wie nirgendwo sonst im zeitgenössischen Europa zur Selbstverständlichkeit. Das Land überzieht sich förmlich mit Lesegesellschaften, Leihbüchereien, Lesestuben und anderen mehr oder minder privaten Formen der Leseorganisation«[61]. Das Buch wurde zum Motor einer neuen Form von Geselligkeit.

> Das Revolutionäre an der Lesegesellschaft ist, dass sie neben dem Theater und manchen Bürgersalons praktisch die einzige Öffentlichkeit darstellt, in der beide Geschlechter aus gemeinschaftlichem Interesse zusammenfinden. In diesen profanen ›Kränzchen‹ wird die Leserin zur selbständigen Einzelperson, deren Urteil gefragt [...] ist.[62]

Der Schritt vom Lesen zum eigenständigen Übersetzen und Schreiben wurde im 19. Jahrhundert von den Frauen vollzogen; sie übersetzten, schrieben Tagebücher, Briefe, Lebensbeschreibungen und Autobiographien[63]. Das 19. Jahrhundert wurde zum Jahrhundert, wo im Medium des Schreibens auch die soziale Wirklichkeit zum Ausdruck gebracht wurde.

---

59 Perrot 1994, S. 512.
60 Hoock-Demarle 1994, S. 173.
61 Hoock-Demarle 1994, S. 177.
62 Hoock-Demarle 1994, S. 177.
63 Hoock-Demarle 1994, S. 182ff.

Erziehung und Bildung im 19. Jahrhundert für Mädchen

Im Anschluss an die Überlegungen von Jean Jacques Rousseau wurde eine pädagogische Debatte über Mädchenerziehung geführt. Einige Frauen übernahmen die Ansichten Rousseaus und führten sie als Argumente für eine institutionalisierte Mädchen- und Frauenbildung an (zum Beispiel *Caroline Rudolphi (1754 –1811)* in ihrem »Gemälde weiblicher Erziehung«). Daneben gab es Stimmen, die Jean-Jacques Rousseau oder Joachim Heinrich Campe entschieden widersprachen. *Esther Gad (ca. 1767–1833)* setzte sich kritisch mit Campes »Väterlicher Rath für meine Tochter« auseinander. *Amalia Holst (1758–1829)* kritisierte die Positionen der Philanthropen und deren Roussau-Rezeption. In ihrer Schrift »Bestimmung des Weibes zur höher'n Geistesbildung« (1802) forderte sie das Recht auf geistige Selbstentfaltung der Frau und die Befreiung der Geistesbildung aus männlicher Bevormundung. Der daraus abgeleitete Bildungsanspruch für das weibliche Geschlecht unterlag jedoch Standesgrenzen. *Betty Gleim (1781–1827)* entfaltete in ihrem Hauptwerk »Erziehung und Unterricht des weiblichen Geschlechts« eine pädagogische Konzeption zur Mädchenbildung als eine von Geschlecht, Stand und Beruf unabhängige Menschenbildung. Die Erziehung sollte sich zunächst auf die menschliche und erst dann auf die weibliche und gesellschaftliche Bestimmung richten. *Hedwig Dohm (1831–1919)* forderte die gleiche Ausbildung der Geschlechter vom Elementarbereich bis zur Universität, den gleichen Zugang von Frauen und Männern zu Berufen, das Recht auf Berufstätigkeit für Ehefrauen und die absolute Gleichstellung von Frauen und Männern im privaten und öffentlichen Recht. Auf der Grundlage dieser Positionen wurde gefordert, den Mädchen den Zugang zu Knabenschulen zu öffnen.

Zwischen 1865 und 1914 engagierten sich einige Frauen der bürgerlichen Frauenbewegung für den Aufbau des höheren Mädchenschulwesens. Sie gründeten eigene private Einrichtungen, richteten in Selbsthilfe Real- (1889) und Gymnasialkurse (1893) zur Vorbereitung auf ein extern abzulegendes Abitur ein oder gründeten grundständige höhere Mädchenschulen. Sie entwickelten immer wieder bildungspolitische Konzeptionen zur Gestaltung der höheren Mädchenschulen. Beispielhaft dafür steht das Engagement von *Helene Lange (1848–1930).* Ihr Hauptinteresse war auf den Ausbau der höheren Mädchenschulen (bisher Teil des Elementarschulwesens) gerichtet, auf deren Anerkennung als höhere Schulen mit Abitur und Universitätsberechtigung. Daneben forderte sie eine qualifizierte Lehrerinnenausbildung, verbunden mit der Berechtigung zum Unterricht in den oberen Klassen der höheren Mädchenschulen und zu deren Leitung. Außerdem forderte sie die Beteiligung von Frauen an der Schulverwaltung. Helene Lange nahm die Idee der Polarität der Geschlechter und das Konzept der »geistigen Mütterlichkeit« auf. Sie entfaltete die Vorstellung, dass sich Frauen und Männer in Denk-, Empfindungs- und Handlungsweisen unterscheiden und zwei verschiedenen kulturellen Sphären angehören. Daraus ergäben sich unterschiedliche Aufgaben für Frauen und Männer. Das Konzept der »geistigen Mütterlichkeit« zielte darauf, die hausmütterliche Tätigkeit aufzuwerten, das eigene weibliche Wertsystem zu akzentuieren, den Frauen Möglichkeiten der Mitbestimmung im öffentlichen Leben zu sichern und ihnen eigene (soziale) Berufsfelder zu erschließen (Erziehungsarbeit, Jugendarbeit, Sozialarbeit, Schularbeit, Frauenbildungsarbeit, Krankenpflege, Altenpflege, Medizin). Weiblicher Einfluss in der Gesellschaft wurde als Beitrag zur Versittlichung und gesellschaftlichen Höherentwicklung wahrgenommen[64].

Das 19. Jahrhundert war u.a. davon bestimmt, dass Mädchen und Frauen die Chancen nützten, die den geschlechtsspezifischen Entwürfen von Mädchenerziehung und –bildung eingeschrieben waren; zugleich engagierte sich eine Vielzahl von Frauen gegen die ihnen eingeschriebenen Restriktionen. Indem die Entwürfe für das Mädchen- und Frauenleben – angesichts der Überzahl lediger, unversorgter Frauen – der sozialen Realität nicht gerecht wurden, waren sie darauf angewiesen, ihre Handlungsspielräume zu erweitern und sich zunehmend auf ihre eigenen Fähigkeiten zu stützen.

Das 20. Jahrhundert

Das 20. Jahrhundert kann als Jahrhundert umfassender Unterdrückung und Vernichtung von Frauen (als Opfer von Kriegen, Rassismus und Genozid), aber auch als Jahrhundert großer Errungenschaften begriffen werden. Ich nenne nur einige Stichworte: aktives und passives Wahlrecht in Deutschland ab 1918, rechtliche Gleichstellung 1949, moderne Empfängnisverhütung, Liberalisierung der Abtreibung seit Mitte der siebziger Jahre, gefahrlosere Geburten, Steigerung der Lebenserwartung, höheres Bildungsniveau, Veränderung der Familien- und Hausarbeit, berufliche Chancen. Es war zugleich ein Jahrhundert, indem mehr Frauen das Wort ergriffen und sich zum Geschlechterverhältnis und seiner Ausgestaltung, zu kulturellen, gesellschaftlichen und politischen Fragen äußerten[65].

Während der ersten Hälfte des 20. Jahrhunderts davon bestimmt war, dass die Frauen während beider Weltkriege (1914–1918 und 1939–1945) in verschiedene Arbeitsverhältnisse (in Fabriken, Schulen, Universitäten, Krankenhäusern) einbezogen wurden und umfassende Verantwortung an den jeweiligen »Heimatfronten« zu übernehmen hatten, wurden sie nach den Kriegen wieder in die Familie zurückgeschickt.

> Diese Rücksichtslosigkeit gegen die Frauen – der Preis für die rasche soziale Wiedereingliederung der Veteranen in Familie und Beruf – scheint ebenso sehr eine psychologische wie eine ökonomische Funktion gehabt zu haben: Es galt, zum einen das männliche Selbstwertgefühl zu stärken, das in [...] Jahren anonymen Kämpfen argen Schaden gelitten hatte, und zum

64 Vgl. Kiper 1999.
65 Vgl. Thébaud 1995a.

> anderen den Krieg möglichst schnell vergessen zu machen, und [...] dem sehnlichen Wunsch der Frontsoldaten nach Wiederherstellung ihrer alten Welt Rechnung zu tragen.[66]

Francoise Thébaud stellt jedoch heraus, dass nach dem Krieg Frauen eine größerer Freiheit bezogen auf die Möglichkeit hatten, sich zu bewegen.[67]

Im 20. Jahrhundert gelang es den Frauen in Wohlfahrts- und Sozialstaaten, Rechte auf soziale Unterstützung einzuklagen. Indem Mutterschaft als alle Angehörigen des weiblichen Geschlechts verbindendes Element definiert wurde, wurde es möglich, oftmals in Verbindung mit dem Kampf um das Wahlrecht, bestimmte Sozialgesetze durchzusetzen (zum Beispiel bezahlter Mutterschaftsurlaub vor und nach der Entbindung, Vorsorge gegen Mütter- und Säuglingssterblichkeit, Erziehungsgeld)[68].

Ein wichtiger Wandel ging von der Veränderung des Reproduktionsverhaltens aus. Seit Mitte des 20. Jahrhunderts lag die Geburtenrate in den westlichen Ländern unter der Reproduktionsziffer von 2,1 Kindern pro Frau, die – ohne Einwanderung – eine Bestandserhaltung der Bevölkerung garantiert. Darüber hinaus veränderte sich die Institution Ehe. Seit Mitte der sechziger Jahre lag der Heiratsindex in den westlichen Ländern zwischen 48 und 66 Prozent, was bedeutet, dass jede zweite oder dritte Person unverheiratet blieb. Der Scheidungsindex kletterte auf bis zu 40 Prozent; Ehepaare ließen sich auch frühzeitiger scheiden. Die Zahl der Einpersonenhaushalte wuchs ebenso wie die pro Person zur Verfügung gestellte Wohnfläche und die gute Ausstattung der Wohnungen (mit Gas, Elektrizität, Heizung, Wasser und Kanalisation). Es wuchs die Erwerbsquote (verheirateter) Frauen. Dazu kam die Verringerung der Krankheits- und Sterberisiken von Mutter und Kind, der Anstieg der Lebenserwartung und – in Verbindung mit neuen Möglichkeiten der Ernährung der Säuglinge – die Chance einer veränderten Arbeitsteilung sowohl zwischen den Eltern als auch den Eltern und anderen Personen.

»Während immer mehr Komfort in den Haushalten Einzug hielt, wurden die Hausfrauen nach ›draußen‹, in die Berufe, gedrängt«[69]. Zugleich änderte sich der Charakter der Familie; ihre Rolle bestand immer weniger darin, ›Muskelkraft‹ wiederherzustellen; statt dessen kam ihr eine wichtige *Sozialisationsfunktion* und Funktion bei der *Vermittlung von ›Bildungskapital‹* zu.

Nadine Lefaucheur resümiert, dass der Sozialstaat den Frauen »ein hohes Maß an Unabhängigkeit von der Ehe und an Schutz gegen die Risiken der Armut, die mit der Rolle der Alleinerziehenden verbunden sind«, bot.[70]

---

66 Thébaud 1995, S. 83.
67 Thébaud 1995b, S. 87.
68 Vgl. Bock 1995.
69 Lefaucheur 1995, S. 475.
70 Lefaucheur 1995, S. 480.

In der zweiten Hälfte des 20. Jahrhunderts kam es erstmals zu einer rechtlichen Gleichstellung von Männern und Frauen bezogen auf bürgerliche und politische Rechte[71]. Bis dahin wurden Frauen in Europa durch die Heirat ihrer persönlichen und patrimonialen Rechte beraubt (zum Beispiel des Rechts auf Ausübung bürgerlicher Rechte, des Rechts, außerhalb des Hauses zu arbeiten, Vermögen zu erwerben, zu verwalten, zu veräußern und des Rechts auf elterliche Vormundschaft). In Deutschland erhielten Frauen 1896 bürgerliche Rechte, 1919 das Wahlrecht; ihre Gleichheit wurde erst durch das Grundgesetz 1949 anerkannt und erst zum 31.3.1953 wurden die mit diesem Gleichheitsprinzip unvereinbaren Gesetze aufgehoben. 1976 wurde das Eherecht reformiert, indem traditionelle Rollenmuster aufgehoben wurden und ein Gesetz über Namenswahl ermöglichte, den Namen des Ehemanns oder der Ehefrau als Familiennamen anzunehmen.

Erziehung und Bildung der Mädchen

Das 20. Jahrhundert kann als das Jahrhundert angesehen werden, in dem die Mädchen sich einen Zugang zur allgemeinen Bildung erschlossen. 1908 kam es zu einer grundlegenden Reform des höheren Mädchenschulwesens in Preußen. Es wurden Lehrpläne für zehnklassige höhere Mädchenschulen aufgestellt und sich daran anschließende Frauenschulen (für Kindergärtnerinnen) und Studienanstalten für Mädchen gegründet. 1923 wurden neue Richtlinien für Lyzeen und Oberlyzeen für Mädchen erlassen.

Hatten 1896 sechs junge Frauen extern eine Abiturprüfung ablegen dürfen, so konnten sich die ersten Studentinnen 1901 in Freiburg und Heidelberg immatrikulieren; 1908 erhielten sie den Zugang zu den Universitäten.

Während des Hitlerfaschismus kam es zur Rücknahme allgemeinbildender Unterrichtsinhalte in den Oberschulen für Mädchen (Kürzungen im Bereich Mathematik, Naturwissenschaften und Latein), zu einer Stärkung des hauswirtschaftlichen Zweiges, der jedoch zeitweilig (bis 1941) keinen Zugang zur Universität eröffnete.

In der Bundesrepublik der fünfziger und sechziger Jahre waren noch Ansätze einer getrennten Erziehung für Jungen und Mädchen festzustellen, so zum Beispiel in unterschiedlichen Stundentafeln für Mädchen und Jungen in der Volksschule oder in getrennten Gymnasien für die Geschlechter. Mit der Bildungsreform, dem Ausbau des Schulwesens und seiner Expansion und der Einforderung »allgemeiner Bildung« für alle, begannen die Mädchen in größerem Umfang an höherer Bildung zu partizipieren.

> In den Gymnasien sind Mädchen mit inzwischen ca. 52% in den alten und ca. 60 % in den neuen Bundesländern überrepräsentiert, in den Sonder- und Hauptschulen sind sie unterrepräsentiert, unter den RealschülerInnen

71 Sineau 1995, S. 530.

machen Mädchen gut die Hälfte aus. Unter den Jugendlichen, die ohne Abschluss die Schule verlassen, sind nur 35,1% Mädchen, unter denen mit allgemeiner Hochschulreife dagegen 53,4%.[72]

Mädchen und Jungen treffen trotz (oder besser: aufgrund) koedukativer Erziehung eine *unterschiedliche Leistungskurswahl in der gymnasialen Oberstufe* (Wahl der Fächer Mathematik, Physik, Chemie, Erdkunde, Geschichte, Gemeinschaftskunde in höherem Maße durch Jungen und Deutsch, Bildende Kunst, Sprachen in höherer Zahl durch Mädchen). Darüber hinaus sind die Mädchen im dualen Ausbildungssystem unterrepräsentiert[73].

Mädchen als Gewinnerinnen der Bildungsreform der siebziger Jahre können oftmals nicht ihre Kompetenzen dafür nutzen, ein genügend großes Selbstwertgefühl aufzubauen; sie können – durch geschlechtsspezifische Wahlen in der gymnasialen Oberstufe resp. in den Zweigen der Sekundarstufen und bezogen auf die Studien – ihren Zugewinn an kulturellem und Bildungskapital nur unzureichend für eine ökonomische und gesellschaftliche Platzierung einsetzen.

Rose-Marie Lagrave führt aus, dass für das 20. Jahrhundert »die langwierige und langsame Legitimation der Grundsätze der Aufteilung der sozialen Welt nach Geschlechtern, durch das Fortbestehen alter oder die Erfindung neuer Formen der Trennung im Bildungswesen und in der Arbeitswelt«[74] bezeichnend war. Während in der zweiten Hälfte des 20. Jahrhunderts eine Vielzahl von Proklamationen zur Gleichheit der Frau dominierten, blieb eine dauernde Kluft zwischen Frauen und Männern in Bildung und Arbeitswelt erhalten.

> Die beherrschenden Positionen sind stets mit Männern besetzt, die untergeordneten Positionen mit Frauen. [...] Wenn die Frauen sich einen Beruf oder ein Fach erobern, flüchten die Männer oder sind schon geflüchtet. Es gibt keine Situation der Rivalität, nicht einmal des fairen Wettbewerbs, es gibt nur diese stillschweigende Minderwertigkeit.[75]

Nach Lagrave verzeichnete das 20. Jahrhundert »zwar einen massiven Zustrom der Frauen zu Bildung und Erwerbstätigkeit [...] , jedoch verbunden mit einer Ungleichheit der schulischen Chancen und der Nichtgemischtheit in den Berufen«[76].

Bezogen auf die Arbeitswelt markiert die Autorin in der ersten Hälfte des 20. Jahrhunderts einen dreifachen Prozess: »die industrielle Umverteilung der weiblichen Arbeitskräfte, die Vermehrung von Frauenberufen auf dem Dienstleistungssektor und das Vordringen von Frauen in intellektuelle und freiberufliche Tätigkeiten«[77]. In den Jahren 1945–1975 konstatiert sie eine Integration der

72 Vgl. Block/Klemm 1997, S. 113, zitiert nach Lemmermöhle 1998, S. 71.
73 Vgl. Faulstich-Wieland/Nyssen 1998.
74 Lagrave 1995, S. 485.
75 Lagrave 1995, S. 486.
76 Lagrave 1995, S. 487.
77 Lagrave 1995, S. 490.

Mädchen und Frauen in das Bildungswesen und in die Arbeitswelt, jedoch auf feminisierten und abgewerteten Stellen auf den unteren Ebenen der Hierarchie. Nach ihrer Auffassung gab sich die Schule emanzipatorisch, weil die Zahl der beschulten Mädchen stark anstieg, und war doch konservativ, »als sie neue Ausbildungszweige einführte, die, unter dem Deckmantel der Diversifikation des Wissens, ›Optionen‹ anboten, welche den Abstand zwischen Jungen und Mädchen in Wirklichkeit aufrechterhielten«[78].

> Das schulische Niveau hatte drei wesentliche Auswirkungen auf die Eingliederung der Frauen in die Arbeitswelt: Es förderte die Aufnahme oder Wiederaufnahme einer Berufstätigkeit; es erlaubte Mädchen mit einem besonders guten Hochschulabschluss den Zugang zu Männerberufen, und es eröffnete verschiedenartigste Berufswege durch ein und denselben Abschluss. In vielen Ländern stieg der Prozentsatz berufstätiger Frauen mit der Verbesserung ihres schulischen Niveaus.[79]

Die Integration der Frauen in die Arbeitswelt geschah unter Markierung von Differenzen zu den Männern durch Festlegung auf Frauenberufe, die weniger gut bezahlt wurden und seltener einen Zugang zu höheren Hierarchiestufen ermöglichten.

> Prüft man [...] die Disparitäten der Löhne in Banken, Versicherungen, im Handel, und zwar in gleicher Qualifikation und Position, so sieht man den Abstand der Entlohnungen zwischen Männern und Frauen sogar größer werden. [...] Am größten war die Kluft unter denjenigen, die die höchsten Qualifikationen besaßen und die höchsten Positionen innehatten. [...] . Je mehr eine Frau eine Berufslaufbahn mit männlichem Profil einschlug, desto mehr wurde sie auf der Ebene des Lohns dafür bestraft.[80]

In den Jahren 1975–1990 erfolgte die Segmentierung und Fragmentierung des Arbeitsmarktes auch unter Rückgriff auf Formen geschlechtsspezifischer Arbeitsteilung. Akademikerinnen stiegen seltener als Akademiker in Führungspositionen auf; Frauen waren häufiger als Männer (gegen ihren Willen) als Teilzeitarbeitskräfte beschäftigt und Frauen alternierten häufiger zwischen Beschäftigung, Weiterbildung und Arbeitslosigkeit. Sie waren ebenfalls häufiger arbeitslos als die Männer.

> Wir erleben [...] ab 1975, eine neue Beschäftigungsstruktur, eine neue Form der Arbeit und der geschlechtsspezifischen Arbeitsteilung. Dem Modell ›Ausbildung – fester Arbeitsplatz mit Aufstieg innerhalb des Betriebs – Pensionierung‹ folgten eine Ausbildung und eine Arbeit à la carte, die Aufsplitterung der Ausbildungen, feste Beschäftigung oder Teilzeitbeschäftigung, Arbeitslosigkeit, Werkvertrag, Zeitarbeit. An die Stelle des linearen Verlaufs des Berufswegs von einst traten aufgesplitterte Berufs-

78 Lagrave 1995, S. 503.
79 Lagrave 1995, S. 505.
80 Lagrave 1995, S. 508.

> wege, wo Arbeitslosigkeit und Festanstellung nur zwei Gesichter der Flexibilität und der Fragmentierung des Arbeitsmarktes sind. Bei dieser Veränderung ist die geschlechtsspezifische Arbeitsteilung [...] das organisierende Prinzip der Ungleichheit der Geschlechter gegenüber der Beschäftigung: Die ›wahre‹ Arbeit liegt in den Händen der Männer, die ›Nebenarbeit‹ wird den Frauen zugeschoben.[81]

Im 20. Jahrhundert kommt es zweimal zu Frauenbewegungen, die Forderungen der Frauen bündeln und artikulieren und einen eigenständigen Diskurs über das Geschlechterverhältnis neu beginnen. Bezogen auf Bildungsprozesse thematisieren sie die Situation der Mädchen und Jungen in der allgemeinbildenden Schule und die Situation der Frauen in der Berufs- und Weiterbildung[82].

Schlussüberlegungen

Wir können unter einer gesellschaftspolitischen Perspektive feststellen, dass zwar die rechtliche und politische Emanzipation der Mädchen und Frauen gelang, aber – unter einer Perspektive der Herstellung von Gleichheit – immer noch entscheidende Benachteiligungen bezogen auf die gesellschaftliche Platzierung in Politik, Wirtschaft, Wissenschaft und Öffentlichkeit zu finden sind.

Wir können den geschlechterpolitischen Wandel vor allem an Fragen der privaten Lebensführung festmachen:

- Die Chancen der Mädchen auf eine bessere Bildung und Ausbildung, auf einen eigenen Beruf und damit ein eigenes Einkommen haben sich verbessert. Das Bildungsniveau der Mädchen und Frauen ist im historischen Vergleich sehr hoch.
- Die Wahlmöglichkeiten bezogen auf eigene Lebensformen (Wahl des resp. der Lebenspartner(s), der Wohnformen, der Möglichkeit, mit und ohne Kinder zu leben) haben sich vervielfältigt.
- Ehe und Familie als Institutionen befinden sich im Wandel. Neben familiale Lebensformen sind nichtfamiliale getreten; die Verbindlichkeit lebenslanger Ehebeziehungen, des Zusammenwohnens und der Monogamie nahm ab. Es gibt das Recht auf Scheidung.
- Wir finden bei Mädchen und jungen Frauen eine zunehmende Bildungs- und Berufsorientierung und eine wachsende Erwerbsquote der Frauen.
- Das Geburtenniveau ist – bei gestiegenem Alter der Mütter – gesunken[83].

Wenn sich auch die strukturellen Bedingungen für Freiheit und Gleichheit nur bedingt verändert haben, können wir von einer Vervielfältigung weiblicher Lebensmuster und – bei der jungen Generation der Frauen – von einem selbstbewussteren Einklagen der Ansprüche auf Freiheit und Gleichheit sprechen. Gleichwohl gibt es in diesem Prozess Rückschritte, nämlich in der Adoleszenz,

---

81 Lagrave 1995, S. 518.
82 Vgl. Kiper 1999, Kiper 2001.
83 Vgl. Holland-Cunz 2003, S. 217ff.

wenn junge Frauen Selbstvertrauen und Selbstbewusstsein verlieren und in ihren Ansprüchen zurückstecken[84] und in familialen Konstellationen nach der Geburt von Kindern, wenn die partnerschaftliche Arbeitsteilung zugunsten traditionaler Rollenteilungen zurückgefahren wird[85]. Auch die Veränderungen selbst tragen ein doppeltes Gesicht.

Wenn wir mit Jürgen Oelkers (2002) Bildung als den kultivierten Geschmack und die am Objekt geschulte Urteilskraft, also als Reflexionskategorie begreifen, dann wird im Medium der Bildung auch das Verhältnis der Mädchen und Frauen zur Welt erörtert, über das Geschlechterverhältnis und seine Gestaltung und über Wege der Emanzipation nachgedacht. Bildung als Bedingung menschlicher Freiheit ermöglicht die Einbindung in intellektuelle Diskurse (untereinander und mit Männern) und die Selbstkonstituierung als Teil der gesellschaftlichen Öffentlichkeit.

Der weibliche, feministische Diskurs ist in besonderer Weise als Bildungsdiskurs zu markieren. Die heutigen Debatten über Bildung von Mädchen und Frauen und über die Gestaltung des Geschlechterverhältnisses nehmen die Überlegungen, die schon von Frauen im 17. Jahrhundert angestellt und von Jean Baptiste Moliere aufgegriffen und variiert wurden, auf und führen sie weiter. Mit den Debatten ist die Hoffnung verbunden, dass ihre Ergebnisse zur Kenntnis genommen werden mit der Konsequenz einer Forcierung des notwendigen Umbaus der Strukturen der Gesellschaft im Sinne einer Geschlechterdemokratie.

Literatur

Arnaud-Duc, Nivole: Die Widersprüche des Gesetzes. In: Georges Duby & Michelle Perrot. *Geschichte der Frauen. Frühe Neuzeit.* Frankfurt/M 1994, S. 97–132

Beauvoir, Simone de: *Das andere Geschlecht. Sitte und Sexus der Frau.* Reinbek 1977 (1. französische Ausgabe 1949)

Becker-Cantarino, Barbara: *Der lange Weg zur Mündigkeit. Frauen und Literatur in Deutschland von 1500 bis 1800.* München 1989 (1. Auflage Stuttgart 1987)

Bock, Gisela: Weibliche Armut, Mutterschaft und Rechte von Müttern in der Entstehung des Wohlfahrtsstaates 1890–1950. In: Georges Duby & Michelle Perrot. *Geschichte der Frauen. 20. Jahrhundert.* Frankfurt/M 1995, S. 427–461

Bock, Ulla: Der lange Weg der Emanzipation – Interpretation zum Verhältnis von Frauenbewegung, Frauenbildung und Frauenforschung. In: Gieseke, Wiltrud (Hrsg.): *Feministische Bildung – Frauenbildung.* Pfaffenweiler (1993) 1997, S. 17–39

Brandt, Heike: *»Die Menschenrechte haben kein Geschlecht«. Die Lebensgeschichte der Hedwig Dohm.* Weinheim (1989) 1995

84 Vgl. Flaake 1998.

85 Vgl. Schneider, Rost 1998.

Brokmann-Nooren, Christiane: *Weibliche Bildung im 18. Jahrhundert*. Oldenburg 1994

Burdewick, Ingrid, Martin, Ina: *»Mutt de Deern denn wat leern«? Mädchen- und Frauenbildung auf dem Lande im 19. und 20. Jahrhundert am Beispiel der Region Gifhorn*. Gifhorn 1994

Clemens, Bärbel: *›Menschenrechte haben kein Geschlecht!‹ Zum Politikverständnis der bürgerlichen Frauenbewegung*. Pfaffenweiler 1988

Dauhin, Cécile: Alleinstehende Frauen. In: Georges Duby & Michelle Perrot. *Geschichte der Frauen. 19. Jahrhundert*. Frankfurt/M 1994, S. 381–497

Davis, Natalie Zemon: Frauen, Politik und Macht. In: Georges Duby & Michelle Perrot. *Geschichte der Frauen. Frühe Neuzeit*. Frankfurt/M 1994, S. 189–206

Deutsches PISA-Konsortium (Hrsg.): *PISA 2000. Basiskompetenzen von Schülerinnen und Schülern im internationalen Vergleich*. Opladen 2001

Dulong, Claude: Salonkultur und Literatur der Frauen. In: Georges Duby & Michelle Perrot. *Geschichte der Frauen. Frühe Neuzeit*. Frankfurt/M 1994, S. 415–440

Farge, Arlette, Davis, Natalie Zemon: Einleitung. In: Georges Duby & Michelle Perrot. *Geschichte der Frauen. Frühe Neuzeit*. Frankfurt/M 1994, S. 11–18

Faulstich-Wieland, Hannelore/Nyssen, Elke: Geschlechterverhältnis im Bildungssystem - Eine Zwischenbilanz. In: *Jahrbuch der Schulentwicklung*. Band 10. Herausgegeben von Hans-Günter Rolff u.a. Weinheim und München 1998, S. 163–199

Felden, Heide von : *Die Frauen und Rousseau. Die Rousseau-Rezeption zeitgenössischer Schriftstellerinnen in Deutschland*. Frankfurt/New York 1997

Felden; Heide von: *»Bildung als gendererd concept. Bildung und Geschlecht zwischen Moderne und Postmoderne: Theoretische und Empirische Zusammenhänge. Habilitationsschrift*. Manuskript. Oldenburg 2002

Flaake, Karin: Weibliche Adoleszenz – Neue Möglichkeiten, alte Fallen? Widersprüche und Ambivalenzen in der Lebenssituation und den Orientierungen junger Frauen. In: Oechsle, Mechthild, Geissler, Birgit (Hrsg.): *Die ungleiche Gleichheit*. Opladen 1998, S. 43–65

Fraisse, Genevieve: Von der sozialen Bestimmung zum individuellen Schicksal. In: dies./Perrot, M. (Hrsg.). *Geschichte der Frauen. 19. Jahrhundert*. Frankfurt/M; Wien 1994, S. 63- 95

Fraisse, Genevieve, Perrot, Michelle: Ordnungen und Freiheiten. In: Georges Duby & Michelle Perrot. *Geschichte der Frauen. 19. Jahrhundert*. Frankfurt/M 1994, S. 11–17

Gleim, Betty: *Erziehung und Unterricht des weiblichen Geschlechts*. Leipzig 1810 (Reprint Lage 1997)

Godineau, Dominique: Töchter der Freiheit und revolutionäre Bürgerinnen. In: Georges Duby & Michelle Perrot. *Geschichte der Frauen. Frühe Neuzeit*. Frankfurt/M 1994, S. 25–43

Hansmann, Otto/Marotzki, Winfried (Hrsg.): *Diskurs Bildungstheorie I: Systematische Markierungen*. Weinheim 1988 und *Diskurs Bildungstheorie II: Problemgeschichtliche Orientierungen*. Weinheim 1989

Hartau, Friedrich.: *Moliere*. Reinbek 2000 (1. Auflage 1976)

Held, Volker: Nachwort. In: Moliere, Jean-Baptiste: *Die gelehrten Frauen* Stuttgart 1999, S. 69–79

Holland-Cunz, Barbara: *Die alte neue Frauenfrage*. Frankfurt am Main 2003

Hoock-Demarle, Marie-Claire: Lesen und Schreiben in Deutschland. In: Georges Duby & Michelle Perrot. *Geschichte der Frauen. Frühe Neuzeit*. Frankfurt/M 1994, S. 165–186

Hufton, Olwen: Arbeit und Familie. In: Georges Duby & Michelle Perrot. *Geschichte der Frauen. Frühe Neuzeit*. Frankfurt/M 1994, S. 27–59

Jacobi, Juliane: Zwischen Erwerbsfleiß und Bildungsreligion – Mädchenbildung in Deutschland. In: Fraisse, Genevieve/Perrot, Michelle (Hrsg.). *Geschichte der Frauen. 19. Jahrhundert*. Frankfurt/M; Wien 1994, S. 267–281

Käppeli, Anne-Marie: Die feministische Szene. In: Fraisse, Genevieve/Perrot, Michelle (Hrsg.). *Geschichte der Frauen. 19. Jahrhundert*. Frankfurt/M; Wien 1994, S. 539–573

Kiper, Hanna: Geschlechtsspezifische Identität – nur eine Frage für Mädchen und Frauen? In: Hoffmann, Dieter/Neuner, Gerhart (Hrsg.): *Auf der Suche nach Identität*. Weinheim 1997, S. 51–66 (1997 a)

Kiper, Hanna: Frauen auf dem Weg in Leitungspositionen. In: *Päd Forum* 3/1997, S. 215–222 (1997 b)

Kiper, Hanna: *Feminismus und Bildungsbegriff. Eine kritische Auseinandersetzung. Oldenburger Universitätsreden*. Nr. 104. Oldenburg 1999

Kiper, Hanna: *Einführung in die Schulpädagogik*. Weinheim und Basel 2001

Klafki, Wolfgang: *Neue Studien zur Bildungstheorie und Didaktik*. Weinheim und Basel 1985

Kleinau, Elke/Mayer, Christine (Hrsg.): *Erziehung und Bildung des weiblichen Geschlechts. Eine kommentierte Quellensammlung zur Bildungs- und Berufsbildungsgeschichte von Mädchen und Frauen*. Band 1 und 2. Weinheim 1996 (Band 1:1996a; Band 2:1996 b)

Kleinau, Elke/Opitz, Claudia (Hrsg.): *Geschichte der Mädchen und Frauenbildung. Band 1. Vom Mittelalter bis zur Aufklärung*. Frankfurt, New York 1996

Kleinau, Elke/Opitz, Claudia (Hrsg.): *Geschichte der Mädchen und Frauenbildung. Band 2. Vom Vormärz bis zur Gegenwart*. Frankfurt, New York 1996

Koepcke, Cordula: *Geschichte der deutschen Frauenbewegung*. Freiburg, Basel, Wien 1981

Lagrave, Rose-Marie: Eine Emanzipation unter Vormundschaft. Frauenbildung und Frauenarbeit im 20. Jahrhundert. Georges Duby & Michelle Perrot. *Geschichte der Frauen. 20. Jahrhundert*. Frankfurt/M 1995, S. 485–522

Lefaucheur, Nadine: Mutterschaft, Familie und Staat. In: Georges Duby & Michelle Perrot. *Geschichte der Frauen. 20. Jahrhundert*. Frankfurt/M 1995, S. 463–483

Lemmermöhle, Doris: Geschlechter(un)gleichheiten und Schule. In: Oechsle, Mechthild/Geissler, Birgit (Hrsg.): *Die ungleiche Gleichheit*. Opladen 1998, S. 67–86

Mayer, Christine: Die Anfänge einer institutionalisierten Mädchenerziehung an der Wende vom 18. bis zum 19. Jahrhundert. In: Kleinau, Elke/Opitz, Claudia (Hrsg.): *Geschichte der Mädchen und Frauenbildung. Band 1*. Frankfurt, New York 1996, S. 373–392

Meissner, Julia: *Mehr Stolz, Ihr Frauen. Hedwig Dohm – eine Biographie*. Düsseldorf 1987

Metz-Göckel, Sigrid: Eine internationale Frauenuniversität in Deutschland. In: Metz-Göckel, S., Steck, F. (Hrsg.): *Frauen-Universitäten. Initiativen und Reformprojekte im internationalen Vergleich*. Opladen 1997, S. 7–14

Moliere, Jean-Baptiste: *Die gelehrten Frauen* (1662). Stuttgart 1999 (1. Ausgabe 1991)

Niemeyer, Beatrix: Ausschluss oder Ausgrenzung? Frauen im Umkreis der Universitäten im 18. Jahrhundert. In: Kleinau, E./Opitz, C. (Hrsg.): *Geschichte der Mädchen- und Frauenbildung*. Band 1. Frankfurt, New York 1996, S. 275–308

Oelkers, Jürgen: Und wo bitte, bleibt Humboldt? In: *Die Zeit* Nr. 27 vom 27. Juni 2002, S. 36

Perrot, Michelle: Ausbrüche. In: Georges Duby & Michelle Perrot. *Geschichte der Frauen. 19. Jahrhundert*. Frankfurt/M 1994, S. 505–538

Rehfus, Wulff D.: *Bildungsnotstand*. Stuttgart (1995) 1997

Rousseau, Jean-Jaques: *Emile oder Über die Erziehung*. Stuttgart 1963

Schiebinger, Londa: *Schöne Geister. Frauen in den Anfängen der modernen Wissenschaft*. Stuttgart 1993

Schmid, Pia: Bürgerliche Theorien zur weiblichen Bildung. Klassiker und Gegenstimmen um 1800. In: Hansmann, Otto/Marotzki, Winfried (Hrsg.): *Diskurs Bildungstheorie II: Problemgeschichtliche Orientierungen*. Weinheim 1989, S. 537–559

Schneider, Norbert F., Rost, Harald: Von Wandel keine Spur – warum ist Erziehungsurlaub weiblich. In: Oechsle. Mechthild; Geissler, Birgit (Hrsg.): *Die ungleiche Gleichheit*. Opladen 1998, S. 217–236

Schroeder, Hiltrud: *Helene Lange. Bibliographie*. Königstein 1997

Scott, Joan W.: Die Arbeiterin. In: Georges Duby & Michelle Perrot. *Geschichte der Frauen. 19. Jahrhundert*. Frankfurt/M 1994, S. 451– 479

Sineau, Mariette: Recht und Demokratie. In. Georges Duby & Michelle Perrot. *Geschichte der Frauen. 20. Jahrhundert*. Frankfurt/M 1995, S. 529–558

Sledziewski, Elisabeth G.: Die Französische Revolution als Wendepunkt. In: Georges Duby & Michelle Perrot. *Geschichte der Frauen. Frühe Neuzeit.* Frankfurt/M 1994, S. 45–61

Sonnett, Martine: Mädchenerziehung. In: Georges Duby & Michelle Perrot. *Geschichte der Frauen. Frühe Neuzeit.* Frankfurt/M 1994, S. 119–150

Thébaud, Françoise: Der Erste Weltkrieg. Triumph der Geschlechtertrennung. In: Georges Duby & Michelle Perrot. *Geschichte der Frauen. 20. Jahrhundert.* Frankfurt/M 1995, S. 32–91 (1995 b)

Thébaud, Françoise: Einleitung. In: Georges Duby & Michelle Perrot. *Geschichte der Frauen. 20. Jahrhundert.* Frankfurt/M 1995, S. 11–24 (1995 a)

Toppe, Sabine: Mutterschaft und Erziehung zur Mütterlichkeit in der zweiten Hälfte des 18. Jahrhunderts. In: Kleinau, Elke/Opitz, Claudia (Hrsg.): *Geschichte der Mädchen- und Frauenbildung.* Band 1. Frankfurt, New York 1996, S. 346–359

Torniepoth, Gerda: *Studien zur Frauenbildung.* Weinheim und Basel 1979

Weckel, Ulrike: Der Fieberfrost des Freiherrn. Zur Polemik gegen weibliche Gelehrsamkeit und ihre Folgen für die Geselligkeit der Geschlechter. In: Kleinau, E./ Opitz, C. (Hrsg.): *Geschichte der Mädchen- und Frauenbildung.* Band 1. Frankfurt. New York 1996, S. 360–372

Eva Matthes

Erich Wenigers Postulat einer relativen pädagogischen Autonomie im Spiegel aktueller Herausforderungen

1. Einleitung

Ende der 60er Jahre geriet mit der »geisteswissenschaftlichen Pädagogik« auch ihr zentrales Postulat einer relativen pädagogischen Autonomie unter generellen Ideologieverdacht[1]. Als einer der schärfsten Kritiker trat Kurt Beutler hervor[2]. Beutler unterstellt dem Konzept der relativen pädagogischen Autonomie antiaufklärerische und antiliberale Intentionen. Er kommt zu dem Fazit, »daß der Autonomie-Begriff, wie er als Zentralbegriff in der Theorie dieser Schule [der »Nohl-Schule«; E. M.] konkretisiert worden ist, nicht nur keinen Zusammenhang mit dem Begriff des sozialen Fortschritts aufweist, sondern ihn sogar weitgehend ausschließt, das heißt verhindert«[3].

Hein Retter hat zu den traditionskritischen Rundumschlägen um 1970 – meines Erachtens überzeugend – Folgendes angemerkt:

> Die Entlarvungsfunktion mancher ›kritischer‹ Arbeiten Anfang der siebziger Jahre erfüllte vielleicht damals ihren Zweck, heute sind sie vor allem historisch erwähnenswert. Die Inanspruchnahme eines ›skeptischen‹ oder ›kritischen‹ Standpunktes bewahrt den Kritiker nicht davor, die bei anderen kritisierten ideologischen Verfestigungen durch jene Vorurteile zu ersetzen, die die eigene selektive Wahrnehmung produziert[4].

Retter plädiert für einen Umgang mit pädagogischen Denkweisen, der »wesentlich differenzierter und offener für den wissenschaftlichen Zweifel [ist], als [...] jene Art von vermeintlicher Ideologiekritik [...], die immer in Gefahr ist, selbst zur Ideologie zu erstarren, indem sie die sachliche Argumentation *gleichsam vorweg* in ein unangreifbares *moralisches* Urteil überführt.«[5]

Inzwischen wird die geisteswissenschaftliche Pädagogik und mit ihr das Prinzip der relativen pädagogischen Autonomie von vielen deutlich differenzierter, ja, teilweise durchaus wieder sehr positiv gesehen[6]. So, als hätte es keine kritischen Einwände gegen seine Position gegeben, wiederholt allerdings Kurt Beutler in seinem Buch »Geisteswissenschaftliche Pädagogik zwischen Politisierung und Militarisierung – Erich Weniger« (1995) weitgehend wörtlich seine

1 Vgl. für einen Überblick Schiess 1973, v. a. S. 164ff.
2 Vgl. Beutler 1967; 1969.
3 Beutler 1969, S. 204f.
4 1996a, S. 29.
5 1996b, S. 170.
6 Vgl. etwa Parmentier 1991; Krüger 1997, v. a. S. 29f.

vernichtende Kritik an dem Prinzip der relativen pädagogischen Autonomie[7]. Im Speziellen geht er nun auch auf das Autonomie-Verständnis Erich Wenigers ein, unterstellt ihm eine antiaufklärerische Grundhaltung und eine völlige inhaltliche Unbestimmtheit und Verquastheit[8], wobei sich auch folgende Aussage findet: »Zur Paradoxie von Wenigers Auffassung über pädagogische Autonomie gehört auch, daß er sie sogar bei konfessioneller Erziehung für möglich hält«[9].

Nicht zuletzt diese Aussage Beutlers veranlasst mich, nochmals ad fontes zu gehen und herauszuarbeiten, wie Weniger die relative pädagogische Autonomie in Auseinandersetzung mit den Ansprüchen der Kirchen und weltanschaulich dogmatischer Gruppen bestimmt.

2. Wenigers Bestimmung der relativen pädagogischen Autonomie in Auseinandersetzung mit den Ansprüchen der Kirchen und weltanschaulich dogmatischer Gruppen

2.1 Der zentrale schulpolitische Konflikt der Weimarer Republik: Gemeinschafts- oder Konfessionsschule?

Die heiß umstrittene Frage, ob die Volksschule der Weimarer Republik Gemeinschafts- oder Konfessionsschule sein solle, war auf der Reichsschulkonferenz von 1920 ausgeklammert worden. Dieser Konflikt überragte an Intensität und Umfang alle anderen schulpolitischen Konflikte der Weimarer Republik. Bereits in den Verhandlungen der Weimarer Nationalversammlung über die zukünftige Verfassung war es über jene Frage zu heftigen Auseinandersetzungen gekommen. Die katholische Zentrumspartei forderte, dass die Volksschulen grundsätzlich Konfessionsschulen sein sollten, die Deutschen Demokraten (DDP) forderten die Gemeinschaftsschule auf christlicher Grundlage (mit konfessionellem Religionsunterricht), die Sozialdemokraten sprachen sich für die Einrichtung weltlicher Schulen (ohne Religionsunterricht) aus. Nach langwierigen und schwierigen Verhandlungen in den Ausschüssen und hinter den Kulissen kam der »Weimarer Schulkompromiß« zustande. Dieser bestand in folgender Formulierung des Art. 146 der Weimarer Reichsverfassung (vom August 1919):

> Das öffentliche Schulwesen ist organisch auszugestalten. Auf einer für alle gemeinsamen Grundschule baut sich das mittlere und höhere Schulwesen auf. Für diesen Aufbau ist die Mannigfaltigkeit der Lebensberufe, für die Aufnahme eines Kindes in eine bestimmte Schule sind seine Anlage und Neigung, nicht die wirtschaftliche und gesellschaftliche Stellung oder das Religionsbekenntnis seiner Eltern maßgebend.

---

7 S. 35ff.
8 S. 65ff. Vgl. hierzu meine Kritik in Matthes 1998, S. 616ff.
9 S. 67.

Und nun folgt – als Absatz 2 – der entscheidende (Zu-)Satz:

> Innerhalb der Gemeinden sind indes auf Antrag von Erziehungsberechtigten Volksschulen ihres Bekenntnisses oder ihrer Weltanschauung einzurichten, soweit hierdurch ein geordneter Schulbetrieb, auch im Sinne des Abs. 1, nicht beeinträchtigt wird. Der Wille der Erziehungsberechtigten ist möglichst zu berücksichtigen. Das Nähere bestimmt die Landesgesetzgebung nach den Grundsätzen eines Reichsgesetzes.[10]

Die Interessen der Anhänger der Konfessionsschule waren vor allem durch den »Sperrparagraphen« Art. 174 gesichert[11], durch den bis zum Erlass eines Reichsschulgesetzes der Status quo erhalten blieb. Während der Weimarer Republik gab es immer wieder Entwürfe eines Reichsschulgesetzes, wegen schwerwiegender Differenzen wurde ein solches jedoch nie verabschiedet[12].

Nach bereits mehreren gescheiterten Versuchen bemühte sich die Reichsregierung 1925 erneut, ein Reichsschulgesetz zustande zu bringen. Die Federführung lag bei dem zeitweilig aus dem preußischen Kultusministerium in die Kulturabteilung übergewechselten Ministerialrat Gürich. Der neue Referentenentwurf wurde vom Reichsministerium des Innern als »Reichsgesetz zum Schutze der Bekenntnisschule‹« verstanden[13]. Der Entwurf versuchte die Bestimmungen der Reichsverfassung in ihr Gegenteil zu verkehren. War dort die Gemeinschaftsschule als Regelschule anzusehen, so sollten nach dem neuen Entwurf für die Gebiete des Reichs, in denen die Volksschulen schon nach landesrechtlicher Vorschrift Bekenntnisschulen waren, die bisherigen Vorschriften in Geltung bleiben und weitere Bekenntnisschulen im Wege eines Antragsverfahrens zugelassen werden. Die Umwandlung von Bekenntnisschulen in Gemeinschaftsschulen oder weltliche Schulen wurde gleichfalls in einem bestimmten Antragsverfahren geregelt[14]. Der Entwurf stieß auf breite Ablehnung.

1927 gab es einen erneuten Entwurf eines Reichsschulgesetzes, vertreten von dem deutschnationalen Reichsminister des Innern von Keudell[15]. Auch dieser Entwurf war in der Öffentlichkeit wieder heftig umstritten. Linke und liberale Kräfte kritisierten, dass der Entwurf von einer Gleichberechtigung der Schulen ausging, wenn auch im Unterschied zum Entwurf von 1925 diesmal die

---

10 Zit. n. Michael/Schepp 1993, S. 235.

11 Der Art. 174 lautet: »Bis zum Erlaß des in Artikel 146 Abs. 2 vorgesehenen Reichsgesetzes bleibt es bei der bestehenden Rechtslage. Das Gesetz hat Gebiete des Reichs, in denen eine nach Bekenntnisse nicht getrennte Schule gesetzlich besteht, besonders zu berücksichtigen« (zit. n. Michael/Schepp 1993, S. 236).

12 Vgl. Grünthal 1968; Zymek 1989, S. 164 u. Führ 1972, S. 40ff.

13 Schreiben des Reichsministers des Innern an den Staatssekretär in der Reichskanzlei vom 4. Juli 1925, zit. n. Führ 1972, S. 68.

14 Vgl. Führ 1972, S. 68f.; Vgl. auch *Das Ringen...*, S. 75ff.

15 Vorausgegangen war diesem ein Entwurf des Reichsminister des Innern Külz (DDP) aus dem Jahre 1926. Külz wurde jedoch im Rahmen der Umbildung des Kabinetts Marx (Zentrum) durch den Minister von Keudell (DNVP) abgelöst.

Gemeinschaftsschule definiert wurde: Sie solle die Unterrichtsaufgaben »auf religiös-sittlicher Grundlage ohne Rücksichten auf die Besonderheiten einzelner Bekenntnisse und Weltanschauungen« erfüllen[16]. Von ihrer Vorzugsstellung war aber keine Rede. Leitgedanke des Keudellschen Entwurfs war die Berücksichtigung des Willens der Erziehungsberechtigten. Im Blick auf die Konfessionsschulen enthielt der Entwurf die explizite Forderung der konfessionellen Anpassung der »Lehr- und Lernbücher«[17]. Der Entwurf scheiterte schließlich endgültig am 15. Februar 1928. Das Zentrum betrachtete darauf hin die Koalition mit der DNVP, der Bayerischen Volkspartei und der DVP als gelöst – mit letzterer hatte es sich nicht einigen können. Zum ersten und einzigen Male führte in der Weimarer Republik eine schulpolitische Kontroverse zu einem Regierungswechsel im Reich.[18]

Einer der entschiedenen Gegner des Keudellschen Entwurfs war auch Herman Nohl, der unter Berufung auf das Eigenrecht der pädagogischen Arbeit die Konfessionalisierung der Schule zurückweist und sich nachdrücklich für die Gemeinschaftsschule ausspricht[19].

> Der Lehrer ist eben nicht bloß Beauftragter der Familie oder des Staates oder der Kirche – schon deswegen nicht, weil sie ja alle gegensätzliche Anforderungen an ihn stellen, sondern er dient einer eigenen Idee, der körperlich-geistigen Entfaltung der Kinder, die ihm anvertraut sind, und seine Aufgabe ist, der Jugend in der Schule eine Welt zu schaffen, in der sie die Organe des höheren Lebens frei entwickeln kann, um einmal selbständig draußen zu wirken.[20]

Auch Weniger ist – wie Nohl – ein Befürworter der Gemeinschaftsschule. Zum Beispiel folgende Aussage Wenigers aus dem Jahre 1928 ist hierfür ein eindeutiger Beleg:

> Es besteht eine gemeinsame Volksaufgabe im konfessionell zerklüfteten Staat, deren Ausdruck die Gemeinsamkeit des Bildungsgutes, des Erziehungszieles in bestimmten Bereichen ist. Wir müssen uns selber innerlich erziehen für dieses Miteinanderleben, trotz des Ärgernisses, das wir vielleicht aneinander nehmen [...]. Wir haben ohne Diskussion den Missionsauftrag zurückzustellen und auf ein Bekehrenwollen zu verzichten, so etwa der Katholik dem proletarischen Sozialisten gegenüber. Hier liegt der eigentliche Sinn der Volkshochschularbeit wie des *Gemeinschaftsschulgedankens*.[21]

Die Entscheidung für eine Gemeinschaftsschule ist nach Weniger letztlich jedoch eine politische Entscheidung, hier setzt er den Akzent anders als Nohl,

---

16 Zit. n. Grünthal 1968, S. 211.

17 Vgl. Führ 1972, S. 70ff.; *Das Ringen...*, S. 90ff.

18 Vgl. Führ 1972, S. 72.

19 Vgl. Nohl 1928/1949.

20 Ebd., S. 230f.

21 Weniger o. J., S. 86; Hervorh. E. M.

hier ist er – wenn man so will – vorsichtiger als jener, aber dennoch positioniert er sich eindeutig:

> [...] ich meine, daß konkrete Aufgaben des Tages und unserer Volkslage in Verbindung mit der Notwendigkeit des pädagogisch echten Verhaltens mehr Gründe für die Gemeinschaftsschule hergäben als umgekehrt; aber das ist nicht mehr durch eine Theorie zu beweisen, sondern das ist eine praktische Entscheidung, für die ich nur mit Gründen werben kann.[22]

2.2 Wenigers Verständnis einer relativen pädagogischen Autonomie

Wie ist nun folgende Aussage Wenigers zu verstehen, auf die sich Beutler (s. o.) bezieht: »Weder ist [...] die Autonomie der Pädagogik an und für sich – abstrakt genommen – ein Argument gegen konfessionelle Erziehung, noch ist umgekehrt die weltanschauliche Gebundenheit des Erziehers oder der Institution ein Argument gegen die Autonomie der Erziehung«[23]. Erziehen und Unterrichten stellen nach Weniger einen eigenständigen Kulturbereich innerhalb des kulturellen Ganzen dar, einen Kulturbereich, der über eine eigene Struktur verfügt und zu seinem Gedeihen spezifischer Handlungsweisen bedarf. Dieser Kulturbereich

---

22 S. 77. – Die im Sammelband *Die Eigenständigkeit der Erziehung in Theorie und Praxis* abgedruckte Fassung des Weniger-Vortrages über die Autonomie der Pädagogik ist – anders, als es Wenigers Quellenangaben vermuten lassen – nicht völlig identisch mit der Erstveröffentlichung in *Neuwerk* unter dem Titel »Über die Autonomie der Pädagogik« (1928/29a). So fehlen im Sammelband zum Beispiel die Vor- und die Schlussbemerkung. Für meine Ausführungen ist interessant, dass Wenigers Plädoyer für die Gemeinschaftsschule in diesem Erstabdruck – und auch in den zwei weiteren Publikationen seines Autonomie-Vortrages in den Jahren 1929 (vgl. 1928/29b) und 1930 (vgl. Geißler 1930) – noch deutlicher als in der späteren Fassung ausfällt. In jenen heißt es nämlich: »[...] ich meine, daß es heute vielfach so sein müßte, daß konkrete Aufgaben des Tages, unserer Volkslage im besonderen, in Verbindung mit der Notwendigkeit des pädagogisch echten Verhaltens mehr Gründe gegen die Konfessionsschule und für die Gemeinschaftsschule hergäben als umgekehrt; daß also volkspolitische Gründe verbunden mit der Rücksicht auf die pädagogische Autonomie für die Gemeinschaftsschule sprächen« (1928/1929a, S. 358) – danach geht es wie bereits zitiert im Text weiter. – Da es bei den ansonsten wiedergegebenen Ausführungen Wenigers keine Abweichung vom Erstabdruck gibt, zitiere ich aus dem Autonomie-Beitrag in dem leichter zugänglichen Sammelband »Die Eigenständigkeit der Erziehung in Theorie und Praxis«. – Hinweisen möchte ich noch darauf, dass in dem Band *Erich Weniger: Ausgewählte Schriften zur geisteswissenschaftlichen Pädagogik. Ausgewählt und mit einer editorischen Notiz versehen von Bruno Schonig* (1990) der Text »Die Autonomie der Pädagogik« aus Wenigers Sammelband *Die Eigenständigkeit der Erziehung in Theorie und Praxis* – dessen Erscheinungsjahr fälschlicherweise mit 1957 angegeben wird! –abgedruckt ist; im Quellenverzeichnis werden Wenigers Angaben aus dem Sammelband *Die Eigenständigkeit* ungeprüft übernommen – und somit der Eindruck erweckt, dass es nur *eine* publizierte Fassung des Wenigerschen Autonomie-Vortrages gäbe. Die Standards solider Editionstätigkeit werden hier nicht eingehalten.

23 S. 75; vgl. hierzu auch S. 77.

des Erziehens und Unterrichtens befindet sich nicht im luftleeren Raum, wird vielmehr von anderen Kulturbereichen beeinflusst, wobei deren Einfluss freilich auf seine pädagogische Dignität hin befragt werden muss. Der Erzieher muss seine Anwaltfunktion für Kinder und Jugendliche wahrnehmen; die Erziehung ist für das Recht auf Entfaltung ihrer Potentiale zuständig. Nach Weniger *kann* also auch zum Beispiel in einer katholischen Schule pädagogisch relativ autonom gehandelt werden, wenn die Eigengesetzlichkeit des Pädagogischen anerkannt wird, es *muss* an dieser Schule pädagogisch relativ autonom gehandelt werden, wenn sie sich ihren pädagogischen Charakter bewahren will und sich nicht als Stätte der Verkündigung beziehungsweise der Indoktrination missversteht. Diese Verpflichtung gilt nach Weniger für alle Schulträger, wobei ihm die Verwirklichung dieser Verpflichtung – in der Weimarer Republik! – in der Staatsschule am gesichertsten (wohlgemerkt: nicht gesichert!) erscheint[24].

Wie generell in seiner Pädagogik spricht Weniger in seinem Postulat einer relativen pädagogischen Autonomie dem einzelnen Erzieher/der einzelnen Erzieherin eine hohe Verantwortung zu: »im pädagogischen Verhalten selbst« sieht er den »Kern« der Autonomie[25]. Als wünschenswert sieht er es an, dass die pädagogische Autonomie sich auch »in den pädagogischen Institutionen und der Selbständigkeit des Erzieherstandes« zeige[26]. Dies sei jedoch keine conditio sine qua non. »[...] die pädagogische Autonomie ist auch notwendig und möglich trotz institutioneller Unfreiheit des Erziehungswesens und der Erzieher«[27]. Hier lässt Weniger sozusagen kein entlastendes Argument gelten; die Letztverantwortung für eigenes Tun wird betont. Kritisch könnte man darauf hinweisen, dass Weniger die Wirksamkeit von Rahmenbedingungen für pädagogisches Handeln unterschätzt. Andererseits hat Weniger sicher darin recht, dass der *Anspruch* der relativen pädagogischen Autonomie unter allen gesellschaftlich-institutionellen Rahmenbedingungen bestehen bleibt und die Möglichkeit seiner Realisierung – wenn auch von wenigen – auch in den diktatorischen Systemen des 20. Jahrhunderts immer wieder eindrucksvoll unter Beweis gestellt wurde.

Nach 1945, nach der Erfahrung der nationalsozialistischen Diktatur – so meine These – entwickelt Weniger einen deutlich kritischeren Blick auf die Rahmenbedingungen pädagogischen Handelns. Im Blick auf die »Sicherung des rechten erzieherischen Verhaltens«[28], also eines relativ autonomen pädagogischen Handelns, kommt er zu drei Aufgabenzuschreibungen für die pädagogische Theorie:

> Die Strukturgemäßheit der Erziehung gemäß den ihr jeweils immanenten metaphysischen, soziologischen, geistigen und geschichtlichen Voraussetzungen nicht nur zu verstehen, sondern auch durch ihre Kritik herauszu-

---

24 Vgl. Weniger 1930, S. 22ff.
25 S. 75.
26 Ebd.
27 S. 76f.
28 Weniger 1950/o. J., S. 152.

> locken und zu fördern, ist also ein erstes Anliegen der pädagogischen Theorie.[29]

Ein zweites, »wichtigeres« Anliegen sei, »die pädagogische Echtheit, Reinheit und Angemessenheit der weltanschaulich begründeten Erziehungssysteme, Haltungen und Maßnahmen« zu untersuchen[30]. Was sind hierbei die Kriterien der Kritik? In seinem Antwortversuch gibt Weniger nochmals eine genaue Erläuterung dessen, wie sich für ihn relative pädagogische Autonomie legitimiert: Ich darf ihn an dieser Stelle ausführlich zitieren:

> Die Menschheit hat, ihrem Auftrage gemäß, die wie etwa auf Politik, d. h. auf Gestaltung der Ordnungen des Miteinanderlebens, so auch auf Erziehung; d. h. auf Einführung der nachwachsenden Generationen in den Lebens- und Wirkungsbereich geht, in mühevoller Arbeit für die Erziehung einen eigenständigen Zusammenhang entwickelt, bestimmte Grundhaltungen und ein bestimmtes Ethos des Erzieherischen als Bedingung der Möglichkeit, daß Erziehung sinnvoll stattfinden könne [...] Es ist so allmählich etwas wie die Lebensform der Erziehung entstanden, die ihre eigenen Gesetze hat. Die Bedingungen der Möglichkeit zur Verwirklichung der großen Lebensaufgaben, der Verkündigung, der Politik, der Wirtschaft, der Erziehung, sind bei aller Verwandtschaft, bei allem Übergreifen aus dem Gesamtzusammenhang des Lebens, bei aller Verschränkung doch unvertauschbar und müssen deshalb in der Besinnung sorgfältig getrennt werden. Von hier aus ist also eine *pädagogische* Kritik an den weltanschaulichen Systemen möglich, die ihre erzieherische Dignität feststellt. So kann es sich ergeben, daß bestimmte weltanschauliche Positionen pädagogisch unmöglich sind, weil sich aus ihnen keine zulängliche erzieherische Arbeit entwickeln läßt. Das gilt beispielsweise von Weltanschauungen, die so pessimistisch oder so nihilistisch sind, daß sie Freiheit und Würde des Menschen leugnen. Auch von politisch oder wirtschaftlich [!] totalitären Systemen gilt, daß sie keine echte Erziehung, sondern nur Gewalt, Dressur und Propaganda zulassen. Damit sind sie für das pädagogische Gewissen gerichtet. Man darf sich als Erzieher nicht mit ihnen einlassen.[31]

Als dritte Aufgabe für die pädagogische Theorie formuliert er:

> Jedes weltanschaulich bedingte, historisch überlieferte Erziehungssystem wird nach seinem praktischen und konkreten Beitrag zu der durch die gemeinsame konkrete Situation gegebenen Erziehungsaufgabe im Heute und Hier gefragt, [...] in dem Bemühen, die Gemeinsamkeit, die Kommunikation [...] aufrechtzuerhalten, oder wiederherzustellen, oder auch neu zu schaffen.[32]

29 Ebd.
30 S. 153.
31 S. 153f.
32 S. 156.

3. Die aktuelle Präsenz des Konzepts der relativen pädagogischen Autonomie in der Erziehungstheorie

In seinem beachtenswerten Beitrag »Selbsttätigkeit, Pädagogischer Takt und Relative Autonomie« aus dem Jahre 1991 hat Michael Parmentier die »Modernität der geisteswissenschaftlichen Pädagogik« beschworen. Unter »relativer Autonomie« hätten sie »das für den Erfolg der pädagogischen Bemühung notwendige Verhältnis der Erzieher-Zögling-Dyade zur umgebenden Kultur« verstanden[33]. Das Konzept der relativen pädagogischen Autonomie habe nichts mit der Vorstellung einer pädagogischen Provinz gemein.

> Alles, der gesamte kulturelle Stoff, muß als Material im Innern des pädagogischen Feldes vorliegen – allerdings verwandelt. Das ist entscheidend. Durch die Verwandlung – oder ›Umformung‹ wie Nohl [...], ›Transposition‹ wie Weniger sagt [...] wird die grausame Realität gemildert und das pädagogische Feld [...] in sozialer [und] in stofflicher Hinsicht zu einer produktiven Experimentierbühne gemacht.[34]

Die Formulierungen Wenigers zur relativen pädagogischen Autonomie und die Deutungen Parmentiers bedenkend assoziiere ich Benners »Allgemeine Pädagogik« und zunächst vorrangig sein erstes »regulatives Prinzip pädagogischen Denkens und Handelns«: »Das Prinzip der pädagogischen Transformation gesellschaftlicher Einflüsse in pädagogisch legitime Einflüsse«. Hierzu führt Benner unter anderem Folgendes aus:

> Ohne gesellschaftliche Vorgegebenheiten und deren Einwirkungen auf pädagogische Prozesse wäre pädagogisches Handeln gar nicht möglich [...] Das regulative Prinzip der Transformation gesellschaftlicher Einwirkungen und Anforderungen macht in diesem Zusammenhang darauf aufmerksam, dass gesellschaftliche Voraussetzungen und Anforderungen ihre pädagogische Dignität niemals schon daraus ableiten können, dass sie von sich aus eine unbedingte Anerkennung durch die pädagogisch Interagierenden verlangen, sondern solche Dignität erst dadurch gewinnen, dass sie sich als transformierbar in pädagogisch sinnvolle Voraussetzungen und Anforderungen erweisen. Wo dies nicht gelingt und der Erfolg pädagogischen Handelns durch gesellschaftliche Einwirkungen und Anforderungen nicht nur erschwert, sondern sogar verhindert wird, da gilt es auf dem Wege einer pädagogischen Gesellschaftsanalyse und -kritik die Voraussetzungen und Anforderungen sowie Bedingungen pädagogischer Prozesse so umzugestalten und zu verändern, dass ihre Transformation in das Bedingungsgefüge pädagogischer Situationen möglich wird.[35]

---

33 S. 130.
34 S. 132.
35 Benner 2001, S. 106.

Hier finden sich bis in die Wortwahl hinein – zum Beispiel »erzieherische« beziehungsweise »pädagogische Dignität« und eben die Vorstellung der »Transformation«, der »Umwandlung« gesellschaftlicher Anforderungen in pädagogisch legitime Ansprüche – Übereinstimmungen in den Überlegungen Wenigers und Benners – auch wenn dies Benner nicht bewusst zu sein scheint. Nohl und Weniger gehören – anders als Litt, den Benner meines Erachtens allerdings einseitig interpretiert[36] – nicht zu Benners (positiven) Bezugsautoren. Eine differenzierte Analyse der Texte Nohls und Wenigers scheint einer bestimmten Generation deutscher Erziehungswissenschaftler sehr schwer zu fallen[37]. Wie sagte doch Hein Retter? Ideolgiekritische Einstellungen sind immer in Gefahr, selbst zur Ideologie zu erstarren und nur noch selektive Wahrnehmungen zu ermöglichen (s. o.).

Doch zurück zu den Texten Wenigers und Benners und den mir sehr bedeutsam erscheinenden – weil meines Erachtens zentrale erziehungstheoretische Erkenntnisse beinhaltenden – übereinstimmenden Aussagen der beiden Erziehungswissenschaftler. Allerdings geht Benner in einem Punkt deutlich über Weniger hinaus: er fordert die pädagogische Einmischung in gesellschaftliche Entwicklungen zum Zwecke ihrer erziehungsdienlichen Veränderung. Hier vollzieht Benner quasi die Weiterentwicklung der geisteswissenschaftlichen Pädagogik durch die kritische Erziehungswissenschaft nach. Weniger plädierte nur dafür, sich als Erzieher nicht auf Umstände einzulassen, die der »pädagogischen Dignität« widersprechen. Auf der Basis eines gesellschaftskritischen Bewusstseins an der Veränderung dieser Umstände zu arbeiten, sah er nicht als die Aufgabe der Erzieher an.

> Das Prinzip der Überführung gesellschaftlicher in pädagogische Determination stellt in seiner zweifachen Auslegung, Prüfkriterium der gesellschaftlichen Anforderungen und Prüfkriterium der Bedingungen für ihre

36 Vgl. hierzu Matthes 1999.

37 Allerdings ist die – knappe – Interpretation, die Benner in seiner Darstellung der *Hauptströmungen der Erziehungswissenschaft* (1978) gibt, weitaus differenzierter als die Beutlers. Hervorheben möchte ich vor allem folgende Feststellung Benners: Weniger habe »immer wieder darauf hingewiesen, daß unter der relativen Autonomie des erzieherischen Verhaltens und der pädagogischen Theorie niemals deren absolute Unabhängigkeit und Abgeschiedenheit von den gesellschaftlichen Mächten verstanden werden kann, weil Erziehung weder jenseits der Ansprüche der gesellschaftlichen Mächte stattfindet noch in den an sie gerichteten Ansprüchen aufgeht« (1978, S. 206f.). Jedoch vermisst Benner als Konsequenz die gesellschaftskritische Analyse (vgl. S. 207f.). – Ein sehr negatives Urteil erfährt Weniger jedoch in dem Band von Benner und Sladek: *Vergessene Theoriekontroversen in der Pädagogik der SBZ und DDR 1946–1961* (1998). Dort wird unterstellt, dass in der Wenigerschen Auffassung vom Staat als Erziehungsstaat, der die aktuellen Herausforderungen an die Erziehung in pädagogischer Verantwortung, unter Berücksichtigung des Prinzips der relativen pädagogischen Autonomie, bündeln solle, »die Gefahr einer totalitären Staatspädagogik angelegt« sei (Benner/Sladek 1998, S. 84; hierzu kritisch: Matthes 1999, Anm. 15).

> Anerkennung zu sein, ein Regulativ dar, das von der gesellschaftlichen Seite der pädagogischen Praxis anerkannt werden muss, damit die interaktive Seite pädagogischen Handelns im Sinne der Prinzipien der Bildsamkeit und der Aufforderung zur Selbsttätigkeit gestaltet werden kann.[38]

Diese Aussage Benners findet sich in einer anderen Sprache, aber inhaltlich identisch in einer Vielzahl von Texten Wenigers. Allen gesellschaftlichen Mächten, nicht zuletzt auch dem Staat, fordert Weniger die Anerkennung der relativen pädagogischen Autonomie ab. Hierbei sind für ihn – wie für Benner – die »konstitutiven Prinzipien pädagogischen Denkens und Handelns« (Benner) die Bildsamkeit und die unverzichtbare Fremdaufforderung zur Bildung, die zur Selbstaufforderung werden müsse. Zu »Bildsamkeit« heißt es bei Weniger: Sie

> ist keine bloß psychologische Tatsache, die sich aus Anlage und bisheriger Entwicklung der Jugendlichen ergibt, sondern sie erwächst erst in ihren konkreten Möglichkeiten aus der erzieherischen Begegnung selbst, die immer im Hinblick auf einen Entwurf der Zukunft geschieht und in die der Erzieher seine Überzeugungen und Lebensdeutungen, seinen inhaltlichen Besitz hineinbringt.[39]

Bei Benner lesen wir:

> Im Unterschied zu den Begriffen einer Anlagen- und Umweltdetermination meint der Grundbegriff der Bildsamkeit weder eine Eigenschaft des Zu-Erziehenden noch eine solche seiner Bezugspersonen oder der sozialen Situation. Das Prinzip der Bildsamkeit ist vielmehr eine Verhältnisbestimmung der pädagogischen Interaktion selbst [Weniger spricht von der »erzieherischen Begegnung«; E. M.] und bezieht sich auf die Möglichkeit der Mitwirkung der Zu-Erziehenden an der pädagogischen Interaktion.[40]

Unterschiedliche Akzentsetzungen der beiden Erziehungswissenschaftler liegen allerdings insofern vor, dass Benner die Selbsttätigkeit des Zu-Erziehenden wesentlich stärker betont als dies Weniger tut – darauf kann im Rahmen dieses Beitrags allerdings nicht näher eingegangen werden. Sowohl Weniger als auch Benner stimmen jedoch darin überein,

> das Feld der Erziehung nicht Auffassungen (zu) überlassen, die menschliches Lernen entweder als Dressur, Indoktrination oder Manipulation verstehen oder aber antipädagogisch im Sinne einer bloßen Ausschließung pädagogischer Wirkungen zu arrangieren versuchen.[41]

Wesentlich erscheint mir, dass sowohl Weniger als auch Benner Erziehen und Unterrichten als einen eigenen Kulturbereich ansehen – Benner spricht von einer »menschlichen Praxis«[42] –, der innerhalb des kulturellen Ganzen eine eigene, für

---

38 Benner 2001, S. 110.
39 Weniger o. J., S. 163.
40 Benner 2001, S. 79.
41 Benner 2001, S. 84.
42 2001, S. 22.

das menschliche Leben unverzichtbare Funktion hat. Daneben nennt Weniger noch die Verkündigung, die Politik und die Wirtschaft als zentrale Kulturbereiche[43], Benner führt als weitere menschliche Praxen – als »Grundphänomene« menschlicher Existenz – ebenfalls die Religion, die Politik und die Wirtschaft an und fügt noch die Ethik und die Kunst hinzu[44]. Die Vorstellung eigener Kulturbereiche mit spezifischen Aufgaben und Funktionsbereichen führt dazu, für sie relative Autonomie einzufordern. Neben dem »Prinzip der pädagogischen Transformation gesellschaftlicher Einflüsse in pädagogisch legitime Einflüsse« – Weniger spricht davon, den Einflüssen ihren »Bildungsgehalt« abzuverlangen[45] –, nennt Benner noch als weiteres »regulatives Prinzip pädagogischen Denkens und Handelns« das »Prinzip eines nicht-hierarchischen Ordnungszusammenhangs der Einzelpraxen innerhalb der menschlichen Gesamtpraxis«[46]. Keine der Einzelpraxen dürfe sich absolut setzen.

> Die Idee eines nicht-hierarchischen Ordnungszusammenhangs der menschlichen Gesamtpraxis distanziert sich von jeder Praxisordnung, welche Arbeit, Pädagogik, Ethik, Politik, Kunst und Religion in ein hierarchisches Verhältnis zueinander setzt und einer dieser Praxisformen oder einer Gruppe von ihnen den Primat gegenüber den anderen zuerkennt.[47]

4. Relative pädagogische Autonomie versus Ökonomisierung des Erziehungs- und Bildungsbereichs – die aktuelle Herausforderung

Während Pädagogen wie Nohl und Weniger in den 20er Jahren die relative pädagogische Autonomie – nicht zuletzt aus der geschichtlichen Entwicklung heraus – vorrangig gegenüber der Religion beziehungsweise den Kirchen verteidigen mussten oder glaubten verteidigen zu müssen (und sich dabei nicht genügend um das Verhältnis von Pädagogik und Politik kümmerten!), sieht Benner für die Gegenwart die Dominanz eines anderen Kulturbereichs als Gefährdung:

> Während Aristoteles der ökonomischen Praxis den unteren Rang zuwies und vergeblich davor warnte, deren besondere Möglichkeiten zum Selbstzweck und die Steigerung von Reichtum an Stelle der Wohlversorgtheit aller zur Entwicklungsperspektive der Polis zu erheben, beansprucht die Steigerung ökonomischer Produktivität und die fortschreitende Rationalisierung der Arbeit heute eine Vorrangstellung unter den ausdifferenzierten Praxen, die ihr weder im Sinne der antiken noch der neuzeitlichen praktischen Philosophie zuerkannt werden kann.[48]

---

43 O. J., S. 154.
44 2001, S. 23.
45 O. J., S. 82.
46 2001, S. 117.
47 S. 124.
48 2001, S. 25.

Die Ökonomisierung der Gesellschaft macht auch vor dem Erziehungs- und Bildungsbereich nicht Halt und führt die Gefahr mit sich, dass genuin pädagogische Prinzipien dabei auf der Strecke bleiben[49]. Vor diesem Hintergrund sind die Pädagogen in Theorie und Praxis um so stärker aufgefordert, ihr »Wächteramt« (Weniger) wahrzunehmen und sich für die Bewahrung einer relativen pädagogischen Autonomie einzusetzen.

Die Ökonomisierung des Nachdenkens über Bildung möchte ich abschließend noch an folgender Veröffentlichung kurz zeigen, die in der schonungslosen Offenheit ihrer Formulierungen wohl die Spitze eines Eisbergs darstellt, insgesamt aber eine gesamtgesellschaftliche Tendenz zum Ausdruck bringt. In der von der Alfred Herrhausen Gesellschaft für internationalen Dialog herausgegebenen Publikation »Wieviel Bildung brauchen wir? Humankapital in Deutschland und seine Erträge« wird Bildung als »wirtschaftliche Investition«, als »Humankapital« verstanden[50]. Folgerichtig lautet der letzte Satz der Autoren: »Bildung ist Geld. Sie ist mehr als Geld, aber ohne Geld ist sie nichts«[51]. Inhaltlich wird Bildung als »Erlerntes« begriffen. »Erlerntes, Bildung, wird nach einiger Zeit vergessen oder aber ihre Inhalte veralten, sie wird obsolet. Dementsprechend muss das Humankapital abgeschrieben werden«[52]. Allerdings gebe es »verschiedene Arten der Bildung«:

> Allgemeines Wissen oder Fähigkeiten, die in der Regel aus der Kindheit oder Schulzeit stammen, wie Lesen und Schreiben, werden in allen Lebenslagen immer wieder gebraucht, aufgefrischt und geraten daher weniger schnell in Vergessenheit. Spezifisches Fachwissen hingegen, erworben am Arbeitsplatz oder während des Erwachsenenlebens, wird vergessen, wenn es nicht mehr benötigt wird.[53]

Wie ein Ausflug in eine andere – ich würde sagen: bessere, menschenfreundlichere, kultiviertere! – Welt mutet dagegen folgende von Litt überlieferte, durchaus zugespitzte Aussage an: »Bildung ist das, was übrig bleibt, wenn man alles vergessen hat, was man gelernt hat«.

Für die Autoren der oben genannten Publikation muss sich »Bildung« hingegen rechnen; sie ist als »wirtschaftliche Investition«, keinesfalls als »Sozialleistung« zu verstehen[54] – als gäbe es nur diese Alternativen! »Bildung« wird nach ihrem finanziellen Nutzwert bestimmt:

> Die Rendite auf einen Universitätsabschluss unterscheidet sich je nach Studienfach zum Teil erheblich [...] Die Volkswirtschaft würde profitieren, wenn mit demselben Geld, mit dem viele Germanisten für ein Leben mit

---

49 Vgl. Matthes 2002.
50 2002, S. 10ff.
51 S. 51.
52 S. 17.
53 S. 18.
54 S. 10.

relativ hohem Arbeitslosigkeitsrisiko und geringen Einkünften ausgebildet werden, Juristen unterrichtet würden.[55]

Der Gedanke eines Eigenwerts kultureller Inhalte und individueller Entscheidungsfreiheiten ist jenseits des Vorstellungshorizontes der Autoren, zweckfreies Erkennenwollen ist für sie ein hoffnungsloser Anachronismus. Der Bildungsbegriff wird deformiert und um seine Komplexität gebracht. Die Leitlinien von Individualität, Universalität und Totalität von Bildung als Grundlagen eines dem Menschen und der Gesellschaft/Kultur dienenden, produktive Spannungen aushaltenden Bildungsverständnisses werden negiert.

Gegen jenes reduktionistische Modell des Menschen, das ihm seine Würde nimmt und um die Spezifika seiner menschlichen Existenz bringt, ist ein »Wächteramt« der Pädagogik in Theorie und Praxis gefordert, bedarf es einer selbstreflexiven relativen pädagogischen Autonomie mehr denn je!

Literatur

Alfred Herrhausen Gesellschaft für internationalen Dialog (Hg.): *Wieviel Bildung brauchen wir? Humankapital in Deutschland und seine Erträge*, Frankfurt/M. 2002.

Bast, Roland: *Pädagogische Autonomie. Historisch-systematische Hinführung zu einem Grundbegriff der Geisteswissenschaftlichen Pädagogik*. Bochum 2000.

Benner, Dietrich: *Hauptströmungen der Erziehungswissenschaft. Eine Systematik traditioneller und moderner Theorien*. 2. Aufl., München 1978.

Ders./Sladek, Horst: *Vergessene Theoriekontroversen in der Pädagogik der SBZ und DDR 1946–1961*. Monographie mit Quellenteil. Weinheim 1998.

Beutler, Kurt: Die konservative Pädagogik und ihr Verhältnis zur Politik. In: *Westermanns Pädagogische Beiträge*. Jg. 19, 1967, S. 64–69.

Ders.: Der »Autonomie«-Begriff in der Erziehungswissenschaft und die Frage nach dem gesellschaftlichen Fortschritt. In: *Pädagogische Rundschau*. Jg. 23, 1969, S. 195–207.

Ders.: *Geisteswissenschaftliche Pädagogik zwischen Politisierung und Militarisierung – Erich Weniger. Studien zur Bildungsreform*. Bd. 24, Frankfurt a. M., Berlin, Bern, New York, Paris, Wien 1995.

Bohnsack, Fritz/Rückriem, Georg, M.: *Pädagogische Autonomie und gesellschaftlicher Fortschritt. Strukturen und Probleme der Zielsetzung und Eigenständigkeit der Erziehung*. Weinheim, Berlin, Basel 1969.

Führ, Christoph: *Zur Schulpolitik der Weimarer Republik. Die Zusammenarbeit von Reich und Ländern im Reichsschulausschuß (1919–1923) und im Ausschuß für das Unterrichtswesen (1924–1933)*. Darstellung und Quellen. 2. Aufl., Weinheim 1972.

55 S. 44f.

Geißler, Georg: *Die Autonomie der Pädagogik*, Langensalza, Berlin, Leipzig 1929.

Ders. (Hg.): *Das Problem der pädagogischen Autonomie. Kleine Pädagogische Texte.* Heft 11. Langensalza, Berlin, Leipzig 1930.

Grünthal, Günther: *Reichsschulgesetz und Zentrumspartei in der Weimarer Republik. Beiträge zur Geschichte des Parlamentarismus und der politischen Parteien.* Bd. 39, Düsseldorf 1968.

Krüger, Heinz-Hermann: *Einführung in Theorien und Methoden der Erziehungswissenschaft*, Opladen 1997.

Lämmermann, Godwin: *Religionspädagogik im 20. Jahrhundert.* 2. Aufl., Gütersloh 1999.

Matthes, Eva: Erich Weniger – ein pädagogischer und politischer Reaktionär? Eine Auseinandersetzung mit Interpretationen Kurt Beutlers. In: *Pädagogische Rundschau.* Jg. 52, 1998, S. 613–628.

Dies.: Theodor Litts Wirken in der SBZ – Ein Beitrag gegen Legendenbildungen in der Pädagogik. In: *Bildung und Erziehung.* Jg. 52, 1999, S. 477–492.

Dies.: Möglichkeiten und Grenzen der Pädagogik – einige Überlegungen im Anschluss an Theodor Litt. In: *Pädagogische Rundschau.* Jg. 56 (2002), S. 281–295.

Michael, Berthold/Schepp, Heinz-Hermann: *Die Schule in Staat und Gesellschaft. Dokumente zur deutschen Schulgeschichte im 19. und 20. Jahrhundert*, Göttingen, Zürich 1993.

Nohl, Herman: Der Reichsschulgesetzentwurf [1928]. In: Ders. (Hg.): *Pädagogik aus dreißig Jahren.* Frankfurt a. M. 1949, S. 222–232.

Parmentier, Michael: Selbsttätigkeit, Pädagogischer Takt und Relative Autonomie. Die Modernität der geisteswissenschaftlichen Pädagogik. In: *Vierteljahrsschrift für Wissenschaftliche Pädagogik.* Jg. 67, 1991, S. 121–135.

Retter, Hein: Reformpädagogik zwischen Rekonstruktion, Kritik und Verständigung. Metahermeneutische Anmerkungen zu einer Kontroverse, in: Ders. (Hrsg.): *Reformpädagogik zwischen Rekonstruktion, Kritik und Verständigung. Beiträge zur Pädagogik Peter Petersens.* Weinheim 1996a, S. 25–82.

Ders.: Kann die Reformpädagogik einen Beitrag für die allgemeine Grundbildung leisten?, in: Ders. (Hrsg.): *Reformpädagogik zwischen Rekonstruktion, Kritik und Verständigung.* Weinheim 1996b, S. 161–185.

Das Ringen um das sogenannte Reichsschulgesetz. Dokumente aus den parlamentarischen Verhandlungen 1919–1927, Köln 1956 (als Manuskript gedruckt).

Schiess, Gertrud: *Die Diskussion über die Autonomie der Pädagogik. Weinheim*, Basel 1973.

Weniger, Erich: Über die Autonomie der Pädagogik. In: *Neuwerk*, Jg. 10, 1928/1929a, S. 352–364.

Ders.: Über die Autonomie der Pädagogik, in: *Die Schildgenossen*, Jg. 9, 1928/29b, S. 38–52.

Ders.: Die Theorie der Bildungsinhalte. In: Nohl, Herman/Pallat, Ludwig (Hg.): *Handbuch der Pädagogik, Bd. 3: Allgemeine Didaktik und Erziehungslehre*. Langensalza 1930, S. 3–55.

Ders.: Die Autonomie der Pädagogik. In: Ders.: *Die Eigenständigkeit der Erziehung in Theorie und Praxis. Probleme der akademischen Lehrerbildung*. Weinheim o. J., S. 71–87.

Ders.: Die Pädagogik in ihrem Selbstverständnis heute [1950]. In: Ders.: *Die Eigenständigkeit der Erziehung in Theorie und Praxis*. Weinheim o. J., S. 141–171.

Ders.: *Ausgewählte Schriften zur geisteswissenschaftlichen Pädagogik. Ausgewählt und mit einer editorischen Notiz versehen von Bruno Schonig*, Weinheim u. Basel 1990.

Zymek, Bernd: Schulen, in: *Handbuch der deutschen Bildungsgeschichte*, Bd. V 1918–1945, hg. v. Dieter Langewiesche u. Heinz-Elmar Tenorth. München 1989, S. 155–208.

Andreas Pehnke

Zur Reformpädagogik-Rezeption in der SBZ (1945–49), der DDR (1949–90) und den neuen deutschen Bundesländern (seit 1990)

In der Atmosphäre des demokratischen Aufbruchs nach dem Zweiten Weltkrieg wurde in der SBZ unmittelbar an reformpädagogische Traditionen angeknüpft. Aufs Ganze gesehen galt 1945 die Reformpädagogik als fortschrittliche pädagogische Alternative zur nationalsozialistischen Vergangenheit. Eingeleitet wurde die ostdeutsche Reformpädagogik-Rezeption vor allem durch H. Deiters' Aufsatz über »Die Stellung des Lehrers in der Auffassung der pädagogischen Reformbewegung« (*Pädagogik* 3/1946) und R. Alts Beitrag »Zum Problem der Unterrichtsmethode in der demokratischen Schule« (*Pädagogik* 8/1947). Das Wiederaufgreifen der Reformpädagogik begann aber insofern kritisch, als eher sozialdemokratisch orientierte, dezidiert demokratische Reformpädagogen favorisiert wurden. Dies wird verständlich, wenn man bedenkt, dass viele Bildungsfunktionäre der SBZ mit der reformpädagogischen Bewegung der zwanziger Jahre eng verbunden waren, so zum Beispiel E. Marquardt, M. Torhorst, E. Wildangel, F. Ludwig und K. Linke. In den verschiedenen Bereichen der Lehrerbildung arbeiteten ebenfalls zahlreiche reformpädagogisch orientierte Pädagogen. Neben »universitären« Vertretern wie P. Petersen, H. Mieskes und Th. Dietrich seien R. Alt, H. Deiters, W. Heise, O. Karstädt, M.G. Lange, F. Müller, L. Peters, G. Rosenow und J. Rößler genannt; denn sie führten die unterrichts- und fachmethodische Ausbildung an den pädagogischen Fakultäten unter reformpädagogischen Gesichtspunkten durch. Auch in bezug auf die strukturellen Elemente der jetzt propagierten Einheitsschule wurden reformpädagogische Ansätze wie der fächerübergreifende Gesamtunterricht in den Anfangsklassen der Grundschule, der Kern- und Kursunterricht in den Klassenstufen 7 und 8 sowie dessen Fortführung in der vierjährigen Oberstufe des wissenschaftlichen Zweiges wirksam. Außerdem wurden die didaktisch-methodischen Überlegungen und Praktiken von reformpädagogischen Prinzipien dominiert. Ebenso verdeutlicht die Existenz klassischer reformpädagogischer Schulen wie der Petersenschule in Jena, der Gaudigschule in Leipzig, der Ottoschule in Magdeburg oder der Waldorfschule in Dresden, dass das reichhaltige reformpädagogische Gedankengut der Lehrerbewegung nach 1945 eine – wenn auch nur kurze – Renaissance erleben konnte. Zielgröße des produktiven Umgangs mit der Reformpädagogik war die Arbeitsschule, und deshalb hatten die Neulehrer in ihrer kurzen Ausbildungszeit neben P. Oestreich zum Beispiel auch die gar nicht so liberal-fortschrittlichen, aber namhaften Repräsentanten G. Kerschensteiner und H. Gaudig zu studieren. In der SBZ setzte aber auch innerhalb der Reformerkreise eine konstruktive Kritikphase ein, gab es doch Vertreter der Reformpädagogik, die – wie P. Petersen – ihre reformpädagogischen Konzeptionen den Nationalsozialisten angedient hatten. Konsequent demokratische Pädagogen wie W. Heise und P. Oestreich wollten diese zwar nicht in toto zurückweisen, andererseits aber auch nicht jede ihrer Auffassungen undiskutiert akzeptieren.

Insgesamt lassen diese Ansätze einer kritischen Aufarbeitung von Reformpädagogik erkennen, dass sie mit vorwiegend wissenschaftlicher Redlichkeit deren differenzierte Analyse in Angriff nahmen, und zwar im Interesse einer Weiterentwicklung der als antifaschistisch-demokratischen Schulreform bezeichneten Entwicklungsphase. Dass hierbei auch das Verhältnis der führenden Repräsentanten deutscher Pädagogik zum Nationalsozialismus eine erhebliche Rolle gespielt hat, gehört zu den historisch bedingten vordringlichen Aufgaben der damaligen Zeit.

Die im Gründungsjahr der DDR einsetzende prinzipielle Ausgrenzung von Reformpädagogik lässt sich nicht verstehen, wenn die gesamtgesellschaftlichen und schulpolitischen Entwicklungen im Zuge des Kalten Krieges von 1948 an unberücksichtigt bleiben. Die DDR versuchte damals, den neuen innen- und außenpolitischen Bedingungen durch forcierte, zentralplanwirtschaftlich geregelte Aufbauprozesse gerecht zu werden. Als planerische Zielvorgaben dominierten die Produktivitätssteigerungen zur Beseitigung der Kriegsschäden und der teilungsbedingten Disproportionen im neuen Staat; dabei stand zugleich der in Aussicht genommene sozialistische Aufbau im Kalkül. Unter diesen Rahmenbedingungen verabschiedete sich die SBZ/DDR vom Konzept eines besonderen deutschen Weges zum Sozialismus und orientierte sich auf eine Kopie des sowjetischen Musters, das von den bestimmenden Führungskräften als prototypisch für eine sozialistische Entwicklung angesehen wurde. Daraus resultierte das seit 1948 auffällige Zurückstellen jeder eigenständigen deutschen Entwicklungsperspektive auf dem Gebiet der SBZ und der DDR. Im Zusammenhang damit veränderten sich auch die schulpolitischen und gesamtgesellschaftlichen Auffassungen und Zielstellungen, die bislang von der demokratisch engagierten Mehrheit der Pädagogen mitgetragen worden waren, in grundlegendem Maße. Die jetzt einsetzende völlige Umorientierung bewirkte auf der Theorie-Ebene eine Hinwendung zur zeitgenössischen Sowjetpädagogik und auf der Ebene der Schulpraxis eine Ausrichtung auf Frontalunterricht im Klassenverband unter Betonung der führenden Rolle des Lehrers, auf Unterrichtssystematik, Übung und Kontrolle. Diese Tendenzen wurden durch den IV. Pädagogischen Kongress (1949) zum Gesetz erhoben. Es liegt auf der Hand, dass die nun verordnete Pädagogik den reformpädagogischen Ansätzen, wie sie in der SBZ ursprünglich vorherrschten, diametral entgegenstand. In dem jetzt einsetzenden Stalinisierungsprozess wurden für die ostdeutsche Pädagogik Regelungen geschaffen, durch die die Wirksamkeit gegenläufiger Interessen, wie sie ja in den reformpädagogischen Initiativen enthalten waren, weitgehend ausgeschaltet werden konnten. Reformpädagogik wurde fortan als Hemmnis für demokratische Schulentwicklung definiert, folglich aus dem Verständnis von Erbe und Tradition in der historischen Pädagogik der DDR verbannt. Administrative und richtungsweisende schulpolitische Dokumente wie die *Verordnung über die Unterrichtsstunde* (1950) sollten eine möglichst geradlinige Durchsetzung neuer Qualifikationsanforderungen an die Schule garantieren. Unter dem Druck der rasch stalinisierten Politik der SED setzte eine pauschale Verurteilung aller Richtungen der so genannten spätbürgerlichen Pädagogik – insbesondere der Reformpädagogik – ein. Zu einem ersten Kristallisationspunkt vordergründiger Kritik an der Reformpädagogik wurde die Zwangsauflösung der oben genannten klassischen reformpädagogischen Schulen oder aber auch deren Überführung in Regelschulen, wie es zum Beispiel im Falle der erst 1948 wiedereröffneten Humboldtversuchsschule mit integriertem Tagesheim und Kindergarten nach dreijähriger Reformarbeit in Chemnitz geschehen ist (vgl. Pehnke 1998a, 2000/02). Zeitlich parallel wurde die zentrale Verurteilung und administrative Zurückdrängung der Reformpädagogik durch Wissenschaftler wie G. Hohendorf, H. Siebert, W. Meinck, S. Schwarz u.a. theoretisch gestützt. Diese Autoren entfernten sich zunehmend von R. Alts und H. Deiters' Forderungen, die reformpädagogischen Elemente als vermittelbares, in einem neuen politischen Subjektverständnis aufhebbares Potential zu begreifen. Demgegenüber hatte W. Dorst bereits 1951 im Hinblick auf das Traditionsverständnis und den Umgang mit dem pädagogischen Erbe vor »grobschlächtigem Herangehen« gewarnt. Sein grundsätzlicher Beitrag »Zur Frage des pädagogischen Erbes in Deutschland« (*Pädagogik* 1/1951) verdeutlichte bereits früh, dass das ›von oben‹ verordnete Geschichtsbild keineswegs prinzipiell nachgemalt werden musste, dass es sehr wohl zu allen Zeiten einen Spielraum für ›normalwissenschaftliche Arbeiten‹ gegeben hat, die trotz aller Distanz zu verschiedenen Auffassungen des reformpädagogischen Konglomerats im Kern von einer zustimmenden Einstellung zum reformpädagogischen Erbe geprägt sein konnen. Ganz in diesem Sinne beschäftigte sich dann R. Wothge-Ahrbeck 1952 mit den romantischen Elementen in der Reformpädagogik und 1955 mit B. Otto. 1955 und 1957 legte K.-H. Günther seine Arbeiten über H. Gaudig vor. Mit diesen Studien setzte eine vertiefte Sicht auf die Reformpädagogik ein, die vor dem Hintergrund der begonnenen Diskussionen um den Stalinismus nach J.W. Stalins Tod im Jahre 1953 und der Geheimrede N.S. Chruschtschows im Februar 1956 auf dem XX. Parteitag der Kommunistischen Partei der Sowjetunion einen günstigen Nährboden und eine Perspektive hätten erhalten können. Höhepunkt der konstruktiven Reformpädagogik-Kritik dürfte R. Alts Aufsatz »Über unsere Stellung zur Reformpädagogik« *(Pädagogik 5/6–1956)* gewesen sein. Sein Angebot für dialektischen, differenzierten und konstruktiven Umgang mit der Reformpädagogik wurde von den bildungspolitischen Entscheidungsträgern gegen Mitte der 1950-er Jahre jedoch nicht angenommen und der Hinweis breiter Kreise der Lehrer- und Elternschaft auf die Bedeutung reformpädagogischer Einsichten zur Sicherung der erziehungspraktischen Arbeit abgeschmettert (vgl. zum Beispiel die Kontroverse, die von W. Steiger und G. Hohendorf 1956 in der Zeitschrift *Pädagogik* ausgetragen wurde). Dieses Versäumnis in der Tauwetterphase nach J.W. Stalins Tod sollte von gravierender Auswirkung für die Reformpädagogik in der DDR-Schule wie des DDR-Sozialismus überhaupt sein. Auch die Mahnungen von H. Deiters und W. Dorst fanden keinen Eingang in die offizielle pädagogische Meinung.

Indessen waren die beiden deutschen Staaten den feindlichen Militärbündnissen der Nato beziehungsweise des Warschauer Pakts beigetreten (1955), und sowjetische Truppen hatten bei der Niederschlagung des Aufstandes in Ungarn eingegriffen (1956). Unter dem Einfluss der damit verursachten politischen Spannungen in Europa erhielten die stalinistischen Hardliner erneut das Übergewicht und das angebahnte ausgewogenere Verhältnis zur Reformpädagogik wurde im Jahre 1958 wieder zerstört. Dies begann mit der »Revisionismusdebatte«, die im Januar 1958 an der Universität Leipzig ausgelöst wurde. Die Parteiorganisation am dortigen Institut für Pädagogik hatte eine politisch-ideologische Attacke gegen die aufkommende Kritik am stalinistisch deformierten Modell der sozialistischen Schule geführt. Alternativ denkende Pädagogen sahen sich als Reaktionäre dargestellt (vgl. zum Beispiel Pehnke 1998b, c, 2000a). Sie standen einer nur durch administrative Gewalt durchzusetzenden parteilich-stalinistischen Einheitsschule im Wege. Die am 24./25. April 1958 in Berlin tagende Schulkonferenz der SED hat schließlich die Auseinandersetzung mit den revisionistischen Erscheinungen auf pädagogisch-politischem Gebiet zu Ende geführt und die DDR-Pädagogik wieder auf die stalinistische Linie zurückgezogen. Auch die deutsch-deutschen Begegnungen der Schulreformer des Schwelmer Kreises um P. Oestreich und F. Helling wurden von 1952 bis 1962 zunehmend von den offiziellen Seiten beider deutscher Staaten beargwöhnt und erschwert (vgl. Dudek 1993).

Eine noch ausstehende differenzierte und kritisch-konstruktive Auseinandersetzung mit der Reformpädagogik-Rezeption in der DDR wird auch die Beschreibung gegenläufig wirkender Kräftegruppen berücksichtigen müssen. Ich denke in diesem Zusammenhang an das, was die Kirche, insbesondere die evangelische Kirche in der DDR-Ära pädagogisch gedacht, konzipiert, in ihrer eigenen pädagogischen Praxis umgesetzt sowie zum Beispiel in der Zeitschrift *Die Christenlehre* publiziert hat.

In den sechziger und siebziger Jahren wurde es vergleichsweise ruhig um die Reformpädagogik, wenn man an die vorangegangenen Debatten beziehungsweise an die Bemühungen um differenzierte Forschung in den achtziger Jahren denkt. Es gab zwar gewisse Analysen, mit denen insbesondere Fachdidaktiker wie zum Beispiel G. Dietrich (1978) in Anlehnung an R. Alt, H. Deiters u.a. das Für und Wider von reformpädagogischen Unterrichtsauffassungen im Interesse der Weiterentwicklung sozialistischer Pädagogik zu beleuchten versuchten, dennoch überwogen – so nüchtern muss man es heute konstatieren – politisch motivierte Abwertungen der Reformpädagogik. Aus diesem Zeitraum verdienen vor allem die folgenden Arbeiten einer besonderen Erwähnung: die solide gefertigte Analyse von H. Bauer (1961) zur Theorie und Praxis der ersten deutschen Landerziehungsheime und R. Ahrbecks Beitrag (1976) zum Beziehungsgeflecht von Herbart-Herbartianismus-Reformpädagogik. In der zweiten Hälfte der siebziger Jahre bot R. Ahrbeck übrigens auch fakultative Lehrveranstaltungen zur Reformpädagogik (vor allem Kurse zur Montessori-Pädagogik) an der Universität Halle-Wittenberg an.

Es ist ein unbestreitbares Verdienst Ch. Uhligs, Reformpädagogik in Forschung und Lehre im letzten DDR-Jahrzehnt verstärkt thematisiert zu haben. Ihre 1980 vorgelegte Habilitationsschrift zum Bund Entschiedener Schulreformer war gewissermaßen der Auftakt für ein Forschungsprojekt zur differenzierten Erforschung der Reformpädagogik, das Ch. Uhlig 1980 an der Pädagogischen Hochschule Leipzig entwickelte. Reformpädagogik nun verstärkt zu erschließen wurde möglich, ja geradezu provoziert durch ein breiteres Erbe-Verständnis in der DDR-Geschichtswissenschaft. Von einer praxisverändernden Wirkung historisch-pädagogischer Untersuchungen wollte man jedoch in der staatlichen Bildungspolitik und in der institutionalisierten Pädagogik der DDR wenig wissen: Einerseits entwickelte sich in der DDR ein zunehmend weiteres Verständnis von Erbe und Tradition, das alles Progressive und Humanistische der Geschichte aufzunehmen bereit war, wie es zum Beispiel im Lutherjahr 1983 signalisiert wurde, andererseits tat man sich schwer in der tatsächlichen, wirklichen Aufnahme historischer Erkenntnisse und Botschaften in vorhandene Denkstrukturen, vor allem dann, wenn praxisverändernde Folgen die Konsequenz gewesen wären. Dieses Missverhältnis zwischen Annahme und Abgrenzung wirkte sich im Umgang mit dem didaktisch-methodischen Gehalt der Reformpädagogik in besonderer Weise aus. Arbeiten zur Geschichte reformpädagogischer Vereinigungen oder zu biografischen Themen gelangten relativ leicht in die pädagogische Publizistik. Wollte man indessen mit didaktisch-methodischen Empfehlungen reformpädagogischer Provenienz Alternativen zum geläufigen DDR-Unterrichtsbetrieb aufzeigen oder gar reformpädagogische Texte für die obligatorischen »Unterrichtshilfen« anbieten, so wurde im Kollegenkreis bei den stets aktiven Warnern vor der Reformpädagogik nicht nur Missmut provoziert, man konnte auch von der Abteilung Wissenschaft im Ministerium für Volksbildung über das Spektrum möglicher Disziplinierungsmaßnahmen belehrt werden, wie ich es im März 1988 erlebt hatte, nachdem ich Texte des Hamburger Reformpädagogen W. Lamszus für eine chemie- und atomwaffenfreie Welt in der Zeitschrift *Deutschunterricht* veröffentlichen wollte (vgl. Pehnke 2003).[1] Neben den Leipziger Reformpädagogik-Ambitionen

1 Übrigens sollte Wilhelm Lamszus als Lehrerbildner nach Braunschweig berufen werden: Eine von jungen Lehrern und Studierenden in die Wege geleitete Berufung zum Professor für Methodik des Deutschunterrichts und Didaktik an der Kulturwissenschaftlichen Abteilung der Technischen Hochschule Braunschweig, die von der sozialdemokratischen Regie-

zur Aufarbeitung des reformpädagogischen Erbes entwickelten sich auch in Jena, Rostock, Berlin, Potsdam und Dresden weitere regionalgeschichtlich-pädagogische Forschungsprojekte (vgl. dazu ausführlicher Pehnke 1993). Dennoch wurde der Prozess historiographischer Deformierungen der Reformpädagogik selbst noch in den achtziger Jahren gefördert; man kann sagen: der Einfallsreichtum bei den Verfahren zur Ausgrenzung offensichtlicher Leistungen von Reformpädagogen versiegte nicht so leicht (vgl. ebd.). Aber insgesamt belegen zahlreiche Arbeiten, dass das Forschungsfeld zur Reformpädagogik in den achtziger Jahren erheblich erweitert und eine positive Näherung an Reformpädagogik erzielt werden konnte. Sicher müssen aus heutiger Sicht viele der zu dieser Zeit getroffenen Bewertungen der Reformpädagogik überdacht werden, das ergibt sich allein schon aus der damals vordergründigen DDR-zentrierten Forschungssicht: Zum einen wurde Reformpädagogik kaum alternativ und ›in Frage stellend‹ zur etablierten ›sozialistischen Pädagogik‹ diskutiert, sondern stets nur als impulsgebendes, erweiterndes und sozialistische Pädagogik noch stärker legitimierendes Moment. Zum anderen folgte die geschichtspädagogische Bewertung damals noch stark den traditionellen Lehrmeinungen, vor allem der pauschalen Etikettierung der Reformpädagogik mit ›spätbürgerlich‹ und ›objektiv den Interessen des Imperialismus nützend‹. Ich glaube, dass H. Röhrs[2] ein geeignetes Beurteilungskriterium gefunden hat, das auch der in der Tat komplizierten Forschungswirklichkeit in der DDR ausreichend gerecht wird, wenn es nach der »im Kern zustimmenden Einstellung« zur Reformpädagogik fragt. Das Abwägen, ob es – bei mehr oder weniger Tarnung mit der »DDR-Sklavensprache« insbesondere in geisteswissenschaftlichen Forschungsarbeiten – zu einer Auf- oder Abwertung von reformpädagogischen Bestrebungen gekommen ist, halte ich bei der gerechten Beurteilung von Forschungsleistungen zu diesem Themenkomplex für sehr empfehlendwert.

Den entscheidenden Schritt zu einer differenzierteren Bewertung der Reformpädagogik vollzog Ch. Uhlig 1987. Ihre »Konzeptionellen Überlegungen zur Weiterführung der Forschung zur Reformpädagogik« suchten die bis dahin virulente Gefahr der Blickverengung zu vermeiden, indem sie das dafür zumeist ursächliche Prinzip der Parteilichkeit durchbrachen. Nach diesem Prinzip wurde nämlich »Fortschrittlichkeit« typisierend immer nur bestimmten gesellschaftlichen Klassen zugesprochen, so dass eine potentielle »Fortschrittlichkeit« in anderen gesellschaftlichen Gruppen gar nicht hinlänglich in den Blick kam. Da aber in Deutschland grundlegende Aufgaben der bürgerlich-demokratischen Umgestaltung des Bildungswesens nach wie vor nicht erfüllt waren, bedeutete auch der Kampf um bürgerlich-demokratische Schulverhältnisse, der neben der Arbeiterklasse bürgerlich-demokratische Kräfte aus unterschiedlichen Klassen

---

rung mitgetragen wurde, zerschlug sich 1930 für Lamszus mit der dort vollzogenen ersten Machtübertragung an die Nazis (vgl. Pehnke 2003).

2 Röhrs, 1991, S. 169.

und Schichten vereinte, einen wesentlichen Schritt nach vorn, in Richtung auf die Durchsetzung des Historisch-Progressiven. Aus dieser These konnte geschlussfolgert werden, dass die bildungspolitischen und pädagogischen Forderungen und Ansichten der Arbeiterbewegung nicht allein den Maßstab für historischen Fortschritt abgeben können.[3]

Wir glaubten am Ende der achtziger Jahre, einiges bewegt zu haben, und wurden darin bestärkt, dass unser Engagement zur Aufwertung der Reformpädagogik zum Beispiel auf Konferenzen der Fachdidaktiker sehr gefragt war. Wir schöpften auch Mut aus den Veränderungen in der Sowjetunion und waren gewiss, dass sich die DDR-Führung diesen gesellschaftlichen Entwicklungen und Umbrüchen, die von M. Gorbatschow ausgingen, nicht mehr lange verschließen könnten. Mit Blick auf unsere Forschungstätigkeit wurden wir jedoch nach den Attacken gegen die Reformpädagogik auf dem IX. Pädagogischen Kongress im Sommer 1989 ernüchtert und auf den Boden der Realität zurückgerufen. Dort saß die Reformpädagogik erneut auf der Anklagebank, weniger um ihrer selbst willen, sondern als Mittel zur Auseinandersetzung mit modernen pädagogischen Konzeptionen in der Sowjetunion seit der Perestroika, die sich in neuer Qualität dem reformpädagogischen Erbe zuwandten. Ein wesentlicher Grund für das letztendliche Scheitern unserer Bemühungen zur Aufwertung der Reformpädagogik ist darin zu sehen, dass wir zu sehr im engeren Wirkungskreis der erziehungswissenschaftlichen Zunft verhaftet blieben und die zunehmenden Anzeichen der Basisbewegung von zahlreichen Lehrern, Eltern, Schülern, zum Teil aus Kirchenkreisen, und vielen anderen für eine reformorientierte kindgemäße Pädagogik in der DDR nicht deutlich genug vernahmen. Das eigentliche Problem bestand darin, dass alle diese Richtungen sich nicht für andere vernehmbar artikulieren konnten und deshalb voneinander nichts wussten oder auch, weil sie aus unterschiedlichsten Gründen nichts voneinander wissen wollten (vgl. Pehnke 1994/95/96).

In den Monaten nach dem Herbst 1989, als sich die DDR auflöste, schien eine verständliche Euphorie für die Reformpädagogik das ostdeutsche Schulwesen zu erfassen. Die Spontanrezeption der reformpädagogischen Auffassungen und die zum Teil völlige Kritiklosigkeit ihnen gegenüber können als Reaktion auf die jahrzehntelang erzwungene Vereinheitlichung des Schulwesens verstanden werden. Die Reaktion erscheint ihrerseits wiederum ebenso undifferenziert wie die staatsautoritär betriebene pauschale Ablehnung der Reformpädagogik. Mithin kann sie nicht a priori als gut gelten, und sie bleibt auch nicht unanfechtbar. Insgesamt wurde die Chance verpasst, gemeinsam mit kritischen Pädagogen aus den alten deutschen Bundesländern eine gesamtdeutsche Strategie für eine humanistische, moderne und für viele reformpädagogische Ideen offene Pädagogik zu diskutieren, die die offenkundigen Mängel des BRD-Schulwesens überwindet, anstatt sie – wie geschehen – einfach zu übernehmen (vgl. Pehnke

3 Vgl. Uhlig 1988, S. 5/6.

1998d). Zwar finden wir heute schon in allen Bundesländern Schulen mit einem vergleichsweise hohen didaktisch-methodischen Standard (vgl. *Schule neu gestalten,* 1996) und besten Ergebnissen bei der Pisa-E-Studie (vgl. Thurn & Tillmann 1997), die sich geradezu als Vorzeigeschulen der Nation eignen. Die moderne Schulpädagogik kann auf bemerkenswerte, im Schulalltag verwirklichte Öffnungsversuche verweisen, die sehr stark auf eine Aktualisierung reformpädagogischer Konzepte in der Praxis hindeuten. Die führenden pädagogischen Zeitschriften in Deutschland berichten fast ausschließlich von diesen Initiativen und vermitteln den Eindruck einer euphorischen reformierenden Aufbruchstimmung an scheinbar allen Schulen. Aber so wie die Geschichte der Reformpädagogik immer als Geschichte von Versuchsschulen und Meister-Lehrern geschrieben worden ist, bleibt auch das heutige Bild des schon teilweise reformpädagogischen Unterrichts immer das Bild einer kleinen Gruppe hochengagierter Lehrer, die in wenigen Reformklassen an einzelnen Schulen ihre besondere Pädagogik leben. Die erfolgreiche Arbeit dieser Reformer unserer Generation sagt aber noch nicht sehr viel aus über den Alltag und den Gesamtzustand der Regelschule. Die Beispiele offenen, projektorientierten Unterrichts, die fast ausschließlich aus Schulen mit besonderem Status kommen, aus den – im Vergleich zu anderen führenden Industrienationen – außerordentlich wenigen Versuchs- und Modellschulen, Labor- und Experimentierklassen, aus Alternativschulen, Piloteinrichtungen und aus den verschiedenen Schulen der ersten Generation von Reformpädagogen, sind freilich für jeden Regelschullehrer in Ost und West eine Fundgrube der Annäherung an das reformpädagogische Credo einer kindgemäßen Pädagogik (vgl. Pehnke 1996a, 1999, 2000b). Der breiten Masse der bundesdeutschen Regelschullandschaft hatte der internationale Pisa-Vergleich freilich ein deprimierend ernüchterndes Zeugnis ausgestellt.

Ein noch nicht annähernd berücksichtigtes, aber effizientes Mittel zur Identifizierung der Lehrer und Erzieher mit Reformpädagogik ist für mich nach wie vor (vgl. bereits Pehnke 1992) die Kenntnisnahme und das Aufheben des eigenen regionalen reformpädagogischen Erbes. Die Beschäftigung mit den vielen kleinen, aber wirksamen regionalen Reformbewegungen ist es gerade, die heute einen kräftigen Anstoß und eine Stärkung des Selbstbewusstseins der Reformer bringen könnte. Aus diesem ›hautnahen‹ Verhältnis zum eigenen regionalen reformpädagogischen Erbe können besonders intensive rationale und emotionale Beziehungen erwachsen. Wir Pädagogen tun gut daran, ohne Arroganz die vielen Schätze der historischen Reformpädagogik zu heben und voller Achtung die Ergebnisse des Denkens und die Erfahrungen unserer Vorgänger für die Gegenwart zu nutzen. Wir stehen zudem in der Verantwortung jenen Lehrern gegenüber, die nach 1945 im Osten Deutschlands, zum Beispiel in der Chemnitzer Humboldtversuchsschule, für die Bewahrung reformpädagogischer Auffassungen gestritten und in engagierter basispädagogischer Arbeit konstruktiv bereichert haben (vgl. Pehnke 1998a, 2000a). Diese reformpädagogischen Initiativen wurden bekanntlich mit eindeutig diktatorischen Mitteln von ca. 1948 bis

1951/52 verdrängt und ihre Verfechter gemaßregelt. Erste zum Teil umfangreiche wissenschaftliche Analysen dazu wurden – mit Blick auf die neuen deutschen Bundesländer – kürzlich für Sachsen-Anhalt (vgl. Bergner 1999), Berlin & Brandenburg (vgl. Keim/Weber 1998), Sachsen (vgl. Pehnke 1998a, 2000/02, 2002) und Mecklenburg-Vorpommern (vgl. Meffert 2000) vorgelegt. Aus diesen Analysen möchte ich nachfolgend einen kleinen Einblick in historische Erfahrungswerte zum erfolgreichen Umgang mit Heterogenität gewähren:

Seit etwa einem Jahrhundert werden Fragen über interpersonelle Differenzen und Heterogenität konstruktiv pädagogisch beantwortet. Aber trotz des stetig wachsenden Einflusses solcher reformpädagogischer Konzeptionen, die wie vor allem die Montessori- oder die Petersenpädagogik den Umgang mit Heterogenität ganz vordergründig etabliert haben, ist diese zentrale Fragestellung erst seit der Diskussion der *Pisa*-Ergebnisse in den Mittelpunkt öffentlicher Schulreformdebatten gerückt. Ich möchte an dieser Stelle aus meinen Untersuchungen zur Praxis reformpädagogischer Versuchsschulen der Weimarer Republik Erfahrungswerte mit einem geradezu spektakulären Schulversuch zum jahrgangsübergreifenden Unterricht aus einem der sächsischen Reformpädagogik-Zentren präsentieren, der Chemnitzer Humboldtversuchsschule (1921–1933), die Schüler(innen) selbstbewusst und stark machte, damit sie Leistungen vollbringen konnten. Einen besonderen Stellenwert erhielten an dieser Schule Versuche eines jahrgangsübergreifenden Unterrichts. Erste Initiativen für einen zwei Jahrgänge vereinenden Unterricht wurden trotz anfänglicher Erfolge durch das Versuchsschulkollegium allerdings selbst wieder aufgegeben. Lediglich Fritz Müller (1887–1968) wollte die Potenzen eines jahrgangsübergreifenden Unterrichts für die Realisierung des Gemeinschaftsgedankens tieflotender erforschen. Er initiierte einen zunächst acht Jahrgänge übergreifenden Unterricht, der in den Folgejahren gar zehn Jahrgänge umfassen sollte und zusätzlich Möglichkeiten bot, sowohl Absolventen der Schule als auch interessierte Eltern punktuell in den Klassenverband zu integrieren. Müller setzte vor allem auf das Prinzip der Mitverantwortung. Die Schüler(innen) der Gruppe halfen nicht nur einander; die Älteren waren auch für die Arbeiten und Leistungen der Jüngeren mitverantwortlich. Im Mittelpunkt seines reformpädagogischen Konzeptes der unterrichtenden Erziehung – einer Umformulierung des Herbartschen Begriffs des erziehenden Unterrichts – steht die Entwicklung sozialer Kompetenzen. Die Heranwachsenden durchlaufen bei dieser Entwicklung drei Stufen: von der Selbsttätigkeit über die Selbstständigkeit zur gegenseitigen Hilfe. Selbsttätigkeit meint dabei die Arbeitsweise (etwa ein Drittel der Aufgaben hatten die Schüler(innen) allein zu bewältigen), Selbstständigkeit die Arbeitshaltung, die durch eine solche Arbeitsweise entwickelt wird, und gegenseitige Hilfe meint die Fähigkeit, auf der Grundlage der Selbstständigkeit für die Mitschüler(innen) Verantwortung zu übernehmen:

Wegen der betrüblichen Lebensverhältnisse vieler unserer Kinder (ungesunde Wohnungen, mangelhafte Ernährung, sittlich Gefährdung etc.) wurde der Hauptwert auf erzieherische Beeinflussung gelegt.[4] Es galt, dem Kinde seine natürliche Unbefangenheit und Heiterkeit, sein lebhaftes Interesse an den Dingen, seine Freude am ›Begreifen‹, seine Fragelust, seine Phantasie und seinen Betätigungstrieb zu erhalten oder – soweit das alles verschüttet oder vernichtet war – wiederzugeben, weiterhin aber auch das natürliche Wachstum zu gewährleisten, das heißt die natürliche Selbsttätigkeit zur Selbstständigkeit zu erhöhen und damit das Selbstvertrauen als die beste Grundlage einer gesunden Entwicklung zu stärken [S. 109].

Über die neuartige Strukturierung der *Gruppe Müller* berichtete F. Müller:

Nach eigener Wahl der Kinder gliedert sich die Gruppe in fünf Tischgemeinschaften mit je einem Führer. Dem von der Gruppe gewählten Vorstand steht ebenfalls ein von der gesamten Gruppe gewählter Ausschuss zur Seite (sieben Kinder verschiedener Alterstufen). Die obere Instanz in allen wichtigen Entscheidungen und strittigen Fragen ist die Klassenversammlung. Die wird gebildet von der gesamten Klasse und dem Klassenlehrer. Die Klassenversammlung berät über alle gemeinsamen Angelegenheiten: Stundenplan, Stoffauswahl, Stoffreihenfolge, Feste und ihre Ausgestaltung; sie spricht sich aus über alles gemeinsam Erlebte: Wanderungen, Vorträge, Vorführungen, Feste. [...] Außer den Tisch- und Arbeitsgruppen gab es noch Helfergruppen: Die Klasse war zu Paaren beziehungsweise kleinen Gruppen so zusammengeordnet, dass Kinder des 6. bis 9. Schuljahres jüngere beim Lesen, Schreiben, Rechnen, Malen, Erzählen etc. zu betreuen hatten. Die Großen waren zur Arbeit mit den Kleinen verpflichtet und hatten regelmäßig dem Lehrer Bericht zu erstatten. [S. 44]

Damit verband Müller das Ziel, dass sich

jedes Kind um ein erträgliches, von gegenseitigem Verständnis und gegenseitiger Rücksicht getragenes Leben in der Gruppe bemühen (soll). Störungen sollen möglichst im kleinen Kreise beseitigt werden. Wird das im Helfersystem nicht erreicht (oder in der Tisch- beziehungsweise Arbeitsgemeinschaft), so kommen als Schlichtungsinstanzen der Reihe nach in Betracht: der Klassenausschuss, der Klassenvorstand, der Klassenlehrer und die Klassenversammlung. Um die vielgestaltige Verwaltung zu bezwingen, waren den größeren Kindern eine Anzahl Klassenämter übertragen (Zimmerreinigung, Lehrmittel, Versäumnisse, Bücherei-, Turn- und Wanderwart etc.). [S. 108]

---

4 Die so gennante soziale Umfrage über die Lebensverhältnisse der Schülerschaft war Gegenstand einer empirischen Erhebung des Versuchsschullehrerteams in den Jahren 1923–27. Vgl. Pehnke 2002, S. 35–42. – Soweit sich folgende Quellenangaben auf diesen Standort beziehen, werden die entsprechenden Seitenzahlen lediglich in eckigen Klammern in den Text eingefügt. Die Originale befinden sich im Stadtarchiv Chemnitz: Nachlass Fritz Müller.

Auf diese Weise könne sich, so Müller, eine andere Qualität im Lehrer-Schüler-Verhältnis entwickeln:

> Auf dem Wege von der mehr spielerischen Beschäftigung des jüngeren Kindes wird der Lehrer als ›Belehrer und Unterrichter‹ immer mehr überflüssig. Aus dem mehr passiven Kind der Lernschule wird so das ›schaffende Kind‹, dem der Lehrer immer mehr zum Berater, Mitforscher, Freund und Kamerad wird, der Wege weist, Anregungen gibt, Fehler erkennen und vermeiden hilft. Ausgehend von der Tatsache, dass im gesunden Kinde eine Menge bildender Kräfte ruhen, die freier Entfaltung, aber nicht eines ›erziehenden Unterrichts‹ bedürfen, haben wir versucht, dem Kinde seine natürliche Selbsttätigkeit zu erhalten, es zur Selbstständigkeit und mit zunehmendem Alter immer mehr zu ernster, gewissenhafter Arbeit zu befähigen. Diese größere Aktivität des Kindes wirkt sich in der Gestaltung des Unterrichts stark aus. Kindliches Interesse und kindliche Begabung wurden berücksichtigt bei der Stoffauswahl, Stoffanordnung und Stoffbehandlung. Beim einzelnen Stoffgebiet kam es nicht auf Vollständigkeit und äußerliche Stoffaneignung an (mathematische Formeln, geschichtlich-geographische Kenntnisse), sondern auf Vertiefung und innere Erfassung, auf Ausbildung und Übung der kindlichen Denk- und Gestaltungskräfte durch möglichst selbstständige Arbeit. Dabei zeigte sich offensichtlich, dass sich das ›schaffende Kind‹ durch eigene Kräfte mehr bildet, als durch den ›unterrichtenden Lehrer‹ gebildet werden kann. [S. 111]

Fritz Müller konnte in seiner Dokumentation zur Versuchsarbeit der *Gruppe Müller* konstatieren, dass »die Klasse neben einer Lebens- eine Bildungsgemeinschaft« wurde [S. 112]:

> Nicht auf die Menge des Wissens kam es uns [Versuchsschullehrern] an, sondern darauf, eure Sinne zu üben und zu schärfen, die in euch liegenden geistigen Kräfte zu wecken und zu fördern. Ihr solltet lernen, selbstständig an eine Aufgabe heranzugehen und sie auf eigene Faust zu lösen. Es galt für euch, die von den Lehrern gewährte große Freiheit recht zu benützen, sie aber auch selbst zu begrenzen, dass wir alle miteinander in unserer Schule zusammenleben konnten. Das war nicht immer leicht. [S. 186]

Die von diesem Schulversuch erhaltengebliebenen Dokumente (Jahresberichte, Schüler-Projektarbeiten, Exkursionsberichte, Klassenbücher, Aufsätze, Schülerbriefe) im Umfang von ca. 3.500 Seiten illustrieren als ermutigende Zeugnisse couragierten Lehrens und Lernens eine Lernatmosphäre, die Hartmut von Hentig[5] sieben Dekaden später als kultiviertes Lernumfeld beschreibt und einfordert.

Dieser höchst seltene und komplexe Nachlass zur reformpädagogischen Praxis während der Weimarer Republik erlaubt es, in detailliertester Form zu rekonstruieren, inwieweit und auf welcher Basis konkrete Veränderung in Unterricht und Schulalltag in einer geradezu extrem zusammengesetzten Ver-

---

5 Von Hentig 1996, S. 22f.

suchsschulklasse unter Leitung eines offenbar begnadeten Pädagogen erzielt werden konnten. Die vorwiegend aus Schülersicht gefertigten Dokumente verweigern vorschnelle und geben nachdenkliche Antworten. Sie gewähren u.a. solide Einblicke: in Formen demokratischer Schülermitverantwortung für die Unterrichtsgestaltung sowie im außerunterrichtlichen Bereich; in eine Lehrerkompetenz, differenziert und motivierend zu unterrichten und dabei den Kindern Anreize zu geben, sich selbstbestimmt zu motivieren; inwieweit das pädagogische Personal dieser Versuchsschule in der Lage war, die Schüler(innen) auf der jeweiligen Höhe ihrer Verständnismöglichkeiten – auch emotional anzusprechen; in einen Lehrplan und einer Didaktik mit einer lebensnahen, schülerzentrierten Schule als Ideal, in der Pädagogen auf die individuellen Besonderheiten der Schüler(innen) eingehen können und die soziale Erziehung einen besonderen Stellenwert erhält; in eine leistungsfördernde, attraktive Lehr- und Lernkultur u.a. durch vernetzte Fächerangebote sowie eine anregungsreiche Lernumgebung in der Klasse, die auch selbstbestimmte Schülertätigkeiten fördert; in einen Anspruch, sowohl eine richtige Balance zwischen wissensbezogenem rationalen Lernen und kreativ-künstlerischen Leistungen als auch zwischen Druck und Laisser-faire zu finden, der aus der zeitgenössischen wie historischen Blickrichtung als wegweisend gelten kann; in die Nutzung regionenbezogener Identifikationsprozesse und interkultureller Lernprojekte am Beispiel der Erkundung der sächsischen Heimat, ihrer Kultur- und Industriegeschichte sowie die ihrer Nachbarn.

Literatur

(soweit im Text nicht bibliographisch vollständig genannt)

Ahrbeck, R.: Zur Herbart-Rezeption der Reformpädagogik. In: *Wissenschaftliche Beiträge der Martin-Luther-Universität Halle-Wittenberg* 1976/14 (E 13), Halle (Saale) 1976, S. 59–74.

Bergner, R.: *Die Berthold-Otto-Schulen in Magdeburg. Ein vergessenes Kapitel reformpädagogischer Schulgeschichte von 1920 bis 1950*. Frankfurt am Main, Berlin, Bern, New York, Paris, Wien 1999.

Bauer, H.: *Zur Theorie und Praxis der ersten deutschen Landerziehungsheime*. Berlin 1961.

Dietrich, G. (Hrsg.): *Das historische Erbe der Biologiemethodik und des Biologieunterrichts*. Leipzig 1978.

Dudek, P.: *Gesamtdeutsche Pädagogik im Schwelmer Kreis. Geschichte und politisch-pädagogische Programmatik 1952–1974*. Weinheim, München 1993.

Hentig, H. v.: *Bildung*. München 1996.

Keim, W. & Weber, N.H. (Hrsg.): *Reformpädagogik in Berlin – Tradition und Wiederentdeckung*. Frankfurt am Main, Berlin, Bern, New York, Paris, Wien 1998.

Meffert, R.: *Schulreform in Pommern 1815–1933. Studien zur Bildungsgeschichte einer preußischen Provinz*. Frankfurt am Main, Berlin, Bern, Bruxelles, New York, Oxford, Wien 2000.

Pehnke, A. (Hrsg.): *Ein Plädoyer für unser reformpädagogisches Erbe*. Neuwied, Kriftel, Berlin 1992.

Pehnke, A.: Vorüberlegungen zu einer Bestandsaufnahme der Reformpädagogik-Forschung in der DDR. In: *Pädagogische Rundschau* 47(1993)5, S. 535–560.

Pehnke, A.: Das reformpädagogische Erbe während der DDR-Epoche und deren Auswirkung. In: Röhrs, H. & Lenhart, V. (Hrsg.): *Die Reformpädagogik auf den Kontinenten. Ein Handbuch*. Frankfurt am Main, Berlin, Bern, New York, Paris, Wien 1994, S. 433–442. – Englischsprachige Ausgabe: 1995, S. 393–401.

Pehnke, A. (Hrsg.): *Einblicke in reformorientierte Schulpraxis der neuen Bundesländer*. Frankfurt am Main, Berlin, Bern, New York, Paris, Wien 1996 (a).

Pehnke, A.: Der steinige Weg für Reformpädagogen im konservativen deutschen Schulsystem. (= Länderstudie Deutschland). In: Seyfarth-Stubenrauch, M. & Skiera, E. (Hrsg.): *Reformpädagogik und Schulreform in Europa*. Hohengehren 1996 (b), S. 377–388.

Pehnke, A.: *Sächsische Reformpädagogik. Traditionen und Perspektiven*. Leipzig 1998 (a).

Pehnke, A.: Leipzig 1959: Zuchthausstrafen für die Belebung einer Diskussion über die Demokratisierung der DDR-Schule. In: *Pädagogische Rundschau* 52(1998b) 5, S. 579–596.

Pehnke, A.: Für Frieden, Völkerverständigung und Reformpädagogik. Waldus Nestler (1887 bis 1954): In Diktaturen gemaßregelt – in Demokratien vergessen und wiederentdeckt. In: *Paedagogica Historica* 34(1998c)3, S. 795–818.

Pehnke, A.: Trotz bisher vertaner Chancen für eine Reform des Bildungswesens im Ost-West-Dialog neue Reformschritte ableiten. In: Pehnke, A. & Röhrs, H. (Hrsg.): *Die Reform des Bildungswesens im Ost-West-Dialog. Geschichte, Aufgaben, Probleme*. 2., erweiterte Auflage, Frankfurt am Main, Berlin, Bern, New York, Paris, Wien 1998 (d), S. 11–36.

Pehnke, A.: Reformpädagogische Impulse für eine zukunftsgerichtete Schule. In: Pehnke, A. & Förster, G. & Schneider, W. (Hrsg.): *Anregungen international verwirklichter Reformpädagogik. Traditionen, Bilanzen, Visionen*. Frankfurt am Main, Berlin, Bern, Bruxelles, New York, Wien 1999, S. 21–60.

Pehnke, A.: *»Ich gehöre in die Partei des Kindes!« Der Chemnitzer Sozial- und Reformpädagoge Fritz Müller (1887–1968): In Diktaturen ausgegrenzt – in Demokratien vergessen und wiederentdeckt*. Beucha (bei Leipzig) 2000, 2. (erw.) Aufl., 2002.

Pehnke, A.: Erste Erfahrungen ostdeutscher Reform- und Alternativschulen für eine moderne und für viele Ideen offene Pädagogik. In: Geiling, U. (Hrsg.): *Pädagogik, die Kinder stark macht*. Opladen 2000, S. 119–136.

Pehnke, A. (Hrsg.): *Reformpädagogik aus Schülersicht. Dokumente eines spektakulären Chemnitzer Schulversuchs der Weimarer Republik*. Baltmannsweiler 2002.

Pehnke, A. (Hrsg.): *Wilhelm Lamszus – Antikrieg. Die literarische Stimme des Hamburger Schulreformers gegen Massenvernichtungswaffen*. Frankfurt am Main, Berlin, Bern, Bruxelles, New York, Oxford, Wien 2003.

Röhrs, H.: *Die Reformpädagogik und ihre Perspektiven für eine Bildungsreform*. Donauwörth 1991.

Schule neu gestalten. Dokumentation zum Sonderpreis Innovative Schulen im Rahmen des Carl Bertelsmann-Preises 1996. Hrsg. von der Bertelsmann Stiftung. Gütersloh 1996.

Thurn, S. & Tillmann, K.-J. (Hrsg.): *Unsere Schule ist ein Haus des Lernens. Das Beispiel Laborschule Bielefeld.* Reinbek bei Hamburg 1997.

Uhlig, Ch. Konzeptionelle Überlegungen zur Weiterführung der Forschungen zur Reformpädagogik. In: *Information des Wissenschaftlichen Rates für Geschichte der Erziehung der Akademie der Pädagogischen Wissenschaften der DDR* 7 (1988)1/2, S. 2–14.

Dieter Schulz

»Das Jahrhundert des Kindes« (Ellen Key) Zukunftsgerichtete Rückschau auf ein pädagogisches Programm

Als im Jahre 1902, zwei Jahre nach der Erstveröffentlichung in Schweden, das Buch von Ellen Key »Das Jahrhundert des Kindes« in Deutschland erschien, wurde im »Bremer Tageblatt« eine bemerkenswerte Rezension publiziert, deren Aussage bis in unsere Tage ohne Einschränkung gültig geblieben ist:

> Dieses Buch [...] ist ein Ereignis, ein Dokument, über das man nicht wird hinweggehen können. Man wird im Verlaufe dieses begonnenen Jahrhunderts immer wieder auf dieses Buch zurückkommen, man wird es zitieren und widerlegen, sich darauf stützen und sich dagegen wehren [...]. Dieses Buch wird Bücher hervorrufen [...]. Ja, ich glaube sogar [...], dass es Menschen hervorrufen wird, die danach leben werden; denn es ist von lauter Wirklichkeiten erfüllt, und Wirklichkeiten, mögen sie auch überraschend sein, drängen immer danach, gelebt zu werden.

Nun ist dieses Jahrhundert beendet, und es scheint in der gegenwärtigen internationalen Aufbruchstimmung, die konsequenterweise auch alle Bereiche und Ebenen des Schul- und Bildungswesens erfasst, mehr als angezeigt, Bilanz zu ziehen. Ein Jahrhundert, dem durch Ellen Key geradezu beschwörend der Auftrag gestellt wurde, ein »Jahrhundert des Kindes« zu sein, muss sich mit seinen kaum überschaubaren Schulreformen fragen lassen, ob es den erhofften Zielansprüchen gerecht geworden ist. Diese Bilanzierung mit der Absicht einer Zukunftsorientierung mag dazu beitragen, eine Standortbestimmung zu erleichtern, die im Hinblick auf das aktuelle Thema von Bedeutung ist: Innovative und experimentelle Gestaltung von Schulen.

Bei allem Suchen, Analysieren und Abwägen geht es immer darum, den adäquaten und optimalen Bildungsweg für unsere Kinder und die nachwachsenden Generationen zu finden. Sie, die Kinder, sind und bleiben die einzige legitime und fast schon wieder simple Rechtfertigung für die Existenz von Schulen, Lehrern und Erziehern.

1. Kindverständnis im Wandel

Zu Beginn des 20. Jahrhunderts zeigte sich eine in ihrer Art und ihrer Intensität einzigartige Hinwendung zum Kind. Das Kind wurde gleichsam neu entdeckt. Indem es in seiner Bedeutung als Ausgangs- und Bezugspunkt aller Erziehung und Bildung neu gesehen wurde, ergaben sich vielfältige pädagogische Konsequenzen. Trotz des vorhandenen Reforminteresses der Pädagogen fehlte es ihnen an der notwendigen Radikalität, ihre durchaus richtigen Perspektiven durchzusetzen. Dieses gilt insbesondere für die pädagogische Theorie, selbst wenn sich die einzelnen Vertreter *theoretisch* radikal gaben. Die »Bewegung vom Kinde aus«, wie man sie genannt hat, charakterisiert vorwiegend die frühe Phase der »Pädagogischen Bewegung«. Die mit ihr gewonnenen neuen pädagogisch-psychologischen Gesichtspunkte wirkten jedoch weiter. Bei allem Facettenreichtum der Reformrichtungen – in Auswahl wird im nachfolgenden Kapitel auf einzelne verwiesen werden – blieb die betonte Orientierung vom Kinde aus das entscheidende Charakteristikum der Reformbewegung.

Das Kleinkind, das Vorschulkind und das Schulkind bis zum einsetzenden Jugendalter wurden zum Mittelpunkt der Aufmerksamkeit. Das Kind war nicht mehr der unfertige Erwachsene, den es aufzubauen galt. Dem Kindesalter wurde eine eigene, nicht wiederholbare und originäre Entwicklungsphase zugestanden. So wurde in das neue erzieherische Denken die Familienerziehung ebenso einbezogen wie die ersten Jahre der Schule. Eine scharfe und kritische Stellungnahme gegen die bisherige Schule und ihre Erziehungs- und Unterrichtsweise bildeten den Ausgangspunkt einer für dringend erforderlich erachteten Erneuerung des gesamten Schulwesens. Stichworte wie Reform, Reformation (Otto, B. 1912), Revolution der Schule umreißen das Ausmaß der Aufgabe. Der notwendige Ausbau der »Schule der Zukunft« (Key, E. 1905/Preyer, W. 1889) mit neuen Formen des Unterrichts und des Schullebens wurde eine »Kopernikanische Umwälzung«[1] genannt.[2]

Im Kern waren die pointiert vorgetragenen Gedanken nicht neu. Bereits Pestalozzi, Rousseau und Fröbel – um einige zu nennen – vertraten pädagogische Ideen und Konzepte, die denen der Reformpädagogik glichen. Ihre Anregungen blieben aufgrund des kaum vorhandenen psychologischen Einfühlungsvermögens der breiten Öffentlichkeit in die kindliche Lebenswelt von der Praxis unberücksichtigt. Kinder galten als egoistisch, eigensinnig und zerstörend. Ausschließliches Ziel der Erziehung war die Eingliederung in die Erwachsenenwelt, also die Unterdrückung kindlicher Eigenarten. Auch die Inhalte der Bildung waren hierauf ausgerichtet. Kinder galten als unvollkommene Menschen ohne eigene Rechte. Durch das neue Verständnis der Reformpädagogik wurde das Kind zum Orientierungspunkt der Pädagogik. Die Kindheit galt als eine eigenständige Lebensform und wurde nicht mehr als Vorstufe zum Leben des Erwachsenen gesehen. Das Kind erhielt das Recht auf seine eigene Weltanschauung, eigene Wertvorstellungen und seine eigene Würde, die von den Erwachsenen geachtet werden musste. Kinder wurden jetzt ernst genommen und

---

1 Dewey, J. 1905, S. 23.

2 Vgl. Oelkers, J.: Die Natur des Kindes. Theorieprobleme der Reformpädagogik. In: *Neue Sammlung 28* (1988) 4, S. 474 bis 485. – Oelkers untersucht hier u. a. in akribischer Weise das Theoriedefizit im Wandel des Kindverständnisses und ermittelt äußerst interessante Paradoxien als effektvolle Mittel öffentlicher Kritik.

als Individuum akzeptiert. An die Stelle von misstrauischer Konfrontation traten Verständnis, Unterstützung und Hilfsbereitschaft. Die Aufgabe der Erwachsenen war es, das spezifische Schutz- und Pflegebedürfnis des Kindes zu befriedigen. Das im Grunde seines Wesens gute, ehrliche Kind musste vor den schlechten Einflüssen der Außenwelt geschützt werden, damit es sich in seiner Individualität entfalten konnte.[3]

Die *Pädagogik vom Kinde aus* (Gläser, J. 1920) veranlasste auch die Psychologen zur Beschäftigung mit der spezifischen Psychologie des Kindes. Erst jetzt unterschied man zwischen den seelischen Vorgängen bei Kindern und Erwachsenen. Man erkannte unter anderem auch, dass Kindheitserlebnisse die Ursache für seelische Erkrankungen sein können. Die zahlreichen psychologischen Schriften der Zeit bezeugen das Interesse am Kind. (Vgl. u. a. Preyer, W. 1882/ Lhotzky, H. 1904)

Zusammenfassend kann festgestellt werden, dass für die Zeit der Reformpädagogik (ca. 1890 bis 1933) das sich wandelnde »Kindverständnis« und der psychologisch fundierte Begriff »Kindgemäßheit« programmatische Bedeutung gewonnen hat. Die Diskussion hierum wurde Ende der 60er Jahre des letzten Jahrhunderts mit der »wissenschaftlichen Wende« der Pädagogik wieder aufgenommen. Sie wird heute in der wissenschaftlichen Auseinandersetzung der Bundesrepublik Deutschland um den Begriff »Kindorientierung« fortgeführt. »Kindgemäßheit« wird in der gegenwärtigen Diskussion verkürzt und im engeren Sinne als spezifisch didaktisches Prinzip im Verständnis eines dem Kinde gemäßen Unterrichts begriffen. »Kindgemäßheit« wird im weiteren Sinne auch als Programm einer Pädagogisierung von Schule interpretiert, das im Kern auf Entschulung ausgerichtet ist, Schule als Ganzes unter der Zielsetzung einer Erziehung von Kindern zu verändern und nicht nur Schule und Unterricht an den besonderen lernpsychologischen Bedürfnissen der Altersstufe »Kind« zu orientieren. Dieses Programm, das von der Reformpädagogik formuliert wurde, findet

3 »Die Achtung vor der Kindheit ist die Achtung vor der Menschheit« (Otto, B. 1918, S. 139). Vgl. auch Gläser, J. (Hrsg.): *Vom Kinde aus. Arbeiten des pädagogischen Ausschusses der Gesellschaft der Freunde des vaterländischen Schul- und Erziehungswesens zu Hamburg.* Hamburg/Braunschweig 1920. Beachtenswert sind in diesem Zusammenhang die Aussagen auch von Rainer Maria Rilke: »Freie Kinder zu schaffen, wird die vornehmste Aufgabe dieses Jahrhunderts sein. Ihr Sklaventum ist schrecklich und schwer; es beginnt, noch ehe sie geboren sind, und endet damit, dass sie schließlich Erwachsene und Eltern, das heißt wieder Unterdrücker von neuen Kindern werden. Wie die Verhältnisse heute liegen, kann man ruhig sagen, dass sowohl die guten wie die schlechten Schulen Unrecht haben dem Kind gegenüber. Sie verkennen das Kind überhaupt, sie gehen von einer falschen Voraussetzung aus, von der Voraussetzung des Erwachsenen, der sich dem Kinde überlegen fühlt, statt zu erkennen, dass es Streben der größten Menschen war, dem Kind in gewissen Augenblicken gleich und ebenbürtig zu sein«. (Rilke, R. M.: *Sämtliche Werke. Herausgegeben von E. Zinn. Bd. 5: Worpswede-Rodin-Aufsätze.* Frankfurt a. M. 1965, S. 586f.).

heute seine Parallele in dem Bemühen, Schule als Kinderschule zu gestalten. Sie weist insbesondere Ähnlichkeiten mit dem Programm eines »offenen« und »handlungsorientierten« Unterrichts auf.

2. Pluralität reformpädagogischer Konzepte

An sich ist es nur begrenzt statthaft, von *der* reformpädagogischen Bewegung beziehungsweise von *der* Reformpädagogik zu sprechen, weil es nach unserem heutigen Innovationsverständnis keinen zentral erkannten und geleiteten Aufbruch und Verlauf gibt. Wir wissen, dass es H. Nohl (1926) war, der zeitversetzt die einzelnen Entwicklungen, Modelle und Strömungen unter dem Sammelbegriff »Reformpädagogik« quasi »einte«, ohne dass deren Vertreter um dieses »Glück« wussten, Reformpädagogen zu sein.[4] »Reformpädagogik« ist im Kern ein nationales und auch ein internationales Phänomen. Die Akteure der Zeit selbst sprechen durchweg von »neuer Pädagogik«, die einen radikalen Wandel auslösen sollte. Ihnen war mit Sicherheit nicht bewusst – und es war auch nicht ihre Intention – dass sie eine neue Epoche der Erziehungsgeschichte begründeten.

Die Vielzahl der einzelnen Modelle, Ansätze und Ideen ist katalogartig kaum zu ermitteln.[5] Die Gestaltungswirklichkeiten und Gestaltungsfreiheiten verdanken die Vertreter der Reformpädagogik einer relativen Großzügigkeit der Kultusadministration. Das Schulwesen war zu diesem Zeitpunkt noch nicht so stark verrechtlicht (das heißt in Detailgesetze, Erlasse, Verordnungen, Richtlinien gegossen), so dass eine individuelle Gestaltung der Schule durch Lehrer und »Schulmänner« noch möglich war. Es zählte die Idee und das Engagement des Einzelnen. In dieser Hinsicht müssen wir jene Zeit beneiden, denn unsere heutigen Reformen sind allzu oft an Minister, Staatsform und Legislaturperioden gebunden. Verstärkt wird diese Abhängigkeit von den finanziellen Mitteln, die den Erfolg des einzelnen Schulversuchs beziehungsweise der jeweiligen Reform schon zur Bedingung des Genehmigungsverfahrens werden lassen. Wissenschaftliche Begleitung und ständige Berichterstattung an den Geldgeber sollen formal sicherstellen, dass sich keine ungewollten, das heißt nicht genehmigte Entwicklungen einstellen.

---

4 Der Epochenbegriff »Reformpädagogik« ist in seiner Entstehung zeitlich nicht genau zu fixieren: Nohl 1926/1949 (*Einheit der pädagogischen Bewegung*); Flitner, W. 1928 (*Reformpädagogik*); Flitner, W. 1931 (*Internationale der Reformpädagogik*). Vgl. im Detail die Untersuchungen von Oelkers, J.: *Reformpädagogik – eine kritische Dogmengeschichte*. München 1989, S. 9ff.

5 Vgl. Röhrs, H.: Die Schulen der Reformpädagogik – Glieder einer kontinuierlichen internationalen Entwicklung. In: Röhrs, H. (Hrsg.): *Die Schulen der Reformpädagogik heute*. Düsseldorf 1986, S. 13 bis 64.

Kurz charakterisiert und in einen bildhaften Vergleich eingebunden, heißt dieses: In der Zeit der Reformpädagogik entwickelten sich »die Reformen von unten«. Sie stiegen mittels einer natürlichen Kapillarkraft aus einem verzweigten, mit individuellen Ideen gespeisten Wurzelwerk auf. Schulversuche, pädagogische Modelle, Veränderungen im Bildungswesen vollziehen sich heute jedoch als »Reform von oben«. Hier muss das Engagement der Lehrer erst provoziert werden; es ist nicht mehr der eigentliche Motor.

Die Pluralität der reformpädagogischen Rezepte gestattet in der Retrospektive eine Dreigliederung in Schulmodelle, Unterrichtsmodelle und Erziehungsmodelle. Sie können hier nicht im Detail oder gar enzyklopädisch referiert und aufgearbeitet werden. Exemplarisch sei auf jeweils fünf namhafte Richtungen und Vertreter verwiesen:

2.1 Schulmodelle

- Laborschule in Chicago (J. Dewey)
- Hauslehrerschule (B. Otto)
- Arbeitsschule (G. Kerschensteiner)
- Landerziehungsheime (H. Lietz/P. Geheeb)
- Jenaplan-Schule (P. Peters)

2.2 Unterrichtsmodelle

- Prinzip des aktiven Lernens (Bremer Schulreformer, u. a. F. Gansberg, H. Scharrelmann)
- Gesamtunterricht (B. Otto)
- Methode des kindlichen Lernens (M. Montessori)
- Learning by doing (J. Dewey)
- Projektmethode (B. H. Kilpatrick)

2.3 Erziehungsmodelle

- Prinzip der Arbeit
- Prinzip der Selbsttätigkeit des Kindes
- Achtung vor der kindlichen Natur
- Maxime des Dialogs
- Experimente mit dem pädagogischen Eros[6]

---

6 Vgl. Oelkers, J. 1989, a. a. O., S. 99ff.

3. Zum Verhältnis von Ideologie und Pädagogik

Ohne dass eine qualitative Analyse zur Geschichte des Schul- und Bildungswesens geleistet werden kann, soll auf das besondere Verhältnis von Ideologie und Pädagogik verwiesen werden, das sich in seiner Ausprägung hierarchisch darstellt. Der Pädagogik wurde nahezu in allen historischen Epochen in Bezug auf das jeweilige konzeptionelle Verständnis von Gesellschaft eine dienende Funktion zugeordnet. Hier sei – ein wenig holzschnittartig – auf folgende Funktionszuordnung verwiesen:

Bis zum Beginn des 20. Jahrhunderts stand die Pädagogik im Dienst der kirchlichen Zielvorstellungen; denn schließlich waren es auch kirchliche Institutionen, die die Strukturen und Inhalte des Schul- und Bildungswesens entwickelten, trugen und prägten. Mit der Zeit der Aufklärung beginnend, jedoch in immer rascheren Zügen verlaufend, ergab sich ein starkes Auseinanderdriften. Das sich wandelnde Sozialverständnis der Gesellschaft führte zu einer veränderten Indienstnahme der Pädagogik. Die einzelnen Etappen oder Zwischenschritte sind, international gesehen, relativ gleich verlaufen. Das genuine Ziel der Pädagogik, die individuelle Förderung des Einzelnen mit der Zielrichtung der optimalen Selbstverwirklichung wurde in den sich mehr und mehr herausbildenden Nationalstaaten pervertiert. Erinnerungen in dieser Sicht wachzurufen, die bis in die Gegenwart in totalitären Staaten ihre individuum-zerstörenden Auswirkungen zeigten und zeigen, erübrigen sich. Pädagogische Prinzipien wurden zum gern verwendeten »Trojanischen Pferd« staatlicher Machterhaltung. Dass diese besonders leicht zerbrechliche Nachbildungen blieben, beweisen Umbruchsituationen, die in jüngster Zeit facettenreich durchlebt wurden. In das so entstandene Vakuum tritt die pädagogische Frage des »Ja, aber jetzt?« Die aktuelle »Renaissance der Reformpädagogik« scheint eine Antwort zu sein. Die Enttäuschung über das Ergebnis der »Uniformität des Geistes«, die zwanghafte Unterordnung individueller Bildungs- und Gestaltungsinteressen unter fragwürdige staatliche Zielvorstellungen suchen als ausgleichendes Element die Pluralität des Denkens und des Sich-Entscheiden-Könnens. In diesem Prozess der Neuorientierung und der Suche nach »innovativer und experimenteller Gestaltung von Schule« muss daran gedacht werden, dass neue und differenzierte Formen der Schulgestaltung von Kindern, Eltern, Lehrern (Lehrerbildnern) und Schuladministration zu bewältigen sind, die eine Fülle anders gearteter Vorerfahrungen mitbringen. Ein Ausblenden (= Verdrängen) geschichtlicher Epochen und die unkritische Adaption scheinbar bewährter früherer pädagogischer Ansätze wirft eine Fülle neuer Probleme auf. Mit anderen Worten: Die »Reformpädagogik« bietet einen Reichtum interessanter Ansätze; sie müssen aber in einem wahrscheinlich nicht leicht zu gestaltenden Integrationsprozess mit den bisherigen Strukturen und Inhalten übergeführt und durchdacht werden.

4. »Pädagogische Freiheit« als Prinzip des Lehrerhandelns

»Innovative und experimentelle Gestaltung von Schule« sieht ihren Ausgangspunkt in der Regel in sich ändernden gesellschaftlichen Verhältnissen. Das traf zum Beispiel für die Situation der facettenreichen Reformen im Bildungswesen in den Ländern der Bundesrepublik Deutschland in den zurückliegenden 60er Jahren zu. Das scheint auch für die aktuellen Entwicklungen in zahlreichen europäischen Ländern gegenwärtig zu gelten. Wenn diese Neuerung aber nicht punktueller Aktionismus bleiben soll, der meistens ebenso schnell in die Bedeutungslosigkeit zurück fällt wie er gekommen ist, so ist ihr tatsächlicher Erfolg aber davon bestimmt, dass es gelingt, die »Autonomie der Pädagogik« (H. Nohl) auf breitester Ebene zu gewährleisten. Sie definiert sich dadurch, dass Praxis und Theorie nicht in die Abhängigkeit von Systemen geraten und ausschließlich als deren ausführendes Organ gesehen werden.[7] Träger dieser Autonomie ist nicht eine akademisch überhöhte Theorie mit möglicherweise neuen ideologischen Tendenzen. Die entscheidende Gestalterrolle fällt der Person des Lehrers zu. Sein Handeln muss vom »Prinzip der pädagogischen Freiheit« getragen sein, ohne dass dadurch die Gehorsamspflicht gegenüber staatlicher Dienst- und Fachaufsicht außer Kraft gesetzt werden soll. »Pädagogische Freiheit« ist bezogen auf die dienstrechtliche Stellung des Lehrers – ein ergänzendes und modifizierendes Prinzip. Sie ist ihm funktions- und *nicht* statusbezogen gegeben, denn sie gewährleistet den Gestaltungsspielraum für eigenverantwortlichen Unterricht und eigenverantwortliche Erziehung. Die staatliche Gesamtverantwortung für das Schulwesen wird hiervon nicht berührt. Die »Pädagogische Freiheit« findet ihren Grund und ihre innere Rechtfertigung in der Erziehungsaufgabe des Lehrers. Sie muss ihm nicht um ihrer selbst Willen, sondern um seiner Funktion, seines Amtes Willen gewährleistet sein. Es handelt sich in ihrem Kern nicht um eine personale Freiheit, sondern um eine auf den Schulzweck, auf die Bildungsinteressen der Schüler bezogene Freiheit. Wenn der Verfasser auch mitnichten ein Fachmann für Verfassungsrecht ist, so scheint aus dieser Argumentation heraus der verfassungsrechtliche Standort definiert zu sein. Die »Pädagogische Freiheit« wurzelt in der vorrangig durch den Lehrer wahrzunehmenden Staatsaufgabe, erfolgreich Schule zu halten und in dem Recht der Schüler auf ihre vom Lehrer zu fördernde Selbstentfaltung.[8]

---

7 »... was immer an Ansprüchen aus der objektiven Kultur und den sozialen Bezügen an das Kind herantreten mag, es muss sich eine Umformung gefallen lassen, die aus der Frage hervorgeht: Welchen Sinn bekommt diese Forderung im Zusammenhang des Lebens dieses Kindes für seinen Aufbau und die Steigerung der Kräfte, und welche Mittel hat dieses Kind, um sie zu bewältigen?« (Nohl, H.: *Die Pädagogische Bewegung in Deutschland und ihre Theorie*. Frankfurt a. M. 4. Auflage 1957, S. 134).

8 Vgl. Stock, M.: *Pädagogische Freiheit und politischer Auftrag der Schule*. Heidelberg 1971 – vgl. auch: Fauser, P.: *Pädagogische Freiheit in Schule und Recht*. Weinheim/Basel 1986.

Vor dieser Aussage zeichnen sich auch die Grenzen der »Pädagogischen Freiheit« ab. Sie dient nicht dazu, den individuellen Ansichten und Überzeugungen des Lehrers zu Lasten des vorgegebenen Inhaltskanons freien Lauf zu lassen. Sie räumt dem Lehrer auch nicht die Befugnis ein, im Unterricht die vorgegebenen Qualitätsanforderungen zu unterschreiten. Mit anderen Worten: Die »Pädagogische Freiheit« endet dort, wo die Leistungsfähigkeit des öffentlichen Schulwesens und die Bildungsinteressen der Schüler beeinträchtigt werden. Deshalb darf die »Pädagogische Freiheit« nicht den Schutz der Schüler vor Willkür, Ungerechtigkeit und Indoktrination sowie deren Anspruch auf sach- und fachgerechten Unterricht gefährden. Der Lehrer bleibt an Gesetze und Rechtsvorschriften gebunden; er bleibt den Richtlinien, Lehrplänen, zentralen Reformmaßnahmen und eventuell curricularen Anordnungen der Kultusadministration verpflichtet, auch soweit sie die Unterrichtsinhalte und ihre Verteilung auf die einzelnen Schuljahrgänge regelt.

Wie stellt sich nun die so abgesteckte und definierte »Pädagogische Freiheit« im täglichen Lehrerhandeln dar? Sie wirkt sich u.a. vorrangig in der Ausgestaltung der Unterrichts- und Erziehungstätigkeit aus. Wenn sie freilich nur als methodische und didaktische Freiheit des Lehrers verstanden wird, ist diese zugleich zu eng und zu weit. Zu eng deshalb, weil die »Pädagogische Freiheit« im eben skizzierten Verständnis auch die Wahl der Unterrichtsstoffe und Unterrichtsinhalte umfassen kann. Das heißt ein Lehrer kann ein Thema exemplarisch behandeln und dafür ein anderes beiseite lassen; er kann innerhalb eines Lektürekanons auswählen; er kann unter verschiedenen zugelassenen Lehrbüchern das aussuchen, das ihm besonders geeignet zu sein scheint. Zu weit aber deshalb, da der Lehrer auch methodische Anweisungen befolgen muss, die ihm etwa die Anwendung veralteter Unterrichts- und Erziehungsmethoden untersagen. Es ist auch unstrittig, dass allgemein anerkannte Ergebnisse der pädagogischen Forschung seiner Freiheit Grenzen setzen. Eingeschränkt wird die »Pädagogische Freiheit« ferner durch die Notwendigkeit, im Schulalltag mit den anderen Kollegen der Schule zusammenzuarbeiten. Er muss sein Handeln einerseits auch an Konferenzentscheidungen orientieren. Es muss ihm seitens der Konferenz aber andererseits der erforderliche Spielraum für seine pädagogischen Möglichkeiten belassen bleiben.[9]

Zwingende Voraussetzung für die Inanspruchnahme der »Pädagogischen Freiheit« ist eine wissenschaftliche Lehrerbildung. Sie muss fundiertes Fachwissen, lerntheoretische, lernpsychologische und pädagogische Detailkenntnisse ebenso vermitteln wie die Fähigkeit des Lehrers, sich in seiner Funktion ständig zu reflektieren. »Pädagogische Freiheit« und »Pädagogische Verantwortung« stehen untrennbar in einer pädagogischen Verantwortungsgemeinschaft; das heißt Lehrerhandeln muss in besonderem Maße verantwortlich erfolgen.

---

9 Zur Gesamtproblematik der »Pädagogischen Freiheit« und ihren Einzelproblemen vgl. Heckel, H./Avenarius, H.: *Schulrechtskunde*. Neuwied. 6. Auflage 1986, S. 234 bis 237.

5. Die Erziehung des Kindes als eine Aufgabe innovativer und experimenteller Gestaltung von Schulen

Die scheinbar lapidare, bereits oben genannte Feststellung, dass es der Schule und der Lehrer nur deshalb bedarf, weil es Kinder gibt, muss im Zusammenhang der permanenten Erziehungsbedürftigkeit nachwachsender Generationen auch dann und vor allem bedacht werden, wenn Schulreformen in Angriff genommen werden. Etwas zu reformieren, heißt u.a., es auf den ursprünglich als richtig erkannten Punkt zurückzuführen. Im pädagogischen Bereich kann das nur bedeuten, alles Handeln in den Dienst des heranwachsenden Kindes und seiner Entfaltungsmöglichkeiten zu stellen.

Es kommt daher aus meiner Sicht nicht von ungefähr, dass die gegenwärtige internationale Neubesinnung gern auf die Aussagen und Erfahrungen der Epoche der Reformpädagogik zurückgeht. Es ist auch nicht die Suche nach der scheinbar einstmals so heilen pädagogischen Welt. Diese gab und gibt es nicht! Es ist vielmehr die bewusste Zentrierung auf das Kind, die eine »Renaissance der Reformpädagogik« erkennbar werden lässt. Wie Vertreter der Reformpädagogik auch auf weit früher entwickeltes Gedanken- und Erkenntnisgut zurückgegriffen haben, so beziehen wir uns in unseren Bemühungen auf die für uns nächstgelegene historische Epoche, die sich dem Kind und der Erziehung des heranwachsenden jungen Menschen besonders verpflichtet sah. Wir sind in unseren innovatorischen Bemühungen gleichsam Restauratoren, die Schichten um Schichten ablösen, welche sich im Laufe der Zeit wie belastender Firniss auf das Original gelegt haben. Das ist trotz des verwendeten Sprachbildes nicht mit Altertumspflege gleichzusetzen. Das Original »Kind« muss wieder im Zusammenhang aktueller Gegebenheiten gesehen und für die Gestaltung der Zukunft der jetzt vorfindbaren Gegenwart vorbereitet werden. Die zurückliegenden Jahrzehnte brachten große Fortschritte im Bereich der Lehrerbildung. Ihre grundsätzliche Wissenschaftlichkeit und Professionalität ist inzwischen erreicht und festgeschrieben; in vielen Ländern wurde dieser Prozess mit einer betonten standespolitischen Profilierung begleitet. Der erreichten »Philologisierung« muss als Pendant die notwendige »Pädagogisierung« gegenübergestellt werden. Die »ganzheitliche Förderung des Kindes« (Kopf-Herz-Hand) und »Schülerorientierung« (Selbständigkeit durch Selbsttätigkeit) sind nur Leitbegriffe, die wie exemplarisch gesetzte Blitzlichter auf notwendige Schulreformen und die zukünftig zu gestaltende Schule verweisen. Schuladministrationen und Lehrerstand müssen für und in dieser »Schule der Zukunft« lernen, dass Optimieren nicht gleichzusetzen ist mit zunehmender »Verrechtlichung«. Sie dokumentiert sich in einer unüberschaubaren Summe von Erlassen und Verordnungen, die nie dem einzelnen Kind gerecht werden, da sie immer generalisieren (müssen). Das Lehrerhandeln orientiert sich in dieser Form mehr an Checklisten fragwürdiger Normen, die letztendlich dem Lehrer die Entscheidungsfreiheit und den Verantwortungsspielraum nehmen. Es muss deshalb bei allem Suchen nach innovativer und experimenteller Gestaltung von Schule deutlich sein, dass die Elemente »Freiheit« und »Verantwortung« im pädagogischen Prozess die »Leitplanken mehrspuriger Erziehungsstraßen« bleiben. Vorgelebte Verhaltensweisen des Lehrers bewirken mehr als Belehrungen. Gewährt man dem Lehrer Freiheit und delegiert an ihn zugleich Verantwortung, so werden Impulse für Innovationen in einer Fülle freigesetzt, wie sie zentrale Reformpläne nicht leisten können.

Ellen Keys Studie zum »Jahrhundert des Kindes« forderte Nachdenken heraus, provozierte neue Schulmodelle, veränderte Lehrerverhalten. Trotz unbestreitbar erreichter Fortschritte im Laufe der zurückliegenden Jahrzehnte muss am Ende der signalsetzenden Terminierung »Jahrhundert des Kindes« eine Fortschreibung erfolgen. Sie kann konsequenterweise nur darin bestehen, die Zeitlosigkeit der Forderung hervorzuheben, die Ellen Key zur pädagogischen Pflicht macht.

Literatur

Dewey, J.: *Schule und öffentliches Leben.* Übersetzt von E. Gurlitt, eingeleitet von E. Gurlitt. Berlin 1905 (Original 1899).

Fauser, P.: *Pädagogische Freiheit in Schule und Recht.* Weinheim/Basel 1986.

Gläser, J. (Hrsg.): *Vom Kinde aus. Arbeiten des Pädagogischen Ausschusses der Gesellschaft der Freunde des vaterländischen Schul- und Erziehungswesens zu Hamburg.* Hamburg/Braunschweig 1920.

Heckel, H./Avenarius, H. (Hrsg.): *Schulrechtskunde.* Neuwied, 6. Auflage 1986.

Key, E.: *Das Jahrhundert des Kindes.* Studien von Ellen Key. Berlin, 8. Auflage 1905.

Lhotzky, H.: *Die Seele Deines Kindes.* Düsseldorf/Leipzig 1904.

Nohl, H.: *Die pädagogische Bewegung in Deutschland und ihre Theorie.* Frankfurt am Main, 4. Auflage 1957.

Oelkers, J.: *Reformpädagogik – eine kritische Dogmengeschichte.* München 1989.

Otto, B.: *Die Reformation der Schule.* Groß-Lichterfelde 1912.

Preyer, W.: Die Zukunft der Schulen in Deutschland. In: *Die Deutsche Schule* 1(1889) 8, S. 351–356.

Rilke, R.M.: *Sämtliche Werke.* Hrsg. v. E. Zinn. Band 5: »Worpswede – Rodin – Aufsätze«. Frankfurt am Main 1965.

Röhrs, H. (Hrsg.): *Die Schulen der Reformpädagogik heute.* Düsseldorf 1986.

Scheibe, W.: *Die Reformpädagogische Bewegung.* Weinheim, 4.Auflage 1974.

Stock, M.: *Pädagogische Freiheit und politischer Auftrag der Schule.* Heidelberg 1971.

Ulrich Heimlich

Spiel als Bildung! – Bildung als Spiel? Der Beitrag der Spielpädagogik zu einer Bildung für alle in Geschichte und Gegenwart

> [...]; so sehen wir in Ansehung der Kenntnisse das, was in früheren Zeitaltern den reifen Geist der Männer beschäftigte, zu Kenntnissen, Übungen und selbst Spielen des Knabenalters herabgesunken und werden in dem pädagogischen Fortschreiten die wie im Schattenrisse nachgezeichnete Geschichte der Bildung der Welt erkennen.[1]

Vorbemerkung: Spiel als Bildung!

Bildung ist in aller Munde. Man will wieder wissen, »was man wissen muss.« Bildung wird zum Beststeller (vgl. Schwanitz 2002). Wir zappen uns von einer Quiz-Show zur anderen und fiebern mit um die Euro-Millionen. Die bange Frage lautet: »Hätten wir's gewusst?« Oder weiß es der Telefonjoker? Oder weiß auch der nur, wo er nachschlagen muss? Zeitschriften bringen Themenhefte zur »Bildung« (z.B. Geo-Wissen Nr. 3/ 2003) heraus. Nach Veröffentlichung der PISA-Studie wird Bildung gar das »Mega-Thema« in der Presse. Talkshows und Feuilletons ziehen nach. Endlich ist das Thema »Bildung« da, wo es hingehört – mitten in den Medien!? Vielleicht ist das ja doch der Ruck durch die Gesellschaft, den der ehemalige Bundespräsident Herzog bereits vor einigen Jahren gefordert hat – zunächst weitgehend ungehört. Oder ist die öffentliche Diskussion zur »Bildung« auch wieder nur eine kurzlebige publizistische Modewelle, die bald verebbt, um von dem nächsten »Mega-Thema« abgelöst zu werden? Angesichts der gleichzeitig einsetzenden bundesweiten Sparwelle im Bildungswesen bis hin zu den Universitäten wird die neue Bildungsdebatte jedenfalls mit leichtem Unbehagen begleitet.

Aus der Sicht der Erziehungswissenschaft muss dieser »Bildungstrubel« vollends verwundern, schien der Begriff »Bildung« doch noch Ende der sechziger Jahre des letzten Jahrhunderts völlig desavouiert zu sein. So schreibt einer der Exponenten der Bildungsreform und Gründer der Bielefelder Laborschule, Hartmut von Hentig, im Jahre 1968:

1 G.W.F. Hegel 2000, S. 35.

> Das Wort »Bildung« hat [...] ein Schicksal, an das man lieber nicht rührt. Klarheit wird einem von da nicht zuteil. Man sollte eher versuchen, das Wort »Bildung« zu vermeiden.[2]

Der Entwurf seiner Schulkonzeption kommt von daher seinerzeit ohne den Bildungsbegriff aus und hat gleichwohl zu einem äußerst erfolgreichen Schulreformprojekt beigetragen (wie übrigens die schulbezogenen Ergebnisse der PISA-Studie für die Bielefelder Laborschule mit klar überdurchschnittlichen Ergebnissen bestätigen). Knapp dreißig Jahre später stellt von Hentig in seinem Essay »Bildung« die »Rückkehr zur Bildung« wiederum als Fortschritt heraus[3] und entfaltet hier eine allgemeine Bildungstheorie, die gerade angesichts einer modernen Leistungsgesellschaft die »Bildung für alle« als Leitmaxime des Bildungs- und Erziehungssystems postuliert.

Die Erziehungswissenschaft hat in der BRD keineswegs auf den Bildungsbegriff verzichten können, auch wenn sie damit international in der *educational science* nach wie vor erheblichen Erklärungsbedarf produziert. Die Unterscheidung von Erziehung und Bildung kommt in anderen Sprachen bekanntlich so nicht vor. Bildung ist in der BRD ein erziehungswissenschaftlicher Grundbegriff geblieben (vgl. Hörster 1995). Bildung wird in der modernen Erziehungswissenschaft allerdings redefiniert, ist nicht mehr zu reduzieren auf das neuhumanistische Bildungsideal, sondern eher zu verstehen als Weg des Menschen zur Teilhabe an der Kultur beziehungsweise Gemeinschaft und als Weg zur Menschwerdung. Als Absage an alle materialen und formalen Bildungstheorien kommt von Hentig bei dem Versuch der Neubestimmung einer »Bildung für alle« zu folgendem Ergebnis:

> Es muß sich um das handeln, was den Menschen zu einer Person macht – einer Person [...] die, was sie als notwendig erkennt, zu tun wagt.[4]

Vor diesem Hintergrund kommt es mindestens einem kleinen Wagnis gleich, einen Zusammenhang von Spiel und Bildung zu postulieren. Und doch trifft sich ein moderner Spielbegriff mit diesem neuen Bildungsverständnis, das Bildung vor allem als Selbst-Bildung thematisiert. Dass eine solche Bildung speziell im frühkindlichen Bereich weitgehend im Spiel erfolgt, dürfte noch weitgehend unstrittig sein (vgl. Schäfer 1995). Ob Bildung zugleich als Spiel aufgefasst werden kann, steht hier zumindest als offene Frage am Anfang der weiteren Überlegungen. Aber gerade die Beschäftigung mit einer Geschichte der Spielpädagogik, wie sie von Hein Retter seinerzeit angeregt worden ist (vgl. Retter 1979) und sich darauf aufbauend allmählich als historiographischer Zweig der Spielforschung herausgebildet hat (vgl. Heimlich 2001), vermag den Zusammenhang von Bildung und Spiel zu erhellen. Dabei ist allerdings die Ideengeschichte nach Möglichkeit um sozialgeschichtliche Aspekte zu ergänzen. Auf

2 Von Hentig 1970, S. 146.
3 Vgl. von Hentig 1996, S. 55f.
4 Von Hentig 1996, S. 36.

diesem Weg in die Geschichte der Spielpädagogik soll deshalb nun bis zu Platon in das antike Griechenland zurückgegangen werden (1.), um über einen kleinen Zwischenstop bei Vittorino da Feltre in der Renaissance-Stadt Mantua (2.) bis zu Friedrich Fröbel nach Blankenburg in Thüringen (3.) vorzudringen. Abschließend wird noch einmal nach dem Bildungswert des Spiels gefragt.

1. Spiel und Bildung in der Antike

Spiele durchziehen das gesamte Alltagsleben im antiken Griechenland. Glücksspiele sind zwar verpönt, aber vor allem Spiele zur Schulung des Körpers erfreuen sich großer Beliebtheit. Die griechische Sprache unterscheidet zwischen dem Begriff Spiel allgemein (*paidia*), der vor allem für des Kinderspiel gebraucht, aber auch gleichbedeutend mit dem Fröhlichen und Sorglosen verwendet wird und dem Wettkampfspiel (*agon*), das auch Erwachsenen zugänglich ist.[5] Feste und religiöse Zeremonien enthalten im antiken Griechenland ebenfalls wiederkehrende spielerische Elemente. Die nationalen Spiele von Olympia, Delphi, Korinth und Nemea[6] sind den Göttern gewidmet: »Die Götter sind die Freunde der Spiele« – so jedenfalls der griechische Dichter Pindar (ca. 520–ca. 455 v. Chr.; ebd.). Das Spiel mit Klappern, Tonfiguren, das Reifentreiben oder Reiten auf Steckenpferden ist besonders bei kleineren Kindern bekannt. Sie besitzen kleine Sammlungen von alltäglichen Gegenständen zum Spielen. Auch das Knöchelspiel (mit Tierknochen) als Vorläufer des späteren Würfelspiels ist sehr verbreitet. Ab dem 7. Lebensjahr kommen Ball- und Laufspiele mit festen Regeln hinzu. Und sogar in den Schulen der propädeutischen Stufe bleiben Gesang, Tanz und Gymnastik wichtige Hilfsmittel der Erziehung.[7] Insgesamt ist das Kinderspielzeug hier noch stark in religiöse Bedeutungen eingebunden. Zum individuellen Spielzeug kann es sich erst entwickeln, wenn es sich aus diesem Zusammenhang wieder löst.[8]

Die Einstellung zur Kindheit in der griechischen Gesellschaft der Antike ist allerdings mit der heutigen keineswegs vergleichbar. So sind seinerzeit weder gesetzliche noch moralische Verbote der Kindstötung bekannt.[9] Auch das Aussetzen und Verkaufen von Kindern oder der sexuelle Missbrauch werden keineswegs einhellig abgelehnt. Noch vernichtender fällt das Urteil der griechischen Gesellschaft bezogen auf Kinder mit Behinderung aus. Auch Philosophen wie Aristoteles oder Platon sprechen sich eindeutig dagegen aus, »deformierte Kinder« überhaupt aufzuziehen.[10] Die hohe Kinder- und Säuglingssterblichkeit lässt überdies kaum eine enge emotionale Beziehung zwischen Eltern und Kin-

5 Vgl. Huizinga 1991, S. 39f.
6 Vgl. Böhm 1988, S. 232.
7 Vgl. Dirx 1981, S. 56.
8 Vgl. Ariès 1998, S. 134.
9 Vgl. Postman 1993, S. 16; DeMause 2000, S. 45ff.
10 Vgl. DeMause 2000, S. 47.

dern zu. Insofern dürften die Spiele der Kinder seinerzeit kaum von Erwachsenen wahrgenommen worden sein. Kinder waren allenfalls selbst als »Spielzeug« für Erwachsene von Interesse. Und wer es sich leisten konnte, legte seinen Kindern eine goldene Kette mit einer goldenen Kugel um den Hals als Zeichen dafür, dass diese Kinder nicht missbraucht werden dürfen.[11]

Vor diesem Hintergrund entwirft Platon (427–347 v. Chr.) sein Ideal von Erziehung und Bildung, das wiederum in seine Vorstellung von einem idealen Staat eingebunden ist. Spielpädagogische Reflexionen durchziehen dabei das gesamte überlieferte Schrifttum dieses Schülers von Sokrates. Während in der *politeia* (Der Staat, vgl. Platon 1967a) die Reflexionen zum kindlichen Spiel noch eher verstreut bleiben, erfolgt im 7. Buch der *nomoi* (Die Gesetze, vgl. Platon 1967b) eine prägnante Zusammenfassung seiner spielpädagogischen Konzeption. Platon betrachtet das Spiel als Entwicklungsnotwendigkeit, auf die jegliche Erziehung Rücksicht zu nehmen habe. Hinzu tritt dann auch für Platon die religiöse Bedeutung. Das Spiel stellt für Erwachsene eine Möglichkeit dar, sich mit den Anforderungen der Welt auseinander zu setzen und gleichzeitig eine den Göttern gefällige Lebensweise zu praktizieren. Deshalb sind für Platon auch keineswegs alle Spiele erlaubt. Die Spiele der Kinder haben nach Platon eine außerordentlich bedeutsame Funktion für den Fortbestand des Gemeinwesens (*polis*). Deshalb sollte stets auf die genaue Einhaltung der Spielregeln und Spieltraditionen geachtet werden. Dabei geht Platon bis zu der Forderung nach einer strengen Beaufsichtigung des kindlichen Spiels. Abwandlungen der Spielregeln sind strikt abzulehnen. Besonders in der Nähe zum Tempel sieht er geeignete Spielorte für Kinder, wohl in der Annahme, dass Kindern dort auch eher die religiöse Bedeutung ihrer Spiele näher gebracht werden kann. Insofern stellt das Spiel der Kinder für Platon ein Mittel der kulturellen Tradierung dar. Spiel sollte somit schon bei Platon eindeutig eine sozialisierende Funktion einnehmen. Die pädagogische Bedeutung des Spiels wird allerdings ebenso auf Jugendliche und Erwachsene ausgeweitet. Letztlich sieht Platon einen engen Zusammenhang von Spiel (*paidia*) und Bildung (*paideia*), der erst einen Zugang zu dem erstrebenswerten Ziel eines erfüllten Lebens eröffnet.[12] An eine »Bildung für alle« ist dabei noch nicht gedacht, da die Bildung den höheren Ständen der Gesellschaft und den Griechen selbst vorbehalten bleibt. Inwieweit diese spielpädagogische Konzeption mit den alltäglichen Spielen der Kinder in der wirkungsgeschichtlichen Dimension vermittelt werden konnte, bleibt gegenwärtig noch offen.

---

11 Vgl. DeMause 2000, S. 71f.; Ariès 1998, S. 217.

12 Vgl. Platon 1967b, S. 447.

2. Spiel und Bildung in der Renaissance

Diese eher spielfreundliche gesellschaftliche Einstellung der griechischen und auch römischen Antike wird unter dem Einfluss des Christentums insbesondere nach dem Untergang des römischen Reiches in Europa weitgehend zurückgedrängt. Dabei tut sich die christliche Kirche mancherorts sogar mit rigorosen Spielverboten hervor, wohl aber mit wenig Erfolg.[13] Ein beredtes Zeugnis von dieser alltäglichen Spielkultur der Kinder bietet das berühmte Kinderspielbild von Pieter Brueghel d.Ä. (1525–1569), das über 70 Straßenspiele von Kindern zeigt. Sicher ist damit keine alltägliche Straßenszene dokumentiert. Vielmehr handelt es sich bei Brueghels Gemälde um eine Art »Enzyklopädie des Kinderspiels« zu seiner Zeit (vgl. Hills 1957).

Eine eigenständige Kindheitsphase kann sich in der stark hierarchisch gegliederten Ständegesellschaft des Mittelalters erst spät herausbilden. Unter dem Einfluss der Kirche wird allerdings der Kindesmord und der Verkauf von Kindern immer stärker juristisch verfolgt. Es entstehen erste Heime, die Findelkinder aufnehmen.[14] Besonders für die gutsituierten Handwerker und Geschäftsleute in den mittelalterlichen Städten wird es allmählich von Interesse, Kindern eine gute Ausbildung zu ermöglichen. Gerade aus den italienischen Städten des *quattrocento* liegen bereits reichhaltige, teils autobiographische aber auch ikonographische Quellen über die Entwicklung von Kindern vor. Gegenüber diesen »Mittelklassekindern« bleibt das Leben der Kinder auf dem Lande oder in armen Familien allerdings meist im Dunkel (vgl. Ross 2000). Seit dem 14. Jahrhundert häuft sich die Darstellung von Kindern in der bildenden Kunst (z.B. als Engel oder *putti*) und eröffnet dabei auch einen Zugang zur kindlichen Spielwelt dieser Zeit. Es dominieren hier religiös eingekleidete Spielszenen (z.B. Jesus und Johannes beim Spiel). Dabei werden jedoch überwiegend zeitgenössische Spiele dargestellt. In den Genreszenen der zeitgenössischen Kunst gibt es nun zahlreiche Hinweise auf Kinderspiele wie Steckenpferd, Reifen, Windmühle oder den lebendigen Vogel an der Leine.[15] Die Spiele der Kinder unterscheiden sich noch nicht deutlich von den Spielen der Erwachsenen. So nehmen Kinder wie selbstverständlich an Glücksspielen um hohe Geldbeträge teil. Auch bei den zahlreichen Gesellschaftsspielen wie Karten- und Ratespiele oder Schlagball, Hockey sowie Federball sind Kinder in der Regel beteiligt.[16] Deutlich wird dies z.B. auch in der Kinderkleidung, die lange Zeit wie eine Miniaturnachbildung der Erwachsenenkleidung wirkt (vgl. Weber-Kellermann 1989).

In dem Maße wie die Sinnlosigkeit von gesellschaftlichen Spielverboten allmählich bewusst wird, steigt das Interesse an einer erzieherischen Indienstnahme des Kinderspiels wieder an. Besonders in den oberitalienischen Städten

---

13 Vgl. Ariès 1998, S. 156f.

14 So im Jahre 787 durch Dateus, den Erzbischof von Mailand, vgl. Lyman 2000, S. 132.

15 Vgl. Ariès 1998, S. 133.

16 Vgl. a.a.O., S. 126f.

der Renaissance erfolgt dabei eine ausdrückliche Anknüpfung an das griechische Bildungsideal. In diesem Zusammenhang entstehen auch die ersten Schulen modernen Typs.

So errichtet Vittorino da Feltre (1378–1446) auf Einladung des Marquese Gianfrancesco Gonzaga in Mantua eine öffentliche Schule, in die zeitweise ca. 500 Schülerinnen (!) und Schüler aus allen Bevölkerungsschichten zusammen mit den Kindern des Stadtfürsten unterricht werden. Vittorino nennt diese Schule *casa giocosa* (wörtlich: fröhliche Schule). Huizinga hat in seiner kulturhistorischen Untersuchung zum Spiel zeigen können, dass das italienische Wort *giocosa* gleichbedeutend mit Spiel verwendet wird und auf den romanischen Wortursprung für Spiel (*iocosa*) hinweist. Insofern könnte die *casa giocosa* auch als »Schule des Spiels« beziehungsweise als »Spielschule«[17] bezeichnet werden. Die Schulkonzeption ist am ehesten mit einer »Mittelschule« vergleichbar, die zwischen Elementarschule und Universität steht. Der »Bildungskanon« fußt auf der griechischen Klassik, auf die die Renaissance-Humanisten sich ausdrücklich beziehen. Sprache und Literatur, Arithmetik und Geometrie sowie Dialektik und Ethik stehen im Vordergrund. Es überrascht allerdings trotzdem, welchen bedeutenden Stellenwert das Spiel hier in Ergänzung zum Unterricht einnimmt. Es gibt beispielsweise auch Lehrer für »Malerei, Zeichnen, Musik, Tanzen, Reiten, Fechten und Ballspiel«.[18] Im Vergleich mit den Klosterschulen dieser Zeit fällt die Betonung des Spiels und der Bewegung in Vittorinos Schulkonzeption auf. Auch der Leib ist damit in die Bildungsbemühungen aufzunehmen, nicht nur Seele und Geist. Deshalb werden regelmäßig Spaziergänge und tägliche Spiele sowie sportliche Übungen und Wettkämpfe veranstaltet, die Vittorino als Leiter der Schule auch selbst beaufsichtigt. Zu diesen Spielen werden ebenfalls alle Kinder zugelassen. Das ist insofern ungewöhnlich, als die öffentlichen Ritter-, Jagd- und Ballspiele zu dieser Zeit ausschließlich dem Adel vorbehalten sind, während Bauern und Arme allenfalls Zuschauer sein durften.[19] So ist der *calcio* (das Ballspiel beziehungsweise heute: Fußballspiel) seinerzeit in den Stadtstaaten insbesondere in Florenz als öffentliches Vergnügen des Adels entstanden. Zwei Mannschaften von etwa 25 erwachsenen Spielern treffen sich in prachtvollen Kostümen auf öffentlichen Plätzen und versuchen den Ball in das gegnerische Tor zu befördern. Dazu sind ähnlich dem heutigen Rugby so ziemlich alle Mittel erlaubt.[20]

Allerdings geht es Vittorino nicht nur um Zerstreuung oder körperliche Übung. Der Titel seiner Schule – *casa giocosa* – ist vielmehr Programm. Am ehesten lässt sich dies mit dem Begriff der »Spielfreude« in Verbindung bringen.[21] Die heitere Atmosphäre der *casa giocosa* wird über das spielerische Ele-

17 Vgl. Müller 1984, S. 265.
18 A.a.O., S. 139.
19 Vgl. a.a.O., S. 243.
20 Vgl. Brüggemann/ Borsdorf/ Steiner 2000, S. 61ff.
21 Vgl. Müller 1984, S. 262ff.

ment der Bildungskonzeption erreicht. Insofern haben die Fresken der spielenden Kinder, mit denen Vittorino das Schulgebäude ausmalen lässt, eben nicht nur dekorativen Charakter. Vittorino steht als Erziehungspraktiker für die Entdeckung, dass das Spiel von Kindern und Jugendlichen nicht nur einem Bildungszweck dienen kann, sondern vielmehr einen Bildungswert in sich hat. »Lernen mit Freude« wird hier erstmals über die vielfältigen Formen des Spiels in Bildung und Erziehung aufgenommen.

3. Spiel und Bildung am Beginn der Moderne

Vollends zur Wiege einer modernen Spielpädagogik wird das Zeitalter der Aufklärung in Europa. Der Alltag der Kinder ist in dieser Epoche durch extreme soziale Unterschiede gekennzeichnet. Im 17. Jahrhundert hinterlässt der dreißigjährige Krieg in Europa ein Feld der Verwüstung. Die Folgen sind eine weitreichende Verarmung breiter Bevölkerungsschichten (Pauperisierung). Die Fürstenhäuser gewinnen neben der Kirche an politischem Einfluss. Auch die Erziehung wird in den Fürstenfamilien nunmehr zum Statussymbol. Hier kann sich erstmals eine engere Eltern-Kind-Bindung herausbilden, in deren Folge Kinder ein eigenes Zimmer in der Wohnung erhalten (Kinderstube) und eigenes Spielzeug. Die reiche Spielzeugproduktion dieser Zeit bestätigt diese Entwicklung eindrucksvoll, wenn auch allenfalls 20% der Kinder seinerzeit mit kommerziellem Spielzeug gespielt haben. Die bürgerliche Kleinfamilie entsteht allerdings erst allmählich. Noch wird die familiale Lebensform von der Lebens- und Produktionsstätte des »ganzen Hauses« bestimmt – zumindest bei Handwerker- und Bauernfamilien. Die überwiegende Zahl der Kinder hat bis weit in das 19. Jahrhundert hinein kaum freie Zeiten für das Spielen.[22] Erst im Jahre 1853 wird in Preußen das Mindestalter für die Kinderarbeit auf 12 Jahre angehoben, wenn auch damit noch längst kein Verbot der Kinderarbeit durchgesetzt ist.[23]

Von der Aufklärungsphilosophie gehen nun bedeutsame Einflüsse auf Erziehung und Bildung aus. »Der Ausgang des Menschen aus seiner selbstverschuldeten Unmündigkeit« – wie Immanuel Kant (1724–1804) die Kernaussage der Aufklärung zusammenfasst – ist nur über den »Gebrauch des eigenen Verstandes« zu erreichen. Bildung und Erziehung kann damit nicht mehr nur bestimmten Bevölkerungsgruppen vorbehalten bleiben. Bildung wird in dieser Zeit als Aufgabe für alle Menschen definiert. Folgerichtig wird im Jahre 1717 bereits in Preußen die allgemeine Schulpflicht per Dekret verkündet, auch wenn deren Durchsetzung noch einige Zeit auf sich warten lassen wird.[24]

22 Vgl. Weber-Kellermann 1989, S. 192.
23 Vgl. Tenorth 1992, S. 168.
24 Vgl. Tenorth 1992, S. 82.

Im Lebenswerk des Pfarrerssohns und Kindergartengründers Friedrich Wilhelm August Fröbel (1782–1852) wird dieses Konzept einer »Bildung für alle« auch auf die frühen Entwicklungsjahre übertragen. Fröbel hinterlässt nicht nur mehrere erfolgreiche Versuche zur Gründung von Bildungs- und Erziehungsinstitutionen, sondern auch ein eigenes Spielzeugverbundsystem. Zugleich ist Fröbel einer der Väter einer modernen Spielpädagogik. In seinem Erziehungskonzept geht er ähnlich wie Pestalozzi von der Mutter-Kind-Bindung aus. Am Beginn seiner spielpädagogischen Systematik stehen deshalb die Mutter-, Kose- und Spiellieder (vgl. Fröbel 1844/ 1984). Mütter und angehende Kindergärtnerinnen erhalten hier Anregungen zum erziehenden Umgang mit Kleinkindern z.B. durch Finger- und Handspiele, zu denen gesungen oder gesprochen wird. Gleichzeitig nimmt Fröbel an, dass alle Kinder einen ursprünglichen Drang zur Tätigkeit haben und ihre Umwelt aktiv erkunden wollen. Fröbel versucht, den Kindern bei dieser Erkundung dadurch zu helfen, dass er ihnen spezifisch gestaltete Spielmaterialien (Spielgaben) anbietet. Er überführt die Mannigfaltigkeit der äußeren Erscheinungen der Welt in ihre kristallinen Urformen. Als solche sieht er beispielsweise Kugel und Würfel. Ausgehend von diesen Grundformen hat Fröbel bekanntlich ein System an Spiel- und Beschäftigungsmitteln geschaffen, dass in den Holzbaukästen bis in die Gegenwart erhalten geblieben ist. Zusätzlich gibt Fröbel auch Hinweise auf Spiele in der Gruppe der Kinder, die er als Ton- und Singspiele, Wort- und Sprechspiele sowie Bewegungs- und Darstellungsspiele bezeichnet.[25] Eingerahmt werden diese konkreten Spielvorschläge durch ein Konzept von »Spielpflege«, in dem die Selbsttätigkeit der Kinder den Ausgangspunkt bildet. Insofern trägt Fröbels Spielpädagogik stark autodidaktische Züge. Die strenge Systematik der Spielgaben darf von daher auch nicht mit einer stark lenkenden pädagogischen Einflussnahme verwechselt werden, wie das in der Fröbelrezeption häufig passiert ist.

Welche Familien Fröbel mit seiner Spielpädagogik und seinen Kindergärten erreicht hat, ist strittig. Sicher werden dabei Bürgerfamilien, wie sie etwa in den Farblithographien aus den Achtzigerjahren des 19. Jahrhunderts bekannt geworden sind, dominiert haben.[26] Dabei herrscht eher die biedermaierliche Idylle vor. Allerdings bezieht sich Fröbel selbst in der »vollständigen brieflichen Darstellung« seiner Spielgaben auch auf Kinder armer Familien und verweist mehrfach auf die Möglichkeit, das Spielmaterial aus Abfallholz und Naturmaterialien selbst herzustellen.[27]

Unbestritten ist bis heute, dass Fröbel eines der umfassendsten spielpädagogischen Konzepte in der Geschichte der Pädagogik vorlegt. Überdies enthält seine »Spielpflege« erstmals den deutlichen Hinweis auf die Notwendigkeit der pädagogischen Förderung des Spiels und zur Weiterentwicklung der Spielfähigkeit

25 Vgl. Hoof 1977, S. 94.
26 Vgl. Rockstein 1999, S. 52ff.
27 Vgl. Fröbel 1984, S. 79.

selbst. Die Begründung für die Bedeutung der Spielpädagogik liegt bei Fröbel letztlich in der Bildungswirkung des Spiels, bleibt auf die gesamte Komplexität des Spiels bezogen und vermeidet so jede einseitige Bindung an Lern- und Erziehungsziele, die außerhalb der »Sphäre« des Spiels liegen. Somit ist eine »Bildung für alle« seit Fröbel wohl nicht ohne das Spiel zu haben.

Ausblick: Bildung als Spiel?

Dieser etwas abgekürzte Gang durch die Geschichte der Spielpädagogik zeigt somit, dass sich ausgehend von Platon die Erkenntnis von der Bildungsbedeutsamkeit des Spiels verbreitet hat. Spiel hat deshalb bildenden Charakter, weil es Kinder in die Lage versetzt, sich selbstständig mit der kulturellen Umgebung auseinander zu setzen. Von Platon über Vittorino da Feltre bis zu Fröbel wird im Laufe dieser gedanklichen Reise deutlich, dass die »Reaktion der Gesellschaft auf die Entwicklungstatsache« (Siegfried Bernfeld) nicht umhin kommt, vom kindlichen Spiel als spontaner, phantasievoller und selbst kontrollierter Interaktion mit der soziokulturellen und natürlichen Umwelt auszugehen. Unwillkürlich drängt sich bei diesem Fazit die zentrale Aussage von Friedrich Schiller (1759–1805) aus seinen »Briefen über die ästhetische Erziehung des Menschen« auf:

> ...der Mensch spielt nur, wo er in voller Bedeutung des Worts Mensch ist, und er ist nur da ganz Mensch, wo er spielt.[28]

Der gebildete Mensch wäre somit zu einem guten Teil der spielende Mensch (*homo ludens*). Folgen wir der soziologischen Gegenwartsdiagnose von der »Erlebnisgesellschaft«, so dürften sich die Chancen für ein derart spielorientiertes Bildungsverständnis verbessern. Bei der Definition von »alltagsästhetischen Episoden« als Kern der Erlebnisorientierung moderner Gesellschaften bezieht sich der Soziologe Gerhard Schulze[29] auf die kulturanthropologische Studie »Homo Ludens« von Huizinga (1991). »Wahlmöglichkeiten« und »innenorientierte Sinngebung« als Kennzeichen von alltagsästhetischen Episoden weisen demnach deutliche Parallelen zur Spielerfahrungen auf. Die Erlebnisgesellschaft bietet uns neue Erfahrungsmöglichkeiten, in denen sich Spiel und Alltag mehr und mehr vermischen, Spiele gleichsam »gewöhnlich« werden. So müsste sich auch für Erwachsene nach dem neuen »Mut zur Bildung« nunmehr der »Mut zum Spiel« wieder erreichen lassen, von dem die griechische und römische Antike ein so beredtes Zeugnis liefert.

Als Abschluss dieser kleinen »Bildungsreise« zum Thema »Spiel« soll noch einmal Hartmut von Hentig zu Wort kommen, der in seinen Reisebeschreibungen eine eigene Version der Erkenntnis, dass »Reisen bildet« zum Ausdruck gebracht hat:

---

28 Zit. n. Scheuerl 1991, S. 37.

29 Schulze 1996, S. 98.

Erziehung (und Bildung? – U.H.) ist der Vorgang, durch den man zu leben lernt, und das Reisen, zumal das notwendig kooperative und nicht voll beherrschbare, den Elementen ausgesetzte Reisen zur See, ist dessen Abbild und Inbegriff.[30]

Der Erzieher wird hier also einmal nicht als Gärtner, sondern vielmehr als Weggefährte, als Mitreisender gesehen, ganz im Sinne der ursprünglichen Wortbedeutung von Pädagogik als Wegbegleitung (zu griech. *paidagōgòs* = Sklave, der die Kinder auf dem Schulweg begleitete). In diesem Sinne vermag der bildende Wert des Spiels uns gleichzeitig etwas über pädagogische Handlungsweisen zu sagen, die geeignet sind Bildungsprozesse in Gang zu setzen.

Literatur

Ariès, Philippe: *Geschichte der Kindheit*. München: dtv, 12. Auflage 1998

Böhm, Winfried: Erziehung und Pädagogik in der griechischen Antike. In: Pleticha, Heinrich (Hrsg.): *Im Schatten des Olymp*. Gütersloh: Bertelsmann, 1988, S. 229–240

Brüggemeier, Franz-Josef/ Borsdorf, Ulrich/ Steiner, Jürg (Hrsg.): *Der Ball ist rund. Katalog zur Fußballausstellung*... Essen: Klartext, 2000

DeMause, Lloyd (Hrsg.): *Hört ihr die Kinder weinen. Eine psychogenetische Geschichte der Kindheit*. Frankfurt a.M.: Suhrkamp, 10. Auflage 2000

Dirx, Ruth: *Das Buch vom Spiel. Das Spiel einst und jetzt*. Gelnhausen: Burckhardthaus-Laetare Verlag, 1981 (Erstausgabe: 1968)

Fröbel, Friedrich W.A.: *Mutter-, Spiel- und Koselieder. Entworfenes und Gedrucktes zu und aus Friedrich Fröbels Familienbuch. Ausgewählt und eingeleitet v. Helmut König*. Berlin: Volk u. Wissen, 1984 (Originalausgabe: 1844)

Hegel, Georg Wilhelm Friedrich: *Phänomenologie des Geistes*. Köln: Könemann, 2000 (n.d. Leipziger Ausgabe von 1907)

Heimlich, Ulrich: *Einführung in die Spielpädagogik. Eine Orientierungshilfe für sozial-, schul- und heilpädagogische Arbeitsfelder*. Bad Heilbrunn: Klinkhardt, 2. Auflage 2001

Hentig, Hartmut von: *Systemzwang und Selbstbestimmung. Über die Bedingungen der Gesamtschule in der Industriegesellschaft*. Stuttgart: Klett, 3. Auflage 1970

Hentig, Hartmut von: *Bildung. Ein Essay*. München: Hanser, 1996

Hentig, Hartmut von: *Fahrten und Gefährten. Reiseberichte aus einem halben Jahrhundert 1936–1990*. Weinheim u. Basel: Beltz, 2002

Hills, Jeannette: *Das Kinderspielbild von Pieter Brueghel d.Ä. (1560). Eine volkstümliche Untersuchung*. Wien: Selbstverlag des Österreichischen Museums für Volkskunde, 1957

30 Von Hentig 2002, S. X.

Hoof, Dieter: Hb. d. *Spieltheorie Fröbels. Untersuchungen und Materialien zum vorschulischen Lernen*. Braunschweig: Westermann, 1977

Hörster, Reinhard: Bildung. In: Krüger, Heinz-Hermann/ Helsper, Werner (Hrsg.): *Einführung in Grundbegriffe und Grundfragen der Erziehungswissenschaft*. Opladen: Leske+Budrich, 1995, S. 43–52

Huizinga, Johan: *Homo Ludens. Vom Ursprung der Kultur im Spiel*. Reinbek bei Hamburg: Rowohlt, 1991 (niederländ. Originalausgabe: 1938)

Lyman, Richard B. Jr.: Barbarei und Religion: Kindheit in spätrömischer und frühmittelalterlicher Zeit. In: DeMause, Lloyd (Hrsg.), a.a.O., S. 112–146

Müller, Gregor: *Mensch und Bildung im italienischen Renaissance-Humanismus. Vittorino da Feltre und die humanistischen Erziehungsdenker*. Baden-Baden: Verlag Valentin Koerner, 1984

Platon: Der Staat. In: Platon: *Sämtliche Werke*. Zweiter Band. Köln u. Olten: Verlag Jakob Hegner, 5. Auflage 1967a

Platon: Die Gesetze. In: Platon: *Sämtliche Werke*. Dritter Band. Köln u. Olten: Verlag Jakob Hegner, 5. Auflage 1967b

Postman, Neil: *Das Verschwinden der Kindheit*. Frankfurt a.M.: Fischer, 1993 (amerikan. Originalausgabe: 1982)

Retter, Hein: *Spielzeug. Hb. zur Geschichte und Pädagogik der Spielmittel*. Weinheim u. Basel: Beltz, 1979

Rockstein, Margitta: *Anfänge des Kindergartens*. Bad Blankenburg: Friedrich-Fröbel-Museum, 1999

Ross, James B.: Das Bürgerkind in den italienischen Stadtkulturen zwischen dem vierzehnten und dem frühen sechzehnten Jahrhundert. In: DeMause, Lloyd (Hrsg.), a.a.O., S. 263–325

Schäfer, Gerd E.: *Bildungsprozesse im Kindesalter. Selbstbildung, Erfahrung und Lernen in der frühen Kindheit*. Weinheim u. München: Juventa, 1995

Scheuerl, Hans: *Das Spiel. Theorien des Spiels*. Bd. 2. Weinheim u. Basel: Beltz, 1991

Schulze, Gerhard: *Die Erlebnisgesellschaft. Kultursoziologie der Gegenwart*. Frankfurt a.M./ Campus, 6. Auflage 1996

Schwanitz, Dietrich: *Bildung. Alles was man wissen muß*. München: Goldmann, 2002

Tenorth, Heinz-Elmar: *Geschichte der Erziehung. Einführung in die Grundzüge ihrer neuzeitlichen Entwicklung*. Weinheim u. München: Juventa, 2. Auflage 1992

Weber-Kellermann, Ingeborg: *Die Kindheit. Eine Kulturgeschichte*. Frankfurt a.M.: Insel, 1989

Rimmert van der Kooij

Zukünftige Forschungsschwerpunkte im Kinderspiel

1. Einführung

Spielen ist eine der meist verbreitetsten Verhaltensformen unserer menschlichen Art. Die Varianz von Spielaktivitäten ist enorm: Ein Baby, das sich aufmerksam mit einer Rassel beschäftigt, betätigt sich ebenso spielend, wie ein Erwachsener, der ein Spielkasino besucht. Diese gegensätzlichen Beispiele verdeutlichen, dass der Begriff des Spiels nicht das gesamte Spektrum an Spielhandlungen abzubilden vermag. Das erste Problem im Bereich der Spielforschung liegt demnach in der Begriffs- oder Abgrenzungsdefinition. Zu berücksichtigen ist in diesem Zusammenhang, dass auch andere Phänomene der menschlichen Existenz bislang nicht definiert werden konnten, so zum Beispiel die Intelligenz. Dem Spiel wird häufig zu wenig Aufmerksamkeit geschenkt, da es keine Garantie für Leistungsqualität darstellt. Intelligenz hingegen steht als ein zentraler Begriff in der menschlichen Entwicklung, was eine wissenschaftlich theoretische und praktische Zuwendung zur Folge hat. Insgesamt bleibt allerdings zu konstatieren, dass auch Phänomene, die bislang nicht definiert werden konnten, existent sind!

Die Relevanz der Phänomene »Spiel« und »Intelligenz« wird verdeutlicht durch

- unzählige Veröffentlichungen,
- zahlreiche differenzierte Theorien,
- verschiedenartige Forschungsergebnisse,
- fundierte theoretische Aussagen über kausale Beziehungen zwischen Spiel und Intelligenz.

Trotz dieser umfangreichen Erkenntnisse, lässt sich eine fehlende Homogenität wissenschaftlicher Theorien zu verschiedenen Studien des Spielverhaltens konstatieren.

Die Erforschung des Kinderspiels erfordert zunächst eine Formulierung fundamentaler Ausgangspunkte und Axiome:

1. Die Vielfalt der Theorien und Untersuchungsergebnisse weisen darauf hin, dass wir es beim Spiel mit komplexen Prozessen zu tun haben. Nur der Mensch und höhere Tierarten spielen. Und auch nur ihnen wird die Eigenschaft der Intelligenz zugesprochen.
2. Es dominiert eine Heterogenität an Sichtweisen zum Thema Spiel.
3. Eine begriffliche Differenzierung zwischen Spiel und Spielverhalten soll verdeutlichen, dass das Verhalten eine Folge der Wechselwirkung zwischen

endogenen und exogenen Faktoren ist. Diese Unterscheidung begünstigt das Kriterium der Intersubjektivität, da verschiedene Personen Urteile über wahrnehmbare Verhaltensformen abgeben können. In diesem Beitrag möchte ich mich begrifflich auf das kindliche Spielverhalten beschränken.
4. Die schon angesprochene Kausalität zwischen den Begriffen Spiel und Intelligenz sowie Spielverhalten und kognitivem Verhalten, eröffnet die Möglichkeit der Anwendung theoretischer Modelle oder Theorien.
5. Das Verhalten wird einerseits durch angeborene, endogene Faktoren und andererseits durch exogene Einflüsse der Umgebung determiniert. Die Konvergenztheorie von Stern (1918, 1923) und die auf ihr basierende, weiterführende Forschung von Bronfenbrenner und Ceci (1994) hat meines Erachtens immer noch Gültigkeit.
6. Verhalten wirkt auch intraindividuell beeinflussend und hat somit wiederum wechselseitigen Einfluss auf die Umgebung. Dies ist vor allem bei dominanten, häufig gezeigten Verhaltensformen der Fall. Spielverhalten taucht in jeder kindlichen Entwicklung viele tausend Stunden auf. Schätzungen liegen bei mehr als 10000 Stunden während der ersten sechs Lebensjahre. Aufgrund dieser Komplexität scheint es unabdingbar, dass das Spielverhalten die innere Persönlichkeitsstruktur beeinflußt und folglich großen Einfluss auf kindliche Entwicklungsprozesse hat.

Diese Ausgangspunkte stellen die fundamentale Basis der zentralen Themen dar, die in der Vergangenheit erforscht wurden und auch in der Zukunft eine wichtige Rolle spielen werden. Es ist notwendig,

- eine Bilanz aus existierenden Theorien über Spielverhalten zu ziehen, um aus ihnen eine Perspektive für die Zukunft zu entwickeln,
- ein Meinungsinventar in Bezug auf gezeigtes Spielverhalten zu erstellen. Es muss in diesem Zusammenhang untersucht werden, inwiefern neuere Entwicklungen innerhalb unserer Gesellschaft auch Auswirkungen auf das Spielverhalten haben;
- ein Inventar für die Erziehungsgebiete zu errichten, in denen das Spiel Anwendung findet, um eine individuell kindgerechte Entwicklung zu ermöglichen: Spiel in der Schule, Spielförderung und Spieltherapie.

2. Neue theoretische Ansätze

In meiner langjährigen Arbeit im Bereich der Wissenschaft habe ich keinen anderen Zweig kennengelernt, in dem die Theorien so gealtert sind, wie den des Spielverhaltens. Die klassischen Theorien aus dem 19. Jahrhundert von Spencer (1873), Lazarus (1883), Groos (1901), Hall (1906) und Patrick (1916) beinhalten streng genommen nur Aussagen über die Beziehung zwischen einzelnen Aspekten des Spielverhaltens und kulturellen Entwicklungsphasen in der Vergangenheit. Darwins Evolutionstheorie kommt bei der Begründung dieser klassischen Theorien ein entscheidender Anteil zu. Den Inhalten der klassischen

Theorien kann meines Erachtens allerdings unter dem Fokus der Einsicht in die Beziehung zwischen Spielverhalten und kindlicher Entwicklung kaum Bedeutung beigemessen werden.

Wie ich schon früher erwähnte (van der Kooij, 1983), hat es eine Reihe sogenannter »moderner« Theorien des Spiels gegeben. Hauptvertreter dieser neuen theoretischen Ansätze waren Bühler (1928), Piaget (1972), Erikson (1976), Sutton-Smith (1978, 1979) und Elkonin (1980). Diese modernen Theoretiker haben meist den Hauptakzent auf einen einzelnen Aspekt des Spielverhaltens gesetzt. Hierin unterscheiden sich klassische und moderne Spieltheorien kaum: beide erklären nur *einen* spezifischen Aspekt des Spielverhaltens und lassen andere Merkmale außer Betracht. Rückblickend bleibt festzuhalten, dass die Faktoren, mit denen sich die modernen Theorien beschäftigen, im Vergleich zu den klassischen Spieltheorien, besser zu systematisieren sind.

Aus der Praxis der Psychologie hat sich eine begriffliche Abgrenzung der verschiedenen beobachtbaren Verhaltensweisen ergeben, die es ermöglicht, existente Theorien aus dem Bereich sozialer Hilfeleistung bei Kindern und Jugendlichen einzusetzen. Auf Basis der intersubjektiven Abstimmungen gibt es eine Einteilung in:

- sensomotorisches Verhalten,
- kognitives Verhalten,
- emotionales Verhalten,
- soziales Verhalten.

Innerhalb der entwicklungspsychologischen Diskussion herrscht Einigkeit darüber, dass in verschiedenen Theorien die sensomotorischen und kognitiven Verhaltensformen (zum Beispiel Piaget) sowie die emotionalen und sozialen Verhaltensweisen (zum Beispiel Erikson) miteinander verbunden werden können. Ein fundamentales Problem stellt jedoch die theoretische Antithese zwischen emotional-sozialem Verhalten und sensomotorisch-kognitivem Verhalten dar.

Bezogen auf die Spieltheorien wird ein ähnliches Problem erkennbar: es gibt keine allgemein gültige Theorie, mit der übergreifend alle Spielverhaltensaspekte erklärt werden könnten. Dass die Theorien Piagets nicht die emotionalen Erlebnisse und die Theorien Eriksons nicht die kognitiven Verhaltensaspekte des Spiels zu erklären vermögen, dürfte verständlich sein. Ein sehr bedauerlicher Aspekt aus aktueller Sichtweise ist weiterhin, dass die »jüngste« Erklärungstheorie des Spiels älter als 30 Jahre ist.

Meine erste fundamentale Aussage in Bezug auf zukünftige Forschungsschwerpunkte im Spiel lautet daher: *Das Spielverhalten braucht einen neuen erklärungstheoretischen Ansatz.*

Während des zweiten internationalen Spiel Symposiums in Amsterdam (1991) haben wir (van der Kooij & Been) auf Basis der neueren kognitions-psychologischen Ansätze versucht, einen Anstoß zur Erklärung einiger grundlegender Merkmale des Spiels zu geben: *Versuch und Irrtum* sowie *Imitation und*

Wiederholung waren dabei die Hauptaspekte. Die amerikanischen Herausgeber konnten unserem neu veröffentlichtem Ansatz in dem Buch, dass nach dem Spielsymposium erschien (Hellendoorn, van der Kooij & Sutton-Smith, 1994), nicht zustimmen. Diese Ideen seien zu weit entfernt von den bisherigen Erklärungsbereichen und deswegen schwer zu verstehen. In deutschen Veröffentlichungen haben wir (van der Kooij & Been, 1995, 1998; van der Kooij, 2001) versucht diese neueren Ansätze darzustellen.

Ein Phänomen in der Psychologie ist die Divergenz zwischen nomologischen und hermeneutischen theoretischen Ansätzen. In der Nomologie werden allgemeine Gesetzmäßigkeiten auf der Basis von Messungen von Verhaltensmerkmalen angestrebt, während die Hermeneutik versucht, einsichtige Zusammenhänge durch Methoden des Verstehens, Interpretierens und Deutens zu formulieren. Diese unterschiedlichen Ansätze, die in Deutschland oft verbunden werden mit fast identischen Konzepten der quantitativen und qualitativen Annäherung (van der Kooij, 2000), sollten kombiniert beziehungsweise in ein gemeinsames übergreifendes Modell integriert werden. Van Strien's Integrationsmodell (1986) ist hier als ein Beispiel für die Zukunft zu sehen (siehe Abbildung 1).

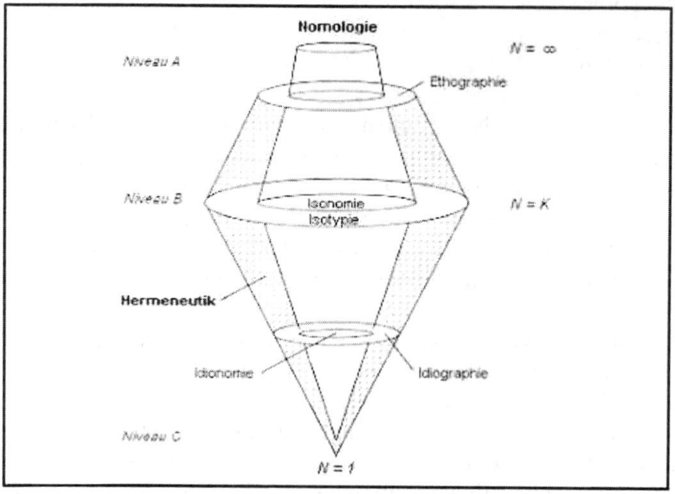

Abbildung 1
Integrationsmodell für Hermeneutik (schraffiert) und Nomologie (unschraffiert) aus: van Strien (1986)
Niveau A: Theorien mit Bezug auf alle Menschen (N = ∞): Nomologie und Ethographie
Niveau B: Theorien mit Bezug auf bestimmte Gruppen (N = K): Isonomie und Isotypie
Niveau C: Theorien bezüglich einer Eizelfallstudie (N = 1): Idionomie und Idiographie

Im Rahmen der Konvergenztheorie müssen wir uns auf die Suche nach spielverhaltenbestimmenden Ursachen begeben. Durch den Einfluss der Lerntheorien ist der endogene Aspekt (erbliche Faktoren) allgemein sehr stark vernachlässigt worden. Im emotional-sozialen Bereich sind jedoch die Annahmen der psychoanalytischen Theorien gegenüber den Theorien angeborener Faktoren zum Beispiel von Sexualität oder Aggressivität nicht mehr solide; es gibt mehrere Hinweise auf die Existenz erblicher Faktoren für diese Verhaltensformen. Allgemein anerkannt scheint im Bereich des kognitiven Verhaltens die Präsenz einer Art Neugierde, die auch dem Versuch-und-Irrtum-Verhalten zugrunde liegt. Ausserdem sollte die Wiederholung als wichtige Erscheinung erwähnt werden. In unserer Spielforschung (van der Kooij, 1983a) haben wir das frühkindliche Spiel auch Wiederholungsspiel genannt, da äußerst auffällig war, dass enorm viele Spielhandlungen wiederholt wurden.

Bestätigt durch neuste Untersuchungen zu Dyslexie (Been & Zwarts, 2002), in denen Unterschiede der Gehirnfunktion erblich belasteter und erblich nicht belasteter Säuglinge im Alter von zwei bis fünf Monaten festgestellt wurden, erhalte ich meine These aufrecht, dass *die Imitation* eine wichtige erbliche Komponente enthält, die in der Vergangenheit nicht ausreichend anerkannt wurde. Piaget (1972) bleibt in diesem Zusammenhang unbeachtet, da er Spiel und Imitation in seinen Arbeiten getrennt betrachtete. Der Einfluß der Imitation im Bereich des Spiels, dessen Wert durch die beobachteten Unterschiede im Imitationsspiel zwischen Jungen und Mädchen deutlich wurde (van der Kooij, 1983a; van der Kooij & Been, 1998), müsste weiter erforscht werden. Vor allem sollte auch erkundet werden, inwiefern die Imitation eine Brückenfunktion zwischen emotionalem und kognitivem (Spiel-)verhalten darstellt. In einer Studie, in der das Spielverhalten von »Durchschnittskindern« und autistischen Kindern verglichen wurde (van der Kooij & Hegner, 1999), konnte beobachtet werden, dass das Imitationsspiel bei autistischen Kinder stark zurück geblieben ist.

An erster Stelle sollten für die zukünftige Forschung im Bereich des Spiels empirische Studien stehen, um auf Basis aktueller Untersuchungsergebnisse zu neuen Theoriebildungen zu gelangen. Dabei müsste sich die Spielforschung an den neusten Ergebnissen der Kognitionspsychologie orientieren.

3. Das Spielverhalten heutiger Jugendgenerationen

Aus den modernen, spieltheoretischen Ansätzen geht trotz ernsthafter Kritik (siehe Abschnitt 2) deutlich hervor, dass man eine Beziehung zwischen Spielverhalten und Entwicklungsniveau voraussetzt. Da wir als Ausgangspunkt die Konvergenztheorie wählten, ist zu berücksichtigen, dass Umgebungsfaktoren das Spielverhalten beeinflussen. Obwohl die Lerntheorien wenig zur Einsicht des Zusammenhangs von Spielverhalten und dessen Auswirkungen auf die kindliche Entwicklung beigetragen haben, wird dem Lernen am Modell im allgemeinen eine Relevanz beigemessen. In Bezug zum Spiel bedeutet dies, dass die sich ändernden sozialen Umgebungsfaktoren von Kindern zentralen Einfluss auf die kindliche Entwicklung haben. Betrachtet man den Bereich der technologischen Entwicklungen und hier speziell das Angebot sich mit dem Computer auseinanderzusetzen, ist nur schwer zu übersehen, dass das Spielen am und mit dem Computer weitreichende Einflüsse und Auswirkungen hat.

Wir haben in den siebziger und achtziger Jahren das Spielverhalten von Kindern im Alter von 2 bis 9 Jahren systematisch observiert (van der Kooij, 1983a). Die Anzahl systematischer Beobachtungen ist bisher sehr klein (van Wylick, 1936; N.D.O., 1984). Aus dem Vergleich der Studien werden Veränderungen aufgrund des zeitgeschichtlichen Hintergrunds deutlich:

- Das Spielverhalten, das durch Bewegung charakterisiert wird, hat stark zugenommen, möglicherweise durch die schon frühe Einstufung in den Kindergarten im Vergleich zur Zeit vor dem 2.Weltkrieg (van Wylick, 1936).
- Meine persönliche Analyse anhand einer Reihe von Einzelfallstudien zeigt, dass das allgemein verbreitete Weltspiel (ich bevorzuge die Bezeichnung »Gruppierungsspiel«) stark zurück gegangen ist. Ausschlaggebend dafür könnte das heutige Spielzeugangebot sein, das meiner Ansicht nach eine hemmende beziehungsweise wenig unterstützende Wirkung auf das Gruppierungsspiel (Weltspiel) hat. Es wäre interessant die Ansichten und Ergebnisse im Bezug zum Spielzeug von Retter aus dem Jahr 1979 mit dem neuesten Stand zu vergleichen.
- Der Einfluss des Computers und der modernen Medien auf das kindliche Verhalten scheint (unterstützt durch die Funktion der Imitation, siehe Abschnitt 2) enorm groß zu sein und wirkt sich auch auf das kindliche Spielverhalten aus. Retter (2002) analysiert sehr gründlich in einem breiten Rahmen (Medien und Kommerz) die Folgen anhand einer Reihe experimenteller Untersuchungen. Retter macht eine wesentliche Bemerkung: »Fernsehen und Computer als Konkurrenten des Spiels.« Die Grundfrage lautet, ob man den komplexen Erfahrungszustand von sozialer Interaktion, sinnlicher Erfahrung und Bewegungserleben auch am Bildschirm bekommt.

  Man sollte gut imBlick behalten, dass das kindliche Interesse im Spiel mit den Medien eine unvermeidliche Folge des Lernens am Modell ist. Durch die Jahrhunderte haben die Handlungen der Erwachsenen Modell gestanden für die spielerischen Aktivitäten der Kinder. Die Erzieher haben durch ihre Modellfunktion eigentlich selber diese kindlichen Bedürfnisse ausgelöst.

Wenn wir auf dem neusten Stand bleiben wollen, dann verkörpert die Erforschung und das Erstellen eines Inventars kindlicher Spielaktivitäten in nächster Zukunft eine Notwendigkeit! Vielleicht wird man dabei sogar feststellen, dass die klassischen Spielformen, wie sie aus unterschiedlicher, theoretischer Sicht beschrieben wurden

- Funktionsspiel, sensomotorisches Übungsspiel, Wiederholungsspiel
- Fiktionsspiel, Imitationsspiel, Rollenspiel, Phantasiespiel

- Konstruktionsspiel, Bauen
- Weltspiel, Gruppierungsspiel

in dieser Grundform kein Existenzrecht mehr haben und einer Erweiterung bedürfen. Ist es nicht möglich, dass ein 6-Jähriger am Computer vielleicht Fiktions- und Konstruktionsspiele zu einer neuen Form von Spiel mischt? Das fundamentelle Problem bildet meines Erachtens die Unsichtbarkeit der engagierten Prozesse. Marotzki (2003) bestätigt durch seine Analyse der kindlichen Aktivitäten am Bildschirm dieses Problem. Vielleicht ist eine multiple Annäherung hilfreich.

Eine zentrale Frage ist, ob wir nicht zu einer neueren Spieleinteilung gelangen müssen, bevor das Spiel überhaupt erforscht werden kann.

Vielleicht ist es ebenso sinnvoll festzustellen, wo *keine* künftigen Forschungsschwerpunkte anzusetzen sind, wie zum Beispiel im Bereich des sozialen Spiels. Die ersten Untersuchungen des sozialen Spiels in systematischer Form stammen aus den USA und wurden von Parten (1933) veröffentlicht. Die Ergebnisse dieser experimentellen Untersuchung gelten immer wieder als Ausgangspunkt in Bezug auf die Erforschung des sozialen Spiels. Es gibt in diesem Bereich eine Reihe von Untersuchungen aus neuerer Zeit (van der Kooij, 2001a), die man den Ergebnissen älterer Studien gegenüberstellte.

Festzuhalten ist für die vergangenen 70 Jahre:

- Die Art und Weise wie Kinder während des Spiels kommunizieren, hat sich in dieser Zeit nicht wesentlich geändert.
- In der Entwicklung des individuellen Bereichs gibt es wesentliche Unterschiede wie Kinder seit den dreißiger Jahren spielen. Man stellt mehr Wiederholungsspiel fest, weniger Gruppierungsspiel und das Spielen am Computer ist ein neues Spielphänomen.
- Die sozialen Kontakte während des Spiels haben sich in ihren Grundzügen nicht geändert.

Neue Aufgaben der Forschung sollten sich u.a. auf die Einflüsse der Früheingliederung der Kinder in unserer Gesellschaft in Tagesstätten/bei Tagesmüttern beziehen. Schweden bildet mit dem landesweiten und standardisierten System der Vorschulerziehung (entworfen von Barnestugeutredning, 1972) ein Musterbeispiel für die Tagesstätte. Das Bedürfnis nach Individualisierung favorisiert allerdings scheinbar eine individuelle Betreuung über Tagesmütter.

4. Gebrauch und Missbrauch des Spiels

Das Thema «Gebrauch und Missbrauch des Spiels« sollte während des zweiten Amsterdamer Spielsymposiums (1991) von Sutton-Smith unter genau dieser Bezeichnung vorgetragen werden. Der Titel erschien ihm kurz zuvor jedoch zu scharf und er änderte ihn in: »Paradigmen der Intervention«[1]. Eine Formulierung

1 Sutton-Smith, 1994.

Sutton-Smiths' soll diesem vierten Abschnitt als Ausgangspunkt zu dem genannten Thema dienen: »Die Varianz und der Umfang von Interventionen im Kinderspiel hat enorm zugenommen während dieses Jahrhunderts.«[2]

Die verschiedenen Interventionen sind wie folgt organisiert:
- Interventionen im Bereich der Schule zur Stimulierung der kognitiven Entwicklung
- Interventionen im therapeutischen Bereich mit der Absicht das emotionale und soziale Verhalten zu verbessern

Retter (1984) begann am Anfang der Achtziger Jahre in Deutschland damit, die systematische Anwendung von Spielmitteln in der Grundschule zu stimulieren. Seine Reihe »Werkstatthefte Grundschule« bildete eine der ersten systematischen Annäherungen in diesem Bereich. Die Einteilung der Ziele: Lernorientiertes Bildungsmittel, Spielmittel als Bestandteil eines eigenständigen Handlungsfeldes »Spiel«, Spielmittel zur Unterstützung der Kreativität und Spielmittel als therapeutische Lernhilfen haben einen starken Einfluss auf spätere Entwicklungen gehabt. Trageton (1997) hat es in Norwegen mit seiner Initiative geschafft, »das Spiel in die Schulen zu bringen«. In Deutschland ist Heimlich (2000) weiter in diesem Bereich aktiv gewesen. Ähnliche Entwicklungen sind in Amerika festzustellen (Johnson, Christie & Yawkey, 1999). Gerade Christie (1991, 2001) hat nochmals deutlich gemacht, wie interessant die Beziehung und der Einfluss des Spiels auf die schulische Leistung ist. Zu diesem Schwerpunkt wurden zahlreiche Forschungsprojekte durchgeführt, u.a. in Österreich: In Wien stellt der Bereich Schule (Hartmann, Neugebauer & Riess, 1988; Hartmann & Rollet, 1994) schon seit einiger Zeit ein wichtiges Thema für die Forschung dar.

Im Bereich der Kindertherapien ist das Spiel ein wichtiges Kommunikations- und Ausdrucksmittel. Gerade in Deutschland sind die alten, therapeutischen Richtungen noch weit verbreitet:
- Psychoanalytische Ansätze, basierend auf den traditionellen Ansätzen, von Melanie Klein (1932) und in den letzten Jahren vertreten von Gerd Schäfer (1986, 1989)
- nicht-direktive Ansätze, (fundiert in der Annäherung) von Axline (1947), in Deutschland weitergeführt von Goetze (1994) und Schmidtchen (1991)

Grundsätzlich muss man sich fragen, inwiefern zwischen »spontanem Spiel« und »gelenktem Spiel« unterschieden wird. Es gibt eine Reihe von sogenannten Spielprogrammen, in denen das Spielverhalten deutlich gelenkt wird. Hierbei kommt eine sehr fundamentale Frage auf: Kann Spiel überhaupt gelenkt werden? Es scheint eine europäische Tradition zu sein, das Konzept der »Spielpädagogik« zu gestalten. Ein Musterbeispiel hierfür ist das vierteilige »Handbuch der Spielpädagogik« von Kreuzer (1983).

2 ebenda, S. 20.

Als mögliche künftige Forschungsaufgaben zum Spiel kommen verschiedene Themen in Frage:

- Ein zentrales Anliegen besteht darin herauszufinden, inwiefern das Spiel gebraucht beziehungsweise missbraucht wird. Mit dieser Abgrenzungsfrage hat man sich bis jetzt kaum differenziert auseinandergesetzt.
- Die Schwierigkeit der Effektmessungen bei Interventionen, sei es im Umfeld des akademischen Bereichs (academic play), in der Schule oder im therapeutischen Bereich, stellen ein Problem dar. Im Grunde werden nur Ergebnisse aus Untersuchungen anerkannt, in denen Kontrollgruppen mit einbezogen sind. Ich möchte in diesem Zusammenhang auf eine Studie im Bereich der Bildkommunikation (Hellendoorn, 1985; ausgeführt von de Vroom 1997) verweisen, in der versucht wird, die Effekte einer nur kurz dauernden Bildkommunikation zu messen.

Perspektivisch sind im Bereich der Förderung, Intervention und Therapie folgende Aspekte von wesentlichem Interesse:

1. Den an der Förderung und Intervention interessierten Forschern wäre mit neuen, prinzipiell weniger umfangreichen und anspruchsvollen Anforderungen im statistisch-methodologischen Bereich sehr geholfen. Der heutige Aufwand, um Effekte zu prüfen, ist zu groß und wirkt häufig hemmend auf die Entwicklung dieses Teilgebietes.
2. Dringend notwendig erscheinen mir zeitlich länger angelegte Studien, um eine bessere Einsicht in den tatsächlichen Nutzen von Intervention und Förderung zu erhalten. Die Frage nach konstanten, bleibenden Effekten könnte hierdurch zum Beispiel beantwortet werden. Bei vielen Interventionsforschungsprojekten findet eine relativ kurze Phase der Intervention selbst statt auf die im direkten Anschluss eine Effekte-Messung stattfindet. Eines der größten Spiel-Werbe-Projekte betraf das der »Sesamstraße«: Es sieht danach aus, dass die Wirkung solcher Projekte erst über einen Zeitraum von mehr als 10 Jahren erkennbar ist.
3. Ein wesentlicher Aspekt in der Hilfeleistung und im Angebot von Förderung und Therapie bei Kindern und Jugendlichen betrifft die Tatsache, dass Erzieher häufig positive Rückmeldungen und klare Signale der Zufriedenheit geben, während man »intersubjektiv« (durch Messverfahren) bei den Kindern und Jugendlichen keine signifikanten Änderungen feststellen konnte. In Zukunft sollte man diesem Aspekt auch in der Forschung eine größere Aufmerksamkeit schenken.

5. Schlussbemerkungen

Diese kritische Stellungnahme zur Spielforschung ist in der Form nicht nur auf das Forschungsgebiet des Spiels zu beziehen, sondern trifft teils auf das gesamte Aufgabengebiet der Sozialwissenschaften zu. Als Psychologe, Pädagoge und Soziologe wäre man in vielen Fragen gerne gefragt in wiefern man bestimmte

Umgebungsaspekte die dem Wohl und Nutzen der Menschen, und im Falle des Spiels, der Kindern dienen, so optimal wie möglich gestalten kann. Den Sozialwissenschaften sollte künftig ein größerer Einfluss auf die Gestaltung unserer Gesellschaft und Gemeinschaft zugesprochen werden. Bis heute befinden sich die Sozialwissenschaften lediglich in der Rolle des »Ersthelfers« bei gesellschaftlichen Unfällen oder Katastrophen oder als Therapeut für Personen, die persönlich versagen. Man kann diese Aussage im Spielbereich prüfen, wenn man analysiert wie das Angebot des Spielzeugs zustande kommt. Spielzeugforschung existiert nicht oder kaum; Spielzeughersteller bekommen lediglich indirekt durch die »Stiftung Warentest« gewisse Auflagen, welche Sicherheitsmaßstäbe zu erfüllen sind. Es scheint, dass diese Auflagen nur aus dem Grund des Konkurrenzdrucks erfüllt werden. Ansonsten können Spielzeughersteller nahezu ausschließlich auf das »Versuch-Irrtum-Prinzip« im Rahmen des direkten Spielzeugverkaufs zurückgreifen. Bedauerlicher Weise spielen in diesem Feld zudem kommerzielle Erwägungen eine zentrale Rolle. Ein Beispiel: Mein Vorschlag bei LEGO, statt ausschließlich zweidimensionalen Bauklötzchen dreidimensionale in die Produktion mit auf zu nehmen, wurde vor 20 Jahren mit dem Argument zurückgewiesen: »Das würde den Umsatz reduzieren!«

Wenn man sich mit Themen über die zukünftige Spielforschung auseinandersetzt, muss man vorweg klären, wo die Interessengebiete der möglichen Teilnehmer liegen.

Wir leben in einer freien, kapitalistischen Welt, wo sich dieses Merkmal speziell im Bereich des Spielzeugs sehr dominant äußert. Mit einigen Ausnahmen kann in diesem Bereich kaum die Rede von Kooperation zwischen Spielzeugproduzenten und Spielforschern sein. Man findet, wie es bei LEGO der Fall ist, Forschungsgruppen, die keine Ergebnisse hervor bringen können, ohne mit kommerziellen Interessen in Konflikt zu geraten: »dessen Brot man isst, dessen Wort man spricht...!«

Wenn ich heute in die Zukunft blicke, bin ich bezüglich des Themas »Spiel« nicht sehr optimistisch. Im Zeitalter ernsthafter gesellschaftlicher Krisen wird dem Spiel wenig Platz eingeräumt, es sei denn, man könne es nutzen, um harte Realitäts-Konfrontationen zu kompensieren und zu verarbeiten. Diese Form des »Ablenkungsspiels« hat allerdings mit dem Kinderspiel im eigentlichen Sinne nichts mehr zu tun.

In der Vergangenheit wurden von uns einige Themen angesprochen, die in der Zukunft für weitere Aufmerksamkeit in der Forschung gesorgt haben. Ein Thema, dass wir vor mehr als 15 Jahren initiiert haben, betrifft die Ureigenschaften des Spiels. Wir unterstützten Millar's These (1968), dass analytische Methoden, wie die der Lernpsychologie, zur Anwendung auf das Spiel nicht geeignet sind. Millar behauptet: »Das Spiel wird reduziert zum Nichts«. Als ein fundamentaler Ausgangspunkt sollte nachdrücklich gesagt sein, dass komplexe Prozesse wie das Spiel nicht reduziert werden dürfen, sondern gleichzeitig aus verschiedener Perspektive angesprochen werden sollten. Auf dieser Basis kann

insgesamt ein Plädoyer für multidimensionale Untersuchungen des Spiels gehalten werden. Durch eine Annäherung könnten sich Dialoge und Beziehungen zwischen einzelnen Perspektiven entwickeln. Eine Divergenz der Meinungen stellt eine Garantie für das Problemlösen in der Zukunft dar und spiegelt die Vielfältigkeit unserer Gesellschaft wider.
Insgesamt birgt der Bereich des kindlichen Spielverhaltens ein hohes Potential interessanter und differenter Forschungsmöglichkeiten!

Literatur

Axline, V.M. (1947). *Play therapy. The inner dynamics of childhood.* Boston: Houghton Mifflin.

Barnestugeutredning (1972). *Förskolan.* Del 1 und Del 2. Stockholm: Statens offentliga utredningar.

Been, P.H. & Zwarts F. (2002). Language disorders across modalities: the case of developmental dyslexia. In L. Verhoeven & H. van Balkom (Eds) *Classification of developmental language disorders.* New York: Lawrence Erlbaum.

Bronfenbrenner, U. & Ceci, S.J. (1994). Nature-nurture reconceptualized in developmental perspective: a bio-ecological model. *Psychological Review*, 101, 568–586.

Christie, J.(Ed) (1991). *Play and early literacy development.* Albany (NY): State University of New York Press.

Christie, J. (2001). *Research on play and literary – a critical review.* Erfurt: Universität, Referat Forschungsförderung, CD-rom des 21. ICCP Welt Spielkongress.

Bühler, Ch. (1928). *Kindheit und Jugend.* Leipzig: Hirzel Verlag.

Elkonin, D. (1980). *Psychologie des Spiels.* Berlin: Verlag Volk und Wissen.

Erikson, E. (1976). *Kindheit und Gesellschaft.* Stuttgart: Klett Verlag.

Goetze, H. (1994). Processes in person-centered play therapy. In J. Hellendoorn, R. van der Kooij & B. Sutton-Smith *Play and Intervention.* Albany (NY): State University of New York Press.

Groos, K. (1901). *The play of man.* New York: Appleton.

Hall, G.S. (1906). *Youth.* New York: Appleton.

Hartmann, W., Neugebauer, R. & Riess, A. (1988). *Spiel und elementares Lernen. Didaktik und Methodik des Spiels in der Grundschule.* Wien: Österreichischer Bundesverlag

Heimlich, U. (2000). *Einführung in die Spielpädagogik.* Stuttgart: Klinkhardt.

Hellendoorn, J. (1985). *Therapie, kind en spel.* Deventer: van Loghum Slaterus.

Hellendoorn, J., Kooij, R. van der Sutton-Smith, B. (Eds) (1994). *Play and Intervention.* Albany (NY): State University of New York Press.

Johnson, J.E., Christie, J.F. & Yawkey, T.D. (1999). *Play and early childhood development.* New York: Longman.

Klein, M. (1932). *Die Psychoanalyse des Kindes*. Wien: Internationaler Psychoanalytischer Verlag.

Kooij, R. van der (1983). Die psychologischen Theorien des Spiels. In K.J. Kreuzer (Hrsg) *Handbuch der Spielpädagogik*. Band I. (S. 297–335). Düsseldorf: Schwann Verlag.

Kooij, R. van der (1983a). Empirische Spielforschung. Überblick und neuere Ergebnisse. In K.J. Kreuzer (Hrsg) *Handbuch der Spielpädagogik*. Band 1. (S. 89–158). Düsseldorf: Schwann Verlag.

Kooij, R. van der (2000). Grundlagenprobleme der sonderpädagogischen Psychologie. In J. Borchert (Grsg) *Handbuch der Sonderpädagogischen Psychologie* (S. 1–9). Göttingen: Hogrefe-Verlag.

Kooij, R. van der (2001). Pädagogik und Spiel. In L. Roth (Hrsg) *Pädagogik, Handbuch für Studium und Praxis* (S. 293–311). München: Oldenbourg Schulbuch Verlag.

Kooij, R. van der (2001a). *Social play of four year old children*. Erfurt: Universität, Referat Forschungförderung, CD-rom des ICCP 22.Weltspielkongresses.

Kooij, R. van der & Been, P.H. (1995). Spiel und Imitation und ihre Bedeutung für die Sonderpädagogik. *Sonderpädagogik*, 25, 146–157.

Kooij, R. van der & Been, P.H. (1998). Die Bedeutung der Antriebe für die Hilfe in der Heil- und Sonderpädagigik. *Sonderpädagogik*, 28, 206–215.

Kooij, R. van der & Hegner, C. (1999). *New theoretical approaches on play of autistic children.* Oslo: Paper presented 21. ICCP World Play Conference.

Kreuzer, K.J.(Hrsg) (1983, 1984). *Handbuch der Spielpädagogik*. Band 1, 2, 3 und 4. Düsseldorf: Schwann Verlag.

Lazarus, M. (1883). *About the attractions of play*. Berlin: F. Dummler.

Lillemyr, O.F. (1999). *Lek – opplevelse – laering*. Otta: Tano Aschehoug.

Marotzki, W. (2003). *Bildung und moderne Biographien im Zeichen neuer Informationstechnologien.* Braunschweig: Universitätssymposium »Kontinuität, Krise und Zukunft der Bildung.«

Millar, S. (1968). *The psychology of play*. Harmondsworth: Penguin Books.

N.D.O. Studiedienst (1984. *Spelen en spelen is twee* Deel 1 und 2. Brussel: Nationale Dienst voor Openluchtleven.

Parten, M.B. (1933). Social play among preschool children. *Journal of Abnormal Sociology and Psychiatry*, 28, 136–147.

Patrick, G.T.W. (1916). *The psychology of relaxation*. Boston: Houghton Mifflin.

Piaget, J. (1972). *Play, dreams and imitation*. London: Routledge & Kegan Paul.

Retter, H. (1979). *Spielzeug. Handbuch zur Geschichte und Pädagogik der Spielmittel*. Weinheim: Beltz.

Retter, H. (1984). *Werkstatthefte Grundschule 3. Spielmittel im Erstunterricht*. Weinheim: Beltz.

Retter, H. (2002). Kinderspiel zwischen Medien und Kommerz. Zum Wandel des Kinderspiels in der gegenwärtigen Gesellschaft. In K. Richter & Th. Trautmann (Hrsg). *Kindsein in der Mediengesellschaft. Interdisziplinäre Annäherungen.* Weinheim: Deutscher Studien Verlag, S. 283–304.

Schäfer, G.E. (1986). *Spiel, Spielraum und Verständigung.* Weinheim: Juventa Verlag.

Schäfer, G.E. (1989). *Spielphantasie und Spielumwelt.* Weinheim: Juventa Verlag.

Schmidtchen, S. (1991). *Klienzentrierte Spiel- und Familientherapie.* Weinheim: Psychologie Verlags Union.

Schmidtchen, S. (1994). Stimulating and guiding children's spontaneous learning in play therapy. In J. Hellendoorn, R. van der Kooij & B. Sutton-Smith, *Play and Intervention.* Albany (NY): State University of New York Press.

Spencer, H. (1873). *Principles of psychology.* New York: D. Appleton.

Stern, W. (1918). Grundlagen der personalistischen Philosophie. In A. Liebert, *Philosophische Vorträge.* Berlin: Reuter und Reichert Verlag.

Stern, W. (1923). *Person und Sache: System des kritischen Personalismus.* Band 2. Leipzig: Johann Anbrosius Barth Verlag.

Strien, P.J. van (1986). *Praktijk als wetenschap.* Assen: van Gorcum.

Sutton-Smith, B. (1978). *Die Dialektik des Spiels.* Schorndorf: Hofmann.

Sutton-Smith, B. (1979). *Play and learning.* New York: Gardner Press.

Sutton-Smith, B. (1994). Paradigms of intervention. In J. Hellendoorn, R. van der Kooij & B. Sutton-Smith *Play and Intervention.* Albany (NY): State University of New York Press.

Trageton, A. (1997). *Leik i småskolen.* Oslo: Fagbokforlaget.

Vroom, J. de (1997). *Effecten van kortdurende beeldcommunicatie.* Leiden: Rijksuniversiteit, Dissertation.

Wylick, M. van (1936). *Die Welt des Kindes in seiner Darstellung.* Dissertation. Wien: Universität, Institut für Kinder- und Jugendpsychologie.

Winfried Marotzki

Bildung und Orientierung im Zeichen neuer Informationstechnologien oder: Warum Lara Croft eine kulturelle Ikone ist

1. Das orientierende Anliegen von Bildung

Jürgen Mittelstraß hat seit den siebziger Jahren immer wieder den Sachverhalt reflektiert, dass in modernen Gesellschaften der Abstand zwischen einem Verfügungswissen (= Faktenwissen) und einem Orientierungswissen gewachsen ist[1]. »Verfügungswissen ist ein Wissen um Ursachen, Wirkungen und Mittel; es ist das Wissen, das Wissenschaft und Technik unter gegebenen Zwecken zur Verfügung stellen. Orientierungswissen ist ein Wissen um gerechtfertigte Zwecke und Ziele«[2]. Über Verfügungswissen eigne sich der Mensch die Dinge der Welt an und über Orientierungswissen trete er in ein reflektiertes Verhältnis zu ihnen. Moderne Gesellschaften seien stark in der Akkumulation von Verfügungswissen und schwach in der Ausbildung von Orientierungswissen. Was technisch und moralisch nötig ist, lasse sich immer weniger miteinander vereinbaren:

> Worauf es ja ankäme, wäre, das, was wir können und wissen, unter begründete Zwecke zu bringen, dabei Folgen nicht nur ›technisch‹, sondern auch ›moralisch‹ zu beurteilen; und eben dies gelingt der Industriegesellschaft zunehmend weniger.[3]

Für Erziehungswissenschaft und Pädagogik ist deshalb die Klärung des Verhältnisses von Fakten- und Orientierungswissen in hochkomplexen Gesellschaften meines Erachtens zu einer zentralen Aufgabe geworden. Insbesondere ist es das Gebiet der Bildungstheorie, das sich mit der Frage nach dem orientierenden Wert von Wissen beschäftigt. Denn die Frage, ob Wissen eine *orientierende* Funktion hat, ist identisch mit der Frage, ob es eine *bildende* Funktion hat. Orientierungswissen kann nicht durch eine Steigerung des Verfügungswissens erreicht werden. »Je reicher wir an Information und Wissen sind, desto ärmer scheinen wir an Orientierungskompetenz zu werden. Für diese Kompetenz stand einmal der Begriff der Bildung.«[4] Insofern kann gesagt werden, dass der Bildungsbegriff im klassischen wie im modernen Sinne den der Orientierung

1 Vgl. Mittelstraß 1982; 1989; 2001.
2 Mittelstraß 2002, 164.
3 Mittelstrass, 1982b. 4f.
4 Mittelstraß 2002, 154.

einschließt. Ort der Orientierung ist die Lebenswelt[5]. Aber wie orientieren sich Menschen in lebensweltlichen Kontexten?

Zur Bearbeitung dieser empirisch ausgerichteten Fragestellung will ich zunächst einige grundlegende Orientierungsdimensionen ausarbeiten, indem ich auf die bekannten Unterscheidungen von Immanuel Kant zurückgreife, die er in seiner Logik-Vorlesung aus dem Jahre 1800 verwendet.

2. Die orientierenden Dimensionen von Bildung

Kant bearbeitet vier zentrale Fragen:

(1) Die Frage *Was kann ich wissen?* zielt auf die Abschätzung der Quellen des menschlichen Wissens (Metaphysik). Es ist eine Reflexion, die sich der Seriosität und Zuverlässigkeit des menschlichen Wissens versichert. Zu diesem Reflexionsmuster der Bildungsarbeit gehört auch die von den Historikern vorbildlich entwickelte Quellenkritik. Bildend ist diese Reflexion deshalb, weil es um die Genese und um die Geltung von Wissen geht.

(2) *Was soll ich tun?* Diese Frage bezieht sich bei Kant auf eine Abschätzung des Umfangs des möglichen und nützlichen Gebrauchs des Wissens (Moral). Da Wissen und Handeln nicht identisch sind, entsteht das Problem, ob der Mensch auch alles machen soll, was er machen kann; die Frage zielt also auf das Verhältnis von generellen zu konkreten, für den einzelnen Menschen angemessenen Handlungsoptionen. Die Realisierung konkreter Handlungsoptionen zieht innerhalb bestimmter Kontexte Folgen und ggf. auch Nebenfolgen nach sich, die intendiert sein können oder nicht, für die der Handelnde jedoch verantwortlich gemacht wird. Die Geschichte des Bildungsbegriffs zeigt eine große Variationsbreite von Bedeutungen, die hier nicht nachgezeichnet werden soll. Verallgemeinernd kann jedoch gesagt werden, dass Bildung eine Haltung des Menschen zu sich, zu anderen und zur Natur bezeichnet, die grundsätzlich Verantwortung beinhaltet. Erich Weniger beispielsweise erklärt Verantwortungsbereitschaft geradezu zum entscheidenden Kriterium für Bildung, wenn er sagt: »Bildung ist der Zustand, in dem man Verantwortung übernehmen kann«[6]. Auch Wolfgang Klafki hat 1962 in seiner berühmten dritten Studie: *Engagement und Reflexionen im Bildungsprozeß*[7] das Problem der Verantwortung in Bezug auf den

---

5 Nach Aristoteles ist Theoria eine allgemeine, das Leben betreffende Orientierung; Theoria ist eine Lebensform. Konnte im Prinzip des sokratischen Dialogs Verfügungswissen und Orientierungswissen noch in kosmologischer Einheit gedacht werden (vgl. Mittelstrass, 1982a), so zerbricht diese Einheit im Laufe der geschichtlichen Entwicklung immer mehr und gewinnt spätestens seit dem Beginn der Industriellen Gesellschaft neue Qualitäten und Dimensionen. Ethiken werden zwar immer wieder zu rehabilitieren versucht, die Dominanz des Verfügungswissens über das Orientierungswissen ist aber im Verlauf des 19. Jahrhunderts unter den Vorzeichen des Positivismus nicht mehr zu bremsen.

6 Weniger 1958, S. 138.

7 In: Klafki 1975.

Bildungsprozess erörtert. Er fragt nach pädagogischen Bedingungen für eine Erziehung zur Verantwortungsbereitschaft in der Gegenwart. Klafki kommt zu dem Resultat, dass die Schule Erziehung zur Verantwortung ernst nehmen und aus einem relativ geschlossenen Schonraum herauskommen und sich gesellschaftlicher Wirklichkeit öffnen müsse. Sie müsse Engagement und Reflexion integrieren.
Wenn also im Hinblick auf die Frage *Was soll ich tun?* Verantwortungsbereitschaft in das Zentrum der Aufmerksamkeit gerät, dann ist damit auch das Verhältnis des einzelnen zu anderen beziehungsweise zur Gemeinschaft berührt, denn verantwortlich bin ich in der Regel einem anderen, wenn man von dem Spezialfall, dass man sich selbst gegenüber Verantwortung trägt und tragen kann, absieht.

(3) *Was darf ich hoffen?* Diese Frage bezieht sich bei Kant auf eine Abschätzung der Grenzen von Rationalität und Vernunft. Sie zielt traditionell, indem sie die Grenzen von Rationalität und damit auch Wissenschaft thematisiert, auf die Frage von letzten Gewissheiten. Grenzen, das erörterte bereits Hegel in seiner *Seinslogik*, grenzen ein und – indem sie dies tun – auch aus. Das, was eingegrenzt wird, enthält in sich bereits den Bezug zu dem eigenen Gegenteil: Rationalität verweist auf Irrationalität, Vernunft auf Unvernunft, das Eigene auf das Fremde. Die Reflexion auf solche Grenzen bildet ein weiteres Reflexionsmuster der Bildungsarbeit. Bildung enthält in sich als Selbst- und Weltorientierung einen Bezug zur Transzendenz, der beispielsweise in Form von Religionen, Mythen oder magischen Gehalten zur Geltung kommen kann. Diese Bezüge haben sinnstiftenden Charakter.

(4) *Was ist der Mensch?* Diese Frage bezieht sich bei Kant auf die Abschätzung der anthropologischen Gegebenheitsweise des Menschen (Anthropologie). Alle drei bisher bearbeiteten Fragen laufen nach Kant auf die vierte hinaus: »Im Grunde könnte man [...] alles dieses zur Anthropologie rechnen, weil sich die drei ersten Fragen auf die letzte beziehen.«[8]

Wendet man die Frage, wie sich Menschen orientieren, pädagogisch, so stößt man auf die Frage der Funktion von Vorbildern[9] und Narrationen[10]. Welches sind für Kinder und Jugendliche Vorbilder mit einem orientierenden Potential? Ich möchte diese Frage anhand einer Figur erörtern, die in den letzten Jahren zur kulturellen Ikone geworden ist: Lara Croft.

8 Kant 1800, S. 448.
9 Vgl. Griese 2000.
10 Vgl. Fatke 1979; Erlinger 2001.

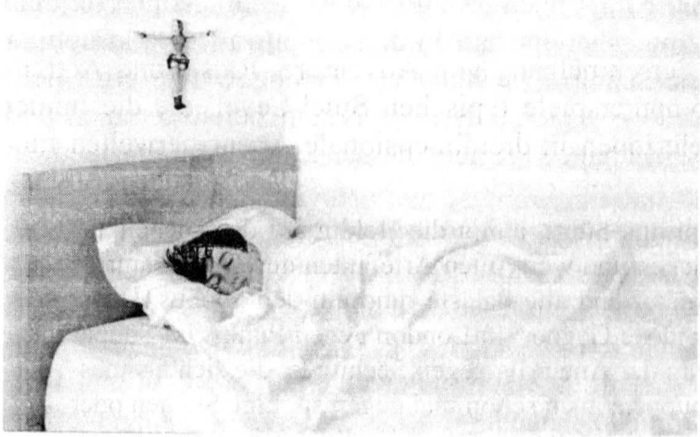

Abb. 1: PlayStation advertising image (1999)[11]

Die Anzeige für die Playstation 2 von Sony (Abb.1), die 1999 in französischen Zeitungen und Zeitschriften erschien, zeigt Lara Croft als Signatur der Orientierung für Jugendliche. Die Anzeige hat mich dazu gebracht, anhand des Beispiels von Lara Croft über orientierende Potentiale nachzudenken. Dabei werde ich einige Aspekte jenes in diesem Abschnitt beschriebenen Reflexionsmusters von Bildungsarbeit genauer betrachten, das sich mit Grenzziehungen, experimenteller Identitätsarbeit im Spiel und mit mythologischen Bezügen beschäftigt.

3. Das orientierende Potential einer kulturellen Ikone

Lara Croft ist die erste virtuelle Spielfigur, die professionell vermarktet wurde wie ein Popstar. Zwei Jahre nach dem Erscheinen der Sony Playstation Computerspielkonsole erschien 1996 das von der Firma Core Design entwickelte Video-Spiel *Tomb Raider* mit der Hauptdarstellerin Lara Croft, die innerhalb eines Jahres einen Kultstatus erreichte, wie es reale Personen in dieser kurzen Zeit wohl noch nicht erreicht haben. 2001 erschien die Verfilmung des Spiels und im gleichen Jahr der Roman von Dave Stern zu dem Film. Das ist das erste Auffallende: Normalerweise steht am Anfang der Roman, wie beispielsweise Philip K. Dick mit seinem Roman »Do Androids dream of electric sheep?« (1968), dann kommt der Film, in diesem Beispiel: Blade Runner (Regie: Ridley Scott): 1982, und dann das Computerspiel zu Blade Runner (1997). Im Falle von Lara Croft ist es also umgedreht.

Im Folgenden werde ich zunächst das Computerspiel Tomb Raider kurz vorstellen, mich im zweiten Schritt mit der Biographie Lara Crofts beschäftigen, um dann die Frage, warum Lara Croft eine kulturelle Ikone ist, zu bearbeiten.

11 TBWA Paris. Quelle: Johnson 2002, 129.

Tomb Raider gilt als eine Verschmelzung von Adventure, Rätsel und Actionspiel. Es besitzt die für Computerspiele typischen Spiel-Level, die die immer geschickter werdenden SpielerInnen in dreidimensionale Abenteuerwelten führen.

> In allen Fortsetzungen springt, hüpft, jumpt die Heldin auf der Suche nach archäologischen Fundstücken und wertvollen Artefakten durch schummrige Gemächer, verlassene Gräber und alte Paläste rund um den Globus. Dabei kämpft sie gegen verschiedene Gegner: In London gegen Punks, im Südpazifik gegen Eingeborene in der Antarktis gegen Seehunde, die sich als maskierte Konkurrenten entpuppen, auch schon mal gegen spukige Statuen oder gegen Affen. Dazwischen hat sie einige unterschiedlich schwierige Rätsel zu lösen.[12]

Aufgrund der rasanten Entwicklung der Hardware, insbesondere der Graphikkarten, weist das Spiel filmähnliche Eigenschaften auf. Deshalb wird auch von der Qualität eines »interaktiven Films« gesprochen. Aus nicht gut nachvollziehbaren Gründen weist das Spiel keinen Multiplayer-Status auf, das heißt es kann nur jeweils von einem Spieler, der es also »nur« für sich spielt, gespielt werden.

> Ebensowenig ist ›Tomb Raider‹ netzanschlussfähig. Anders als Spiele wie ›Diabolo‹ oder der legendäre ›Half Life – Counterstrike‹ Mod, die im Netz von tausenden Spielern und Spielerinnen aus unterschiedlichen Ländern und Erdteilen gespielt werden, reduziert sich die Interaktion in ›Tomb Raider‹ auf den User und die Hauptdarstellerin Lara Croft. Die möglichen Erweiterungen sozialer Kompetenzen, die Rollenspiele eröffnen können, in denen hinter den mitspielenden Figuren nicht nur künstliche Agenten (bots), sondern andere Menschen agieren, fallen bei ›Tomb Raider‹ weg.[13]

Damit koppelt es sich von einem zentralen Trend auf dem Spielemarkt ab, was seiner Popularität jedoch nicht geschadet hat. Bis 2001, so meldet die Vertriebsfirma Eidos, wurden weltweit 22 Millionen Exemplare verkauft[14]. Dabei muss berücksichtigt werden, dass jedes gekaufte Spiel unter der Hand drei bis vier Mal weitergegeben wird, so dass der reale Verbreitungsgrad entsprechend höher angenommen werden muß.

Nahezu jährlich ist ein Release erschienen (im Jahre 2003 wird Version VI erwartet). In ihrem ersten Abenteuer (Teil I: 1996) sucht Lara Croft ein Artefakt. Sie hat als Archäologin die drei Teile des atlantischen Scions in Peru, Ägypten dem alten Rom und in Atlantis zu finden und reist zu diesem Zweck um die ganze Welt. Auf den verschiedenen Schauplätzen hat sie verschiedene Abenteuer zu bestehen und Rätsel zu lösen. In Teil II (1997) begibt sie sich auf die Spur des Dolches von Xian. Wer diese mystische Waffe entdeckt, bekommt

12 Deuber-Mankowsky 2001, 22.

13 Deuber-Mankowsky 2001, 51f.

14 www.eidos.de/corporate/index.html (04.12.2001).

einem alten chinesischen Glauben zufolge eine unvorstellbare Macht verliehen. Laras gefährliche Suche nach dem Dolch beginnt an der chinesischen Mauer, doch schon kurz darauf führt die abenteuerliche Reise sie an die verschiedensten Stätten rund um den Globus. In Teil III (1998) sucht Lara ein außerirdisches Metall, welches die menschlichen Gene verändert. Allerdings sucht eine Firma, die diese Kraft für sich nutzen will, ebenfalls danach und setzt alles daran, es zu bekommen. In dieser Reise begleitet man die Archäologin auf der Suche nach vier rätselhaften Artefakten, erkundet mit Lara mystische Stätten Indiens, unterirdische Gewölbe Londons, die geheime Militärbasis Area 51 in der Wüste Nevadas, die Antarktis und eine Insel im Südpazifik. Lara Crofts viertes Abenteuer (1999) beginnt in Ägypten, im Tempel eines altägyptischen Gottes, namens »Seth«. Dort entwendet sie ein wertvolles Amulett. Dieser Raub hat zur Folge, dass der tote Gott Seth wieder auf die Erde zurückkehrt. Nur mit einer bestimmten Zeremonie kann Seth wieder ins Reich der Toten zurückbefördert werden. Nachdem Lara beim Abspann von Tomb Raider IV gestorben war, sieht man im Intro von Tomb Raider V (2001), wie Lara begraben wird. Anschließend kehren die Bekannten in Lara Crofts Villa zurück und sprechen darüber, welche Abenteuer sie erlebt hat. Dies ermöglicht dem Spieler, Lara nochmals in allen Stufen durch ihre Abenteuer zu begleiten, was aber nicht bedeutet, dass dieselben Abenteuer gespielt werden wie in den ersten vier Teilen. Das Spiel ist ein würdiger Abschluß für die Geschichten Lara Crofts. Doch Eidos entschließt sich, einen Teil VI, »The Angel of Darkness«, herauszubringen, der für das Jahr 2003 erwartet wird. Zum Zeitpunkt der Fertigstellung dieses Aufsatzes, im März 2003, ist dieser Teil nach erneuten Verschiebungen immer noch nicht erschienen. Es soll sich aber um eine komplexe Geschichte aus Verbrechen, Verschwörung und Horror handeln.

Soweit ein kurzer Überblick über die verschiedenen Spielversionen, die sich auf dem Markt befinden beziehungsweise die angekündigt sind. Gemeinsam ist allen Versionen die Suche nach Schätzen, das Lösen von Rätseln und der Kampf gegen böse Gegner.

3.2 Die narrative Konstruktion der Biographie

In dem Computerspiel hat Lara Croft nur eine rudimentäre Biographie. Aber in den Fandoms und in den Foren der Fanseiten des Internet finden wir seit dem Erscheinen des Spiels 1996 umfangreiche Diskussionen über Laras Abenteuer und über ihre Vergangenheit. In der sehr renommierten englischsprachigen Newsgroup alt.fan.lara-croft schreiben und diskutieren die Fans ihre eigenen Geschichten über ihre Heldin. Diese Newsgroup ist ein gutes Beispiel für kollaboratives und äußerst kreatives Schreiben. Hier ein kurzer Eindruck:

> Twisting her body to the left, as suddenly and violently as she dared, Lara released the bent rod and clawed for the small hole she had seen in the nearby rock face. The length of metal, torqued by her body's abrupt move-

> ment, broke free and bounced from one of the shaft side to the other as it dropped past her. Clank, clank, clatter... CLANG! The ominous sounds of it's uncontrolled descent echoed in the girl's ears.[15]

Insofern stehen wir vor dem Phänomen, dass nicht nur die Geschichten, die Lara Croft erlebt, sondern auch ihre Biographie von den Fans weiter- und umgeschrieben werden, wie auch Richard feststellt:

> Lara Croft ist ein Idol, dessen Rezeption ähnlich zwiespältig verläuft wie beim Star Madonna. Wie diese ist sie ein posthumanes [...] Idol, mit aufgesplitteten multiplen, künstlich hergestellten Identitäten und Körperbildern. Diese werden nicht mehr allein von einer Industrie hergestellt, vielmehr konstruiert im Fall Madonnas der Star sein Image selbst, beziehungsweise die Tombraider-UserInnen gestalten das Bild-Angebot nach ihren Wünschen und Bedürfnissen in anderen Medien weiter.[16]

Im Laufe der Zeit kursierten verschiedene biographische Fragmente zu Lara Croft im Netz, die bis heute nicht zusammenpassen. Soviel scheint aber klar: Lara Croft ist britische Staatsangehörige und wohnt in Surrey, im südöstlichen England. Geboren wurde sie am 14. Februar 1968 in Wimbledon als Tochter des berühmten Archäologen Lord Henshingly Croft. Sie ist unverheiratet. Der Bildungsweg ist herkömmlich für den englischen Adel. Sie absolvierte die »Wimbledon High School for Girls«, die »Gordonstoun Boarding School« und dann eine Schule in der Schweiz. Nach dem Tod ihrer Eltern begibt sie sich als Reiseschriftstellerin und Archäologin auf die Suche nach Abenteuern und Schätzen. Sie ist hochindividualisiert, wir erfahren wenig über dauerhafte soziale Kontakte: sie ist die typische Einzelgängerin.

Einen eigenen Beitrag zur Biographiekonstruktion leistete vor allem der Kinofilm, der 2001 herauskam (mit der Schauspielerin Angelina Jolie), also fünf Jahre nach dem ersten Erscheinen des Computerspiels. Lara Croft entdeckt in ihrem Haus eine alte geheimnisvolle Uhr ihres Vaters, die plötzlich zu ticken beginnt. Die Enthüllung der Geheimnisse, die mit dieser Uhr zusammenhängen, führt sie wieder um die ganze Welt. Neben dieser Action-Ebene, die nach Hollywood-Manier in dem Film auch nicht zu kurz kommt, wird Laras Verhältnis zu ihrem Vater liebevoll gestaltet, was von einigen Fans durchaus als kitschig kritisiert worden ist. Die Faszination des Films besteht wohl darin, dass Lara zwar nach außen cool und actionorientiert ist, wie es aus dem Computerspiel bekannt ist, nach innen aber durchaus gebrochen. Als Lara acht Jahre alt war, ist ihr Vater von einer Expedition nicht zurückkehrt. Der Film gerät zu einer differenzierten Suche nach ihrem Vater und damit auch nach sich selbst. Das wäre die von mir bevorzugte positive Lesart, etwas kritischer sieht es beispielsweise Richard:

---

15 Newsgroups: alt.fan.lara-croft; Subject: LJ's Snowman; Date: Sun, 09 Mar 2003 01; From: Gary Mitchell.

16 Richard 2001, 8.

> Hatte ihr Vater sie im Computerspiel noch enterbt, weil sie sich der Tradition nicht beugen wollte, inszeniert der Film eine überstarke Vaterbindung Lara Crofts, die sie einerseits zur Vollstreckerin väterlicher Planungen regredieren läßt. Im Spiel erschien Lara auch als Rebellin gegen überkommene Werte, nun bewahrt sie die Tradition fügsam, indem sie den väterlichen Auftrag vollendet.[17]

Sich als Einzelgängerin Abenteuern gleichsam existentialistisch zu stellen und gleichzeitig auf der Suche nach ihrem eigenen Ich zu sein, machen aus meiner Sicht einen Hauptteil ihrer Attraktivität aus. Damit können wir zu der Frage überleiten, warum Lara Croft in so kurzer Zeit eine kulturelle Ikone geworden ist.

3.3 Warum Lara Croft eine kulturelle Ikone ist

Die Erklärung, die Deuber-Mankowsky in ihrem Buch *Lara Croft. Modell, Medium, Cyberheldin* gegeben hat, nämlich, dass die Figur »männliche und weibliche Ermächtigungsphantasien«[18] freisetze und auf diese Weise die Geschlechterdifferenz zementiert werde, geht über die Deutung hinaus, die gängigerweise zu finden ist, nämlich, dass Lara Croft ausschließlich und überwiegend die Phantasien von männlichen Computerspielern durch ihren sexualisierten Körper freisetzt; sie geht deutlich darüber hinaus, weil sie auch für Frauen ein Identifikationspotential sieht: »Vielmehr ist es die besondere Kunst Lara Crofts, beiden Geschlechtern ihr ›wahres‹, ihr ›besseres Selbst‹ widerzuspiegeln und dadurch Jungen beziehungsweise Männer ebenso in ihrer Identität zu bestärken wie Mädchen beziehungsweise Frauen.«[19] Gleichwohl halte ich diese These zwar grundsätzlich nicht für falsch, aber auch nicht für hinreichend. Die Beschränkung der Deutung von Deuber-Makowski besteht darin, dass sie in dem geschlechtsspezifischen Identifikationspotential den entscheidenden Schlüssel zu Beantwortung der Frage sieht, warum Lara Croft eine kulturelle Ikone ist. Nicht ganz so, aber doch ähnlich argumentiert auch Richard (2001); für beide ist die sexualisierte Form der Körpers von Lara Croft der zentrale Analysegegenstand. Dafür spricht sicherlich, dass in der Werbung für das Computerspiel wie auch in der Werbung, die mit Lara gemacht wurde, die überbetonten weiblichen Attribute eine nicht zu übersehende Rolle spielten. *Seat*, *Nike*, *Timberland* und *Brigitte*, um nur einige zu nennen, bewarben ihre Produkte mit dem Tomb Raider-Logo oder mit Lara Croft. Und natürlich ist einzuräumen, dass dieser so im öffentlichen Raum in Szene gesetzte Körper auch als Projektionsfläche für männliche und weibliche Phantasien dient. Die Vermarktungsstrategien setzten deutlich auf den sexualisierten Körper. Aber gerade diese Strategie war auch nicht unumstritten. Sie führte beispielsweise dazu, daß der

---

17 Richard 2001. 18f.
18 Deuber-Mankowsky 2001, 16.
19 Deuber-Mankowsky 2001, 61.

Gamedesigner Toby Gard 1997 Core Disign verließ. In einem Interview begründet er seine Entscheidung: »Es gibt da Bilder, wo Lara fast nichts trägt. Das ist nicht mehr meine Lara, die Figur die ich entworfen habe. Sondern genau das, was Marketingleute mögen – sie stecken sie einfach in einen Bikini. Und das zerstört das Geheimnis um Lara Croft.«[20]

Zusammenfassend kann also gesagt werden, dass es zwar gute Gründe gibt, sich bei der Frage, warum Lara Croft eine kulturelle Ikone ist, auf die Ebene der Körperinszenierungen zu bearbeiten, denn die Verschränkung von Geschlechterdiskursen und digitaler Technologie ist sicherlich ein zentrales Phänomen kultureller Praxen der neunziger Jahre des letzten Jahrhunderts. Solche Analysen führen zu notwendigen, aber nicht hinreichenden Erklärungsmustern. Man muß genauer hinschauen. Um solche hinreichenden Erklärungsmuster zu identifizieren, möchte ich deshalb im folgenden *zunächst* noch einmal dem Sachverhalt Rechnung tragen, dass Laras Karriere als Spiel beginnt, *zweitens* kurz die Logik und die Faszination des Abenteuers herausarbeiten und *dann* schließlich den für Computerspiele archaischen narrativen Gestus heranziehen.

(a) Zur elementaren Funktion des Spiels

Wenn es zur Alltagsrealität von Kindern gehört, bei jeder Gelegenheit die eigene

> Schwäche und die Macht der Erwachsenen zu spüren, dann zeigt sich gerade bei ihnen ein ausgesprochen starkes Bedürfnis, wenigstens in Gedanken die bestehende soziale Ordnung einmal umzukehren. Stärke demonstrieren zu können, obwohl man schwach ist, einmal etwas bewirken zu können, obwohl man sonst Bevormundung erträgt, ist eine starke Triebfeder des Handelns – besonders für Kinder! Alles, was die Phantasie in dieser Richtung beflügelt, wird interessant und hat hohen Aufforderungscharakter. Die bestehende Realität in eine geheimnisvolle, fiktionale Welt zu verwandeln, in der Kinder mit übernatürlichen Kräften agieren, um Stärke zu demonstrieren und über das Böse siegen zu können, ist heute ein Grundprinzip bei der Gestaltung von medialen Fantasywelten der kommerziellen Kinderkultur.[21]

Dieses Zitat von Hein Retter führt noch einmal deutlich die grundsätzliche Logik des kindlichen Spiels vor Augen. Retter hat darüber hinaus in wichtigen Arbeiten auch den Wandel des kindlichen Spiels analysiert[22]. Er zeigt, wie die Medien, vor allem Computer und Internet, einen immer größeren Einfluß auf die Art und Weise gewinnen, wie Kinder – und nicht nur diese – spielen.

Die technologische Entwicklung der Personalcomputer im letzten Jahrzehnt führte zur Erweiterung der Spielmöglichkeiten, die bei Kindern, Jugendlichen und Erwachsenen immer stärkeren Zuspruch finden. Bereits 1995 hatte in Deutschland etwa ein Viertel aller Kinder ab 10 Jahren einen eigenen Compu-

---

20 Gamestar 1/2000 S. 79.

21 Retter 2002, 283.

22 Vgl. Retter 2002; 2002a.

ter[23], den sie überwiegend für Spiele nutzen. Nicht mitgerechnet sind die Spielkonsolen, deren Verbreitungsgrad noch oberhalb der Verbreitung von Computern liegt. 65% der Software, die für den Heimbereich verkauft wird, entfällt auf den Spielebereich[24]. Dabei sind mehr als die Hälfte aller PC-Spieler unter 20 Jahren. Für einzelne Computerspiele wird in Deutschland nicht selten eine Verkaufszahl von über 100.000 erreicht.

> Knapp 15 Prozent der Deutschen vergnügen sich mit Digitalspielen, in den USA sind es sogar schon rund 60 Prozent aller Erwachsenen. 2001 setzte die Branche in Deutschland 1,5 Milliarden Euro um – immerhin das Anderthalbfache dessen, was die Deutschen an den Kinokassen ließen. Die Zahl der veröffentlichten Spiele übersteigt die der Filme um das Vierfache. Damit ist aus der Nischenkultur im Kinderzimmer ein ökonomischer Faktor geworden.[25]

Diese Zahlen verdeutlichen das Marktvolumen, um das es hier geht. Spielen in der Informationsgesellschaft hat neue Facetten erhalten. Computerbasierte oder spielkonsolenbasierte Geschicklichkeits-, Rollen-, Abenteuer- Action- und Simulationsspiele überschwemmen geradezu den Markt. Die von Retter herausgearbeitete elementare Funktion des Spielens wird zu einem großen Teil mit Computerspielen realisiert. Das ist empirisch eindeutig. Pädagogisch ist unklar, was das bedeutet, und ob wir diesen eindeutigen Trend eher beklagen oder eher begrüßen sollen. Versuchen wir eine analytische Haltung einzunehmen, um einige Faszinationshorizonte näher zu betrachten.

Tomb Raider gehört zur Gruppe der Action- und Adventurespiele. Hier agieren die Spieler im Rahmen einer umfangreichen Geschichte. Die Hauptfigur muss sich einen Weg durch Labyrinthe, Kellergewölbe, Fantasielandschaften oder Dschungel bahnen und wird im Spielverlauf mit zahlreichen Gegnern konfrontiert, die mit unterschiedlichen Waffen bekämpft werden können. Dabei erwerben die Figuren im Laufe des Spiels bestimmte Fähigkeiten und Kenntnisse. Um das Spielziel zu erreichen, müssen Abgründe und heimtückische Fallen mit Hüpfen, Springen, Klettern überwunden, Rätsel gelöst und Geheimcodes geknackt werden. Es handelt sich eben um Adventure-, das heißt Abenteuerspiele. Werfen wir deshalb einen kurzen Blick auf die grundlegende Funktion des Abenteuers.

(b) Zur elementaren Funktion des Abenteuers.

Nach Georg Simmel (1910/1927) führen Abenteuer – und damit verknüpft die geschaffenen Phantasiewelten – zu einer persönlichkeitserweiternden Erfahrung, die Menschen dazu ermutigen, ihren bisherigen Weg zu verlassen, um sich auf etwas Neues einzulassen. Das Abenteuer hat die Funktion der Konfrontation mit

23 Vgl. Baacke u.a. 1997.
24 Vgl. Holowaty 1997, 157.
25 Schmitt/Schmundt 2003, 8.

dem Anderen, dem Fremden, dem noch nicht Bekannten. In dieser Konfrontation steht immer auch das Selbst- und Weltverhältnis des Menschen auf dem Spiel, denn angesichts der Konfrontation mit dem Fremden wird gleichsam fortlaufend überprüft, ob das Weltbild und das Bild, das der einzelne von sich hat, noch aufrecht erhalten werden kann. Insofern hat das Abenteuer immer etwas Herausforderndes und Prickelndes. Für Jugendliche, die, entwicklungspsychologisch gesehen, ohnehin dabei sind, ihre Grenzen abzustecken, besitzen solche Herausforderungen und Grenzerfahrungen eine besondere Attraktivität. Wenn der Held als Identifikationsfigur stark, selbstbewusst und risikofreudig ist, kommt es dieser psychischen Disposition des Jugendlichen sehr entgegen. Die Identifizierung mit dem Helden kann Jugendlichen helfen, besser mit eigenen Identifikationskrisen fertig zu werden[26].

Wenn Lara Croft sich also Herausforderungen stellt, wenn sie Geheimnissen auf der Spur ist, wenn sie Rätsel löst und Feinde bekämpft, dann erkennen wir die gleiche grundlegende Struktur wie in der beschriebenen typischen Pubertätsproblematik. Die Herstellerfirma Eidos (London) zielte mit dem Spiel *Tomb Raider* auf die Zielgruppe der 10 bis 16 jährigen, und genau diese Gruppe ›sprang auch an‹. Die pubertäre Identitätsumstrukturierung besteht ja im Wesentlichen darin, Grenzen neu zu ziehen, zu erproben, welches die Bahnen des eigenen Selbst sein werden. Das Abenteuer bedient gleichsam auf »natürliche« Weise diese Entwicklungsaufgabe. Es stellt Narrationen und virtuelle Aktionsräume bereit, die offensichtlich – und das ist ein weiterer Aspekt – dann besonders attraktiv sind, wenn sie einen archaischen Charakter aufweisen.

(c) Zur elementaren Funktion archaischer Narrative

Ein Spiel braucht eine Geschichte, und die muss spannend sein. Video- und Computerspiele gleichen aufgrund der fortgeschrittenen Graphikkartenkapazität immer mehr Filmen, nur dass sie – im Gegensatz zum Film – eben konsequent interaktiv sind. Wenn wir uns Neuem stellen, reagiert auch der Körper per Adrenalinregelung. Die Bilder mögen neu sein, die Ängste, die sie evozieren – das ist hier die entscheidende These – sind uralt. Der Spieler geht mit dem Helden auf die Reise in fremde Welten. Die Erzählmuster sind uralt und beispielsweise in Märchen und Heldengeschichten auffindbar. Der Held ist oft klein und unterlegen und kann doch ein starkes Ich aufbauen (Das tapfere Schneiderlein). Um Identitätssuche geht es auch in den Mythen anderer Völker. »Mythen sind Schlüssel zu den geistigen Entwicklungsmöglichkeiten des menschlichen Lebens.«[27] Mythen sind Entstehungsgeschichten von Identitäten. Das können solche von Kulturen oder Nationen sein oder solche von einzelnen Menschen. Probleme, Konflikte, die in ihnen auftreten, sind solche, die dem

26 Zur Geschichte der Bedeutung des Helden für Jungen und Mädchen vgl. Kehlenbeck 1996.

27 Campbell 1988, 17.

einzelnen als Identifikations-, aber auch als Projektionsfolie dienen. Die Grundstruktur ist dabei: Das Gute ist gut und gewinnt, das Böse ist böse und verliert. Diese Struktur finden wir natürlich auch in Videospielen. Joseph Campbell studierte die grundlegenden Mythen vieler Völker und fand heraus, dass sie alle eine einheitliche Grundstruktur haben, die er Mono-Mythos nennt[28]:

1. Stufe: Trennung. Der Held verlässt die vertraute Umgebung, um die große Reise zu beginnen. Interessant ist es – so Campbell –, dass zu Beginn immer der Ruf zum Abenteuer aufzufinden ist, also das Bereitsein zum Abenteuer.

2. Abstieg. Die Helden verlassen die Alltagswelt und steigen in eine Unterwelt beziehungsweise in eine unbekannte Sphäre, um dort Proben und Prüfungen zu bestehen. Sie müssen lernen, sich in der ihnen unbekannten Welt zu Recht zu finden. Sie müssen Rätsel lösen, sie müssen also herausfinden, wie etwas geht, wie man wo hinkommt, wie die Welt funktioniert. Der Held muß also Wissen sammeln, Bruchstücke des Wissens, die dann zusammengesetzt werden und es erlauben, die Welt zu verstehen. Oftmals trifft der Held auf einen Führer oder Guide, der hilft, auf der Reise weiter zu kommen.

3. Initiationsphase. Hier verlieren sie ihre hochmütige Haltung und müssen ihr Verhältnis zu sich und zur Welt ändern. Sie erweitern ihren Horizont, um die Reise fortführen zu können und bekommen dann das, was Camphell das *Elixier* nannte. Das ist meistens ein inneres Wissen, kann aber auch ein materielles Geschenk sein oder überhaupt etwas Materielles. In vielen Computerspielen, auch bei Lara Croft, ist es so, dass man in fremden Welten alle möglichen Gegenstände sammelt, die in anderen Kontexten wunderähnliche Dinge bewirken können. Falls es einen Guide gibt, überreicht er dem Helden etwas, ein Talisman, ein Amulett (oder zum Beispiel ein Laserschwert).

Auf seiner Reise muss der Held verschiedene Hindernisse überwinden, Hindernisse, die oft nach Überwindung, eine neue Stufe der Reise bedeuten. Solche Hindernisse sind gleichsam Schwellen. Schwellenwächter müssen besiegt oder irgendwie umgangen werden, um beispielsweise in die Unterwelt abzusteigen[29]. Der Held stirbt in der Unterwelt einen symbolischen Tod und wird dann wieder geboren: Wachsen oder Sterben.

4. Rückkehr. Wenn alles erledigt ist, kommt die magische Flucht. Der Held nimmt das Elixier und bringt es in die frühere alltägliche Welt zurück, wodurch auch diese sich in gewisser Weise ändert.

Das ist das Schema der Heldenreise[30], durch die der Held zu sich selbst findet[31]; wir finden es auch als Grundstruktur in den vielen Abenteuern wieder, die Lara Croft zu bestehen hat. Computerspiele – und das gilt auch für Lara Croft –

---

28 Vgl. Campbell 1949.

29 Auch bei Harry Potter (*Stein der Weisen*) muß ein vielköpfiger Hund überwunden werden.

30 Stufen dieser oder ähnlicher Art finden wir in verschiedenen Theorien (vgl. beispielsweise: Wessely 1998).

31 Unschwer ist die Logik des klassischen Bildungsromans zu erkennen (*Wilhelm Meister*).

bestehen aus einer Serie von Problemlösungen, die über weite Strecken der von Campbell beschriebenen Stufenlogik folgt. Diese Entwicklung des Avatars vollzieht sich von Spiel-Level zu Spiel-Level. Es sind gleichsam Initiationen, wie es Mircea Eliade (1988) für den Mythos ausgeführt hat, Prüfungen, die zur nächsten Entwicklungsstufe führen. Die klassische Auffassung von Mythen als Medien der Überwindung von Angst vor einer als übermächtig empfundenen Wirklichkeit hat viel Ähnlichkeit mit Blumenbergs Auslegung, der zufolge das Mythische ein »anthropologisches Weltbewältigungsmuster«, gleichsam ein Mittel ritueller Weltbewältigung darstellt[32].

Können Helden helfen, in unserem Leben einen Platz zu finden[33]? Wenn das Jugendalter dadurch gekennzeichnet ist, dass Menschen ihre eigene Identität aufbauen und das heißt ja auch ihre Grenzen finden, wenn es dadurch gekennzeichnet ist, dass bestimmte Entwicklungsanforderungen zu bewältigen sind[34], können Spiele dabei helfen? Ja, sie können es, und erst recht in Computerspielen, und zwar nicht nur deshalb, weil im Spiel experimentell Identitäten und Grenzen erprobt werden können, sondern weil es in Computerspielen eine mythologische Tiefenstruktur gibt. Weil man dieser mythologischen Struktur in Computerspielen im öffentlichen Diskurs zu wenig Aufmerksamkeit widmet, greift die öffentliche Debatte entschieden zu kurz und wird verkürzt auf sensationsträchtige Oberflächenphänomene. Beeindruckend fand ich ein Interview, in dem Joseph Campbell gefragt wurde, was in einer Gesellschaft geschieht, in der es keine Mythen mehr gäbe. Und er antwortete, dass die Kinder und Jugendlichen sich selbst welche suchen würden. Er betont mit dieser Aussage die gleichsam lebensnotwendige Funktion von Mythen für die Entwicklung eines Menschen und einer Kultur. »In der Mythologie geht es viel um die Lebensstadien, die Initiationszeremonien beim Übergang von der Kindheit zu den Verantwortlichkeiten des Erwachsenen«[35]. Vielleicht erklärt das ja zum Teil auch die legendären Erfolge der Romane und Filme *Harry Potter* oder auch *Herr der Ringe*[36]. Auf jeden Fall erklärt es, warum Computerspiele so oft mittelalterlich aussehende Umgebungen und Helden mit martialischem Aussehen aufweisen. Sie stehen darin beispielsweise den deutschen Heldensagen oder anderen Heldengeschichten der verschiedenen Völker in keiner Hinsicht nach.

(d) Zur elementaren Funktion diskursiver Vergemeinschaftungsstrukturen

Ein entscheidendes Merkmal der modernen Computerspielwelt ist die diskursive Verankerung in Vergemeinschaftungsstrukturen des Internet. Man muß es sich

---

32 Vgl. Blumenberg 1984.

33 Vgl. zur breiteren Diskussion dieser Frage: Czaja (Hrsg.) 1997.

34 Vgl. Havighurst 1948.

35 Campbell 1988, 23.

36 Joseph Camphell, der 1987 starb, war sehr eng mit Georg Lukas, dem Regisseur der Star Wars Filme, befreundet. Vielleicht erklärt sich auch in diesem Kontext die archaische Grundstruktur dieser Filme.

so vorstellen: Für jedes Computerspiel, das einigermaßen verbreitet ist, gibt es im deutschsprachigen Raum allein hunderte von Webseiten der Fans. Diese sind in der Regel untereinander vernetzt. Auch ausgesprochene Lara Croft Fans überblicken die Szene der deutschsprachigen Internetseiten nicht mehr. International belaufen sich Schätzungen auf 250.000 Fanseiten, also Homepages. Einen guten Einstieg in die Fanpages bieten die auf der Eidos-Homepage (www.eidos.-de/fanpages/index.html) angegebenen Links, die wiederum mit anderen Fanpages verlinkt sind. Auf ihnen finden sich neben den obligatorischen Walkthroughs zu vielen verschiedenen Computerspielen Sammlungen aller möglichen Tomb Raider-Artworks, Reviews und Foren, in denen man sich über das Spiel und seine Protagonistin austauschen kann. Die 1999 in deutscher und englischer Sprache online gegangene Lara-Croft-Zeitung, die *Crofttimes*[37], hat eine besondere Bedeutung erhalten, weil in ihr regelmäßig die neuesten Meldungen zu Tomb Raider, Lara Croft und ihrer menschlichen Darstellerinnen in einer deutschen und einer internationalen Ausgabe gebündelt werden.

Ein Blick auf die teilweise recht professionell erstellten Fanseiten im Internet[38] zeigt zunächst die gleiche Grundstruktur, wie wir sie auch bei anderen Fanseiten, zum Beispiel bei Star Trek Fanseiten, finden: Es gibt einen mehr weniger ambitioniert gestalteten Infobereich, der die News der Szene beinhaltet beziehungsweise dahin verlinkt, wir finden eine Gallery-Bereich, in dem man ausgewählte Bilder (Sreenshots, Trailer u.ä.) herunterladen kann, natürlich gibt einen Bereich, der ganz den Spielen gewidmet ist und es gibt in der Regel einen Kommunikationsbereich, der meisten aus einem abonnierbaren Newsletter besteht, einer Mailingliste, einem Chat (manchmal auch ICQ) und/oder einem Forum. Auch die Diskussionen in den Foren weisen eine bekannte Grundstruktur auf: Es wird diskutiert über Technisches, über neue Releases, über neue Homepages von Fans, es werden vor allem Spieletipps weitergegeben und es wird über Lara selbst, über ihre Biographie diskutiert. Die Spielszene Lara Croft ist also im hohen Maße Bestandteil eines Diskursuniversums des Internet, das soziale Integration ermöglicht. Dieser Sachverhalt überrascht nicht, sondern ist allgemein von den Spielegemeinschaften her bekannt. Eine Leserbefragung der Zeitschrift »PC Games«[39] weist aus, dass 95% der Computerspieler das Internet als Spielplattform nutzen, 37% sind bereits in Online-Clans, einer speziellen Form von Vergemeinschaftung, organisiert (17% wollen beitreten). Nicht nur diese Vernetzungsstruktur bedarf der verstärkten Aufmerksamkeit, sondern es ist immer wieder zu betonen, um welche Größenordnung von Spielerinnen und Spielern es hier geht. Die erfolgreichsten Online-Rollenspiele dieser Art waren zu Beginn des Jahres 2001 »Everquest« (mit 360.000 zahlenden Mitgliedern), »Ultima Online« (230.000) und »Asherons Call« (ca. 100.000)[40]. Bereits 1998

37 www.croft-times.de oder www.cubeit.com/ctimes.html (08.12.2001).

38 Beispielsweise www.lara-forever.de (15.2.2003).

39 Heft 9/2001, S. 16ff.

40 Vgl. *MCV*, Heft 13/2001, S. 8.

berichtete DER SPIEGEL[41] über »Ultima Online«, der bekanntesten virtuellen Spielgemeinschaft. »Ultima Online« ist eine virtuelle Welt, von seiner Ausgestaltung dem Mittelalter nachempfunden, in denen zur Zeit 230.000 zahlende Spieler ein konstantes Bleiberecht haben. Die Spieler steuern ihre Spielfigur mit der Maus durch eine weitläufige Szenerie, bestehen Kämpfe, gehen ihrem Gewerbe nach, üben sich in ihren Fähigkeiten und bilden so ihren »Charakter« aus. Gerit Götzenbrucker (2001) hat eine beeindruckende Studie über die Prozesse der Kommunikation und Vergemeinschaftung in »Ultima Online« vorgelegt.

Aufgrund der Vernetzungsstrukturen, die in diesem Bereich in den letzten Jahren entstanden sind, und die auch für die Lara Croft-Szene konstatiert werden muss, ist energisches Misstrauen gegenüber der These zu artikulieren, dass es sozial schädlich sei, wenn Jugendliche zu lange Computerspiele spielen. Die These ist zu oberflächlich. Ich denke, wir brauchen in der Erziehungswissenschaft unbedingt den kreativen zweiten Blick, der immer ein empirischer ist und der in diesem Fall den Blick auf die sozial integrative Funktion diskursiver Vergemeinschaftungsstrukturen lenken würde.

4. Schlussbemerkung

Zu welchem Ergebnis gelange ich? Wir können die Faszination der kulturellen Ikone Lara Croft entschlüsseln. Dabei greifen oberflächliche Erklärungsmuster, die in Lara Croft nur ein Sexsymbol sehen (in den Foren ist von ihrem sexualisierten Körper bezeichnenderweise fast gar nicht die Rede), oder – wie viele feministische Ansätze – psychoanalytisch argumentieren, oder die den Erfolg als Effekt einer raffinierten Vermarktungsstrategie interpretieren, entschieden zu kurz. Auch Interpretationen, die überwiegend die Oberflächenstruktur bestehend aus Gewalt und Action sehen, gehören dem ersten pädagogischen Blick an. Aber der erste pädagogische Blick kann nicht verstehen, warum die Faszination der Computerspiele zunimmt. Man versteht erst durch den zweiten Blick: Lara Croft entfaltet ein orientierendes Potenzial für Jugendliche, sie ist ein Vorbild für sie, weil sie letztlich auf der Suche nach sich selbst ist, weil das Spiel wie auch der Film tiefe mythologische Strukturen beinhalten, die Menschen berühren. Wie sagte Campbell: Wenn Menschen keine Mythen mehr vorfinden, werden sie sich selbst welche suchen. Wenn sie diese in bestimmten Computerspielen finden und dies ihre Faszination ausmacht, wäre das – pädagogisch gesehen – nicht unbedingt das Schlechteste.

41 *Der Spiegel*, Heft 16/1998, S. 174ff.

Literatur

Baacke, D.; Ferchhoff, W.; Vollbrecht, R. (1997): Kinder und Jugendliche in medialen Welten und Netzen. Prozesse der Mediensozialisation. In: Fritz/Fehr (Hrsg.) (1997). S. 31–58.

Baacke, D.; Schulze, Th. (Hrsg.)(1979): *Aus Geschichten lernen*. München (Juventa).

Blumenberg, H. (1984): *Arbeit am Mythos*. Frankfurt a.M. (Suhrkamp). Dritte Auflage.

Campbell, J. (1949): *Der Heros in tausend Gestalten*. Frankfurt a.M. (Insel Verlag) 1999.

Campbell, J. (1969): *Der Flug der Wildgans. Mythologische Streifzüge*. München (Piper) 1990.

Campbell, J. (1988): *Die Kraft der Mythen. Bilder der Seele im Leben des Menschen*. Düsseldorf und Zürich (Patmos) 1994.

Czaja, D. (Hrsg.) (1997): *Kinder brauchen Helden*. München (KoPäd).

Deuber-Mankowsky, A. (2001): *Lara Croft. Modell, Medium, Cyberheldin*. Frankfurt a.M. (Suhrkamp Verlag).

Eliade, M. (1988): *Mythos und Wirklichkeit*. Frankfurt a.M. (Insel Verlag).

Erlinger, H. D. (2001): *Kinder und ihr Symbolverständnis. Theorien – Geschichten – Bilder*. München (KoPäd).

Fatke, R. (1979): Kinder erfinden Geschichten – und was man daraus lernen kann. In: Baacke/Schulze (Hrsg.) (1979). S. 263–275.

Fritz, J. (1995)(Hrsg.): *Warum Computerspiele faszinieren*. Weinheim (Juventa).

Fritz, J.; Fehr, W. (Hrsg.)(1997): *Handbuch Medien: Computerspiele*. Bonn (Bundeszentrale für politische Bildung).

Götzenbrucker, G. (2001): *Soziale Netzwerke und Internet-Spielewelten. Eine empirische Analyse der Transformation virtueller in realweltliche Gemeinschaften am Beispiel von MUDs*. Wiesbaden (Westdeutscher Verlag).

Griese, H. (2000): Personale Orientierungen im Jugendalter – Vorbilder und Idole. In: Sander/Vollbrecht, R. (Hrsg.) (2000). S. 211–253.

Havighurst, R. J. (1948): *Developmental Tasks and Education* (3.Aufl.) 1974. New York (Mc. Kay).

Holowaty, Ch. (1997): Verkaufshits & Megatrends. Kennzeichen erfolgreicher Computer- und Videospiele. In: Fritz/Fehr (Hrsg.)(1997). S. 157–166.

Johnson, M. (2002): *Problem Solved. A primer in disign and communication*. New York (Phaidon Press).

Kehlenbeck, C. (1996): *Auf der Suche nach der abenteuerlichen Heldin*. Frankfurt/ New York (Campus).

Kant, I. (1800): *Logik. Ein Handbuch zu Vorlesungen*. Hrsg. v. G.B. Jäsche. In:

Kant, I,: *Schriften zur Metaphysik und Logik* 2. Werkausgabe Bd. VI. Hrsg. v. W. Weischedel. Frankfurt a.M (Suhrkamp) 1977.

Klafki, W. (1975): *Studien zur Bildungstheorie und Didaktik*. Weinheim und Basel (Beltz).

Mittelstraß, J. (1982): *Wissenschaft als Lebensform. Reden über philosophische Orientierungen in Wissenschaft und Universität*. Frankfurt a.M. (Suhrkamp).

Mittelstrass, J. (1982a): Versuch über den Sokratischen Dialog. In: Mittelstrass, 1982

Mittelstrass, J. (1982b): Technik und Vernunft. In: Mittelstraß 1982.

Mittelstraß, J. (1989): *Der Flug der Eule. Von der Vernunft der Wissenschaft und der Aufgabe der Philosophie*. Frankfurt a.M. (Suhrkamp).

Mittelstraß, J. (2001): *Wissen und Grenzen. Philosophische Studien*. Frankfurt a.M. (Suhrkamp).

Mittelstraß, J. (2002): Bildung und ethische Maße. In: Killius u.a. (Hrsg.)(2002). S. 151–170.

Retter, H. (2002): Kinderspiel zwischen Medien und Kommerz. Zum Wandel des Spiels in der gegenwärtigen Gesellschaft. Interdisziplinäre Annäherungen. In: Richter/Trautmann (Hrsg.) (2002). S. 283–304.

Retter, H. (2002a): Die Paradoxien von Kinderspiel und Kindheit als Spiegel der Paradoxien unserer gegenwärtigen Gesellschaft. In: *Neue Sammlung*, 32. Jg., S. 605–617.

Richard, B. (2001): *Die Konstruktion von weiblichen Repräsentationsbildern in Computerspielen. Abschlußbericht für das Hessische Ministerium für Wissenschaft und Kunst*. Frankfurt a.M..

Richter, K.; Trautmann, Th. (Hrsg.)(2002): *Kindsein in der Mediengesellschaft*. Weinheim (Deutscher Studien Verlag).

Simmel, G. (1910/1927): *Hauptprobleme der Philosophie. Philosophische Kultur*. Gesamtausgabe (hrsg. v. Otthein Ramstedt) Bd. 14. Frankfurt a.M. (Suhrkamp).

Sander, U.; Vollbrecht, R. (Hrsg.) (2000): *Jugend im 20. Jahrhundert*. Neuwied (Luchterhand).

Schmidt, St.; Schmundt, H. (2003): Laras Welt. In: *Kultur Spiegel* 2/2003. S. 6–9.

Weniger, E. (1958): Bildung und Persönlichkeit. In: Weniger, E.; *Die Eigenständigkeit der Erziehung in Theorie und Praxis*. 2. Aufl. Weinheim.

Wessely, Ch. (1998): Götter mit kleinen Fehlern – mythologische Aspekte von Computerspielen. In: *Spektrum der Wissenschaft*. Dez. 1998 S. 112ff

Peter Alheit

Biographisches Wissen als Lernpotenzial
Die Idee der »transitorischen Bildung«

Statt einer Einleitung: Zwei deutsche Szenarios

Eine Gruppe kommunaler Verwaltungsangestellter aus einer thüringischen Kleinstadt sitzt in einer Weiterbildungsveranstaltung. Thema sind die rechtlichen und organisatorischen Rahmenbedingungen bundesdeutscher Stadtverwaltungen. Die Teilnehmer sind schüchtern und unsicher. Nur wenige fragen. In der Regel halten abwechselnde Referenten Monologe über ihre Spezialgebiete. Eine Auswertung fördert schließlich äußerst spärliche Lernerfolge zutage.

Die Leute fühlen sich nicht wohl. Die Lerninhalte sind fremd und ungewohnt. Vor allem haben sie den Eindruck, nicht ernst genommen zu werden. Selbst die freundlicheren unter den Dozenten behandeln sie nicht wie erwachsene Menschen, die ein Stück beruflicher Kompetenz und selbstverständliche Lebenserfahrungen einzubringen haben, sondern wie unmündige Schüler. Sie werden zurückgehen in ihre berufliche Alltagssituation und einen Teil der Ärgernisse verstärken, die die so genannte »Wende« in Deutschland begleiten: die Verwaltungskatastrophen in Ostdeutschland.

Eine intensive Auswertung der Lehrerfahrungen mit den Dozenten zeigt die andere Seite der Medaille: Nie habe man derart bornierte und lernunwillige Teilnehmer gehabt. Ihre Flexibilität sei extrem niedrig, Lernverweigerung beinahe normal. Man sei durchaus mit Idealismus in den Osten gekommen, aber was man hier erlebe, spotte jeder Beschreibung. Wenn sich das nicht ungehend ändere, sehe man schwarz für die deutsche Verwaltung. Italienische Zustände seien womöglich die Folge.

Kein Wort über die Lerngeschichte der Betroffenen selbst, keine Reflexion des eigenen Verhaltens als Lehrende. Die Situation ist durch ein kulturelles Machtgefälle derart eindeutig determiniert, dass sich weitere Überlegungen erübrigen. Nichts erscheint plausibler, als dass im »neuen Deutschland« die Verwaltungsvorschriften der alten Bundesrepublik zur Geltung kommen. *The winner takes it all.*[1]

---

1 Dieses Szenario ist das saloppe »Transkript« einer unveröffentlichten Evaluationsstudie, die Werner Mauch unmittelbar nach der Wiedervereinigung (1991) im Rahmen des Forschungsschwerpunkts Arbeit und Bildung an der Universität Bremen durchgeführt hat.

Szenenwechsel: Herbert Schmidt[2] betreibt seit 1990 eine kleine Reparaturwerkstatt am Rande Berlins. Bevor er sich als Kleinunternehmer etabliert hat, musste er verschiedene Hürden überwinden. Bargainingprozesse mit den Ämtern, Kreditverhandlungen bei verschiedenen Banken waren nur die vordergründigsten Schwierigkeiten. Viel wesentlicher war seine eigene Unsicherheit. Auch Herbert ist ein »Ossi«. Er ist in der DDR aufgewachsen. Und obwohl er als Arbeiter in einem mittleren Maschinenbaubetrieb neben seiner Berufstätigkeit inoffiziell schon zu DDR-Zeiten eine kleine Autoreparaturwerkstatt betrieben hat (eine Marktlücke, die durch staatliche Angebote einfach nicht geschlossen werden konnte), kommt er mit dem Kapitalismus nach der Wende nur schwer zurecht. Noch immer fühlt er sich unterlegen, wenn er mit einem Bankier verhandelt, kommt sich übervorteilt vor. Noch immer hat er das Gefühl, ein lästiger Bittsteller zu sein, wenn er auf die Ämter muss. Im Herzen ist er ein »Ossi« geblieben. Trotz allem: seit 1993 schreibt sein Betrieb schwarze Zahlen. Für ihn selbst und die zwei Angestellten scheint die berufliche Zukunft gesichert zu sein.

Herbert ist – leider – kein Durchschnittsfall. Von den beinahe 100.000 »Selbständigen«, die seit der Wende im Osten ein Geschäft angemeldet haben, ist nur ein geringer Prozentsatz erfolgreich. Aber Herberts »Karriere« belegt ein Phänomen, das Soziologen ein wenig umständlich »Akteurgenese« nennen[3]. Menschen, die durch ihre berufliche und kulturelle Sozialisation keineswegs prädestiniert zu sein scheinen, selbständige Unternehmer zu werden, entscheiden sich im deutschen Transformationsprozess für eine Zukunft als »neue Selbständige«. Viele dieser Projekte scheitern. Und auf den ersten Blick erscheint der berufliche Misserfolg geradezu vorprogrammiert. Sie besitzen in aller Regel kein nennenswertes Investitionskapital. Sie haben wenig Erfahrung mit den Regeln und Zwängen des kapitalistischen Marktes; und alle Fähigkeiten, über die sie verfügen, scheinen mit dem Zusammenbruch der DDR-Gesellschaft entwertet zu sein[4]. Und doch sind einige, wie Herbert Schmidt, wider alle Erwartungen, erfolgreich. Interessant ist die Beobachtung, dass ein hoher Prozentsatz der »neuen Selbständigen« bereits zu DDR-Zeiten ungewöhnliche Karrierewege eingeschlagen hat. Geradlinige Lebensläufe, die den Normalerwartungen einer DDR-Laufbahn entsprachen, bilden in der Gruppe der »neuen Selbständigen« eher die Ausnahme[5].

Wir entdecken in den neuen Unternehmern also die kaschierten Selbständigen des maroden »Realsozialismus«. Da die unflexiblen Planungs- und Entscheidungsstrukturen der DDR-Gesellschaft dem wachsenden Bedürfnis nach

---

2 Der Name ist selbstverständlich ein Pseudonym. Das Fallmaterial entstammt dem von der Volkswagen-Stiftung geförderten Projekt über neue Selbständigkeit in Ostdeutschland, das vom Berliner Institut für sozialwissenschaftliche Studien (BISS) durchgeführt wurde (s.u.).

3 Vgl. Koch/Thomas/Woderich 1993.

4 Vgl. Alheit 1993b.

5 Vgl. noch einmal Koch/Thomas/Woderich 1993, S. 284.

Abwechslung und Unterscheidung bei den Leuten nicht entsprechen konnten, entstanden offenbar

> bereits im Rahmen des (alten) Systems quasi-selbständige Strukturen, entweder als privilegierte Inseln im Meer der Wirtschaftsbürokratie oder als mehr oder minder geduldete Refugien, in die auch nebenerwerbliche Tätigkeiten eingelagert waren. Wenn in der Mangelwirtschaft ein subkutaner Handel und Wandel mit Waren, Gütern, Leistungen und seltenen Qualifikationen aufblühte (›es gab nichts, aber jeder hatte alles‹), dann kann zumindest mit einiger Plausibilität auf Praktiken und Prozeduren geschlossen werden, die sich als Brücke in die neue soziale Ordnung erweisen.[6]

Herbert Schmidts Erfolg ist also durchaus nicht zufällig. Es gelingt ihm, individuelle Fähigkeiten, die in der Ex-DDR-Gesellschaft nur informelle Bedeutung besaßen, Stück für Stück in das bewusst verfügbare Repertoire seiner sozialen Erfahrungen zu integrieren und das Gebäude seines biographischen Wissens umzubauen. Ein »Modernisierungsprozess« ist dabei nur begrenzt notwendig. Im Grunde kommt es darauf an, »halb gelebte« soziale Erfahrungsressourcen bewusst zu machen und ins Zentrum der neuen sozialen Orientierung zu rücken.

Beide Szenarien beziehen sich auf Forschungskontexte. Das erste auf eine Expertise unmittelbar nach der »Wende«[7], die schon deshalb nicht veröffentlicht wurde, weil ihre Ergebnisse allzu plakativ Vorurteilsstrukturen zu reproduzieren schienen. Das zweite Szenario auf die interessante Untersuchung des Berliner Instituts für sozialwissenschaftliche Studien über neue Selbständigkeit im Osten Deutschlands. Seine Mitarbeiter sind ohne Ausnahme SoziologInnen und KulturwissenschaftlerInnen aus der ehemaligen DDR.

Die DDR-Soziologen haben bei ihren Studien, ohne es explizit zu benennen, überzeugend herausgearbeitet, was »biographisches Lernen« sein könnte. In der Weiterbildungsstudie dagegen wird deutlich, dass die betroffenen Pädagogen nicht einmal einen Begriff davon haben, dass jeder Lernprozess sozusagen eine »Lebens«-Geschichte hat, dass er sich auf lebendige Erfahrungen bezieht. Und wenn Lehrende dies ignorieren und die Lernenden nicht einmal subversive Techniken entwickeln können, um solche Erfahrungen einzubringen, muss der Lernprozess scheitern.

Freilich, was haben die Berliner Soziologen – ohne es zu wissen – eigentlich entdeckt? Welche Art von Lernen ist das, von dem hier die Rede ist? Ist unser Gegenstand wirklich so klar und eindeutig? Oder scheint uns das nur so, weil seit einiger Zeit der Begriff des biographischen Lernens sozusagen Karriere gemacht hat? Im Folgenden soll dieser Frage systematischer nachgegangen werden. Es geht um den Versuch der Skizzierung einer Theorie biographischen Lernens.

---

6 Koch/Thomas/Woderich 1993, S. 285.

7 Mauch 1991.

Basisstrukturen individueller Überlebensfähigkeit

Trotz aller Krisen der Moderne bewegen sich die meisten von uns keineswegs panisch durch den Alltag. Und das liegt offensichtlich nicht daran, dass die statistische Lebenserwartung – allen nuklearen, genetischen und ökologischen Katastrophen zum Trotz – jedenfalls in westlichen Gesellschaften stetig ansteigt, sondern an sehr viel intimeren Dispositionen. In der Regel haben wir ja durchaus das Gefühl, »Organisatoren« unseres Lebenslaufs zu sein. Selbst wenn die Dinge anders verlaufen, als wir uns gewünscht oder vorgestellt hatten, nehmen wir Korrekturen unserer Lebensplanung gewöhnlich unter dem Eindruck persönlicher Autonomie vor. Das heißt die bewusste Disposition gegenüber unserer Biographie lässt sich als intentionales Handlungsschema begreifen.[8]

Die dominierende Einstellung, die wir gegenüber unserer eigenen Biographie haben, ist die des Planens. Damit sind keineswegs ausschließlich die »großen Pläne« gemeint, die wir für unser Leben hegen – der Berufswunsch, die politische Karriere, der Hausbau, die »gute Partie« etc. Es geht auch um die Planung des Wochenendes, des nächsten Vormittags oder des abendlichen Fernsehprogramms. Wir beschließen zum Beispiel, zehn Pfund abzunehmen oder das Rauchen aufzugeben, und haben Erfolg dabei. Dies alles vermittelt uns den Eindruck, dass wir unser Leben »in der Hand haben« und Subjekte unserer Biographie sind. Möglicherweise ist dieser Eindruck aber außerordentlich problematisch – nicht nur, weil uns jederzeit ein Schicksalsschlag treffen kann und wir zum Beispiel unheilbar krank oder arbeitslos werden, einen geliebten Menschen oder unser gesamtes Eigentum verlieren; vielmehr weil unserer vorgebliche Handlungs- und Planungsautonomie auf biographischen »Prozessstrukturen«[9] aufsitzt, die wir nur sehr begrenzt beeinflussen können.

Dazu gehören jene »institutionalisierten Ablaufmuster«[10], die unsere sehr persönliche Biographie nachhaltig prägen: der Familienzyklus, dessen Dynamik wir durchaus nicht im Griff haben, die Schule oder andere einflussreiche professionelle Prozeduren, die unsere Handlungsspielräume empfindlich einschränken, die Berufsausbildung zum Beispiel, die Therapie einer schweren Krankheit oder ein langfristiger Resozialisierungsprozess. Im Grunde gehören all diejenigen sozialen Prozeduren in diesen Kontext, denen wir in konventionellen Sozialisationstheorien messbaren Einfluss auf unsere Entwicklung einräumen. Dabei geht es durchaus nicht nur um jene vergleichsweise triviale Einsicht, dass uns sozialstrukturelle Prägungen ein Leben lang begleiten. Es geht vielmehr um die kom-

---

8 Die folgenden Ausführungen profitieren vor allem von Fritz Schützes Konzept der »kognitiven Figuren des autobiographischen Stegreiferzählens« (vgl. vor allem Schütze 1981, 1984), sind allerdings systematisch ein wenig anders angelegt und ergänzen im Übrigen Schützes originelle Arbeiten durch das eigene Konzept »biographischer Erfahrungsaufschichtung« (vgl. Alheit 1990, bes. S. 191ff.).

9 Schütze 1981.

10 Schütze 1981, S. 67ff.

plizierte Relation von Einflüssen, die gerade unser Leben ausmachen.

Dazu zählt zum Beispiel auch die Zeit, die uns »prägt« und – wie Karl Mannheim (1964) eindrucksvoll beschrieben hat – das unverwechselbare Gefühl hinterlässt, einer bestimmten »Generation« anzugehören. – Wir fühlen uns als Mitglieder der »Kriegsgeneration«, weil die Kriegserfahrung zu einem zentralen Bestandteil unserer Identität geworden ist. Wir rechnen uns zu den »68ern«, weil unser Studium in jene Zeit der Studentenrebellion fiel und die damaligen Erfahrungen unsere berufliche Karriere nachhaltig bestimmten. Oder wir haben den entscheidenden Teil unserer sozialen Prägung im schwierigen Prozess der deutschen Einigung erhalten – die »89er«, wie das neue Label heißt. Diese Erfahrung wird uns mit einem Teil unserer Alterskohorte ein Leben lang begleiten und uns deutlich von vorhergehenden und nachfolgenden »Generationen« unterscheiden.

Einen ähnlichen Status hat die soziale Dimension des Geschlechts. Auch das ›gender making‹ ist offensichtlich ein hochkomplexer und äußerst subtiler Vorgang und keineswegs ausschließlich die Sozialisation bestimmter Rollenmuster. Die Entwicklung, die uns zu Frauen oder Männern »macht«, die sogenannten gender-doing-Effekte der Protagonisten und Institutionen, die uns auf diesem Wege begegnen, sind weniger als allmählicher Erwerb eines bestimmten ›Verhaltenskodex‹ in einer gemeinsam geteilten sozialen Welt zu verstehen. Plausibler ist, dass wir es mit einer Art Grammatik zu tun haben, einem charakteristischen Prinzip der Hervorbringung von Lebensäußerungen, die ihre Einzigartigkeit durchaus nicht verlieren, aber dennoch eine bestimmte »Logik« besitzen[11] »Geschlecht« ist deshalb sozialen Klassen nicht unähnlich. Es beeinflusst, wie die Generation, unsere »Lagerung im sozialen Raum«.

Selbstverständlich gilt das nach wie vor für die Prägung durch unsere Herkunftsmilieus – auch hier indessen subtiler als oberflächliche sozialisationstheoretische Raster vermuten lassen. Bourdieus differenzierte Beobachtungen zur Unterscheidung sozialer Habitusformen[12] geben uns einen Eindruck von der Tiefe der Spuren sozialkultureller Reproduktion: die Körpersprache, die wir ausbilden, der Geschmack, den wir bevorzugen, der Humor, der uns anspricht, unsere Hygienegewohnheiten, der Sprachgestus, die Gesellungsformen und viele Eigenarten, den Alltag zu bewältigen, sind Ergebnisse eingeschliffener und

---

11 Vgl. Goffman 1994; Dausien 1995. In einer ganz vorzüglichen neueren Untersuchung hat Bettina Dausien den Doppelaspekt der „Geschlechtsgebundenheit von Biographien“ und der „biographischen Konstruktion des Geschlechts“ überzeugend herausgearbeitet (Dausien 1996). Diese originelle theoretische Entdeckung geht zweifellos über die hier knapp entwickelten Rahmenbeschreibungen hinaus, unterstreicht indessen die eigenständige *biographische* Bedeutung des Gender-Aspekts eindrucksvoll.

12 Vgl. besonders Bourdieu 1987.

bewährter Verhaltensregeln in sehr unterschiedlichen, gegeneinander weitgehend abgeschotteten Feldern des sozialen Raums.[13]

Der Rahmen, in dem sich unsere je individuelle Biographie entfalten kann, ist also durchaus nicht beliebig weit. Seine »generativen Strukturen« bleiben jederzeit spürbar. Dass wir normalerweise trotz solcher Einschränkungen das dominante Gefühl eigener Planungsautonomie nicht verlieren, liegt an der Eigenart, wie wir das Wissen darüber biographisch verarbeiten. Einmal mag es uns grundsätzlich entlasten, dass wir nicht für jeden Schritt unserer Biographie Eigenverantwortung tragen müssen, sondern dass uns bestimmte Entscheidungen über Handlungs- und Planungsalternativen von externen Prozessoren, von Gewohnheiten oder eingespielten Traditionen schlicht abgenommen werden. Gerade das setzt uns ja in den Stand, in persönlich als besonders relevant empfundenen Situationen bewusste und autonome Entscheidungen zu treffen. Andererseits neigen biographische Wissensbestände, die im Prinzip kontinuierlich benötigt werden, dazu, gleichsam »abzusinken«, zu latenten oder sogar »präskriptiven« Wissensformen zu werden und mit den Hintergrundstrukturen unserer Erfahrung zu verschmelzen.[14] Das gilt ganz besonders für das Wissen um Abhängigkeiten, die nicht beliebig auflösbar sind. Hier liegt der Ursprung bestimmter Habitusformen, die wir ausbilden, womöglich sogar von Mentalitäten, denen wir uns unreflektiert fügen. Das Hintergrundwissen um die Abhängigkeit von institutionalisierten Ablaufmustern und sozialweltlichen Grenzmarkierungen muss also die dominante Präsenz biographischer Handlungsautonomie nicht notwendig gefährden. Bedrohlich sind allerdings Prozessstrukturen mit »Verlaufskurvencharakter«[15]. Sie bezeichnen nämlich biographische Verläufe, in denen wir schmerzlich den Verlust intentionaler Handlungsfähigkeit erfahren und schließlich sogar die Kontrolle über unser Leben verlieren können. Wir kennen vergleichbare Entwicklungen bei Menschen, die unverschuldet arbeitslos geworden sind. Nach erfolglosen Strategien der Restabilisierung des Lebenslaufs »ohne Arbeit« verändert sich die Planungsperspektive. Sie verengt sich, konzentriert sich auf Alltagsprobleme und bricht womöglich ganz zusammen. Eine Biographie gerät »ins Trudeln«[16]. Zur Arbeitslosigkeit kommt womöglich exzessiver Alkoholkonsum. Die Lebensgewohnheiten verändern sich. Der Freundeskreis wird ausgetauscht oder verliert sich ganz. Vielleicht ist dann ein unbedeutendes kriminelles Delikt Auslöser des totalen Zusammenbruchs. Aber gerade dieser Zusammenbruch wirkt vielleicht kathartisch. Er bezeichnet nicht selten den

---

13 Die drei großen Habitusformen, die Bourdieu rekonstruiert, den Habitus der Notwendigkeit für die unteren sozialen Klassen und Schichten, den der Prätention, des ambitionierten Aufstiegs, für die Mittelklassen und den der Distinktion für die Eliten, sind dabei nur Grundmuster, die durch Verschiebungen kontinuierlich neue Varianten erzeugen.

14 Vgl. dazu die »klassischen« Ausführungen bei Alfred Schütz und Thomas Luckmann (1979, S. 154ff.; auch Alheit/Hoerning 1989, S. 8ff.)

15 Schütze 1981, S. 67ff., 1995.

16 Schütze 1981.

Punkt des »Neubeginns«, den allmählichen Wiedergewinn von Handlungsautonomie. Gewöhnlich sind also selbst »Verlaufskurven« mit vergleichbar dramatischem Ausgang nur temporäre Einschnitte in jenes dominierende Gefühl, mehr oder weniger autonomes Subjekt der eigenen Biographie zu sein.

Ähnlich irritierend wie die Prozessstruktur der Verlaufskurve kann unter Umständen die Erfahrung von »Wandlungsprozessen« werden, die wir nicht eindeutig adressieren können[17]. Wir geben einem heimlich längst geahnten Drang nach, Schauspielerin zu werden, und verändern unser Leben von Grund auf. Wir wagen das Coming-out als Homosexueller noch jenseits der Vierzig und treten in eine völlig neue Sozialwelt ein. Kurzfristig verlieren wir dabei das Gefühl der Selbstverständlichkeit biographischer Autonomie. Wir fühlen uns als »Getriebene«. Wir scheinen »unausweichlich« einer neuen Perspektive unserer Biographie ausgeliefert zu sein, die allerdings unseren heimlichen Strebungen entgegenkommt. Doch auch hier verändert sich die Prozessstruktur des Lebensablaufs oft sehr rasch. Der Wandlungsprozess gerät zur Verlaufskurve, oder er wird durch intentionale Handlungsschemata abgelöst.

Wichtig ist der Befund, dass unser Grundgefühl, relativ selbständig über unser Biographie verfügen zu können, offenbar nicht mit der Tatsache in Konflikt geraten muss, dass der größere Teil unserer biographischen Aktivitäten entweder weitgehend festgelegt ist oder von verschiedenen Prozessoren erst angestoßen wird. Es erscheint deshalb plausibel, dass jenes »Grundgefühl« in Wahrheit gar kein intentionales Handlungsschema, kein bewusster und gewollter biographischer Plan ist, sondern eine Art versteckter »Sinn« hinter den abwechselnden Prozessstrukturen unseres Lebensablaufs, die zweifellos virulente, aber strategisch nicht unbedingt verfügbare Intuition, dass es sich bei aller Widersprüchlichkeit doch um »unser« Leben handelt[18].

Wie kommt eine solche Intuition zustande und welche »Logik« verbirgt sich dahinter? Offenbar ist das Nicht-Intentionale dabei entscheidender als das Aktiv-Gewollte. Nicht der Erfolg oder Misserfolg der Pläne, die wir hegen, verbürgt dieses Grundgefühl, sondern ein spezifisches »Hintergrundwissen«, das auch den bedrohlichen Eindruck von Konsistenz- und Kohärenzverlust unserer Erfahrung noch auffängt. Es geht um das Problem der Anschlussfähigkeit biographischer Problemlagen an bereits akkumulierte Erfahrungen. Solche Erfahrungen sind offensichtlich strukturierter, als wir gewöhnlich annehmen. Sie haben längst nicht mehr den Charakter zufällig aufgeschichteter Erlebnisse, die wir im Lauf unserer Biographie gemacht haben, sondern eine je konkrete Gestalt[19]. Wir können sie als »biographische Konstruktion« bezeichnen[20], als

---

17 Schütze 1981, S. 103f.

18 Vgl. Bude 1984, S. 7ff.

19 Vgl. Rosenthal 1995.

20 Alheit 1995; Dausien 1996.

eine Art »Prozessskript« unseres konkreten Lebens[21] – eine keineswegs strategisch, aber doch intuitiv verfügbare generative Struktur gerade unserer Biographie.

Diese »Gestalt« ist nun durchaus nicht wie ein Gefängnis vorzustellen. Ihre Konturen sind weich und flexibel. Dennoch merken wir zumal in biographischen Krisen, dass solche Grenzen für uns existieren. Wir kennen nämlich Situationen, in denen uns der Anschluss neuer Erfahrungen misslingt. Wir können eine Anforderung, die man an uns stellt, oder ein Verhalten, mit dem wir unerwartet konfrontiert werden, nicht mehr einordnen. Es irritiert uns. Es fehlt uns das Instrumentarium, damit umzugehen. Wir fühlen uns überfordert. Die Dinge wachsen uns – wie die Alltagssprache sagt – »über den Kopf«. Wir mögen das Gefühl nicht loswerden, dass wir »gegen unsere Zeit« leben. Wir scheitern an unserem gesellschaftlichen Aufstieg, weil uns die kulturellen Ressourcen fehlen, die neue Position im sozialen Raum auch auszufüllen. Oder wir spüren einfach, dass die Bedingungen, unter denen wir unser Leben führen müssen, uns keinen Spielraum mehr lassen. Vielleicht überfällt uns aber auch ein ganz gegenteiliges Gefühl: dass sich uns nämlich völlig neue »Welten« auftun, dass wir eine qualitativ neue Erfahrung gemacht haben, die unser künftiges Leben verändern wird. Alles das deutet darauf hin, dass sich hinter den alltäglichen Erfahrungen Strukturen verbergen, die auch unser ganz persönliches Leben betreffen. Zwischen den beiden Polen, Struktur und Subjektivität, entstehen »Lebenskonstruktionen«[22], die durchaus eine Dynamik entwickeln können. Hier aber liegt die bildungstheoretische Brisanz biographischer Forschungsergebnisse.

Erstaunlich und faszinierend sind nicht so sehr die außerindividuellen Erosionspotentiale, sondern die komplexen Überlebenstechniken der Subjektivität. Besonders überraschend erscheint, dass man diese sehr intimen und zumeist nur intuitiv verfügbaren Strategien soziologisch, also unter ständiger Präsenz eines Begriffs von sozialer Struktur, beschreiben kann und nicht – wie etwa in neopsychoanalytischen Ansätzen – durch Abspaltung eines Bereichs des Psychischen vom Gesellschaftlichen.

Die Idee der »transitorischen Bildung«

Was freilich hat das alles mit Bildung und Lernen zu tun? Wenn die Menschen ihre Probleme weitgehend selber bewältigen, welchen Sinn soll dann Bildung noch haben? – Vielleicht lautet die Frage gar nicht, ob wir überhaupt Bildung brauchen. In Gesellschaften wie der unsrigen sind wir unausgesetzt mit Erziehungs- und Bildungsprozessen konfrontiert[23]. Womöglich ist das entscheidende Problem, welche Art von Bildung wir brauchen und wie sie mit jenen biographischen Konstruktionen vermittelt ist, die gerade unser Leben ausmachen. Diese

21 Fischer-Rosenthal 1995.
22 Bude 1984.
23 Stellvertretend Tenorth 1992.

Konstruktionen gehen nämlich über das hinaus, was wir von unserem Leben erzählen können. Sie sind zunächst versteckte Referenzen an die strukturellen Bedingungen, die uns aufgegeben sind. Bourdieu hat diese Tatsache mit dem Habituskonzept überzeugend belegt. Und wer seine entlarvende Analyse besonders der Lebenspraxen kennt, die der soziale Habitus des (französischen) Kleinbürgertums hervorbringt[24], erschrickt über die »Macht« der strukturellen Rahmenbedingungen. Biographische Konstruktionen haben aber noch einen anderen Aspekt: Wir erzeugen im Laufe unseres Lebens in bezug auf uns selbst und unseren sozialen Rahmen »mehr« Sinn, als wir »aus der Perspektive unserer biographischen Selbstthematisierung überschauen«[25]. Wir verfügen über ein biographisches Hintergrundwissen, das uns prinzipiell in die Lage versetzt, den sozialen Raum, in dem wir uns bewegen, auszufüllen und auszuschöpfen.

Dabei hat niemand von uns alle denkbaren Möglichkeiten. Aber im Rahmen eines begrenzten Veränderungspotenzials haben wir mehr Chancen, als wir jemals realisieren werden. Unsere Biographie enthält deshalb ein beträchtliches Potenzial an »ungelebtem Leben« – ein außergewöhnlich anregender Begriff, der von dem unorthodoxen Mediziner Victor von Weizsäcker (1956) stammt. Das intuitive Wissen darüber ist Teil unseres »praktischen Bewusstseins«[26]. Es ist reflexiv nicht einfach zugänglich, dennoch stellt es in doppeltem Sinn eine ganz zentrale Ressource für Bildungsprozesse dar:

- Unser heimliches Wissen von den nicht oder noch nicht realisierten Lebenskonstruktionen, die uns begleiten, hält die bewusst verfügbare Selbstreferenz prinzipiell offen und schafft die Voraussetzung dafür, dass wir zu uns selbst eine andere Position einnehmen können, ohne dabei jenen versteckten »Sinn« zu revidieren. Die Prozessstrukturen unseres Lebensablaufs legen uns eine Erweiterung oder Einschränkung biographischer Handlungsautonomie nahe. Deren bewusste »Ratifizierung« liegt indessen bei uns als Trägern unserer Biographie. Wir sind – um einen irritierenden und doch zugleich treffenden Begriff der Luhmannschen Systemtheorie aufzunehmen – in gewissen Grenzen durchaus »autopoietische Systeme«[27]. Wir haben die Chance, die Sinnüberschüsse unserer Lebenserfahrung zu erkennen und für eine bewusste Veränderung unserer Selbst- und Weltreferenz nutzbar zu machen.[28]
- Biographisches Hintergrundwissen ist aber zugleich ein lebendiges Potenzial zur Veränderung von Strukturen. Die Modifikation individueller Selbst- und Weltreferenzen – und sei es im Kontext je spezifischer Lebenskonstruktio-

24 Vgl. Bourdieu 1978, S. 169ff.

25 Bude 1985, S. 85.

26 Giddens 1988.

27 Vgl. etwa Nassehi/Weber 1990.

28 Eine ähnliche Position scheint hinter dem Konzept der »Modalisierungen« zu stehen, das Winfried Marotzki in seiner »strukturalen Bildungstheorie« differenziert entwickelt (1991, S. 144ff.)

nen – birgt Chancen zur Transformation auch der institutionellen Rahmenbedingungen sozialer Existenz. »Strukturen« sind ja zu beträchtlichen Teilen die unbefragt funktionierenden Hintergrundgewissheiten, auf die sich soziale Individuen intuitiv beziehen, wenn sie alltäglich, aber auch wenn sie biographisch agieren. Sobald solche Präskripte – oder auch nur Teile von ihnen – ins Bewusstsein treten und verfügbar werden, ändern sich Strukturen. Ungelebtes Leben besitzt durchaus soziale Sprengkraft.

- Die Dynamik dieser »doppelten Bildungsressource« weckt Assoziationen an jene aufklärerische Option der klassischen Psychoanalyse, ›wo Es war, solle Ich werden‹. Bei genauerem Hinsehen wird allerdings deutlich, dass es nicht nur um den souveränen, ich-starken Umgang mit einer im Übrigen unveränderbaren Grunddynamik geht, sondern um den Übergang in eine neue Qualität des Selbst- und Weltbezuges – ein Prozess, der weder das lernende Subjekt noch den umgebenden strukturellen Kontext unverändert lässt. M.a.W.: Es handelt sich um transitorische Bildungsprozesse.

Die systematische Qualität solcher Übergänge lässt sich durch Konfrontation mit der Architektonik konventioneller Bildungsprozesse demonstrieren. Die sind bekanntlich so angelegt, dass neue Informationen möglichst »unter einen stabil gehaltenen Kontext subsumiert« werden[29]. Lernen dient zur Erweiterung und damit gleichzeitig zur Stabilisierung dieses etablierten Rahmens. Transitorische Bildungsprozesse verarbeiten neue Informationen auf andere Weise. Sie beziehen sie nicht auf bestehende strukturelle Kontexte, sondern deuten sie bereits als Elemente neuer kontextueller Bedingungen[30]. Damit bekommt das verarbeitete »neue Wissen« eine andere Qualität. Es wird nicht nur in das bestehende Gebäude biographisch akkumulierten Wissens eingebaut. Es verändert dieses Wissensgebäude. Transitorische Bildungsprozesse sind gewissermaßen »abduktiv«. Sie realisieren, was im frühen amerikanischen Pragmatismus, besonders von Charles Sanders Peirce, als die Fähigkeit beschrieben wird, etwas zu vernetzen, was »zusammenzubringen wir uns vorher nicht hätten träumen lassen«[31].

Diese Fähigkeit benötigt freilich einen sozialen Akteur. Wissen kann nur als biographisches Wissen wirklich transitorisch sein. Nur wenn konkrete Menschen sich derart auf ihre Lebenswelt beziehen, dass ihre selbstreflexiven Aktivitäten gestaltend auf soziale Kontexte zurückwirken, ist jene moderne Schlüsselqualifikation »Biographizität«[32] berührt, die noch kaum ins Bewusstsein

---

29 Kokemohr 1989, S. 340.

30 Vgl. noch einmal Kokemohr 1989, S. 340ff.; Marotzki 1991, S. 171ff.

31 Peirce [1903] 1991, S. 181. Es erscheint symptomatisch, dass in der neueren empirischen Sozialforschung – gerade auch in den von BiographieforscherInnen bevorzugten Forschungstraditionen – *abduktive* Forschungsstrategien eine herausragende Rolle spielen (zusammenfassend dazu die vorzügliche Dissertation von Kelle 1992; aber auch noch einmal die überzeugende Arbeit von Dausien 1996).

32 Vgl. Alheit 1993a.

moderner Lern- und Bildungstheorien getreten ist. Biographizität bedeutet, dass wir unser Leben in den Kontexten, in denen wir es verbringen (müssen), immer wieder neu auslegen können und dass wir diese Kontexte ihrerseits als »bildbar« und gestaltbar erfahren. Wir haben in unserer Biographie nicht alle denkbaren Chancen, aber im Rahmen der uns strukturell gesetzten Grenzen stehen uns beträchtliche Möglichkeitsräume offen. Es kommt darauf an, die »Sinnüberschüsse« unseres biographischen Wissens zu entziffern, und das heißt: die Potenzialität unseres ungelebten Lebens wahrzunehmen.

Diese Betrachtung ist durchaus nicht euphemistisch. Sie unterschlägt nicht, dass transitorische Bildungsprozesse schwierig oder schmerzlich sein können. Aber sie behandelt die Menschen in ihren biographischen Lernprozessen nicht wie »kulturelle Deppen« (Garfinkel), die den Veränderungen der Zeitgeschichte hilflos ausgesetzt sind und dringend auf den Beistand therapiebereiter Weiterbildner warten. Sie interpretiert Lernen vielmehr als Entdeckung verborgener Ressourcen – verborgen in den biographischen Erfahrungen konkreter Menschen. Und sie nimmt diese Ressourcen als gesellschaftliches Veränderungspotential ernst.

Erinnert sei noch einmal an das zweite Eingangsszenario, die heimliche »Karriere« des Herbert Schmidt in seine neue Selbständigkeit. Wenn wir fragen, was für ihn und seinesgleichen transitorische Bildungsprozesse bedeuten könnten, ist der Hinweis auf die Bedeutung der beschriebenen Erkenntnisse für die Erwachsenenbildung durchaus nicht abstrakt. Es geht um jene »Akteurgenese«, wie die Soziologen sagen[33], um die Herstellung von Handlungsautonomie in Situationen vorheriger Fremdbestimmung auf der Basis verborgener Erfahrungsressourcen.

Solche Situationen gibt es zuhauf: Eine Frau beschließt, nach einer längeren Familienphase wieder in ihren alten Beruf zurückzukehren. Sie ist extrem unsicher und traut sich die Entscheidung selbst nicht zu. Der Anfang ist schwierig, bald jedoch entdeckt sie, dass sie den Anforderungen durchaus gewachsen ist. Ein transitorischer Bildungsprozess. Ein junger Mann, nach einem schweren Unfall spastisch gelähmt, steht vor der Frage, ob alles aus sei oder ob eine neue, eigene Normalität wiedergewonnen werden kann. Immer wieder unterbrechen tiefe Depressionen den Lernprozess. Nach zwei Jahren beschließt er, aus eigener Initiative nach Menschen zu suchen, die mit ähnlichen Problemen zu kämpfen haben. Er organisiert eine Selbsthilfegruppe und wird schließlich sogar politisch aktiv. Zweifellos ein transitorischer Bildungsprozess. – Die Reihe der Beispiele wäre problemlos zu verlängern: Flucht, Migration, soziale Auf- und Abstiege sind mit Übergängen verbunden und zwingen uns transitorische Bildungsprozesse auf. Weiterbildner können dabei als Gate-Keeper fungieren oder als Pseudotherapeuten; aber sie können auch »Hebammen«-Funktion übernehmen, biographische »Mäeutiker« sein, um eine klassische Metapher zu verwenden.

33 Koch/Thomas/Woderich 1993.

Lässt sich abschließend die tatsächliche Leistung der neueren Biographieforschung für die Erwachsenenbildung knapp zusammenfassen? Die vorläufige Antwort ist: Wo die Lebenserfahrung der Lernenden ernst genommen wird und die theoretische Aufmerksamkeit für die Biographie nicht zu einer jener »Wenden« verkommt, die gerade in der Erwachsenenbildung immer wieder neue Konjunkturen erzeugen, hat sie womöglich sogar den Charakter einer theoretischen Ermutigung. Gibt es für Menschen, die mit Bildung zu tun haben, eine anregendere Idee, als dem »ungelebten Leben« zum Durchbruch zu verhelfen? Und wenn man diesen Prozess eben nicht nur subjektivistisch, sondern auch politisch versteht, kann sogar eine heilsame Provokation daraus werden. Die neue deutsche Zivilgesellschaft kann diese Provokation gebrauchen.

Literatur

Alheit, P.: *Alltag und Biographie. Studien zur gesellschaftlichen Konstitution biographischer Perspektiven.* Universität Bremen (Forschungsreihe des Forschungsschwerpunkts Arbeit und Bildung, Bd. 4). 2. erweiterte Aufl., Bremen 1990

Alheit, P.: Transitorische Bildungsprozesse. Das »biographische Paradigma« in der Weiterbildung. In: Mader, a.a.O. 1993a, S. 343–417

Alheit, P.: Le »syndrome allemand«. Problèmes structurels de la »réunification culturelle«. In: *Revue Suisse de Sociologie*, 1993b, Vol. 19, S. 365–387

Alheit, P.: »Patchworkers«. Über die Affinität biographischer Konstruktionen und professioneller Habitualisierungen – Eine Fallstudie über Weiterbildungsstudenten. In: Hoerning, E. M./Corsten, M. (Hrsg.): *Biographien und Institutionen. Die Ordnung des Lebens*. Pfaffenweiler 1995, S. 57–69

Alheit, P./Hoerning, E. M.: Biographie und Erfahrung. In: Alheit, P./Hoerning, E. M. (Hrsg.): *Biographisches Wissen. Beiträge zu einer Theorie lebensgeschichtlicher Erfahrung*. Frankfurt/New York 1989, S. 8–23

Bourdieu, P.: Klassenschicksal, individuelles Handeln und das Gesetz der Wahrscheinlichkeit. In: Bourdieu, P. et al.: *Titel und Stelle. Über die Reproduktion sozialer Macht*. Frankfurt/Main 1978, S. 169–226

Bourdieu, P.: *Die feinen Unterschiede. Kritik der gesellschaftlichen Urteilskraft.* Frankfurt/Main 1987

Bude, H.: Die Rekonstruktion von Lebenskonstruktionen. Eine Antwort auf die Frage, was Biographieforschung bringt. In: Kohli, M./Robert, G. (Hrsg.): *Biographie und soziale Wirklichkeit. Neue Beiträge und Forschungsperspektiven.* Stuttgart 1984, S. 7–28

Bude, H.: Die individuelle Allgemeinheit des Falls. In: Franz, H.-W. (Hrsg.): 22. *Deutscher Soziologentag 1984. Beiträge aus den Sektionen und Ad-hoc-Gruppen*. Opladen 1985, S. 82–84

Dausien, B.: *Biographie und Geschlecht. Zur biographischen Konstruktion sozialer Wirklichkeit in Frauenlebensgeschichten*. Bremen 1996

Fischer-Rosenthal, W.: Schweigen – Rechtfertigen – Umschreiben. Biographische

Arbeit im Umgang mit der deutschen Vergangenheit. In: Fischer-Rosenthal, W./ Alheit, P. (Hrsg.): *Biographien in Deutschland. Soziologische Rekonstruktionen gelebter Gesellschaftsgeschichte*. Wiesbaden 1995

Giddens, A.: *Die Konstitution der Gesellschaft*. Frankfurt/New York 1988

Goffman, E.: *Interaktion und Geschlecht*. Frankfurt/New York 1994

Kelle, U.: *Empirisch begründete Theoriebildung. Ein Beitrag zur Logik und Methodologie interpretativer Sozialforschung*. Diss. phil. Bremen 1992 (veröffentlicht im Deutschen Studienverlag 21997).

Koch, T./Thomas, M./Woderich, R.: Akteurgenese und Handlungslogiken. Das Beispiel der ›neuen Selbständigen‹ in Ostdeutschland. In: *Berliner Journal Soziologie*. 1993, H. 3, S. 275–291

Kokemohr, R.: Bildung als Begegnung. Logische und kommunikationstheoretische Aspekte der Bildungstheorie Erich Wenigers und ihre Bedeutung für biographische Bildungsprozesse in der Gegenwart. In: Hansmann, O./Marotzki, W. (Hrsg.): *Diskurs Bildungstheorie II*. Weinheim 1989, S. 327–373

Mader, W. (Hrsg.): *Weiterbildung und Gesellschaft. Grundlagen wissenschaftlicher und beruflicher Praxis in der Bundesrepublik Deutschland*. Universität Bremen (Forschungsreihe des Forschungsschwerpunkts Arbeit und Bildung). Bremen 1993

Mannheim, K.: Das Problem der Generation. In: Mannheim, K.: *Wissenssoziologie*. Berlin/Neuwied 1964, S. 509–565

Marotzki, W.: *Entwurf einer strukturalen Bildungstheorie. Biographietheoretische Auslegung von Bildungsprozessen in hochkomplexen Gesellschaften*. Weinheim 1991

Nassehi, A./Weber, G.: Identität, Ethnizität und Gesellschaft. In: MacArthur, M.: *Zum Identitätswandel der Siebenbürger Sachsen. Eine kulturanthropologische Studie*. Köln/Wien 1990

Peirce, Ch. S.: *Schriften zum Pragmatismus und Pragmatizismus*. Hrsg. von K.-O. Apel. Frankfurt/Main 1991 [1903]

Rosenthal, G.: *Erlebte und Erzählte Lebensgeschichte. Gestalt und Struktur biographischer Selbstbeschreibungen*. Frankfurt/New York 1995

Schütz, A./Luckmann, T.: *Strukturen der Lebenswelt*, Bd. 1. Frankfurt/Main 1979

Schütze, F.: Prozeßstrukturen des Lebensablaufs. In: Matthes, J. et al. (Hrsg.): *Biographie in handlungswissenschaftlicher Perspektive*. Nürnberg 1981, S. 67–156

Schütze, F.: Verlaufskurven des Erleidens als Forschungsgegenstand der interpretativen Soziologie. In: Heinz-Hermann Krüger und Winfried Marotzki (Hrsg.), *Erziehungswissenschaftliche Biographieforschung*. Opladen 1995, S. 116–157

Tenorth, H.-E.: Laute Klage, stiller Sieg. Über die Unaufhaltsamkeit der Pädagogik in der Moderne. In: Benner, D. et al. (Hrsg.): *Erziehungswissenschaft zwischen Modernisierung und Modernitätskrise* (29. Beiheft der Zeitschrift für Pädagogik). Weinheim/Basel 1992, S. 124–140

Weizsäcker, V. v.: *Pathosophie*. Göttingen 1956

Pädagogik: Forschung und Wissenschaft

Hartmut M. Griese

Kritik der "Interkulturellen Pädagogik"

Essays gegen Kulturalismus, Ethnisierung, Entpolitisierung und einen latenten Rassismus

Der Autor, Pionier der neueren Migrationsforschung, legt hier seine Beiträge aus 20 Jahren (1981 bis 2001) vor. *Kritik der Ausländerpädagogik* (80er Jahre "Pädagogisierung eines gesellchaftlichen Problems", "Aufruf, die Ausländerpädagogik vom Kopf auf die Füße zu stellen" etc.). *Kritik des 'Inter-Multi-Kulti-Konzeptes'* (90er Jahre, z. B. "Multikulturelle Gesellschaft – ideologiekritische Anmerkungen", "Interkulturelle Arbeit als Alternative zu traditioneller Ausländerarbeit?", "Pädagogische Missverständnisse und politische Versäumnisse" oder "Die soziale Konstruktion des Fremden"). *Kritik der Terminologie der 'Interkulturellen Pädagogik'* ("Die Ethnisierung von sozialen Konflikten", "Gefangen im ideologischen Netz der Terminologie", "Wo liegen die Grenzen der Integrationsfähigkeit der deutschen Gesellschaft?", "Was ist eigentlich das Problem am 'Ausländerproblem'?").

Bd. 1, 2002, 232 S., 20,90 €, br., ISBN 3-8258-5638-0

Harm Paschen

Sinnleere, sinnvolle Pädagogiken

Pädagogik und Erziehungswissenschaft im Sinneswandel

Sinnfragen werden in einer Welt voller ungeahnter technischer Möglichkeiten immer interessanter. Die Herausforderungen des individuellen Menschlichen durch die offene Vielfalt und Unbegründbarkeit der Selbstgestaltungsmöglichkeiten macht die Grundkategorie SINN zur Aufgabe einer kritischen Befragung von Institutionen, Intentionen und Aktivitäten. So wird auch die pädagogische Besinnung auf den Sinn von Pädagogiken und ihrer Zukunft, auf ihre Sinnvermittlungen in einer komplexen, abstrakt verwissenschaftlichten Welt, auf ihre neuen, Sinn stärkenden Aufgaben, auf entsprechende Formen der Erörterung ein notwendiges, aber riskantes und aufregendes Unternehmen.

Bd. 2, 2002, 184 S., 20,90 €, br., ISBN 3-8258-6033-7

Texte zur Theorie und Geschichte der Bildung

herausgegeben von Friedhelm Brüggen (Universität Münster), Karl-Franz Göstemeyer (HU Berlin) und Petra Korte (TU Braunschweig)

Petra Korte

Projekt Mensch – "ein Fragment aus der Zukunft"

Friedrich Schlegels Bildungstheorie

Das Erkenntnisinteresse der vorliegenden Studie richtet sich darauf, Friedrich Schlegel (1772–1829) als einen neuzeitlichen Bildungstheoretiker in den Diskurs der Erziehungswissenschaft und die Geschichte der Pädagogik neu einzuführen. Die Arbeit weist nach, daß Schlegel an der Wende vom 18. zum 19. Jahrhundert eine bis heute kaum beachtete Bildungstheorie entwickelt, die interdisziplinäre Offenheit kennzeichnet, alle Gegenstände der geistigen Reflexion des Menschen enzyklopädisch einbezieht und im Bildungsbegriff die Suche nach dem Fragmentarischen und Projekthaften menschlichen Denkens und Handelns formuliert.

Bd. 1, 2., überarb. Aufl. 1995, 280 S., 35,90 €, gb., ISBN 3-89473-537-6

Conrad Gründer; Andreas Gruschka; Meinert A. Meyer (Hg.)

Philosophie für die europäische Jugend

Auf der Suche nach Elementen des europäischen Philosophieunterrichts

Zum ersten Mal werden in dieser Studie Zielvorstellungen, Inhalte und Methoden des Philosophieunterrichts in sechzehn repräsentativ ausgewählten europäischen Ländern unter der Fragestellung untersucht, ob es gemeinsame Elemente des Philosophieunterrichts gibt.

Mehr als dreißig Fachleute sind an dem Projekt beteiligt. "Länderberichte" informieren im ersten Teil über den Stand und die Entwicklungsperspektiven des Philosophieunterrichts in den sechzehn Ländern, "Spotlights" beleuchten in einem zweiten Teil verbindende Teilaspekte wie beispielsweise die Frage eines gemeinsamen Lehrbuchs und dokumentieren Beispiele von Philosophieunterricht in den Niederlanden und Deutschland. Der dritte Teil des Bandes, "Philosophie und Bildung", ist der Erörterung grundsätzlicher und übergreifender Fragen gewidmet wie z. B. nach der Lehr- und Lernbarkeit

LIT Verlag Münster – Hamburg – Berlin – Wien – London
Grevener Str./Fresnostr. 2 48159 Münster
Tel.: 0251 – 23 50 91 – Fax: 0251 – 23 19 72
e-Mail: vertrieb@lit-verlag.de – http://www.lit-verlag.de

der Philosophie, nach ihrem Bildungssinn, nach der Möglichkeit des Philosophierens mit Kindern u. s. f.

Bei allen Unterschieden und bei aller Vielfalt werden gemeinsame Grundüberzeugungen sichtbar, ein europäisches Fundament, das produktive Auseinandersetzung und Austausch zum Nutzen für die europäische Jugend ermöglicht.

Bd. 3, 1997, 500 S., 40,90 €, br., ISBN 3-8258-2313-X

Ursula Reitemeyer

Perfektibilität gegen Perfektion

Rousseaus Theorie gesellschaftlicher Praxis

Die vorliegende Studie über Rousseaus Theorie der Perfektibilität stellt in den Mittelpunkt den Perspektivenwechsel des Ideals der *perfectio* zu der Idee der *perfectibilité*. Dieser in der Renaissance durch neuzeitliche Wissenschaft eingeleitete erkenntnistheoretische Perspektivenwechsel erfordert in der Periode der Aufklärung eine geschichtsphilosophische Interpretation, durch die der Mensch als Subjekt der Geschichte auf den Weltplan tritt. Rousseaus Entwurf einer zukünftigen Geschichte der Menschheit ist der vielleicht erste bildungstheoretisch vermittelte Versuch, die Geschichte der Menschheit als Naturgeschichte der menschlichen Freiheit zu deuten und als Bildungsgeschichte exemplarisch zu realisieren.

Bd. 4, 1996, 232 S., 30,90 €, br., ISBN 3-8258-2643-0

Lothar Böttcher; Reinhard Golz (Hrsg.)

Reformpädagogik und pädagogische Reformen in Mittel- und Osteuropa

Der vorliegende Band beinhaltet Beiträge zu historischen und aktuellen Problemen der Pädagogik in ausgewählten Ländern Mittel- und Osteuropas. Erziehungswissenschaftler aus Estland, Lettland, Polen, Rußland, Tschechien und Deutschland vermitteln Einblicke in Entwicklungen der "Pädagogik zwischen Tradition und Wandel in Zeiten gesellschaftlicher Umbrüche des 19. und 20. Jahrhunderts".

So lautet auch das Thema einer internationalen Diskussion, die im November 1994 an der Universität Magdeburg begonnen wurde und weitergeführt wird. Mit dem vorliegenden Band wird eine Zwischenbilanz dieser Diskussion gezogen, in der – bei aller Heterogenität der Ansätze – die Reformpädagogik und ihre Renaissance im Kontext aktueller pädagogischer Reformen auffallend häufig problematisiert wird.

Die Autoren und Herausgeber wollen insbesondere zu einem tiefen Verständnis pädagogischer Entwicklungen in östlich von Deutschland gelegenen Ländern beitragen, einer Region mit den gravierendsten Umbrüchen unserer Zeit.

Bd. 5, 1995, 320 S., 24,90 €, gb., ISBN 3-8258-2518-3

Hans-Eckehard Landwehr

Bildung – Sprache – altsprachlicher Unterricht

Eine Studie zur sprachtheoretischen Grundlegung pädagogischen Handelns bei Wilhelm von Humboldt

Ziel dieser Studie ist es, die Grundlegung pädagogischen Handelns bei Wilhelm von Humboldt aufzuklären. Im Zentrum der Rekonstruktion steht Humboldts Verständnis der "Sprache" als anthropologisch zentraler "Schwierigkeit der Bezeichnung" sowie der "Bildung" als "Fähigkeit ihrer Überwindung". Entscheidend für den altsprachlichen Unterricht in der Gegenwart – aber nicht nur für ihn – ist diese bislang unentdeckt gebliebene Konzeption allgemeiner Bildung, weil sie eine gleichermaßen theoretisch konsistente, bildungspolitisch tragfähige wie schulpädagogisch einlösbare Grundlage für dessen Legitimation *und* Gestaltung bereitstellt.

Bd. 6, 1996, 376 S., 35,90 €, gb., ISBN 3-8258-2811-5

Wolfgang Eichler

Bürgerliche Konzepte Allgemeiner Pädagogik

Theoriegeschichtliche Studien und Überblicke

Diese Arbeit wurde im Mai 1989 als Dissertation B an der Akademie der Pädagogischen Wissenschaften der DDR verteidigt. In analytisch-deskriptiven Studien zu Heinrich Gräfe, G. W. F. Hegel, Wilhelm Rein, Wilhelm Dilthey, Hermann Nohl, Rudolf Lochner und Hans-Jochen Gamm machte sie wesentliche Denkrichtungen in der Theorieentwicklung der Allgemeinen Pädagogik seit dem "Ausgang der klassischen bürgerlichen Pädagogik" für die seinerzeitigen Entwicklungsprobleme dieser Disziplin in der DDR verfügbar. Die Arbeit wertete dabei die bürgerliche Pädagogik in diesem Zeitraum keineswegs als ein Abstieg von den "klassischen Höhen", sondern vielmehr als ein mit Erweiterung des Gegenstandsverständnisses und Vertiefung des Problembewußtseins verbundenes Bestreben zur Erfassung der Komplexität des Erziehungsgesche-

hens. In diesem Sinne faßte sie die bürgerliche Pädagogik auch nicht ausschließlich als Gegenstand ideologiebestimmter Polemik auf, sondern bezog sie als konkrete Herausforderung und heuristische Anregung auf die Entwicklungsprobleme der Allgemeinen Pädagogik in der DDR, die sich zwar dem bestehenden Gesellschaftssytem und der marxistischen Grundlegung verpflichtet sah, aber dennoch den Anspruch erhob, eine eigenständige und allgemeinen Wissenschaftskriterien genügende Disziplin zu sein. 1994 wurde diese Schrift von der Humboldt-Universität zu Berlin als habilitationsadäquate Leistung bestätigt. In diesem Verfahren ist ihr zugebilligt worden, "zu einer Erweiterung der Fragestellungen systematischer Pädagogik (nicht nur) in der DDR beigetragen" (Benner) zu haben und "Ergebnisse und Einsichten" zu enthalten, "die im Rahmen der bundesdeutschen Diskussion als weiterführend betrachtet werden können" (Zedler).
Bd. 7, 1997, 384 S., 30,90€, br., ISBN 3-8258-2997-9

Reinhard Golz; Wolfgang Mayrhofer (Hg.)
Luther und Melanchthon im Bildungsdenken Mittel- und Osteuropas
Die Beiträge des vorliegenden Bandes behandeln Einflüsse der Reformatoren und der Reformation insgesamt auf zeitgenössische und nachfolgende geistig-kulturelle und speziell pädagogische Entwicklungen in ausgewählten Ländern Mittel- und Osteuropas. Hinterfragt und problematisiert wird, auf welchem Weg sich pädagogische Ideen der Reformation international ausgebreitet haben und welche Personen dabei eine Rolle spielten. Es wird untersucht, was aus protestantischen Bildungseinrichtungen, Stiftungen usw. heute geworden ist und ob Traditionslinien bis in die Gründerzeit zurückreichen oder vielleicht in den letzten Jahren wiederbelebt worden sind. Zudem geht es um Aspekte der Luther- und Melanchthon-Rezeption in der internationalen pädagogischen Historiographie. Eingebettet sind die Beiträge der 30 Autoren aus Lettland, Litauen, Polen, Tschechien, Rußland, Ungarn und der BRD in die Diskussion über das Verhältnis von Tradition und Innovation in Zeiten gesellschaftlicher Transformationen.
Bd. 8, 1997, 392 S., 25,90€, br., ISBN 3-8258-3280-5

Günter Dresselhaus
Das deutsche Bildungswesen zwischen Tradition und Fortschritt – Analyse eines Sonderwegs
Bd. 9, 1997, 176 S., 35,90€, br., ISBN 3-8258-3356-9

Reinhard Golz; Wolfgang Mayrhofer (ed.)
Luther and Melanchthon in the Educational Thought of Central and Eastern Europe
The contributions in this volume deal with influences of Reformators and of the Reformation as a whole on the contemporary and following intellectual-cultural and especially pedagogical developments in selected countries in Central and Eastern Europe. The issues of which way pedagogical ideas of the Reformation spread internationally are questioned and problematised, and the people who played a role in this process are addressed. It also investigates which Protestant educational institutions, foundations, etc. exist today, and whether lines of tradition go back to the origins, or were re-animated in the last years. Additionally, it deals with aspects of the reception of Luther and Melanchthon in international pedagogical historiography. The contributions of the *30 authors from Latvia, Lithuania, Poland, the Czech Republic, Russia, Hungary, and Germany* are connected to the discussion of the relationship of tradition and innovation in times of social upheaval.
Bd. 10, 1998, 232 S., 24,90€, br., ISBN 3-8258-3490-5

Bernd Weber
Zwischen Gemütsbildung und Mündigkeit 1690 bis 1990
300 Jahre Annette von Droste-Hülshoff-Gymnasium Münster
'Das Buch ist weit mehr als eine institutionell eng begrenzte Schulgeschichte aus Anlaß einer Jahrhundertfeier. Die Untersuchung faßt vielmehr die Geschichte dieser Bildungsanstalt im weiten Kontext sozial- und bildungsgeschichtlicher Zusammenhänge auf (..). So entsteht ein facettenreiches Bild, das sowohl lokalgeschichtlich wie auch – als Exempel – nationalgeschichtlich die Geschichte der Annette-Schule als einen Schnittpunkt von pädagogischen und bildungspolitischen Initiativen deutlich werden läßt (..).
Die Quellen des Schularchivs, des Bistums-, Stadt- und Staatsarchivs geben der Untersuchung

ihr Fundament: Zeitzeugen wurden für die jüngere Vergangenheit befragt. Die Bildungsgeschichte des Bistums, Preußens und des Reichs sowie der Forschungsstand sind dem Verfasser gegenwärtig. So entstand eine Monographie, die weit über das lokalgeschichtliche Interesse hinaus als eine Bereicherung der historischen Bildungsforschung gelten muß.'

Prof. Dr. K.-E. Jeismann, in: Historische Zeitschrift (HZ, Bd. 257) 1993

Bd. 11, 1998, 440 S., 25,90 €, br., ISBN 3-8258-3866-8

Dietmar Engfer

Werteerziehung im öffentlichen Schulwesen?

Zwischen Ideologie und Desorientierung

Einfluß zu nehmen auf die Entwicklung von jungen Menschen, ihnen dadurch einen *wert*vollen Auftakt in die Freiheit der Selbstverantwortung zu ermöglichen, das ist sicher unbestritten das Ziel einer Erziehung in Elternhaus und Schule. Der Weg dazu wird immer häufiger mit dem schillernden Begriff der Werteerziehung beschrieben, der jedoch über Festreden, Richtlinien und Lehrpläne hinaus bald in den Erziehungsnebel der Praxis eines öffentlichen Schulwesens führt. Demgegenüber untersucht der Verfasser drei erfolgreiche inhomogene Schulerziehungskonzepte, die in die Lebensentwürfe ihrer Schülerinnen und Schüler eingingen. Dazu zählt die auf die marxistisch-leninistische Weltanschauung gegründete öffentliche Schule der DDR, die mit dem Untergang ihres ideologischen Staates ins Dunkel der Geschichte gestellt wurde, ohne ihre wertebezogene Erziehung vorurteilslos zu beleuchten. Ebenso blieb bisher der Erziehungserfolg der weltweiten anthroposophisch fundierten Waldorfschulbewegung zwischen pädagogischer Bewunderung und ständigem Indoktrinationsverdacht ungeklärt. Auch die auf christlicher Basis stehenden Schulen werden in einer pluralistischen Gesellschaft, die im Kruzifix nicht mehr ihre Grundlage symbolisiert sieht und im Religionsunterricht ein Relikt ausmacht, zunehmend kritisiert. Das hier vorgetragene wissenschaftliche Plädoyer gilt einer weltanschaulich pluralen Edukation, die nicht länger die Erziehungskongruenz der öffentlichen Schulen zum Ziel hat, für die aber dennoch ein kulturbezogener Konsens im unaufgebbaren gesellschaftlichen Dissens grundlegend ist.

Bd. 12, 1999, 432 S., 35,90 €, br., ISBN 3-8258-4157-x

Wolfgang Eichler

Der Stein des Sisyphos

Studien zur Allgemeinen Pädagogik in der DDR

Die Arbeit untersucht Ansätze zu einer neuen Grundlegung der Erziehungswissenschaft in der SBZ, die Suche der DDR-Pädagogik nach einer eigenen Identität in Systematisierungsversuchen der 50er Jahre, die Anfänge zur Herausbildung wissenschaftlicher Schulen im pädagogischen Grundlagenbereich während der 60er Jahre und die Bemühungen um die komplexe Entwicklung der Allgemeinen Pädagogik als Wissenschaftsdisziplin in den 70er und 80er Jahren. Dabei werden Versuche zur Entwicklung theoretischer Konzepte sowohl durch prominente Erziehungswissenschaftler der SBZ und DDR wie Max Gustav Lange, Werner Dorst, Hans Herbert Becker, Franz Hofmann und Gerhart Neuner als auch weniger bekannte Bestrebungen dargestellt. Es wird gezeigt, wie diese Arbeiten trotz Berufung auf den Marxismus und Verpflichtung auf die politische und erzieherische Praxis in der DDR immer wieder eingeschränkt, behindert, abgebrochen oder aufgegeben wurden, wie beachtenswerte Anfänge dem theoriegeschichtlichen Selbstverständnis verlorengingen. Zugleich wird sichtbar, wie stets erneut versucht wurde, dem dringenden Bedürfnis nach grundlagentheoretischer Selbstverständigung zu entsprechen, den Anspruch auf die wissenschaftliche Bearbeitung der Erziehungswirklichkeit in ihrer Gesamtheit und gesellschaftlichen Vermittlung geltend zu machen und Allgemeine Pädagogik als Grundlagendisziplin des pädagogischen Wissenschaftsgebietes zu etablieren. Dabei wurde ein Lernprozeß konstituiert, der zwar mühsam und nicht hinreichend konsequent und effektiv, sich an gesellschafts- und persönlichkeitstheoretische Grundprobleme heranarbeitete und so etwas wie eine "Pluralität der Konzepte" (Cloer) hervorbrachte. Die Entwicklung der DDR-Pädagogik wird so mit ihrem eigenen Anspruch und mit den ihr immanenten Kriterien konfrontiert. Dem Betrachter von außen wird damit ein differenzierterer Einblick in die Wissenschaftslandschaft der DDR-Pädagogik ermöglicht.

Bd. 13, 2000, 536 S., 35,90 €, br., ISBN 3-8258-4413-7

Stefan Meißner
Vom Schulstreit zum Marchtaler Plan
Die Wurzeln eines Erziehungs- und Bildungsplans in der südwestdeutschen Kirchen-, Gesellschafts- und Schulgeschichte der Jahre 1945 – 1967
Gegenwärtig ist im Schulwesen der Bundesrepublik Deutschland vieles in Bewegung gekommen. Die fortschreitende Computerisierung, Vernetzung und Beschleunigung in der Informationsgesellschaft der letzten Jahre haben ein Nachdenken über die angemessene Bildung des Menschen ausgelöst, das sich im Schulbetrieb in angestrengter und mitunter hektischer Betriebsamkeit Ausdruck verschafft. Angesichts des raschen Wandels von gesellschaftlichen Normen und Plausibilitäten in den letzten fünfzig Jahren, der sich unter anderem im einem schwindenden Ansehen der großen christlichen Kirchen auswirkt, stellt sich für konfessionell geprägte christliche Schulen die Frage nach einer angemessenen und zeitunmittelbaren Umsetzung ihres Bildungsauftrags. Die vorliegende Studie versucht an diese Frage eine Annäherung am Beispiel der katholischen Bekenntnisschulen in (Süd-) Württemberg. Die Um- und Aufbrüche in diesem Segment des Schulwesens kulminieren in den Bemühungen um den "Marchtaler Plan", den Erziehungs- und Bildungsplan der katholischen Freien Schulen in der Diözese Rottenburg-Stuttgart. Das Ziel dieser Studie, die methodisch "gegen den Trend" bewußt die Verlangsamung sucht, ist es, nachdem dogmatisch orientierte Modelle konfessionell geprägter Schule im sogenannten "Schulstreit" gescheitert sind, die Optionen, die mit dem Konzept des "Marchtaler Plans" verbunden sind, in den Horizont der Schulgeschichte des ausgehenden zwanzigsten Jahrhunderts zu rücken. Aus dem historischen Vergleich können Euphorie und Verunsicherungen in der Gegenwart korrigiert werden.
Bd. 14, 2000, 272 S., 25,90 €, br., ISBN 3-8258-4524-9

Ilse Bürmann; Monika Fiegert; Petra Korte (Hrsg.)
Zeitalter der Aufklärung – Zeitalter der Pädagogik
Zu den Ambivalenzen einer Epoche. Mit Beiträgen von Ernst Cloer, Monika Fiegert, Alfred Langewand, Jürgen Oelkers, Horst G. Pöhlmann und Jörg Ruhloff
In sechs Beiträgen Ambivalenzen der Aufklärungspädagogik darzustellen ist das Ziel des vorliegenden Tagungsbandes. Indem die Spannungen und Polaritäten zwischen Verstandesaufklärung und traditioneller Lebensform, individueller Freiheit und gesellschaftlichen Zwängen, magischen Welterklärungen und kritischer Vernunft, Animalität und Vernunftfähigkeit zu immer neuen Klärungsversuchen herausfordern, stellt sich Aufklärung als ein unabgeschlossener Prozeß dar.
Bd. 15, 2000, 150 S., 20,90 €, br., ISBN 3-8258-4548-6

Marion Wagner (Hg.)
Wozu kirchliche Schulen?
Profile, Probleme und Projekte: Ein Beitrag zur aktuellen Bildungsdiskussion
Kirchliche Schulen sehen sich einer steigenden Nachfrage gegenüber. Diese Tatsache kann für die kirchlichen Schulen kein Grund sein, sich zufrieden zurückzulehnen, sondern gibt ihnen vielmehr Anlaß, sich der Frage nach dem unterscheidend Anderen der kirchlichen Schule zu stellen. Hanna Renate Laurien, Eckhard Nordhofen, Manfred Baldus, Volker Ladenthin, Klaus Mertes SJ und Marion Wagner beantworten die Frage aus bildungspolitischer, pädagogischer, theologisch-kirchlicher und juristischer Sicht. Doris Sennekamp macht deutlich, warum Eltern für ihr Kind eine kirchliche Schule wählen. Frido Pflüger SJ und Rüdiger Kaldewey zeigen stellvertretend für viele, wie sich die von ihnen geleiteten Schulen den Herausforderungen der Zeit stellen.
Bd. 16, 2001, 184 S., 15,90 €, br., ISBN 3-8258-4880-9

Volker Steenblock
Arbeit am Logos
Aufstieg und Krise der wissenschaftlichen Vernunft
Mit dem *Logos,* dem argumentativen und auf Gründe gestützten Denken, beginnt der lange Prozeß der ihrer selbst bewußten kulturellen Arbeit von Philosophie und Wissenschaft. Durch den Aufstieg der modernen Wissenschaften steht der Logos heute im Zeichen der wissenschaftlichen Vernunft. Was wir von der Welt zu wissen glauben, ist von ihren Ergebnissen, und was wir für vernünftig halten, ist von ihrem Denkstil entscheidend geprägt.

Wissenschaftliche Vernunft zu entwickeln, hieß aber für den Menschen zugleich – und heißt es gerade heute: – einen Tiger zu reiten. Die wissenschaftlich-technische Revolution setzt zivilisatorische Prozesse in Gang, denen wir viel verdanken, die aber auch eine Lawine ausgelöst haben, deren mitreißender Kraft wir heute mehr denn je ausgesetzt sind. Globale Probleme, "Grenzen des Wachstums" und deren Widerhall in den theoretischen Produktionen der Philosophie und Wissenschaftstheorie bezeichnen eine *Krise der wissenschaftlichen Vernunft.*
Angesichts ihres "apokalyptischen Soges" gilt es, den Weg sowie die Risiken und Chancen dieser Errungenschaft auszuloten, die unsere Zivilisation antreibt. Eine "Arbeit am Logos" erscheint dringlicher denn je. Wie nachhaltig eine philosophische und gesellschaftliche Reflexion von Zielen und Zwecken das Machen des Machbaren begleiten, und, womöglich, zunehmend steuern kann: hiervon wird abhängen, ob und inwiefern unsere Lebensverhältnisse noch das Produkt menschlicher Arbeit und Kooperation, inwieweit sie *Kultur* sein werden. Das szientifische Wissen muß, individuell und für alle, auf *Bildung* hin entwickelt werden.
Bd. 17, 2000, 264 S., 25,90 €, br., ISBN 3-8258-4967-8

Roland Baecker
Reformpädagogische Praxis
Eine lern- und bildungstheoretische Auseinandersetzung über deren Möglichkeiten und Grenzen: dargestellt am Beispiel neuerer "Argumentationsfiguren" in der Erziehungswissenschaft
Dem "Offenen Unterricht" und der "Community Education" – zwei Argumentationsfiguren, die in der Auseinandersetzung um reformpädagogische Vorstellungen häufig bemüht werden – liegt die Idee einer "pädagogischen Haltung" als konzeptionelle Basis für Lehr-Lern-Prozesse zugrunde. Das Konstrukt einer "pädagogischen Haltung" verhindert einen differenzierten Blick auf die realen Bedingungen, theoretischen Grundlagen und praktischen Möglichkeiten, selbstbestimmte und sich selbst organisierende Subjekte auszubilden. Das empirische Subjekt als reflexives, aktives und intentionales Wesen anthropologisch zu setzen und daraus die Konsequenz abzuleiten, selbstbestimmte und -organisierte Lernprozesse als das adäquate methodische Vermittlungsprinzip auszuweisen, ist nicht begründbar. Menschen sind als zu vernünftiger Selbstbestimmung fähige Wesen zu begreifen, d. h. sie sind prinzipiell in der Lage, vernünftige Selbstbestimmung bzw. Subjektivität (und damit sich selbst bildende Subjekte) auszubilden. Diese Subjektivität herzustellen, ist die Aufgabe von Bildungsprozessen: "Als Individuum ist der Mensch nur potentiell Subjekt, aktuell erst als Resultat der Bildung." Die unhinterfragte Setzung einer anthropologisch bedingten Subjektivität sowie die Förderung dieser durch selbstbestimmte und selbstorganisierte Lernprozesse bildet im Individuum dagegen tendenziell eine Fähigkeit zur 'schrankenlosen Lernbereitschaft' und bloßen Anpassung an die gesellschaftlich-funktionalen Prozesse aus. – Diese Form von Subjektivität, reduziert das Individuum auf eine "Selbstbehauptung ohne Selbst" und konterkariert damit letztlich die konzeptionellen Zielvorstellungen von Offenem Unterricht und Community Education.
Bd. 18, 2000, 360 S., 25,90 €, br., ISBN 3-8258-4911-2

Günter Dresselhaus
Weiterbildung in Deutschland
Entwicklungen und Herausforderungen am Beispiel des Zweiten Bildungsweges in Nordrhein-Westfalen
Weiterbildung ist ein zentrales Thema dieser Jahre. Viele beklagen die Qualiät von Weiterbildung, aber kaum jemand weiß, wie sie verbessert werden kann. Dieses Arbeitsbuch beschäftigt sich mit den neuen Herausforderungen und mit den sich wandelnden Aufgaben, die angesichts der Dimensionen und Geschwindigkeiten von Veränderungen in unserer Gesellschaft künftig mehr oder weniger massiv an Einrichtungen des Zweiten Bildungsweges gestellt werden.
Der Autor beleuchtet zunächst die Entwicklungsgeschichte des ZBW in Deutschland, um hernach eine Bestandsaufnahme der jüngeren Entwicklung nach dem Zweiten Weltkrieg in Nordrhein-Westfalen vorzunehmen.
Bd. 19, 2001, 176 S., 15,90 €, br., ISBN 3-8258-5552-x

Günter Dresselhaus
Pädagogische Qualitätsentwicklung
Der Zweite Bildungsweg: Vorbild für neue Wege?
Dieses Buch von Günter Dresselhaus ist die Nachfolgestudie zu seinem Werk "Weiterbildung in Deutschland – Entwicklungen und Herausfor-

derungen am Beispiel des Zweiten Bildungswegs in Nordrhein-Westfalen". Es beschäftigt sich im Wesentlichen mit den Herausforderungen, die künftig in noch stärkerem Maße an die einzelnen Schulen gestellt werden, sowie mit der interessanten Frage, warum im Rahmen einer erweiterten Selbstständigkeit von Schule dem Zweiten Bildungsweg eine Vorbildfunktion zukommen könnte. Im Zentrum der systematischen Darstellung stehen die Themen: Stärkere Eigenverantwortung von Schule, Schule als lernende Organisation, Evaluation – Zu ihrer Bedeutung für die innerschulische Entwicklung, Selbstorganisiertes Lernen.
Die Arbeit dürfte all denjenigen wertvolle Einsichten und praktische Hilfen bieten, die einmal erfahren möchten, mit welchen Instrumenten man im Zweiten Bildungsweg versucht, den Herausforderungen einer erweiterten Selbstständigkeit von Schule zu begegnen.
Bd. 20, 2001, 320 S., 25,90 €, br., ISBN 3-8258-5717-4

Pädagogische Beiträge zur sozialen und kulturellen Entwicklung

herausgegeben von Prof. Dr. Renate Girmes (Universität Magdeburg), Prof. Dr. Winfried Baudisch (Universität Magdeburg) und Prof. Dr. Arnulf Bojanowski (Universität Hannover)

Winfried Baudisch (Hg.)
Brennpunkte sozialer und beruflicher Rehabilitation
Kolloquium vom 8. 10. 1996 an der Otto-von-Guericke-Universität Magdeburg
Bd. 1, 1997, 256 S., 25,90 €, br., ISBN 3-8258-3006-3

Renate Girmes (Hg.)
Modernisierungsdruck als Bildungschance?
Bd. 2, 1997, 280 S., 20,90 €, br., ISBN 3-8258-3159-0

Winfried Baudisch; Thomas Claus; Karin Haug (Hrsg.)
Wege aus der Isolation – zur Praxis der Enthospitalisierung
Bd. 3, 1999, 352 S., 25,90 €, br., ISBN 3-8258-3829-3

Winfried Baudisch (Hg.)
Selbstbestimmt leben trotz schwerer Behinderungen?
Schritte zur Annäherung an eine Vision
Bd. 4, 2000, 248 S., 20,90 €, br., ISBN 3-8258-5165-6

W. Baudisch; A. Bojanowski (Hg.)
Berufliche Rehabilitation mit behinderten und benachteiligten Jugendlichen im Berufsbildungswerk
Bd. 5, 2002, 216 S., 20,90 €, br., ISBN 3-8258-5504-x

Ruth Enggruber (Hg.)
Berufliche Bildung benachteiligter Jugendlicher
Empirische Einblicke und sozialpädagogische Ausblicke
Zur Bekämpfung von Jugendausbildungs- und Jugendarbeitslosigkeit hat sich in den letzten mehr als 20 Jahren eine große Vielfalt schulischer und außerschulischer, betrieblicher und außerbetrieblicher Maßnahmen zur Berufsbildung benachteiligter Jugendlicher entwickelt. Doch gelingt es mit den zahlreichen Angeboten auch, diese Zielsetzungen zu erreichen? Oder sind weitere Ziele und andere sozialpädagogische Konzepte für die Berufsberatung, Berufsvorbereitung und Berufsausbildung benachteiligter Jugendlicher gefragt? Welche Konsequenzen ergeben sich für die Professionalisierung des Personals? Die fünf Beiträge in diesem Sammelband suchen empirische Hinweise für mögliche Antworten auf diese Fragen.
Bd. 6, 2001, 224 S., 20,90 €, br., ISBN 3-8258-5518-x

Thomas Geßner
Berufsvorbereitende Maßnahmen als Sozialisationsinstanz
Zur beruflichen Sozialisation benachteiligter Jugendlicher im Übergang in die Arbeitswelt
Bd. 7, 2003, 344 S., 25,90 €, br., ISBN 3-8258-6703-x

Katja Waldeck
Telearbeit in der beruflich-sozialen Rehabilitation von Menschen mit Behinderungen
Bd. 8, 2003, 272 S., 24,90 €, br., ISBN 3-8258-6913-x